MEISTERKLASSE FOTOGRAFIE

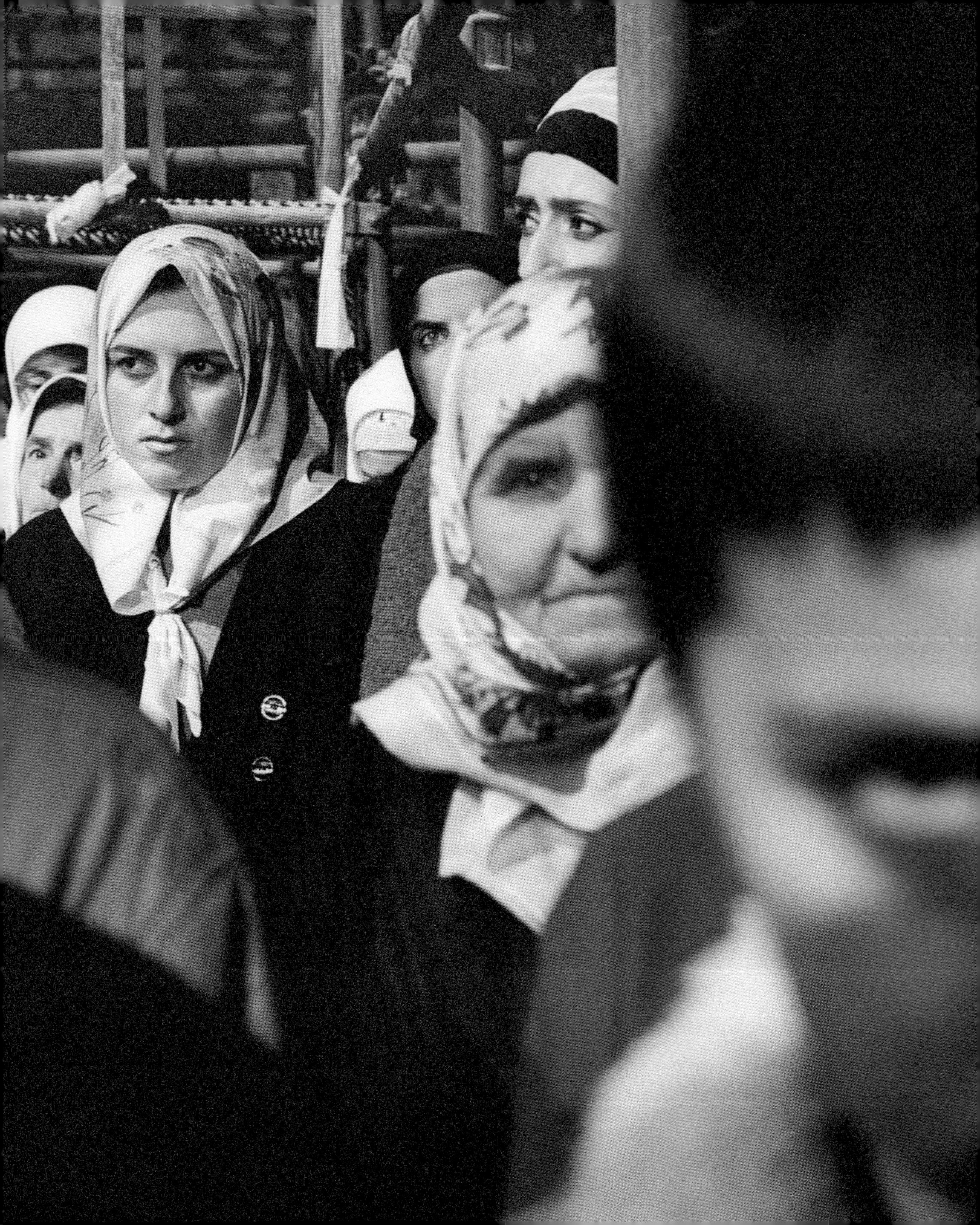

MEISTERKLASSE FOTOGRAFIE

DIE KREATIV-GEHEIMNISSE DER GROSSEN FOTOGRAFEN

Paul Lowe

PRESTEL
MÜNCHEN • LONDON • NEW YORK

Vorhergehende Seite
Gläubige beim Gebet in der Gazi-Husrev-Beg-Moschee in Sarajevo anlässlich ihrer Wiedereröffnung nach dem Bürgerkrieg.

Der Verlag weist ausdrücklich darauf hin, dass im Text enthaltene externe Links vom Verlag nur bis zum Zeitpunkt der Buchveröffentlichung eingesehen werden konnten. Auf spätere Veränderungen hat der Verlag keinerlei Einfluss. Eine Haftung des Verlags ist daher ausgeschlossen.

Dieses Buch wurde produziert von
Quintessence Editions Ltd.
The Old Brewery
6 Blundell Street
London N7 9BH

Umschlagvorderseite: Paul Strand, Young Boy, 1951
Umschlagrückseite: John Stanmeyer, Signal, 2013

Projektleitung Verlag: Curt Holtz
Projektmanagement und Satz: Weiß-Freiburg GmbH, Graphik & Buchgestaltung
Übersetzung ins Deutsche: Stefanie Kuballa-Cottone, Michael Auwers
Lektorat: Beate Vogt
Covergestaltung: Weiß-Freiburg GmbH / Nicolas Weiß
Druck und Bindung: C&C Offset Printing Co., LTD.

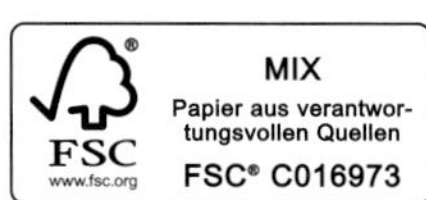

Penguin Random House Verlagsgruoppe FSC®N001967

Printed in China

ISBN 978-3-7913-8947-9

www.prestel.de

Inhalt

Vorwort von Simon Norfolk

Am Abend der Terroranschläge auf das Bataclan und das Stade de France im November 2015 war ich zufällig in Paris. Die anderen Restaurantgäste erhielten besorgte SMS-Nachrichten von ihren Familien; ich fühlte mich allerdings verpflichtet, näher ans Geschehen ranzukommen, um zu sehen, was los ist – das ist schließlich mein Job! Die Straßen wie ausgestorben, kein Taxi weit und breit, also schnappte ich mir ein Leihfahrrad und radelte los. Mein Handy-Akku war leer, so versuchte ich einfach, den Feuerwehrautos zu folgen. Schließlich landete ich bei Les Halles, wo sich, laut Polizei, die Terroristen verschanzt hatten. Mehrere Spezialeinheiten – mit ihren Waffen und Schutzschilden sahen sie aus wie gepanzerte Insekten – kontrollierten die Straßen. Ich folgte ihnen, begleitet von mindestens einem Dutzend Passanten, die ihre Handys in die Luft hielten und fotografierten. Betrunkene auf dem Heimweg, wissbegierige Ortsansässige und krankhaft Neugierige fühlten sich plötzlich wie CNN-Nachrichten-Crews. Vor uns schwerbewaffnete Polizisten, bereit für ernsthafte Auseinandersetzungen, dahinter ein ganzer Schwarm von Typen auf der Jagd nach einem sensationellen Schnappschuss, die ab und zu einen Live-Stream auf Facebook hochluden. Und mittendrin ich und mein Leihrad. Keine Ahnung, wer eigentlich warum gerade dort war. Waren die Terroristen vielleicht längst woanders? Oder würden wir gleich von Kugeln durchlöchert werden? Und: Warum sollten Terroristen plötzlich nett zu Fotografen sein? Die Leute wollten eigentlich einen lustigen Freitagabend verbringen und fühlten sich jetzt als Aushilfsjournalisten, die Geschichte schreiben. Und letztlich war ich keinen Deut besser. Warum fühlte ich mich verpflichtet, nah dran zu sein? Warum macht überhaupt irgendjemand Fotos? Heutzutage entstehen Milliarden von Fotos, tagtäglich. Ein kleiner Teil davon stammt von mir. 25 Jahre lang hat die Fotografie meine Hypothek bezahlt, und ich weiß bis heute nicht, warum. In Les Halles fühlte ich mich überflüssig, ich gab auf und radelte heim.

Warum ich fotografiere? Die Frage kann ich am ehesten mit einer Metapher beantworten: Für mich ist das Drücken auf den Auslöser wie der Moment der Zündung in einem Verbrennungsmotor. Alle Zutaten (Benzin, Dampf, Luft) werden in einer ausgeklügelten technischen Konstruktion in einem präzise geplanten Moment komprimiert und dazu gebracht, Funken zu sprühen und Energie zu generieren. Bei der Entstehung eines erfolgreichen Fotos kommen alle vorausgehenden Anstrengungen in einem konzentrierten Moment zusammen: die Zeit, die man gebraucht hat, um diesen Wissenschaftler aufzuspüren, der anstrengende Weg den Berg hinauf, um vor Ort zu sein, bevor sich die Lichtverhältnisse ändern, der clevere Gimmick, durch den die fesselnde Story sich selbst erzählt, die fantastische Metapher, die alles auf den Punkt bringt, und dann muss das Wetter mitspielen, und man hat nicht vergessen, den Akku aufzuladen und so weiter. Wenn all das komprimiert in einen Sekundenbruchteil gepackt und der Zündzeitpunkt erreicht wird ... dieses Gefühl der Zufriedenheit ist überwältigend, es gibt nichts Besseres. Es kommt sehr selten vor, aber wenn es klappt, fühle ich mich privilegiert, dass ich damit mein Geld verdienen darf. Ein Wunder.

Einige Fotografen verstehen sich als Jäger, die auf der Suche nach Beute durch die Straßen streifen. Ich sehe mich eher als Sammler. Manchmal denke ich, ich bin gar kein richtiger Fotograf, weil in diesen Augenblicken der Verschmelzung die Bilder einfach aus der Kamera zu fallen scheinen. Ich muss nur hingehen und sie aufsammeln. Die eigentliche Arbeit findet vor dem Betätigen des Auslösers statt. Ich stelle mir vor, dass ein Mathematiker das Gleiche empfindet, wenn er an der rechten unteren Ecke der Tafel angekommen ist und über das Ergebnis des letzten Rechenschrittes jubelt, wenn er weiß, dass es funktioniert. Vielleicht ist das der Grund, warum ich mir meine alten Fotos selten noch einmal anschaue, warum ich so wenig Befriedigung daraus ziehen kann, wenn jemand mein Werk lobt, warum ich ordnerweise unveröffentlichte Projekte habe, warum ich das Konzipieren meiner Bücher oder Ausstellungen lieber anderen überlassen habe. Oder das Verfassen eines Vorwortes für ein Buch.

Natürlich ist das alles kein Zuckerschlecken. Die Erfolge werden von Fehlschlägen aufgefressen, und ich habe im Lauf der Zeit ein paar wirklich grauenhafte Dinge gesehen. Trotzdem fotografiere ich immer noch, und es langweilt mich nicht. Ich bin auch nicht verbittert, bin weder durchgedreht noch habe ich mir, wie meine Mutter sagen würde, einen „richtigen" Beruf gesucht. Der Grund für all das ist: Ich schaue die Abendnachrichten und ein Politiker erzählt Lügen, ein Pseudo-Experte verzapft Blödsinn oder irgendein Trottel wird vergöttert und zack! bin ich wieder fuchsteufelswild, kaufe mir ein Flugticket, packe meine Tasche, entschuldige mich bei meiner Frau und denke darüber nach, wie ich all das zu einem Funken verdichten kann.

Einleitung

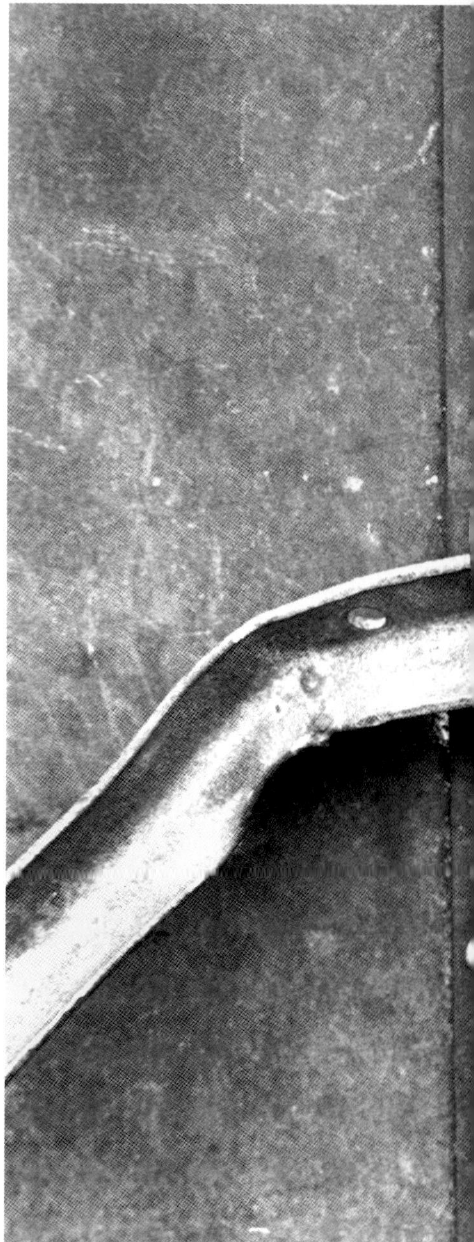

Das fotografische Bild ist, obwohl es im Vergleich zu anderen künstlerischen Ausdrucksformen noch in den Kinderschuhen steckt, so allgegenwärtig in unserem Leben, dass man sich kaum vorstellen kann, wie die Welt ohne Fotografie beschrieben und interpretiert werden könnte. Dieses Buch blickt Fotografen in den Kopf und ins Herz. Wir erfahren, was sie über ihre Vorgehensweise denken, was sie empfinden und wie das mit ihrem Verständnis der physischen und konzeptionellen Welt zusammenhängt. Jede und jeder der hier beteiligten Fotografinnen und Fotografen hat eine ureigene, persönliche Sicht und benutzt die formalen Aspekte des Mediums nicht nur, um die Welt zu beschreiben, sondern um sie zu erkunden, zu interpretieren und infrage zu stellen.

Performative Aspekte des Bildes

Der Akt des Fotografierens kann als eine Art Performance betrachtet werden – der Pas de deux von Fotograf und Modell bei einer Porträtsession, der Körpereinsatz des Straßenfotografen oder die Theatralik des Landschaftsfotografen, der eine Großformatkamera mit Stativ benutzt und beim Blick durch den Sucher unter einem schwarzen Tuch verschwindet. Irgendwie ist Fotografieren auch wie Improvisationstheater, da zahlreiche Entscheidungen in Bezug darauf, wie und was fotografiert wird, in Echtzeit getroffen werden müssen. Das kann den formalen Bildaufbau einschließen, denn der Fotograf bewegt sich um das Motiv herum, und jede Veränderung von Abstand und Raum beeinflusst die endgültige Form des Bildes. So gesehen ist das Foto eine Art performativer Raum. Der Performance des Fotografierens wohnt eine Choreografie zwischen Fotograf, Motiv und Umgebung inne. Beim Anschauen des Bildes wird der Betrachter animiert, darüber

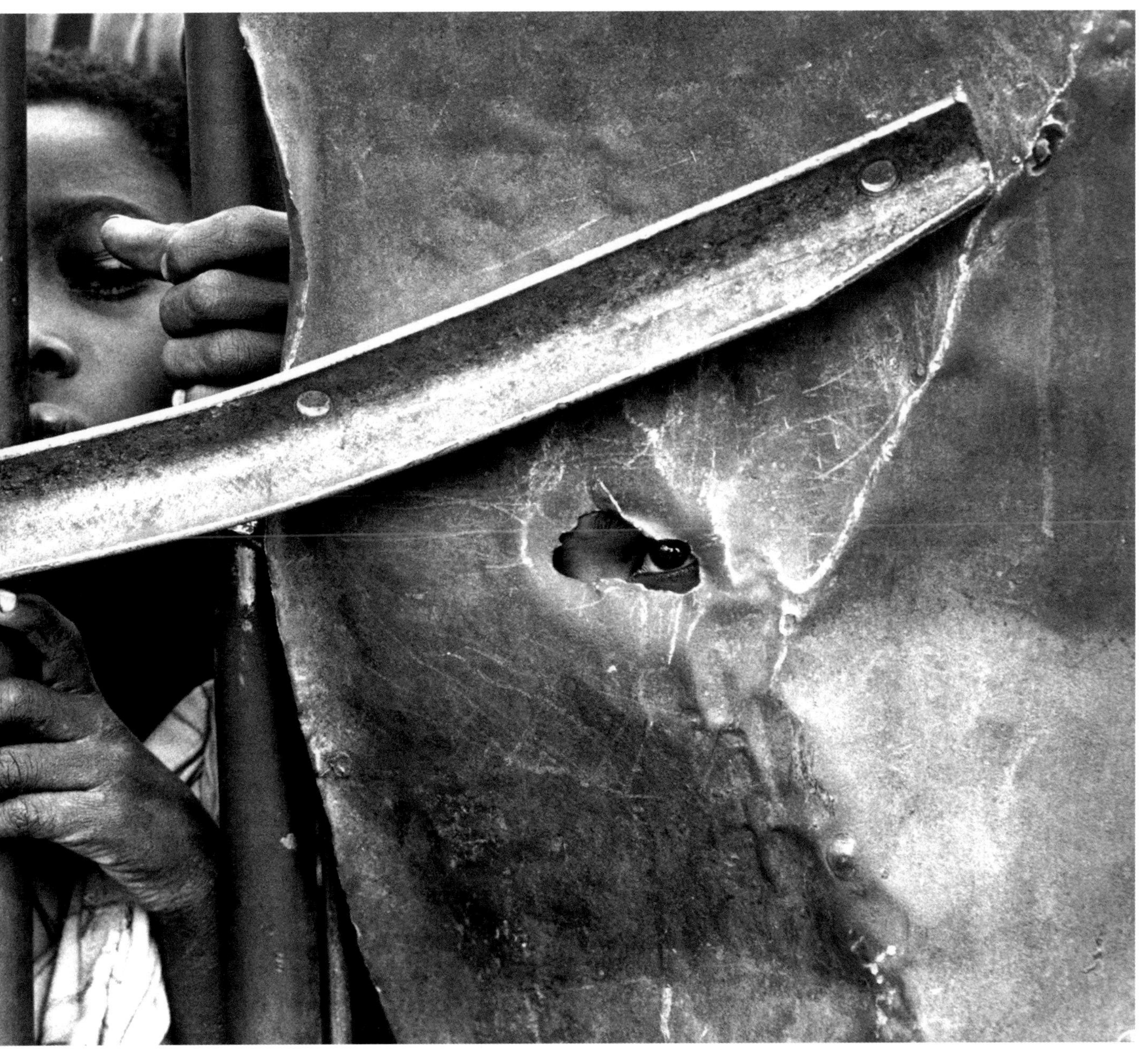

Die Beziehung zwischen Motiv und Fotograf steht im Zentrum der fotografischen Praxis. Der Blick dieser jungen somalischen Flüchtlinge am Tor der Essensausgabe eines Flüchtlingslagers ist direkt auf den Betrachter gerichtet (1992).

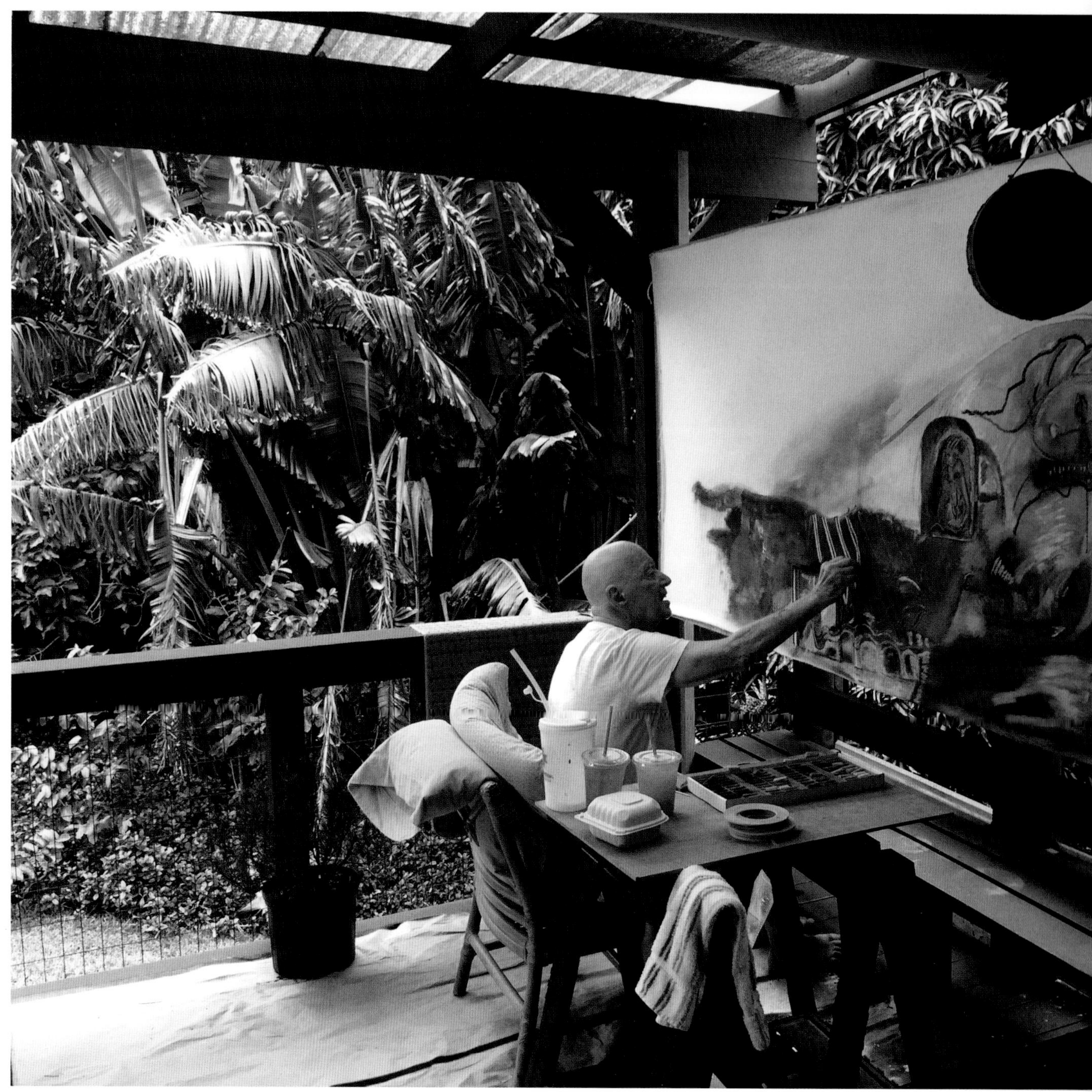

Je schärfer der fotografische Blick und je sicherer das Gespür für den Bildaufbau, desto besser werden die Fotografien, die man von Familie und Freunden macht. Diesen stillen Moment im Haus seines Vaters, einem Künstler, hielt der Fotograf mit der Handykamera fest (2015).

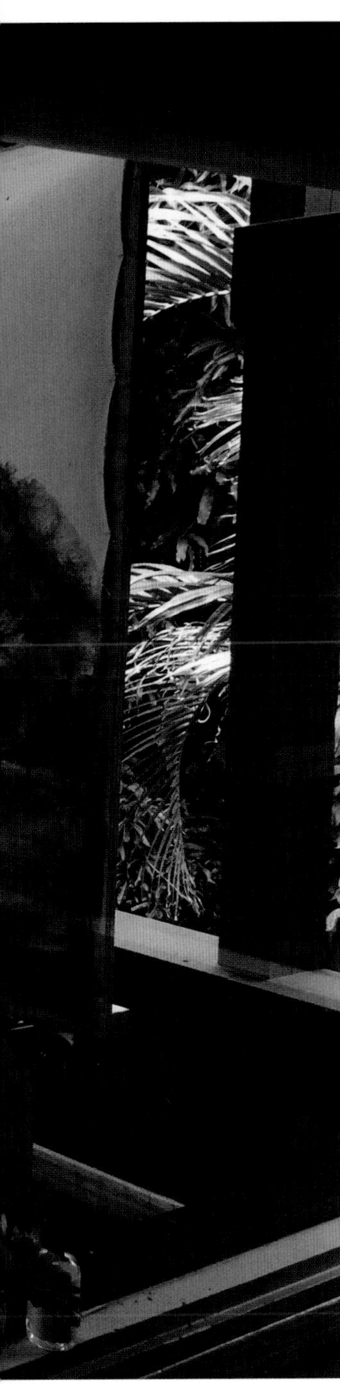

nachzudenken, was in den Augenblicken vor und nach dem Betätigen des Auslösers geschehen sein könnte. Das regt seine Fantasie an, er wird ermutigt, aktiv an der Interpretation des Bildes zu partizipieren, statt allein die vom Fotografen gelieferte Erklärung zu übernehmen. So sehr der Fotograf auch versucht, die Interpretation eines Bildes zu lenken oder zu kontrollieren – erst mit der aktiven Beteiligung des Betrachters kann die Bedeutung eines Bildes letztlich bestimmt werden. Es ist so beglückend, wenn man bei der eingehenden Betrachtung eines Fotos, über das man bereits stundenlang nachgegrübelt hat, plötzlich eine neue Entdeckung macht! Nehmen Sie sich Zeit für die Bilder in diesem Buch, schauen Sie ganz genau hin, fragen Sie sich, wie die Bilder funktionieren, wie sie aufgebaut sind und wie sie ihre Bedeutung transportieren. Lernen Sie anhand der Fotos etwas über Technik, aber würdigen Sie auch, wie Bildaufbau und Form eingesetzt werden, um Inhalte zu vermitteln. Nutzen Sie die Bilder als Inspirationsquelle für eigene Arbeiten. Versuchen Sie, einen Tag lang Fotos im Stil eines anderen Fotografen zu machen – die Neuinterpretation der Arbeiten von anderen ist ein hervorragendes Mittel, um den eigenen unverwechselbaren Blick zu entwickeln.

Das Fotobuch

Auf den folgenden Seiten werden wichtige Fotobücher der hier präsentierten Fotografen besprochen. Betrachten Sie diese Fotobücher als Einstieg in das Werk des jeweiligen Fotografen und nutzen Sie sie als Ausgangspunkt für ein tieferes Verständnis des Mediums an sich. Obwohl Fotos auf verschiedenen Wegen – Ausstellungen, Zeitschriften, Slideshows, Internet etc. – verbreitet werden, ist das Fotobuch die vielleicht wirkungsvollste Möglichkeit für den Fotografen, sein Werk in einem kohärenten, eigenständigen Format zu präsentieren. Hier kann er seine Arbeiten organisieren, in eine Reihenfolge bringen, eine komplexe, teils narrative Struktur aufbauen und mit Textinformationen ergänzen, die die Bedeutung der Bilder deutlicher hervortreten lässt.

Optik und Haptik eines Fotobuches können ein intensiveres Erleben des Werkes ermöglichen. Dank seiner Größe, Flexibilität und Haltbarkeit kann es weitergegeben werden und einen großen Kreis von Menschen erreichen. Viele der hier erwähnten Bücher sprechen durch ihre Beschaffenheit und ihren Aufbau den Betrachter auf differenzierte Weise an und fördern eine aktive Auseinandersetzung mit der Gedankenwelt eines bestimmten Fotografen. Die nachhaltige Beschäftigung mit Fotobänden ist hervorragend geeignet, um einen fotografischen Blick zu entwickeln, egal ob Sie in ein bestimmtes Genre oder das Werk eines einzelnen Fotografen eintauchen, sich einen fotohistorischen Überblick verschaffen oder einfach nur die Sammlung Ihrer Lieblingsfotografen erweitern wollen.

Kontinuität in der Fotopraxis

In der Geschichte der Fotografie tauchen immer wieder die gleichen Fragen auf. Jeder Fotograf beantwortet sie auf seine Art, ergänzt sie um neue Erkenntnisse und Interpretationen, die das Fortschreiten des Mediums bestimmen. Dieses Buch stellt Verbindungen zwischen Fotografen her, zeigt, dass sie sich regelmäßig, bewusst und kritisch mit ihrem eigenen Werk und dem von anderen auseinandersetzen und wie diese im Zusammenhang funktionieren. Wenige Fotografen arbeiten völlig isoliert; die meisten entwickeln Ideen anderer weiter oder stellen diese infrage.

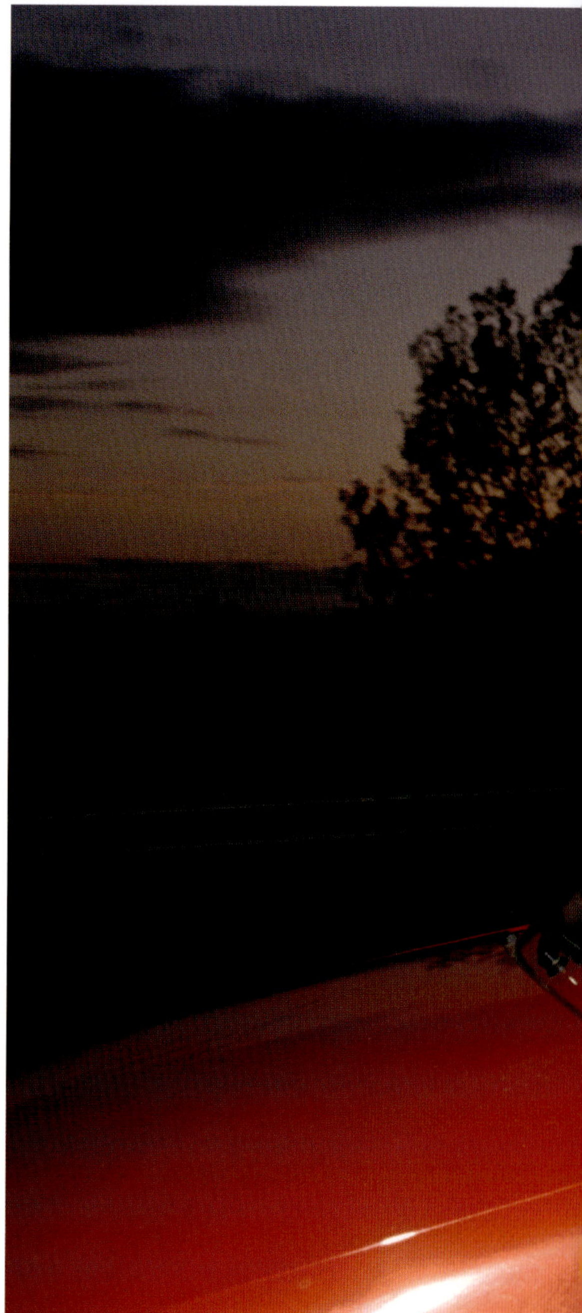

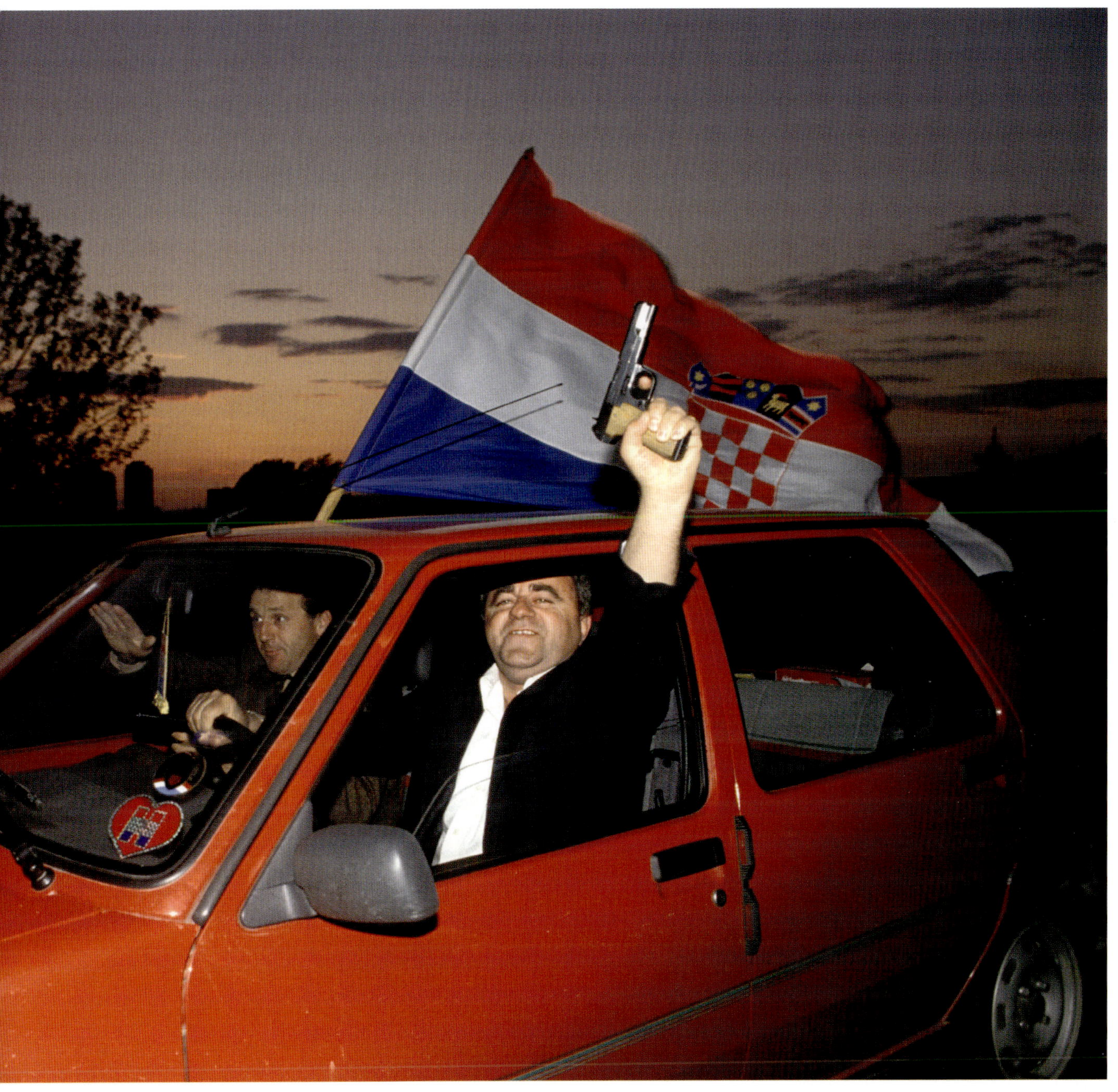

Kroaten feiern die Unabhängigkeit ihres Landes (1991). Für diese Aufnahme wurde die Belichtung auf den Bildhintergrund gemessen, der Aufhellblitz erfolgte dann mit ebendieser Blendenöffnung. Dadurch wurden Vorder- und Hintergrundlicht in Einklang gebracht und die Details des Sonnenuntergangs blieben sichtbar.

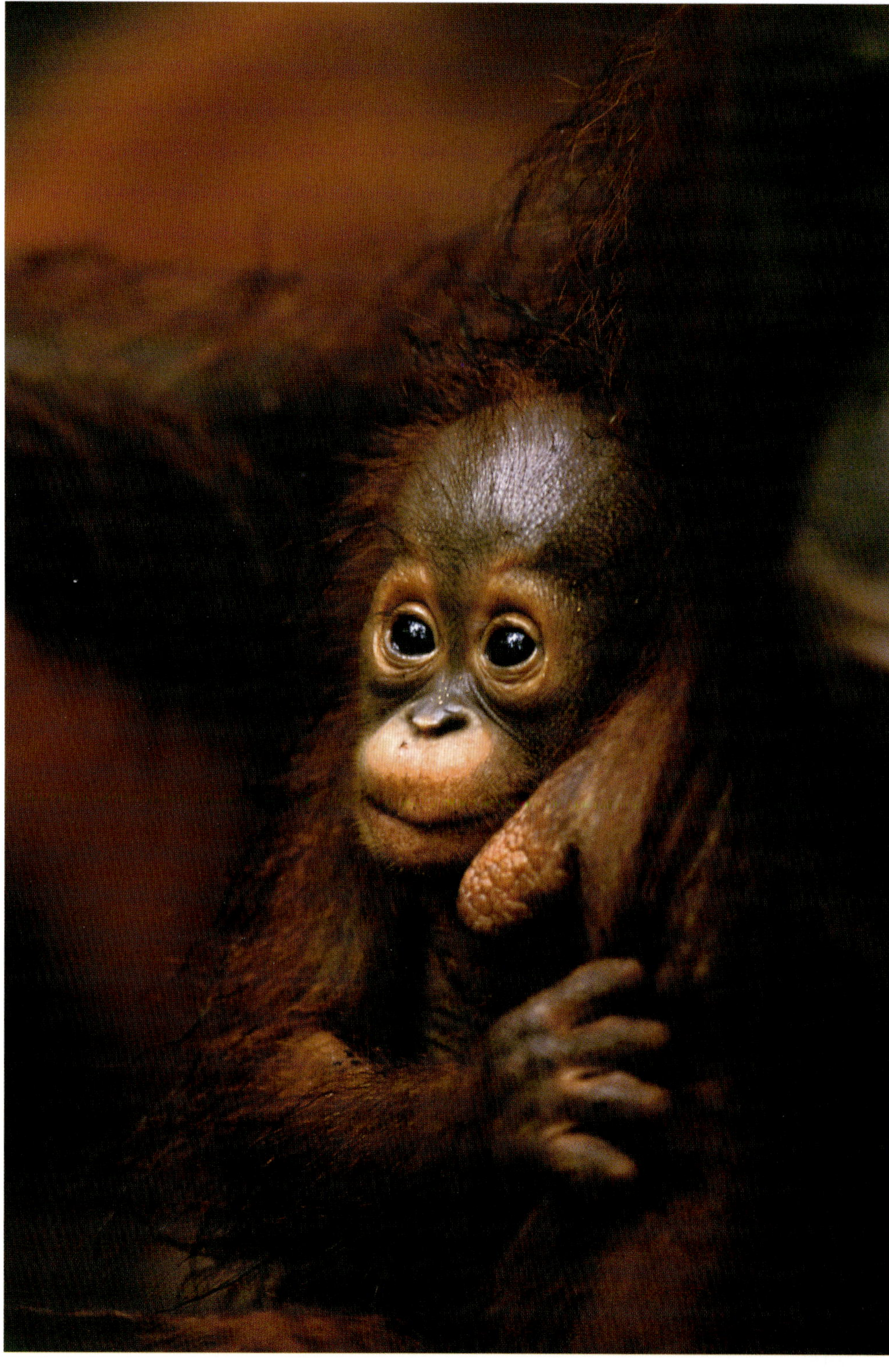

(l.) Durch den engen Bildausschnitt unter Verwendung eines kurzen Teleobjektivs bleibt die Farbpalette harmonisch, was die Aufmerksamkeit auf die Augen des kleinen Orang-Utans lenkt (2000).

(r.) Was außerhalb des Rahmens bleibt ist genauso wichtig wie das, was darin ist. Diese Aufnahme von einer Beerdigung während des Bosnienkriegs (1992) konzentriert sich auf den Kontrast zwischen Rose und Uniform. Die Emotion des Augenblicks wird konzentriert und symbolisch vermittelt.

(r.u.) Fotografieren bei wenig Licht kann zu unberechenbaren Resultaten führen, aber dank des Verzichts auf den Blitz kommt das raffinierte Licht in dieser japanischen Bar voll zur Geltung; die Kamera musste extrem ruhig gehalten werden (1994).

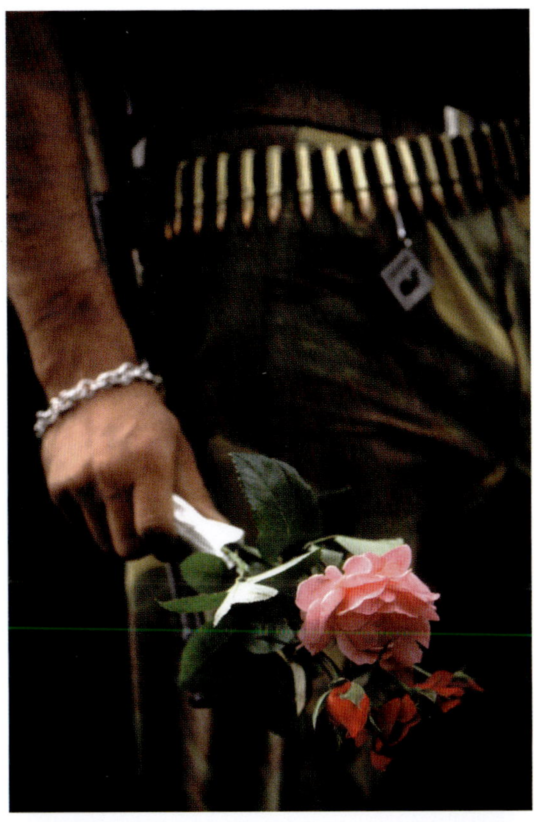

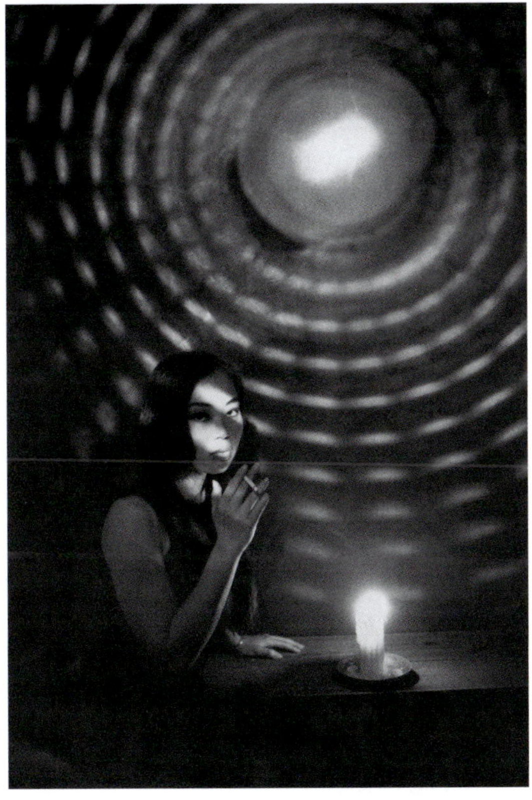

Fotografen, die auf hohem Niveau arbeiten, sind sich der komplexen Widersprüche des Mediums bewusst. Gezielt erkunden sie das Verhältnis zwischen Form und Inhalt und wie sich dies auf die Bedeutung des finalen Bildes auswirkt. Diesen Prozess durchlaufen sie jedoch nicht isoliert: Sie diskutieren ihr Werk mit Kollegen, Freunden und Mentoren, sind oft empfänglich für die Geschichte des Mediums, flechten Querverweise zum Werk vergangener Fotografen ein und behandeln Themen, die bereits von einer vorherigen Generation untersucht wurden. Den fortdauernden „Road Trip" einer visuellen Beschreibung Amerikas finden wir etwa bei Timothy H. O'Sullivan (s. S. 48), Walker Evans (s. S. 78), Robert Frank (s. S. 186), Lee Friedlander (s. S. 194) und Robert Adams (s. S. 52) bis hin zu William Eggleston (s. S. 100) und Joel Sternfeld (s. S. 54). Jeder von ihnen hat in diesem unendlichen Staffellauf den Stab der Darstellung weitergetragen, stellvertretend für eine Generation und deren Art und Weise, die Veränderungen in Gesellschaft, Politik und Natur durch bestimmte formale Bezüge sichtbar zu machen. Der Einfluss wichtiger Herausgeber und Lehrer auf diese Entwicklung muss ebenso anerkannt werden. Die Inspirationskraft des Fotografen und Lehrers Alexei Brodowitsch z. B. hat sich in einer Reihe von fotografischen Werken niedergeschlagen und verbindet Tony Ray-Jones (s. S. 190), Lisette Model (s. S. 116), Garry Winogrand (s. S. 192) und viele andere. Das Aufspüren dieser Verbindungen und Kollaborationen ist höchst spannend, und dieses Buch versucht zu zeigen, wie wiederkehrende Fragen bezüglich Darstellung, Themen und Ideen das Medium durchdringen. Geschichtsbewusstsein hilft, die eigenen Arbeiten einzuordnen, und das Entdecken der Verbindungen zwischen Fotografen weckt ein tieferes Verständnis für den Prozess des Fotografierens.

Die Auswahl von 100 Fotografen bedeutet den Ausschluss Hunderter anderer. Die hier vorgestellten sollen in keinster Weise eine feststehende Liste der größten Fotografen der Welt repräsentieren! Es ging vielmehr darum, eine Bandbreite an Arbeitsmethoden und Ansätzen vorzustellen, einen geschichtlichen Überblick über die technische und ästhetische Entwicklung der Fotografie zu geben und ein Gefühl für die globale Relevanz des Mediums zu vermitteln. Viele der hier aufgeführten Fotografen, etwa Henri Cartier-Bresson (s. S. 260) oder Ansel Adams (s. S. 50), sind bekannt, aber es finden sich auch neuere, weniger etablierte Namen wie Laura Pannack (s. S. 156) und Dougie Wallace (s. S. 202). Der thematische Aufbau dieses Buches spiegelt den Versuch wider, eine Auswahl an visuellen Ansätzen für das Erfassen der Welt durch die Kamera zu treffen sowie eine unverbrauchte Einordnung und Deutung der traditionellen Genres – Landschaft, Porträt, Stillleben, Straßenfotografie, Mode, Reportage usw. – vorzunehmen. Gattungen sind nützlich, um Stile und Ansätze voneinander abzugrenzen, aber es gibt beträchtliche Überschneidungen, viele Fotografen sind in mehreren Bereichen unterwegs. Die Kenntnis der praktischen Details beim Fotografieren fördert die Interpretation und das Verständnis von Bildern, weshalb dieses Buch Einblicke in die Methoden und Ideen der Praktiker gewährt. Es bietet einen Ausgangspunkt zur tiefergehenden Beschäftigung mit den Fotografen und ihrem Werk und beleuchtet die Geschichte der Fotografie.
Zu jedem Fotografen gibt es eine Kurzbiografie, eine ausführliche Diskussion zu einem bestimmten Bild und eine Reihe von Tipps, aufgeteilt in zwölf Kategorien, die bestimmte methodische und technische Konzepte und Kompetenzen abdecken, die auf den folgenden Seiten erklärt werden.

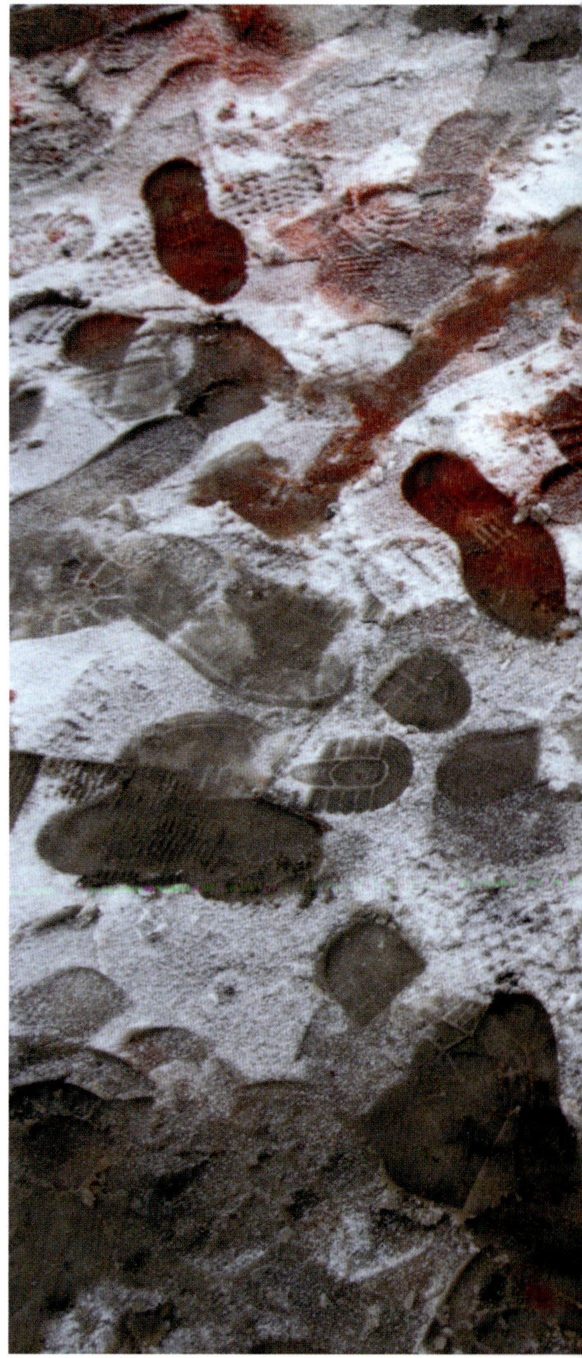

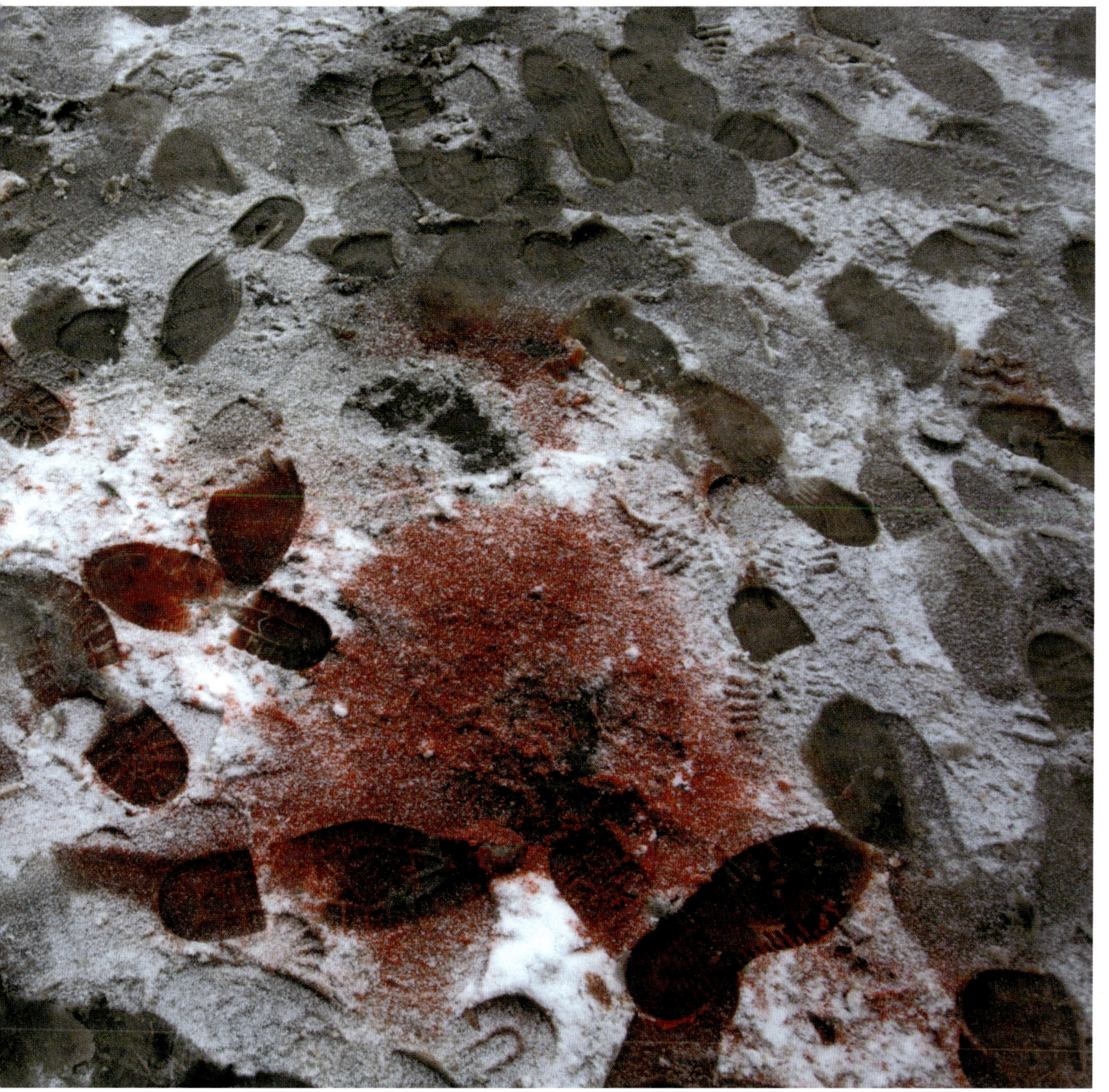

Fotografie ist eng mit Zeit verbunden. Das Bild entstand nach einem Überfall auf Zivilisten während des Ersten Tschetschenienkriegs (1994). Die einander überlagernden Schichten von Schnee, Blut und Fußabdrücken fungieren als visuelle Spur, die zurück zu den traumatischen Ereignissen führt, und zwingen den Betrachter, sich die entsetzlichen Dinge vorzustellen, die dort geschahen.

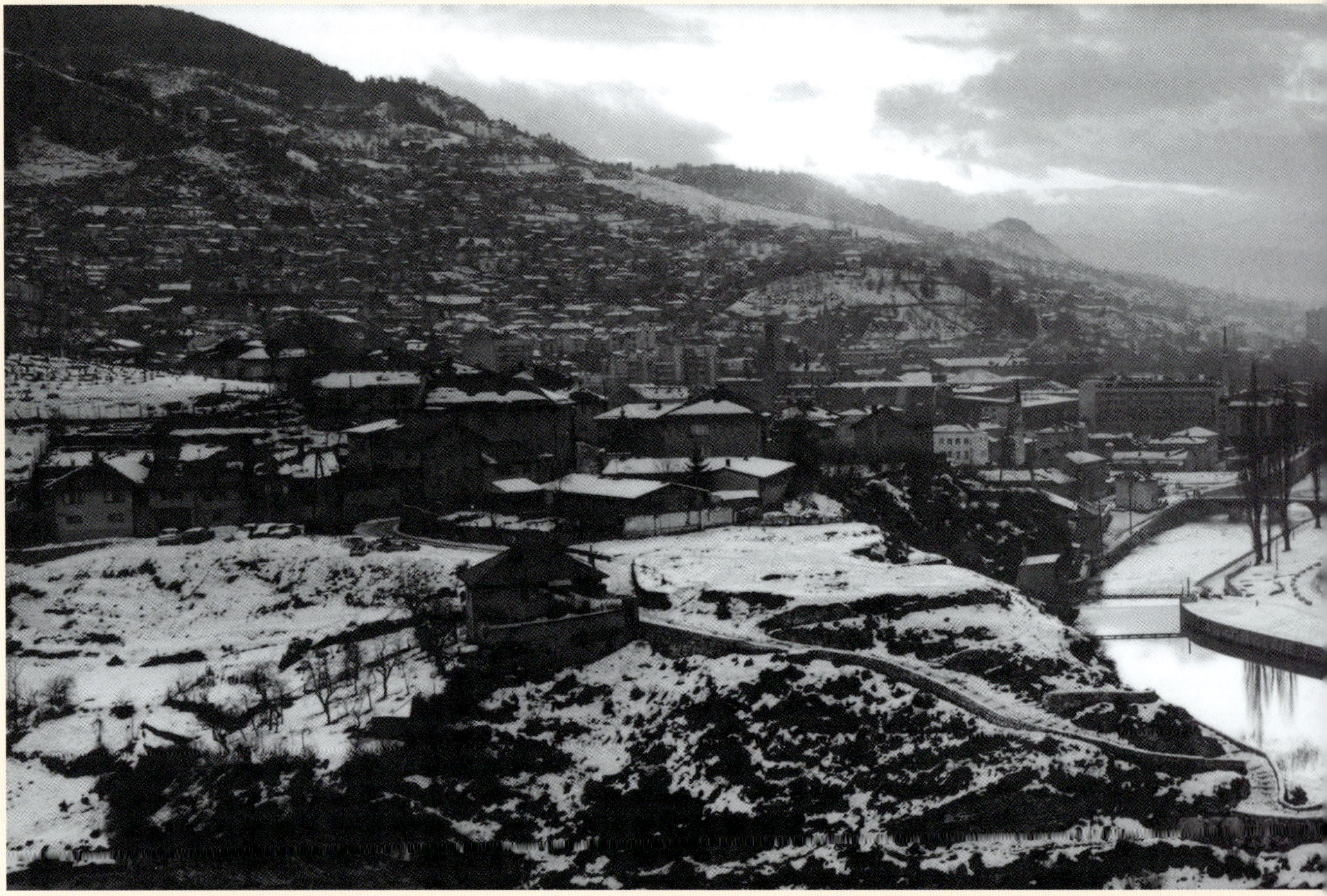

Diese Fotografie von Sarajevo während der Belagerung des Jahres 1994 wurde mit einer speziellen Panoramakamera (einer 6 x 17 cm Fuji) aufgenommen. Viele Digitalkameras haben einen Panoramamodus, alternativ kann man auch überlappende Aufnahmen machen und während der Nachbearbeitung zusammenfügen.

Symbole bei den kreativen Tipps und Techniken

Jeder Eintrag in diesem Buch wird von technischen und kreativen Tipps begleitet, die folgenden Kategorien zugeordnet sind: Kamera, Farbe und Tonwert, Komposition, Digital, Belichtung, Blitzlicht, Objektiv, Beleuchtung, Aufnahmeort, Methode, Entwicklung und Motiv. Jeder Kategorie ist ein entsprechendes Symbol zugeordnet. Im Folgenden werden die Kategorien näher erläutert.

 **Kamera**

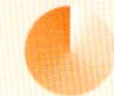 **Farbe/Tonwert**

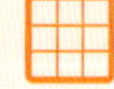 **Komposition**

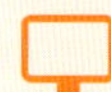 **Digital**

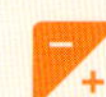 **Belichtung**

 **Blitzlicht**

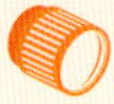 **Objektiv**

 **Beleuchtung**

 **Aufnahmeort**

 **Methode**

 **Entwicklung**

 **Motiv**

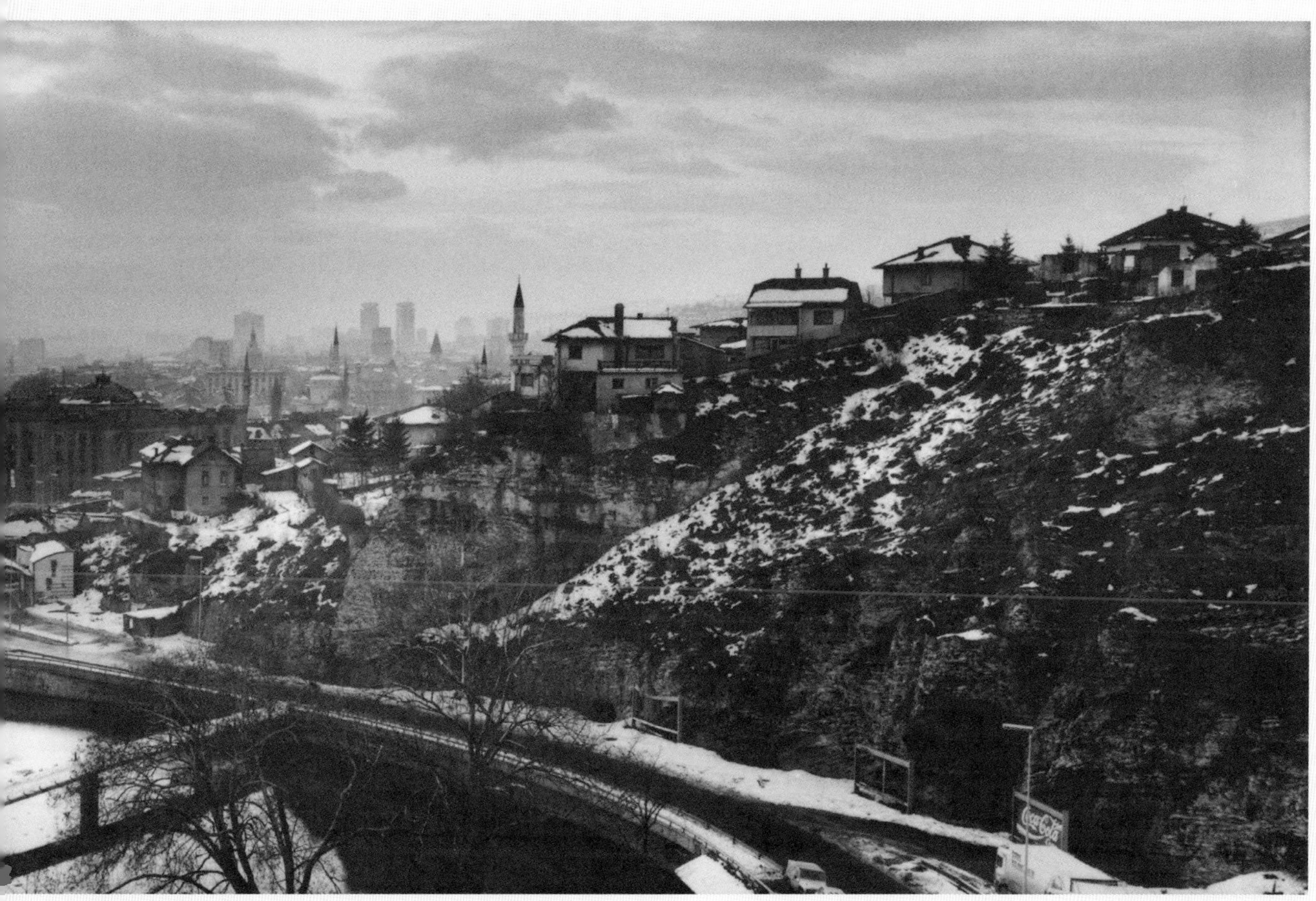

Kamera

Das grundlegende Prinzip ist bei allen Kameras, digitalen wie analogen, das Gleiche: Es gibt immer ein Objektiv und eine lichtempfindliche Fläche, auf der das Bild festgehalten wird. Allerdings haben die verschiedenen Kameraformate doch jeweils Vor- und Nachteile, die sie für bestimmte Genres der Fotografie mehr oder weniger geeignet machen.

Spiegelreflexkamera

Die Spiegelreflexkamera ist die vielseitigste und anpassungsfähigste aller Kameras, da man sie mit einer breiten Auswahl von Objektiven, einschließlich Zooms, verwenden kann. Sie liefert auch qualitativ hochwertige Bilder. Die Spiegelreflex ist eine großartige Allzweckkamera, die sich für fast jedes fotografische Genre effektiv einsetzen lässt.

Sucherkamera

Sucherkameras wie die Leica eignen sich hervorragend für Straßenfotografie und für die Arbeit in intimen Situationen, da sie klein, leise und unauffällig sind. Im Sucher ist das Motiv deutlich zu erkennen, und schnelle Bewegungen lassen sich gut verfolgen, da man über den Rahmen des Bildes hinaussehen kann, um vorherzusagen, wie sich die Komposition verändern wird. Am besten sind Standard- oder leichte Weitwinkelobjektive geeignet.

Mittelformatkamera

Mittelformatkameras sind schwerer und sperriger als Spiegelreflexkameras, liefern aber hochwertigere Bilder, da die Film- oder Sensorfläche deutlich größer ist. Sie eignen sich hervorragend für Landschafts-, Porträt- und Atelieraufnahmen, vor allem, wenn man sie mit Stativ verwendet.

Großformatkamera

Großformatkameras, wie z. B. die Fachkamera, verwenden große Einzelblattnegative. Es gibt unterschiedliche Größen, am weitesten verbreitet sind die Formate 9 x 12 oder 18 x 24 cm. Die Bildqualität ist hervorragend, ein Kontaktabzug vom Negativ liefert außergewöhnliche Details und Tonwerte. Außerdem lässt sich das Objektiv im Verhältnis zur Filmebene verschieben, um Verzerrungen, etwa bei Architekturaufnahmen, zu korrigieren.

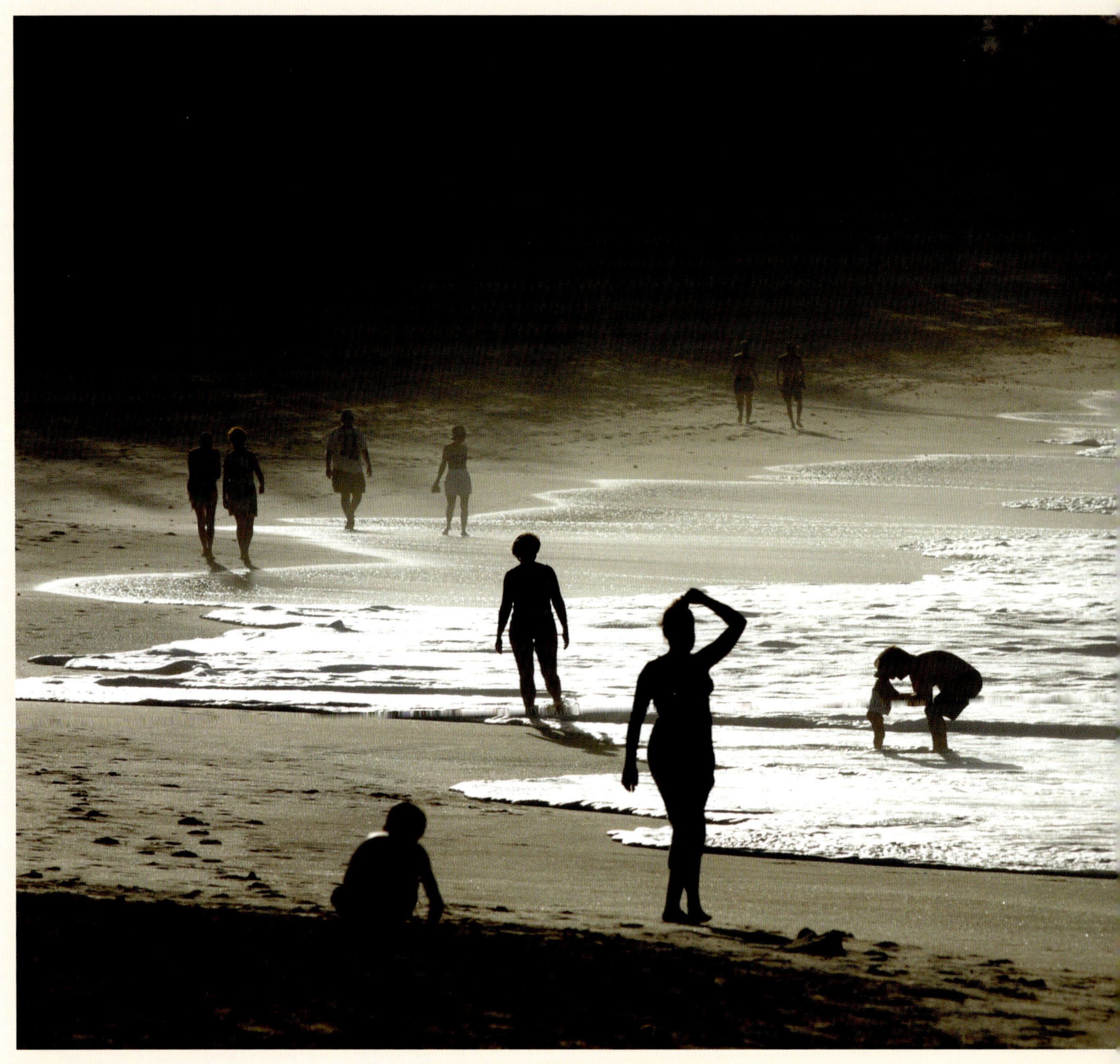

Dieses Strandmotiv (2005) im Gegenlicht wirkt fast monochrom, das Licht des Spätnachmittags verleiht den Schatten wie den Lichtern einen warmen Ton. Das Teleobjektiv verkürzt zudem die Perspektive.

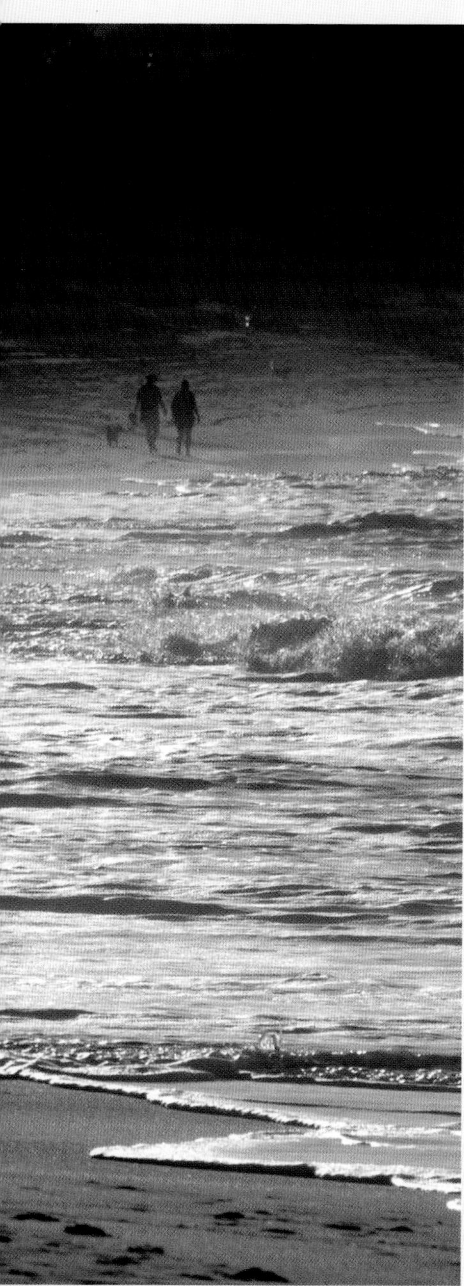

Farbe und Tonwert

Grundlage der Farb- wie der Schwarz-Weiß-Fotografie ist das Verständnis dafür, wie sich Licht auf eine Fotografie auswirkt. Der Schlüssel dazu, die eigenen Vorstellungen als Fotograf auszudrücken, ist die Beherrschung unterschiedlicher Lichtarten und die kreative Verwendung von Licht.

Farbe und Schwarz-Weiß

Schwarz-Weiß-Aufnahmen wirken abstrakter und analytischer, sie betonen die Formen und muten zeitlos an. Farbaufnahmen sprechen eher die Gefühle an und fügen eine zusätzliche Ebene reiner Beschreibung hinzu. Die Wahl einer angemessenen Farb- oder Tonwertskala kann der fertigen Aufnahme wichtige emotionale oder psychologische Wirkungen verleihen. Aufnahmen bei bedecktem Himmel weisen eine weiche, gedämpfte Farbpalette mit geringer Sättigung und großem Detailreichtum auf, da alle Töne festgehalten werden. Im Gegensatz dazu zeigen Arbeiten vom späten Nachmittag warme, gesättigte Farben, tiefe Schwarztöne und detailreiche Lichter. Bei Schwarz-Weiß-Aufnahmen wirkt sich das Licht ähnlich aus. Mit Blitzlicht kann man die Farben sehr stark hervortreten lassen und einen hyperrealen Effekt erzielen. Manche Fotografen ziehen bestimmte Lichtarten vor und schießen vor allem in Situationen mit starken oder schwachen Kontrasten, um ihren Bildern eine einheitliche Anmutung und Farbpalette zu geben. Es ist allerdings wichtig, auch bei unterschiedlichen Lichtintensitäten zu arbeiten, um ein Gefühl dafür zu bekommen, wie sich Veränderungen auf die Farben einer Szene auswirken. Fotografiert man zu verschiedenen Tages- und Nachtzeiten, in unterschiedlichen Situationen, in Innenräumen und draußen, entwickelt sich ein ‚optisches Gedächtnis' für den Einfluss von Farbänderungen auf die Atmosphäre einer Aufnahme.

Die Farbe des Lichts

Künstliches wie natürliches Licht unterschiedlicher Art hat eine je unterschiedliche Farbtemperatur. Mittagslicht ist entsättigt und neigt zu Blaustichen, es kann ‚ausgewaschen' wirken. Viele Fotografen meiden die Tagesmitte, vor allem wenn sie in Farbe fotografieren, und versuchen stattdessen frühmorgens oder am späten Nachmittag zu arbeiten, wenn die Sonne niedriger steht und ihr Licht zwar noch recht hart, aber doch sehr gerichtet, wärmer und interessanter ist. Frühmorgens können kräftige Schatten einer Szene dramatische Wirkung verleihen, ganz anders als am Nachmittag; Schatten sind ein wichtiges Element der Bildkomposition. In Innenräumen wirkt das Licht einer einzelnen Glühbirne sehr warm, fast orange. Mit einer Tischlampe kann man nur das Motiv ins Licht stellen und den Rest des Raums im Schatten lassen. Leuchtstoffröhren geben eher weiches Licht, es kann jedoch grünstichig sein. Die Kombination von Tageslicht und Leuchtstoffröhre in einer Szene ist wegen der unterschiedlichen Farbtemperaturen recht schwierig.

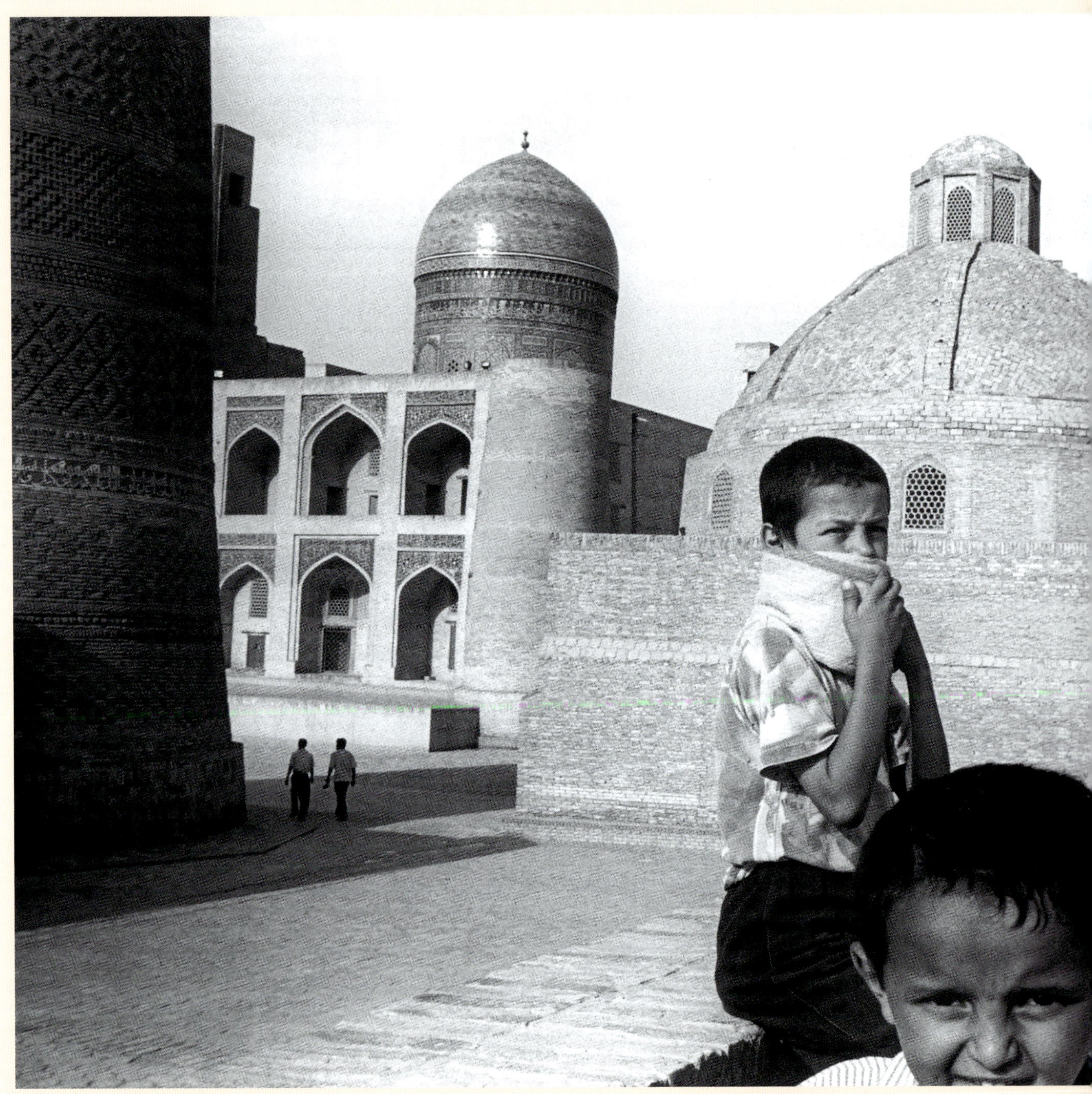

Diese Aufnahme der antiken Stadt Buchara in Usbekistan (2002) fängt einen Augenblick ein, in dem das Licht und das Geschehen auf der Straße in Verbindung mit der Geometrie der Gebäude eine ausgewogene Komposition ergeben. Die kleine Männerfigur rechts führt das Auge wieder in die Mitte des Bilds.

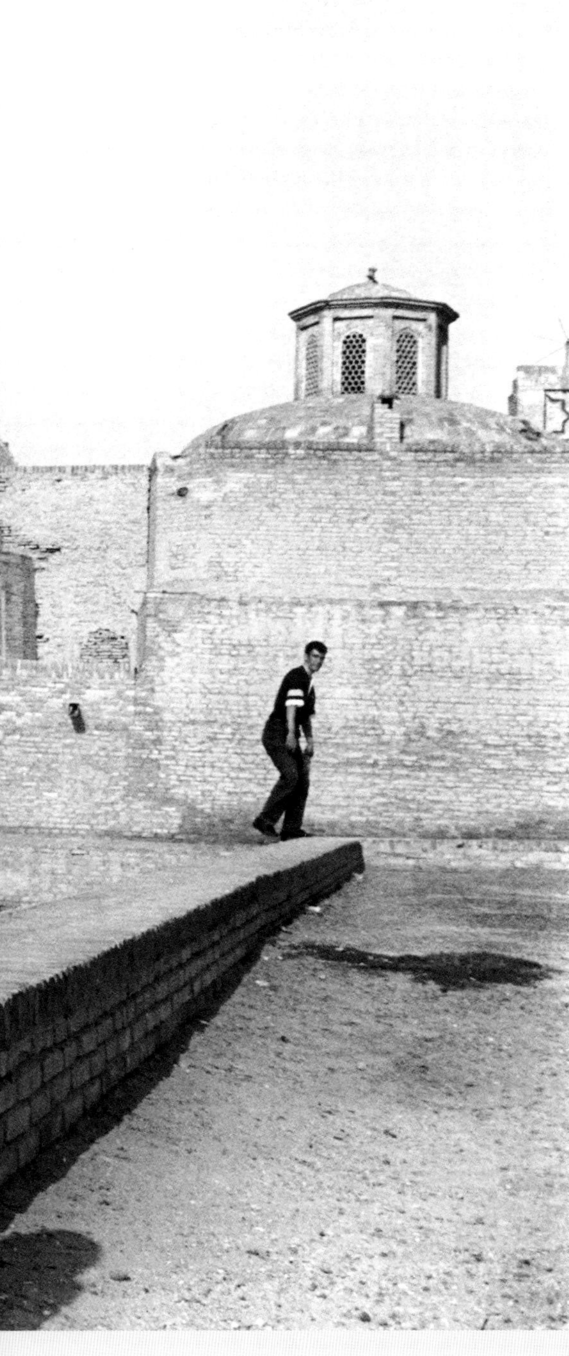

Komposition

Es gibt viele sogenannte ‚Kompositionsregeln', die helfen können, zu kraftvollen, interessanten Bildern zu gelangen. Man sollte jedoch nicht vergessen, dass Regeln dazu da sind, gebrochen zu werden. An erster Stelle sollte immer das stehen, was man mit der Aufnahme zum Ausdruck bringen möchte. Dann beginnt die Suche nach den technischen Möglichkeiten, diese Absicht zu verwirklichen.

Wie eine Kamera ‚sieht'

Die Kamera gibt eine Szene nicht so wieder wie das menschliche Auge. Sie hält nur einen Teil der Realität fest, reduziert ihn auf zwei Dimensionen, rahmt ihn ein und hält einen bestimmten Zeitpunkt für immer fest. Das Auge wählt nur bestimmte Elemente aus und ignoriert alles andere, während die Kamera alle Details sieht. Elemente, die man selbst nicht bemerkt hat, können im Fotoabzug eine vorherrschende Rolle einnehmen. Man sollte auch dem Rahmen des Bildes große Aufmerksamkeit widmen; das menschliche Auge stellt keinen Rahmen zur Verfügung, sodass man erst lernen muss, mit dem Rahmen zu arbeiten. Ein einfaches Verfahren besteht darin, mit den Händen ein Rechteck zu bilden und die Szene dadurch zu betrachten. Es ist sehr wichtig, wie die Elemente innerhalb des Rahmens mit dem Rahmen selbst zusammenspielen: Der Rahmen kann das Motiv umgeben und es im Raum ‚halten', er kann aber auch Bildelemente schneiden und die Aufnahme so mit Dynamik, Energie und Dramatik aufladen. Wie die Komposition einer zweidimensionalen Abbildung am interessantesten gestaltet werden kann, lernt man am besten, indem man sich viele verschiedene Bilder ansieht: nicht nur Fotografien, sondern auch Gemälde und Grafiken, da jeder Künstler sich mit der Organisation des Raumes innerhalb der Bildgrenzen auseinandersetzen muss. Je mehr Bilder man genau betrachtet, desto größer wird die Zahl der Vergleichsmöglichkeiten, auf die man zurückgreifen kann, um die eigenen Kompositionen zu verbessern.

Drittelregel

Bei dieser Kompositionsmethode wird der Bildrahmen gedanklich mit zwei senkrechten und zwei waagerechten Linien gedrittelt, sodass vier Schnittpunkte entstehen. Wenn die Bildelemente an diesen Linien und Schnittpunkten liegen, wirkt die Aufnahme wohlkomponiert. Bei Landschaftsaufnahmen liegt der Horizont oft auf einer der Linien. Allerdings besteht die Gefahr der Eintönigkeit, wenn man alle Aufnahmen so gestaltet. Ausgewogene Bilder erhält man auch dann, wenn man das optische ‚Gewicht' der Elemente berücksichtigt. So kann man beispielsweise einem kleinen dunklen Element in einer Ecke eine größere helle Fläche an anderer Stelle gegenüberstellen, oder umgekehrt.

Digital

Digitalkameras sind inzwischen qualtiativ so hochwertig, dass ihre Bilddateien es mit dem fotografischen Film aufnehmen können; digitale Rückwände für das Mittelformat verfügen über Auflösungen, die der von analogen Großformatkameras gleichkommen. In Hinsicht auf Geschwindigkeit und Kosten haben Digitalkameras unleugbare Vorteile, da Film und Filmentwicklung kosten- und zeitaufwändig sind. Das Aufkommen der Digitalkameras hat Fotografen neue Möglichkeiten bei schlechten Lichtverhältnissen eröffnet, da die Empfindlichkeit der Sensoren meist höher ist als die des Films. Die Möglichkeit, eine Aufnahme sofort zu kontrollieren, ist ein großer Vorteil, vor allem, wenn man mit dem Histogramm die Belichtung kontrolliert. Andererseits kann es gut sein, gelegentlich das Display an der Kamerarückseite auszuschalten und ‚blind' zu fotografieren, um das eigene fotografische Sehen zu üben. Die besten Ergebnisse erhält man mit RAW-Dateien, die man später problemlos in JPG-Dateien umwandeln kann.

Mobiltelefone mit Kamera

Der wichtigste Vorteil der Handykamera ist die Tatsache, dass man sie in der Tasche hat – am häufigsten verwendet man die Kamera, die man am häufigsten dabei hat. Moderne Smartphones verfügen über Kameras, deren Auflösung besser ist als die von Digitalkameras der letzten Generation. Sie eignen sich vorzüglich für Alltagsaufnahmen, vor allem wenn man vorhat, diese online zu veröffentlichen oder am Bildschirm zu zeigen. Professionelle Fotografen arbeiten sehr viel mit der Handykamera, nicht nur, um ein fotografisches Tagebuch zu führen, sondern auch, wenn sie fotografieren möchten, ohne allzu große Aufmerksamkeit zu erregen.

Praktische Tipps

Man sollte das Handy mit beiden Händen wie eine Kamera halten, dadurch wird die Gefahr des Verwackelns reduziert und die Komposition erleichtert. Das Handy-Display kann man wie die Mattscheibe einer Sucherkamera einsetzen, man bekommt auf ihm ein deutliches Abbild des Motivs. Den digitalen Zoom der Handykamera sollte man möglichst meiden, da die Qualität schlecht ist. Besser ist es, näher an das Motiv heranzugehen. Auch das eingebaute Blitzlicht ist eher zu meiden, da es meist zu harten Kontrasten führt. Mit dem einblendbaren Raster auf dem Display kann man die Aufnahme ausrichten und nach der klassischen Drittelregel komponieren. Automatische HDR-Programme sind ein nützliches Hilfsmittel, um unter schwierigen Lichtverhältnissen die besten Resultate zu erzielen. Das geringe Gewicht des Handys erlaubt ungewohnte Blickwinkel, indem man von oben oder unten fotografiert. Es gibt viele Apps für Smartphones, mit denen man Aufnahmen durch unterschiedliche Effekte interessanter gestalten oder mit einem Fingertipp verschiedene Stile einsetzen kann.

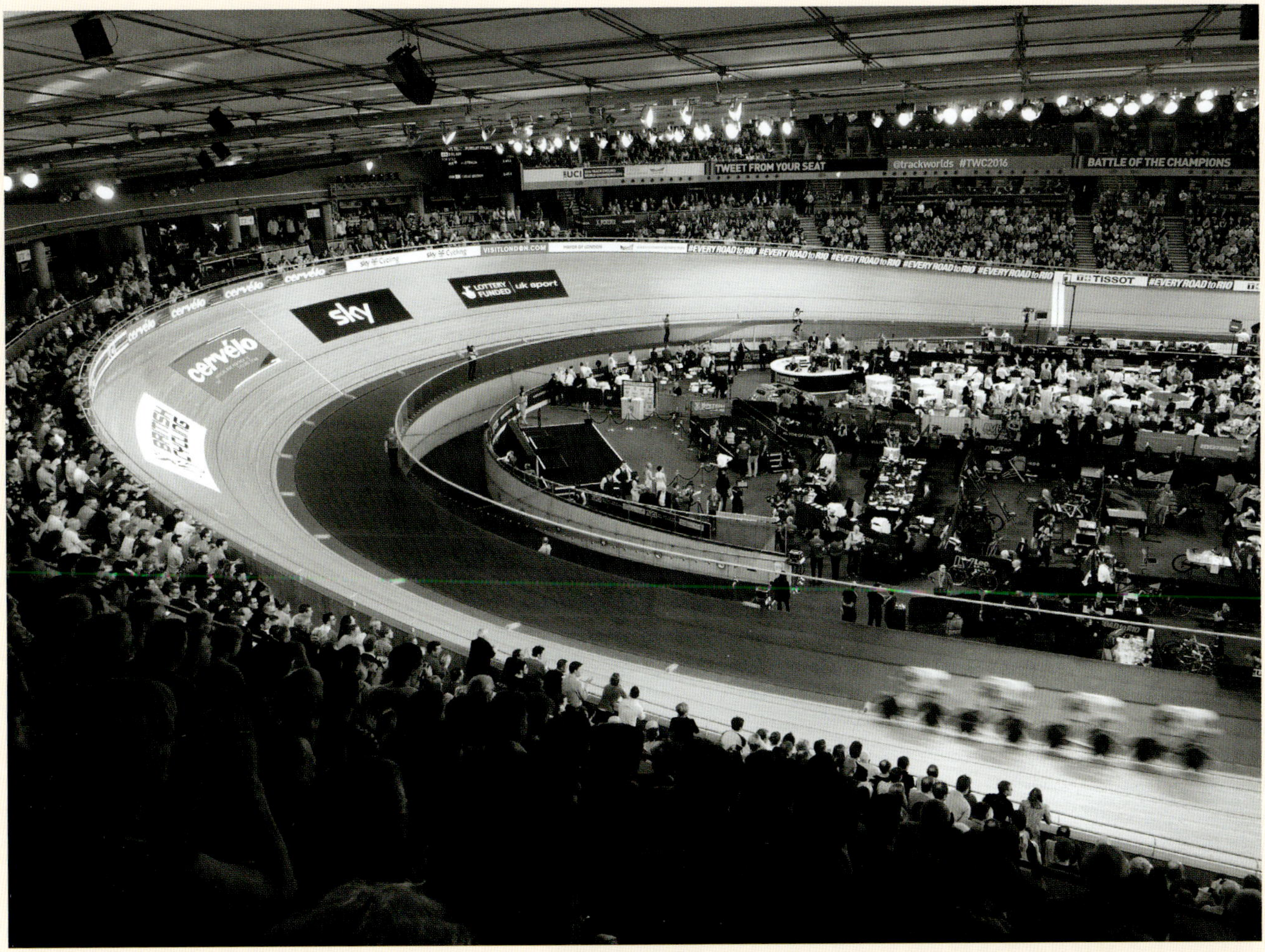

(o.) Die Serienbildfunktion von Handykameras kann bei Motiven sehr nützlich sein, die sich schnell bewegen. Bei dieser Aufnahme eines Radrennens (2015) wurde eine Serie von zehn Aufnahmen geschossen, sodass diejenige ausgewählt werden konnte, bei der die Fahrer am besten im Rahmen positioniert waren.
(r.) Bei Gegenlichtaufnahmen kann es zu Reflexionen kommen, aber in dieser frühmorgendlichen Aufnahme (2015) fügt der diagonale Lichtstreifen der Komposition ein dynamisches Element hinzu.

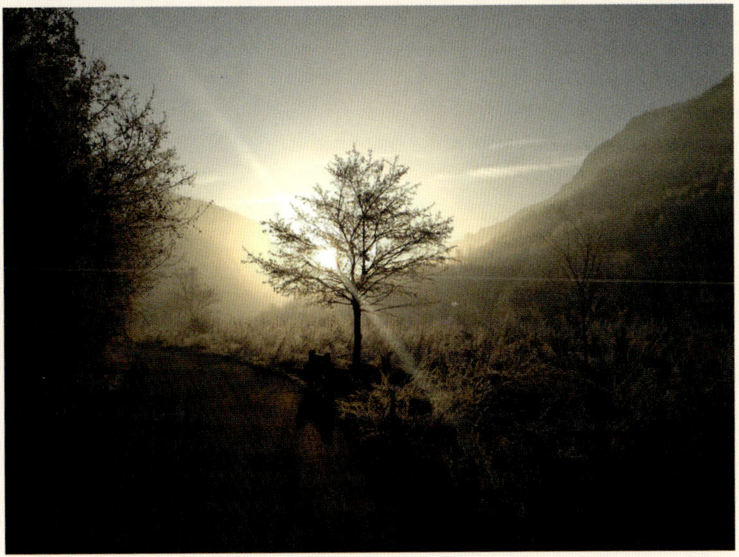

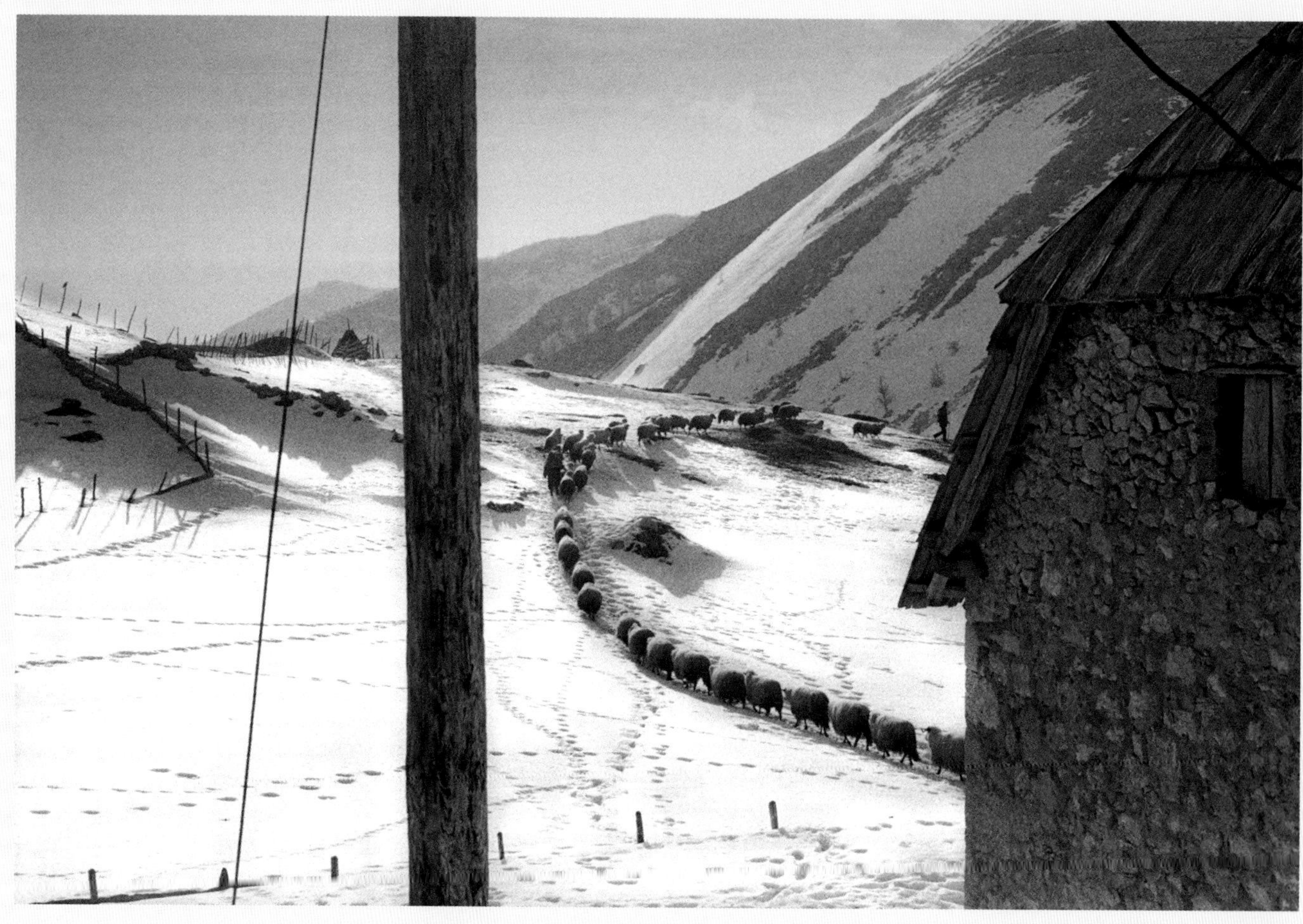

Belichtung

Ein Verständnis für den kreativen und kontrollierten Umgang mit der Belichtung öffnet neue Möglichkeiten, die eigenen Ideen in Fotografien umzusetzen

Mittlerer Grauwert

Der Belichtungsmesser in der Kamera ist sehr genau, aber darauf ausgelegt, den Durchschnitt eines Motivs zu berechnen und entsprechend zu belichten. Dieser mittlere Grauwert ist für die meisten Aufnahmesituationen geeignet. Allerdings hat der Fotograf dann nicht die volle Kontrolle. Ob man mit Film oder einem digitalen Sensor fotografiert, es gibt nur einen eingeschränkten Belichtungsbereich, den Dynamikumfang, innerhalb dessen Details festgehalten werden. Bildinhalte, die außerhalb dieses Bereichs liegen, sind in der endgültigen Abbildung nicht sichtbar: In den Lichtern ist alles weiß, die Schatten sind vollkommen schwarz. Wenn der Unterschied zwischen den hellsten und den dunkelsten Stellen so groß ist, dass eine einzige Aufnahme sie nicht gleichzeitig festhalten kann, muss man sich für Details in den Schatten und ausgewaschene Lichter oder für das Gegenteil entscheiden. Bei einer Belichtung mit Durchschnittswert wird der Belichtungsbereich in die Mitte des Dynamikumfangs gelegt, sodass alles, was um drei oder vier Blenden darüber und darunter liegt, keine Details mehr aufweist. Solche Aufnahmen sind meist annehmbar, aber etwas nichtssagend. Wenn man den Bereich nach oben oder unten verschiebt, indem man über- oder unterbelichtet, gewinnt man die Kontrolle zurück und kann interessantere Aufnahmen gestalten.

Belichtungsreihen, Über- und Unterbelichten

Bei schwierigen Lichtverhältnissen stellt man eine Reihe von Aufnahmen her, die jeweils ½ oder ⅓ Blende ober- oder unter-

(l.) Eine unterbelichtete Fotografie zeigt in den Lichtern noch Details, wenn man Motive mit großen, hellen Flächen aufnimmt. Bei Schneelandschaften wie diesem Gebirgsdorf in Bosnien (2000) sorgt eine leichte Überbelichtung gegenüber dem von der Kamera vorgeschlagenen Wert jedoch für strahlend weißen Schnee. Eine Belichtungsreihe kann nützlich sein, um das Maß der erforderlichen Über- oder Unterbelichtung zu ermitteln.
(r.) Die Belichtung dieses Sonnenuntergangs (2005) wurde auf den Farbsaum am Himmel abgestimmt, um die nötige Farbsättigung zu erhalten. Bei einer Belichtung auf den Vordergrund wären die feinen Farbabstufungen am Himmel nicht zu sehen gewesen und die Stimmung wäre verloren gegangen.

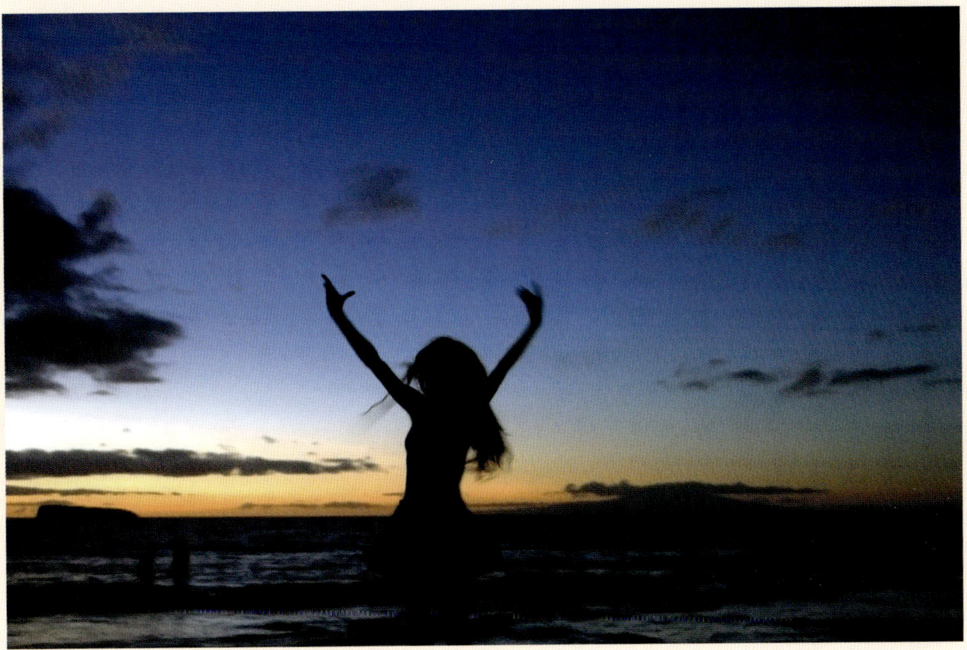

halb der Grundbelichtung liegen, und wählt dann die beste aus. Viele moderne Kameras verfügen über ein Programm, das solche Belichtungsreihen automatisch erstellt. Man kann Motive auch bewusst über- oder unterbelichten, um die Aufnahme interessanter zu machen. Sonnenuntergänge und Gegenlichtaufnahmen sehen meist besser aus, wenn sie unterbelichtet sind, da die Farbsättigung erhöht wird. Überbelichtung bewirkt das Gegenteil: Die Farben verblassen. Man kann kontrastarme, überwiegend helle High-Key-Aufnahmen durch Überbelichtung und dunkle, dramatische Low-Key-Aufnahmen durch Unterbelichtung erzielen. Alltagsszenen lassen sich durch sorgfältige Belichtung so vollkommen verfremden.

Belichtungstests

Um die Auswirkungen der Belichtung studieren zu können, stellt man Alltagsgegenstände – Obst, eine Schale oder ein Buch – auf einen Tisch vor einem Fenster, sodass sie seitlich beleuchtet werden. Mit der Kamera auf dem Stativ nimmt man dann bei ¼ Sekunde ein Bild bei mittlerer Blende auf. Dann blendet man um vier Stufen ab und macht eine Aufnahme. Danach blendet man jeweils um eine Blende auf, fotografiert, blendet wieder auf, bis man vier Blenden über der mittleren Blende angelangt ist. Falls man dabei die höchste Blende der Kamera erreicht, erhöht man die Belichtungszeit um eine Stufe. Man kann dieses Verfahren auch im Freien anwenden, wenn man an einem sonnigen Tag ein Motiv wählt, das sich durch unterschiedlich starke Lichter und Schatten auszeichnet. Anhand dieser Testbilder kann man sehen, wie sich die Belichtung auf die Tonwerte auswirkt, vor allem auf die Lichter und Schatten. Der Verlust an Detailreichtum bei Überbelichtung (‚ausgefressene' weiße Lichter) und Unterbelichtung (‚abgesoffene' schwarze Schatten) lässt sich bewusst für die Gestaltung der eigenen Bilder einsetzen.

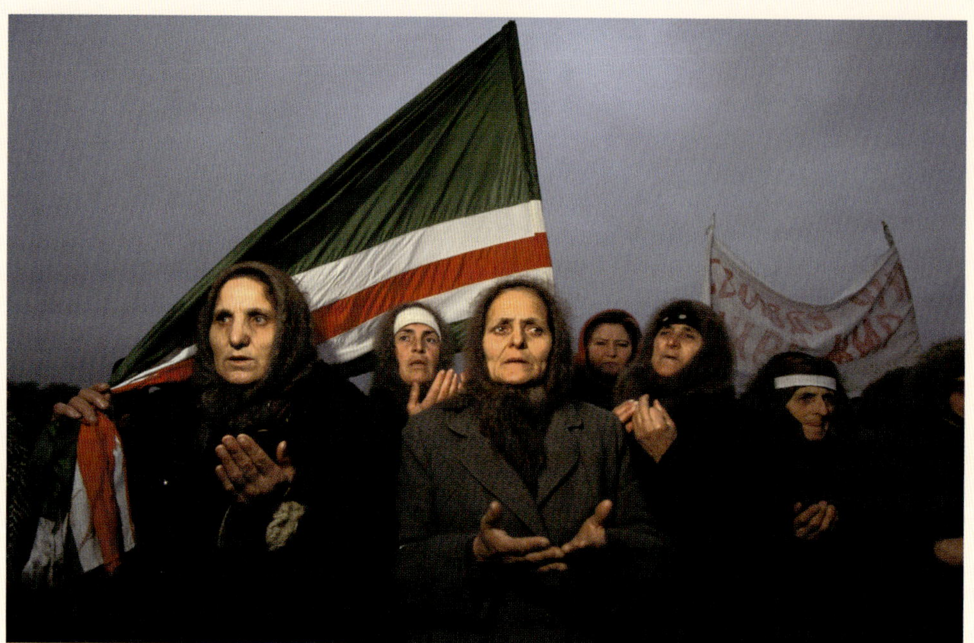

(l.) Das Blitzlicht wurde seitlich von der Kamera gehalten, um die Gesichter dieser friedlich demonstrierenden Tschetscheninnen (1994) mit gerichtetem Licht zu beleuchten. Der Blitzkopf wurde mit einem Korrekturfilter (CTO) bedeckt, um die Hauttöne nicht zu blau und kalt wirken zu lassen.
(r.) Bei diesem mit Teleobjektiv aufgenommenen Porträt eines erwachsenen Orang-Utan-Männchens (2001) wurde mit Aufhellblitz gearbeitet. Ohne den Blitz hätten Haut und Augen dunkel und leblos gewirkt, während jetzt die Lichter angehoben werden und in den Augen kleine Glanzlichter erscheinen.

Blitzlicht

„Sonnenschein in der Tasche" ist nicht nur eine gute Beschreibung der Nützlichkeit des Blitzlichtgeräts, es ist auch der Schlüssel für seinen effektiven Einsatz. Wie das natürliche Sonnenlicht kann man auch mit dem Blitz harte, direkte und gezielte Lichteffekte oder weiches, sanftes Allgemeinlicht erzeugen. Viele Kameras verfügen inzwischen über ein integriertes Blitzlicht, das jedoch das Motiv nur frontal beleuchten kann. Im Idealfall kann man ein separates Blitzgerät verwenden, das entweder am Schuh der Kamera angebracht oder separat aufgestellt und mit TTL-Kabel oder kabellos ausgelöst wird.

Direkter Blitz und Aufhellblitz

Am naheliegendsten ist es, den Blitz direkt auf der Kamera anzubringen. Das kann jedoch die schlechteste Einsatzmethode sein: Direktes Blitzen führt zu harten Übergängen, starken Kontrasten, verflachten Motiven und kann rote Augen verursachen. Man sollte nur darauf zurückgreifen, wenn es keine Alternative gibt, also etwa wenn man sich unter beengten Verhältnissen mit anderen Fotografen den Platz teilen muss oder wenn das Motiv weit entfernt ist. Nützlich ist das direkte Blitzen auch als Aufhellblitz, um bei einem Motiv im Gegenlicht den Kontrast zu verringern, zum Beispiel bei einer Person, die mit dem Rücken zur Sonne steht. Dabei wird der Blitz etwa 2½ Blenden niedriger als für das Allgemeinlicht eingestellt. Wenn die Belichtungsmessung für das Motiv also 1/250s bei f/11 ergibt, dann wird der Blitz auf f/5,6, f/8 oder f/9 eingestellt. Durch Experimentieren kann man das Verhältnis von Aufhellblitz zu Tageslicht ermitteln, das den eigenen Vorstellungen entspricht. Die meisten modernen Kameras und Blitzgeräte arbeiten mit dem TTL-Verfahren (through-the-lens metering) und erlauben einfaches Verstellen des Blitzes.

Diese Methode kann auch umkehrt verwendet werden, wenn also der Blitz stärker als das Umgebungslicht ist und als Hauptlichtquelle dient. So wird die Nacht zum Tag, oder man kann eine Abendszene dramatischer gestalten. Dabei werden die Belichtungswerte für das Allgemeinlicht gemessen, z. B. 1/60s bei f/11, und der Blitz wird dann auf f/11 und 1/250s eingestellt. So wird der Hintergrund um zwei Blenden dunkler als der Vordergrund. Wenn man abends ein ausgewogenes Verhältnis zwischen Allgemein- und Blitzlicht erhalten möchte, werden Kamera und Blitz dementsprechend auf den gleichen Wert eingestellt. So werden Vorder- und Hintergrund gleichmäßig ausgeleuchtet.

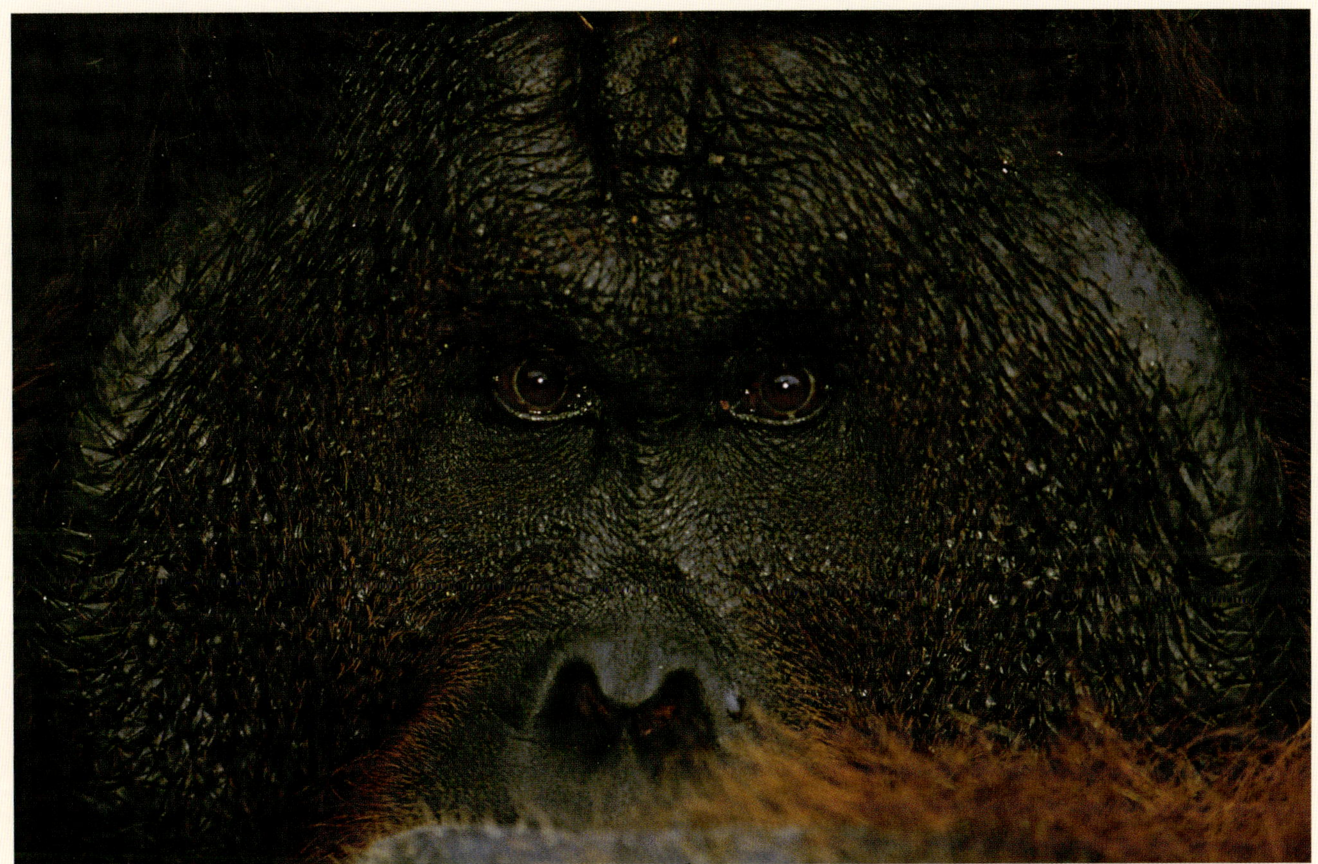

Falls möglich, sollte man Kamera und Blitz mit einem Kabel verbinden, den Blitz seitlich von der Kamera halten und das Motiv in einem Winkel von 45–90° anblitzen. Dieses gerichtete Licht ergibt interessantere, räumlicher wirkende Aufnahmen.

Ausleuchtblitz und indirekter Blitz

Eine ähnliche Technik wie der Aufhellblitz besteht darin, das Blitzlicht dem gegebenen Innenraumlicht anzupassen. Dabei nimmt man die Messwerte und leuchtet den Vordergrund mit dem Blitz aus, während der Hintergrund mit einer langen Belichtung ausgefüllt wird. Wenn man z. B. 1/15s und f/5,6 misst, stellt man den Blitz auf f/5,6 ein und lässt ihn den Vordergrund ausleuchten. Auch hier sollte man wieder (mit Belichtungszeiten von 1s bis 1/30s) experimentieren, um den gewünschten Effekt zu erzielen. Längere Belichtungszeiten ergeben einen Unschärfe-Effekt, bei dem das Motiv in der Bewegung eingefroren erscheint, während der Hintergrund unscharf ist. Am besten übt man diese Technik, indem man in einer Disko viele Aufnahmen mit unterschiedlichen Werten macht. Punktförmige Lichtquellen wie Scheinwerfer hinterlassen lange Lichtstreifen, die sehr eigenartig und interessant aussehen können.

Die andere grundsätzliche Verwendungsweise des Blitzes besteht darin, das Blitzlicht auf die Decke oder die Wände des Raumes zu richten, in dem man arbeitet. Dadurch erreicht man ein sanftes Allgemeinlicht, das zwar etwas flach und kontrastarm wirken kann, andererseits aber auch schmeichelhaft wirkt. Die meisten modernen Kameras mit TTL können dies gut, älteren Blitzgeräten muss man oft mit einer Blendenerhöhung um ½ Wert auf die Sprünge helfen. Bei Farbaufnahmen nimmt das Blitzlicht die Farbe der Wand an, von der es reflektiert wird: Grüne Wände sollte man meiden!

Viele Fotografen verwenden Zubehör wie z. B. Bounce Cards, kleine Plastikkarten, die auf den zur Decke gerichteten Blitzkopf aufgesteckt werden und so das Motiv indirekt beleuchten, oder Streulichtaufsätze für Außenaufnahmen und sehr große Innenräume. Auch hier sollte man experimentieren, um die Hilfsmittel zu finden, die den eigenen Vorstellungen entsprechen. Viele Blitzgeräte liefern eher kaltes Licht; hier kann das Aufbringen eines orangefarbenen Korrekturfilters auf dem Blitzkopf das Mittel der Wahl sein, um ein etwas wärmeres Licht zu erhalten, insbesondere bei Innenaufnahmen, wenn es um den richtigen Mix zwischen warmem Raumlicht und Blitzlicht geht.

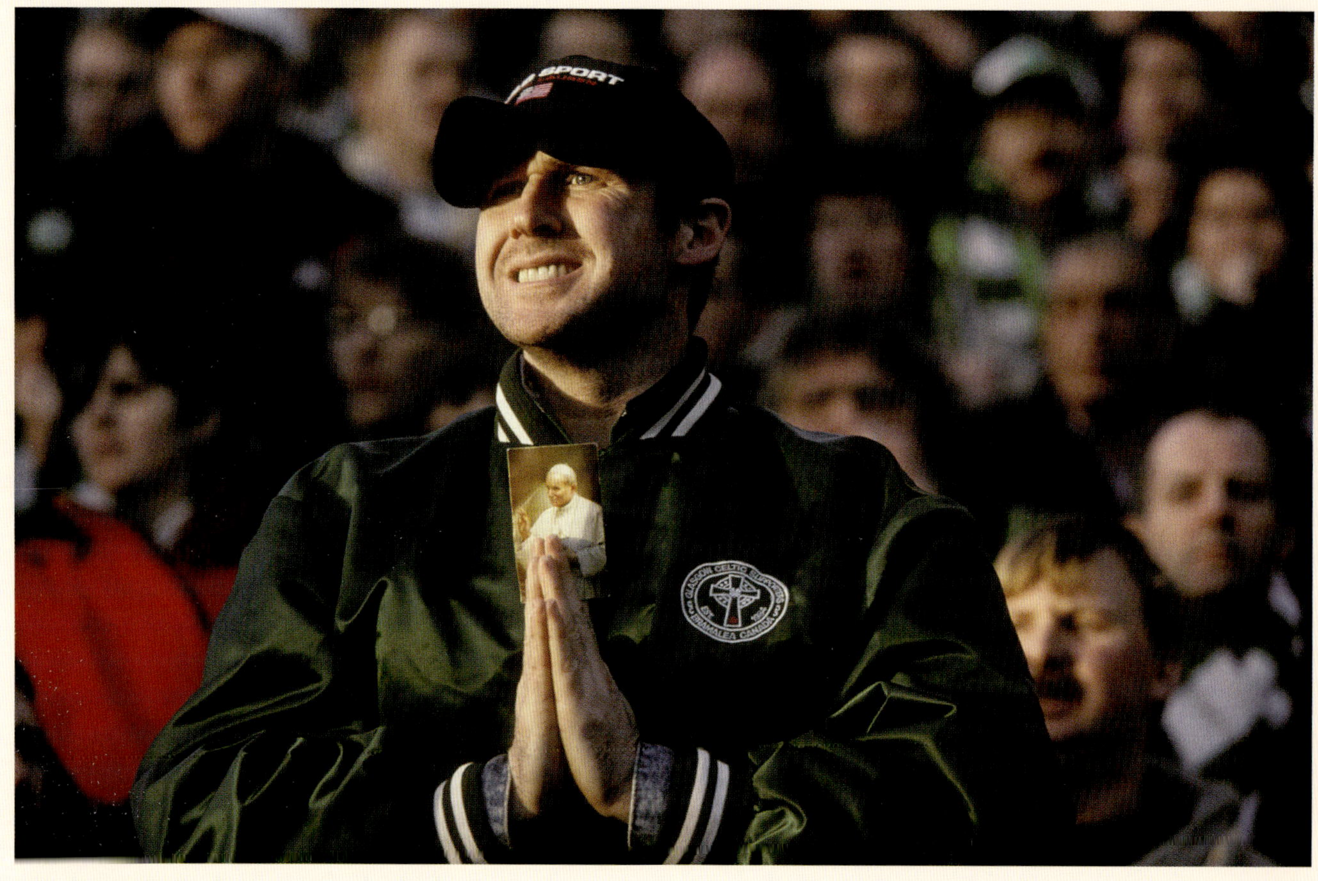

Objektive

Objektive können eine Szene in einer radikal anderen Perspektive zeigen, sie können die Szene aber auch dominieren, wenn sie allzu sorglos eingesetzt werden. Der ideale Ansatz besteht darin, sich zu fragen, was man mit einer Fotografie aussagen möchte und was die beste Methode ist, es zu sagen. Das hilft bei der Auswahl des Objektivs für bestimmte Situationen wie auch bei der grundsätzlichen Wahl der Objektive.

Mit Objektiven arbeiten

Als Sportfotograf benötigt man einen vollständigen Satz Objektive, vom langen Tele bis hin zum extremen Weitwinkel, ein Pressefotograf wird kaum mit weniger auskommen, wenn er für alle Fälle gerüstet sein will. Ein Dokumentarfotograf benötigt hingegen vermutlich nur einige wenige Objektive. Viele Dokumentarfotografen arbeiten im Laufe längerer Projekte oft nur mit einem 35mm-Objektiv und vielleicht einem 50mm- und einem 28mm-Objektiv, wenn sie engere Bildausschnitte benötigen oder es an Platz mangelt. Henri Cartier-Bresson (s. S. 260) nahm zum Beispiel seine Meisterwerke fast alle mit einem 50mm-Objektiv auf. Viele Fotografen fangen mit nur wenigen Objektiven an – vielleicht einem Normalobjektiv und einem Weitwinkel- oder kurzem Teleobjektiv –, um sich dann, wenn sie es sich leisten können, einen vollen Satz an Brennweiten anzuschaffen und auch die extremen zu nutzen. Im Laufe der Zeit kehren sie dann oft zu den ‚normaleren' Objektiven zurück und schießen ihre meisten Aufnahmen zwischen 28 und 70mm.

Extreme Objektive

Der Reiz von extremen Objektiven liegt darin, dass sie die Welt in einer Weise abbilden, wie sie das menschliche Auge nicht sieht. Ein extremes Weitwinkelobjektiv kann sehr viel Informa-

(l.) Ein Teleobjektiv ist perfekt, um einzelne Gesichter aus einer Menschenmenge herauszulösen und zu fotografieren, ohne die Person zu beunruhigen. Dieser Football-Fan ist ganz ins Gebet für den Sieg seines Teams versunken (2000).
(r.) Mit einem Weitwinkelobjektiv, etwa einem 24mm, kann man dicht ans Motiv heran, sodass der Betrachter in das Geschehen hineingezogen wird, wie bei dieser Aufnahme von Kindern, die auf einer Skulptur in Kasachstan spielen (1990).

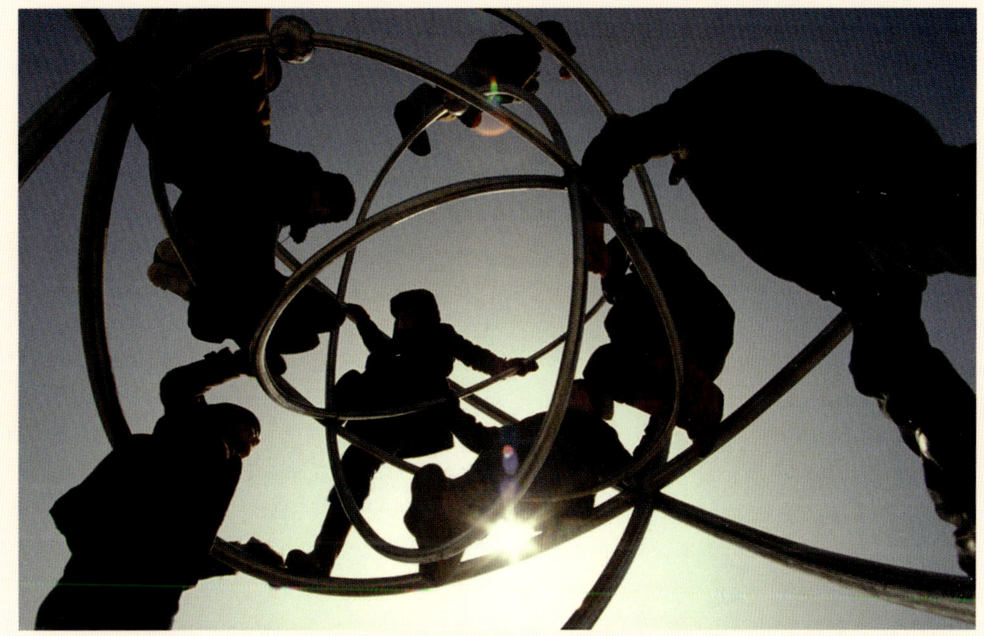

tion festhalten oder den Vordergrund im Vergleich zum Hintergrund riesig erscheinen lassen; ein langes Teleobjektiv kann eine Aufnahme optisch verkürzen und weit voneinander entfernte Gegenstände zusammenrücken lassen. Leider nutzen viele Fotografen diese interessanten Effekte zu wahllos, sodass ihre Aufnahmen durch die Wiederholungen eher langweilig wirken.

Weitwinkelobjektive mit kleineren Brennweiten als 24mm haben zudem die Neigung, Motive zu verzerren – vor allem am Bildrand, wo es dann zu unnatürlich verlängerten Köpfen kommen kann. Sie lenken oft auch zu sehr ab, insbesondere bei Hochformaten. Es gibt kaum Situationen, in denen man nicht auch einige Schritte zurücktreten könnte, anstatt ein extremeres Weitwinkelobjektiv zu verwenden.

Teleobjektive erlauben nicht nur Aufnahmen von weit entfernten Motiven. Man kann mit ihnen auch den Rahmen eines Bildes mit einem nahen Motiv ausfüllen oder Details abbilden. Die geringe Schärfentiefe großer Brennweiten lässt sich einsetzen, um das Motiv vom Hintergrund abzuheben und zu betonen, man kann aber auch durch die Verkürzung weit voneinander entfernt liegende Gegenstände miteinander in Bezug setzen.

Normalobjektiv

Das 50mm-Normalobjektiv wird oft als langweilig bezeichnet. Wenn man es jedoch richtig einsetzt, kann es nützlich sein, da sein Blickwinkel dem des menschlichen Auges sehr ähnelt und deshalb Aufnahmen gestattet, die natürlich wirken und keine Verzerrungen aufweisen. Vorder- und Hintergrund werden miteinander verbunden, und es ist nützlich, wenn es darum geht, eine Aufnahme zu komponieren, da man etwas zurücktreten und dennoch die gesamte Szene einfangen kann. Aus diesen Gründen bevorzugte Henri Cartier-Bresson das 50mm-Objektiv, das ihm erlaubte, diskret und unauffällig zu arbeiten.

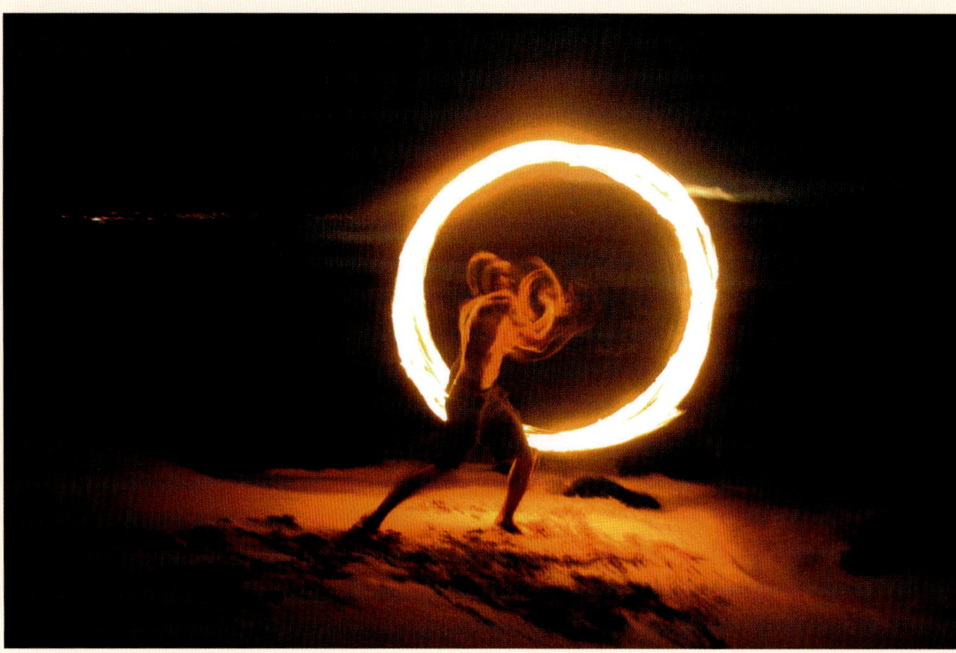

(l.) Die Lichtspuren dieses Feuertänzers auf Hawaii (2005) wurden mit einer langen Belichtungszeit von einer Sekunde eingefangen. Die Fackel beleuchtet den Strand und den Körper des Tänzers.
(r.) In dieser Fotografie aus einem Flüchtlingslager während einer Hungersnot in Somalia (1992) schuf eine Wolkenlücke während eines bedeckten Tages plötzlich einen Kreis von Schatten um den am Boden liegenden Jungen und brachte so zum Ausdruck, wie die Welt solche Geschehnisse zwar beobachtet, aber keine effektiven Maßnahmen ergreift, um Abhilfe zu schaffen.

Licht

Licht ist der Stoff, aus dem Fotografien wirklich bestehen. Deshalb muss man sich Gedanken über das Licht machen und wie es sich auf ein Foto auswirkt. Das Licht in einer Fotografie ist eines der wichtigsten Elemente, die man einsetzen kann, um die eigenen Absichten zu verwirklichen. Der herausragende Fotograf zeichnet sich durch seine unverwechselbare Verwendung des Lichts aus.

Die Qualität des Lichts

Licht kann man auf unterschiedliche Weisen beschreiben – hart oder weich, gerichtet oder diffus, kontrastreich oder -arm, kalt oder warm –, und jeder Aspekt des Lichts beeinflusst die Fotografie. Wenn man das Licht in der Situation, in der man fotografiert, ganz genau betrachtet, kann man es für sich arbeiten lassen. So kann man etwa Lichtstrahlen suchen, die eine Szene oder ein Motiv unterteilen und starke Kontraste zwischen hellen und dunklen Bildteilen schaffen. Diese Technik wird als *Chiaroscuro* bezeichnet und kann starke Tiefenwirkungen schaffen, sodass die Aufnahme fast dreidimensional anmutet. Je kleiner eine Lichtquelle ist und je weiter entfernt vom Motiv, desto härter ist das Licht, das von ihr ausgeht – und umgekehrt. Auch das Wetter wirkt sich auf das Licht aus. Volles Sonnenlicht trifft aus großer Entfernung von einer sehr klein wirkenden Quelle auf das Motiv und ist deswegen hart, mit klaren Schatten, deutlichen Kanten und starken Kontrasten. Zwischen den Lichtern und den Schatten liegen mehrere Blenden, oft ist der Abstand so groß, dass die Kamera nicht mehr alle Extreme festhalten kann. Bei bedecktem Himmel ist das Licht diffuser und der gesamte Himmel – also eine riesige Fläche – ist eine einzige Lichtquelle. Das Licht ist dann weich, die Schatten sind undeutlicher und kontrastärmer. Der Dynamikumfang zwischen Lichtern und Schatten ist gering, sodass alle Details eingefangen werden können.

Aufnahmen um Sonnenauf- oder -untergang sind ebenfalls kontrastarm, aber das Licht ist sehr warm und man erzielt schöne, friedliche Wirkungen. Sonnenlicht um die Mittagszeit ist meist sehr hart und hässlich, da es direkt von oben kommt und senkrechte Schatten nach unten wirft. Vor allem Gesichter sind

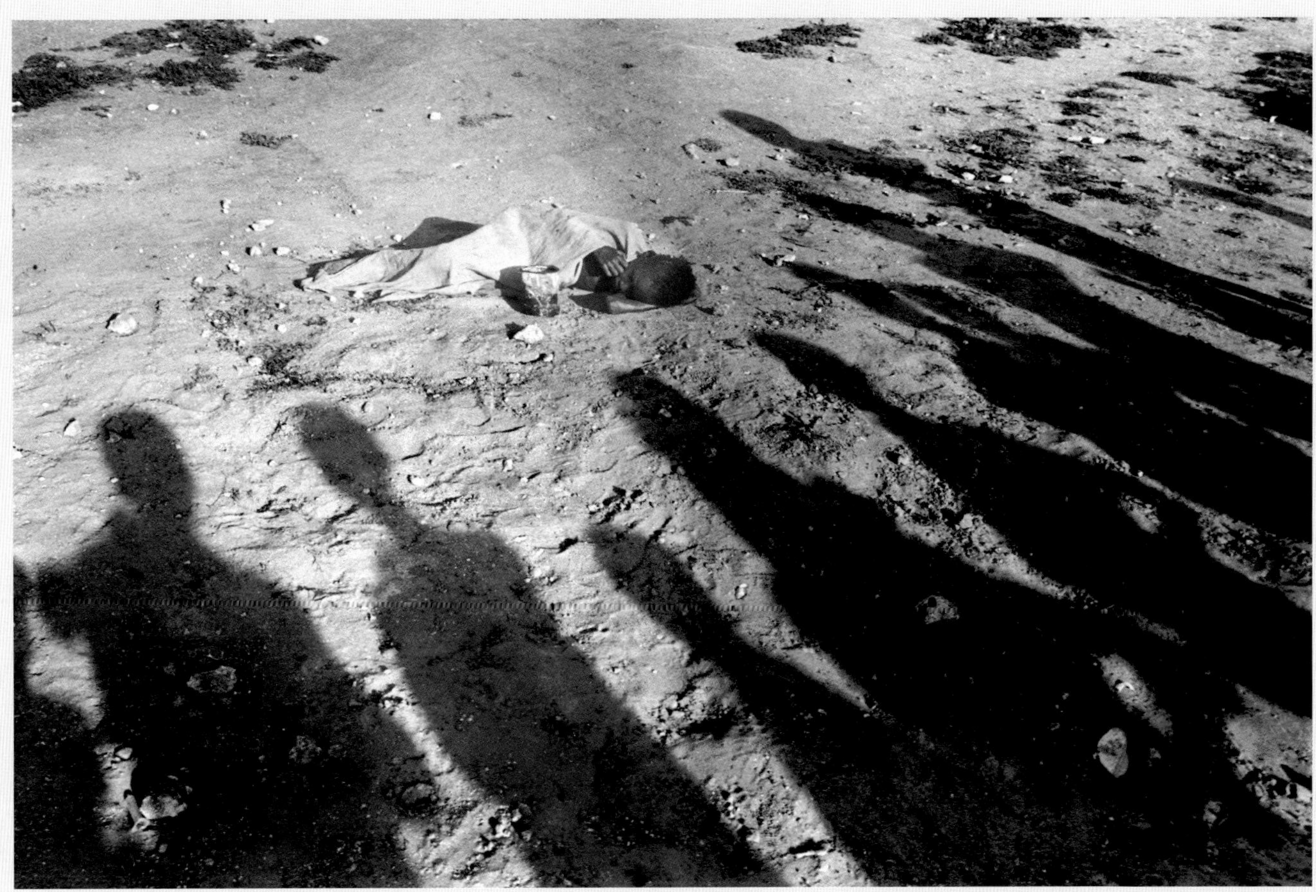

dann schwierig zu fotografieren, da tiefe Schatten um die Augen und unter der Nase entstehen. Mit einem Aufhellblitz kann man dem entgegenwirken. Durch Fenster einfallendes Licht ist oft sehr schön, da es recht weich, aber doch gerichtet ist. Man kann es gut nutzten, um Motive dreidimensional zu modellieren.

Licht beobachten

Man kann viel über Licht lernen, wenn man sich Gemälde ansieht, vor allem Alte Meister wie Rembrandt oder Caravaggio. Auch der Umgang mit Licht in Kinofilmen kann sehr lehrreich sein. Wenn man dieselbe Szene zu unterschiedlichen Tageszeiten und unter verschiedenen Lichtbedingungen fotografiert, sieht man, wie sich das Licht auf die Aufnahme auswirkt. Ein guter Fotograf zeichnet sich durch die Fähigkeit aus, auf das richtige Licht zu warten oder die richtige Beleuchtung vorherzusehen.

Fotografieren bei geringem Licht

Einer der größten Fortschritte, die das Aufkommen der digitalen Fotografie gebracht hat, ist die Möglichkeit, auch bei sehr schlechten Lichtverhältnissen zu fotografieren und dennoch annehmbare Ergebnisse zu erzielen. Die Sensoren sind inzwischen sehr empfindlich und erlauben ISO-Werte weit jenseits von 12 800. Zwar erhöht sich dadurch auch das digitale Bildrauschen, aber wenn man bei fast keinem Licht überhaupt zu einem Bild kommt, mag das hinnehmbar sein. In Verbindung mit einem lichtstarken Objektiv kann man Motive aufnehmen, in denen der Sensor im Gegensatz zum Auge noch Details erkennt. So reicht das Display eines Handys, um ein Gesicht zu beleuchten, und eine Mondscheinszene wirkt wie mittags aufgenommen. Durch entsprechende Probeaufnahmen mit der eigenen Kamera kann man ermitteln, wo der Kompromiss zwischen Bildrauschen und der eigenen Fähigkeit, die Kamera ruhig zu halten, noch annehmbar ist. Ein Stativ ist eine lohnende Investition, es sollte belastbar, aber einigermaßen leicht sein. Man kann mit dem Stativ nicht nur längere Verschlusszeiten für größere Tiefenschärfe wählen und Aufnahmen bei wenig Licht machen, es verlangsamt auch das eigene Fotografieren und zwingt zur intensiven Konzentration auf jede einzelne Aufnahme.

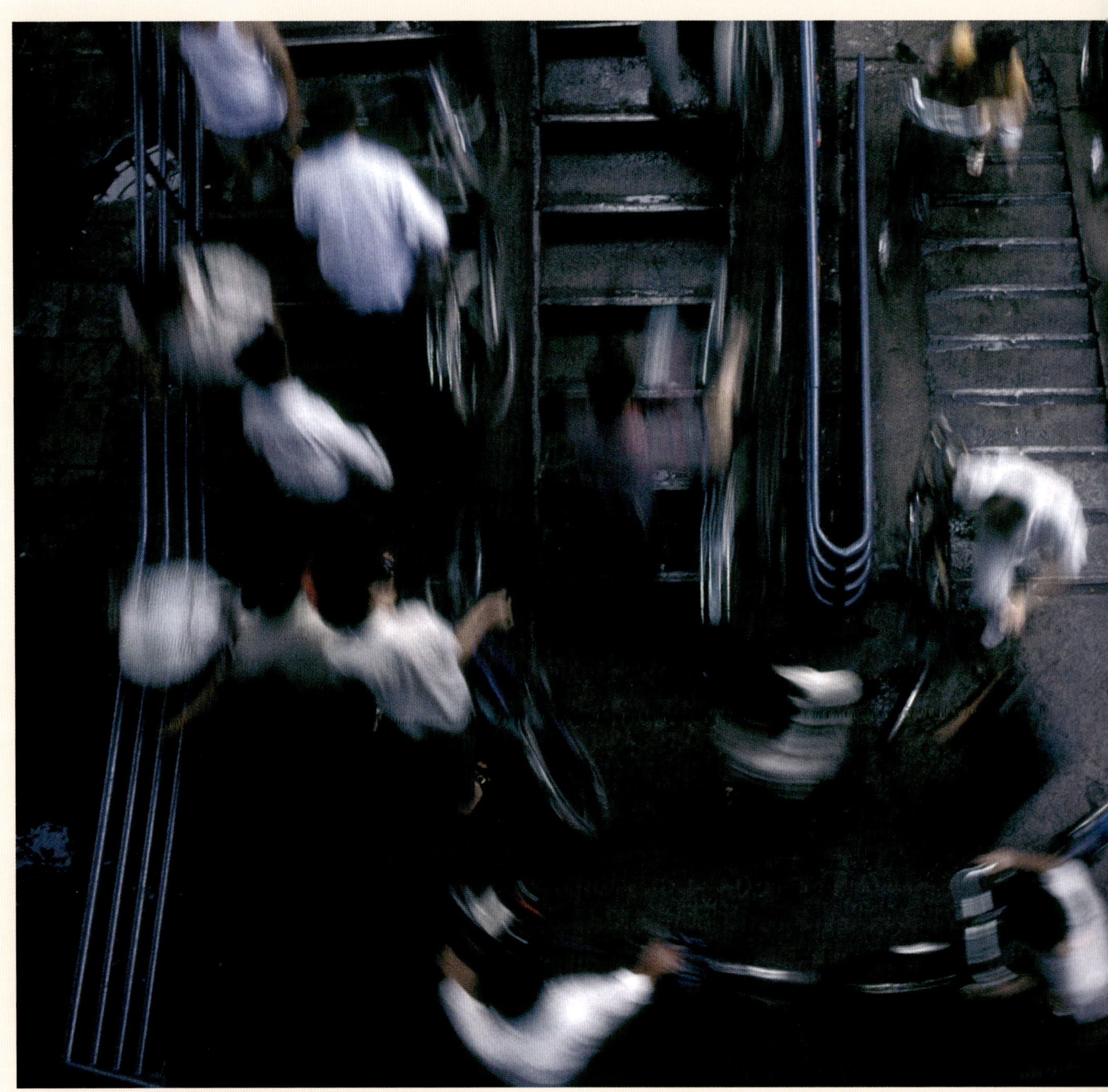

Die Rushhour in Schanghai (2004) bot eine ideale Gelegenheit, um Geschäftigkeit und Energie der Riesenmetropole einzufangen. Die Vogelperspektive macht die Bewegungsmuster deutlich.

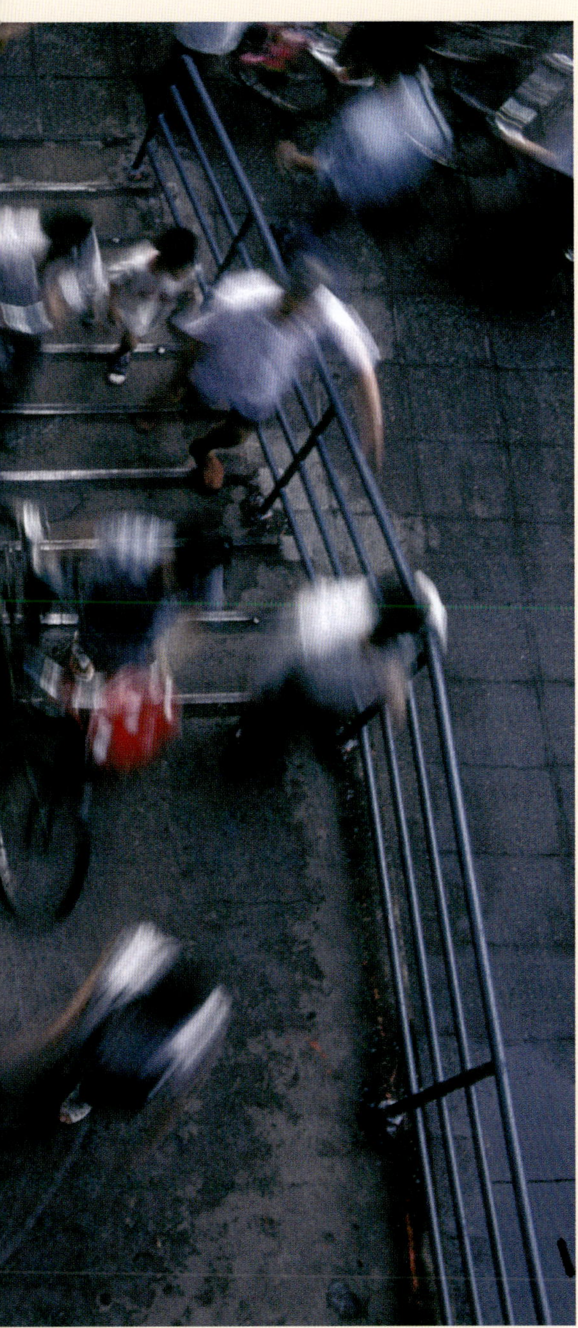

Aufnahmeort

Der interessante Aufnahmeort – die ‚Location' – ist ein entscheidender Faktor für die Fotografie. Um ein Gefühl für die richtige Location zu bekommen, muss man sich vorstellen können, wie eine Szene bei einer bestimmten Brennweite aussieht und wie sich das Licht im Laufe des Tages dort ändern wird, da die Farbtemperatur und die Härte des Lichts von der Tageszeit abhängig sind. Helles Sonnenlicht, bewölkter Himmel oder Abendsonne sind grundlegend unterschiedlich, und man muss sich vorstellen können, wie die fertige Aufnahme aussehen soll, um dann zu entscheiden, bei welchem Licht man dieses Ergebnis erreichen kann.

Zeitplanung

Um zur richtigen Zeit am richtigen Ort zu sein, muss man seine Zeit sorgfältig einteilen und planen. So wird der Landschaftsfotograf vielleicht lange vor Tagesanbruch aufstehen, am Aufnahmeort bis zum frühen Morgen fotografieren, während der Tagesmitte verlorenen Schlaf nachholen, dann vor Sonnenuntergang zur Location zurückkehren, um weitere Aufnahmen zu machen, und danach vielleicht bis spät in die Nacht arbeiten. Auf der Suche nach Straßenmotiven wird man unter Umständen ein bestimmtes Gebiet mehrmals besuchen müssen, um die richtige Kombination aus Licht, Gebäuden und den sich immer wieder ändernden Menschenbewegungen zu finden. Bei einem dieser Besuche kann es dann vielleicht zufällig und spontan zu der gewünschten, perfekten Konstellation kommen. Ähnliches gilt für Porträtfotografen, die ihre Modelle in natürlichen Umgebungen fotografieren: Es ist eine wertvolle Fähigkeit, den Hintergrund zu erkennen, der das Potenzial hat, den Charakter eines Menschen zum Ausdruck zu bringen, und dann bestimmen zu können, wie man die Person am besten in diese Szene einfügt, um dieses Ziel zu erreichen.

Nützliche Programme und Apps für die Planung

Google Earth und Google Maps sind sehr hilfreich bei der Planung von Außenaufnahmen. Sie bieten einen Überblick über die Topografie des Aufnahmeorts, helfen bei der Suche nach dem besten Blickwinkel, interessanten Geländemerkmalen und prägnanten Gebäuden. Auch die besten Zugangsmöglichkeiten lassen sich so erkennen, etwa um einen Strand oder einen Gebirgspfad zu erreichen. Mit Google Earth kann man einen Ort virtuell ‚betreten' und erforschen, um die Landschaft fast so zu sehen, wie sie sich später zeigt. Als Gedächtnisstütze kann man Screenshots auf dem Handy speichern. Hilfreich sind auch mit Geotagging-Informationen versehene Fotos des Gebiets im Internet. Es gibt sogar Apps, mit denen sich Winkel und Richtung des Lichteinfalls an einem bestimmten Ort zu verschiedenen Zeiten berechnen lassen, sodass man einen Besuch bei idealen Lichtverhältnissen planen kann.

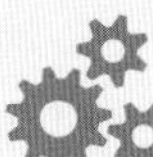

Methode

Jeder Fotograf hat seine eigenen, individuellen Arbeitsmethoden, die seine Werke einzigartig machen, ob ihm dies nun bewusst ist oder nicht. Es gibt jedoch auch bestimmte Schlüsselelemente, die sich in der Praxis der meisten Fotografen finden lassen. Dazu können die technischen Entscheidungen des Fotografen gehören, sein Standpunkt, seine ästhetischen Kriterien, die Motivwahl, die Recherchemethoden, die Zusammenarbeit mit Modellen, der Einsatz von symbolischen und metaphorischen Verfahren, die Erzählstruktur der Aufnahmen, einzeln und als Serie, also insgesamt seine Vision und seine Inspiration.

Technische Elemente

Zu den Elementen, die man als Fotograf beeinflussen kann, gehören das Kameraformat, bei dem von der Sucherkamera bis zur Fachkamera jedes seine eigene typische ‚Signatur' hat, die das Verhältnis von Fotograf zu Motiv verändert; das Objektiv (im Beispiel rechts verbindet das mittlere Weitwinkelobjektiv den Vorder- und Hintergrund miteinander und gibt der Aufnahme Tiefe und eine fast dreidimensionale Wirkung); die Filmart (Schwarz-Weiß oder Farbe, grobkörnig wie ein Tri-X oder eher feinkörnig wie ein Plus-X) und die unterschiedlichen Empfindlichkeitseinstellungen einer Digitalkamera, die bei zunehmendem digitalen ‚Rauschen' zu abnehmender Abbildungsqualität führen.

Recherche

Für manche Fotografen gehört die umfangreiche und gründliche Recherche eines Themas unabdingbar zu ihrer Arbeit. Sie benötigen ein tiefgehendes Verständnis der Belange, mit denen sie sich beschäftigen, um ihren Aufnahmen die erforderliche Tiefe und Resonanz zu geben. Andere ziehen es vor, spontaner zu arbeiten und gehen davon aus, dass die Welt ihnen Momente bietet, nach denen sie nicht gesucht haben. Andere wiederum machen das Fotografieren selbst zu einem Rechercheprozess, indem sie zum Beispiel untersuchen, wie sich die technischen Aspekte des Mediums weiterentwickeln lassen.

Persönliche Sicht

Die Entwicklung einer unverkennbaren individuellen Sichtweise ist ein wichtiger Schritt auf dem Weg, ein Fotograf zu werden. Manche Fotokünstler, wie z. B. Henri Cartier-Bresson (s. S. 260), haben fast alle ihre Aufnahmen in einem eigenen Stil geschossen, sodass ihre Bilder die gleichen optischen Merkmale aufweisen, wo immer sie auch entstanden sein mögen. Andere, wie Walker Evans (s. S. 78) in seinen Porträts des amerikanischen Alltags, haben ihre formale Strategie jeweils den Anforderungen des einzelnen Projekts angepasst; oft haben sie dabei allerdings das Gesamtthema ihrer Arbeit beibehalten.

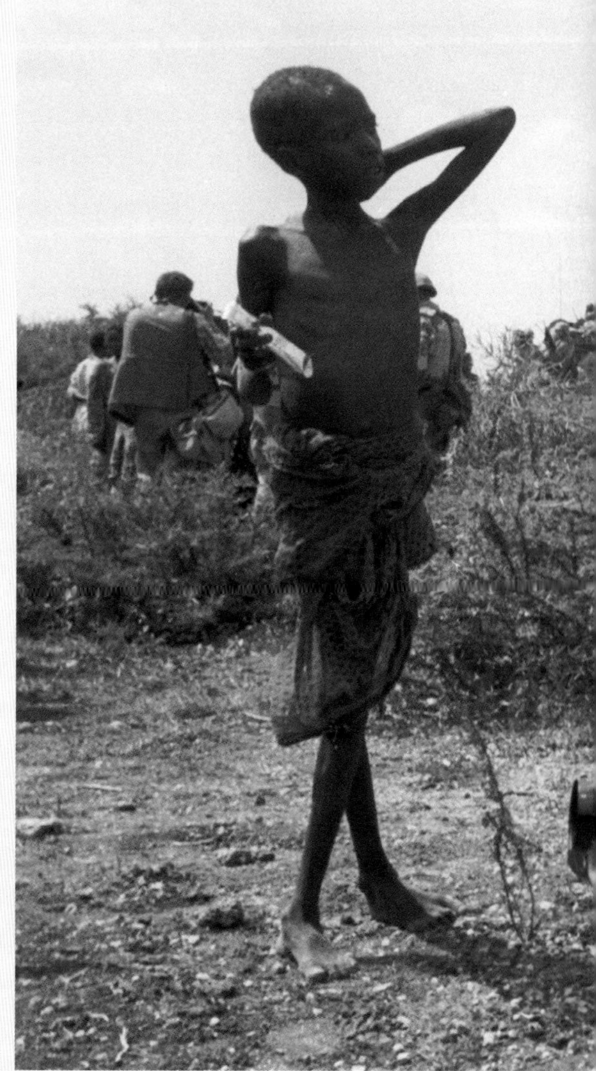

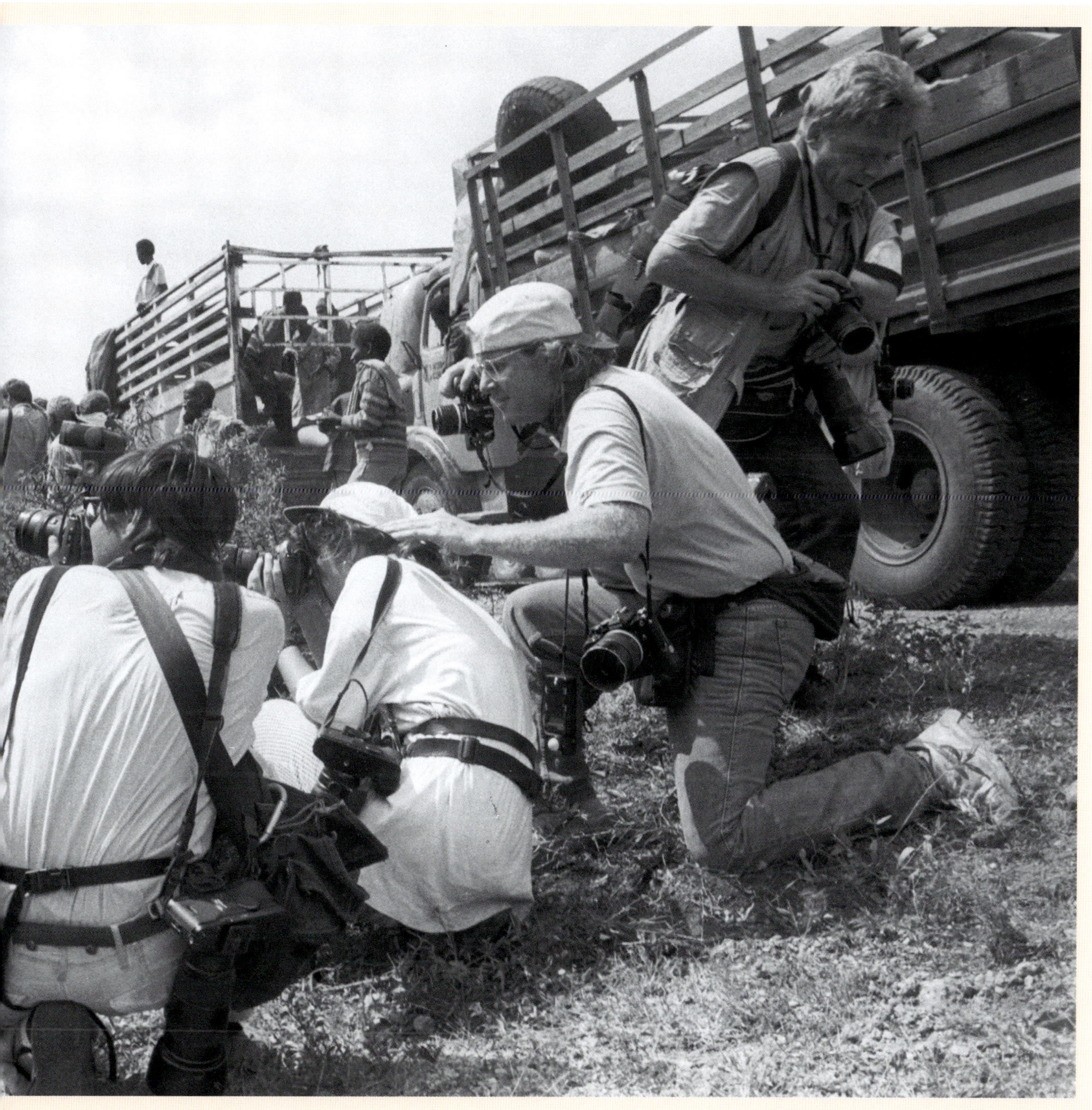

Beim Betrachten von Pressefotos vergisst man leicht, dass Fotografen nicht unsichtbar sind. Sie sind sogar genauso sehr Akteure in der Situation wie die Personen, über die sie berichten (1992).

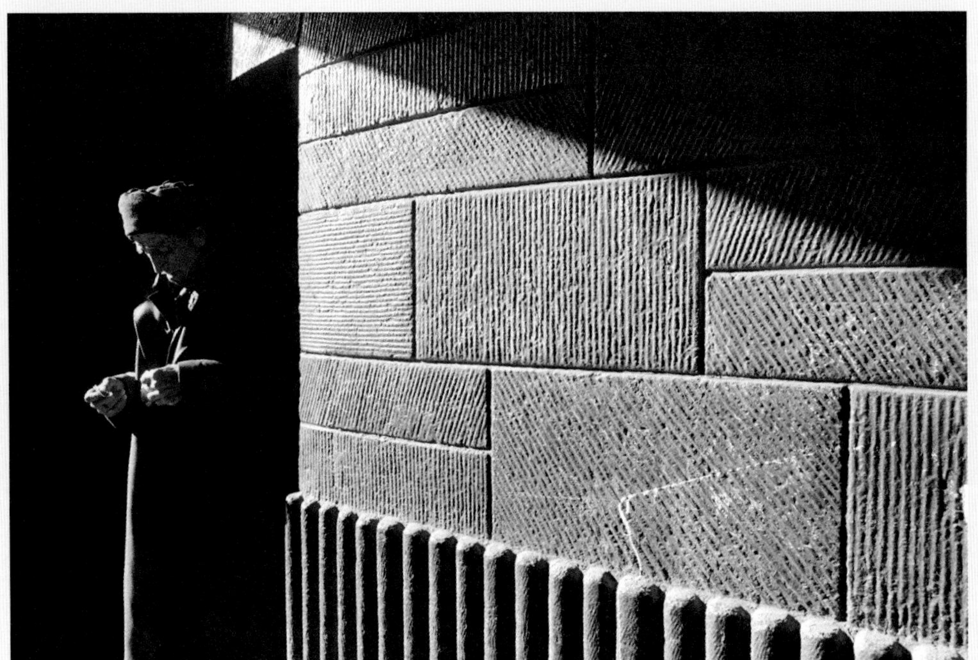

(l.) Um die Lichter und Schatten dieser Aufnahme auf den Straßen von Sarajewo (1993) intensiv zu halten, musste das Gesicht des Mannes vorsichtig abgewedelt werden, damit es heller wird und seine Gesichtszüge sichtbar werden.
(r.) Durch Nachbelichten der Lichter kann man den Himmel dramatischer gestalten. Das Bild zeigt das Ausmaß der Tragödie während der Hungersnot in Somalia im Jahr 1992.

Entwicklung

Die Aufbereitung des Materials ist ein entscheidender Schritt auf dem Weg zu einem gelungenen Foto, insbesondere wenn man an größeren Projekten oder Fotoessays arbeitet. Es ist deshalb sehr wichtig, sich mit den grundlegenden Aspekten dieser Arbeit vertraut zu machen.

Normalerweise wird die erste grobe Bildauswahl aus vielleicht Hunderten von Bildern vom Fotografen oder einer Fotoagentur vorgenommen. Mit Blick aufs eigene Werk sollte man sich das gesamte Material ansehen, alle Aufnahmen kennzeichnen oder notieren, die interessant erscheinen, und alles aussortieren, was offensichtlich technisch oder ästhetisch nicht funktioniert. In einem zweiten Durchgang geht man kritischer vor, da man schon einen Überblick über das zuvor ausgewählte Material hat. Jetzt wirken einige Aufnahmen vielleicht schwächer oder im Vergleich zu anderen nicht mehr so zufriedenstellend. Es kann in dieser Phase nützlich sein, die Bilder nach Ähnlichkeiten zu gruppieren, etwa alle Porträts, alle Landschaften, alle Detailaufnahmen und so weiter zusammen zu betrachten. Wenn man diese Gruppen isoliert betrachtet, wird sehr schnell deutlich, welches die besseren Aufnahmen sind. Nachdem man die weniger gelungenen Bilder aussortiert hat, verbleibt in jeder Gruppe eine kleine, aber starke Auswahl. Manchmal gibt es mehrere wirkungsvolle Aufnahmen, die eine gleiche Aussage zu treffen scheinen, sodass man sich der schweren, aber wichtigen Arbeit unterziehen muss, die eine (oder zwei) auszuwählen, die am besten sind. Der letzte Auswahlschritt, bei dem man außerordentlich selbstkritisch sein muss, ist am schwierigsten. Man sollte dabei nur jene Fotografien aufnehmen, die man gerne einem größeren Publikum zeigen oder gar veröffentlichen würde. Besteht nur der geringste Zweifel, sollte das Foto aussortiert werden.

Bildbearbeitung

Man kann mit modernen Digitalkameras vollkommen annehmbare Ergebnisse erzielen, wenn man im JPG-Format fotografiert und das Bild so verwendet, wie es von der Kamera gespeichert

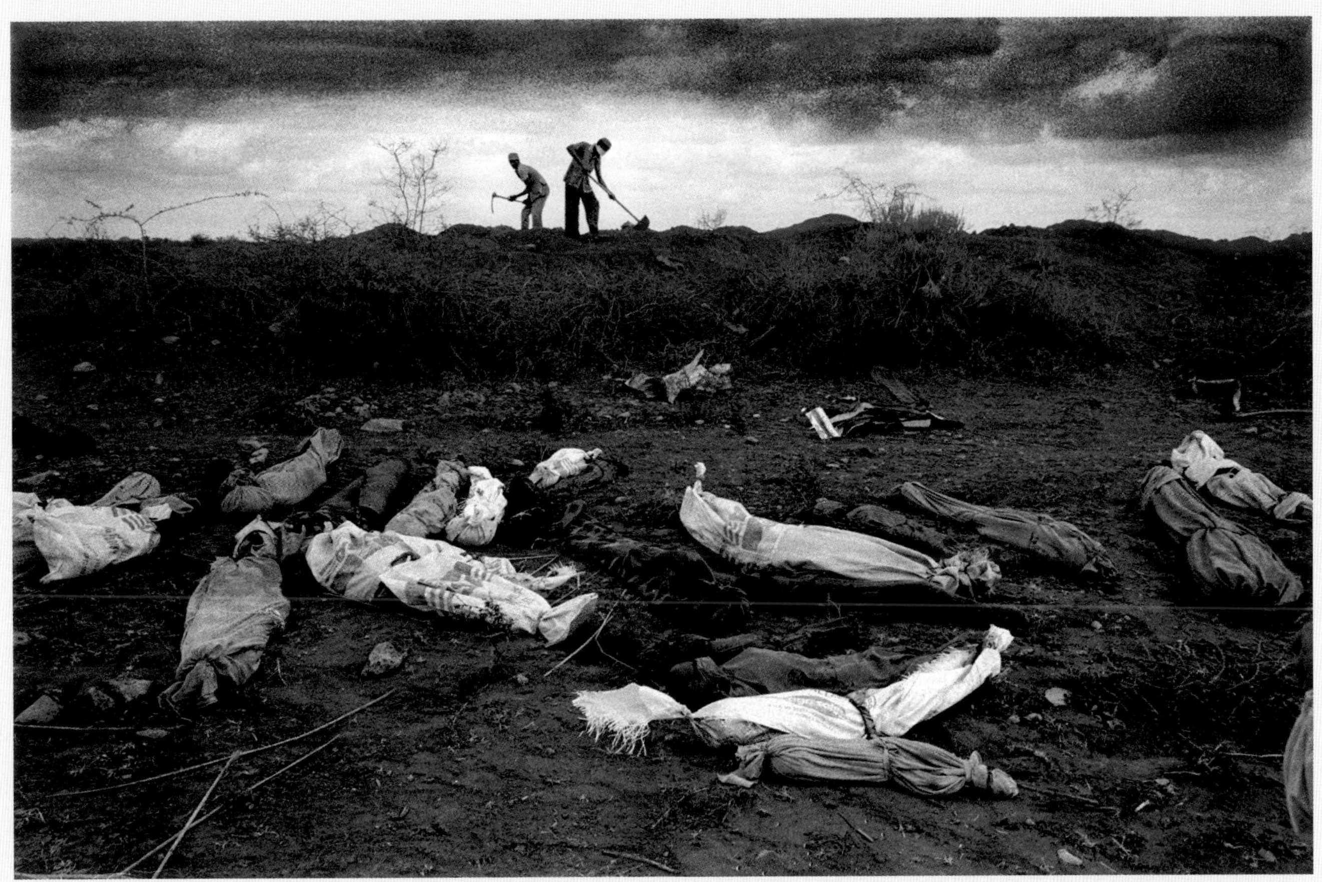

wird. Wenn man den fotografischen Prozess jedoch wirklich kontrollieren möchte, sollte man im RAW-Format fotografieren, was den Erwerb einer Bildbearbeitungssoftware nötig macht. Es lohnt sich auf jeden Fall, den Umgang mit einem Programm wie Photoshop zu erlernen, um alle Bearbeitungsschritte bis zum finalen Bild selbst in der Hand zu haben. Ähnlich wie bei der Programmautomatik an der Kamera lassen sich auch mit den Voreinstellungen des Programms zufriedenstellende Ergebnisse erzielen, sie stellen aber nicht die Möglichkeiten zur Verfügung, die aus einem Foto ein Meisterwerk machen können. Wenn man zuverlässige Ergebnisse bei der Bearbeitung von Bilddateien erzielen möchte, ist es wichtig, einen konsistenten Bearbeitungsplan zu entwickeln und den PC-Monitor zu kalibrieren, da eine Abbildung am Monitor vollkommen anders aussehen kann als später im Druck, wenn die einzelnen Komponenten nicht aufeinander abgestimmt sind. Bei der Verwendung von Werkzeugen zum Abwedeln, Nachbelichten und Nachschärfen sollte man sehr vorsichtig sein, da die Ergebnisse am Bildschirm vielleicht noch annehmbar erscheinen, im Ausdruck jedoch sehr vordergründig und unbeholfen wirken können. Weniger ist hier mehr.

Falls möglich, sollte man das traditionelle Entwickeln in der Dunkelkammer erlernen. Man bekommt dabei ein besseres Gefühl für die Umsetzung von Tonwerten und dafür, wie ein guter Abzug wirklich aussehen kann. Auch der Besuch von Fotoausstellungen ist sinnvoll investierte Zeit, weil man lernt, wie gute Fotoabzüge aussehen können. Die Druckqualität moderner Fotodrucker ist überragend, aber die laufenden Kosten sind hoch. Es kann preiswerter sein, ein professionelles Fotolabor in Anspruch zu nehmen, das das Beste aus den Dateien herausholt. Dort erhält man auch Hinweise für die geeignetsten Verfahren, um die gewünschte Wirkung zu erreichen. Ein gutes Fotolabor kann die angelieferten Bilddateien interpretieren, um einen beeindruckenden Ausdruck zu erstellen – deshalb lohnt es sich, ein gutes Verhältnis zu einem solchen Dienstleister aufzubauen. Man stellt dann fest, dass es etwas anderes ist, einen schönen Ausdruck in der Hand zu halten, als ein Foto am Bildschirm zu betrachten.

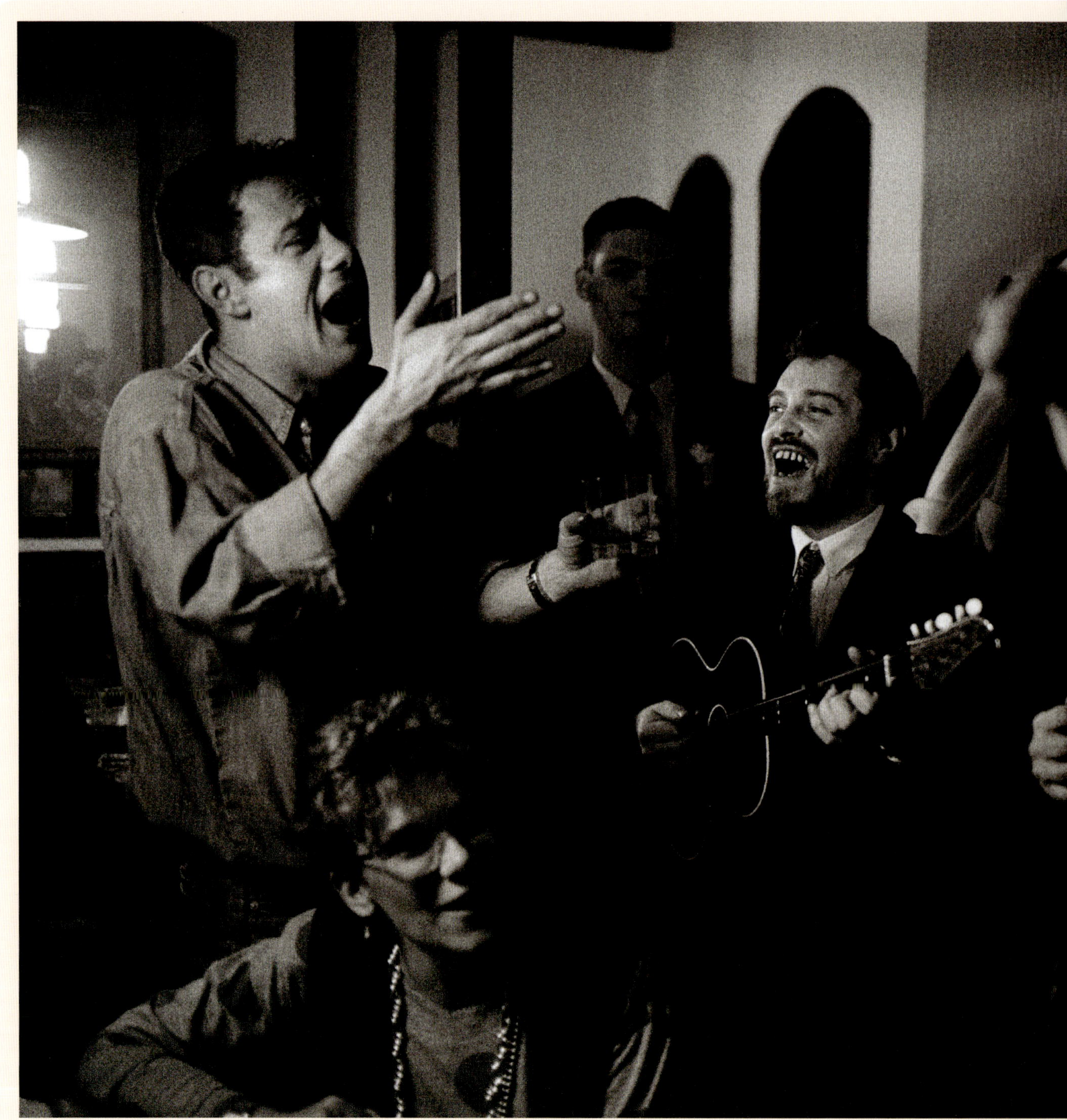

Wenn man immer eine Kamera dabei hat, kann man günstige Gelegenheiten beim Schopf fassen, wie bei dieser Hochzeit auf dem Balkan, bei der es zu einer spontanen Gesangseinlage kam (1996).

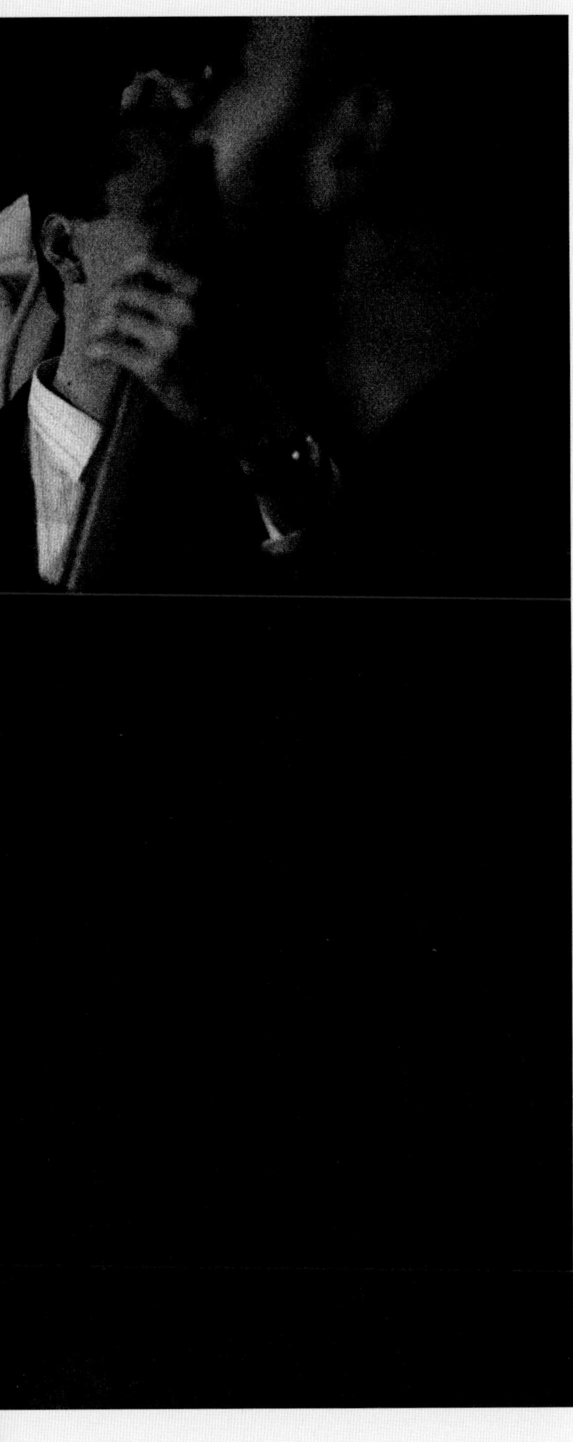

Motiv

Die Arbeit vieler großer Fotografen ist durch die Konzentration auf ein bestimmtes Gebiet definiert; sie haben systematisch die Möglichkeiten eines Themas, Sujets, Ortes oder Problems untersucht und ausgeleuchtet. Dabei können eher journalistische oder dokumentarische Kriterien zum Zug kommen, oder es sind formale oder ästhetische Aspekte, die im Vordergrund stehen. Unabhängig von der individuellen Inspiration kann die nachhaltige Beschäftigung mit einem bestimmten Gebiet einen Fotografen zur Entdeckung von etwas Einzigartigem, Persönlichen und Originellen führen. Es gibt unzählige Fotografien, die ihre Existenz nur dem Einsatz und Engagement eines Fotografen für eine bestimmte Idee verdanken; oft sind sie unter widrigen Umständen entstanden, sei es mangelndes Interesse des Publikums oder Geldmangel. Wenn man sein eigenes Thema entdeckt und besetzt hat, ist das ein wesentlicher Schritt auf dem Weg zu einer individuellen Vision.

Fotografische Motive

Um mit Garry Winogrand zu sprechen (s. S. 192), braucht ein Fotograf ein gutes Gespür dafür, wie die Welt aussehen wird, wenn man sie fotografiert – die Fähigkeit, eine Szene zu visualisieren und sich vorzustellen, wie sie nach der Transformation in zwei Dimensionen aussehen wird. Um Motive zu entdecken, die optisches Potenzial aufweisen, muss man die Welt aufmerksam betrachten und zudem die Fantasie besitzen, auch in banalen, alltäglichen Dingen das Magische zu sehen. Das kann eine Stadtlandschaft sein, ein bestimmter Personentyp oder ein analytisches Stillleben. So oder so geht es darum, das verborgene Potenzial eines Motivs zu entdecken, das durch die Kamera enthüllt werden kann.

Menschen fotografieren

Es gibt Fotografen, die Menschen sofort nach der ersten Begegnung fotografieren, da sie meinen, die Energie des unmittelbaren Aufeinandertreffens sei so wertvoll, dass man sie nicht vergehen lassen sollte. Andere ziehen es vor, viel Zeit mit der Person zu verbringen, ohne auch nur die Kamera zur Hand zu nehmen, um den Menschen allmählich kennenzulernen und sein Vertrauen zu erlangen. Manche reden unaufhörlich mit ihren Modellen, andere sagen kaum ein Wort. Es gibt kein allgemeingültiges Erfolgsrezept. Sehr wichtig ist jedoch, dass man sich der Auswirkungen bewusst ist, die die eigene Anwesenheit auf eine bestimmte Situation hat. Es ist unabdingbar, die persönlichen Grenzen und Rechte der Menschen zu respektieren, mit denen man arbeitet. Auch die Körpersprache ist ungemein wichtig; sie verrät nicht nur in der fertigen Abbildung viel über die dargestellte Person, sie kann auch erkennen lassen, ob sie während der Aufnahme entspannt und bereit war, mit dem Fotografen zusammenzuarbeiten.

Orte

Ein Gespür für Orte ist in der Fotografie von elementarer Bedeutung. Die Fähigkeit der Kamera, die Einzelheiten einer Landschaft festzuhalten, zählte schon immer zu den bestimmenden Merkmalen des Mediums. Fotografen erfassen die zeitliche, geschichtliche und räumliche Komplexität der vor ihnen liegenden Landschaft, gestalten sie und verleihen ihr eine Bedeutung, häufig mit einem Verweis auf die Auswirkungen des menschlichen Handelns auf die Welt. Die Landschaft ist danach mehr als reine Topografie: Sie verwandelt sich in einen Raum der Erinnerung, der Andeutungen, Metaphern, Assoziationen und des Angedenkens. Landschaftsfotografien werden zu einem Akt des Eingreifens, bei dem der Fotograf durch seine Wahl von Rahmen und Zeitpunkt zwischen den verschiedenen Elementen innerhalb des Bildes Verbindungen herstellt. Dieser Prozess benötigt die aktive Beteiligung der Betrachtenden, die die Szene nach Hinweisen auf die Geschichte des abgebildeten Ortes absuchen müssen. Das Landschaftsfoto kann daher als Palimpsest betrachtet werden: verschiedene Zeitebenen durchziehen die Topografie des Raums. Die Fotografen in diesem Genre verwenden traditionell Kameras mit großen Aufnahmeformaten wie 10 × 12 oder 20 × 25 cm bzw. deren digitale Äquivalente. Das Ergebnis sind beinahe kornfreie Bilder, die extreme Vergrößerungen vertragen. Dadurch können winzige Details des Bildes zu hervorstechenden Elementen werden und die Betrachter animieren, sie mit fast forensischer Gründlichkeit zu studieren. Wenn sie für eine Ausstellung vergrößert werden, füllen sie das gesamte Sichtfeld aus. Dieses Detail bringt die Betrachter dazu, das Bild aktiv von oben bis unten ganz genau anzuschauen und sich damit zu beschäftigen. Der Fokus liegt darauf, dass die Betrachter die Bedeutung des Bildes entziffern, indem sie die Oberfläche des Fotos gründlich inspizieren und gleichzeitig seine Topografie mit viel Fantasie interpretieren.

Francis Frith

Reiseboot bei Qasr-Ibrim *um* 1857

In diesem Foto aus dem Band *Sinai and Palestine* (um 1863) spielt Francis Frith mit der sich wiederholenden Form des Dreiecks: das Segel des Bootes, sein Spiegelbild im Nil und das Ufer im Vordergrund. Das Gebiet wurde beim Bau des Assuan-Staudamms zwischen 1898 und 1902 überflutet, was diesem Bild neben dem ästhetischen auch einen historischen Wert verleiht. Frith reiste dreimal in den Nahen Osten, zunächst 1856 nach Ägypten, später nach Jerusalem, Syrien und in den Libanon. Bei seinem letzten Besuch im Sommer 1859 kam er bis nach Nubien – kein Fotograf vor ihm war je so weit südlich vorgedrungen. Er reiste immer mit einem extra angefertigten Kutschenwagen aus Korbgeflecht, der ihm als Dunkelkammer und Schlafzimmer diente. Mit 63 schrieb er seine Lebensgeschichte nieder. Darin berichtete er von einem lebensgefährlichen mitternächtlichen Kampf mit wilden Hunden und wie er von Banditen entführt wurde. In arabische Gewänder gehüllt, ritt Frith auf dem Kamel nach Akaba, traf „Wüstenfürsten und rivalisierende Scheichs mit juwelenbesetzten Schwertern". Er arbeitete mit sehr großen Plattenkameras mit 40 x 50 cm großen Glasplatten und zur Entwicklung mit einem nassen Kollodiumverfahren – unter den afrikanischen Wüstenbedingungen eine außerordentliche Leistung. Seine Negative musste er häufig in Gräbern und Höhlen entwickeln. Dank der Größe der Platten waren extrem detaillierte Aufnahmen möglich, und die Abzüge dieser Bilder aus dem 19. Jahrhundert sind atemberaubend schön. Frith verstand sich darauf, mit menschlichen Figuren die Weite seiner Panoramen zu betonen und bemühte sich, klare, unverstellte Kameraperspektiven zu finden. Er schrieb darüber, wie schwierig es war, einen Ausblick zufriedenstellend in den Kasten zu bekommen: „Bildvordergründe sind besonders widerspenstig, mal ist man zu nah dran, mal zu weit weg." Frith finanzierte seine Reisen mit dem Verkauf von Originalabzügen, die heute begehrte Sammlerstücke sind.

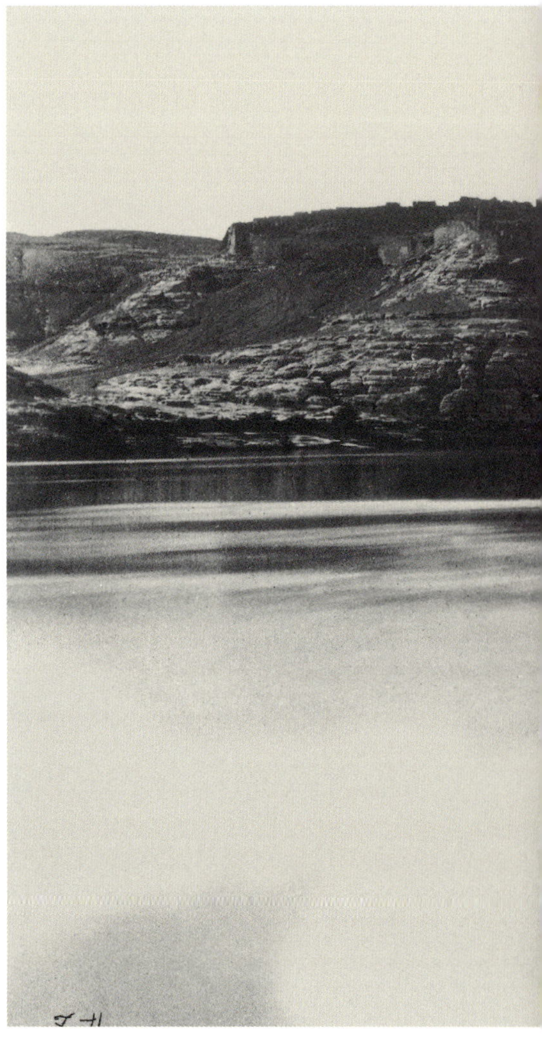

„Was für Bilder wir machen könnten, gelänge es uns nur, die Perspektive zu beherrschen!"
Francis Frith

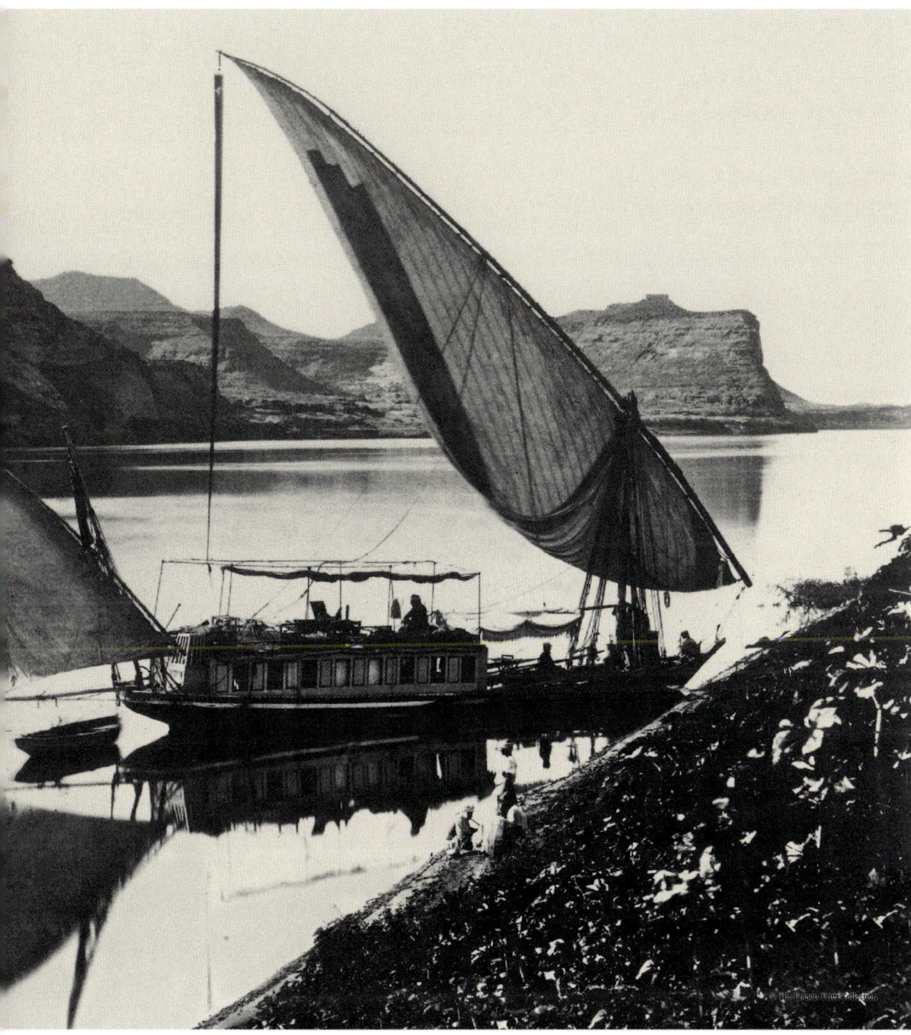

Francis Frith (GB, 1822–98) war ein Pionier der frühen Reise- und Landschaftsfotografie und Gründer eines Postkarten-Unternehmens, das sich bis weit in das 20. Jahrhundert hinein am Markt hielt. Der sehr erfolgreiche Unternehmer konnte sich durch den Verkauf seines Lebensmittelgeschäftes in Liverpool für 200 000 Pfund (heutiger Gegenwert mehr als 18 Millionen Euro) im Jahr 1855 ganz der Fotografie widmen. Er unternahm ausgedehnte Reisen in Europa und in den Nahen Osten und verkaufte die dabei entstandenen Aufnahmen durch die Firma Thomas Agnew & Sons. Außerdem arbeitete er mit James S. Virtue zusammen, um Bücher mit seinen Bildern zu veröffentlichten. Damit war er einer der ersten Fotografen, der kommerzielle Fotografien anfertigte. 1859 gründete er Frith & Co. in Reigate, Surrey, den ersten Fotografie-Verlag der Welt. Dann widmete er sich der ehrgeizigen Aufgabe, jedes Dorf und jede Stadt im Vereinigten Königreich zu fotografieren. Innerhalb weniger Jahre waren seine Postkarten mit englischen Motiven, aber auch Aufnahmen aus China, Japan und Nordamerika, im ganzen Land zu kaufen. Im Jahr 1970 enthielt die Sammlung der Firma Frith fast eine halbe Million Bilder von über 7000 Großstädten, Städten und Dörfern.

Kreative Tipps und Techniken

Beim nassen Kollodiumverfahren wird eine Glasplatte mit Chemikalien beschichtet, dann belichtet und möglichst schnell entwickelt, um die Abbildung zu fixieren. Das Verfahren ist nur im blauen Spektralbereich lichtempfindlich; Wolken werden nicht abgebildet, da ihre Farbe zu nahe an der des Himmels liegt. Um auch im Himmel Details wiedergeben zu können, wurden oft zwei Aufnahmen hergestellt, eine für den Himmel und eine für das Land, und zu einem Abzug kombiniert. Dies ist in der Digitalfotografie bei extremen Kontrasten zwischen Himmel und Landschaft auch heute noch eine nützliche Technik.

Von den 1850er bis zu den 1890er Jahren wurden Fotografien meist auf Albuminpapier (mit einer Mischung aus Eiklar und Salz beschichtetes Papier, das mit Silbernitrat für ultraviolettes Licht empfindlich gemacht wurde) abgezogen. Dabei wurden meist Kontaktabzüge vom Negativ angefertigt, wobei die Abbildung nicht vergrößert wurde und alle Details des Negativs erhalten blieben. So entstanden schließlich unglaublich detailreiche Fotografien, mit sanften Übergängen der Tonwerte von Dunkel zu Hell.

Um den ‚Look' der fotografischen Techniken des 19. Jahrhunderts digital nachzuahmen, muss man Farbaufnahmen in Photoshop sorgfältig in Schwarz-Weiß-Aufnahmen umwandeln. Die auf Blau eingeschränkte Lichtempfindlichkeit simuliert man, indem alle Farbkanäle außer Blau entfernt werden. Dabei gehen Details im Himmel verloren und Hautpartien von Nicht-Weißen werden dunkler. Mit dem Duplex-Modus oder vorgefertigten Filtern können Tonwerte ergänzt werden.

Timothy O'Sullivan & Mark Klett

Monolith in Green River/Castle Rock, Green River, WY

1872/1979

In den 60er und 70er Jahren des 19. Jahrhunderts schickte die US-Regierung vier große Expeditionen in den amerikanischen Westen. Unter den Wissenschaftlern, Kartografen und Fotografen war auch Timothy O'Sullivan. Eigentlich ging es schlicht darum, das geologische Relief der neuen Siedlungsgebiete zu erfassen, doch sie wuchsen über ihren Auftrag hinaus und machten Fotos, die bis heute die Vorstellung vom Amerikanischen Westen prägen.

Ein Jahrhundert später recherchierten Mark Klett und sein Team die Entstehungsorte vieler dieser ikonischen Bilder und kehrten dorthin zurück, um zu sehen, wie die Landschaft sich unter dem Einfluss der Menschen verändert hatte. Als O'Sullivan die Gegend fotografiert hatte, war sie schön, aber karg. Hundert Jahre später, nach Besiedelung und wirtschaftlicher Entwicklung, beherrschten Reihenhäuser und Telefondrähte den Ausblick – Symbole des menschlichen Eingreifens in die natürliche Landschaft. Kletts Projekt umfasste nicht nur die Erkundung der physischen Umgebung, sondern nahm sich auch der Fototechnik der frühen Landvermesser an. Das Refotografie-Team verwendete Großformatkameras, um die Glasplatten-Methode des frühen 19. Jahrhunderts nachzuahmen. 1979, am Ende ihrer Reise, waren sie bis in die entlegensten Winkel von Arizona, Kalifornien, Colorado, Idaho, New Mexico, Nevada, Utah und Wyoming vorgedrungen und hatten die Orte von über 120 historischen Fotografien aufgesucht. Für Klett besaß diese Reise neben der spirituellen auch eine physische Dimension: „So viel von dem, was wir über das Land wissen oder zu wissen glauben, durchwanderte einst jemandes Objektiv. Der Reiz besteht nun darin, sich diese Geschichte zunutze zu machen und nicht nur von ihr überwältigt zu werden."

„Eine Kamera in der Hand eines begabten Fotografen macht uns mit Orten und Menschen vertraut, und er versäumt keine Gelegenheit, das Land nach neuen fotografischen Herausforderungen zu durchforsten." Timothy O'Sullivan

Timothy O'Sullivan (USA, 1840–82) war einer der bedeutendsten Fotografen des 19. Jahrhunderts, seine Aufnahmen des Amerikanischen Bürgerkriegs und der Erforschung des Westens haben zahlreiche Fotografen beeinflusst. Das Rephotographic Survey Project wurde 1977 von **Mark Klett** (USA, 1952–) initiiert, um festzustellen, wie sich die Landschaften des amerikanischen Westens im vorhergehenden Jahrhundert verändert hatten. Dazu kehrten er und seine Helfer an die Stellen zurück, an denen im 19. Jahrhundert im Rahmen der Erforschung des Westen Fotos entstanden waren, und nahmen genau von den gleichen Positionen Bilder mit fotografischer Ausrüstung auf, die jener der Pioniere ähnelte. Später wiederholten sie den Vorgang und nahmen für das „Third View"-Projekt andere Medien hinzu. Dem Vorhaben geht es nicht nur um die Landschaften, sondern auch um die damit verbundenen kulturellen und sozialen Werte. Klett sagt: „Ich glaube, die wahre Bedeutung von Landschaftsaufnahmen liegt in unserer grundlegenden Verbindung mit dem Raum, dem Mitmenschen und vor allem mit der Zeit."

Kreative Tipps und Techniken

Dieses Projekt ist eng mit einem der wesentlichen Aspekte der Fotografie verbunden: dem Verhältnis zur Zeit. Klett erklärt, dass sich die meisten seiner Aufnahmen mit der Frage beschäftigen, wie lange ein ‚Moment' dauere. Bei der Arbeit an Orten mit ‚hoher Motivdichte', also etwa dem Yosemite-Nationalpark, sei ihm aufgefallen, dass die Aufnahmen der unzähligen Fotografen, die hier entstanden sind, die gleiche Landschaft mit nur geringen Positions- und Ausschnittsveränderungen zeigen. Die Fotos sähen zwar unterschiedlich aus, aber die Landschaft habe sich kaum verändert. Er betont, dass seine Fotos nicht isoliert betrachtet werden sollten, sondern als Teil eines komplexeren Geflechts von Beziehungen zu anderen Bildern, sodass man sie als überlappende Zeitebenen sehen sollte.

20 Jahre später kehrte das Team im Rahmen des Folgeprojekts „Third View" an viele der Aufnahmeorte des Refotografie-Projekts zurück und nahm neue Bilder auf, die sie durch digitale Medien ergänzten, durch Ton- und Videoaufnahmen, Interviews, Gegenstände und durch Abbildungen mit Bezug zu den Orten, einschließlich virtueller Panoramen. So kam es zu einer umfassenderen, vieldeutigeren Auseinandersetzung mit dem Thema.

Man kann auch in der eigenen Umgebung eine ‚refotografische' Erkundung durchführen. Dazu sammelt man historische Aufnahmen einer Sehenswürdigkeit aus den vergangenen 150 Jahren. Man sollte versuchen, möglichst viele Bilder zu finden, um sie dann von derselben Position aus neu aufzunehmen. Die Bilder können anschließend auf einem Zeitstrahl angeordnet werden, um die Veränderungen im Lauf der Zeit zu zeigen.

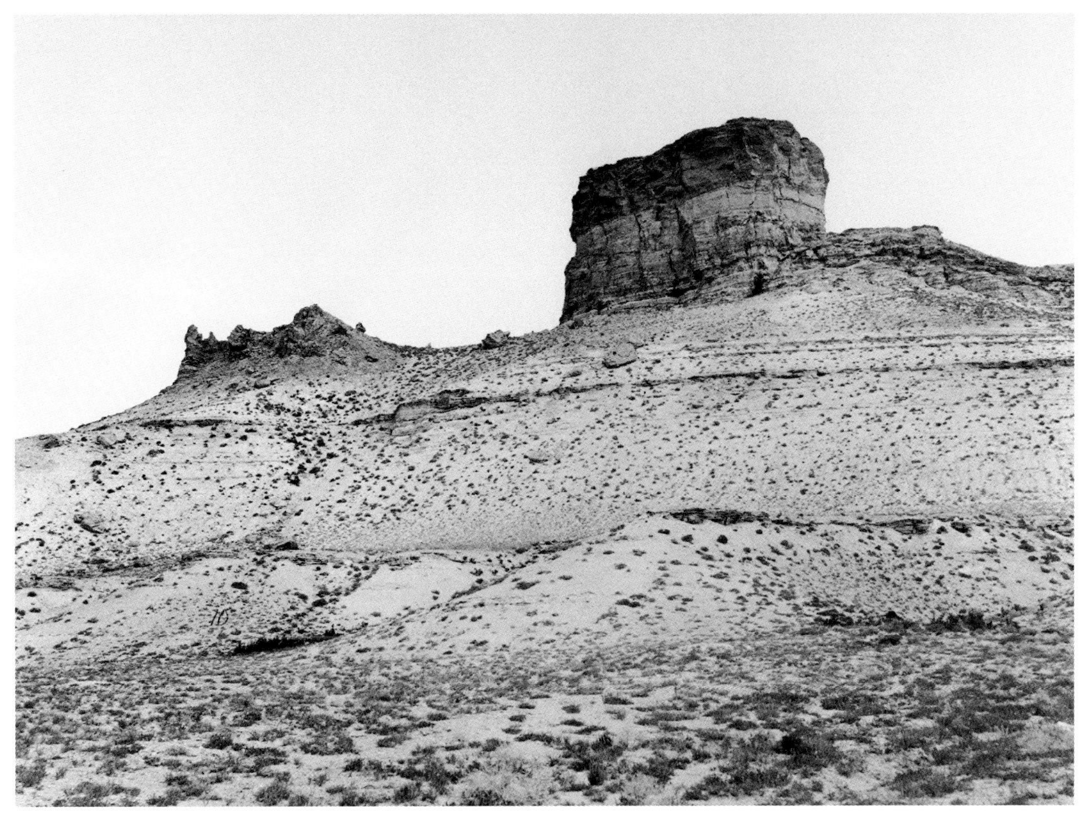

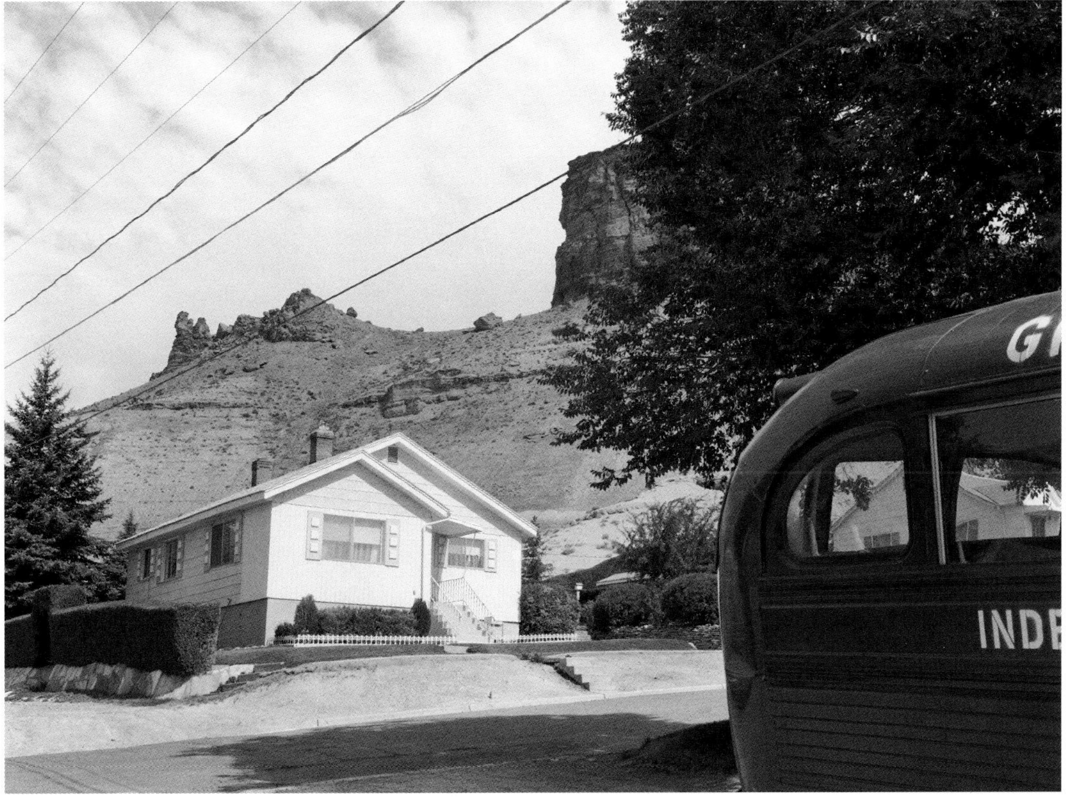
INDE

Ansel Adams

Reinigendes Wintergewitter, Yosemite Valley *um* 1935

Ansel Adams arbeitete hauptsächlich in Schwarz-Weiß. Er war nicht darauf aus, die Welt realistisch abzubilden, sondern versuchte, ein Gefühl der Verbundenheit herzustellen, sodass die Betrachter sich auf die Schönheit der Natur einlassen können. Seine dramatischen Bilder von abgelegenen Tälern und Bergen, durchflutet vom Licht der Sonne, das durch die Wolken bricht, vermittelten eine Erhabenheit, die die Realität oft übertraf.

Adams lebte von 1937 an zehn Jahre lang im Yosemite Valley und kannte die Geographie des Tals sehr genau. Er wusste immer, wie und wo er sich positionieren musste, um unter Berücksichtigung von Wetter und Lichtverhältnissen die perfekte Bildkomposition zu erreichen, und stellte fest: „Ein guter Fotograf kennt seinen Standpunkt." Dies ist in seinen Bildern offensichtlich, zum Beispiel, wenn er den Augenblick unmittelbar nach einem Unwetter abpasst, um auf den Auslöser zu drücken, und eine dünne Schneedecke alle topografischen Details der Landschaft zur Geltung bringt. Das Foto führt den Blick durch das Tal und benutzt die dunkleren Bereiche des Vordergrunds, um die Aufmerksamkeit des Betrachters auf die sonnenhellen Gebiete im Zentrum zu lenken. Er hat das Negativ perfekt belichtet: Jede noch so kleine Abstufung von Schwarz zu Weiß ist zu sehen, mit allen Grautönen, die man sich vorstellen kann.

„Manchmal komme ich genau dann an einen Ort, wenn Gott jemanden braucht, der den Auslöser betätigt."

Ansel Adams

Ansel Adams (USA, 1902–84) war ein hyperaktives Kind, das wegen Verhaltensauffälligkeiten mehrmals die Schule wechseln musste und ab dem zwölften Lebensjahr durch die Familie und Privatlehrer unterrichtet wurde. Seine Unruhe wurde zuerst durch das Klavierspielen auf ein Ziel gelenkt, bei dem er Selbstdisziplin und Aufmerksamkeit für Details erlernte, aber nach einem Besuch des Yosemite-Nationalparks im Jahr 1916 begann er, mit der Fotografie zu experimentieren, die sich bald zu einer Leidenschaft auswuchs. In diesem Jahr trat er auch der einflussreichen Umweltorganisation Sierra Club bei, die 1892 vom legendären Naturschützer John Muir gegründet worden war. Der Sierra Club und der Landschaftsschutz waren zentrale Bezugspunkte seiner Arbeit. Mit seinen Freunden Paul Strand (s. S. 120) und Edward Weston (s. S. 98) gründete er die einflussreiche Gruppe f/64, deren Name sich auf die kleinste Blende bezieht, mit der man die größte Schärfentiefe erhält. Adams war ein Meister der technischen und ästhetischen Aspekte der Fotografie; ein besessener Handwerker, der unermüdlich an seinen Fotografien, aber auch für den Schutz der Umwelt, vor allem des Yosemite- und anderer Nationalparks, arbeitete.

Kreative Tipps und Techniken

Adams arbeitete mit einer 8 x 10-Zoll Plattenkamera, sodass er sehr genaue Kontrolle über die Belichtung und Entwicklung jedes einzelnen Negativs hatte. Mit dem Fotografen Fred Archer entwickelte er das „Zonensystem", bei dem Schwarz-Weiß-Fotografien anhand von zehn durchnummerierten Dichtezonen belichtet und entwickelt werden, die von reinem Schwarz („0") über mittlere Grauwerte (etwa „V") bis zu reinem Weiß („X") reichen. Die einzelnen Zonen entsprechen jeweils einer Blende an der Kamera. Belichtungsmesser versuchen meist, das Licht eine Szene auf den Durchschnittswert der Zone V zu berechnen, lassen sich aber leicht täuschen, wenn das Motiv sehr dunkel oder sehr hell ist, etwa eine schwarze Katze im Schnee oder ein weißer Vogel vor einem Nachthimmel. Mit dem Zonensystem kann man den Grauwertumfang der Szene vorherbestimmen, indem man die Belichtung manuell steuert. Dadurch gewinnt man sehr viel mehr Kontrolle über das endgültige Bild. Dazu misst man die Belichtung für ein Gebiet im Motiv und verändert den Messwert um die Zahl der Blenden zwischen der gewünschten Zone und der Zone V.

Adams kannte die Geographie der Landschaften, in denen er arbeitete, in- und auswendig, sodass er wusste, wann die Sonne an einen gegebenen Ort aus welcher Richtung scheinen würde. Ihm waren auch die Auswirkungen des Wetters auf die Aufnahmen deutlich, etwa dass der Augenblick, in dem nach einem Sturm die Sonne durch die Wolken bricht, sehr starke Kontraste beschert und die Wolken sehr detailreich erscheinen lässt, wie man es an dieser Fotografie sehen kann.

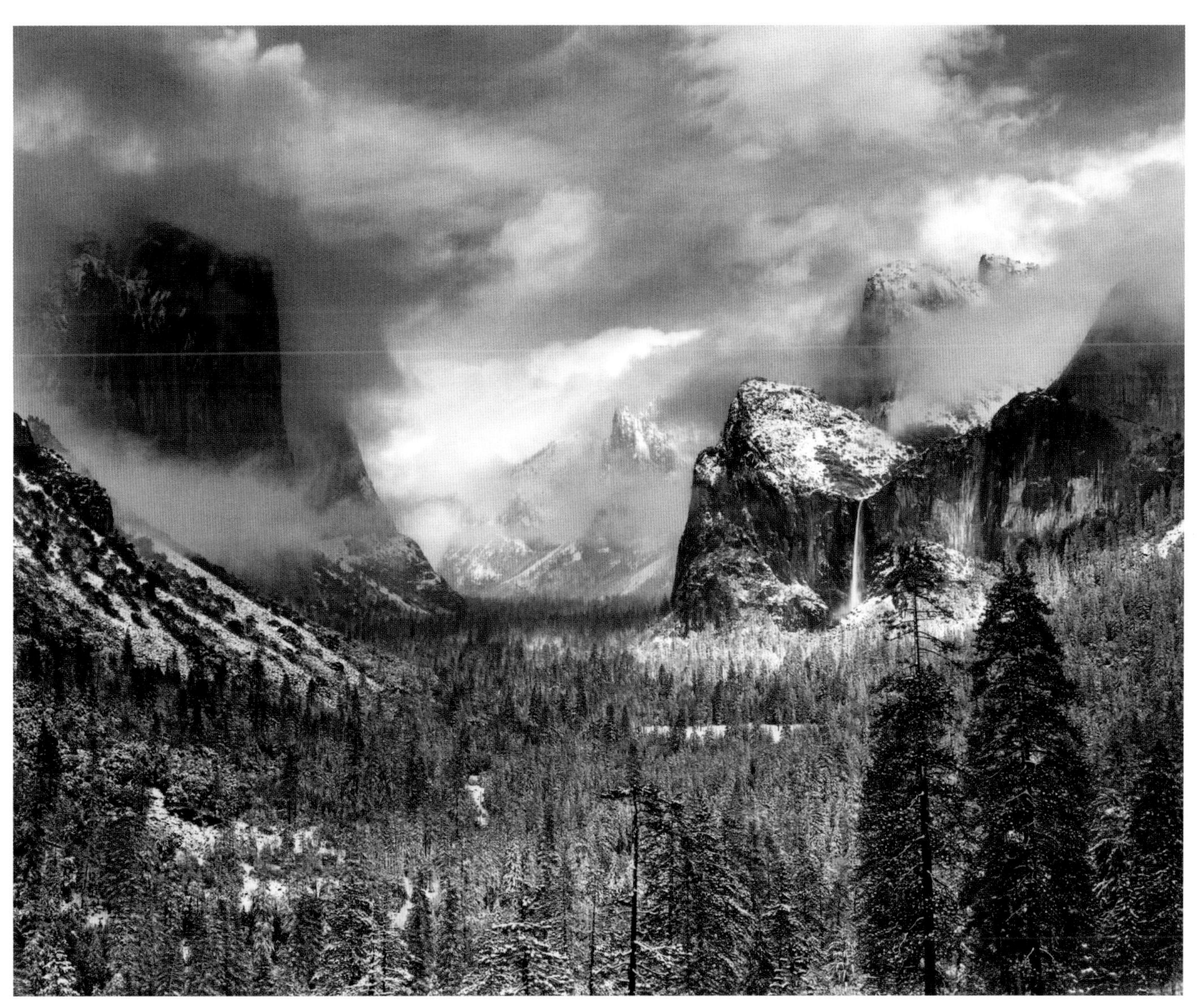

Robert Adams

Colorado Springs, Colorado 1968

Diese Aufnahme entstammt einer Serie, die Robert Adams in den frühen 1970er Jahren machte und aus der später sein erstes großes Buch wurde. Das 1974 veröffentlichte *The New West* markierte einen Wandel in der fotografischen Darstellung der Landschaft Amerikas. Adams' Arbeiten beschäftigen sich mit den Rändern der ausufernden, immer weiter wachsenden amerikanischen Städte rund um Denver und erkunden, wie urbane Landschaften das Antlitz der Natur verschandeln. Seine alltäglichen, banalen Motive – Reihenhäuser, Einkaufszentren und Betonkirchen – fotografierte er häufig im hellen Licht der Mittagssonne. Seine Ausstellungsabzüge waren relativ klein (15 x 15 cm), und der High-key-Stil betonte die Intensität des Sonnenlichts. Adams bemerkte einmal zu diesem Bild: „Nabokov sagte, das Licht in Colorado sei mit nichts zu vergleichen, außer mit dem in Zentralrussland. Und das können Sie in diesem Bild sehen. Es ist absolut einmalig." Adams befasste sich in erster Linie mit dem Übergang von Natur zu Urbanismus und konzentrierte sich auf die Grenzen und Kollisionen zwischen Stadt und Land. Sein Werk zeichnet sich durch einen spartanischen Formalismus aus, kombiniert mit einem tiefgehenden, feinen Gespür für den Konflikt zwischen Mensch und Natur.

„Man hantiert bei Hitze, Wind und Kälte nicht ewig mit der Fachkamera herum, um ein Weltbild zu illustrieren. Was einen über Felsen stolpern, Schlangen ausweichen und Fliegen totschlagen lässt, ist der Blick."

Robert Adams

Robert Adams (USA, 1937–) lehrte als Professor Englische Literatur, bevor er Mitte der 1970er Jahre die Fotografie zu seinem Hauptberuf machte. Er ist einer der eloquentesten Autoren auf dem Gebiet der Fotografie und auch einer der bedeutendsten Fotografen amerikanischer Landschaften. Sein fotografisches Erbe reicht bis zu den Fotografen zurück, die im 19. Jahrhundert den amerikanischen Westen aufgenommen haben, vor allem Timothy O'Sullivan (s. S. 48), William Henry Jackson und Carleton Watkins. Sein Werk war Teil der bahnbrechenden Ausstellung „New Topographics: Photographs of a Man-Altered Landscape", die von William Jenkins 1975 im International Museum of Photography des George Eastman House kuratiert wurde. Die Ausstellung war wegweisend in ihrer reduzierten, nicht romantisierenden Sicht auf die Landschaft. Adams hat zahlreiche Bücher veröffentlicht, darunter *Beauty in Photography* (1981), *To Make It Home* (1989), *Listening to the River* und *Why People Photograph* (beide 1994). Sein Werk ist vielfach ausgezeichnet worden, unter anderem hat er 1973 und 1980 ein Guggenheim-Stipendien für Fotografie und 1994 ein MacArthur-Stipendium erhalten.

Kreative Tipps und Techniken

Adams arbeitet mit unterschiedlichen Formaten, von einer Pentax 6 x 7 und einer 8 x 10-Zoll Fachkamera bis hin zu einer Rolleiflex 6 x 6 Mittelformatkamera wie in diesem Beispiel. Das quadratische Format erlaubt es Adams hier, die sich wiederholenden rechteckigen und quadratischen Formen im Bild zu betonen und den Gegensatz zum geschwungenen Gartenweg herauszuarbeiten. Die Gestalt im Haus scheint isoliert und eingesperrt, durch die Sicherheit ihres Hauses der Außenwelt entfremdet. Wiederholungen und Muster eignen sich gut, um Kompositionen zu gestalten.

Adams macht sehr geschickt das Beste aus dem harten Licht des amerikanischen Westens. Anstatt es romantisch zu verklären, indem er frühmorgens oder spätnachmittags bei tiefstehender Sonne arbeitet, fotografiert er oft mittags, wenn das Licht von oben kommt und harte Schatten erzeugt, sodass man das heiße Sonnenlicht zu spüren meint. Man kann die eigenen Fähigkeiten erweitern, indem man auch bei schwierigen Lichtbedingungen experimentiert und lernt, mit ihnen zurechtzukommen.

Adams' Arbeit lädt dazu ein, auch die alltäglichsten Aufnahmeorte auf ihr optisches Potenzial hin zu untersuchen. Seine Fotografien schaffen Spannung zwischen dem Motiv, das oft die vom Menschen verursachten Umweltschäden kommentiert, und der formalen Gestaltung des Bildes, bei der es oft um die Ästhetik von Licht und Strukturen geht. Als Übung kann man in die Vororte einer Stadt gehen und die Formen und Umrisse von Gebäuden und Landschaften untersuchen, um die Momente zu finden, wenn Licht und Form auch dem unscheinbarsten Motiv zu seinem eigenen Reiz verhelfen.

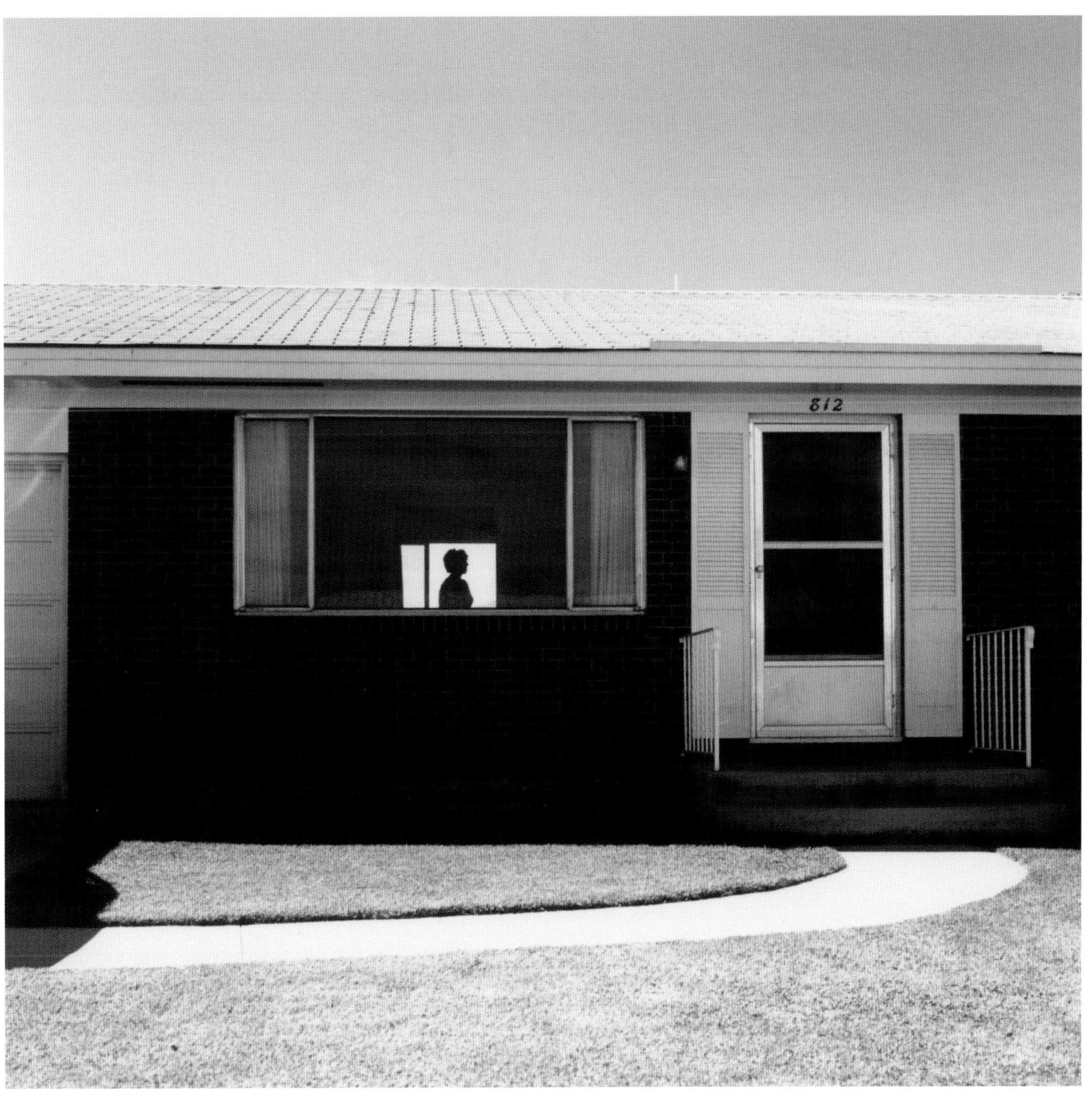
812

Joel Sternfeld

„Fotografie hat einen gewissen Wahrheitsgehalt; sie gilt als ehrlich – dabei waren Fotografien schon immer überzeugende Lügen.“

Joel Sternfeld

Joel Sternfeld (USA, 1944–), Stephen Shore und Joel Meyerowitz (s. S. 60) etablierten sich in den späten 1970er und frühen 1980er Jahren als die bedeutendsten in Farbe arbeitenden Landschaftsfotografen der USA. Durch William Eggleston (s. S. 100) inspiriert, mieden sie das damals vorherrschende Arbeiten in Schwarz-Weiß und widmeten sich den Banalitäten, Merkwürdigkeiten und Schönheiten der amerikanischen Alltagstopografie. Sternfeld nennt als Themen seiner Arbeit „Utopie und Dystopie“. Und er sagt weiter: „Ich glaube, das macht Amerika interessant. So viel auf einmal. So eine komplizierte Gesellschaft.“ Er ist sich der versteckten Bedeutungen von Landschaft sehr bewusst; für *On This Site: Landscape in Memoriam* (1997) fotografierte er Orte in den USA, an denen bedeutende Ereignisse stattfanden, wie z. B. das Attentat auf Martin Luther King Jr., und erforschte deren spürbare Geschichtsträchtigkeit.

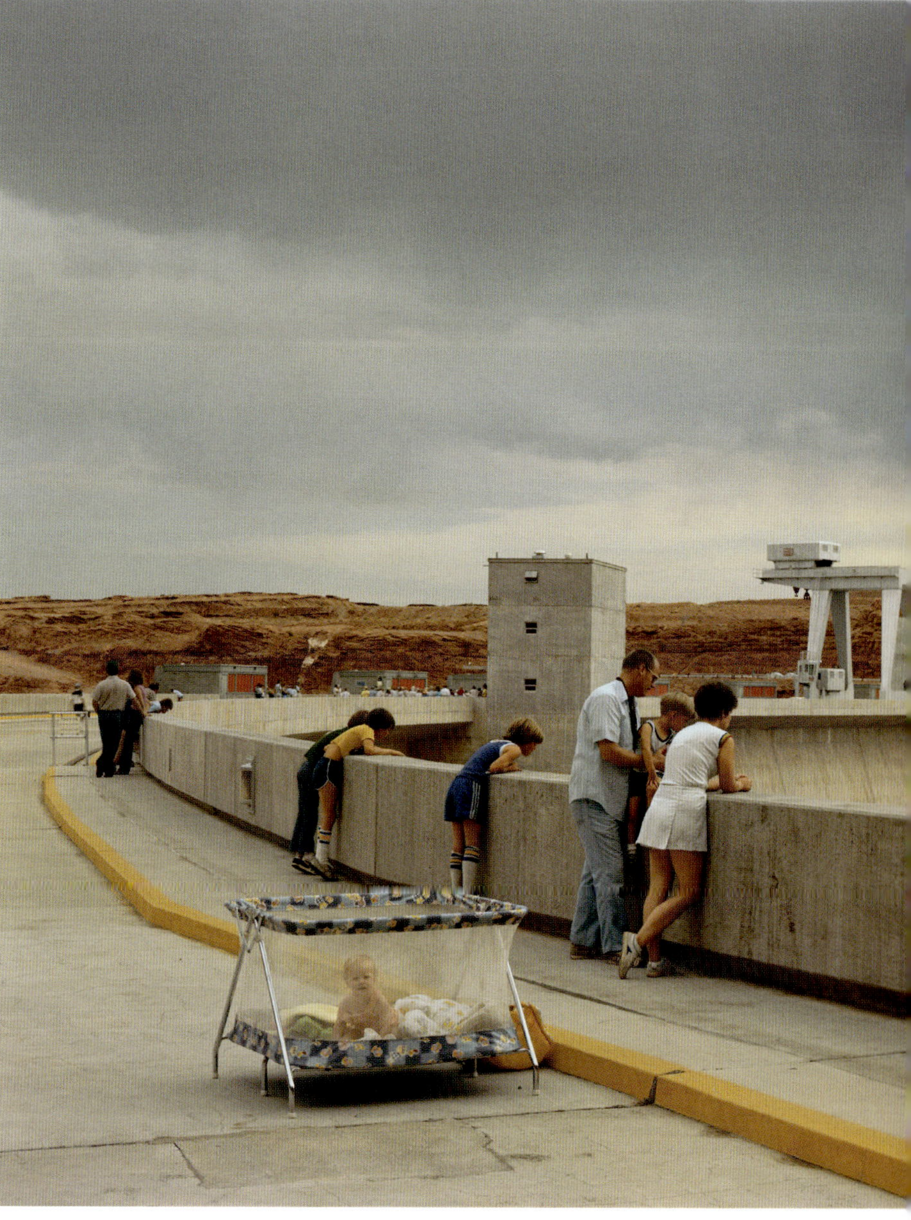

Kreative Tipps und Techniken

Sternfeld ist sich der Widersprüche sehr bewusst, die der selektiven Sicht des Mediums Fotografie innewohnen. Jedes Foto scheint eine treue Wiedergabe der Realität zu sein, beruht jedoch auf einer Reihe durchdachter Entscheidungen darüber, wie die Szene dargestellt werden soll. Er weist darauf hin, dass die Fotografie schon immer manipulieren konnte und dass jedes Foto, das veröffentlicht wird, eine Interpretation darstellt. Insofern werden Fotografien immer gestaltet: „Ich kann meine Kamera auf zwei Personen richten, aber die dritte obdachlose Person zu ihrer Rechten aus dem Bild lassen, ebenso wie den Mord, der gerade zu ihrer Linken geschieht. Man nimmt 35 Grad aus 360 Grad und nennt es ein Foto. Es gibt unzählige Arten, das zu tun.“ Man sollte sich also bewusst sein, das jene Dinge, gegen

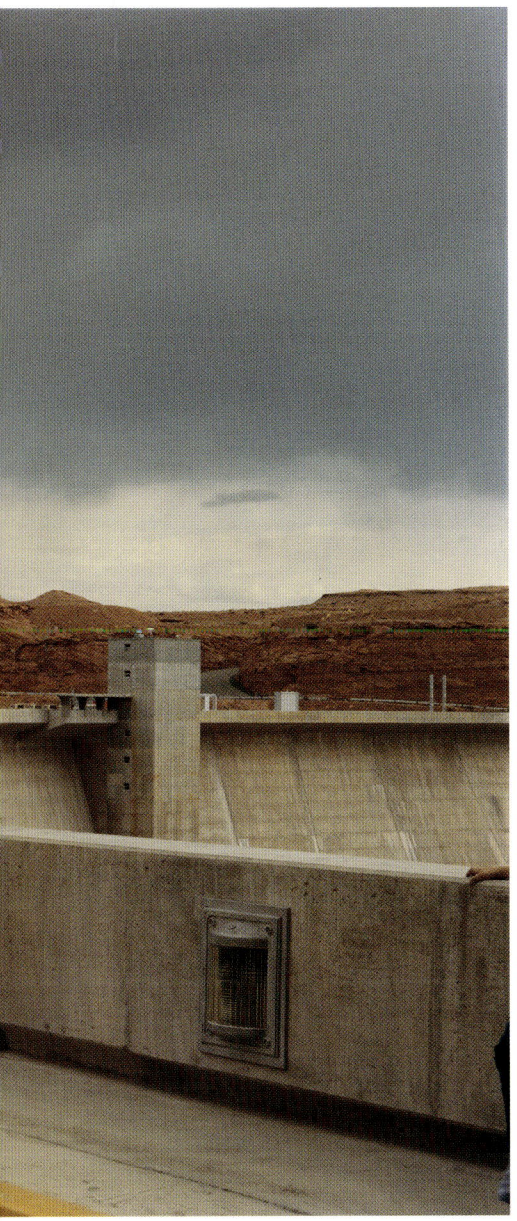

Glen-Canyon-Staumauer, Page, Arizona, August 1983 1983

Diese Fotografie stammt aus Joel Sternfelds Buch *American Prospects* (1987) mit Bildern von seinem Road-Trip durch die USA in der Tradition der Fotografen Walker Evans (s. S. 78) und Robert Frank (s. S. 186). Sternfeld fuhr in einem VW-Camper durchs Land und fotografierte mit einer großformatigen Fachkamera (20 x 25 cm) und Stativ. Er ist ein Meister darin, die für das Leben in den USA typischen Widersprüche und den schwarzen Humor sichtbar zu machen, insbesondere in den Vororten, wo der staatliche Ruf nach Ordnung mit der Sehnsucht nach mehr Bezug zur Natur kollidiert. Auf diesem Foto, aufgenommen auf der Glen-Canyon-Staumauer – Symbol der Beherrschung der Natur durch den Menschen –, wirkt das Baby im Laufstall wie eine außerirdische Lebensform, die in einem Lebenserhaltungssystem eingeschlossen ist; es schreit nach Hilfe, während seine Eltern in die Aussicht vertieft sind. Sternfeld erläutert, an der Landschaftsfotografie interessiere ihn, was sie über „den menschlichen Moment offenbart, die Vergangenheit und die Gegenwart des Menschen. Was wir hier sehen, ist die Erdoberfläche, und was wir mit ihr anstellen, verrät verdammt viel über uns selbst." Er schrieb, die Idee zu diesen Arbeiten sei von jemandem gekommen, „der mit der Vorstellung eines scheinbar geordneten, klassischen regionalen Amerika aufwuchs, um schließlich Schönheit und Harmonie in einem zunehmend gleichförmigen, sehr technischen und verstörenden Amerika zu entdecken".

deren Einschluss man sich entscheidet, ebenso wichtig sind wie die Abgebildeten.

Sternfeld achtet auf die Nuancen und Feinheiten der Farben, die nicht nur für die formale Schönheit, sondern auch für die Bedeutung eines Bildes wichtig sind. Dieses Bild ist aus verschiedenen Braun-, Gelb- und Erdtönen zusammengestellt, und das gebrochene Licht des bedeckten Himmels bringt das Ganze zum Leuchten. Selbst die Kleidung der Personen harmoniert, etwa im Blau und Gelb der Trikots, die im Kinderbett wiederaufgenommen werden. Um die Wirkung geringster Farbabstufungen zu erkunden, sollte man mit Motiven mit kleiner Farbpalette arbeiten.

Sternfeld sucht sich Aufnahmeorte aus, die etwas Tiefgründiges über das amerikanische Leben aussagen. Manchmal sind das, wie bei diesem Staudamm, Spuren des menschlichen Eingreifens in die Landschaft; manchmal hält er wie in seinem berührendem *Exhausted Renegade Elephant* (1982) Zufallsbegegnungen fest, die mit Bedeutung aufgeladen sind. Indem man einen Plan für die eigene Arbeit aufstellt, der einen an die wichtigsten Aufnahmeorte bringt, errichtet man ein Gerüst für das Projekt, das aber noch Raum für den Zufall lässt, das Herzstück des fotografischen Moments.

John Davies

Kraftwerk Agecroft, Salford 1983, aus „The British Landscape 1979–2006“

Unter dem Einfluss der amerikanischen Bewegung der „New Topographics“ orientierte sich John Davies an der Ästhetik einer sachlichen, aber exakten Beschreibung der Landschaft. Seine Bilder folgen einem klassischen Bildaufbau, der Blick schweift weit, in Kombination mit der für Großformatkameras typischen Detailfülle. Auf diesem Foto von einer nordenglischen Industrielandschaft schrumpfen die Figuren, die den britischen Nationalsport Football betreiben, vor den monumentalen Strukturen der Kraftwerkskühltürme zu Zwergen – ein Symbol für den Aufstieg und Niedergang der britischen Industrie. In der linken unteren Bildecke erinnert ein Pferd an die ländliche Tradition der Gegend. Das Foto hat mehrere Schichten, die das Auge wie beim Lesen einer Landkarte hin und her durch die Landschaft führen.

Fotografien von John Davies sind häufig von einer erhöhten Position aus aufgenommen, sodass das Terrain wie bei einem geologischen Schnitt durch historische Schichten daliegt. Er erläutert: „Ich bin auf der Suche nach der besten Perspektive, um die Dinge im Kontext zu zeigen, und will in meinen Fotos so viele Details wie möglich sichtbar machen.“ Das Nacheinander von wirtschaftlichem Wachstum und Abstieg ist in seine Bilder mit eingewebt. Er versucht, wie er sagt, „mit einer Bildfolge eine Geschichte über Fortschritt, Wandel und Transformation zu erzählen“. Zwar kann jedes seiner Fotos isoliert betrachtet werden, aber die kumulative Wirkung der Beschreibung des Wandlungsprozesses wird zu einer eindringlichen Stellungnahme zum Einfluss des Menschen auf die Landschaft und das soziale Gefüge. Sein Œuvre betrachtet er als „historisch-topografische Studie aus unabhängiger, zeitgenössischer Perspektive über die Hinterlassenschaften des massiven Industrie- und Bevölkerungsanstiegs und die Auswirkungen von Deindustrialisierung, Schrumpfungsprozessen, Regeneration und dem Versuch, neue Gemeinschaften zu planen.“

Kreative Tipps und Techniken

Davies beschäftigt sich damit, wie man eine Landschaft so darstellen kann, dass sie ihre eigene Geschichte erzählt. Er verwendet die Merkmale des Terrains, um größere soziale und wirtschaftliche Kräfte dazustellen. Man sollte Landschaft nicht nur unter ästhetischen Gesichtspunkten betrachten, sondern auch überlegen, welche Gefühle und Gedanken die Ansicht im Betrachter auslösen kann, um ein Nachdenken über die Natur sowie unsere Beziehung zur Landschaft anzustoßen.

Die Bilder in „The British Landscape“ sind reich an Details, und jeder Bestandteil einer Aufnahme ist sorgfältig überlegt. Bei der Komposition einer Fotografie achtet Davies auf interessante Elemente an den Bildrändern. Man sollte einmal eine Zeit lang nur Fotos schießen, bei denen man sich darauf konzentriert, die Komposition von außen nach innen aufzubauen und nicht umgekehrt.

Die Landschaften, die Davies festhält, sind nicht im konventionellen Sinn ästhetisch, da sie von Elementen beherrscht werden, die auf die industrielle Vergangenheit Großbritanniens verweisen. Allerdings wirken die Fotografien aufgrund seiner formalen Arbeitsweise und seiner Detailver-

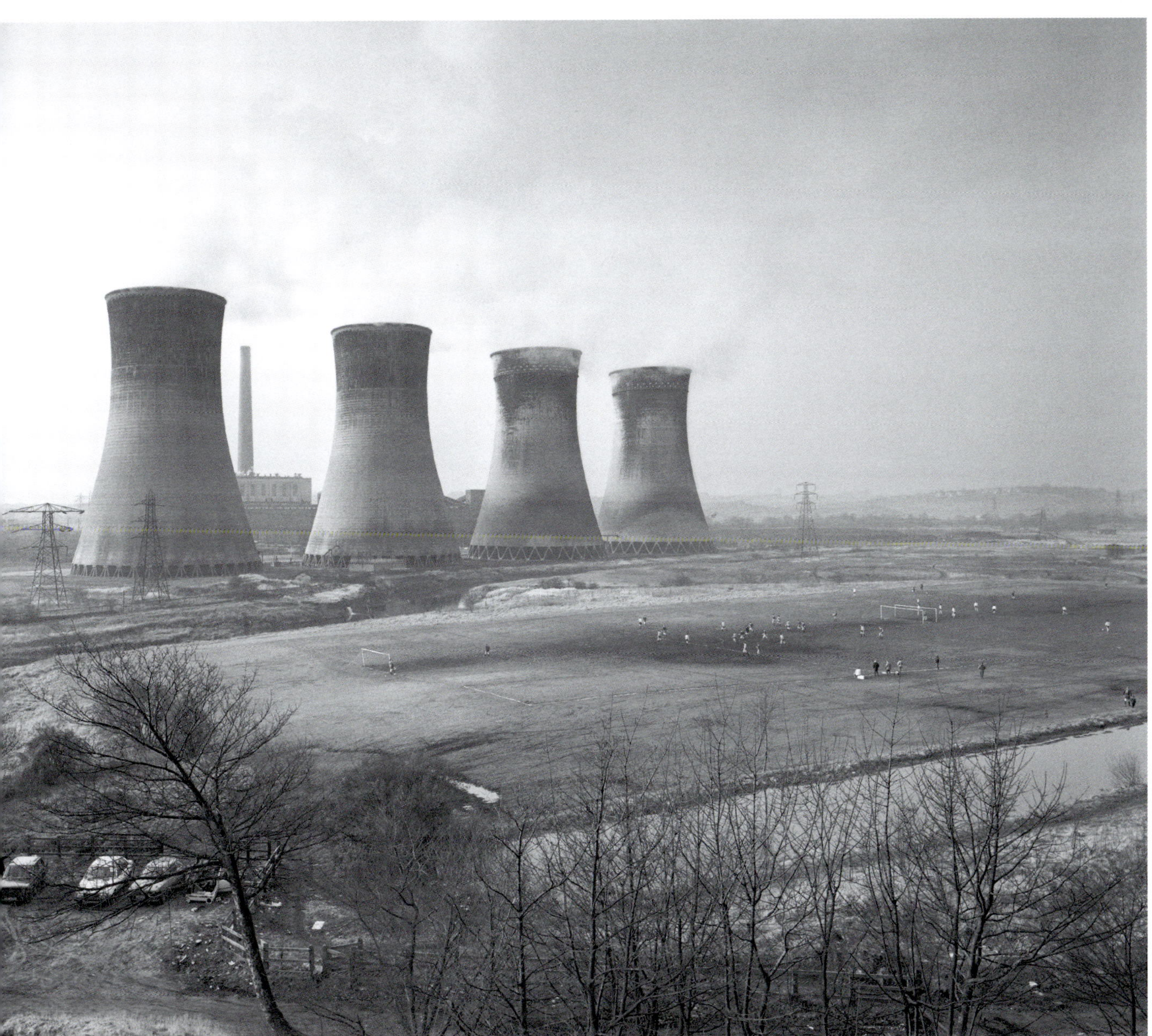

liebtheit seht stark ästhetisch strukturiert. Davies arbeitet mit den Konventionen großformatiger Schwarz-Weiß-Fotografie in der Tradition von Ansel Adams, um die Erwartungen in Bezug auf ‚bildwürdige' Motive zu unterlaufen. So wirken die Grautöne der Kühltürme ästhetisch ansprechend, verweisen aber auf Gift und Schmutz in der Luft, die von den winzigen Figuren davor tagtäglich eingeatmet wird.

„Wir tragen eine kollektive Verantwortung für die Gestaltung der Landschaft, die wiederum uns formt." John Davies

John Davies (GB, 1949–) ist ein führender britischer Landschaftsfotograf. Er interessiert sich für die Auswirkung menschlicher Tätigkeit auf die Landschaft. Er wuchs in nordenglischen Gemeinden auf, die von Landwirtschaft und Bergbau geprägt waren. Davies sagt, er versuche „Fragen zu stellen über unsere gemeinsame Verantwortung für die Art, wie wir die Umwelt formen, in der wir leben". Sein umfangreiches Werk „The British Landscape" entstand zwischen 1979 und 2006 und hält die Wirkungen langfristiger wirtschaftlicher Veränderungen auf die Landschaft nach der Industriellen Revolution fest. Im Projekt „Metropoli" ging es um die Stadtlandschaften Nordenglands, während „Ground Control" die Verwendung und Privatisierung öffentlicher Freiflächen untersuchte. Bilder aus dieser Serie erschienen in Anna Mintons Buch *Ground Control* (2012).

Paul Graham

Ohne Titel 1984, aus „Troubled Land“

Dieses Foto stammt aus der Serie „Troubled Land“ (1984–1986), die, zusammen mit *Beyond Caring* (1986), einem Fotobuch über die Erfahrung der Arbeitslosigkeit in Großbritannien zur Zeit von Margaret Thatcher, Paul Graham zu einem der bedeutendsten Fotografen seiner Generation machte. „Troubled Land“ handelt von den sozialen und politischen Landschaften Nordirlands und wie Straßen, Städte, Dörfer und Felder von diesem Konflikt durchdrungen sind. Graham hatte sich von der üblichen Darstellung von Aufständen, Bomben, konfessionellen Protestmärschen und patrouillierenden Soldaten abgewandt. Dieses Foto war sein Durchbruch in dem Projekt, da es zeigte, wie mit distanziertem Blickwinkel die Unruhen in Bezug zu der gesellschaftlichen Kulisse gesetzt werden konnten, in der sie stattfanden. Auf der Straße hielt ihn eine Patrouille der britischen Armee an, verhörte ihn und riet ihm davon ab, weitere Fotos zu machen. Als sie weg waren, drückte er auf den Auslöser. Was auf den ersten Blick wie ein gewöhnlicher Kreisel in einer beliebigen britischen Vorstadtgegend aussieht, enthüllt bei genauerem Betrachten aussagekräftige, subtile Details, die verraten, dass wir uns in Belfast befinden: Das Pro-IRA-Graffito auf dem Metallzaun, die herausgebrochenen Bordsteine, die von Aufständischen als Wurfgeschosse benutzt wurden, und die defekten Straßenlaternen zeigen, dass hier nachts Kämpfe mit RUC (Royal Ulster Constabulary) und Armee stattfanden. Der rennende Soldat vervollständigt die Geschichte. Das Bild strahlt eine gewisse Ruhe aus, als würde die Zeit stillstehen, eine Erfahrung, die wesentlich für Grahams Empfinden ist: „Normalerweise friert Fotografie Augenblicke ein, die Welt wird in einem bestimmten Moment versteinert. Ich habe hart gekämpft, um davon wegzukommen, ich wollte die Zeit in meine Arbeiten mit hineinnehmen, sie fühlbar, erfahrbar machen.“

> „Wenn ich mit der Kamera rausgehe, weiß ich manchmal überhaupt nicht, wonach ich eigentlich suche.“ Paul Graham

Paul Graham (GB, 1956–) machte sich in den 1980er Jahren mit Martin Parr (s. S. 102), Paul Reas und Peter Fraser (s. S. 106) einen Ruf als führender in Farbe arbeitender britischer Dokumentarfotograf. Obwohl sich seine frühen Arbeiten mit traditionellen Themen der Dokumentarfotografie wie Armut und Konflikten beschäftigten, setzt sich sein späteres Werk auf umfassendere und komplexere Weise mit der Welt auseinander, die uns umgibt, ohne jedoch ihre Wurzeln im ‚Realen‘ zu verleugnen. Er beteuert: „Ich bin an flüchtigeren, vergänglicheren Themen interessiert. Die Fotografie, die ich am meisten respektiere, bringt etwas aus dem Äther des Nichts hervor … Man kann das Ergebnis nicht in einer Zeile zusammenfassen.“

Kreative Tipps und Techniken

Graham versucht stets, durch Grenzüberschreitungen zu neuen Beschreibungsmöglichkeiten für diese Welt zu kommen. Über sein Projekt „A Shimmer of Possibility“, bei dem er Aufnahmen absichtlich überbelichtete, schrieb er, man könne durch die Verletzung von Normen „versehentlich die ungeschriebenen Gesetze der Fotografie entdecken“. Oft ist eine fotografische Darstellungsweise eine Frage der Konvention. Man sollte Grenzen auch einmal überschreiten, um zu sehen, was passiert.

Graham untersucht die formalen Eigenschaften des Mediums, um zu ermitteln, wie sie als bedeutungstragende Elemente eingesetzt werden können. So weist er darauf hin, dass sich in „‚End of an Age‘ verschwommene mit scharfen Fotografien abwechseln – es geht hier also um die Bildschärfe. ‚American Night‘ zeigt sehr helle und sehr dunkle Bilder – hier steht also die Belichtung im Mittelpunkt … oder die Blende. Und bei ‚Shimmer‘ sieht man aufeinanderfolgende Einzelaufnahmen – das Thema ist also die Zeit … oder die Verschlusszeit. Wir haben hier die drei wichtigsten Elemente der Kamera: Schärfe, Blende und Verschlusszeit.“ Er vergleicht diese Auseinandersetzung mit dem Potenzial der Technik mit einem Künstler, der mit den materiellen Eigenschaften des Schaffensprozesses experimentiert. Man kann die Grenzen und Einschränkungen von Verschlusszeit und Blende durch eine Reihe von Experimenten erkunden. Man kann dann sehen, wie die absichtliche Verwendung einer langen Verschlusszeit zu fehlender Schärfe, oder wie der Einsatz von Über- oder Unterbelichtung zu unnatürlich hellen oder dunklen Tonwerten führt, mit denen sich die Anmutung und Bedeutung von Bildern verändern lässt.

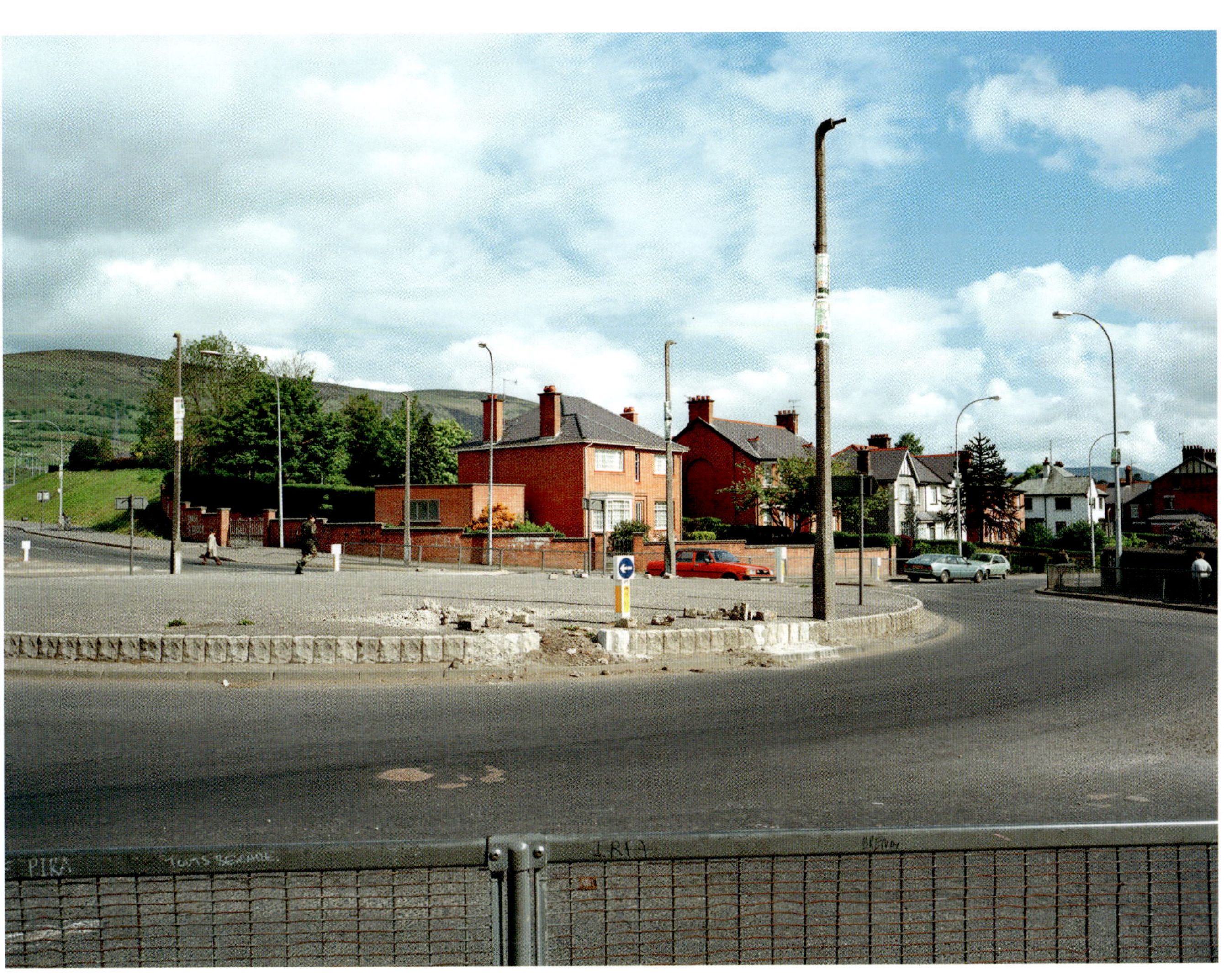
PIRA
TOUTS BEWARE

Joel Meyerowitz

„Farbe bedeutet größere Gefühlsbandbreite: mehr Wellenlängen, mehr Strahlkraft, mehr Empfindung."

Joel Meyerowitz

Joel Meyerowitz (USA, 1938–) arbeitete zuerst in der Werbung, ließ sich aber 1962 durch einen Fototermin mit Robert Frank (s. S. 186) so für die Fotografie begeistern, dass er seinen Job aufgab. Er gehörte mit Garry Winogrand (s. S. 192), Tony Ray-Jones (s. S. 190) und Lee Friedlander (s. S. 194) zur Straßenfotografie-Bewegung der 1960er Jahre, gab die Schwarz-Weiß-Fotografie zugunsten der Farbe auf und fotografierte auf Kodachrome-Diafilm einen geistreichen und genau beobachteten Fotoessay über das Chaos der New Yorker Straßen mit dem Titel „Out to Lunch". Er begann mit einer 8 x 10-Zoll Fachkamera zu arbeiten, anfänglich noch in städtischen Umgebungen, um dann zur Porträt- und Landschaftsfotografie überzugehen. Er hat viele Bücher verfasst, darunter *Aftermath: World Trade Center Archive* (2006), in dem die Zerstörung festgehalten wird, die der Anschlag vom 11. September 2001 in New York hinterließ.

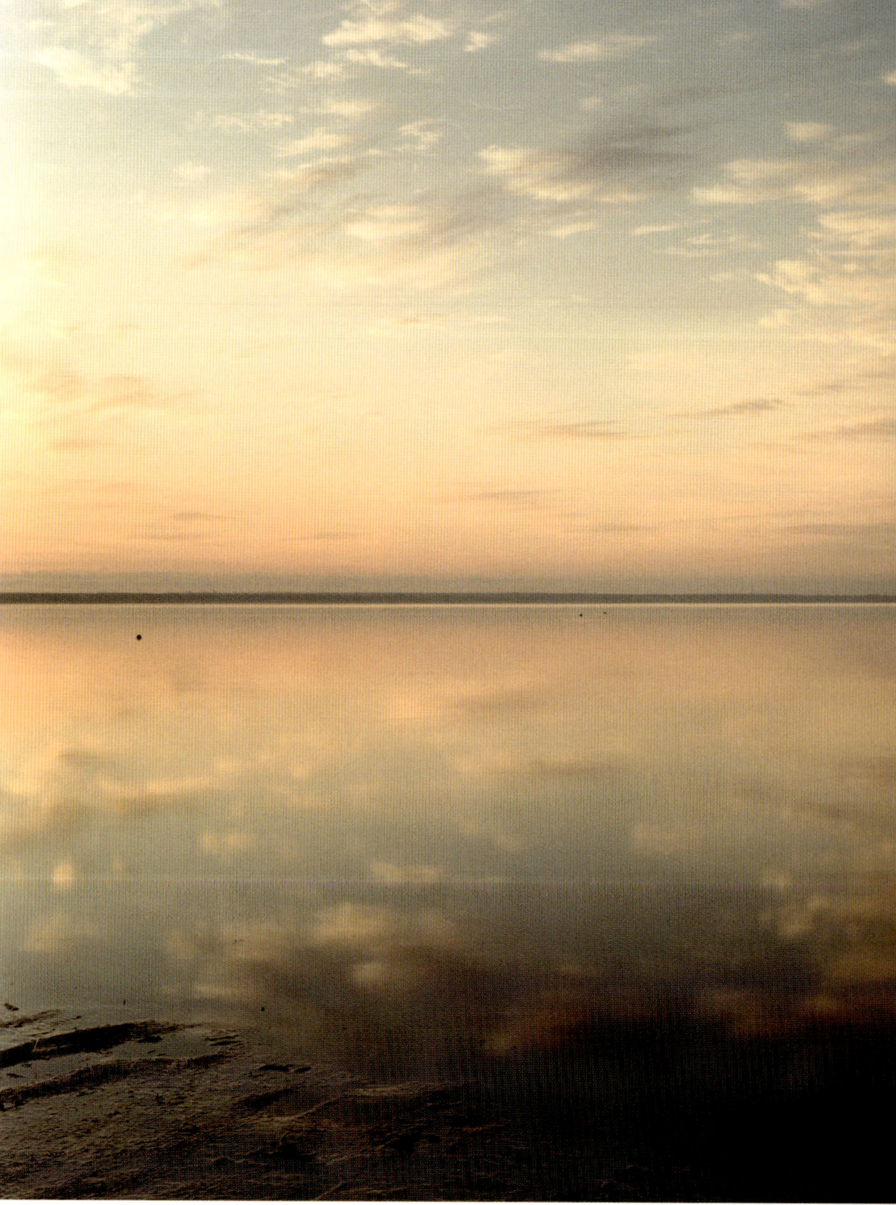

Kreative Tipps und Techniken

Meyerowitz reagiert instinktiv auf Motive. Er sagt, dass er sich im Alter mehr auf seine Gefühle als auf rein ‚optische' Gesichtspunkte verlässt, was er als annehmbare und wertvolle Arbeitsweise betrachtet. Es gibt für ihn eine direkte Beziehung zwischen seinen Instinkten und dem, was er dann im Sucher sieht: „Dieses Erwachen des intuitiven ‚Wissens' ist es, was mich leitet." Manchmal ist es wichtig, nicht über die eigene Arbeit nachzudenken, sondern einfach auf die Welt um einen herum zu reagieren. Etwa, indem man ohne einen bestimmten Plan hinausgeht und sich für die reine Qualität des Lichts öffnet.

Meyerowitz weist darauf hin, dass Künstler wachsam bleiben und nicht zu sehr auf ihr Publikum oder sogar auf

Meeresbucht/Himmel, Dämmerung, Herbst 1986

Dieses wunderschön stille Bild erforscht das Wesen des Lichts am Meer. Die feinen farblichen Abstufungen des Himmels und die Spiegelungen auf dem Wasser wirken beruhigend, regelrecht hypnotisch. Joel Meyerowitz beschreibt die Implikationen seines Wechsels zur Farbfotografie: „Sobald ich auf Farbe umgestellt hatte, musste ich viel größere Abstände einhalten als ich das von meinen früheren Aufnahmen von der Fifth Avenue kannte. Diese Veränderung – die dazu diente, der üblicherweise bei Farbfotos geringeren Schärfentiefe mehr Raum und Aussagekraft zu geben – brachte mich dazu, noch einmal neu über die Rahmung nachzudenken." Er löste sich davon, zufällige Ereignisse festzuhalten, was lange Zeit Hauptbestandteil der Arbeit von Straßenfotografen war. Er erkannte: „Dadurch, dass ich ein paar Schritte zurücktrat und das Gesamtbild erfasste, würde ich größere Abzüge machen und deskriptiver arbeiten müssen, und das ist ja auch das, was Fotografie in erster Linie tut: Dinge beschreiben. Das brachte mich zur 8 x 10-Zoll Fachkamera, deren Filme von so guter Qualität sind, dass ich problemlos Abzüge in der Größenordnung von 1,50 m oder größer machen konnte." So große Abzüge, zumal in Farbe, waren damals eine Seltenheit und nahmen, als sie ausgestellt wurden, großen Einfluss auf die Welt der Fotografie. Dieses Foto führt die Themen aus Meyerowitz' 1979 veröffentlichtem Fotobuch *Cape Light* fort, das sich damit befasst, wie der Übergang von hell zu dunkel und wieder zu hell und der Übergang von Land zu Meer ineinandergreifen; so entstanden Aufnahmen, in denen das durchscheinende Wesen des Lichts selbst zum Gegenstand wird.

wohlwollende Kritiker hören sollten. Wenn man versuche, es der Menge recht zu machen, verflache die eigene Arbeit. Man muss der eigenen Vision treu bleiben und nicht das liefern, was der Betrachter vielleicht erwartet. Konventionelles Denken kann die eigene einzigartige Sichtweise verwässern.

Meyerowitz glaubt, dass die Digitalfotografie die Erwartungen des Publikums verändert hat. Er berichtet, dass er in der Anfangszeit des neuen Mediums in einer New Yorker Galerie 20 Jahre alte analoge 35mm-Kleinbildfotos ausstellte. Die Aufnahmen zeigten viele überraschende ‚Augenblicke', die er aufgrund seiner Schnelligkeit hatte festhalten können. Die Besucher der Galerie konnten sich jedoch nicht vorstellen, dass die Szenen nicht arrangiert oder inszeniert gewesen seien. Niemand könne schnell genug reagieren, um solche Dinge zu sehen und mit der Kamera einzufangen. Meyerowitz ist auch begeistert von der Freiheit, die die Digitalfotografie verheißt, wenn also praktisch jeder mit einer Handykamera zum Fotografen wird: Millionen von unvoreingenommenen Geistern, die sich der Fotografie zuwenden und die Kamera in neuen, merkwürdigen und unerwarteten Weisen nutzen. Dieses Reservoir an neuen Fotografen wird seiner Meinung nach auch zu neuen Visionen führen.

Richard Misrach

Abendessen unter freiem Himmel, Bonneville Salt Flats, Utah 1992, aus „Desert Canto XV: The Salt Flats"

Das Werk von Richard Misrach beleuchtet die Auswirkungen des menschlichen Handelns auf die Umwelt, insbesondere in den nordamerikanischen Wüstenregionen, wo seine Werkserie „Desert Cantos" (*canto* bezeichnet einen Abschnitt eines langen Gedichtes) entstand. Misrachs Projekt wurde zum Teil von der Lyrik Ezra Pounds beeinflusst. Kritiker Gerry Badger vermutete: „Vielleicht kann man Misrachs Ziel als Suche nach dem Heiligen Gral der Fotografie bezeichnen, mit dem Bestreben, Reportage und Poesie zu verschmelzen."

Die 1979 begonnene Serie umfasst mittlerweile mehr als 30 „Cantos", die eine große Bandbreite von Ideen und Themen abdecken, darunter Feuersbrünste, Überschwemmungen, Atomtests, Autorennen, Himmel und Space-Shuttle-Starts. Jeder einzelne Canto spricht für sich, aber im Zusammenhang sind sie nicht nur dem Erleben der Wüste auf der Spur, sondern betrachten auch das Wesen der Fotografie an sich. Durch die stilistische Vielfalt soll der Betrachter gezielt eingebunden werden. Misrachs Cantos sind häufig von epischer Größe und von hellem Wüstenlicht durchflutet, was ihnen eine starke ästhetische Ausdruckskraft verleiht. So auch in diesem surrealen Bild eines Restaurants, dessen Wände sich in Luft aufgelöst zu haben scheinen. Das Thema der Serie ist jedoch oft düster und verstörend, etwa in „The Pit", wo es um Massengräber von Tierkadavern geht. Das Ergebnis ist eine überzeugende Kombination von Form und Inhalt, wie Misrach erläutert: „Ich glaube, mit Schönheit kann man schwierige Ideen effektiv transportieren, weil sie die Leute zum Hinschauen bewegt."

„Die Wüste gibt einen guten Hintergrund für die problematische Beziehung zwischen Mensch und Umwelt ab."
Richard Misrach

Richard Misrach (USA, 1949–) entdeckte 1970 während des Studiums im kalifornischen Berkeley das Werk klassischer Landschaftsfotografen wie Ansel Adams (s. S. 50), Wynn Bullock, Edward Weston (s. S. 98), Harry Callahan (s. S. 118) und Paul Caponigro. Während der Anti-Kriegs-Demonstrationen dieser Zeit wurde er „mit Tränengas und Schlagstöcken für das Fotografieren" belohnt. So entstand eine wirkmächtige Mischung aus Ästhetik und politischem Engagement. Er erinnert sich: „Es war dieser Cocktail – die Kombination des turbulenten politischen Augenblicks in der Geschichte mit der romantischen Tradition schön gedruckter Landschaftsaufnahmen –, der die Pole meiner Arbeit bildete." Durch John Szarkowskis Befürwortung ernsthafter Farbfotografie in *William Eggleston's Guide* (1976; s. S. 100) experimentierte er mit ihr und hält ihr Aufblühen in den 1970er Jahren für einen entscheidenden Augenblick in der Kunstgeschichte.

Kreative Tipps und Techniken

Misrach arbeitet seit Jahrzehnten in den Wüsten im westlichen Amerika, deren klares Licht und monochromatischen Landschaftstöne ihn faszinieren. Indem er jedes seiner Cantos unter ein Thema stellt, kann er eine große Bandbreite an Topografien untersuchen. Für eines der Cantos schoss er eine Reihe von Aufnahmen mit den Lichtspuren der Sterne bei Nacht, um zu sehen, was passiert, wenn alle Orientierungsmerkmale – Terrain, Topografie, Referenzpunkte – in einem Bild fehlen.

Eine Serie von Essays, die durch ein gemeinsames Thema verbunden sind, kann eine exzellente Methode sein, um ein größeres Projekt zu bewältigen. Jeder Essay kann als unabhängige Einheit gestaltet werden, aber sie bilden zusammen ein größeres Ganzes. Man kann den visuellen Stil über alle Essays hinweg konsistent halten oder wie Misrach in den „Desert Cantos" mit verschiedenen formalen Strategien experimentieren. So kann man gut an einem Vorhaben arbeiten, das Monate oder gar Jahre zur Fertigstellung benötigen könnte, da man jedes Kapitel, sobald es fertig ist, einzeln vermarkten und sie dann am Ende alle zusammenfügen kann.

Misrach arbeitet mit einer 8 x 10-Zoll Großformatkamera, die außerordentlich detailreiche, fast kornlose Negative liefert, sodass die fertigen Abzüge nahtlos anmuten. Das bedeutet, dass man wie in dieser schönen Wüstenstudie sehr subtile Farbabstufungen darstellen kann. Das Bild besteht aus wenigen harmonisierenden Farben und Tönen aus den Bereichen Gelb, Orange, Braun und Beige. Das strahlende Rot des Coca-Cola-Schriftzugs über der Bar links in der Fotografie sorgt für eine Spur von Farbe.

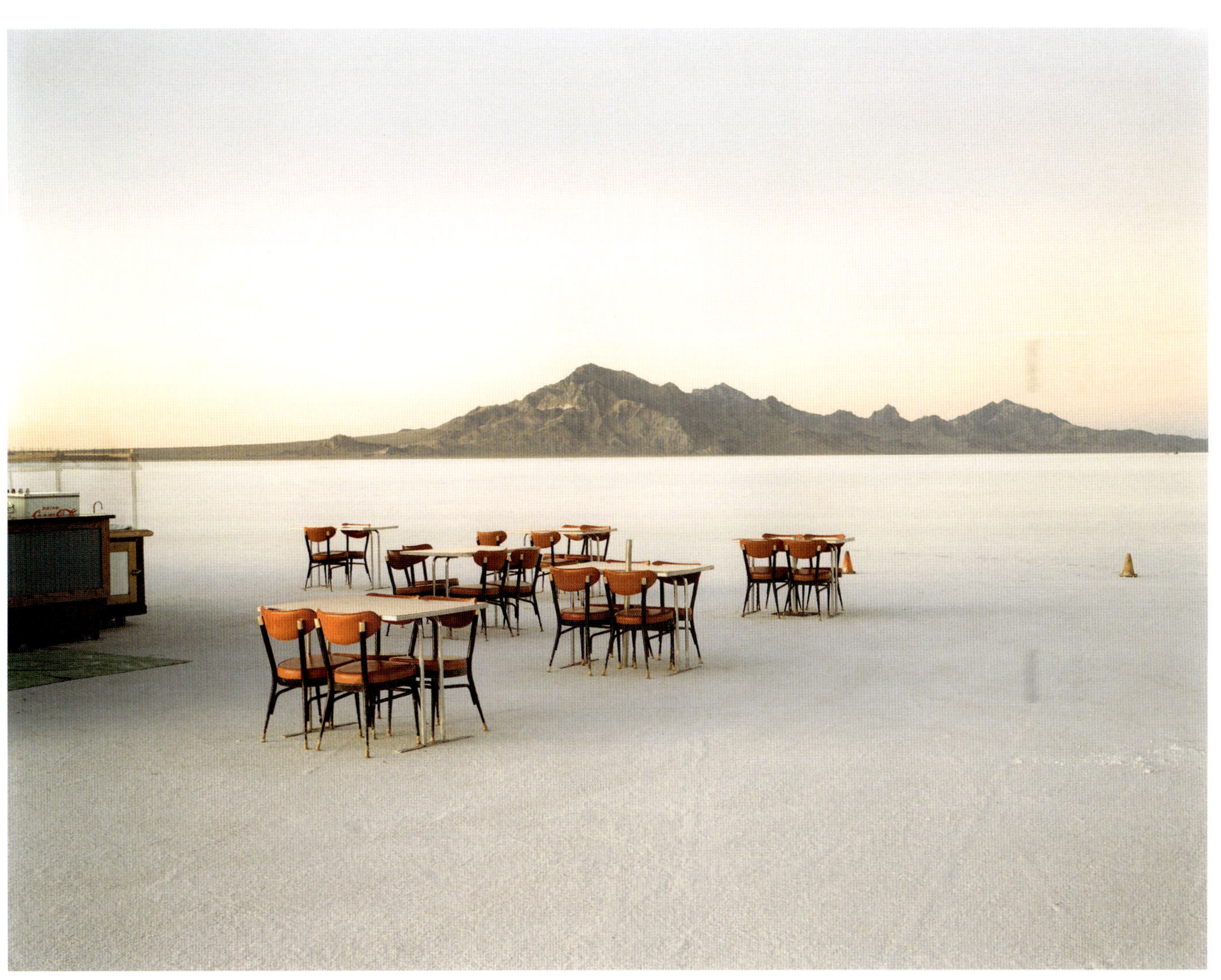

Jem Southam

„Ich vermeide Erhabenheit um ihrer selbst willen und bewege mich lieber auf subtileren Bahnen. Dennoch gibt es überall dort, wo Menschen sich niederließen, Großartiges zu erzählen.“

Jem Southam

Jem Southam (GB, 1950–) wurde mit Martin Parr (s. S. 102) und Paul Graham (s. S. 58) einer der führenden britischen Befürworter der Farbfotografie. Im Gegensatz zu ihnen ist er einem relativ kleinen Motiv- und Themenbereich treu geblieben, da „still zu stehen und aufmerksam zu sein genauso viele Schätze enthüllen kann, wie um den Globus zu rasen“. Sein wichtigstes Motiv ist die ländliche Landschaft Südwestenglands. Der Kreislauf der Natur, der dauernde Wechsel von Verfall und Erneuerung fasziniert ihn. Er arbeitet mit umfangreichen Bildserien bestimmter Orte, an die er über Monate und Jahre hinweg immer wieder zurückkehrt. David Evans hat ihn als den „Fotograf der langsamen Rhythmen der sozialen Zeit und der noch langsameren Rhythmen der physischen Geographie“ bezeichnet. Er lehrt als Professor für Fotografie an der University of Plymouth, Devon.

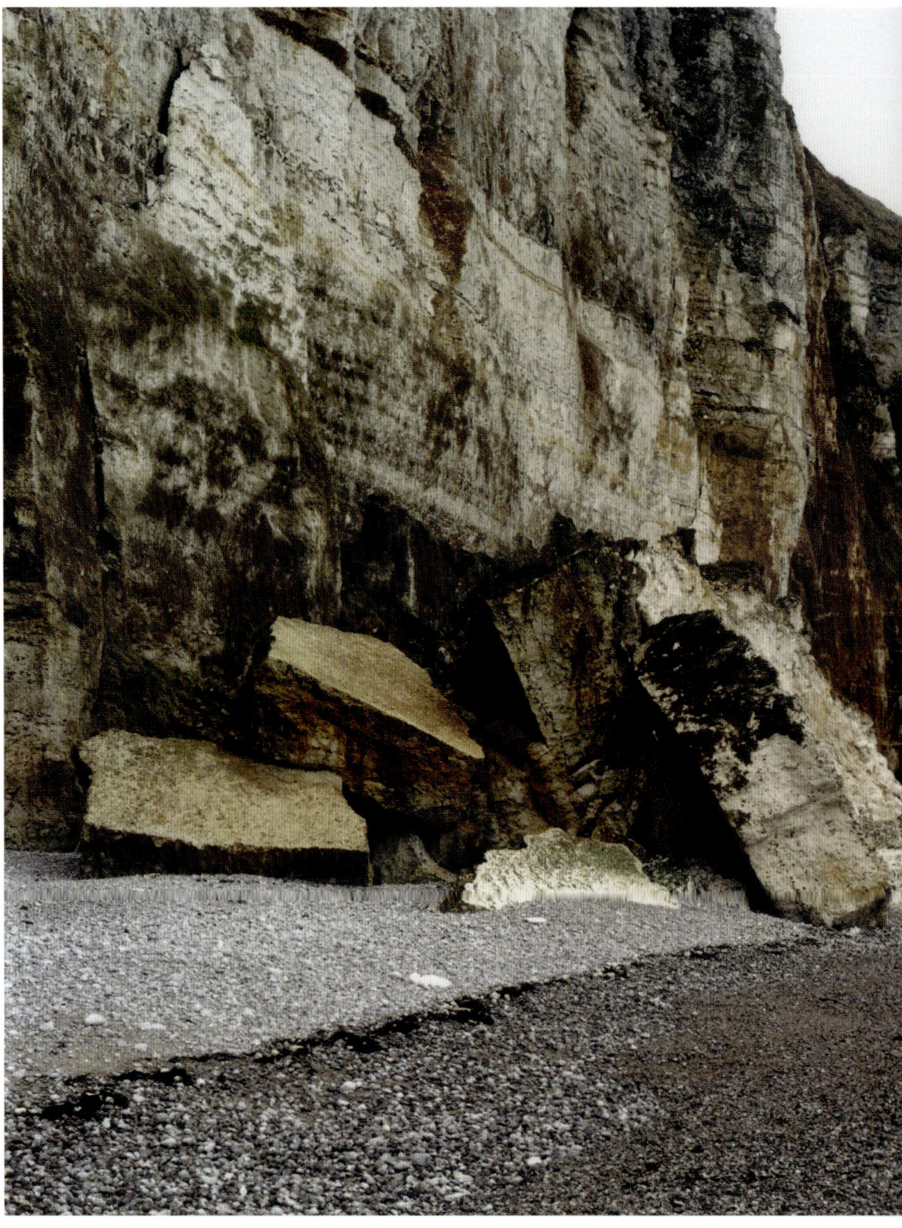

Kreative Tipps und Techniken

Wie viele Landschaftsfotografen arbeitet Southam gerne mit einer 8 x 10-Zoll Fachkamera, für die man ein Stativ braucht und den Kopf mit einem dunklen Tuch bedeckt, um die Abbildung erkennen zu können, die auf die Einstellscheibe der Kamera geworfen wird. Diese Abbildung ist seitenverkehrt, da sich im Gegensatz zur Spiegelreflexkamera zwischen Objektiv und Filmebene kein Spiegel befindet. Das Fotografieren wird dadurch deutlich arbeits- und zeitaufwändiger als bei kleineren Kameras, aber man kann Bildausschnitt und Komposition auch sehr viel genauer bestimmen. Southam beharrt auf dieser Arbeitsweise, weil sie so „schwierig“ und „fesselnd“ ist. Der Vorgang des Fotografierens ist also Hauptbestandteil der Arbeit und nicht ein Hindernis auf dem Weg zum Bild.

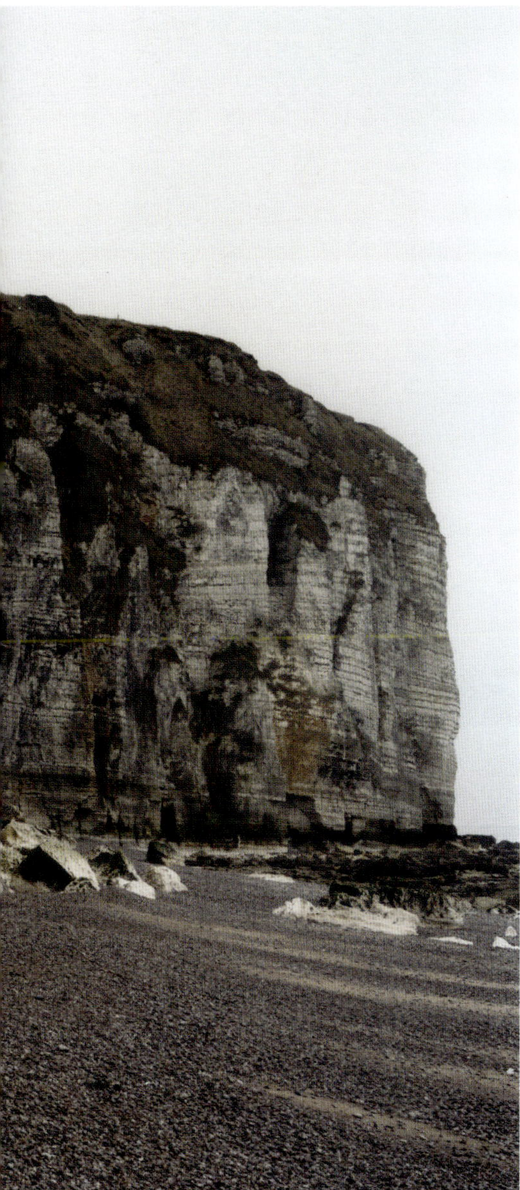

Yport 2005, aus „Rockfalls"

Dieses Foto entstammt Jem Southams Serie über die Steilküste der Normandie, eine Fortsetzung eines ähnlichen Projekts über die Südküste Englands. Nach anfänglichen Zweifeln, ob er diese Auftragsarbeit in dem ihm unbekannten Frankreich übernehmen solle, genügte ein Besuch der Küste, um ihn zu überzeugen. „Da die Felswände in der Normandie eher nordwestlich ausgerichtet sind und nicht, wie in England, nach Süden blicken, war die Skulpturalität eine ganz andere. Ich wusste sofort: Hier will ich arbeiten!" Die Bildkomposition bestimmen mehrere diagonale Linien, die sich in den herabgestürzten Felsbrocken in der Mitte treffen, welche ihrerseits von den Linien, die auf sie zulaufen, abweichen. Die gedämpfte Farbpalette wirkt harmonisch, und das weiche Licht eines grauen Tages macht feine Abstufungen von Grau-, Braun- und Beigetönen sichtbar. Auf den ersten Blick erscheint das Bild schlicht, aber die Komplexität der Komposition, die Farben und Texturen sind unendlich faszinierend, womit sich Southams Wunsch erfüllt hat: Bilder machen, die komplex sind und geduldiger Aufmerksamkeit bedürfen.

Southam schoss das Foto mit einer Wista-Laufbodenkamera mit 240mm-Weitwinkelobjektiv. Er benutzte, wie so oft, eine Trittleiter und ein hohes Stativ, um die Kameraperspektive auf fast drei Meter anzuheben. Das Foto ist ein Sinnbild für Southams Begeisterung, wie Natur und Mensch die Oberfläche des Landes geprägt haben, und enthüllt ästhetische Formen, die eher zufällig als nach Plan entstanden sind. Ihn faszinieren Orte, an denen die Prozesse, die eine Landschaft verändern, sichtbar zutage treten, häufig infolge von industriellen Großprojekten wie dem Bergbau: „Die Landschaften, die von diesen Prozessen geformt werden, sind ohne Plan entstanden; sie resultieren daraus, dass die Technik die von ihr geforderten Funktionen erfüllen muss."

Southam fotografiert sehr wenig. In der Zeit, in der dieses Bild entstand, belichtete er nur etwa 50 Blätter Planfilm im Jahr, aus denen vielleicht zehn Fotografien entstanden, die seinen Ansprüchen genügten. Das liegt auch daran, dass er nur bei bedecktem Himmel fotografiert, da die traditionelle Vorliebe der Landschaftsfotografen für Sonnenschein – vor allem kurz nach dem Morgengrauen oder kurz vor der Dämmerung – für seine Zwecke zu romantisierend ist. Er arbeitet vorzugsweise in Herbst, Winter und zeitigem Frühjahr, zum Teil wegen des Lichtes und weil es kein störendes Laub gibt, aber auch wegen seiner langsamen, methodischen, fast meditativen Arbeitsweise, bei der er Jahre für ein Projekt benötigt. Diese Herangehensweise ist im Vergleich mit den Hunderten von Auslösungen einer Digitalkamera an einem Tag außerordentlich diszipliniert. Es kann für die eigene Arbeit sehr therapeutisch sein, einmal zu versuchen, nur Aufnahmen zu machen, die wirklich zählen. Southam fotografiert zwar mit Film, stellt aber die Abzüge oft digital vom gescannten Negativ her. Will man sein Vorgehen mit einer digitalen Spiegelreflexkamera nachahmen, sollte man mit Stativ arbeiten und sich auf wenige Bilder am Tag beschränken – etwa zehn bis zwölf, entsprechend der Zahl von Kassetten, die man beim Arbeiten mit der Großformatkamera mit ins Feld nehmen würde.

Simon Norfolk

„Meine Arbeit hatte weniger mit Fotografie als mit Archäologie zu tun: Ich legte Schichten frei ..."

Simon Norfolk

Simon Norfolk (GB, 1963–) ist eine Schlüsselfigur in der sogenannten ‚Aftermath'-Fotografie. Er verwendet Landschaftsaufnahmen, um komplexe soziale, politische und moralische Fragen zu untersuchen, die nach Konfliktsituationen auftauchen. Seine Methode beschreibt er als den Versuch, „das Unbewegte zu nehmen und es durch die Landschaft auf mich zurückstrahlen zu lassen – menschliche Kämpfe, politische Kämpfe, ethische Kämpfe – um die Landschaft zu beleben, damit sie mir die Geschichten erzählt, die sie erlebt hat ..." Die Glaubwürdigkeit und Authentizität seiner Fotografien wird durch intensive Recherche untermauert, was sich in den umfangreichen Bildtexten zu seinen Arbeiten niederschlägt. Diese Genauigkeit und Sicherheit erlaubt es ihm, Schlüsse aus den Orten zu ziehen, an denen er fotografiert: „Wenn man Geschichtskenntnisse zu der Landschaft mitbringt, berichtet sie von ihren Erinnerungen."

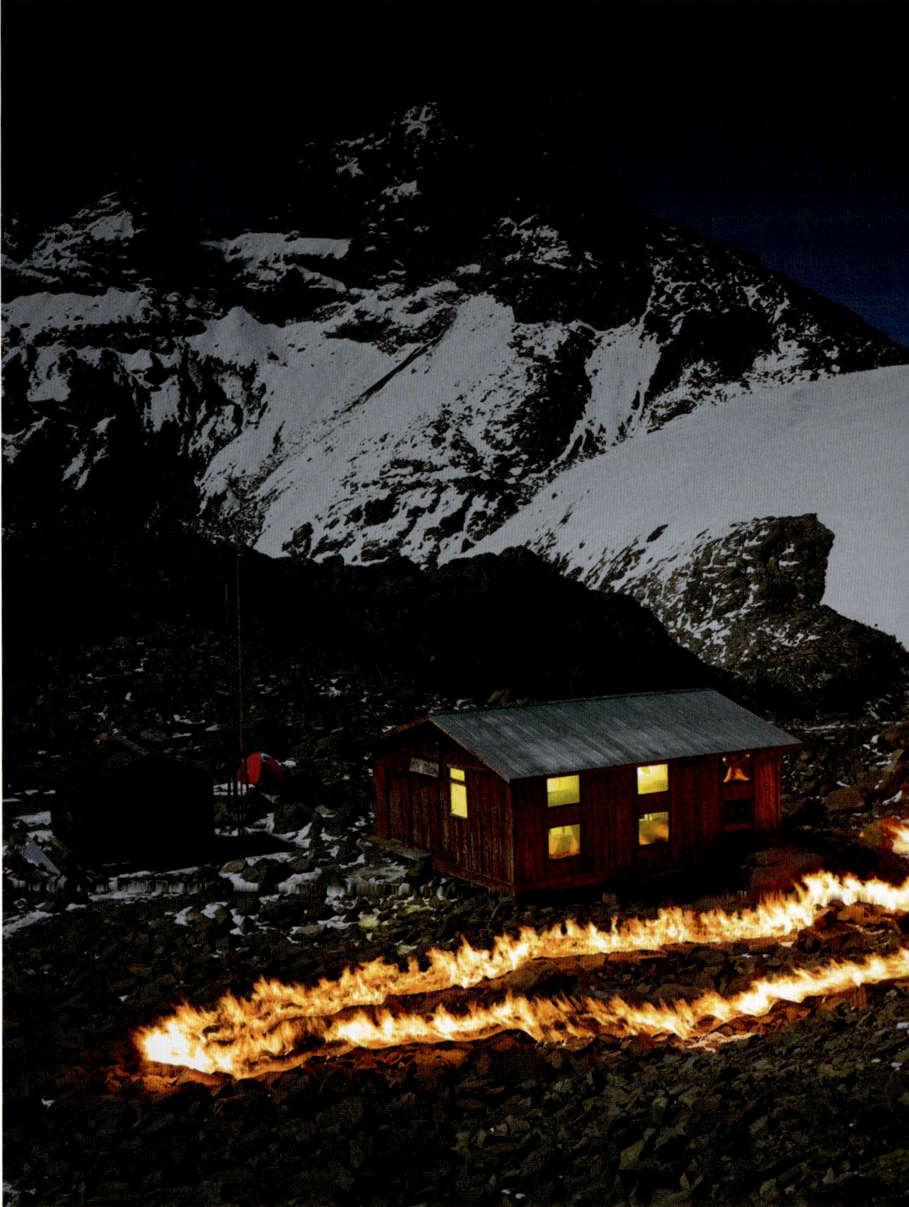

Kreative Tipps und Techniken

Norfolk verbringt vor dem eigentlichen Fotografieren viel Zeit mit technischen Experimenten, sodass er bei der Ankunft am Aufnahmeort gut vorbereitet ist und genau weiß, was ihn erwartet und wie er zur perfekten Aufnahme kommt. Er sieht sich die Aufnahmeorte sogar mit Google Earth an, bevor er sie aufsucht, um sich mit dem Terrain und dem Lichteinfall vertraut zu machen. Wenn man wie er Ideen für Fotografien im Vorhinein unter kontrollierbaren Bedingungen ausprobiert, weiß man auch, wie man einen gewünschten Effekt erreichen kann.

Norfolks Bild ist ungefähr nach der Drittelregel aufgebaut, die interessantesten Teile liegen also auf beiden Achsen etwa ein Drittel vom Rand. Das Feuerband läuft von links nach rechts oben und führt

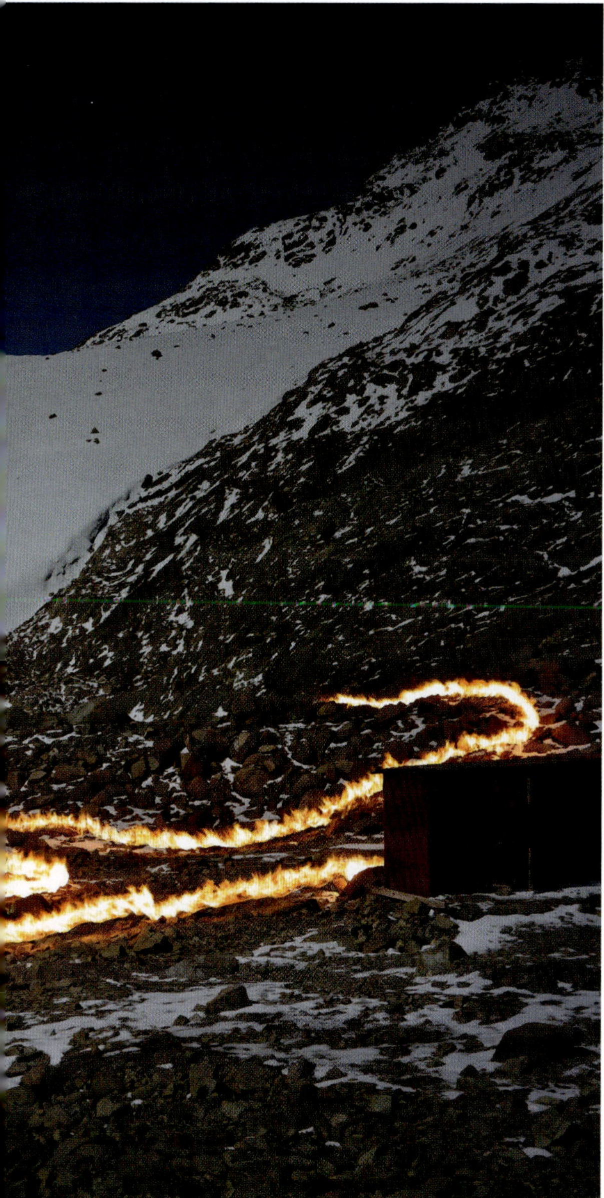

Der Lewis-Gletscher, Mount Kenya, 1963 (A) 2014

Die bewegende Serie, zu der dieses Foto gehört, handelt vom Klimawandel. Das Bild illustriert, wie stark der Gletscher auf dem zweithöchsten Berg Afrikas bereits geschrumpft ist. Norfolk fotografierte mit sehr langer Belichtungszeit. Mit einem benzingetränkten Lappen, den er um einen Stock gewunden hatte, zeichnete er ein Feuerband, das die Grenzlinie des Gletschers im Jahr 1963 aufzeigt, Norfolks Geburtsjahr.

Das Bild vermittelt die Zeithaftigkeit der Szene, indem es genau das Produkt, dem die Verursachung des Klimawandels angelastet wird, benutzt, um dessen Auswirkungen in das Antlitz der Landschaft zu brennen. Norfolk hält in diesem Bild das Vergehen der Zeit fest, macht das Schwinden der Gletscher erschreckend deutlich. Er bezeichnet dieses Foto als „Stratographie"– eine fotografische Beschreibung der Schichtungen der Zeit. Eindringlich beschreibt er seine Erfahrungen mit dem Projekt: „So nah am Eis zu sein fühlt sich an wie eine Auszeichnung, als befände man sich neben einem schlafenden Riesen. So muss es sich anfühlen, neben einem angeschossenen Elefantenbullen zu stehen. Das erinnert mich an ein niederländisches Gemälde aus dem 17. Jahrhundert, auf dem verblüffte Bürger einen gestrandeten Wal begaffen. Von Nahem spürt man die Unermesslichkeit der Eismassen, die schlafende Energie des Gletschers, seine enorme Langlebigkeit und natürlich seine eisige Gleichgültigkeit. Angesichts der eigenen Kleinheit und Vergänglichkeit überläuft es den Betrachter kalt."

Norfolks Fotos sind sorgfältig arrangiert und bedienen sich einer ganzen Reihe von Metaphern, Allegorien und Symbolen, um einen imaginären Raum zu erschaffen, in den die Betrachter eigene Gedanken und Anworten projizieren können. Er erläutert: „Meine Strategie besteht darin, Stereotypen durcheinanderzubringen und vorgefasste Meinungen zu erschüttern. In dem Sekundenbruchteil, bevor die Betrachter die Festung ihrer Vorurteile wieder aufbauen, kann man mit allen möglichen Symbolen und subversiven Ideen in ihr Inneres vordringen."

so das Auge durch die Komposition, um es am Ende durch die Biegung des Flammenstreifens wieder zur Bildmitte zu führen. Beachtenswert ist auch, wie der Flammenstreifen die Umrisse der Berge wieder aufnimmt. Um selbst mit der Drittelregel zu arbeiten, positioniert man die wichtigsten Teile der Komposition auf gedachten Linien, die das Bild in beide Richtungen dreiteilen, und auf den Kreuzungspunkten dieser imaginären Linien.

Norfolk hat diese Aufnahme mit einer sehr langen Belichtungszeit von bis zu einer Stunde fotografiert, um die Flammenspuren im Bild anlegen zu können. Außerdem konnte er so das Mondlicht nutzen, um die Landschaft zu beleuchten und einen ‚Nacht ist Tag'-Effekt zu erreichen. Bei solch langen Belichtungszeiten hinterlassen auch die Sterne Lichtspuren am Himmel. Wenn man mit dieser Technik in natürlichen Umgebungen experimentiert, kann das zu sehr beeindruckenden Ergebnissen führen: Man schießt eine Reihe von Aufnahmen mit Blenden, die um einige Werte unter und über dem gemessenen Wert liegen, um zu sehen, wie sich das Licht in der Szene ändert. Bei Nachtaufnahmen gibt der Belichtungsmesser oft zu helle Werte an, sodass die Bilder fast wie Tageslichtaufnahmen wirken. Absichtliches Unterbelichten führt dann zu dunkleren und somit realistischeren Bildern.

Räum

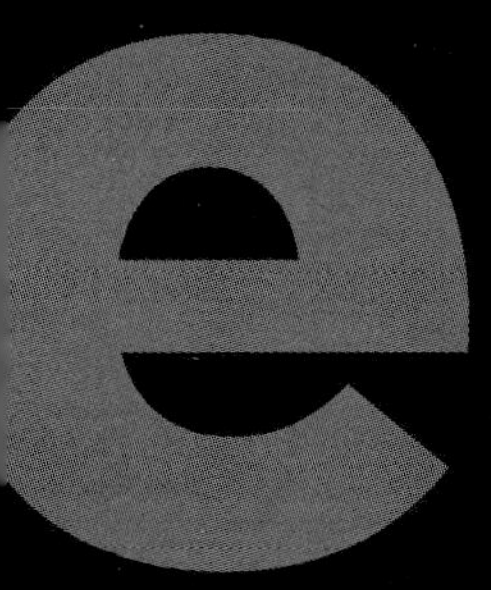

Räume

Die Anziehungskraft von Interieurs und architektonischen Elementen in der Fotografie basiert auf dem Konzept einer „Poetik des Raumes“ – dem Gedanken, dass die Beschaffenheit eines Raumes etwas über die Personen aussagt, die ihn benutzen. Die Untersuchung von Kubatur, Fluchtlinien und Struktur eines Gebäudes kann ästhetische Überraschungen bergen, wenn der Fotograf die Sichtweise des Architekten neu interpretiert. Räume wie Gegenstände haben eine Präsenz, eine Persönlichkeit gar, der eine Bedeutung innewohnt. Sie sind unsere Verbindung zu uns selbst, sind Habitat und schützende Hülle, aber auch Orte der kulturellen Entfaltung und Unterhaltung. Räume beinhalten die Spuren ihrer Erbauer und Bewohner, noch lange Zeit, nachdem diese Menschen zu Erinnerungen geworden sind. Verhaltens- und Konsummuster können katalogisiert und dokumentiert, Selbstüberschätzung in all ihrer Pracht und Torheit entlarvt werden.

Die Patina der Vergangenheit ist ein weithin sichtbares Zeichen der Vergänglichkeit, das buchstäblich in die Raumstruktur eingeschrieben ist. Das Spiel des Lichts auf den Gegenständen in einem Zimmer beschreibt sein Volumen und seine Form und erweckt den Eindruck eines dreidimensionalen Raumes, den die Betracher betreten, erkunden und einnehmen können. Wir werden eingeladen, uns das Leben all jener vorzustellen, die in den abgebildeten Räumen gelebt haben und gestorben sind. Nichtsdestotrotz ist es der selektive Blick des Fotografen, der zum großen Teil die Bedeutung eines Bildes bestimmt. Indem er einen bestimmten Raum auswählt und in einem bestimmten Moment auf den Auslöser drückt, stellt der Fotograf eine Verbindung zu größeren Themen und Ideen her. Leere kann machtvoll an die Gegenwart der Menschheit erinnern, und an ihrer Beschaffenheit lassen sich die gesellschaftlichen, politischen und wirtschaftlichen Kräfte ablesen, die sie geformt haben.

Frederick H. Evans

Ein Meer aus Stufen, Kathedrale von Wells 1903

Frederick H. Evans hat seine Aufnahmen sehr sorgfältig vorbereitet. Er verbrachte Tage in den Kirchen und Kathedralen, die er besuchte, und beobachtete akribisch, wie sich das Licht veränderte, um die perfekte Belichtung herauszufinden. Einmal bat er sogar darum, die Kirchenbänke abzumontieren, weil diese ihm den optimalen Standpunkt für das Foto verwehrten. Auch für dieses, sein vielleicht großartigstes, Foto, waren langwierige Vorbereitungen nötig. Über einen Zeitraum von drei Jahren reiste er mehrmals nach Somerset, bis er diese meisterliche Aufnahme der Kathedrale im Kasten hatte. Das Bild wurde so populär, dass angeblich Markierungen in der Kathedrale angebracht wurden, damit Besucher ihr Stativ an derselben Stelle aufbauen konnten.

Seine eigenen Worte beschreiben die Gefühle der Erhabenheit, Spiritualität und Vergänglichkeit am besten, die dieses Foto vermittelt: „Die Stufen steigen steil in die Höhe, und der besonders stark abgenutzte obere Bereich, der zum Korridor hinführt, macht dem Titel – ein Meer aus Stufen – alle Ehre. Viele hundert Schritte haben die Stufen im Lauf der Jahre abgetragen, sodass sie heute wie Wellen aussehen, die sich sachte an einer friedlichen Küste brechen.“ Evans mochte es gern rein und schnörkellos. Er empfand Fotografie als „zu wertvoll und zu schön, um sie darauf zu verschwenden, etwas anderes zu imitieren“. Er glaubte aber auch, dass man als Künstler eine emotionale Verbindung zu den Räumen aufbauen sollte, die man fotografiert; es gehe darum, „sich darum zu bemühen, ein Gefühl festzuhalten, nicht einfach nur ein Stück Topografie abzubilden“.

> „Im Bild des Künstlers sollte sich immer eine Schönheit und Erhabenheit offenbaren, die sich dem ungeübten Auge nicht sofort erschließt.“
>
> Frederick H. Evans

Frederick H. Evans (GB, 1853–1943) begann in den 1890er Jahren zu fotografieren, während er in London als Buchhändler arbeitete. Sein Freund, der Schriftsteller George Bernard Shaw, sagte über seine Aufnahmen: „Das obskurste Detail in den Ecken scheint durch die Dunkelheit genauso fein gezeichnet wie das durch ein Fenster oder eine offene Tür hereinflutende Sonnenlicht durch die Helligkeit gezeichnet ist.“ Evans fotografierte viele unterschiedliche Motive und machte Nahaufnahmen, Landschaftsbilder und Porträts. Eines seiner berühmtesten Porträts zeigt den Grafiker und Autor Aubrey Beardsley in der Pose eines berühmten Wasserspeiers an der Pariser Kathedrale Notre Dame, bekannt als ‚Der Vampir‘. Es sind jedoch die großartigen Architekturaufnahmen englischer Kathedralen, die seinen Ruhm begründeten. Im Jahr 1900 wurde er zum Mitglied der exklusiven Fotografenvereinigung ‚Linked Ring‘ gewählt, was seinen Ruf weiter festigte. 1903 wurde er als erster britischer Fotograf von Alfred Stieglitz eingeladen, zu dessen neuer Zeitschrift *Camera Work* beizutragen, die in der Folge dem Werk von Evans eine ganze Ausgabe widmete.

Kreative Tipps und Techniken

Evans verwendete einen besonderen Film der Firma Sandell and Sons mit zwei unterschiedlich lichtempfindlichen Schichten, der einen sehr großer Tonwertumfang festgehalten konnte. Er betrachtete die Fähigkeit der Kamera, eine Szene genauso wiederzugeben, wie sie vor ihr lag, als das definierende Kriterium des Mediums und sagte, dass das „Detail, wenn es sanft ausgeleuchtet und mit perfekter Gradierung kombiniert ist, in Verbindung mit der perfekten Wiedergabe der Tonwerte, der Atmosphäre, das grundlegende Kennzeichen unserer Kunst ist“. Heute wäre das gleichwertige Verfahren die Verwendung des HDR-Modus einer Digitalkamera, um den vollen Tonwertumfang festzuhalten. Evans stellte Platinkontaktabzüge seiner 8 x 10-Zoll-Negative her, um möglichst hochwertige Bilder zu erhalten. Er war so überzeugt von diesem Verfahren, dass er das Fotografieren aufgab, als er sich die teuren Abzüge nicht mehr leisten konnte.

Evans stellte schöne Papierabzüge her, aber sein Lieblingsmedium waren Glasbilder für die Laterna magica. Er meinte, die Projektion gebe den vollen Tonwertumfang im Negativ am genauesten wieder: „Papier kann wegen seiner mangelnden Tiefe und des abrupten Endens des Bildes an der Oberfläche auf angemessene oder vollständige Weise den gesamten Wert und Reiz dieser unendlich miteinander verschränkten Ebenen nicht reproduzieren. Glas kann das jedoch und tut es bei richtiger Handhabung auch.“ Evans stellte Tausende solcher Glasbilder her und zeigte sie bei seinen öffentlichen Vorträgen, bei denen er das Publikum durch jede Aufnahme führte und dabei sicher die Größe und das strahlende Licht der Projektion nutzte, um auf die Spiritualität des Lichts zu verweisen, das sein Werk sichtbar macht.

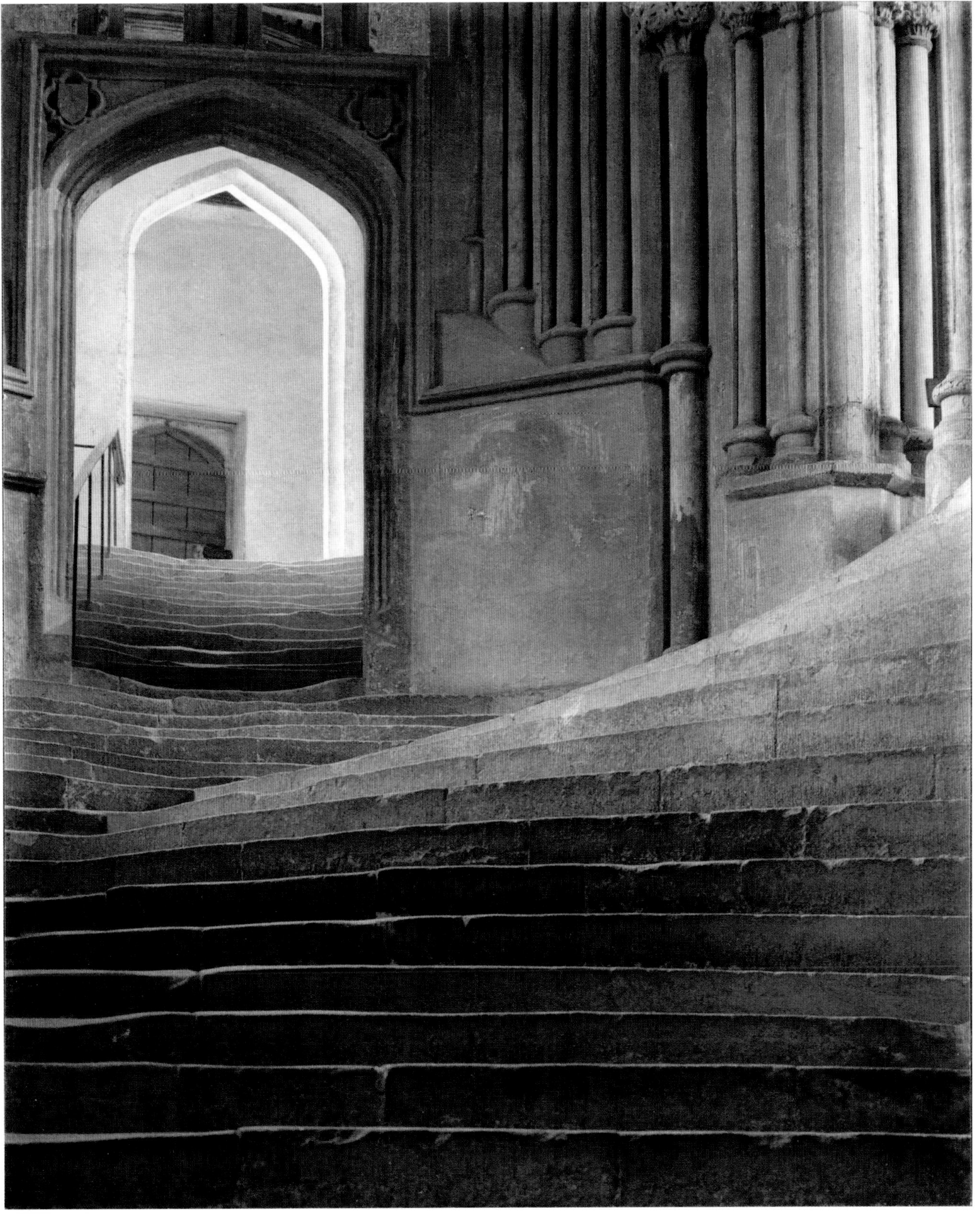

Eugène Atget

Kaufhaus, Avenue des Gobelins 1925

Fenster und Schaufensterscheiben waren ein wiederkehrendes Thema in Eugène Atgets Pariser Arbeiten. Gegen Ende seines Lebens machte er eine Reihe von Bildern von den Kaufhausschaufenstern entlang der Avenue des Gobelins, die mit dem Gegensatz zwischen den fast lebensechten, schick angezogenen Schaufensterpuppen hinter der Scheibe und der Architektur draußen auf der Straße spielten. Die Figuren wirken wie in einem Theaterraum gefangen und sie scheinen soziale Interaktionen aufzuführen: Die Schaufensterpuppe in der Mitte legt den Kopf schräg, als mache sie eine Bemerkung über ihren Nachbarn. Die gepflegte Perfektion der Puppen kontrastiert mit der verschwommenen Energie der Bäume und den kaum erkennbaren Umrissen der Passanten. Diese Kombination aus Realem und Inszenierung löst den Raum zwischen Vorstellungskraft und Wirklichkeit auf – ein Bereich, für den sich die Surrealisten interessierten. Die Fotografin Berenice Abbott (s. S. 76), damals Man Rays Assistentin (s. S. 94), besuchte Atget häufig und machte ihn mit dem Kunsthändler Julien Levy bekannt, der fast alle Negative und Abzüge kaufte, die in Atgets Besitz waren. Auf dem Rückweg nach New York veranstaltete er mit Abbott eine Ausstellung in der Weyhe Gallery und versuchte erfolglos, das Archiv an das Museum of Modern Art (MoMA) zu verkaufen. Paradoxerweise stimmte das MoMa 40 Jahre später, 1969, dem Kauf der Sammlung zu. Die Reaktionen auf Atgets Arbeiten beschrieb Abbott so: „Plötzlich flackerte Wiedererkennen auf – der Schock der ungeschönten Wirklichkeit. Die Motive waren nicht sensationell, aber schockierten gerade durch ihre Vertrautheit. Die reale Welt, mit Verwunderung betrachtet, spiegelte sich in jedem Abzug wider. Welche Mittel Atget auch für seine Aufnahmen benutzte – sie drängten sich nicht zwischen Motiv und Betrachter."

„Eine gute Fotografie ist wie ein guter Jagdhund, stumm, aber beredt." Eugène Atget

Eugène Atget (F, 1857–1927) blieb zu Lebzeiten, als er ruhig und unermüdlich das städtische Leben in Paris festhielt, relativ unbekannt. Heute gilt seine Arbeit jedoch aufgrund des Interesses, das die Surrealisten – vor allem Man Ray (s. S. 94) – ihm widmeten, als eines der außerordentlichsten Zeugnisse der Alltagsschönheit und Bedeutung in der Textur der Stadt. Die Fotografin Berenice Abbott (s. S. 76) erklärte, er sei „ein Balzac der Kamera, aus dessen Werk wir einen großen Bildteppich der französischen Zivilisation weben können". Der Autodidakt Atget eröffnete 1890 sein Atelier in Paris, und 1898 begann er mit dem Projekt, das ihn die nächsten 30 Jahre beschäftigen sollte: die Straßen des ‚Alten Paris' im Bild festzuhalten. Er schuf ein riesiges Archiv mit mehr als 10 000 großformatigen Glasnegativen, mit Aufnahmen der Stadt Paris, die Gebäude und ihre architektonischen Details dokumentierend. 1920 schrieb er: „Heute ist diese riesige künstlerische und dokumentarische Sammlung vollständig, ich kann sagen, mir gehört ganz ‚Alt Paris'." Die französische Regierung erwarb seinerzeit 2600 der Negative für 10 000 Francs.

Kreative Tipps und Techniken

Wie viele seiner Zeitgenossen im 19. Jahrhundert arbeitete Atget mit einer großformatigen Balgenkamera und Glasplatten im Format 8 x 10 Zoll. Er behielt diese Technik auch in den 1920er Jahren bei, als es schon leichtere Kameras mit Film gab. Die meisten seiner Bilder waren Kontaktabzüge auf Albuminpapier, und sie sind aufgrund dieses Verfahrens detailreich und haben einen großen Tonwertumfang. Die Großformatkamera setzte die Verwendung eines Stativs voraus, was bei einer Fotografie wie dieser die sorgfältige Anordnung aller Kompositionselemente ermöglichte. Die lange Belichtungszeit unterstreicht darüber hinaus den Kontrast zwischen dem ruhigen Innenraum und der davor liegenden belebten Straße.

Spiegelungen eignen sich hervorragend, um ein Bild zu öffnen und darauf hinzuweisen, dass es eine Welt jenseits der vier Ränder des fotografischen Bildausschnitts gibt. Man kann mit ihnen Verbindungen zwischen den Dingen herstellen, die vor der Kamera und jenen, die hinter ihr liegen, um auf Gemeinsamkeiten oder Kontraste zwischen der Innenwelt hinter dem Glas und der gespiegelten Außenwelt davor zu verweisen. Allerdings muss sowohl das Außen als auch das Innen optisch interessant und bedeutsam sein, sonst wird die Aufnahme verwirrend. Der Bildausschnitt muss sorgfältig gewählt werden, um die Position der Spiegelungen zu ermitteln. Der Himmel in der Spiegelung wird im Dunkel des Innenraums zu einer hellen Fläche, was Atget in diesem Bild sehr effektvoll eingesetzt hat. Der Laternenpfahl läuft senkrecht durch das Gesicht der Schaufensterpuppe, sodass nur ein Auge den Betrachter anstarrt, während das andere durch den hellen Himmel ausgelöscht wird.

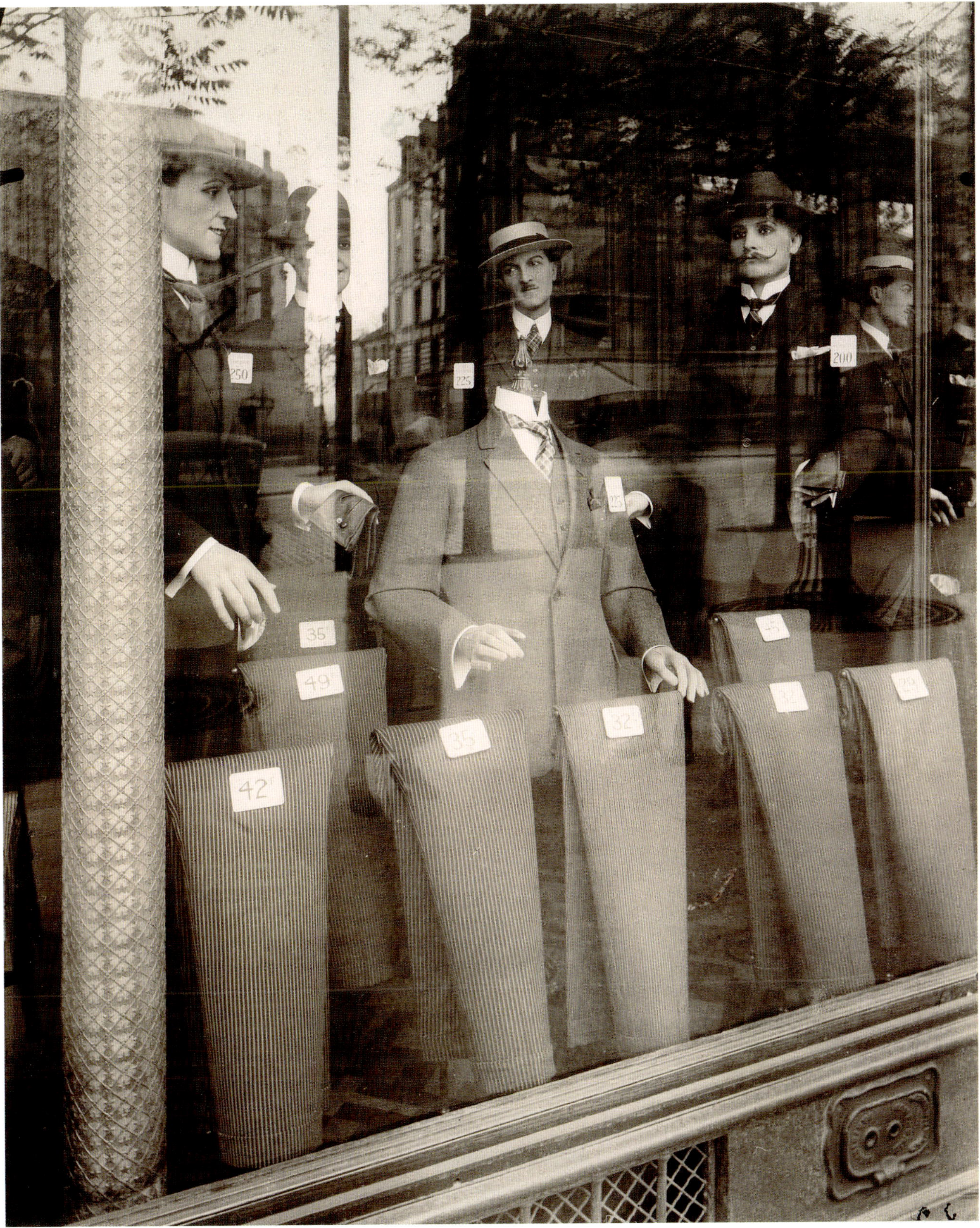
250
225
200
35f
49f
42f
35
32f

Berenice Abbott

New York bei Nacht 1932

In den 1930er Jahren begann Berenice Abbott, beeinflusst von Eugène Atgets Pariser Arbeiten (s. S. 74), eine monumentale Studie der Stadt New York. Allerdings ging es ihr nicht darum, die Vergangenheit zu konservieren: Sie betrachtete die Stadt als ein Gebilde der Moderne auf dem Weg in die Zukunft. Vom Federal Art Project (FAP) finanziert, dokumentierte sie die Architektur der Stadt und erforschte die kommerziellen, künstlerischen und bürgerlichen Werte, wie sie in Straßen und Gebäuden zum Ausdruck kamen. Dieses berühmte, dramatische Bild fängt die Energie der brodelnden Metropole auf eine Art und Weise ein, die 80 Jahre später noch genauso frisch und lebendig wirkt. Die Vogelperspektive ist typisch für Abbotts Ansatz. Sie meinte, ein gelungenes Foto solle ein „bedeutendes Dokument sein, ein eindringliches Statement, Stichwort: Selektivität". Dieses Bild verkörpert ihre Vorstellung vom perfekten Foto: „Nehmen wir an, wir würden 1000 Negative zu einer gigantischen Montage vereinen: Unzählige Facetten würden die Eleganz, das Elend, die Kuriositäten, die Monumente, die traurigen und triumphierenden Gesichter, die Macht, die Ironie, die Stärke, den Verfall, Vergangenheit, Gegenwart und Zukunft einer Stadt zeigen – es wäre mein liebstes Bild." Das finale Portfolio aus 302 Fotografien wurde vom FAP an Schulen, Bibliotheken und andere öffentliche Einrichtungen der Stadt verteilt und oft ausgestellt und erschien 1939 als Fotobuch unter dem Titel: *Changing New York*.

„Was das menschliche Auge beiläufig und uninteressiert wahrnimmt, hält das Auge der Kamera mit unendlicher Wiedergabetreue fest." Berenice Abbott

Berenice Abbott (USA, 1898–1991) kam durch Man Ray (s. S. 94) zur Fotografie, als sie im Paris der 1920er Jahre für ihn als Assistentin in der Dunkelkammer arbeitete. Schon bald begann sie selbst zu fotografieren und erinnerte sich später: „Ich fühlte mich bei der Fotografie gleich in meinem Element. Ich wollte nie etwas anderes machen." Sie gründete in Paris ein Porträt-Atelier, in dem sie Jean Cocteau, André Gide, James Joyce und seine Verlegerin Sylvia Beach fotografierte, die feststellte: „Von Man Ray und Berenice Abbott ‚geschossen' zu werden hieß, dass man jemand von Bedeutung war." Abbott entdeckte in Paris auch das Werk von Atget (s. S. 74) und wurde zu einer seiner wichtigsten Förderinnen. Nach ihrer Rückkehr nach New York im Jahr 1944 wurde sie Bildredakteurin der Zeitschrift *Science Illustrated* und übernahm die Aufgabe, wissenschaftliche Fotografien zu machen, die sowohl die Schönheit als auch die Struktur physikalischer Vorgänge zeigten. Sie sagte: „Manche Leute halten Wissenschaftsfotografie nur für künstlerisch angehaucht, ganz hübsch anzusehen. Darum ging es nicht. Es ging darum, Wissenschaft vernünftig zu interpretieren, mit guten Proportionen, guter Balance, guter Beleuchtung, damit man sie verstehen kann." Diese Position gipfelte in ihrer Arbeit mit dem Physical Science Study Committee am Massachusetts Institute of Technology (MIT), mit dem sie an den Abbildungen für ein Lehrbuch der Physik zusammenarbeitete, das 1960 erschien und von Millionen amerikanischer Schulkinder im Unterricht verwendet wurde.

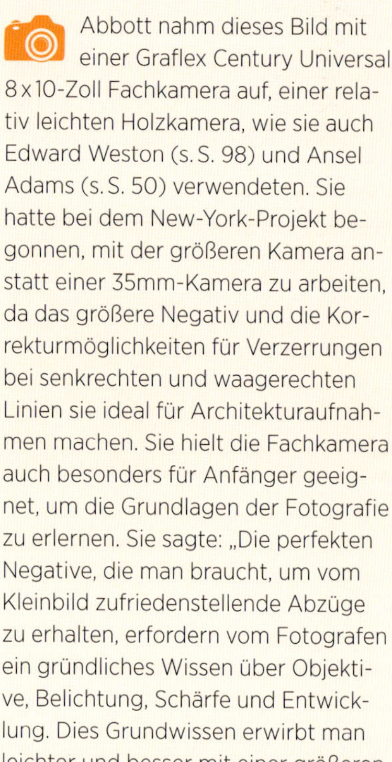

Kreative Tipps und Techniken

Abbott nahm dieses Bild mit einer Graflex Century Universal 8 x 10-Zoll Fachkamera auf, einer relativ leichten Holzkamera, wie sie auch Edward Weston (s. S. 98) und Ansel Adams (s. S. 50) verwendeten. Sie hatte bei dem New-York-Projekt begonnen, mit der größeren Kamera anstatt einer 35mm-Kamera zu arbeiten, da das größere Negativ und die Korrekturmöglichkeiten für Verzerrungen bei senkrechten und waagerechten Linien sie ideal für Architekturaufnahmen machen. Sie hielt die Fachkamera auch besonders für Anfänger geeignet, um die Grundlagen der Fotografie zu erlernen. Sie sagte: „Die perfekten Negative, die man braucht, um vom Kleinbild zufriedenstellende Abzüge zu erhalten, erfordern vom Fotografen ein gründliches Wissen über Objektive, Belichtung, Schärfe und Entwicklung. Dies Grundwissen erwirbt man leichter und besser mit einer größeren Kamera."

Abbott plante diese Aufnahme sorgfältig, da es nur eine kurze Zeitspanne gab, in der es dunkel genug war und die Fenster noch erleuchtet waren. Sie musste die Erlaubnis einholen, im obersten Stockwerk des Wolkenkratzers den perfekten Standpunkt zu suchen, und erinnert sich, dass dies schwierig war, weil „die immer dachten, man wolle Selbstmord begehen". Sie kam zu dem Schluss, dass „es nur eine geeignete Zeit für das Bild gab, kurz vor Weihnachten. Ich fing um 16.30 Uhr an und hatte nicht viel Zeit ... Ich wusste, dass ich nicht mehrere Aufnahmen würde machen können, da die Lichter kurz nach 17 Uhr ausgehen würden, wenn es Feierabend war. Es musste also schon beim ersten Versuch klappen." Solch sorgfältige Planung von Licht und Kameraposition ist bei Architektur- und Landschaftsaufnahmen unabdingbar.

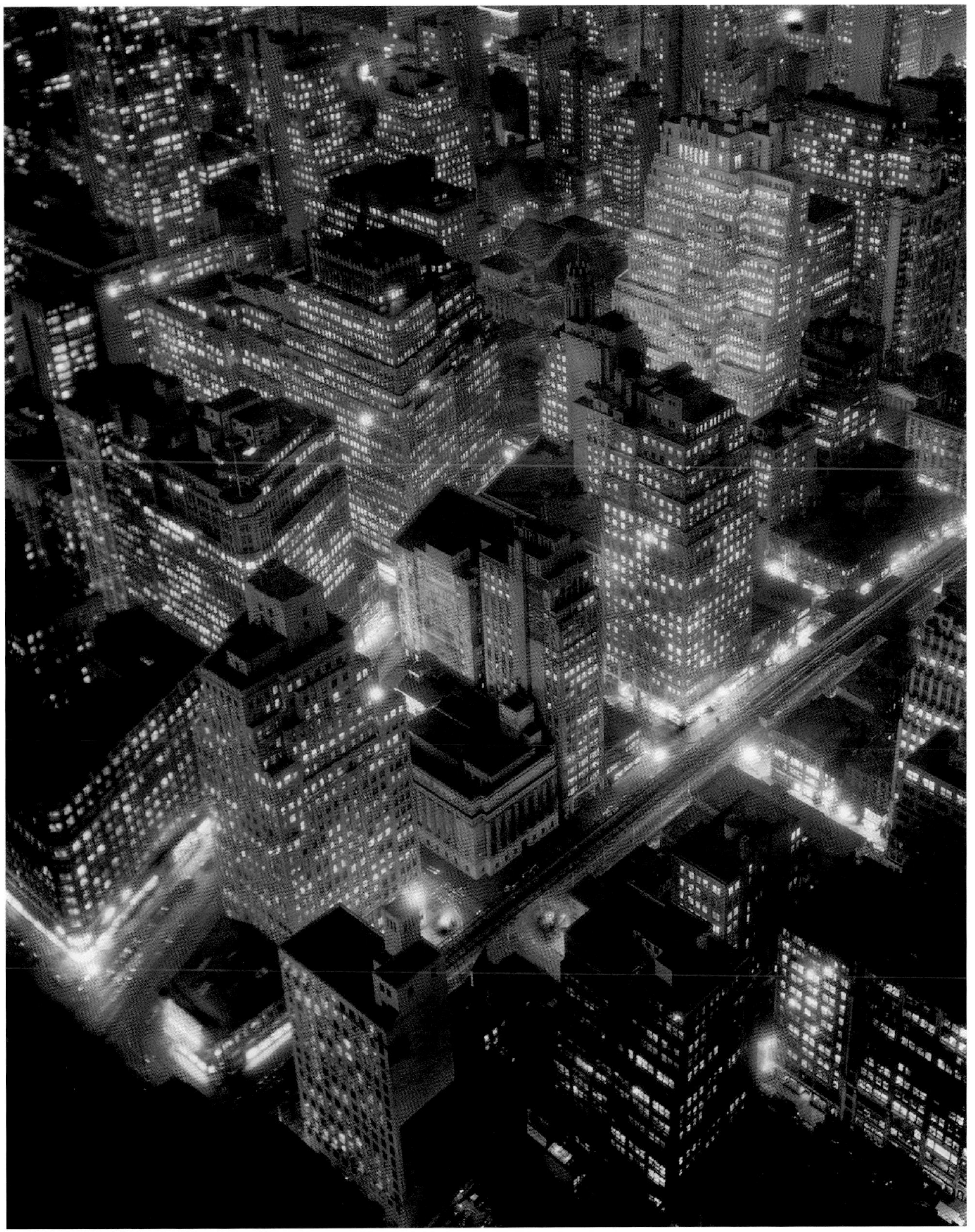

Walker Evans

Farm, Alabama (Hütte der Familie Fields) 1936

Walker Evans' Talent, visuelle Poesie im Volkstum zu finden, wird auch auf diesem Bild sichtbar, das die Innenwand der Hütte einer Farmpächterfamilie zeigt. Die Studie entstand 1936 im Zuge einer Auftragsarbeit für die amerikanische Farm Security Administration (FSA) und erschien später in der von James Agee verfassten Sozialreportage *Preisen will ich die großen Männer* (engl. OA 1941) .

Auf den ersten Blick erscheint die Bildkomposition formal, schlicht, fast flach. Erst bei genauerem Hinsehen erkennt man das komplexe Arrangement aus Linien und Formen, das an Kubismus oder Abstrakten Expressionismus denken lässt. Die zusammengewürfelten Besteckteile wirken wie eine Art Schrein oder weltlicher Altar für die essenziellen Dinge im Leben. Die Gesamtstruktur ist anthropomorph, es entsteht der Eindruck eines Gesichts: Teller und Dose sind die Augen, die Utensilien der Mund. Die Wand hinter dem Besteck ist durch die Spuren des Gebrauchs – Fingerabdrücke der Familienmitglieder, Fett, Schmutz – dunkler als der Rest der Fläche. Die unaufdringlichen Grautöne des Bildes offenbaren seine Zeithaftigkeit und zeugen von den vielen Hundert Handgriffen, mit denen die Familie diese Gebrauchsgegenstände ab- und wieder hingehängt hat. Das Gefühl von Vergänglichkeit ist stark – wie sah der Raum früher aus, wie wird er später aussehen? Die einfachen Objekte atmen Zeit und erzählen vom würdevoll-stillen Leben der Farmpächter. Evans' Fotoarbeiten erheben alltägliche Momente und Szenen zu einer Huldigung der Poesie des Gewöhnlichen; sie rufen beim Betrachter eine Reaktion hervor und verleihen dem Alltäglichen eine tiefere Bedeutung.

„Schau hin! Trainiere dein Auge und den Rest. Staune, frag nach, hör zu, lausche! Damit du etwas weißt, wenn du stirbst. Viel Zeit hast du nicht.“ Walker Evans

Walker Evans (USA, 1903–75) wollte ursprünglich Schriftsteller werden und war von Autoren wie James Joyce und Marcel Proust beeinflusst. Nach einem Jahr in Paris kehrte er 1926 in die USA zurück und begann 1928 zu fotografieren. Seine ersten Aufnahmen erschienen in Hart Cranes Lyrikband *The Bridge* (1930). In den 1930er Jahren arbeitete er unter Roy Stryker an einem Dokumentarprojekt der Farm Security Administration (FSA) mit und fotografierte vor allem in den südlichen Staaten der USA. Die meisten Arbeiten für die FSA entstanden mit einer 8 x 10-Zoll Großformatkamera. Mit dem Autor James Agee veröffentlichte er *Let Us Now Praise Famous Men* (1941), in dem das Leben der verarmten weißen Farmpächterfamilien in Alabama festgehalten wurde und das heute als Meisterwerk der modernen Dokumentarfotografie gilt. 1938 begann Evans, in der New Yorker U-Bahn mit einer Kamera zu fotografieren, die er unter seinem Mantel versteckte. Seine erste Einzelausstellung fand 1938 im New Yorker Museum of Modern Art statt, 1965 wurde er Professor für Fotografie an der Yale University School of Art.

Kreative Tipps und Techniken

Bei dieser Aufnahme setzte Evans die Flachheit der Gegenstände an der Wand ein, um eine fast abstrakte Reihe von Tonmustern zu schaffen, die von schwarz über hellgrau bis weiß reichen. Man sollte immer auf ähnliche Muster im Alltag achten, die oft genug zufällig entstehen. Durch Experimentieren mit Bildausschnitt und Komposition kann man mit der Kamera aus dem Alltäglichen etwas Besonderes machen.

Diese Fotografie ist eine Studie über die Tonwertveränderungen von Schwarz bis Grau. Die optische Dynamik der Aufnahme entsteht durch die feinfühlige Kontrolle des Kontrastes, der die senkrechten und waagerechten Linien der Holzteile zu einem Raster anordnet, das voller Energie steckt, obwohl es ein statisches Motiv ist. Die Kontraste und Muster eines Motivs kann man besser beurteilen, wenn man mit halb geschlossenen Augen durch die Wimpern schaut – dadurch sieht man weniger Details und die Tonwerte werden deutlicher.

Die geringe Tiefenwirkung von Evans' Fotografie lässt sich mit einem Normal- oder einem leichten Teleobjektiv reproduzieren, das die Perspektive etwas verkürzt. Zudem kann man dann einen etwas entfernteren Standpunkt einnehmen.

Um möglichst große Schärfentiefe zu erreichen, muss man mit kleiner Blende arbeiten. Ein Stativ ist nützlich, um präzise komponieren zu können und ein Verwackeln der Aufnahme auszuschließen. Zudem arbeitet man langsamer und denkt deshalb sorgfältiger über die Komposition nach. Auch geringe Änderungen des Bildausschnitts können große Wirkung entfalten.

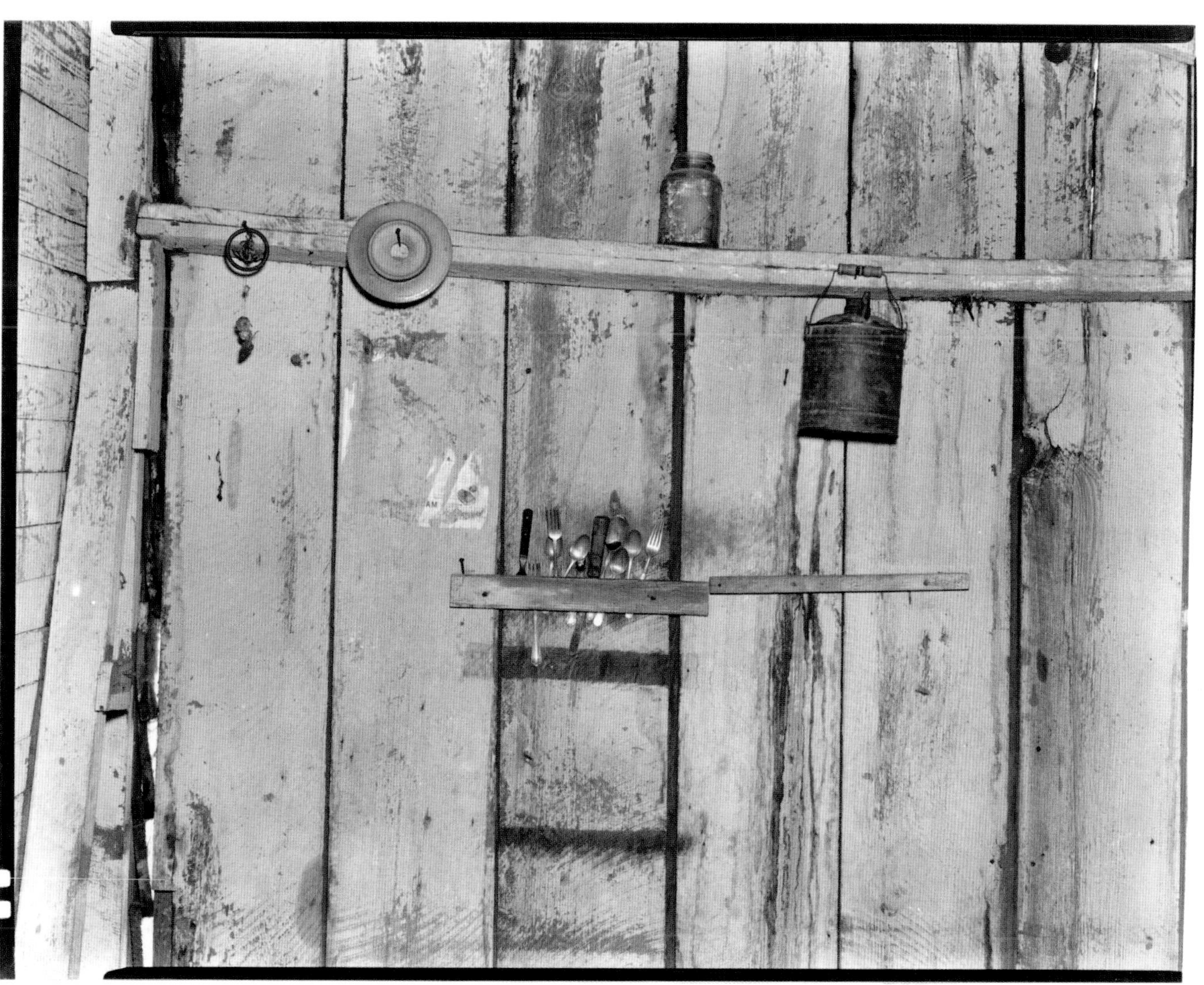

Hiroshi Sugimoto

Kino in der Cabot Street 1978, aus „Theatres“

Hiroshi Sugimotos Bilder von amerikanischen Kinosälen – erhellt von dem jeweils vorgeführten Film – sind Betrachtungen des reinen Lichts, wie es einen Raum illuminiert und sich dreidimensional-plastisch um die Umrisse und Inneneinrichtung legt. Diese Fotografien existieren nur aufgrund des Eingreifens des Künstlers – normalerweise wird ein Kino nicht von diesem gespenstischen Licht erhellt, das wie eine jenseitige Macht von der Leinwand strahlt. Sugimotos Ziel war es, dass die Filmleinwand auf dem finalen Abzug aussieht „wie ein strahlend weißes Rechteck, das aus der Leinwand hervortritt und das ganze Kino erleuchtet. Es sieht interessant aus, geheimnisvoll und wirkt in gewisser Weise vielleicht sogar religiös.“

Anfangs wollte er mit „Theatres“ ein abstrakteres Konzept für die Darstellung von extremer Überbelichtung ausprobieren. Unter dem Einfluss von minimalistischen Künstlern wie Carl Andre und Dan Flavin kam ihm der Gedanke, in Kinos zu arbeiten. Sein Plan war es, über die gesamte Filmlänge hinweg zu fotografieren: „Ich stellte mir vor, das Ergebnis wäre eine vollkommen weiße Leinwand. Das war meine Einschätzung, aber die Frage war: Würde ich den Beweis erbringen und das Bild so, wie ich es mir vorstellte, als Abzug in Händen halten?“ Sugimoto weiß, dass auch das endgültige Produkt ästhetisch reizvoll sein muss; daher wählte er besonders prunkvolle, architektonisch interessante Lichtspielsäle aus den 1920er und 30er Jahren. Er setzte jedes Negativ der gesamten Filmlänge aus, inklusive Vor- und Abspann. Sugimoto musste die Kinos immer wieder neu fotografieren, weil die Belichtungszeiten schwer vorherzusagen waren; die Negative entwickelte er in seinem Hotelzimmer. Ein verblüffender Aspekt der Serie ist, dass sich die verschiedenen Filmgenres im Endergebnis niederschlagen, da die durchschnittlichen Lichtstärken sich von Genre zu Genre unterscheiden. Sugimoto stellt amüsiert fest: „Bei einer lustigen Geschichte ist die Leinwand am Ende hell, bei einer traurigen Story ist sie dunkel und bei Horrorfilmen sehr dunkel.“

„Sie sehen leer aus, sind aber voller Informationen … Das menschliche Auge lässt sich täuschen.“ Hiroshi Sugimoto

Nach einem Politik- und Soziologiestudium in Tokio studierte **Hiroshi Sugimoto** (JP, 1948–) in Kalifornien Kunst und eröffnete dann in New York eine Galerie für japanische Kunst. Diese Form des Universalgelehrtentums ist der Schlüssel zu seinem Leben: „Traditionelle Werte, die Werte der Moderne und zeitgenössische Werte sind alle ein Teil von mir. Ich bin Architekt, Künstler, Regisseur und Antiquitätensammler. Ich versuche, all das zusammenzufügen.“ Er sieht seine Sammelleidenschaft als eine der Wurzeln seiner Kunst und stellt fest, dass „Fossilien fast wie Fotografie funktionieren … als Zeugnisse der Geschichte“. Dies ist der Brennpunkt seines Werks, das sich mit Museumsinnenräumen, Seelandschaften und moderner Architektur auseinandersetzt.

Kreative Tipps und Techniken

Sugimoto ist ein meisterhafter Handwerker, der im Hinblick auf die Qualität der Abzüge strenge Maßstäbe anlegt. Er verwendet eine großformatige Fachkamera mit Stativ, da man so die detailreichsten Negative erhält. Allerdings sieht er dies als Beitrag zur Bedeutung eines Bildes, nicht als Streben nach Qualität um der Qualität willen. Er arbeitet gerne in Schwarz-Weiß wegen der dabei möglichen feinen Tonwertabstufungen. Er möchte etwas Künstlerisches schaffen und respektiert gleichzeitig handwerkliches Können. Sugimoto würde sich selbst als „Vor-Postmodernen Modernisten mit postmodernen Erfahrungen“ bezeichnen und verweist darauf, dass er technisch erfahren sein muss, um das Bild zum Vorschein zu bringen. Er hat beträchtliche Mühe investiert, um zu einem tiefgreifenden Verständnis der technischen Aspekte des Mediums zu gelangen, setzt sie aber immer in Bezug zu den ästhetischen Nuancen, die er sucht. Er hält dies für eine Fähigkeit, die im digitalen Zeitalter verloren zu gehen droht, in dem die Kamera alle Entscheidungen trifft. Die frühen Fotografen konnten seiner Meinung nach fühlen, wie das Licht Oberflächen verändert. Es gibt Dinge, die sich nicht maschinell messen lassen und die man nur durch Naturbeobachtung erfahren kann.

Sugimoto arbeitet in Schwarz-Weiß und hat die Herstellung des finalen Abzugs so perfektioniert, dass dieser alle feinen Tonwerte aufweist, was er als wesentlichen Teil der Bedeutung einer Fotografie betrachtet. Nach Experimenten mit den Abzugstechniken von Walker Evans (s. S. 78), Ansel Adams (s. S. 50) und anderen hat er seine eigene entwickelt, dabei Chemikalien und die Entwicklung großformatiger Negative untersucht, was die Qualität seiner feinen Abzüge ausmacht.

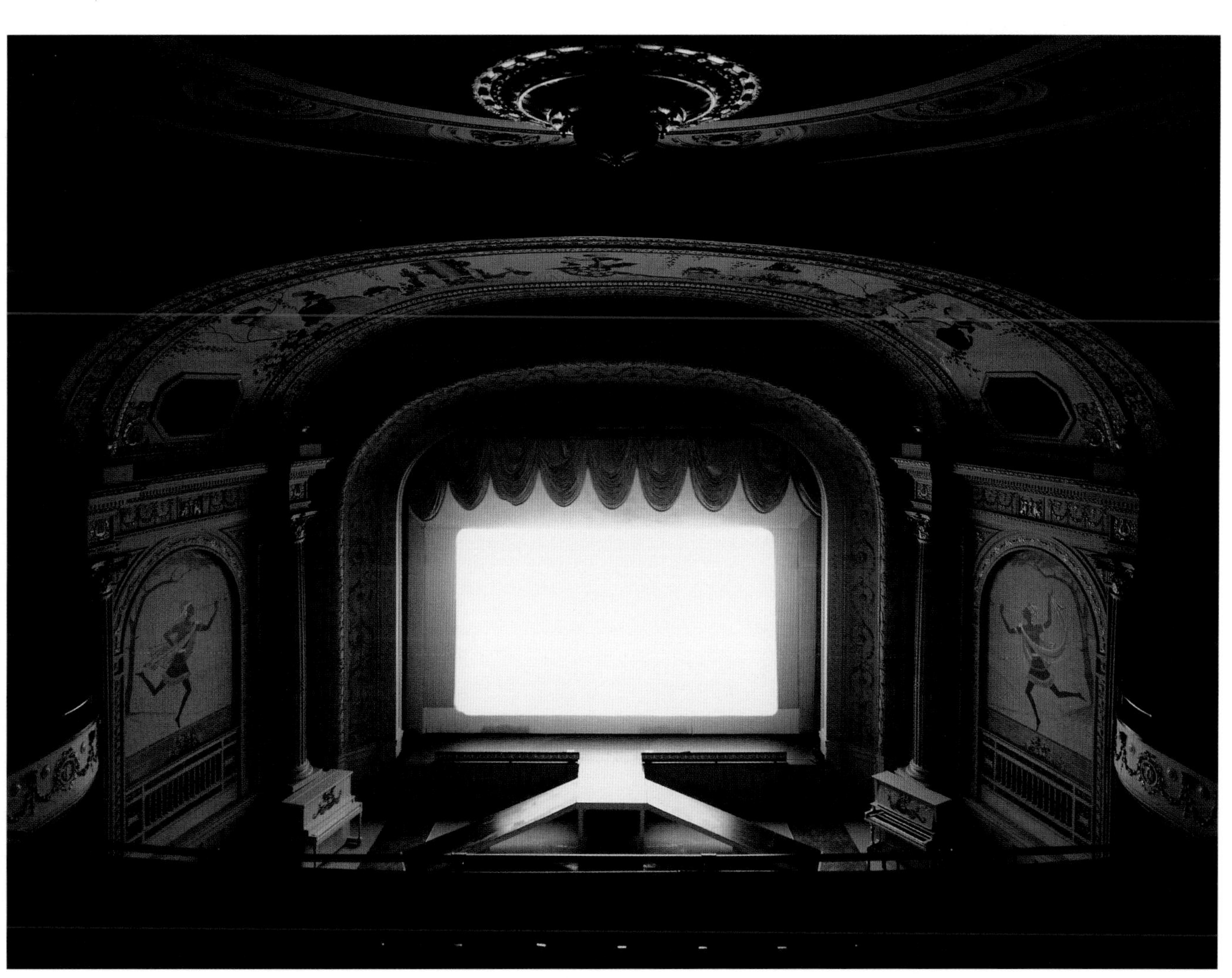

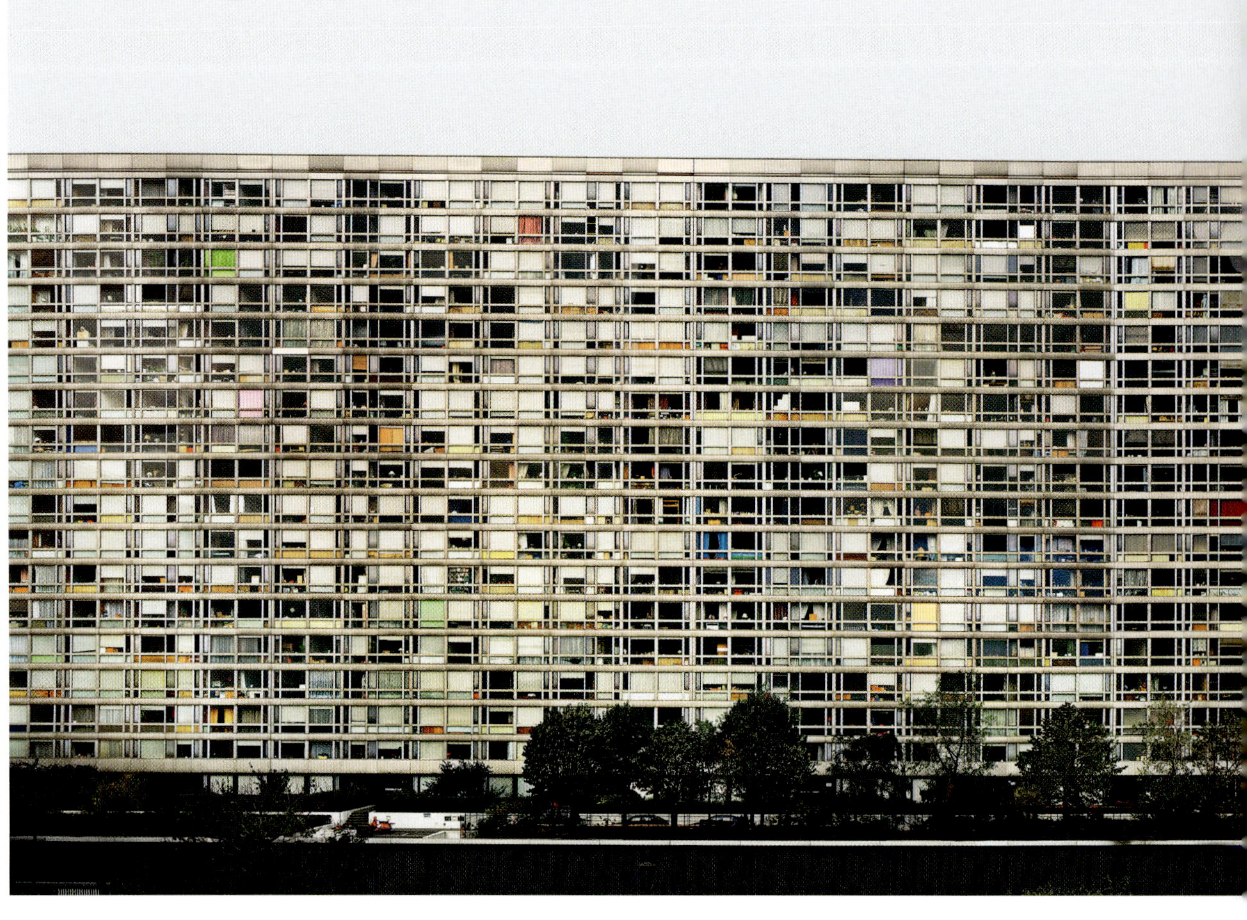

Montparnasse, Paris 1993

Dieses monumentale Panorama veranschaulicht Gurskys Vorstellung von der modernen Welt sowie seine Technik, riesige, digital bearbeitete Bilder zu produzieren, die nur durch das Medium Fotografie möglich sind. Das Bild hat die unglaublichen Maße von 206 x 406 cm. Ein Exemplar befindet sich im Besitz der Tate Modern in London, ein weiteres wurde 2013 bei einer Auktion für 1482 500 Englische Pfund verkauft. Im Museum nimmt die Fotografie das gesamte Sichtfeld des Betrachters ein. Was aus der Entfernung zu einem großen Ganzen verschmilzt, löst sich bei näherer Betrachtung in hunderte kleinere Bilder von einzelnen Fensterscheiben auf. Der 1964 fertiggestellte Wohnblock Maine-Montparnasse II, der größte seiner Art in Paris, wurde von dem französischen Architekten Jean Dubuisson entworfen. Das urbane Umfeld ist häufig Thema in Gurskys Werk, der überzeugt ist: „Im Stadtzentrum trifft man auf die ‚soziale Wahrheit' und erfährt die Vielfalt der ‚Realität'." Für dieses Bild verwendete Gursky zwei Aufnahmen, die aus unterschiedlichen Positionen vom gegenüberliegenden Hotel aus, das parallel zur Gebäudefront verläuft, gemacht wurden. Mit Hilfe digitaler Bildbearbeitung, die er damals einzusetzen begann, fügte er die beiden Fotos zusammen und schuf ein Bild, das in Wirklichkeit so nicht zu sehen ist: Wegen der Größe des Gebäudes könnte man von einem einzelnen Standpunkt aus nie alles überblicken.

Gursky nimmt die Gebäuderänder nicht mit in den Rahmen hinein, sodass es scheint, als würde sich die Fassade in beide Richtungen endlos fortsetzen, als könnte die gesamte Menschheit in diesem Haus wohnen. Das Foto ist wie eine gigantische Ameisenkolonie; was im Ganzen wie eine stimmige Konstruktion ausieht, besteht aus unzähligen einzelnen Einheiten – dem „Aggregatzustand", wie Gursky das nannte. Dank der Auflösung des riesigen Bildes wird der Betrachter angeregt, voyeuristisch in jedes Fenster zu spähen, in den einzelnen Wohnungen sind viele Details zu erkennen, und man fühlt sich an Alfred Hitchcocks Film *Das Fenster zum Hof* (1954) erinnert. In dem rasterartigen, repetitiven Muster aus Farben und Rechtecken klingen die strukturellen Experimente der Maler der Moderne nach.

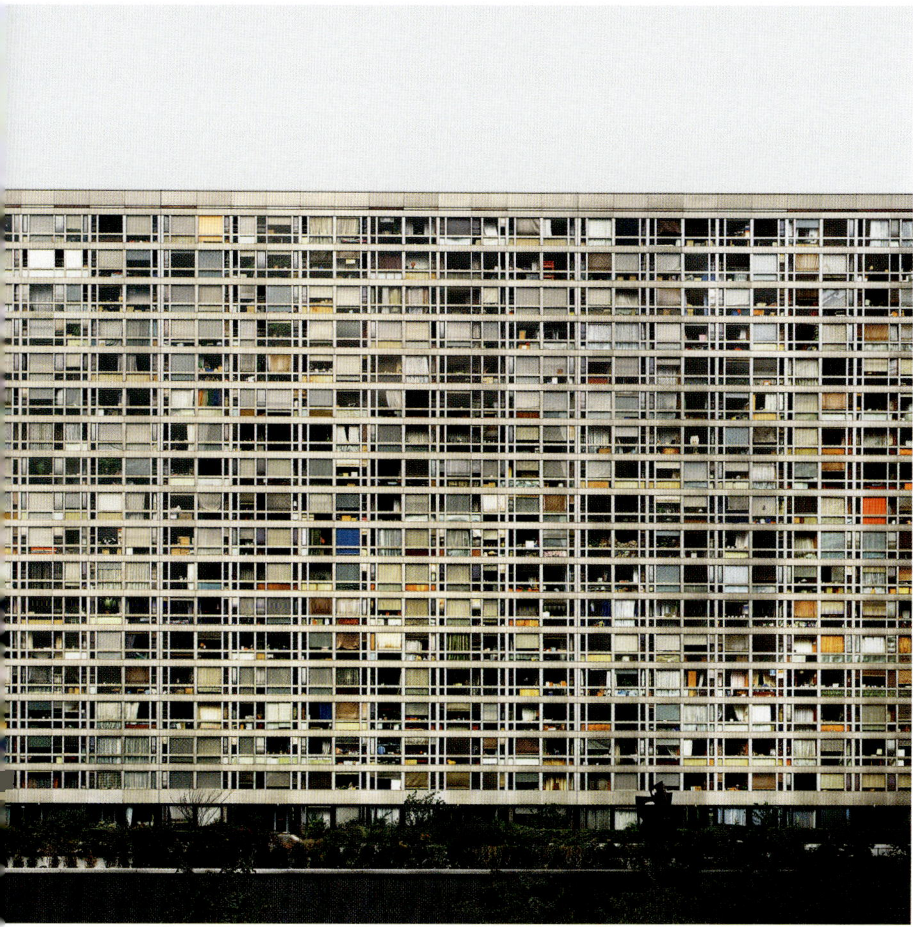

„Raum ist mir sehr wichtig, aber in einem abstrakteren Sinne, glaube ich. Vielleicht müssen wir uns darüber bewusst werden, dass wir nicht einfach nur in einem bestimmten Haus, an einem bestimmten Ort leben, sondern einen Planeten bewohnen, der mit einem Affenzahn durchs Weltall saust." Andreas Gursky

Andreas Gursky (D, 1955–) gehört mit Thomas Ruff, Candida Höfer und Thomas Struth zur einflussreichen ‚Düsseldorfer Photoschule', die aus Schülern von Bernd und Hilla Becher (s. S. 240) besteht. Gursky lebt und arbeitet in Düsseldorf in einem von Herzog & de Meuron, den Architekten der Tate Modern, umgebauten Umspannwerk. Sein Werk sucht die Muster und Rhythmen zu interpretieren, die sich aus der Erfahrung der modernen städtischen Welt extrahieren lassen.

Er sagt: „Im Rückblick kann ich sehen, dass mein Wunsch, Abstraktionen zu schaffen, immer radikaler geworden ist. Die Kunst soll nicht über die Realität berichten, sondern hinter die Dinge blicken." Seine monumentalen Arbeiten werden in großen Formaten ausgestellt und erinnern so an die Malerei der Moderne. Sie gehören zu den begehrtesten und wertvollsten Fotografien der Welt, und seine Bilder erzielen bei Auktionen enorme Preise.

Kreative Tipps und Techniken

Gursky positioniert seine Kamera häufig so, dass das Bild in einer flachen Perspektive erscheint, ohne zentralen Fokuspunkt, und sucht nach wiederkehrenden Mustern, um daraus seine Komposition aufzubauen. Seine Fotografien beziehen sich oft auf die moderne Malerei, bei diesem Beispiel könnte man an Jackson Pollock, Piet Mondrian oder eine von Gerhard Richters *Farbtafeln* denken. Gursky lässt meist noch einen gewissen Zusammenhang mit dem Kontext erkennen, sodass die Komposition nicht vollkommen abstrakt wird. Man sollte auch in der eigenen Arbeit auf Muster und Rhythmen in den Motiven achten und den Ausschnitt so wählen, dass keine überflüssigen Informationen von der Bildaussage ablenken.

Es ist relativ einfach, digital zusammengesetzte Panoramen herzustellen, aber man muss sorgfältig arbeiten, um annehmbare Ergebnisse zu erzielen. Viele Kameras haben einen eingebauten Panorama-Modus, was nützlich ist, wenn man schnell Bilder machen will. Mehr Einfluss auf das Ergebnis hat man jedoch bei manuellem Vorgehen. Dazu wird die Kamera (am besten auf einem Stativ) an der Mitte des Motivs ausgerichtet und die Anfangs- und Endpunkte des finalen Bildes werden festgelegt. Aufnahmen im Hochformat ergeben ein Bild mit höherer Auflösung. Autofokus und Belichtungsautomatiken der Kamera werden nicht verwendet, als Dateiformat empfiehlt sich RAW. Man nimmt eine Serie von Fotos auf, die sich jeweils um mindestens 15–25 Prozent überschneiden, damit die Panoramasoftware richtig arbeiten kann. Wenn man mehrere Serien anfertigt, kann man Fehler noch korrigieren. Schließlich werden die Aufnahmen digital zusammengefügt, z. B. mit dem Photomerge-Tool in Photoshop.

Robert Polidori

„Sinnbildlich würde ich sagen, ein fotografisches Bild ist der Blick aus einem Innenraum nach draußen. Ich glaube, das ist Fotografie: eine Art Metapher für das, was auf den ersten Blick zu sehen ist."

Robert Polidori

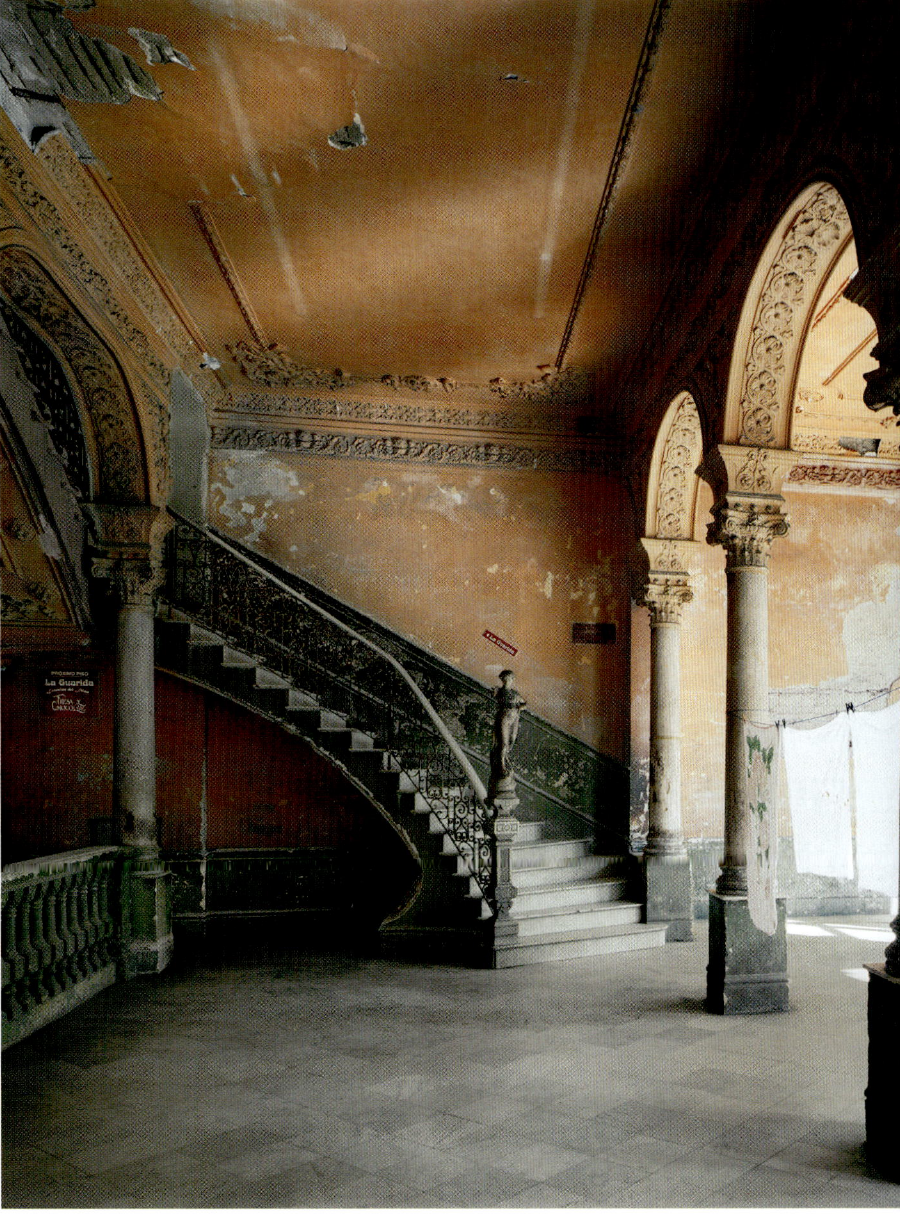

Robert Polidori (CA, 1951–) arbeitete ursprünglich als Avantgarde-Filmemacher in New York. Mit wachsendem Interesse am Raum und an Räumen begann er jedoch, sich damit zu beschäftigen, wie die statische Fotografie sich besser zur Umsetzung seiner Vorstellungen über Räume eignete, die er „Erinnerungs-Theater" nannte, und experimentierte mit großformatigen Fachkameras. Seine erste größere Arbeit über Schloss Versailles erschien 1991. Seitdem hat er die Beziehung von Innenräumen und kollektivem Gedächtnis erforscht, unter anderem in Arbeiten über Havanna, Tschernobyl und New Orleans. Inzwischen widmet er sich mit Panoramaaufnahmen den von ihm sogenannten „Dendritic Cities" – dem organisch anmutenden Wachstum von Vierteln um den Kern bereits existierender Städte wie Mumbai, Rio de Janeiro und Amman.

Kreative Tipps und Techniken

Polidori verwendet ein Weitwinkelobjektiv an einer Fachkamera, die er mit unterschiedlich großen Filmblättern bestückt: 4 x 5, 5 x 7, 8 x 10 und sogar 11 x 14 Zoll. Die einzelnen Aufnahmen werden dadurch außerordentlich detailreich, was er als „befriedigender" bezeichnet, da man „sie besser studieren kann". Außerdem kann er mit der Fachkamera Verzerrungen wie stürzende Linien ausgleichen. Er sieht dies als effektiven Einsatz der technischen Möglichkeiten der Kamera – die korrekte Bildbeeinflussung mit der Fachkamera hat für ihn den gleichen Rang wie korrekte Grammatik. Bei einer digitalen 35mm-Spiegelreflexkamera kann man die Auflösung der Fotografie erhöhen, indem man die niedrigste ISO-Einstellung wählt und ein Stativ verwendet. Stürzende Linien kann man vermeiden, indem man

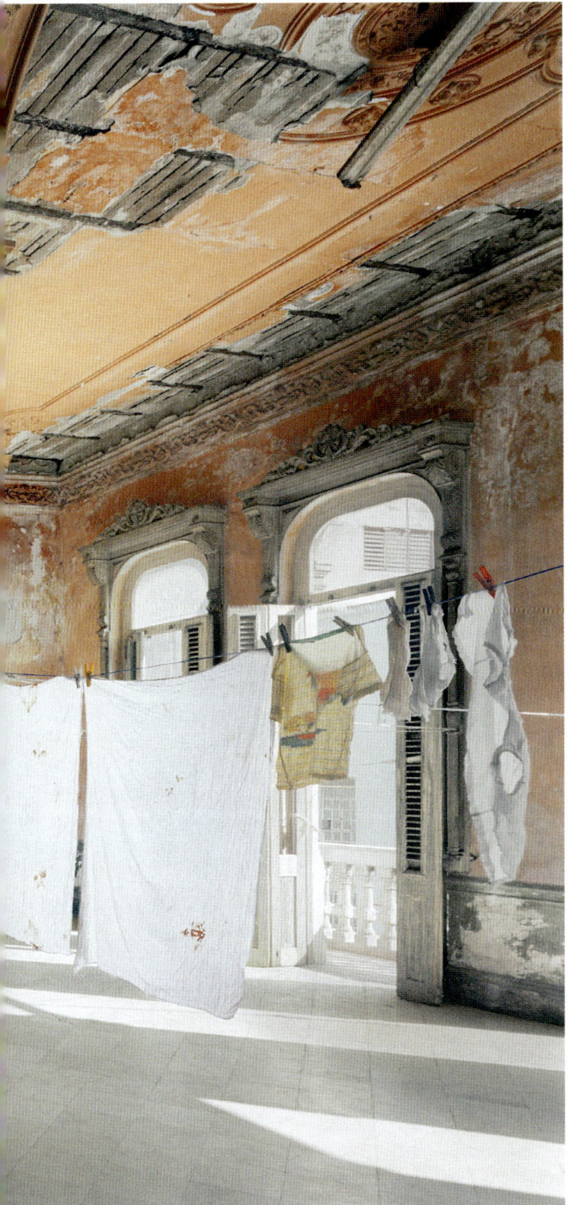

Restaurant La Guarida, Eingang Calle Concordia 418, Vedado, Havanna 1997

Diese Aufnahme stammt aus Robert Polidoris Havanna-Serie, in der er dem verblassten Glanz der kubanischen Hauptstadt nachspürte, bevor sie ganz verfällt oder von internationalen Investoren zu Tode modernisiert wird. Das gesamte Bild ist von einem kraftvollen Gefühl der Bewegung erfüllt, das den Betrachter anregt, die Szene zu betreten und entweder links die Treppe hochzugehen oder rechts auf den Balkon zu treten, um einen Blick nach draußen zu werfen. Starke vertikale und diagonale Linien bestimmen den Bildaufbau und lenken den Blick. Die harmonische Farbpalette hält das Bild zusammen, durch die Fenster fällt weiches Licht. Das Großformat macht alle Einzelheiten sichtbar; die verblichene Farbe, der abgeblätterte Putz erzählen von Vergänglichkeit und inszenieren den Verfall des einst prächtig eingerichteten Gebäudes. Dieser Raum ist gleichzeitig die Eingangshalle zu einem der führenden „Paladares" (privat geführte Restaurants) von Havanna – eine dezente Thematisierung der Auswirkung des freien Marktes auf das Bollwerk des Sozialismus. Für Polidori sind Räume Schauplätze der Erinnerung, „Metaphern und Gefäße für Erinnerungen – Orte, die die Namenszüge vergangener und gegenwärtiger Leben tragen." Aus diesem Grund fühlt er sich vor allem von Innenräumen angezogen, die eine Geschichte haben. Moderne Bauten interessieren ihn weniger, denn „in den Zimmern, denen die Zeit übel mitgespielt hat, finden sich die meisten Spuren."

Polidori macht gestochen scharfe Fotos, mit breiter Farbpalette und vollgepackt mit Details. Für Ausstellungen stellt er häufig extrem große Abzüge her. Das ist entscheidend dafür, wie er die Szene, die sich ihm bietet, darstellt. Er erläutert: „Weiche Bilder sind atmosphärisch, beschwören Erinnerungen herauf, regen die Fantasie an. Die Betrachter werden auf der emotionalen Ebene angesprochen und müssen etwas von sich hineingeben. Sind viele Details zu sehen, gilt der Spruch: Keine Fiktion ist merkwürdiger als die Wirklichkeit. Die Realität besteht zum Teil aus extremen Widersprüchen, die sich dem Verständnis entziehen."

die Rückseite der Kamera parallel zu den Waagerechten des Motivs ausrichtet. Die perspektivischen Korrekturmöglichkeiten der Fachkamera erhält man mit einem speziellen Tilt-und-Shift-Objektiv, oder man korrigiert die aufgetretenen Verzerrungen mit Photoshop in der Datei.

Polidori montiert die Kamera auf einem Stativ, denn er arbeitet oft mit sehr langen Belichtungszeiten, bis zu einigen Minuten. Dadurch kann er weniger empfindlichen Film verwenden, um alle Details zu erfassen, und mit kleiner Blende arbeiten, um die Schärfentiefe zu vergrößern. Bei Innenaufnahmen wie dieser geht es auch darum, das durch die Fenster einfallende Tageslicht und die Schatten im Inneren in Einklang zu bringen. Dazu ist ein Kompromiss notwendig, der noch genug Details in den Lichtern erlaubt, ohne die Schatten zu schwarz werden zu lassen. Der Belichtungsmesser liefert oft einen Durchschnittswert, der zu überbelichteten Lichtern führt. In einer solchen Situation ist es angebracht, Belichtungsreihen zu fotografieren, die in Stufen von einer halben oder drittel Blende bis zu zwei Blenden unter und über dem Durchschnittswert liegen, und dann später die beste auszusuchen. Das Verhältnis der erhaltenen Details in den Lichtern und Schatten sollte dabei von der gewünschten Wirkung abhängig gemacht werden.

Gregory Crewdson

Standfoto (Der Vater) 2007, aus „Beneath the Roses"

Der alte Mann sitzt da wie versteinert, starrt auf etwas, das sich außerhalb des Rahmens befindet, und wird von leicht gespenstisch wirkendem Licht angestrahlt, dessen Quelle nicht auszumachen ist und ihn inmitten dieser ansonsten alltäglichen häuslichen Szene isoliert. Das Gefühl der Störung, der Zerrüttung des Alltags ist in Crewdsons Arbeiten ein zentrales Motiv. Er erschafft Bilder, die irgendwie zeitlos wirken und in einer erfundenen, idealisierten Version des suburbanen Amerika angesiedelt sind. In ihnen schwingt eine bange Vorahnung mit – etwas scheint mit der Welt nicht zu stimmen, obwohl rein formal alles ganz toll aussieht. Der Fotograf erklärt, seine Bilder müssten in erster Linie schön sein, aber „diese Schönheit ist nicht genug. Mir geht es darum, ein diffuses Gefühl von Angst, von Isoliertheit zu vermitteln." Unauffällige Motive seien ihm am liebsten, sagt er. „Meine Szenen scheinen aus den 50er, 60er oder 70er Jahren zu stammen, fallen aber eigentlich aus der Zeit." Die Suche nach Locations ist ein zeitaufwändiger, langsamer Prozess: „Meist fahre ich monatelang immer wieder an dieselben Orte. Manchmal passiert es dann, dass ich den richtigen Zeitpunkt erwische und das Licht stimmt. Dann gehe ich da immer wieder hin, die Zeit kriecht, bis es plötzlich ‚klick' macht und ich das Bild vor meinem inneren Auge sehen kann. Auf einmal sehe ich eine Geschichte, ein Bild." Crewdsons Werk beschäftigt sich mit dem tiefgreifenden Unbehagen, das sich unter der Oberfläche der Gesellschaft verbirgt. Es reizt ihn, so sagt er, „die Ikonographie der Natur und der amerikanischen Landschaft als Metaphern für Ängste und Begierden zu verwenden". Um das zu erreichen, zapft er auch seine eigene Psyche an. Er erläutert: „All meine Bilder sind sehr voyeuristisch, aber letztlich schaue ich mir an, was in meinem eigenen Inneren lauert. Ich fotografiere, weil ich die Frage beantworten will, was mich antreibt, die Dinge zu tun, die ich tue. Aber das wird wohl für immer ein Geheimnis bleiben."

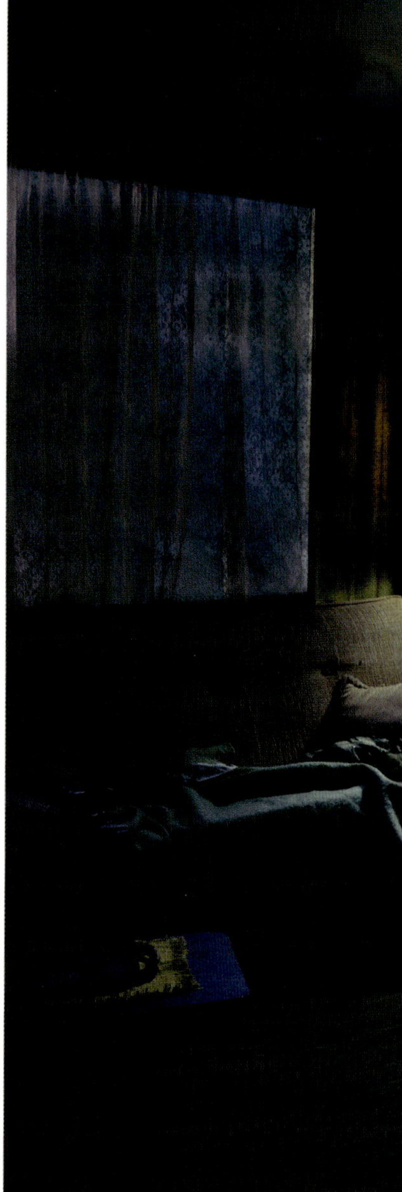

Kreative Tipps und Techniken

Crewdson hat seine Aufnahmen als „eingeforene Augenblicke" bezeichnet, in denen etwas zu geschehen scheint, es aber nicht ganz klar ist, was. So bleibt Raum für die Fantasie des Betrachters. Er weist darauf hin, dass seine Bilder zwar als erzählend betrachtet werden, dass aber tatsächlich nur wenig in ihnen geschieht. Das erklärt er damit, dass er nicht nach einer bewussten Erzählung sucht und nicht bestrebt ist, einen Handlungsstrang zu evozieren. Die Fotografie eignet sich gut, um etwas kurz Bevorstehendes oder soeben Geschehenes anzudeuten. Diese ‚bedeutungsschwangeren' Momente sollte man ausfindig machen.

Crewdson arbeitet meist in der Dämmerung, wenn das Licht aus einer anderen Welt zu stammen scheint. Es gibt aber auch einen praktischen Grund, die kurze Zeit zwischen Tageslicht und der Nacht zu nutzen; er ist sich sehr bewusst, dass dies eine schöne, magische Stunde ist. Zudem ist es die einzige Zeit, in der man mit Tageslicht und Lampen gleichzeitig arbeiten kann. Er beschreibt diese Zeit als Periode des Übergangs und der Verwandlung, in der es darum geht, zwischen den Orten zu sein. Das Fotografieren im Morgengrauen und der Dämmerung kann sehr stimmungsvolle

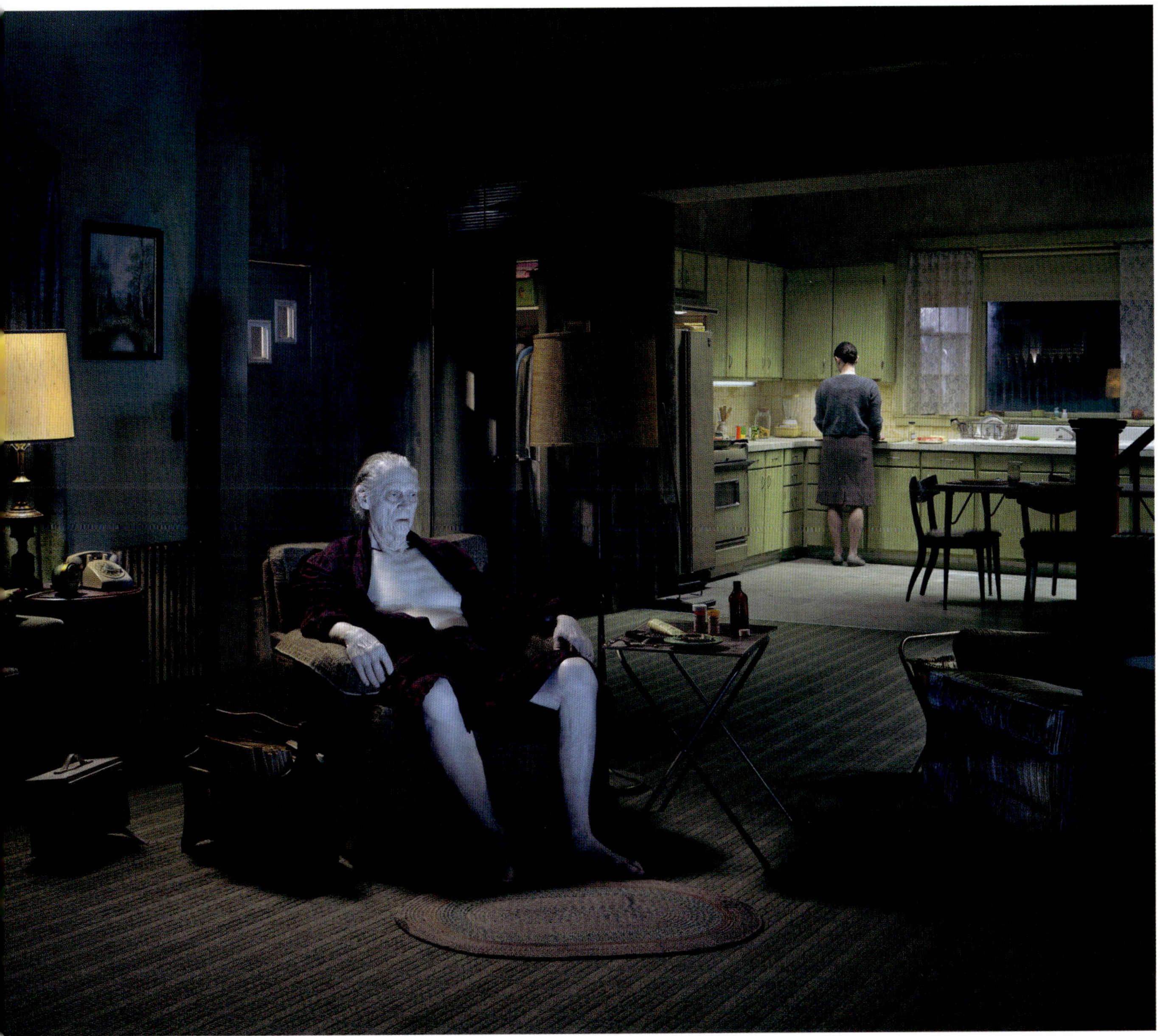

Bilder ergeben, deren Möglichkeiten man erforschen sollte.

Crewdson nennt Filmemacher wie David Lynch und Orson Welles als Einflüsse. Der Schlüssel zur Fotografie liege darin, sich von anderen Kunstformen anregen zu lassen. Wenn man analysiert, wie Künstler die *conditio humana* in anderen Medien darstellen, wird deutlich, wie Fotografie funktioniert.

„Wonach ich suche? Schwer zu beschreiben; vielleicht etwas, das sich gleichzeitig vertraut und fremd anfühlt." Gregory Crewdson

Gregory Crewdson (USA, 1962–) konzentriert und destilliert die amerikanische gesellschaftliche Landschaft in seinen inszenierten Tableaus. Er verbringt Monate mit der Suche nach Locations und der Vorbereitung einer Aufnahme, dabei arbeitet er mit einer ganzen Crew von Bühnenbildnern, Beleuchtern und Produzenten zusammen. In Massachusetts, wo er als Kind mit seiner Familie die Ferien verbrachte, entstehen viele seiner Arbeiten, dort schoss er auch mit 19 sein erstes Foto: ein rotes Cabrio vor einem Vororthaus mit weißem Gartenzaun, überschattet von dunklen Wolken. Er behauptet: „Ich habe seither immer wieder das gleiche Bild fotografiert." Crewdsons erste Einzelausstellung fand 1992 im Houston Center for Photography in Texas statt. Seit 1993 lehrt er an der Yale University School of Art. Er hat viele Preise gewonnen, darunter die Skowhegan Medal.

Lisa Barnard

Trainingskulisse, FlatWorld 2008, aus „Virtual Iraq"

Was aussieht wie eine Theaterkulisse, ist Teil einer Trainingseinheit, in der Soldaten der US-Streitkräfte sich auf Kampfsituationen vorbereiten. Das in einem Kaufhaus in Kalifornien aufgebaute Bühnenbild gehört zu einer immersiven virtuellen Umgebung, die computergenerierte virtuelle Charaktere, Gegenstände und Effekte verbindet, um mit realen Gegenständen und Personen zu interagieren. Diese Umgebung wurde konstruiert, um die Erlebnisse von Soldaten im Irak möglichst exakt nachzubilden. Die Gerüche, Geräusche und Bilder werden durch lebensgroße holografische Projektionen potenzieller Aufständischer ergänzt.

Lisa Barnard fand es faszinierend, wie wissenschaftliche Forschung den Umgang mit modernen Konflikten prägt. „Technik ist immer das Herzstück militärischer Innovation, es geht immer darum, so effizient wie möglich Krieg zu führen. In diesem Sinne bin ich mir nicht sicher, ob Ambivalenz im Spiel ist; die Ziele sind immer die gleichen: Amerika effektiv und effizient helfen, den Kampf zu gewinnen. Ein paar Mächtige verdienen Geld am Elend von jenen, die nicht über die Mittel oder den Einfluss verfügen, sich zu wehren." Dieses Foto spielt mit dem Raum zwischen Realität und Fiktion. Die Kulisse, die eine Verbindung zur greifbaren Welt herstellen soll, steht offensichtlich in einer VR-Umgebung. Barnard warnt, dass dieses Verwischen der Grenzen zwischen Vorstellung und Wirklichkeit dazu führt, dass uns das Gefühl dafür abhanden kommt, was tatsächlich passiert: „Die Realität war kompliziert, und ‚reale' Orte in Pakistan oder Afghanistan wurden vielleicht zu einem Simulakrum bzw. zur ‚hyperrealen Kopie' (Jean Baudrillard) eines echten Ortes, d. h. sie waren realer als das Ereignis an sich."

„Die Fotografie interessiert mich vor allem als Kanal für Ideen, gerade auch in ihrer Doppelrolle als Medium und Dokument der Realität." Lisa Barnard

Lisa Barnard (GB, 1967–) erforscht die komplexen Beziehungen zwischen Macht, Politik und Konflikten, dabei stellt sie die Grenzen des Sichtbaren und des Fotografierbaren infrage. Ihr Buch *Machines in the Garden, Hyenas of the Battlefield* (2015) beschäftigt sich mit dem Krieg gegen den internationalen Terror, während sie in *Chateau Despair* (2013) das Erbe des Thatcherismus dokumentierte, indem sie das ehemalige Hauptquartier der britischen Konservativen Partei nach dem Verkauf im Bild festhielt. Sie lehrt an der University of South Wales Dokumentarfotografie.

Kreative Tipps und Techniken

Barnard kombiniert in ihren Arbeiten Bilder, Video, Text und Installationen, um sich mittels dieses erweiterten Vokabulars mit den schwierigen Ideen auseinanderzusetzen, die sie thematisiert. Sie ist überzeugt, dass ihre Arbeitsweise eine zeitgenössische Haltung zum Dokumentarischen widerspiegelt, in der komplexe Ideen mit unterschiedlichen Strategien und Formen untersucht werden. Allerdings zeigt sie deutlich, dass Form und Inhalt zusammenarbeiten müssen; die Ideen müssen belastbar und tiefgründig sein, die Bilder müssen anrühren. Barnard sagt, die Recherche sei der wichtigste Aspekt ihrer Arbeit. Die optische Ästhetik sollte nicht wie ein nachträglicher Gedanke wirken, der dem Werk einen zeitgenössischen Anstrich geben soll.

Barnards Werk entwickelt sich organisch, und sie versucht, nach ihren eigenen Vorgaben zu arbeiten, jenseits der Einflüsterungen des Marktes oder der Kritiker. Sie erklärt, dass ihre Projekte eigentlich keinen Anfang, keine Mitte und kein Ende haben. Sie mache die Arbeit, die sie tun wolle und sei nicht daran interessiert, ihre Ideen mit Blick auf einen konservativen Markt zu verengen. „In der Welt der Fotografie sind Serien und greifbare Schlussfolgerungen beliebt, aber das passt mir nicht." Diese Haltung erfordert beträchtliches Selbstvertrauen, und Barnard rät, hartnäckig zu bleiben und nicht aufzugeben. Sie erinnert sich daran, sich auch einmal in einer Toilette eingeschlossen zu haben, um nach Ladenschluss Zutritt zu den leeren Räumen zu haben, in denen sie fotografieren wollte. Besonders schwierig sei es, beim Militär zu fotografieren, man müsse sich den Versuchen, einen abzuwimmeln, standhaft widersetzen und die nötige Überzeugungskraft an den Tag legen.

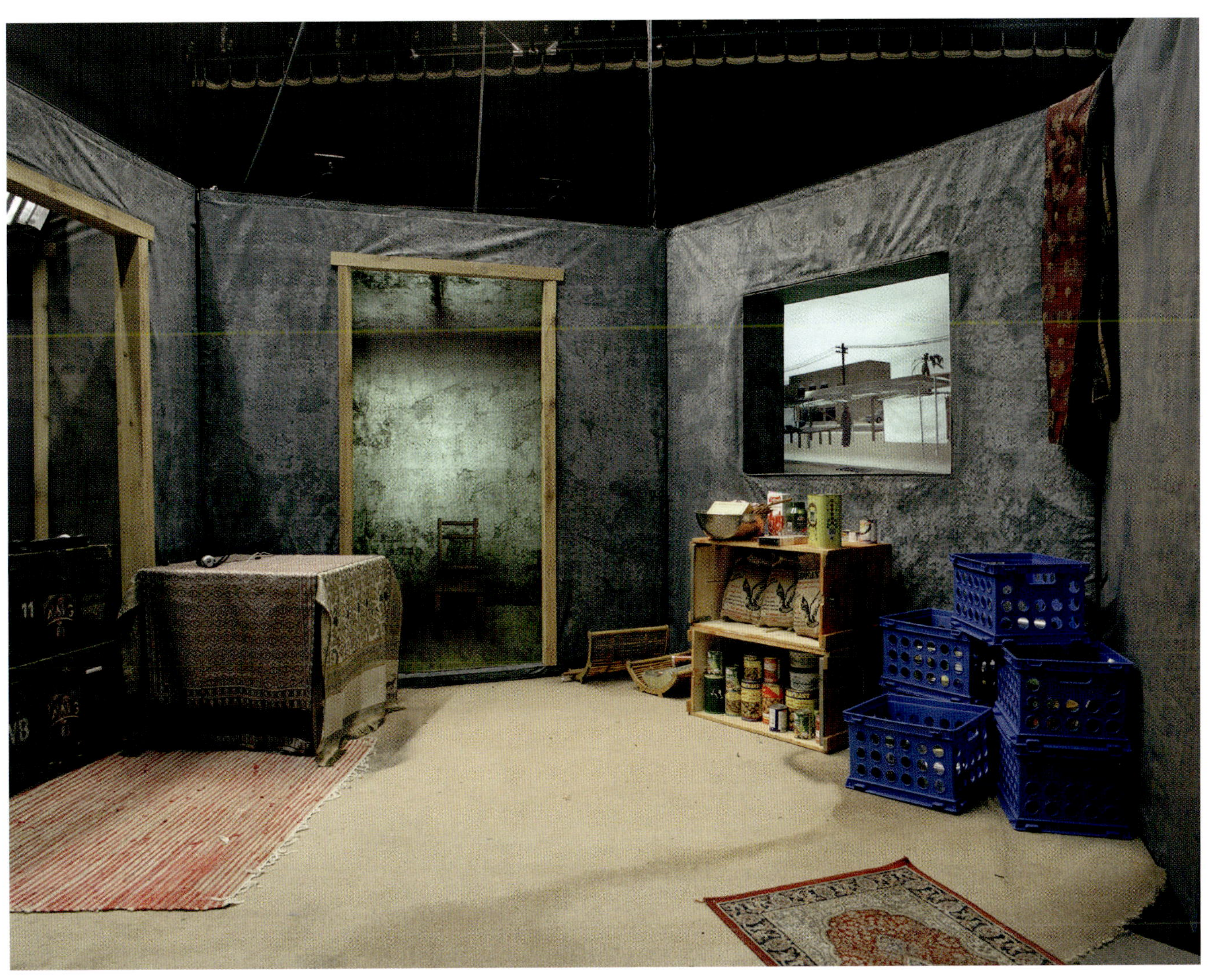

Dinge

Ob einzelnes Objekt oder Stillleben – Dinge sind ein wiederkehrendes Thema der Fotografie, denn der Vorgang des Fotografierens impliziert, dass das Motiv Beachtung verdient. Die Stofflichkeit des Bildes spielt dabei eine wesentliche Rolle. Dem Foto wohnt ein zweifaches ‚Dingsein' inne: Es bildet Dinge ab, ist aber auch selbst ein Ding. Diese doppelte Materialität verleiht der Fotografie die Macht, die materielle Welt in den Fokus zu nehmen. Der Fotograf sieht etwas und lenkt dann die Aufmerksamkeit des Betrachters auf ein Detail, das sonst vielleicht übersehen werden würde. Durch diesen Akt der Beachtung kann der Fotograf ein banales Objekt in eine Metapher oder ein Symbol für etwas Bedeutungsvolleres verwandeln. Normalerweise führen Dinge ein Dasein als profane Gegenstände, die als selbstverständlich hingenommen werden. Es gibt jedoch Momente, in denen diese alltägliche Gewöhnlichkeit zu etwas Außergewöhnlichem wird. Solche

Momente entstehen häufig durch eine Störung oder Unterbrechung, wenn der Fotograf einen Bezug zu einer Szene herstellt und die Dinge deutlicher wahrnehmbar werden. Dann wird dem Betrachter bewusst, wie dieser Gegenstand mit der Welt zusammenhängt. Indem er Dingen Aufmerksamkeit schenkt, kann der Fotograf unbeachtete Elemente zu Trägern emotionaler und psychologischer Bedeutung erheben. Diese Verwandlung kann den fotografierten Gegenstand mit Eigenschaften der Person ausstatten, die ihn besessen hat, und damit eine Verbindung zwischen Betrachter und Subjekt herstellen, ohne dass die betreffende Person direkt dargestellt wird – nur über das Motiv, das Ding. Bilder von Dingen lösen andere Reaktionen aus als Bilder von Personen, rufen andere, nicht minder eindringliche Gefühle hervor und regen zum Nachdenken an.

Man Ray

„Wenn ich mich getraut hätte, wäre ich Dieb oder Gangster geworden; so wurde ich eben Fotograf."

Man Ray

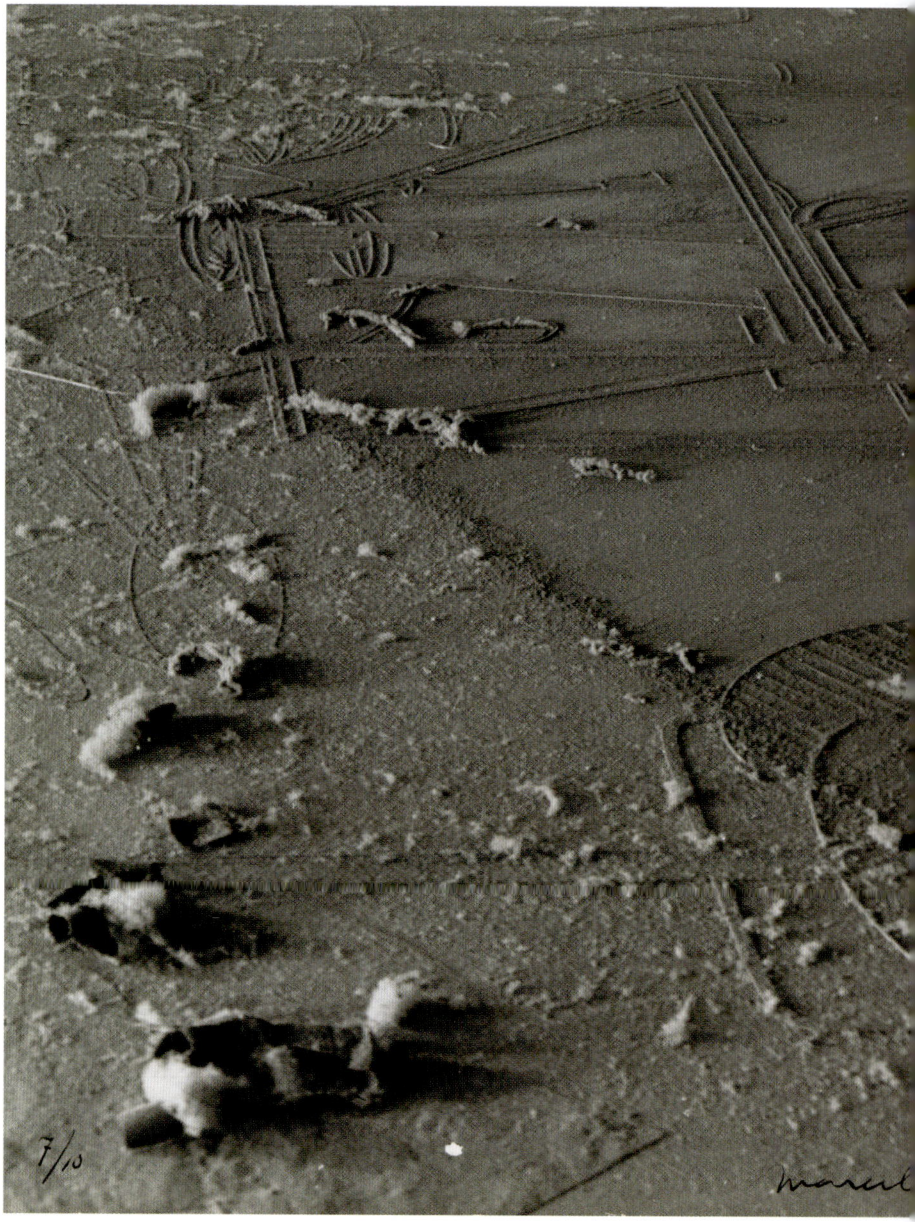

Man Ray (USA, 1890–1976), eigentlich Emmanuel Radnitzky, arbeitete in unterschiedlichen Kunstformen, darunter auch Malerei und Fotografie, der er sich 1918 zuwendete. Mit Marcel Duchamp war er einer der führenden Dadaisten. Nachdem er sich 1921 in Paris niedergelassen hatte, gehörte er zu den Surrealisten. Neben seiner Arbeit als sehr versierter und gesuchter kommerzieller Fotograf entwickelte er eine Reihe von kameralosen Bildtechniken, die er als „Rayographien" bezeichnete. Mit der Fotografin Lee Miller leitete er die Renaissance der Solarisation ein, ein verfremdender fotografischer Effekt, der durch Überbelichtung entsteht.

Kreative Tipps und Techniken

Man Ray hielt seinen Erfahrungen als Maler für eine wertvolle Grundlage seiner Arbeit als Fotograf. Er gab zu, dass er seinen malerischen Ansatz so sehr beibehielt, dass man ihm vorwarf, eine Fotografie wie ein Gemälde aussehen lassen zu wollen. Er habe das zwar nicht bewusst tun wollen, aber es habe sich wegen seiner Ausbildung so ergeben. Man Ray arbeitete in vielen verschiedenen Kunstarten und zog keine der anderen vor, sondern nahm jede aufgrund ihrer Stärken an: „Ich male, was ich nicht fotografieren kann, was aus der Fantasie oder aus Träumen kommt, oder aus einem unbewussten Trieb." Er glaubte nicht, dass eine Herangehensweise in sich effektiver sei als eine andere, vielmehr müsse das Medium dem Inhalt angemessen sein. Nie habe er die Verachtung geteilt, die Maler der Foto-

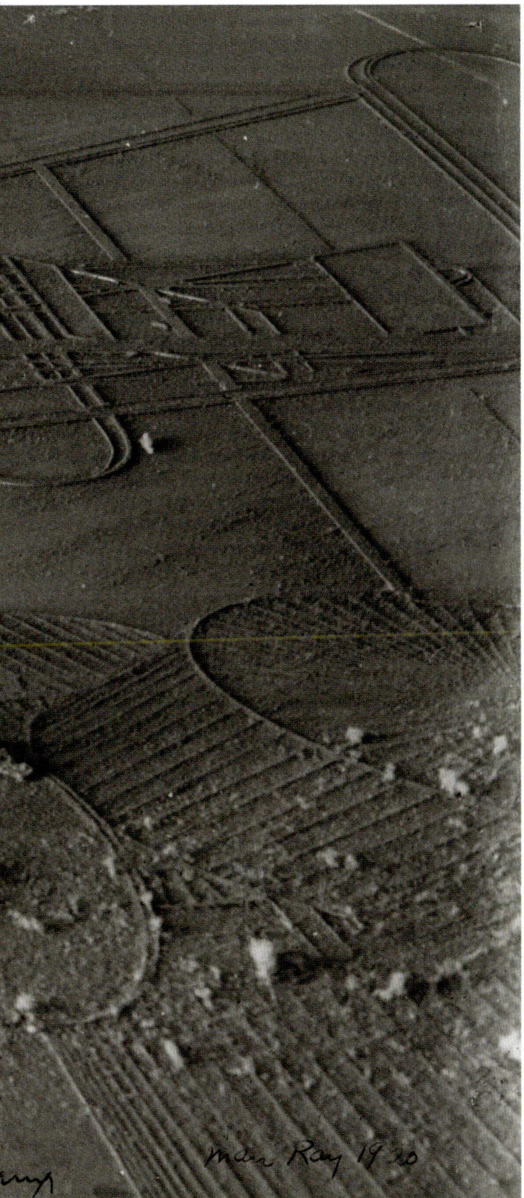

Dust Breeding (Staubzucht) 1920

Bei diesem rätselhaften Bild geht jedes Gefühl für Maßstab und Entfernung in die Irre. Es scheint, als betrachte man aus der Luft eine surreale Landschaft, die von Linien durchzogen ist, ähnlich der Geoglyphen der Nazca in Peru. Flauschige Überbleibsel am linken Bildrand, die an Steppenroller erinnern, mildern den strengen Linienverlauf.

In Wahrheit zeigt das Foto eine staubige Glasplatte aus Marcel Duchamps bahnbrechendem Werk *Das Große Glas* bzw. *Die Braut wird von ihren Junggesellen entkleidet, sogar* (1915–1923). Duchamp ließ eine der Glasplatten seines Kunstwerks ein Jahr lang auf einem Tisch in seinem Atelier liegen, mit einem Schild daneben, damit sie nicht geputzt wird: „Staubzucht. Bitte so lassen." Man Ray fotografierte einen kleinen Abschnitt des Werkes. Die Linien auf dem Glas sind Spuren der schmalen Metallbänder, mit denen Duchamp die Elemente voneinander abgrenzte. Durch den Blickwinkel und den Ausschnitt glaubt man, eine Aufnahme der Luftaufklärung vor sich zu haben. Als das Foto im Kasten war, putzte Duchamp die Glasplatte, ließ an einer Stelle aber den Staub liegen und fixierte ihn mit Leim. So schufen Duchamp und Man Ray gemeinsam ein Kunstwerk aus banalstem Material und erhoben Spuren der Vernachlässigung zur Kunstform.

grafie entgegenbrächten, da es sich hierbei um zwei Kunstrichtungen handele, die unterschiedliche Wege beschritten. Auch die Apparatetechnik bedeutete ihm wenig, und er antwortete auf die Frage nach seiner Kamera: „Sie fragen einen Schriftsteller doch auch nicht, welche Schreibmaschine er verwendet."

Man Ray bewegte sich dauernd an den Grenzen dessen, was die Fotografie abbilden kann und überschritt diese Grenzen auch im Versuch, seine Ideen und Fantasien auszudrücken und nicht nur die Welt der Tatsachen wiederzugeben. Er verwies darauf, dass einige der erfolgreichsten Kunstwerke entstanden seien, als ihre Schöpfer nicht vorhatten, ein Kunstwerk herzustellen, sondern eine Idee ausdrücken wollten. Für ihn selbst nahm das Konzept immer die erste Stelle ein, und die formale Strategie entwickelte sich aus diesem Denkvorgang. Ihm war bewusst, dass es immer jene geben wird, die nur auf die Technik schauen und nach dem ‚Wie' fragen, während die wissbegierigeren Naturen eher nach dem ‚Warum' fragen. Persönlich, so sagte er, zöge er „Inspiration der Information vor". Er bekannte sich auch zu dem Einfluss von Dadaismus und Surrealismus auf seine Arbeit, da er „eher eine Idee als einen Gegenstand, eher einen Traum als eine Idee" fotografiere.

László Moholy-Nagy

Photogramm 1926

László Moholy-Nagy erforschte sein Leben lang die Möglichkeiten der kameralosen Bildgebung. Er betonte, „dass das wesentliche Instrument des fotografischen Prozesses nicht die Kamera ist, sondern die lichtempfindliche Schicht". Die Ursprünge des Photogramms finden sich bereits in der Frühphase der Fotografie. In den 1830er Jahren bildete William Henry Fox Talbot Pflanzen und Blumen ab, indem er sie auf lichtempfindliches Papier legte und dieses dem Sonnenlicht aussetzte. Doch Moholy-Nagy tat sich mit Man Ray (s. S. 94) zusammen und sie modifizierten den Prozess: Statt greifbare physische Objekte aufzuzeichnen, wählte er eine neue Form des Ausdrucks, bei der das Licht die entscheidende Rolle spielte. Die ohne Kamera entstandenen Bilder nannte er „Rayogramme", das Verfahren „Rayographie".

Vielleicht wollte Moholy-Nagy mit diesem Bild, auf dem seine Hand und ein Pinsel zu erkennen sind, andeuten, dass nun nicht mehr die Malerei, sondern die Fotografie die wahre expressive Kunstform des 20. Jahrhunderts war. Er experimentierte mit abstrakten Bildkompositionen, benutzte Fundstücke und verwandelte Alltagsgegenstände in merkwürdig-schöne zweidimensionale Skulpturen, bei denen das Licht als Schöpfer des Bildes fungierte. Das von Natur aus abstrakte Photogramm wird zwar mit Hilfe von greifbaren, stofflichen Objekten hergestellt, aber die Formen, die durch die Belichtung entstehen, sind nicht figürlich. Das Photogramm ist daher keine Kopie der Realität, sondern deren Umwandlung. Neben der Beschaffenheit von Licht erforscht es vor allem das Phänomen der „Formung des Lichtes".

> **„Der Fotograf ist ein Lichtgestalter. Fotografie basiert auf der Manipulation von Licht."**
>
> László Moholy-Nagy

László Moholy-Nagy (HU, 1895–1946) übte in Europa und den USA als Lehrer wie auch als Künstler bedeutenden Einfluss auf die Künste aus. Er unterrichtete in den 1920er Jahren am Bauhaus in Dessau und gründete 1939 in Chicago das einflussreiche Institute of Design. Er war ursprünglich Rechtsanwalt, aber die bitteren Erfahrungen als Offizier im Ersten Weltkrieg brachten ihn zur Kunst, in der er eine Möglichkeit sah, gesellschaftliche Verbesserungen herbeizuführen. Er verwies darauf, dass man die einzigartigen Eigenschaften der Fotografie ausnutzen müsse, da „keine Absicht besteht, aus der Fotografie eine Kunstform im herkömmlichen Sinn zu machen. Wir müssen definitiv zu der tieferen Verantwortung des Fotografen zurückkommen, der ein Werk mit fotografischen Mitteln schafft, das sich mit anderen Mitteln so nicht schaffen ließe. Der Wert der Fotografie liegt also heute weniger in ihrer Rolle als individuelles künstlerisches Ausdrucksmittel, sondern eher in ihrer pädagogischen Funktion." Als Proponent der Avantgarde-Fotografie beeinflusste Moholy-Nagy Kunstrichtungen wie den Dadaismus, Suprematismus und den Konstruktivismus.

Kreative Tipps und Techniken

Moholy-Nagy schuf viele Montagen, die er als „Fotoplastiken" bezeichnete. Dabei montierte er meist Ausschnitte aus Fotografien auf weißem Hintergrund und verband sie mit dünnen Linien. Wie seine Rayogramme und sonstigen Fotografien sind sie sehr grafisch und kontrastreich gestaltet und verlassen sich auf komplexe Muster und ungewöhnliche Winkel, um Dynamik im Bild zu schaffen.

Moholy-Nagy behauptete, die Beherrschung des Photogramms habe einen positiven Einfluss auf das Verständnis von Licht und Komposition, da man Licht und Strukturen im Photogramm ohne Rücksichtnahmen untersuchen könne. Er betrachtete die lichtempfindliche Schicht als eine *tabula rasa*, auf der man mit Licht Dinge notieren könne, so wie es der Maler auf der Leinwand tue.

Es gibt verschiedene Möglichkeiten, Photogramme digital nachzuahmen. Man kann Gegenstände auf eine hinterleuchtete Fläche legen, etwa einen Tabletcomputer mit vollkommen weißem Bildschirm. Man kann auch einen Leuchttisch verwenden oder herstellen oder gar auf einem Glastisch arbeiten, unter dessen Platte man weißes Papier anbringt und von unten anstrahlt. Man kann auch einfach Objekte vor einem weißen Hintergrund platzieren, allerdings erreicht man so nicht die Durchleuchtung von hinten. Eine weitere Möglichkeit besteht darin, die Gegenstände mit einem Flachbettscanner zu scannen. Wenn man die Objekte angeordnet hat, fotografiert oder scannt man sie und bearbeitet die Daten in einem Bildbearbeitungsprogramm. Sie werden zuerst invertiert, also in ein Negativ verwandelt, dann Kontrast und Helligkeit auf die gewünschten Werte einstellen. Das Verfahren funktioniert in Farbe wie in Schwarz-Weiß.

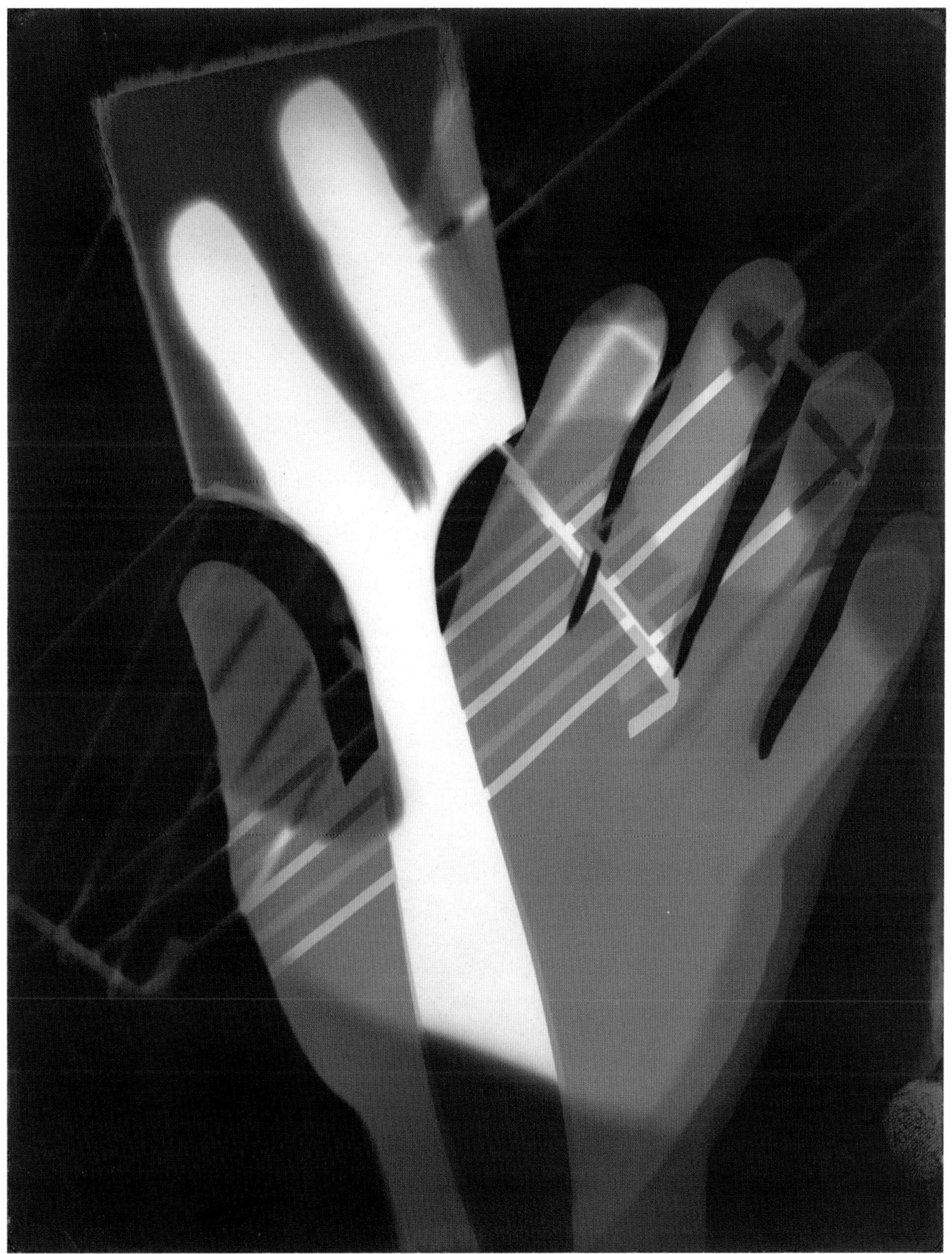

Edward Weston

Paprika Nr. 30 1930

Nach 1922 konzentrierte Edward Weston sich in seinen Arbeiten auf die Form, wie sie sich der Kamera auf natürlichem Wege offenbart, ob als nackter menschlicher Körper, Umriss einer Frucht oder Krümmung einer Sanddüne. Seine ausführlichen Notizen zu seinen Untersuchungen finden sich in seinen *Daybooks* aus den Jahren 1923 bis 1934, die auch veröffentlicht wurden – eine hervorragende Quelle, um mehr über die künstlerische Methode und das Handwerk der Fotografie zu erfahren. Viele Jahre lang fotografierte er durchweg Paprika, die er 1927 erstmals ausstellte. Dieses Bild aus einer Serie von über 30 Negativen vom August 1930 wurde zu einem seiner bekanntesten Bilder; ein Abzug wurde 2014 bei einer Auktion für knapp 350 000 US-Dollar verkauft.

Auf der Suche nach der perfekten Beleuchtung für die Paprika experimentierte er mit einem großen Blechtrichter, in den er die Frucht legte. Das Blech reflektierte rundum das Licht, wodurch die intensive dreidimensionale Wirkung entsteht, die das Bild so besonders macht. Er erkannte, dass das Foto auch deswegen so erfolgreich war, weil es einen ganz einfachen Gegenstand zu etwas Bedeutungsvollem erhob: „Es ist eine Paprika, aber gleichzeitig mehr als das; das Foto ist abstrakt in dem Sinne, dass es sich von seinem Gegenstand entfernt hat. Es gibt keine psychologische Dimension, es werden keine Gefühle heraufbeschworen: Diese Paprika ist jenseits der bewussten Welt." Die Geschichte dieses Bildes verdeutlicht den Wert der Erfahrung: Jahrelange geduldige Hingabe an das Handwerk führt in Verbindung mit dem einfachsten Gegenstand zu maximaler Ausdruckskraft. Weston hatte verstanden, wie man mit der Kamera etwas aus der Welt ziehen kann, das sich von ihr unterscheidet, wie der Vorgang des Fotografierens das Alltägliche zum Besonderen wandelt.

„Ich habe vielleicht 50 Negative von Paprikas: wegen ihrer unendlichen Formenvielfalt, wegen ihrer außerordentlichen Oberflächenbeschaffenheit, wegen der Kraft, die in ihren verblüffenden Falten und Windungen zu lauern scheint." Edward Weston

Edward Weston (USA, 1886–1958) begann seine Laufbahn als Anhänger des Pictorialismus, einem fotografischen Stil, der technische Aspekte betonte und mit Unschärfe und Dunkelkammer-Manipulationen arbeitete. Bei einem Besuch einer Stahlfabrik im Jahr 1922 machte er eine Reihe von Aufnahmen, die einfach und direkt die komplexen Formen der Fabrikschornsteine und -türme zeigten. Er sagte sich vom überstrapazierten pictorialistischen Stil zugunsten eines direkteren Stils los und stellte fest, die „Kamera sollte benutzt werden, um das Leben festzuhalten, um die eigentliche Substanz, das Wesen des Dinges an sich wiederzugeben, ob es glänzender Stahl ist oder pochendes Fleisch." 1926 begann er, natürliche Formen wie Muscheln, Paprikaschoten und Kohlköpfe zu fotografieren. Mit Ansel Adams (s. S. 50) und Imogen Cunningham (s. S. 140) gründete er 1932 die Gruppe f/64. 1948 erkrankte er an Parkinson und musste das Fotografieren aufgeben. In seinen letzten Lebensjahren stellte er mit seinem Sohn Portfolios seiner Arbeiten zusammen, was 1956 in einer Ausstellung im Smithsonian Institute in Washington gipfelte.

Kreative Tipps und Techniken

Weston arbeitete mit einer großformatigen Fachkamera, in diesem Fall eine Ansco 8 × 10 Commercial View mit einem Zeiss 21 mm-Objektiv. Er stellte Kontaktabzüge von den Negativen her, und die meisten seiner Abzüge haben das Format 19 x 24 cm. Er war geschickt in der Manipulation des Abzugs und wedelte zum Beispiel bei der Belichtung bestimmte Partien mit der Hand ab.

Weston glaubte, man solle als Fotograf so lange üben, bis man Entscheidungen über die Aufnahme instinktiv fällt. Man muss ein unwillkürliches Gefühl dafür entwickeln, wie der Vorgang des Fotografierens eine dreidimensionale Welt in ein zweidimensionales Bild umsetzt, und wie man Licht einsetzen kann, um dem Bild wieder räumliche Wirkung zurückzugeben. Um das zu üben, stellt man eine Reihe von Gegenständen auf einem Tisch auf und beleuchtet sie im rechten Winkel mit Tageslicht aus einem Fenster oder mit einer künstlichen Lichtquelle. Dann misst man die Durchschnittsbelichtung des Motivs und stellt dann in Stufen einer drittel- oder halben Blende eine Reihe von Aufnahmen her, die ganze fünf Blenden über und fünf Blenden unter diesem Wert liegen. Diese Aufnahmen werden dann nach Helligkeit angeordnet und auf Veränderungen durch die Belichtung untersucht. Die Studie wird dann mit frontal einfallendem Licht wiederholt. Der Lichteinfall und die Blende können die Tiefenwirkung einer Aufnahme drastisch verändern.

Weston wandte sich gegen die Anwendung von abstrakten Regeln auf die Komposition. Anleitungen wie die Drittelregel können zwar nützlich sein, sie werden aber oft steril. Man sollte versuchen, eher intuitiv auf die Welt um sich herum zu reagieren.

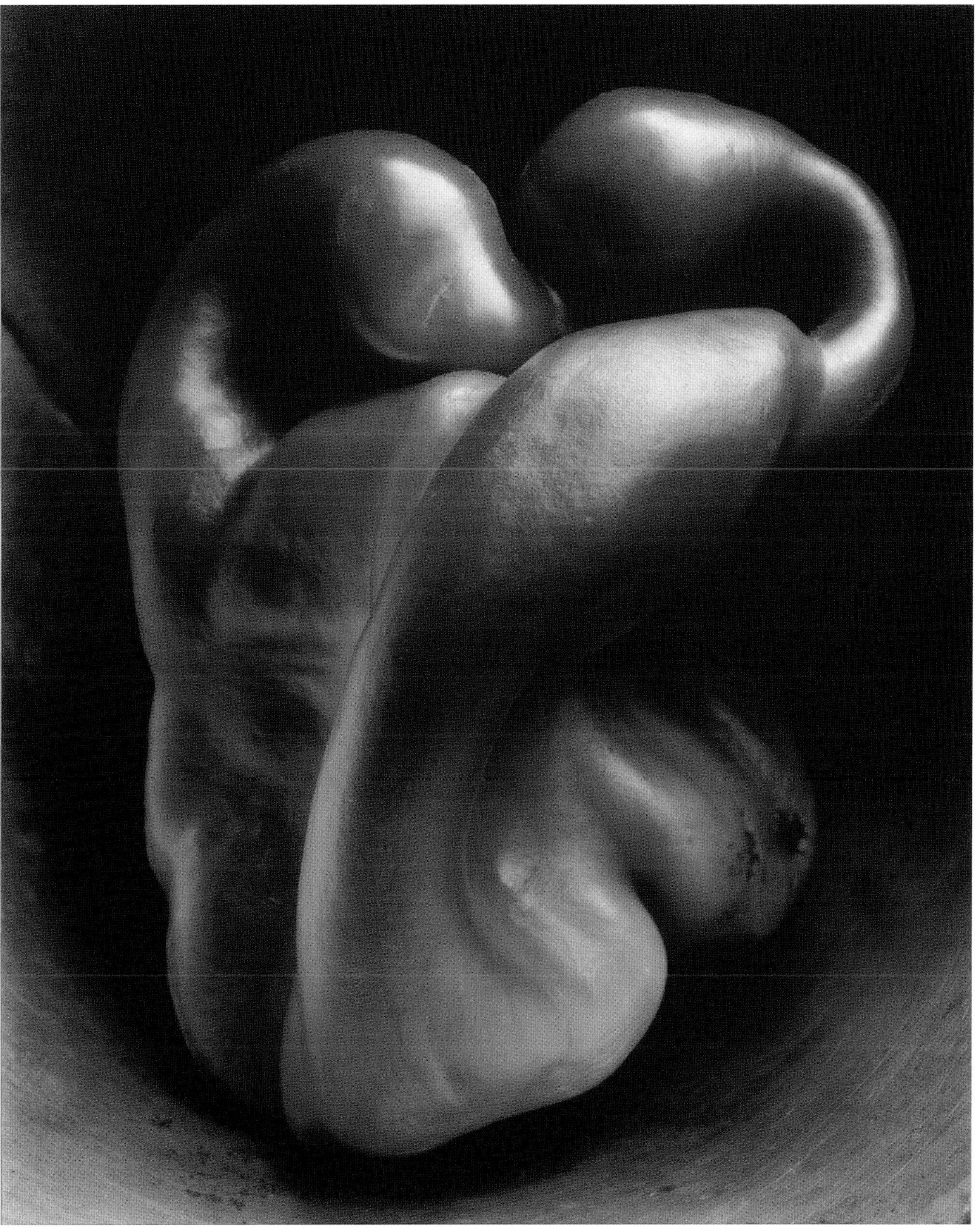

William Eggleston

Ohne Titel (Memphis) 1970

Dieses Foto schmückte das Cover des Fotobandes *William Eggleston's Guide*, der 1976 zur gleichnamigen Ausstellung erschien, und wurde 2012 für über eine halbe Million Dollar verkauft, allerdings als digitaler Ausdruck, der zudem größer war als die Abzüge, mit denen der Fotograf zuvor gearbeitet hatte. Durch den niedrigen Kamerastandort erscheint das Kinderdreirad monumental und plastisch. Es erinnert an Arbeiten des Bildhauers Claes Oldenburg und verwandelt ein banales Alltagsobjekt in etwas Merkwürdiges, Außergewöhnliches. Die Farben sind die der amerikanischen Flagge, rot, weiß und blau; ob die rostigen Stellen am Dreirad wohl eine Anspielung auf den verblassenden Ruhm Amerikas sind? Den Hintergrund bildet eine typische Vorortstraße, aber die Art, wie das Auto in dem Bildausschnitt zu sehen ist, zwischen den Rädern des Dreirads, vermittelt den Eindruck von Bewegtheit, als würde es gleich losfahren und das Spielzeug überrollen.

Eggleston fotografiert unentwegt, besteht aber darauf, „nur *ein* Bild von einem Motiv aufzunehmen. Nicht zwei. Das eine Bild ist im Kasten und das nächste wartet. Ich mache mir keine Gedanken darüber, ob es funktioniert hat oder nicht, das lohnt sich nicht. Es gibt immer ein nächstes Foto." Es kommt auf den Moment des Kontakts mit der Welt an; es geht nicht darum, dieselbe Szene immer wieder zu knipsen, bis man die beste Aufnahme hat. Das Fotografieren wird zu einem Spiel mit meditativen Zügen: „Ich habe das mal als ‚demokratischen Blick' bezeichnet: nichts ist wichtiger oder weniger wichtig." In seinen späteren Arbeiten entwickelte Eggleston diesen Ansatz weiter: Manchmal blickte er nicht einmal mehr durch den Sucher. Er empfand diese Technik als befreiend: „Du kannst die Kamera hoch in die Luft halten, als wärst du drei Meter groß. Man schaut genauer hin, wenn man herumläuft. Wenn die Zeit für das Foto gekommen ist, drückst du auf den Auslöser."

> „Ein Bild ist, was es ist; ich hatte nie den Eindruck, dass es hilft, darüber zu reden oder spitzfindige Fragen dazu zu beantworten."
>
> William Eggleston

Kreative Tipps und Techniken

Auf den ersten Blick mag Egglestons Werk schlicht erscheinen, wenn man sich die Aufnahmen jedoch genauer ansieht, tauchen bestimmte Muster und Themen zu häufig auf, um zufällig zu sein. Viele seiner Fotografien sind um eine zentrale Kreuzform herum aufgebaut; Eggleston hat einmal behauptet – vielleicht nicht ganz ernst –, es handele sich um die Südstaatenflagge. Seine Bilder strahlen eine deutliche persönliche Sichtweise aus, bei der jede Aufnahme ein konzentriertes Destillat der Erfahrung ist, die die Welt in genau diesem Moment in Eggleston ausgelöst hat, ob es nun Farbe, Licht oder Form war, die er gewissenhaft innerhalb der vier Ränder der Fotografie festgehalten hat. Er erhöht das Alltägliche zu etwas Besonderem und feiert die Tatsache, dass es die Sicht des Künstlers ist, die uns etwas sehenswert macht.

Eggleston entdeckte das Dye-Transfer-Verfahren in den 1970er Jahren und wendete es ausgiebig bei der Herstellung seiner Ausstellungsabzüge an. Bei diesem Verfahren werden Farbauszüge für die Farbschichten Gelb, Magenta, Cyan und Schwarz erstellt und in einzelnen Durchgängen gedruckt, die dem Siebdruck ähneln. Dieser arbeitsaufwändige Prozess gestattet sehr feine Einstellungen der Farbwerte in jeder Schicht und liefert Abzüge mit atem-

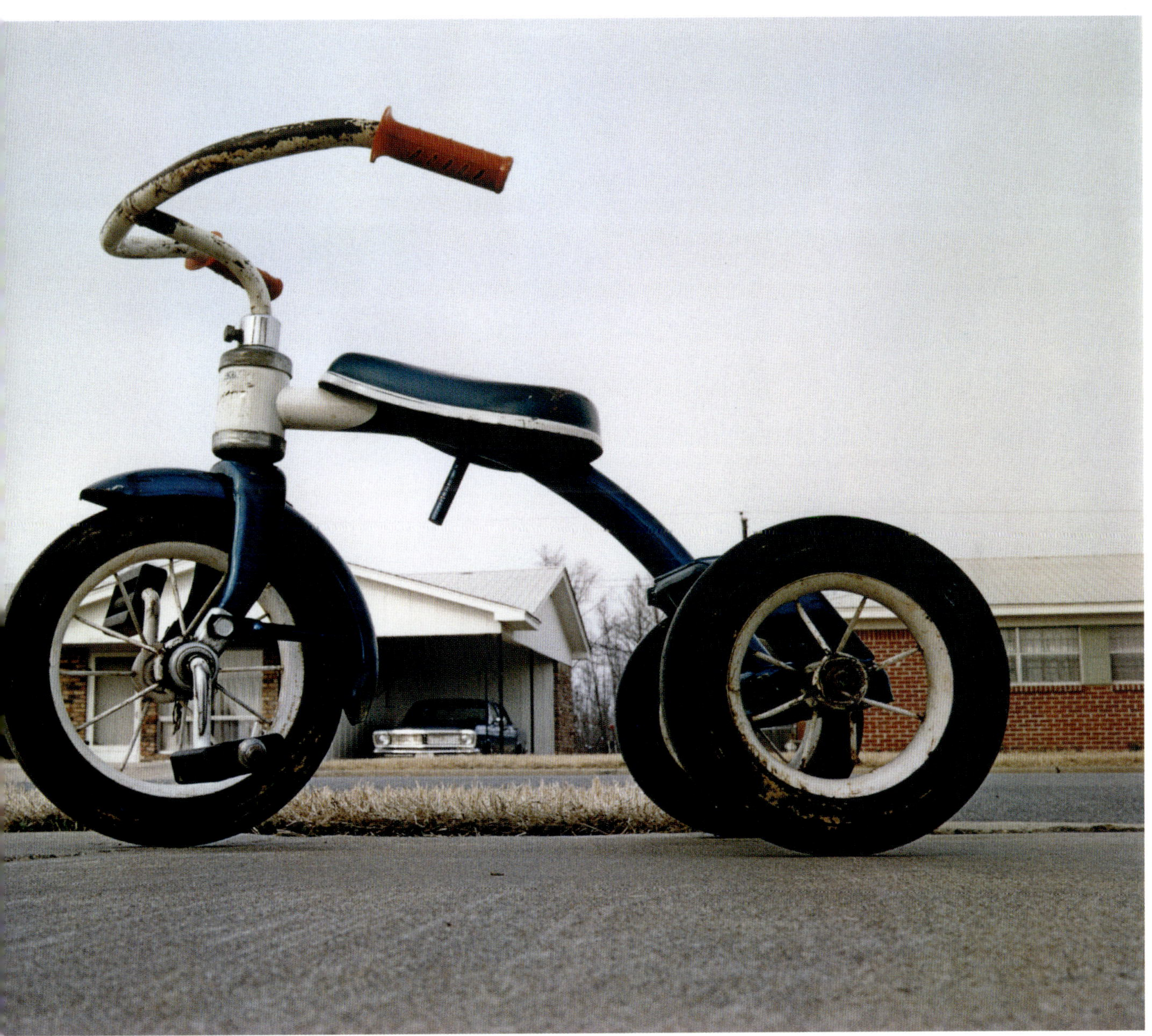

beraubend satten Farben, die in anderen Druckverfahren fast nicht zu erreichen sind. Allerdings wird das Verfahren kaum noch angewendet, da Kodak die Herstellung der Materialien 1993 einstellte und die letzten Vorräte damals an Anhänger des Verfahrens verkauft wurden. Es ist fast unmöglich, das Verfahren digital nachzuahmen, aber man kann die Sättigung während der Nachbearbeitung heraufsetzen, um die Farben zu betonen.

William Eggleston (USA, 1939–) gilt als der ‚Pate' der künstlerischen Farbfotografie. Er hatte enormen Einfluss auf Generationen von Fotografen und Filmemachern, sowohl durch seinen Einsatz von Farbe als auch durch die täuschend schlichte Ästhetik seiner Arbeiten. 1976 führte das Museum of Modern Art für ihn mit *Guide* die erste Einzelausstellung mit Farbfotografien durch. Eggleston kam in Memphis, Tennessee, auf die Welt, und diese Region spielt seitdem in seiner Arbeit eine zentrale Rolle. Er kaufte seine erste Kamera, eine Canon Rangefinder, im Jahr 1957 und widmete sich ab 1965 der Farbfotografie. Ein Schlüsselerlebnis war die Arbeit in einem frühen fotografischen Großlabor, in dem er Hunderte von Farbfotos aus den Entwicklungsmaschinen kommen sah. Die ‚Schnappschuss-Ästhetik' dieser Bilder wurde zu einem wesentlichen Element seines Werks.

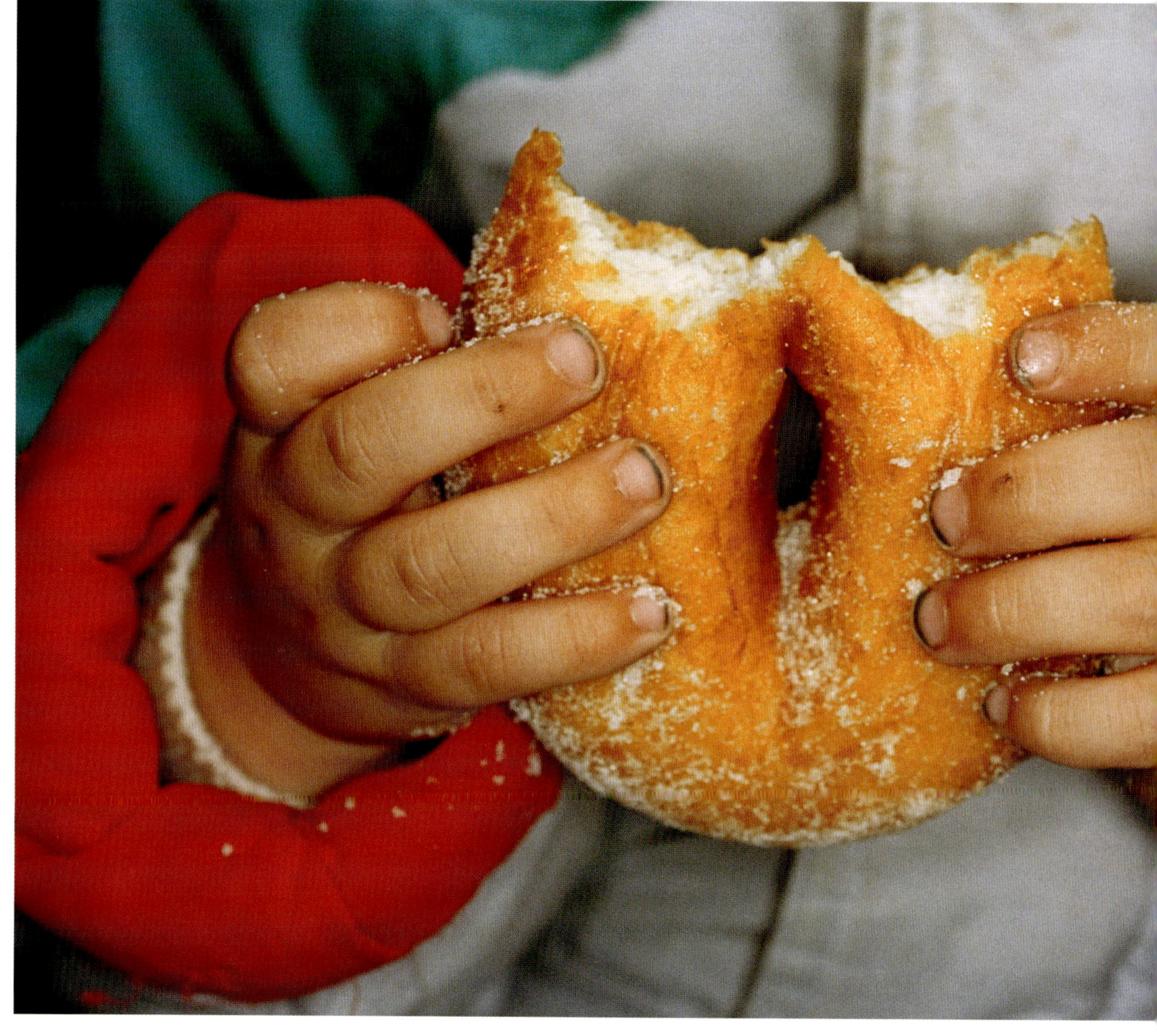

Ramsgate 1996, aus „Common Sense"

Martin Parr arbeitet an umfangreichen Projekten, die sich mit der materiellen Kultur befassen, aber auch das Medium an sich fasziniert ihn, und er untersucht unterschiedliche formale Strategien auf ihre Möglichkeiten, die Welt zu beschreiben. Für seine Farbfotos benutzte er anfangs eine Plaubel Makina, eine Mittelformatkamera mit Aufhellblitz, zum Beispiel in *The Last Resort* (1986). Das Projekt über den heruntergekommenen Ferienort New Brighton in der Nähe von Liverpool im Norden Englands brachte ihm den Durchbruch. In der Serie „Common Sense", aus der dieses Foto stammt, entlarvte er mit seinen Großaufnahmen die Exzesse von Konsumkultur, Fastfood und Mode. Die Verwendung von Blitzlicht und Amateurfilm taucht seine Bilder in übersättigte Farben. Jedes Detail ist deutlich zu erkennen, und der Dreck unter den Fingernägeln des Kindes bildet einen schönen Kontrast zum weißen Zucker auf dem Gebäck. Die Farbpalette ist einfach, aber knallig, die Blautöne der Jacke liefern einen stimmigen Hintergrund für das Rot der hochgekrempelten Ärmel, deren Wülste die Form des Donuts aufgreifen.

Parrs Liebe zum Detail lässt die Kritik, er beute seine Motive aus, ins Leere laufen. Er gehört zu den wenigen Fotografen, bei denen Humor und Satire Teil der visuellen Strategie sind. Das Gewöhnliche und Alltägliche liefert ihm Material in Hülle und Fülle, gerade in Situationen, die andere Fotografen übersehen. Deswegen ist Parrs Werk ein wichtiger Teil unserer „Visual History".

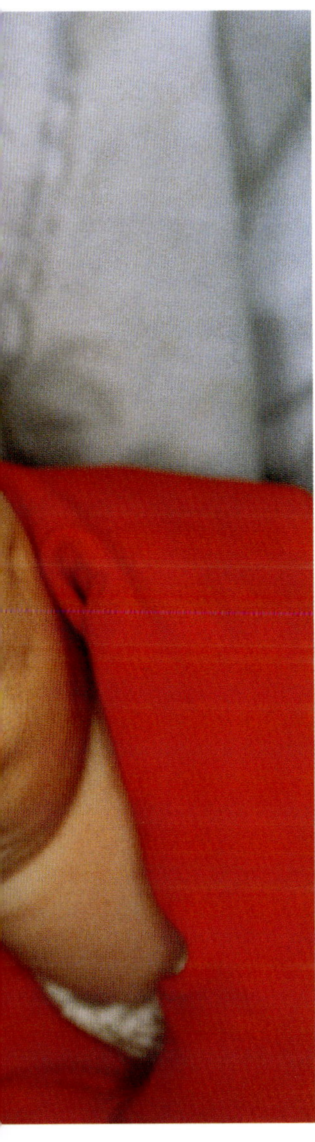

„Ich glaube wirklich, dass das Gewöhnliche viel interessanter ist, als die Leute sich klarmachen.“ Martin Parr

Martin Parr (GB, 1952–) ist einer der produktivsten und einflussreichsten zeitgenössischen Fotografen, nicht nur wegen seines eigenen Werks, sondern auch durch seine Arbeit als Kurator und als Verfechter des Fotobuchs. Seine lebenslange Obsession gilt der materiellen Kultur und ihren Auswirkungen auf unser Leben. Er stellt fest, seine Fotografie sei „eine Beobachtung der westlichen Mittelklasse und ihrer endlosen Suche nach materiellem Überfluss“. Parr hat in der Tradition von Tony Ray-Jones (s. S. 190) die Rituale des englischen Lebensstils erforscht, dabei jedoch die Herangehensweise amerikanischer Fotografen wie Joel Meyerowitz (s. S. 60), William Eggleston (s. S. 100) und Stephen Shore berücksichtigt. Er sammelt begeistert fotografische Ephemera, und die strahlend-satten Farben der Postkarten des britischen Reiseveranstalters Butlin haben einen ungeheuren Einfluss auf sein späteres Werk gehabt.

Kreative Tipps und Techniken

Parr geht nahe an die Personen heran, die er fotografiert, oft bis an die Grenze des Erträglichen. Er kleidet sich mit Shorts und Sandalen wie ein britischer Tourist im Urlaub – das Gegenstück des ‚professionellen Fotografen‘. Er sieht die Menschen, die er fotografiert, nicht an, vor allem nicht hinterher. Wenn jemand Einwände hat, geht er weiter.

Parr setzt gleichzeitig Blitzlicht und Tageslicht ein, um die Farbsättigung seiner hyperrealistischen Bilder zu erhöhen. So muss er für kräftige Farben nicht auf Photoshop zurückgreifen. Bei Nahaufnahmen verwendet er ein Makroobjektiv und ein Ringblitzlicht. Für weiter entfernte Motive setzt er eine Streulichtkappe am Blitz ein, um weicheres Licht zu erhalten, und stellt die Leistung des Blitzes oft so ein, dass er dem Tageslicht gleicht oder es sogar übertrifft. Das kann bei Gegenlichtaufnahmen oder tiefen Schatten im Sonnenlicht nützlich sein. Man misst für diesen Aufhellblitz die Belichtung und stellt den Blitz passend für die Blende ein, die man verwenden will. Da das Blitzlicht sehr kurz ist, spielt die Belichtungszeit keine Rolle. Üben kann man die Technik an einem sonnigen Tag im Freien, im Idealfall mit einem Modell. Die Belichtung wird auf 1/250s und f/8 eingestellt, dann fertigt man eine Belichtungsserie an, bei der die Blitzleistung ober- und unterhalb der eingestellten Blende liegt. Die meisten modernen Kameras und Blitzgeräte haben eine Belichtungskorrektur, mit der man das Gleiche erreichen kann, indem man die Belichtung um einen und dann zwei Werte zu niedrig einstellt. So wird das Blitzlicht das Hauptlicht der Aufnahme und der Hintergrund wird dunkler, was sehr ausdrucksstarke Effekte bewirken kann.

Alec Soth

„Ich glaube fest daran, dass die ‚Americana' immer noch existiert. Die Orte gibt es noch, die Leute sind noch da, und ich bin in dieser Hinsicht noch nicht so stark abgestumpft. Es gibt noch viel zu entdecken in dieser Welt."

Alec Soth

Alec Soth (USA, 1969–) wuchs in Minneapolis, Minnesota, im amerikanischen Mittleren Westen auf und lebt noch dort. Er arbeitet meist an längerfristigen Dokumentarprojekten, die sich mit den Räumen und Orten seines Heimatstaates und den Menschen beschäftigen, die dort leben. Er hat mehr als 25 Bücher veröffentlicht, darunter *Sleeping by the Mississippi* (2004), *Niagara* (2006), *Broken Manual* (2010) und *Songbook* (2015). Er steht in der Tradition von Walker Evans (s. S. 78), Robert Frank (s. S. 186) und Joel Sternfeld (s. S. 54). Als Student bei Sternfeld sah er während eines Vortrags „ein Bild des Kleinbusses, mit dem Sternfeld Amerika bereist hatte. Etwas machte ‚klick'. Mir wurde klar, dass ich so arbeiten wollte. Diese jungenhafte Wanderlust ist in Amerika verbreitet, mir war sie aber neu."

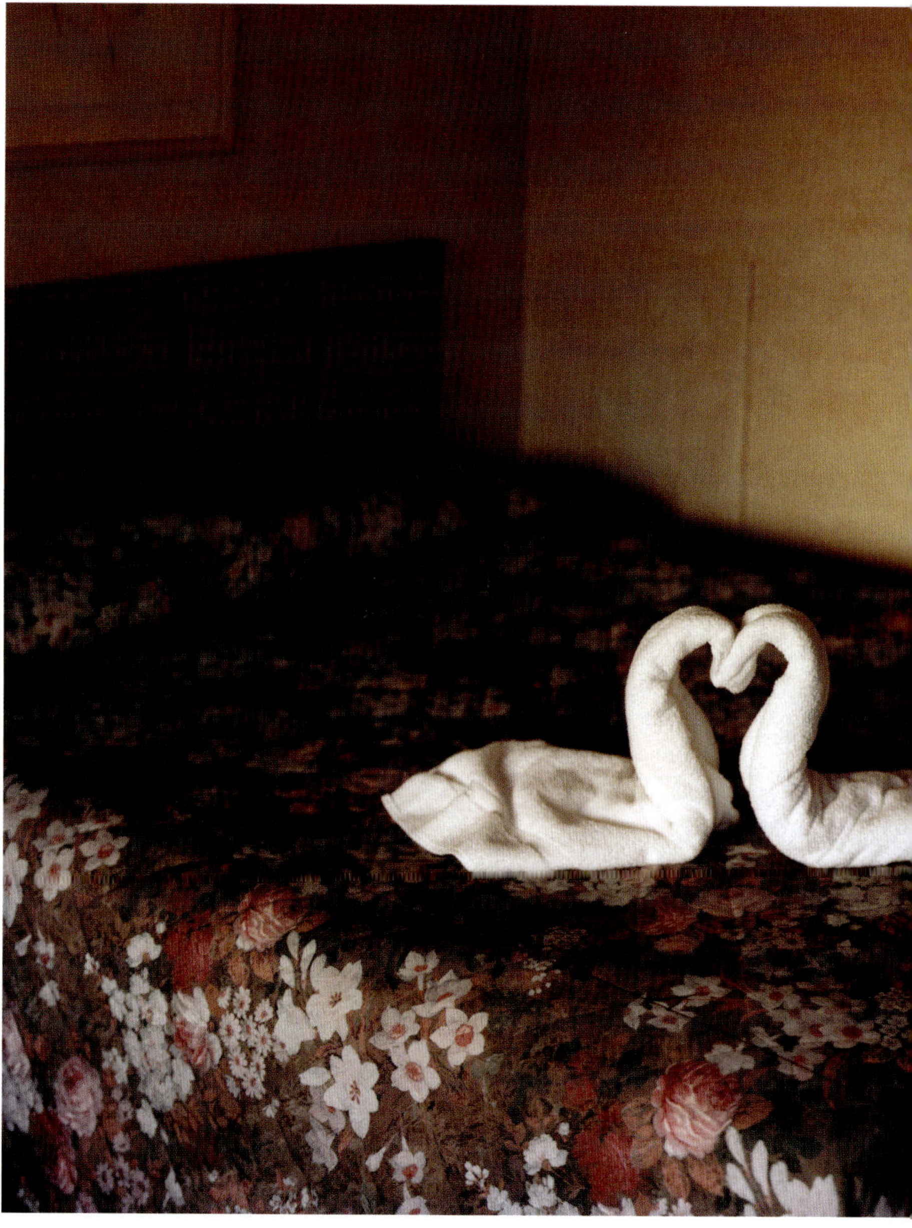

Kreative Tipps und Techniken

Soth arbeitet meist an großen Projekten, bei denen jedes Bild wichtig ist, die Bedeutung aber in dem Gesamtwerk liegt – es geht ihm vor allem um einen Korpus von Aufnahmen. Das lässt sich nachahmen, indem man ein Projekt erarbeitet, bei dem es um das Sammeln von Bildern geht, bei dem jede Aufnahme der vorhergehenden etwas hinzufügt oder auf dieser aufbaut, und dann mit Abfolge und Gruppierung experimentiert, um neue Bedeutungen zu erschließen.

Soth stellt fest, dass er bei seinen ersten Fotografien versuchte, möglichst viel Information in ein Aufnahme zu packen. Bald wurde ihm jedoch klar, dass das Gegenteil erfolgversprechender sein könnte. Was nicht im Bild zu sehen ist, kann genauso wichtig sein wie das Abgebildete – viel-

Zwei Handtücher 2004, aus „Niagara"

Zu den wichtigsten Qualitäten eines Fotografen zählt, dass er Gegenständen Aufmerksamkeit schenkt, die andere nicht sehen, und den Bildausschnitt mit Bedacht so wählt, dass signifikante Details sichtbar werden, die eine tiefere Bedeutung transportieren. Diese beiden kunstvoll gefalteten Handtücher werden zu Liebenden, die einander zärtlich küssen, und die leichten Knitterfalten bringen einen Hauch Melancholie in das emotional aufgeladene Bild. Das Blumenmuster des Bettüberwurfs betont unser Verhältnis zur Natur, ist aber gleichzeitig auch ein ironischer Kommentar zu den deprimierenden Interieurs, wie sie für Hotelketten typisch sind. Gegenüber den eher dunklen Farbtönen im Raum bringt das weiche Tageslicht das Weiß der Handtücher zum Leuchten.

Soths Werk verbindet Porträts, Landschaften, Interieurs und Details, die sich in seinem Buch rhythmisch abwechseln. So entwickelt er Themen und Resonanzen, und es entsteht ein poetisches Narrativ rund um die Motive, die ihn interessieren. Den Fotoband *Niagara*, dessen Cover dieses Bild schmückte, durchziehen Aufnahmen der Wasserfälle. Soth untersuchte die Widersprüche des Ortes, der für Romantik und Liebe steht, aber auch ein Symbol für Einsamkeit und Verzweiflung sein kann. Soth erklärt: „Mich faszinierte, dass dieser brausende Wasserfall einerseits ein Sinnbild für die irrsinnige Intensität einer neuen Liebe ist und andererseits das langsame Versiegen dieses mächtigen Gefühls bedeuten kann. An den Niagarafällen haben sich auch schon viele Leute umgebracht." Soth arbeitet intuitiv. Er ist überzeugt, dass großartige Bilder Glückssache sind. Er fühlt sich in einen Ort ein, spürt seinen Schattierungen und Menschen nach, sucht jene Momente, in denen ein Bezug entsteht, die emotional aufgeladen sind, vor allem durch unerwartete Begegnungen: „Ich glaube an Zufälle. Das Ziel ist, sich vom Flow der Dinge erfassen zu lassen."

leicht sogar wichtiger. Man sollte versuchen, genau und urteilsfähig zu entscheiden, was im Bild aufgenommen wird. Ziel sollten Aufnahmen sein, die Bedeutung haben, aber auf das Notwendigste reduziert sind.

Soth gibt zwar zu, dass das Aufkommen der Digitalfotografie sich im Allgemeinen positiv auswirkte und dass er ausgiebigen Gebrauch von sozialen Medien macht, um sein Werk zu veröffentlichen, dass er aber den dauernden Neuerungen des Mediums auch skeptisch gegenübersteht. Er verweist darauf, dass es leicht sei, sich in den neuen Techniken und neuen Formen wie Video und Multimedia zu verrennen. Es bestehe die Gefahr, dem Irrglauben zu erliegen, etwas, das nicht neu ist, sei auch nicht gut. Man sollte sicherstellen, dass man die Grundlagen der Kamera beherrscht und nur dann neue Tricks anwenden, wenn diese etwas zur Aussage des Bilds beitragen.

Soth hat gute Ratschläge für angehende Fotografen: Zielen Sie nicht auf schnellen Erfolg, es ist wichtig, dass das eigene Werk sich ohne äußeren Druck entwickelt. Wenden Sie nicht zu viel Energie für Eigenwerbung auf, sondern arbeiten Sie an einem bedeutungsvollen Werkkorpus, der für sich spricht. Der entsteht nicht über Nacht, sondern nur nach einer längeren Zeit ausdauernder Arbeit.

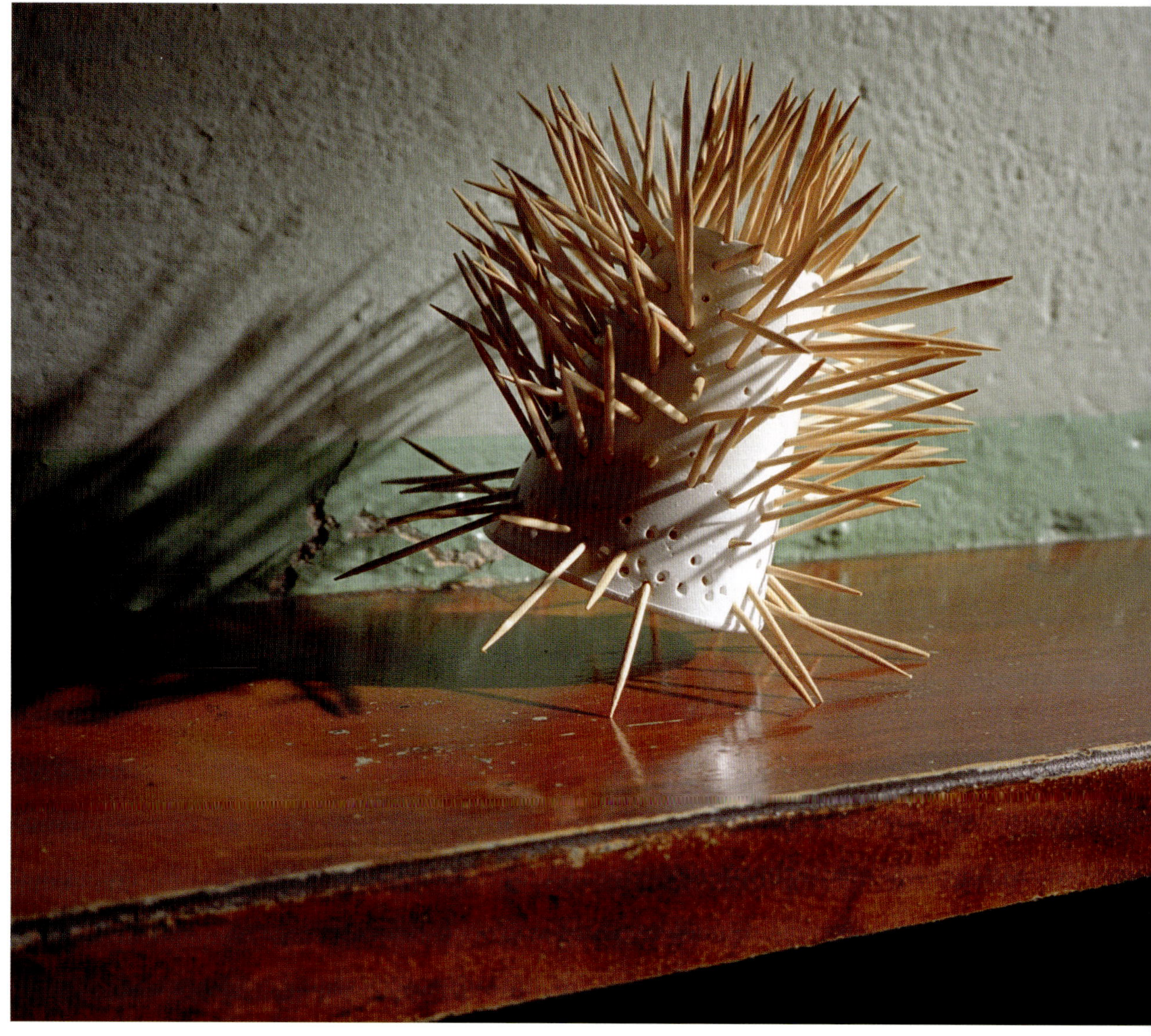

Ohne Titel 2006

Diese merkwürdige Konstruktion wirkt lebendig, scheint fast über die Ablage zu krabbeln, wie eine von Heath Robinson gezeichnete schräge Igel-Karikatur. Das Objekt ist eindeutig ein Gestaltungsprodukt der materiellen Welt, aber die leeren Löcher verraten Unvollkommenheit. Das helle Licht erweckt den Eindruck von Bewegung und schafft eine Farbintensität von fast spiritueller Kraft. Fraser war von Objekten fasziniert und verbrachte Jahre damit, Nahaufnamen von ihnen zu machen: „Ich halte kleine Dinge für wirklich wichtig, nicht zuletzt, weil alles im Universum aus Materie besteht, die so klein ist, dass wir sie mit bloßem Auge nicht sehen können. Meine Motive lasse ich weitgehend in Ruhe; in der Welt sind geheimnisvolle Kräfte am Werk, die besser wissen als ich, wie ein Gegenstand platziert werden sollte.“ Seine Erinnerung an den Moment, als er dieses Foto machte, macht deutlich, wie lohnend der einfache Akt des Hinschauens sein kann. Er war damals auf Fotoreise in Wales und betrat eine Dorfkirche: „Kirchen finde ich immer interessant; es sind stille Orte, wo man seine innere Stimme hören kann, weit weg von dem Krach und den Ablenkungen der modernen Welt.“ Er spürte, dass dieser Ort das Potenzial zu einem machtvollen Bild hätte. Dann stolperte er über diese bizarre Skulptur, ein „hervorragendes Beispiel, wie das Gehirn die Hand dazu bringt, das Wesen der Dinge zu verändern. Ich machte mehrere Fotos und traute meinen Augen nicht; kurz darauf atmete ich draußen frische Luft, berauscht von dem Gefühl, am Leben zu sein.“

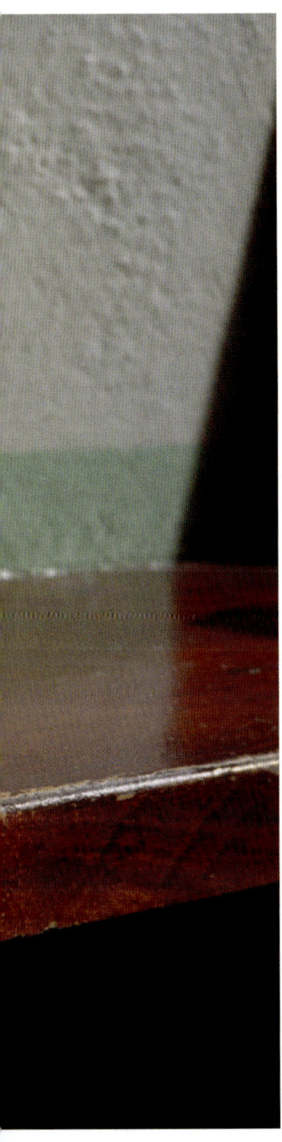

„Praktisch alles auf der Erde sieht so aus, wie es aussieht, weil irgendwann ein Menschenhirn einer Hand befahl, Form und Wesen der Stoffe zu verändern.“ Peter Fraser

Peter Fraser (GB, 1953–) studierte zur gleichen Zeit wie Martin Parr (s. S. 102), Brian Griffin (s. S. 126) und Daniel Meadows in Manchester Fotografie. 1984 reiste er nach Memphis in den USA, um fast zwei Monate mit William Eggleston (s. S. 100) zu arbeiten, der ihm zu dem Selbstvertrauen verhalf, sich vollkommen der Fotografie zu widmen und daran zu glauben, er „könne mit der Farbfotografie arbeiten und neues Territorium dafür erobern“. Seine erste größere Veröffentlichung, *Two Blue Buckets*, erhielt 1988 den Bill-Brandt-Preis. 2013 veranstaltete die Tate St Ives eine Retrospektive und veröffentlichte eine Monographie über sein Werk. Er beschäftigt sich vor allem damit, wie die dingliche Welt untersucht werden kann, um subtile, aber tiefschürfende Meditationen über das Verhältnis des Menschen zu seiner Umgebung zu enthüllen.

Kreative Tipps und Techniken

Fraser glaubt, die genaue Beobachtung der Welt könne zu tiefen Einsichten führen, die alles übertreffen, was die menschliche Fantasie produzieren kann. Sein Werk zeigt deutlich seine Faszination durch Naturwissenschaften und Mathematik. Kern seiner Arbeit ist die Vorstellung, in den kleinsten, unbedeutendsten Beobachtungen könnten philosophische Wahrheiten liegen.

Fraser arbeitete mit Mittelformatkameras wie der Plaubel Makina, die auch von vielen anderen britischen Farbfotografen der 1980er Jahre, einschließlich Martin Parr (s. S. 102), verwendet wurde. Er ist sorgfältig darauf bedacht, perfekte Farbabzüge zu erhalten, die er auch selbst entwickelt. Nach seiner Serie des Jahres 2006 begann er jedoch, auch mit digitalen Drucktechniken zu experimentieren und stellte fest, dass sie einen größeren Farbraum darstellen können als das konventionelle analoge Verfahren. Zudem fand er, dass das übertriebene Korn der gescannten Negative, die er für die Abzüge verwendete, die Wahrnehmung der Welt in den Abzügen beeinträchtigte. Das führte ihn zur Arbeit mit Digitalkameras, deren „Abbildungen so kornfrei waren, dass sie filmisch waren“.

Fraser versetzt sich in einen meditativen Zustand, in dem er feinfühlig auf seine Umgebung eingestellt ist. Dazu sitzt er 20 Minuten mit geschlossenen Augen, verlangsamt die Atmung und richtet alle Sinne außer dem Sehsinn intensiv auf die Umwelt. Dann öffnet er die Augen und fotografiert das Erste, was er sieht. Wenn man diese Methode in unterschiedlichen Situationen ausprobiert, kann sie sich zu einer wirkungsvollen Technik entwickeln, die hilft, das Besondere im Alltäglichen zu entdecken.

Gesic

nter

Das Gesicht des Menschen hat Fotografen und Künstler schon immer gefesselt. Wir ahnen, dass wir aus der Physiognomie einer Person ihren Wesenskern herauslesen können. Wir sind unendlich eingenommen davon, wie Menschen aussehen, und hoffen, in ihren Gesichtern einen Hinweis auf ihren Charakter zu entdecken – oder darauf, wie wir sie besser kennenlernen können. Promis und Arbeitslose, Reiche und Arme, Berühmtheiten und Unbekannte werden porträtiert. Einige dieser Bilder sind das Ergebnis geplanter Treffen, bei denen Modell und Fotograf zusammenkommen, um gemeinsam ein Bild hervorzubringen, das die Identität des Modells zum Ausdruck bringt. Andere leben vom Blick des Fotografen für das Gesicht, das aus der Menge heraussticht; es erscheint isoliert vom Rest der Welt – durch sorgfältige Wahl des Bildausschnitts oder den Einsatz von Blitzlicht zur Überzeichnung des Sichtbaren. Ein Porträtfotograf muss eine Verbindung zum Modell herstellen; dabei helfen eine starke Persönlichkeit, die Fähigkeit zum Dialog und eine intensive Fokussierung. Wesentlich ist ein Gespür dafür, wie jede feine Veränderung des Winkels oder der Pose das endgültige Bild verbessern oder verderben kann. Die meisten Leute haben tatsächlich eine ‚Schokoladenseite', die fotogener ist als die andere. Das aufmerksame Studium der Charakterzüge durch das Objektiv und das Erforschen, wie schrittweise Veränderungen von Kamerastandpunkt und Bildausschnitt das Beste aus einem Gesicht herausholen können, sind der Schlüssel, um den fotografischen Blick zu entwickeln und zu trainieren. Auch das Licht spielt eine enorm wichtige Rolle für die Atmosphäre eines Porträts und es kann gezielt eingesetzt werden, um Besonderheiten des Modells zu betonen. Die besten Porträts transzendieren den unmittelbaren Moment, stellen tiefe psychologische und emotionale Bezüge zwischen Betrachter und Motiv her, sodass wir etwas über die Menschen und das Menschsein lernen, darüber, was es bedeutet, am Leben zu sein.

Julia Margaret Cameron

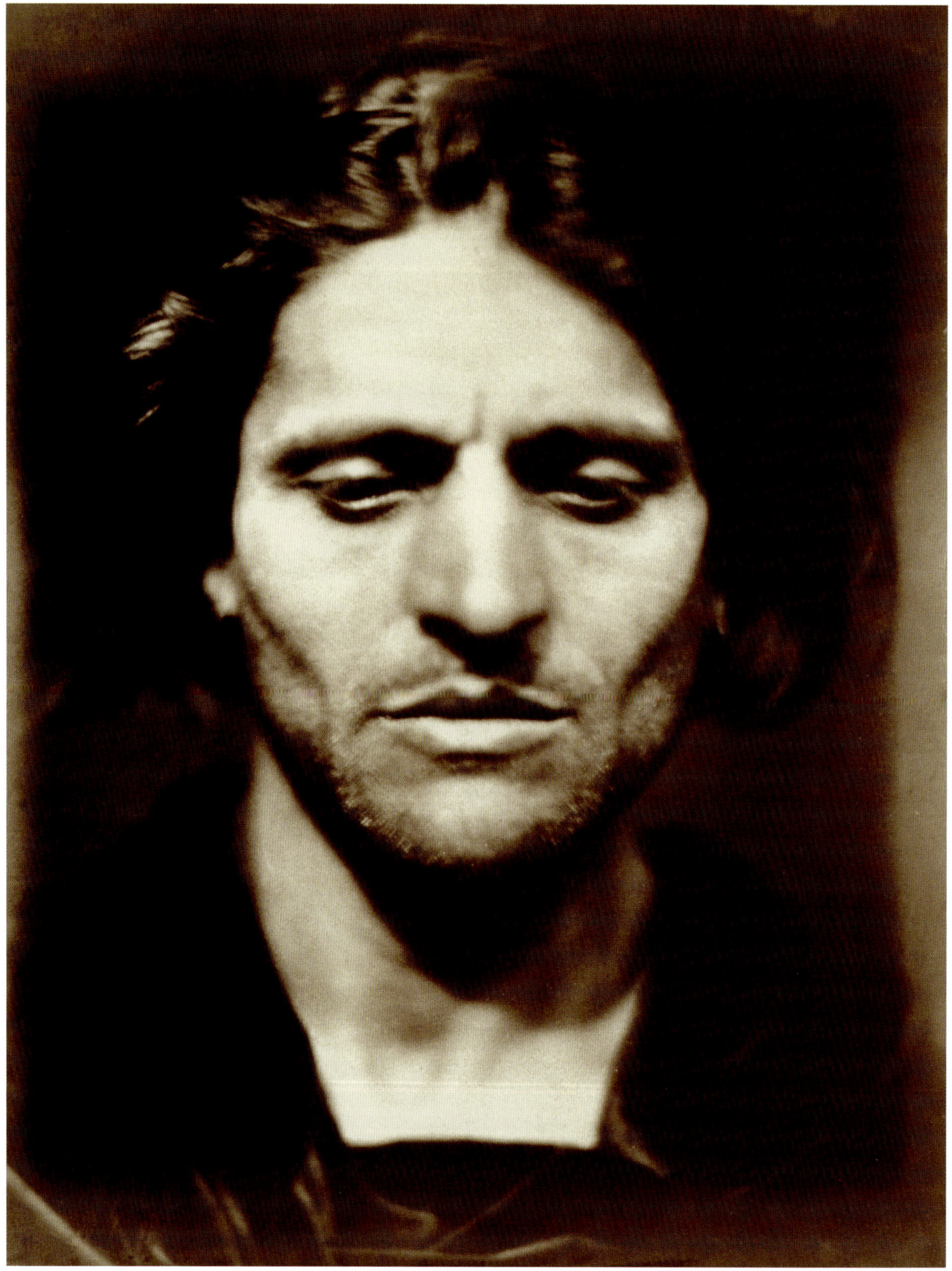

Jago, Studie eines Italieners 1867

Dieses eindrucksvolle Porträt ist verblüffend modern. Die Kombination aus geringer Schärfentiefe, dramatischer Beleuchtung und den niedergeschlagenen Augen des Modells wirkt schwermütig, als belaste den Mann ein schwieriges Dilemma. Julia Margaret Cameron beschrieb, wie sie versuchte, „diese Rundheit und Fülle an Formen und Merkmalen" einzufangen, „diese Modellierung von Fleisch und gebogenen Erhebungen, die sich nur durch die von mir verwendete Brennweite ergibt." Ihr Einsatz von Schärfentiefe lenkt die Aufmerksamkeit des Betrachters auf die Beschaffenheit der Oberfläche, betont die Bartstoppeln am Kinn und die Intensität seiner nur halb geöffneten Augen. Cameron fertigte von ihren Bildern Abzüge auf Albuminpapier und schwärmte von dem matten Glanz: „eine stumpfe Oberfläche, doch reich an Farben und Schattierungen, durch die das Bild sehr harmonisch wirkt." Das Bild zeigt wahrscheinlich Angelo Colarossi, hier in der Pose des Jago aus Shakespeares *Othello*. Er war Camerons einziges Profi-Modell. Sonst fotografierte sie vor allem Familie und Freunde, außerdem ein paar Größen aus Wissenschaft, Literatur- und Kunstszene, darunter Charles Darwin, Lord Alfred Tennyson und Robert Browning.

Cameron arbeitete mit einer Großformatkamera mit Glasplatten und entwickelte die Bilder mit Hilfe des nassen Kollodiumverfahrens. 1866 erwarb sie eine Plattenkamera mit einem Aplanat-Objektiv von Jamin und einer festen Blendenöffnung von f/3,6; das ergab die geringe Schärfentiefe, die sie für ihre Nahaufnahmen brauchte. Während der langen Belichtungszeiten von drei bis sieben Minuten mussten die Modelle stillsitzen. Sie schrieb: „Ich liebte meine Kamera vom ersten Moment an; sie ist für mich ein lebendiges Ding, mit Stimme, Erinnerung und kreativer Energie."

„Wenn ich solche Männer vor der Kamera hatte, strebte ich mit ganzer Seele danach, ihnen gerecht zu werden, indem ich neben dem Äußeren auch die innere Größe sichtbar machte."

Julia Margaret Cameron

Julia Margaret Cameron (GB, 1815–79) nahm das Fotografieren recht spät im Leben auf. Im Dezember 1863, als sie ihre erste Kamera von ihrer Tochter und ihrem Schwiegersohn geschenkt bekam, war sie achtundvierzig Jahre alt. Sie warf sich sofort mit Begeisterung auf das Medium und schuf in nur wenig mehr als zehn Jahren ein außergewöhnliches Werk aus Porträts und inszenierten Fotografien. Ihre Arbeiten wurden von den Zeitgenossen unterschiedlich aufgenommen, manche Kritiker bemängelten das offensichtliche Fehlen technischer Raffinesse, andere erkannten in ihren traumschweren Porträts Anklänge an die visionäre Malerei. Oft bat sie Berühmtheiten Modell zu sitzen und ließ sie dann die Abzüge signieren, was deren Wert erhöhte. Ihr Werk wurde wiederentdeckt, nachdem Helmut Gernsheim im Jahr 1948 ein Buch über ihre Fotografien veröffentlicht hatte. Heute gilt sie als eine der größten Pionierinnen der Porträtfotografie.

Kreative Tipps und Techniken

Cameron nahm ihre Fotografien bei Tageslicht auf. Man kann ähnliche Ergebnisse erzielen, wenn man in Innenräumen fotografiert und durch ein Fenster einfallendes Licht nutzt. Eine weiche Beleuchtung ergibt sich, wenn das Modell zum Fenster blickt, dramatischer wird die Wirkung, wenn es im rechten Winkel zum Fenster sitzt. In beiden Fällen nimmt die Lichtintensität im Raum schnell ab und der Hintergrund wirkt viel dunkler als das Motiv. Das Gesicht hebt sich deutlich aus dem Bild ab und gibt diesem eine sehr räumliche Wirkung.

Cameron verwendete ein Teleobjektiv für ihre Porträts, wodurch die Perspektive verkürzt und dem Modell geschmeichelt wird. Mit dem Tele konnte sie einen entfernteren Standpunkt einnehmen und musste das Modell nicht so sehr bedrängen. Teleobjektive haben zudem eine geringe Schärfentiefe, und Cameron arbeitete meist mit geöffneter Blende, um die Schärfentiefe weiter zu verringern; so konnte sie bestimmte Teile des Motivs hervorheben. Diesen Effekt erreicht man mit 85mm- bis 135mm-Objektiven bei weiter Blende. In der Regel stellt man auf die Augen des Porträtmodells scharf.

Cameron ließ ihre Modelle oft direkt in die Kamera blicken. Das kann eine schwierige Pose sein, da sie schnell an ein Verbrecherfoto erinnert. Bei sorgfältigem Einsatz von Licht und Schatten, um die Gesichtszüge herauszuarbeiten, lässt sich das jedoch vermeiden. In diesem Beispiel kommt das Licht etwas von oben, was zu tiefen Schatten unter den Augen und der Nase führt, aber Cameron hat den Einfallswinkel des Lichts und die Stellung des Modells so gewählt, dass die Aufmerksamkeit des Betrachters auf die geschlossenen Augen des Modells gelenkt wird.

Nadar

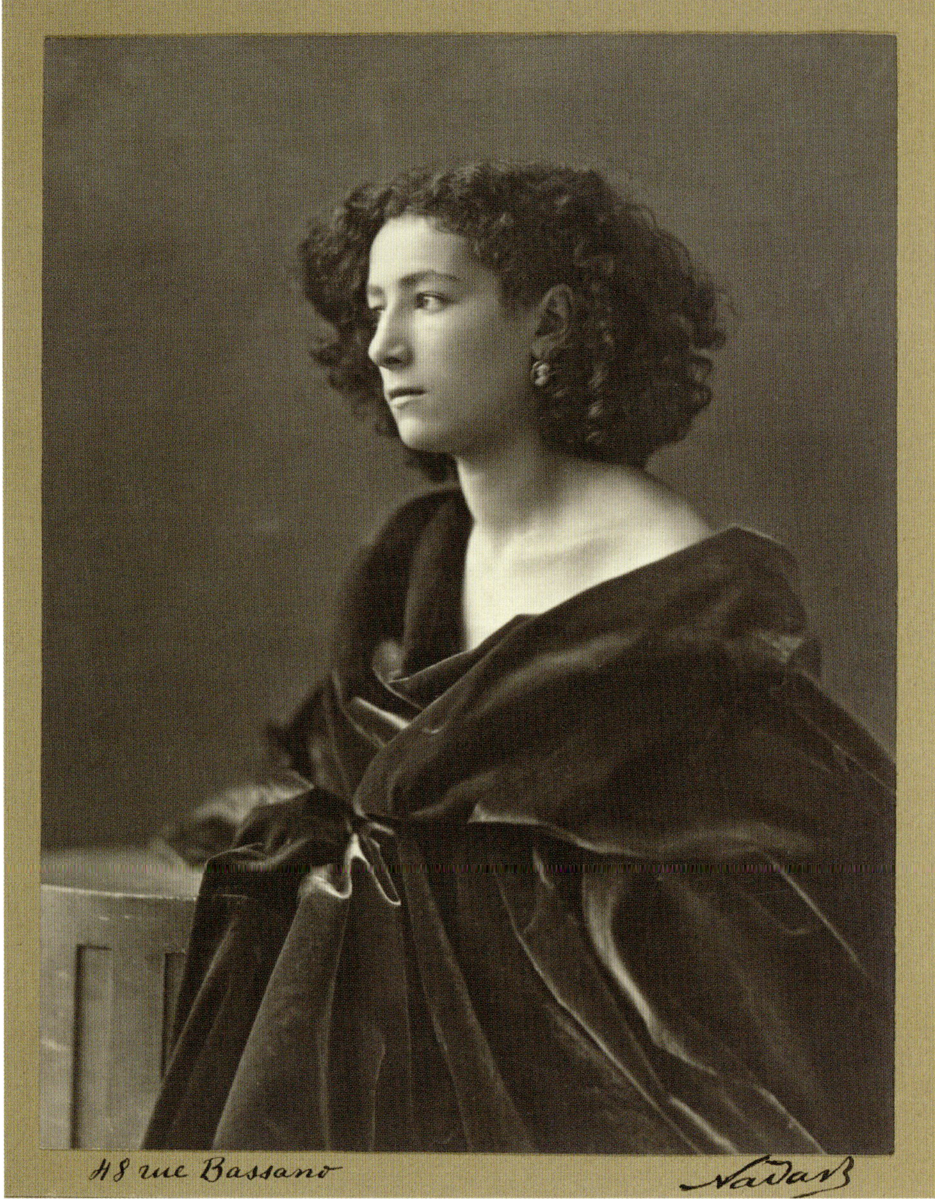

Nadar, bürgerlich Gaspard-Félix Tournachon (F, 1820–1910), begann seine Karriere als Karikaturist unter dem Pseudonym *tourne à dard* – Stacheldreher –, das er später zu Nadar verkürzte. Er entwickelte ein scharfsinniges Gespür für die wichtigsten Gesichtszüge seiner Motive, ein Talent, das er auch in seinen Fotografien bewies. Nadar war ein Meister der Selbstdarstellung. Zu den von ihm Porträtierten gehörten der Romancier Victor Hugo, der Maler Eugène Delacroix und der Komponist Franz Liszt. 1858 stellte er von einem Heißluftballon aus die erste Luftbildaufnahme der Geschichte her. Er war auch ein Wegbereiter der künstlichen Beleuchtung in der Fotografie, mit der er die Pariser Katakomben und Abwasserkanäle für seine Bilder ausleuchtete. In seinem berühmten Atelier fand eine Gemäldeausstellung statt, die zu ihrer Zeit weitgehend als Misserfolg betrachtet wurde. Renoir, der daran beteiligt war, sagte dazu: „Das Einzige, was sie uns einbrachte, war das Etikett ‚Impressionismus'. Das ist eine Bezeichnung, die ich hasse."

Kreative Tipps und Techniken

Nadar war ein Meister darin, mit dem Licht die Gesichtszüge seiner Modelle zu strukturieren. Er brachte die Konturen mit starkem Seitenlicht hervor, betonte wichtige Elemente und verlieh seinen Aufnahmen räumliche Tiefe. Man kann ein Gespür für diese Technik entwickeln, indem man ein Modell im rechten Winkel zum Licht posieren lässt, das durch ein Fenster einfällt. Dann beobachtet man die unterschiedlichen Lichtwirkungen, wenn das Modell den Kopf nach rechts und links dreht, nach oben und unten neigt. Die klassische Beleuchtungsposition für Porträtfotos wird als Position 45-45 bezeichnet, da das Licht seitlich und von oben im Winkel von 45 Grad einfällt. Auch damit kann man experimentieren, indem man Aufnahmen mit leicht veränderten Positionen bei unterschiedlicher Belichtung erstellt und die immensen Veränderungen betrachtet, die dadurch im Bild entstehen können, wenn sich das Verhältnis von Licht und Schatten an den Augen, der Nase und den Wangen verändert. Man kann versuchen, die Schatten aufzuhellen und die Kontraste zu verringern, indem man einen Reflektor gegenüber der Lichtquelle positioniert. Wenn man die Hände in das Porträt einbezieht, kann das gezwungen wirken, aber man sollte dennoch damit (in verschiedenen Positionen) experimentieren.

Sarah Bernhardt / Selbstporträt 1859 / 1865

Dieses Porträt der Schauspielerin Sarah Bernhardt (l.) illustriert Nadars Ansatz. Er verabscheute die eingefrorenen Posen und überladenen Inszenierungen, wie sie von anderen Porträtfotografen seinerzeit benutzt wurden, die die Persönlichkeit ihrer Modelle mit aufwändig gestalteten Kulissen, gemalten Hintergründen und Kostümen zur Geltung bringen wollten. Nadar bevorzugte stattdessen schlichte, einfarbige Hintergründe, dunkle Kleidung und enge Rahmen, um die ganze Aufmerksamkeit auf das Gesicht seines Modells zu lenken. Mit seiner 8 x 10-Zoll Großformatkamera erfasste er jede physiognomische Einzelheit. Er fotografierte häufig im Dreiviertelprofil und nahm nur Kopf und Schultern in den Bildausschnitt. Bernhardts Kopf bildet den Scheitelpunkt eines Dreiecks, das der Bildkomposition zugrunde liegt. Die Lichtreflexe auf dem drapierten Stoff bringen zusätzliche optische Reize hinein. Nadar verstand sich auf den kunstvollen Einsatz von Licht; häufig modifizierte er das natürliche Licht mit Reflektoren, Schirmen und Spiegeln, um die Gesichtszüge seines Modells zur Geltung zu bringen.

Nadars eigene legendäre Persönlichkeit spielte ebenfalls eine wichtige Rolle bei seinen Porträtsitzungen, in denen er seine Modelle mit lustigen Bemerkungen und Geschichten bei Laune hielt. Er wurde fast genauso berühmt wie die Prominenten, die er ablichtete. Sein Erkennungszeichen – das rote Haar – benutzte er buchstäblich als roten Faden, trug rote Roben, tünchte sein Atelier mit roter Farbe und brachte außen seinen Namen in Form von riesigen roten, beleuchteten Lettern an. Über die Massen, die in sein Atelier drängten, schrieb er: „Diese Besucher, aus allen Schichten, Unbekannte oder gar Berühmte, waren mehr als willkommen, lieferten sie uns doch Modelle frei Haus, die bereit für Neues waren."

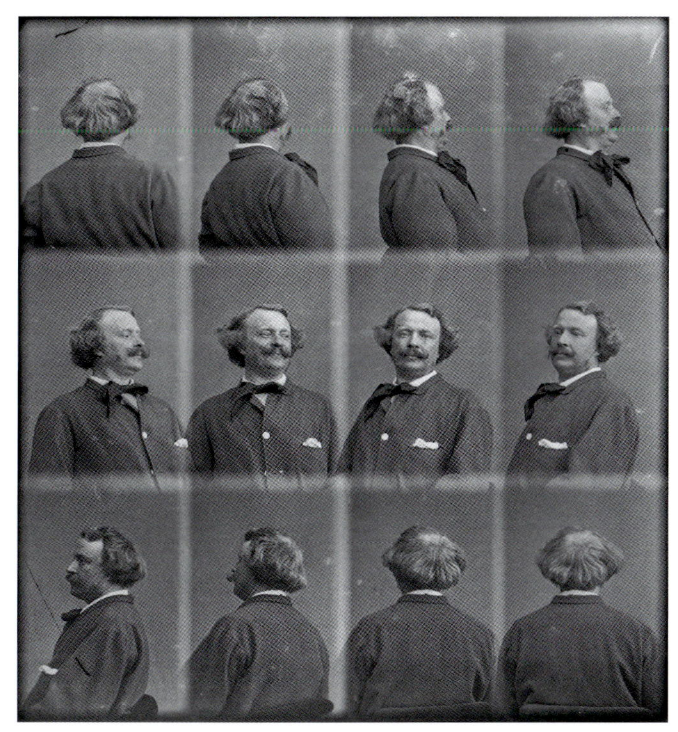

Bei den meisten Menschen gibt es einen bestimmten Blickwinkel, aus dem sie besonders fotogen wirken. Nadars Talent als Karikaturist ließ ihn die beste Position erkennen, um das Wesentliche seines Modells herauszuarbeiten. Sein Rundum-Selbstporträt (o.) bietet eine gute Orientierungshilfe zum Ausprobieren: Das Modell wird zuerst frontal aufgenommen und dann gebeten, den Kopf in kleinen Schritten zuerst nach rechts und dann nach links zu wenden, während man von jeder Stellung ein Bild macht. Es sollte in jeder Position auch nach oben und unten blicken. Schnell stellt sich heraus, in welchem Winkel das Gesicht am vorteilhaftesten wirkt und in welcher Position sich seine ‚Schokoladenseite' zeigt. Aufnahmen leicht von oben kaschieren ein Doppelkinn, und mit einem leichten Tele kann man die Perspektive verkürzen, damit die Nase nicht zu groß erscheint.

„Um eine intime Ähnlichkeit herzustellen und nicht nur ein banales Porträt, was reine Glückssache ist, muss man mit dem Modell eins werden, seine Gedanken erkennen und seine wahre Persönlichkeit erfassen." Nadar

Lisette Model

Frau mit Schleier, San Francisco 1949

Lisette Model machte dieses Foto, als sie auf Einladung der Gruppe f64 an der San Francisco School of Fine Arts unterrichtete. Der Einfluss expressionistischer Maler wie Otto Dix und Max Beckmann ist in diesem Bild einer elegant gekleideten Dame, die ihre besten Jahre hinter sich hat, klar zu erkennen. Model teilte das Interesse der Expressonisten an exaltierten Persönlichkeiten, die sie jedoch mit liebevollem Humor und viel Feingefühl betrachtete. Das Foto ist eine Studie der Oberflächenstrukturen: Pelz, Stoff und Netzschleier kontrastieren mit dem faltigen, abgehärmten Gesicht und lassen den Glanz vergangener Zeit erahnen. Model hatte einen Blick für besondere Persönlichkeiten und fühlte sich von Menschen am Rande der Gesellschaft angezogen, ob reich oder arm. Für sie war die Kamera ein „Erfassungsinstrument“: „Wir fotografieren nicht nur, was wir kennen, sondern auch, was wir nicht kennen.“

Model hatte eine schwierige Kindheit, und es ist gut möglich, dass sie etwas davon in ihr Werk und ihren Unterricht einfließen ließ. „Meine Verletzlichkeit ist mein Schutzschild“, behauptete sie, riet ihren Schützlingen, eigene Erfahrungen in ihre Arbeiten einfließen zu lassen und propagierte, aus dem Bauch heraus zu fotografieren. Sie ermutigte ihre Schüler, nur das zu fotografieren, was ihnen wirklich wichtig war: „Mach nie ein Bild von etwas, das dich nicht begeistert.“ Sie war überzeugt, dass Fotografieren einen pädagogischen Effekt habe. Auf die Frage, was sie mit ihren Fotos beweisen wolle, sagte sie: „Ich will überhaupt nichts beweisen. Die Fotos erteilen mir eine Lektion, ich bin diejenige, die etwas lernt.“

„Ich liebe Schnappschüsse! Von allen fotografischen Bildern kommen sie der Wahrheit am nächsten.“

Lisette Model

Lisette Model (USA, 1901–83) gehört zu der Generation europäischer Fotografen, die auf der Flucht vor dem Naziterror in die USA emigrierten. Sie war eine Meisterin der Straßenfotografie und darüber hinaus eine einflussreiche Lehrerin: Bruce Weber, Larry Fink und Diane Arbus gehörten zu ihren Schülern. Sie studierte in ihrer Heimatstadt Wien bei Arnold Schönberg Musik und zog 1933 nach Paris, wo ihre jüngere Schwester Olga ihr Interesse für die Fotografie weckte. Ihre Porträts von Exzentrikern, die an der Promenade des Anglais in Nizza die Sonne genießen, 1934 aufgenommen, zeigen ihr Talent, ausdrucksstarke Persönlichkeiten zu entdecken. 1938 siedelte sie mit ihrem Ehemann nach New York um, wo sie als Teilnehmerin der ersten Fotoausstellung im Museum of Modern Art Aufmerksamkeit erregte. Alexei Brodowitsch beauftragte sie, für *Harper's Bazaar* Coney Island zu fotografieren, wo mit dem Foto einer Badenden am Strand eines ihrer berühmtesten Bilder entstand. Im folgenden Jahrzehnt arbeitete sie an einer Reihe von Fotoessays über New York. Ab den 1950er Jahren lehrte sie an der New School of Social Research der Columbia University.

Kreative Tipps und Techniken

Model lernte das Fotografieren mit einer Rolleiflex Mittelformatkamera. Die Rolleiflex ist eine zweiäugige Spiegelreflexkamera, bei der man von oben auf das Sucherbild blickt, das durch ein anderes Objektiv erfasst wird als das Aufnahmeobjektiv. Dadurch entsteht ein anderes Verhältnis zwischen Fotograf und Motiv als bei den meisten modernen 35mm-Spiegelreflex- oder -Sucherkameras, da man die Kamera nicht ans Auge führen muss, um zu fotografieren. Zudem muss der Spiegel für die Aufnahme nicht hochgeklappt werden, sodass die Kamera sehr leise ist. Lisette Model konnte deshalb sehr unauffällig arbeiten. Es gibt Digitalkameras mit schwenkbarem Display, das sich nach oben hochklappen lässt, sodass man diese diskrete Aufnahmemethode nachahmen kann.

Model beschnitt ihre Aufnahmen oft und veränderte das Format von quadratisch zu rechteckig. Dabei vergrößerte sie das Modell so, dass der Hintergrund ausgeschlossen wurde. So konnte sie auch aus größerer Entfernung fotografieren, aber das Modell im Abzug dennoch formatfüllend abbilden. Das große Negativ der Rolleiflex führte dabei anders als bei einem 35mm-Film nicht zu Qualitätsverlusten. Bei genauer Betrachtung dieses Beispiels sieht man, dass die Waagerechten geneigt verlaufen, die Dame muss sich zu Seite gelehnt haben, ist aber von der Fotografin durch Schrägstellung des Ausschnitts aufrecht gestellt worden.

Der Schärfentiefebereich der Rolleiflex ist enger als bei einer 35mm-Kamera. Model hat damit ihre Motive stärker vom Hintergrund abgehoben, der oft unscharf ist. Man kann denselben Effekt erzielen, indem man ein kurzes Teleobjektiv verwendet.

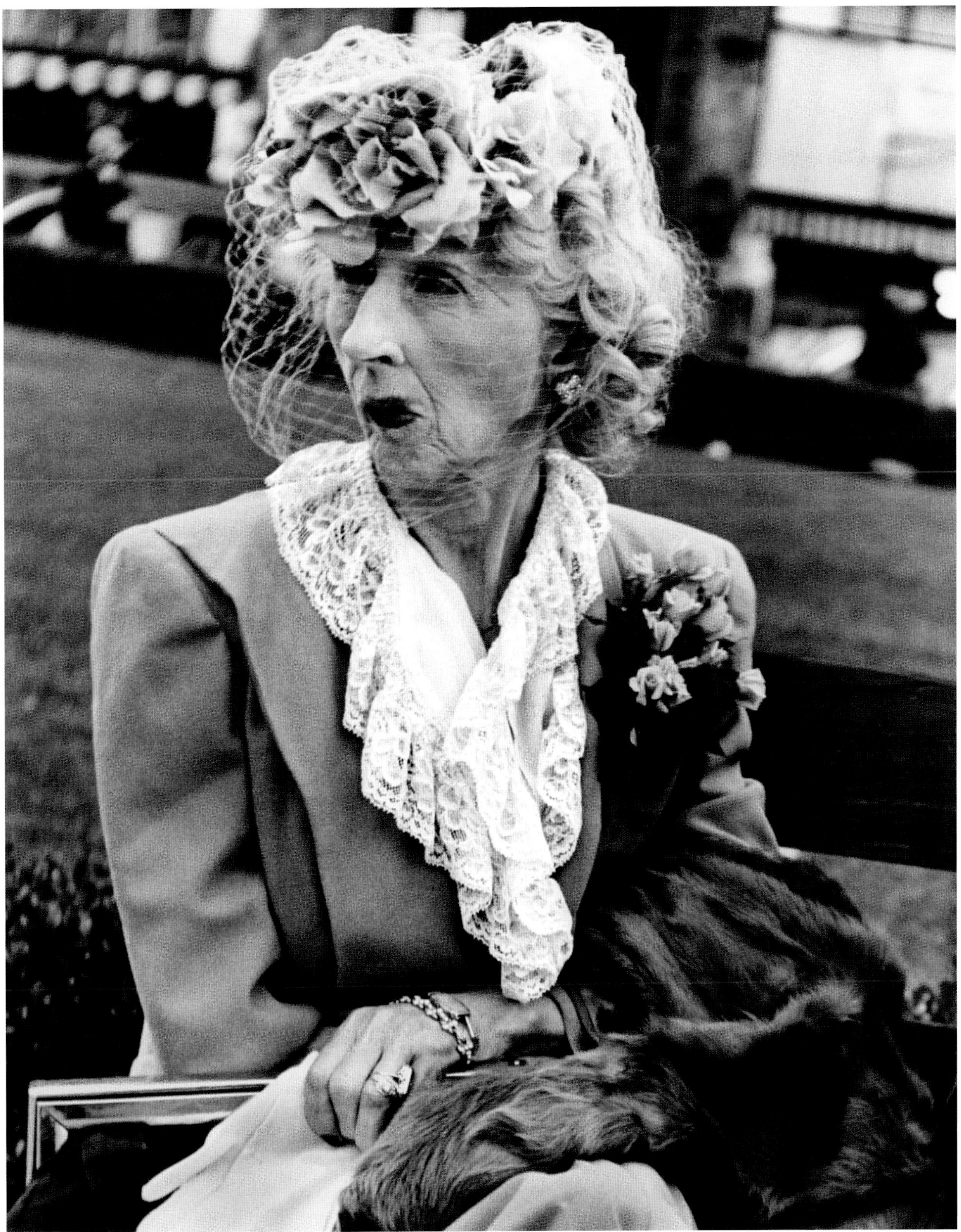

Harry Callahan

Eleanor, Chicago 1949

Harry Callahan fotografierte ohne Unterlass. Fast jeden Tag lief er durch die Stadt und machte Bilder, um dann den Nachmittag in der Dunkelkammer zu verbringen. Doch trotz seiner außerordentlichen Leistungen stand er seinem Werk überkritisch gegenüber und behauptete, jedes Jahr nur eine Handvoll guter Bilder zu machen. „Ich fotografiere fortwährend, oft ohne gute Idee oder starke Empfindung. Was dabei herauskommt, ist meist dürftig, aber immerhin entwickele ich mein Sehvermögen weiter, was mir bei anderen Fotos hilft."

Callahan fotografierte seine Frau Eleanor, eines seiner Hauptmotive, über einen Zeitraum von 15 Jahren, an allen erdenklichen Orten und in allen möglichen Formaten. Er experimentierte pausenlos mit Form und Technik – im Grunde war sie das Versuchskaninchen für seine Ideen. Ihr Gesicht zieht sich wie ein roter Faden durch sein Werk. Er fotografierte sie oft nackt: „Sie war unschuldig, ich war es auch. Ich versuche einfach zu fotografieren, was ich mag. Ich fand sie wunderschön. Ich habe sie ganz intuitiv fotografiert. Meine gesamte Fotokunst ist unschuldig." Stephen White, dessen Agentur mit Callahans Fotos handelt, meint, Eleanor sei wesentlich gewesen für den kreativen Prozess ihres Mannes: „Sie war weit mehr als seine Gefährtin, Ehefrau und Mutter seines Kindes, sie war seine zusätzliche Blendenzahl. Durch sie konnte er Form und Struktur genauer sehen. Sie war in seinen Fotos auch dann präsent, wenn sie nicht drauf abgebildet war. Eleanor war Harry Callahans Mitarbeiterin, sie ruhte in seiner Seele." Eleanor selbst sah ihre Rolle als Modell gelassen: „Er fotografierte mich wenn ich schlief oder schlich sich an mich heran. Ich habe nie protestiert. Fotografie gehörte zu unserem Leben wie morgens aufzustehen. Über die Fotos habe ich mir keine Gedanken gemacht. Es kam mir nie in den Sinn, dass sie unangenehm sein könnten."

> „Ich möchte einen Zusammenhang herstellen zwischen den Problemen, die mich beschäftigen, und der Wertemenge, die ich versuche als mein Leben zu entdecken und festzuschreiben – durch die Fotografie."
>
> Harry Callahan

Harry Callahan (USA, 1912–99) besuchte 1941 einen Vortrag von Ansel Adams (s. S. 50) und ließ sich dadurch für die Fotografie begeistern. Schon 1946 wurde er von László Moholy-Nagy (s. S. 96) gebeten, am Institute of Design in Chicago zu lehren. 1961 wechselte er an die Rhode Island School of Design, wo er bis zu seinem Ruhestand im Jahr 1977 unterrichtete. Callahan gehörte zu den einflussreichsten amerikanischen Fotografen, er fotografierte unermüdlich und setzte sich mit Genres wie dem Porträt, der Landschaft und der abstrakten Fotografie auseinander. Er lernte Eleanor Knapp 1933 kennen, als sie beide für Chrysler Motors arbeiteten, 1936 heirateten sie. Die 100 000 Negative und mehr als 10 000 Abzüge aus seinem Nachlass werden im Center for Creative Photography der University of Arizona aufbewahrt.

Kreative Tipps und Techniken

Callahan verwies auf die Arbeitslast des Fotografen und betonte, dass man sehr viele Bilder aufnehmen müsse, um das Medium wirklich zu verstehen und zu beherrschen. Angelesenes Wissen sei seiner Meinung nach kein Ersatz für das Fotografieren, die Erfahrung der beste Lehrmeister. Man kann diese Konzentration auf die Arbeit als Fotograf in einem täglichen Ritual umsetzen, etwa indem man sich die Aufgabe stellt, 30 Tage lang jeden Morgen eine Fotografie aufzunehmen, damit die Suche nach neuen Motiven zur Gewohnheit wird.

Callahan arbeitete unermüdlich, schätzte seine Erfolgsquote aber sehr niedrig ein: „Ich habe wohl an die 40 000 Negative belichtet und daraus sind vielleicht 800 Bilder entstanden, die mir gefallen." Man sollte sich hohe Ziele stecken, sich aber stets fragen, ob ein Foto, das gefällt, wirklich gut ist.

Callahan experimentierte viel mit Formaten und Techniken wie Doppelbelichtungen und Serienaufnahmen, um neue Interpretationsmöglichkeiten für Motive zu finden. Antrieb war seine sehr bewusste eigene Sichtweise. Ein aufregendes Foto war für ihn eines, das etwas auf eine neue Weise aussagte – nicht um des Neuen willen, sondern weil „andersartige Fotos anders sind, weil Individuen andersartig sind und sich das Individuum ausdrückt". Der Einfluss anderer ist hilfreich, aber man sollte immer versuchen, als Fotograf seinen eigenen Stil beizubehalten und nicht einfach zum Kopisten anderer zu werden. Schwächere Fotografien in einer Serie fallen oft besonders auf und beeinträchtigen die Wirkung der besseren. Meist ist weniger eindeutig mehr, und eine rigorose Auswahl führt zu besseren Resultaten.

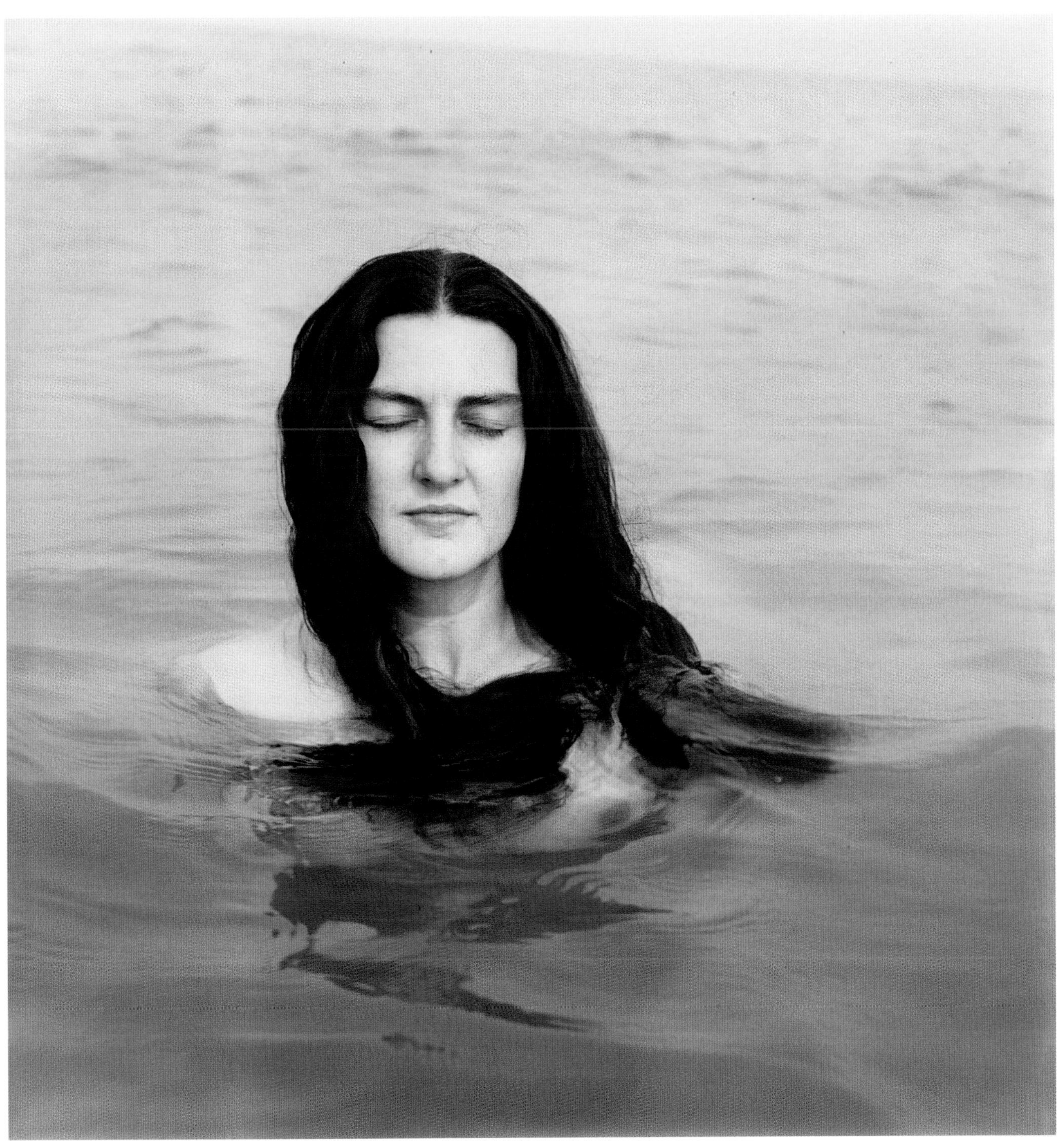

Paul Strand

Junger Bursche, Gondeville, Charente, Frankreich 1951

Paul Strand war ein engagierter Dokumentarfotograf. Seine häufig sehr direkten Bilder fesseln den Betrachter. Die Motive werden der Kamera geradlinig präsentiert, was ihren Charakter betont, ohne dass z. B. Lichteffekte zum Einsatz kommen. Strands Modelle waren meist ganz normale Leute: „Ich fotografiere gern Menschen, deren Gesichter Kraft und Würde ausstrahlen, egal, was das Leben ihnen angetan hat." Aufnahmen in der Normalsicht, bei denen die Schultern des Modells parallel zur Kamera stehen, ergeben häufig langweilige Bilder, die man auch als Passfotos verwenden könnte. Richtig eingesetzt kann diese Perspektive jedoch sehr wirkungsvoll sein – wie hier, wo der direkte Stil eine gewisse Streitlust vermittelt und die Aufmerksamkeit des Betrachters fordert. Die Augen dieses jungen Burschen leuchten aus dem Rahmen heraus, starren uns an, als wäre dieses jahrzehntealte Bild erst gestern entstanden. Das Zusammenspiel der verschiedenen Texturen und Farbtöne von Haut, Kleidung und Maserung der Holztür wirkt in dem weichen Licht ungemein ästhetisch. Strand wusste um die Schwierigkeiten der Porträtfotografie: „Du musst die Präsenz der fotografierten Person anderen Leuten so nahebringen, dass sie diesen Menschen, den sie nicht persönlich kennen, nicht mehr vergessen werden. Das ist ein Porträt." Strands Charakterstudie erschien in dem Buch *La France de profil*, in dem der Dichter Claude Roy das französische Landleben beschrieb. Es kombiniert Strands Porträts und Landschaften mit Essays, handschriftlichen Gedichten und Notizen von Roy; eine poetische Hommage an einen Lebensstil und ein Nachdenken darüber, wie Orte wahrgenommen werden.

„Die Entscheidung, wann man auf den Auslöser drückt, wird teils von außen diktiert, vom Fluss des Lebens, kommt aber auch vom Kopf und vom Herzen des Künstlers. Die Fotografie ist seine Sicht der Welt und bringt, wenn auch nur unterschwellig, seine Werte und Überzeugungen zum Ausdruck." Paul Strand

Paul Strand (USA, 1890–1976) war ein Fotograf und Filmemacher, der dazu beitrug, die Fotografie im 20. Jahrhundert als Kunstform zu etablieren. Sein erster Lehrer war der bekannte Dokumentarfotograf Lewis Hine (s. S. 234), dem er das soziale Engagement und den reformerischen Ansatz in seinen Arbeiten verdankte. Hine stellte den Kontakt zu Alfred Stieglitz und den anderen Photo-Secessionisten her, in der Folge produzierte Strand eine Reihe von abstrakten Stillleben und Ansichten von New York. Er entwickelte auch eine Leidenschaft für experimentelle Dokumentarfilme und arbeite mit Charles Sheeler zusammen am Kurzfilm *Manhattan* (1920), der die Dynamik der Metropole einfing. Strand war zwar nie Mitglied der kommunistischen Partei, aber mit vielen Parteimitgliedern und engagierten Sozialisten befreundet. Er arbeitete eng mit der Dokumentarfilmgruppe Frontier Films zusammen, die vom Generalstaatsanwalt der USA wie 20 andere kulturelle Gruppen als „subversiv" und „unamerikanisch" bezeichnet wurde. Strand verließ 1949 die USA und ging nach Frankreich, wo er bis zu seinem Lebensende blieb.

Kreative Tipps und Techniken

Strand ließ sich durch die Welt um ihn herum inspirieren und suchte nach Möglichkeiten, seine persönlichen politischen Überzeugungen durch die formale Sprache der Kamera auszudrücken. Übungen zur Ästhetik und Komposition sind zwar wichtig zur Ausbildung eines eigenen Stils, aber sie müssen sich mit einer eigenen Sicht auf die Welt verbinden, in der man lebt.

Strand betonte die Wichtigkeit des Augenblicks und des Fotografierens, wenn man eine Inspiration hat. Er stellte auch fest, dass Henri Cartier-Bressons Begriff des „entscheidenden Moments" nicht immer einen Sekundenbruchteil meint, sondern eine tiefe Verbundenheit mit der intrinsischen Form eines Motivs.

Strand ließ seine Modelle im Freien, aber im Schatten posieren, also etwa vor einer nach Norden weisenden Wand mit der Sonne hinter dem Model, aber so, dass es nicht im Gegenlicht steht. Man kann diesen Effekt auch an einem Tag mit bedecktem Himmel erreichten. Das Licht ist weich und diffus, die Kontrastunterschiede zwischen Lichtern und Schatten sind gering, sodass man sehr feine Tonwertunterschiede erhält. Als Faustregel gilt, dass bei größerer Lichtquelle und geringerer Entfernung der Quelle zum Motiv das Licht weicher wird und umgekehrt das Licht härter ist, wenn die Lichtquelle klein und weit entfernt vom Motiv ist. So ist an einem bewölkten Tag zum Beispiel die Lichtquelle relativ nahe am Motiv und sehr groß (der gesamte Himmel), während sie an einem sonnigen Tag sehr klein und weit entfernt ist und zu harten Schatten und großen Kontrasten führt. Auch im Atelier kann man diesen Effekt erreichen: mit einer nah am Motiv platzierten Softbox oder einem entfernt platzierten Scheinwerfer.

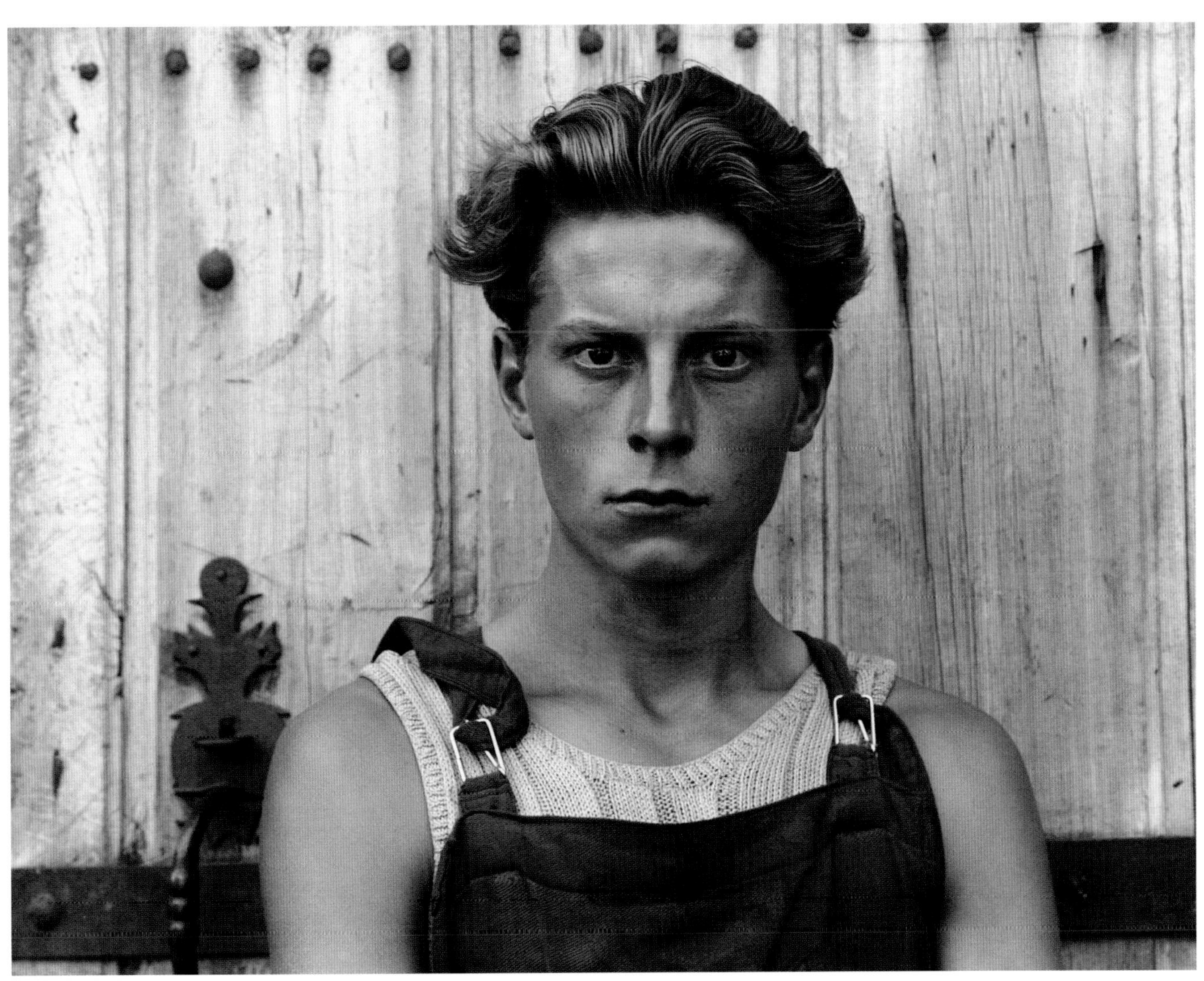

Norman Parkinson

Nach van Dongen 1959

Dieses aparte Bild ist typisch für Norman Parkinsons Blick für Farbe, Dramatik und Bildkomposition und seinen Sinn für Humor. Es illustriert außerdem sein Ziel, in praktisch jede seiner Fotografien einen Witz einzubauen, denn: „Niemand hat das Recht, langweilige Fotos zu machen!“ Das Foto ist ein Lehrstück dafür, wie man einen Auftrag kreativ interpretieren kann. Parkinson hatte die Anweisung, einen Hut des gefeierten Hutmachers Otto Lucas zu präsentieren. Die einfache Form des Hutes wird hervorgehoben, ebenso die dramatische rote Farbe, die sich in den Lippen des Modells wiederfindet, die mit den Augen des Modells ein optisches Dreieck bilden. Der Clou ist die Art, wie das Modell nach links blickt, auf etwas außerhalb des Rahmens: Das verleiht dem Bild Leichtigkeit und eine gewisse Verträumtheit (ein direkter Blick in die Kamera hätte dies zunichte gemacht).

Das Foto ist eine Hommage an ein Gemälde des niederländischen Fauvisten Kees van Dongen mit dem Titel *Die Mohnblume* (1919) und ein kunstvolles Spiel mit der Schärfentiefe. Einen ähnlichen Bildausschnitt hatte man 1959 für das Original, eine doppelseitige Abbildung in der *Vogue*, gewählt, aber Parkinson wählte dieses Bild als Cover für den Katalog zu seiner Einzelausstellung in der London's National Portrait Gallery 1981. Parkinsons Vorliebe für kraftvolle, schlichte Formen erklärte das Modell Jerry Hall so: „Er hatte ein Gespür für große Räume, weite Panoramen, und seine Bilder waren voller Bewegung. Er wollte immer, dass man sich bewegt, und mir hat das großen Spaß gemacht.“

„Ich möchte, dass die Leute so gut aussehen, wie sie aussehen wollen, mit etwas Glück sogar noch besser.“

Norman Parkinson

Norman Parkinson (GB, 1913–90) war während seiner 56-jährigen Laufbahn einer der führenden britischen und internationalen Modefotografen. Der große, elegant gekleidete und einen sorgfältig geschnittenen Schnurrbart tragende ‚Parks‘, wie er liebevoll genannt wurde, war eine imposante Erscheinung mit einem überdimensionalen Selbstbewusstsein, das es mit dem seiner prominenten Modelle mehr als aufnehmen konnte. Er arbeitete viel für Zeitschriften wie *Harper's Bazaar* und *Town and Country* und erklärte, „ein Fotograf ohne eine Zeitschrift im Rücken ist wie ein Bauer ohne Felder.“ Eine besonders enge Verbindung hatte er zur Kreativdirektorin der amerikanischen *Vogue*, Grace Coddington, die auf seinen Humor und seine Frische mit den Worten hinwies, dass „andere Fotografen nicht diesen Witz haben, nicht so locker, sondern viel rigider sind. Er gehört zu den ersten, die sich von dem ganzen steifen Look in der Modefotografie abwandten.“ Er war berühmt für seinen Nebenerwerb, den er mit Schweinswürstchen der Marke „Porkinson“ bestritt, und für die Schweinezucht, die er in seiner Zweitheimat Tobago betrieb.

Kreative Tipps und Techniken

Dieses Bild bricht die Regeln von der Bildschärfe: Normalerweise wäre es ein Fehler, den Hintergrund scharf und das Motiv unscharf abzubilden. In diesem Fall funktioniert es jedoch hervorragend, da sich das Modell stark von den aufwändigen Texturen des Vorhangs hinter ihm abhebt. Die Unschärfe ist sorgfältig dosiert, sodass die Kleidung und das Gesicht gerade noch vor dem Hintergrund zu erkennen sind. Der Effekt wurde mit einem kurzen Teleobjektiv erzielt, da bei einem Objektiv mit kürzerer Brennweite der Schärfentiefebereich zu groß wäre, um das Modell unscharf abzubilden, das sehr dicht vor dem Hintergrund steht. Man sollte nicht immer auf das wörtlich und im übertragenen Sinn nächstliegende Objekt scharfstellen, sondern überlegen, wie man die Schärfe kreativer einsetzen kann, um den Blick des Betrachters auf wichtige Elemente der Abbildung zu lenken. Dazu muss man manuell scharf stellen oder die Fokussperre bei Autofokuskameras verwenden, andernfalls stellt die Kamera auf ein zentrales Detail des Ausschnitts scharf. Man kann eine Reihe von Objekten leicht versetzt aufstellen und sie nacheinander scharf stellen, um mit den Effekten zu experimentieren.

Parkinsons Verwendung kräftiger, satter Primärfarben war meisterhaft. Oft dominiert eine Farbe die Aufnahme und verleiht ihr so Einheit und Zusammenhang. Er fotografierte Audrey Hepburn in einem rosa Kleid vor einem üppigen Hintergrund aus rosa Blüten und Jerry Hall in einer blauen Badekappe unter einem blauen Schirm mit einem hellblauen Telefon in der Hand für ein *Vogue*-Cover. Man kann mit einer dominierenden Farbe experimentieren, um eine Aufnahme zusammenzuhalten, dann eine Komplementär- oder Kontrastfarbe zufügen, um zu sehen, welche Effekte sich ergeben.

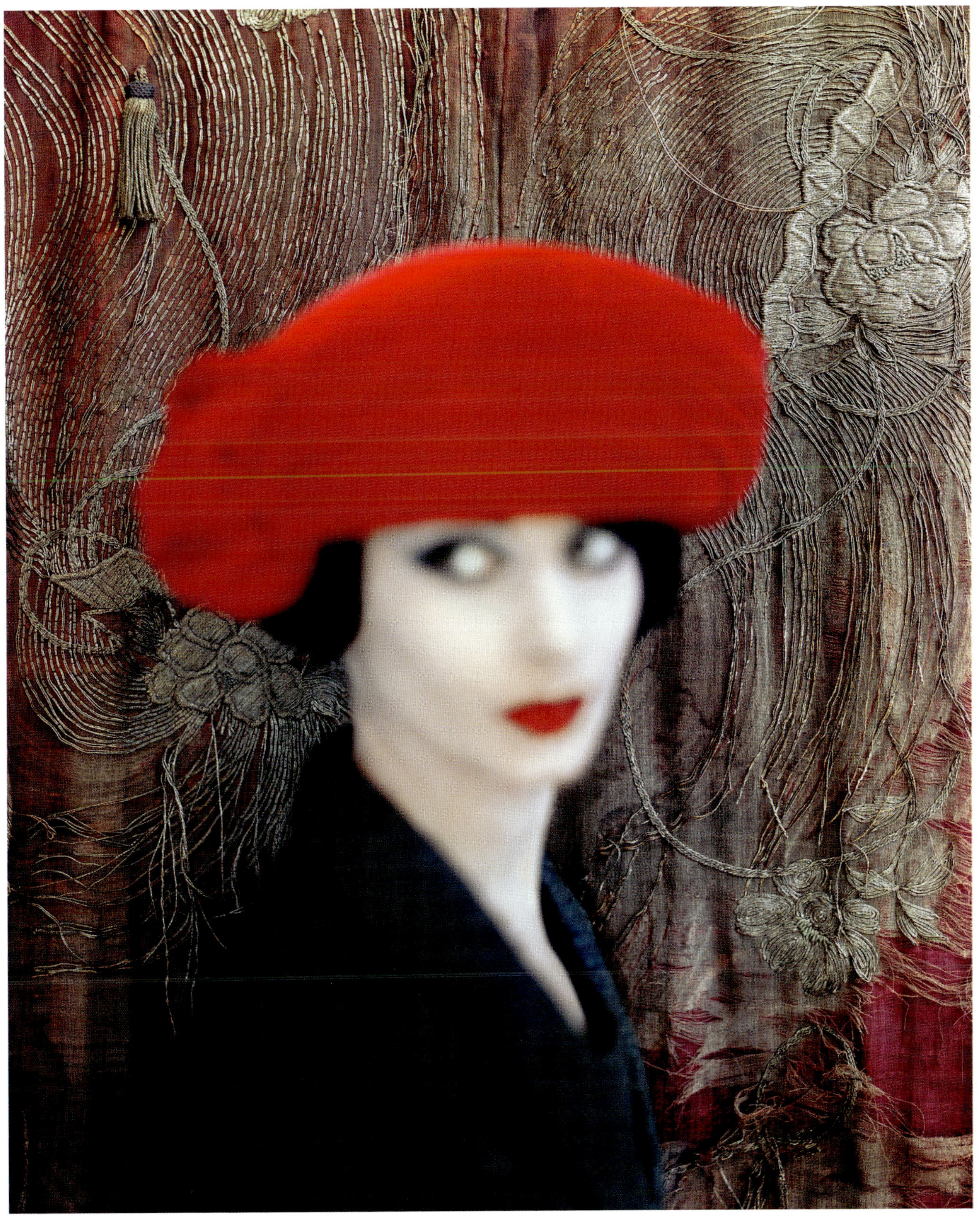

Eve Arnold

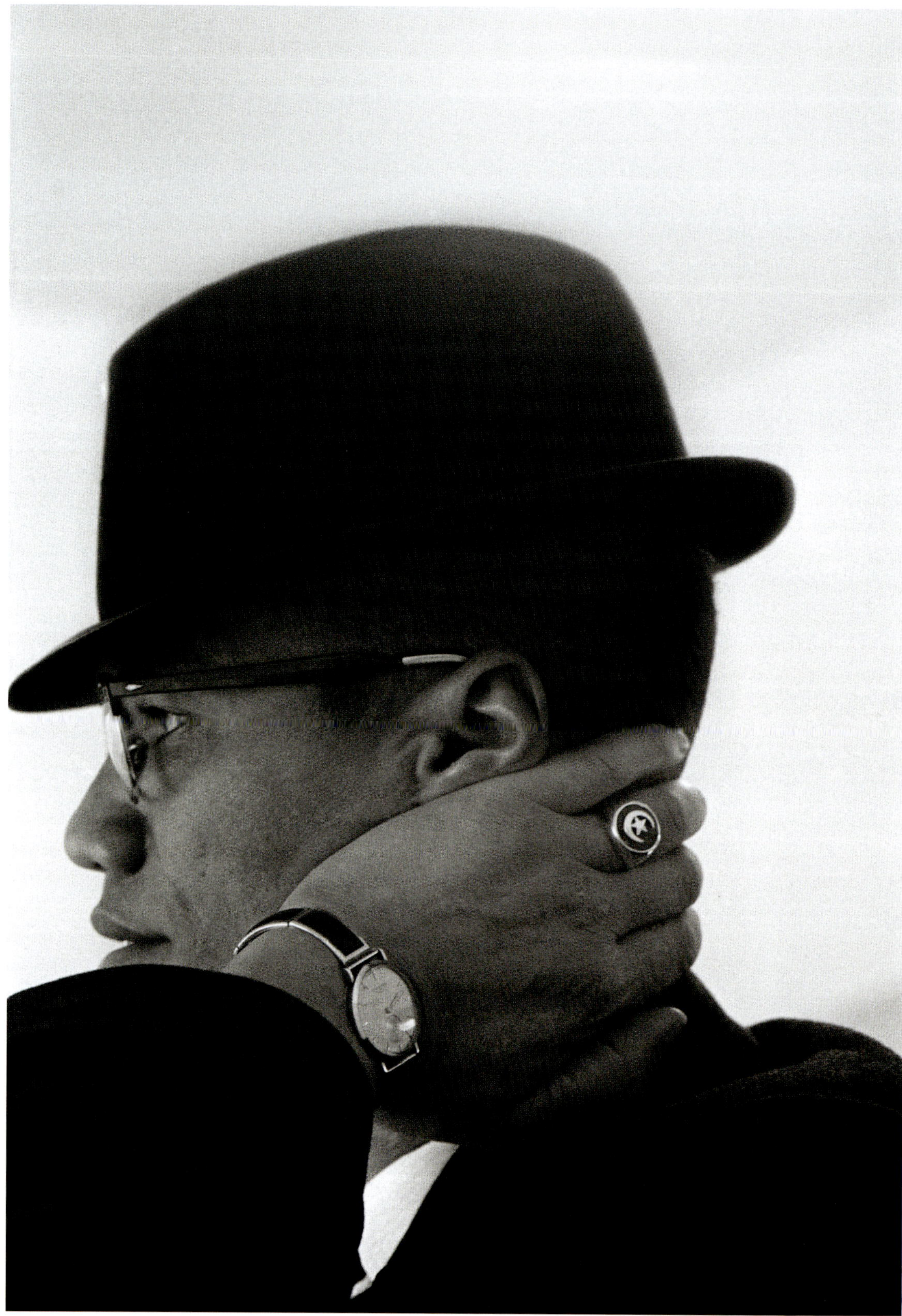

Malcolm X während seines Besuchs bei von schwarzen Muslimen geführten Unternehmen 1962

Eve Arnold wurde 1961 vom *Life Magazine* damit beauftragt, Malcolm X zu fotografieren. Ein Jahr lang begleitete sie ihn und seine „Nation of Islam". Sie beschrieb ihn als „wirklich cleveren Showman, der zu wissen schien, wie er Fotos und die Presse zu seinen Zwecken nutzen konnte." Arnold war häufig die einzige Weiße bei den Kundgebungen, an denen sie teilnahm. Sie berichtete, dass ihr Pullover nach einer Demo dutzende Zigarettenlöcher am Rücken aufwies und sie herumgeschubst worden war. Bei einer Kundgebung gemeinsam mit der American Nazi Party in Chicago fotografierte sie Parteigründer George Lincoln Rockwell, der eine fragwürdige Allianz mit der Nation of Islam eingegangen war (und der, wie Malcolm X, einige Jahre später ermordet wurde). Sie erinnerte sich, dass sie ein Foto von Rockwell und seinen Anhängern machte und er ihr zuflüsterte: „Aus dir mache ich ein Stück Seife." Sie entgegnete: „Solange es kein Lampenschirm ist", und fotografierte weiter.

Arnolds Bilder werfen einen wohlwollenden Blick auf Malcolm X, den Anführer und Redner, der bei seinen Anhängern enorm populär war. Sie beobachtete, wie gut er mit dem Medium umgehen konnte: „Ich bin immer begeistert von der gegenseitigen Beeinflussung von Modell und Fotograf, wenn das Modell weiß, wie es die Kamera für seine Zwecken nutzen kann. Malcolm war spitze in dieser stillen Kollaboration." Ein wichtiger Punkt, der auch in Arnolds Verbindung zu Marilyn Monroe deutlich wird: Der Zugang, den der Fotograf zum Leben eines anderen erhält, ist damit erkauft, dass die Bilder für jedermann frei zugänglich sein müssen. Das war typisch für Arnolds Ansatz: „Ich habe versucht, die Menschen, die ich fotografierte, einzubinden, wollte, dass sie erkennen, dass sie entscheiden, was sie mir geben wollen – wenn sie bereit waren zu geben, war ich bereit zu fotografieren."

„Ich wollte keine Fotograf*in* sein. Das würde mich einengen. Ich wollte ein Fotograf sein, der zufällig eine Frau war, und eine Welt, die meiner Kamera vollkommen offenstand." Eve Arnold

Eve Arnold (USA, 1912–2012) zeichnete sich durch ihre unglaubliche Hartnäckigkeit und die Fähigkeit aus, Teil des Privatlebens anderer Menschen zu werden. Sie arbeitete anfänglich im ersten automatisierten Fotogroßlabor in Hoboken, New Jersey, und nahm dann 1946 an einem sechswöchigen Fotokurs teil, der vom künstlerischen Leiter der Zeitschrift *Harper's Bazaar,* Alexei Brodowitsch, an der New School for Social Research in New York geleitet wurde. 1951 wurde sie Mitglied von Magnum Photos; ihr Freund und Kollege bei der Agentur, Elliot Erwitt (s. S. 196), beschrieb sie als „winzige, unaggressive Person, die man am liebsten hochheben und nett behandeln würde, was aber nur die Oberfläche war. Sie war stahlhart, integer und arbeitsam." Über ihr Modell Marilyn Monroe schrieb Arnold 1987: „Ich habe nie jemanden kennengelernt, der die Kamera und den Fotografen so geschickt nutzte. Sie war in der Hinsicht etwas Besonderes, und für mich hat es vor ihr und nach ihr niemals jemanden gegeben, der ihr gleichkam."

Kreative Tipps und Techniken

Arnold hat ihr Modell etwas aus der Mitte des Ausschnitts gerückt, was bei einem Porträt im Hochformat ungewöhnlich ist. Die Komposition leitet das Auge von der linken unteren Ecke entlang der Hand bis zum Endpunkt des Rings, um dann zu den Augen zurückzuführen, wobei die Brillenbügel den Weg weisen. Die Ausschnittswahl ist entscheidend, da sie es Arnold erlaubt, die Hutkrempe anzuschneiden und die Komposition so zu verankern und den Blick des Betrachters wiederum zu Malcolm X' Auge zu leiten. Wenn der Hut nicht den Rand der Aufnahme berührte, würde der Blick des Betrachters stattdessen dem von Malcolm X folgen und ganz aus dem Bild gleiten.

Arnold nutzte ein Teleobjektiv, um den Kopf von Malcolm X formatfüllend vor einem sauberen Hintergrund aufzunehmen. Die Aufnahme ist nicht gestellt, sondern das Werk einer Fotografin, die sich der Momente sehr bewusst war, in denen der Charakter einer Person sich am deutlichsten zeigt. Das Profil ist sehr geeignet, da das Modell prominent ist. Arnold hat den bekannten Hut und den islamischen Ring eingeschlossen, um weitere Informationen über seine Persönlichkeit zu liefern.

Eine aussagekräftige Fotografie im Hochformat wie diese ist nützlich, weil sie eine ganze Seite in einer Zeitschrift oder Zeitung füllen oder sogar als Titelblatt dienen kann. Arnold hat für diesen Fall oben im Ausschnitt viel leeren Raum gelassen, um dem Titel einer Zeitschrift Platz zu bieten. Wenn man für Zeitschriften fotografiert, sollte man immer einige Hochformate einschließen und an mögliche Titelbilder denken, in denen die Geschichte in einem starken Hochformat zusammengefasst wird.

Brian Griffin

Siouxsie Sioux 1984

Brian Griffin schoss dieses Foto für das Cover der Single „Dazzle“ der britischen Post-Punk-Band Siouxsie and the Banshees. Das Bild zeigt Griffins Bereitschaft und Fähigkeit, zufällige ‚Fehler‘ in Glücksgriffe zu verwandeln. Griffin ist Experte darin, mit der Kamera Effekte zu erzielen. Lange bevor es Photoshop gab, lernte er, wie er Licht, Requisiten und Mehrfachbelichtung einsetzen musste, um die Bilder zu bekommen, die er wollte. Er ist ein Meister der Improvisation, der einmalige Lösungen Marke Eigenbau für visuelle Problemstellungen entwickelt. Hält man zum Beispiel Plexiglasscheiben, an denen Wasser herabläuft, vor das Modell, sieht es so aus, als würde das Gesicht des Modells schmelzen.

Für dieses Bild verwendete Griffin eine Dreifachbelichtung, um die legendäre Wirkung von Siouxs Augen zu erzielen, die sich faszinierend von der Schwärze des Kopfes abheben. Die erste Belichtung machte Griffin mit künstlichem Licht, das nur den Hintergrund erhellte und in ein blasses Grau tauchte, während die Hauptperson im Dunkeln blieb, was den dramatischen Schatten der Haare erklärt. Dann spulte er den Film in seiner Hasselblad-Kamera von Hand zurück und beleuchtete dieselbe Stelle noch einmal. Dieses Mal erhellte er die Augenpartie mit einem Strahler, den er aus einem Stück schwarz mattierter Folie gebastelt hatte und mit dem er dem Lichtkegel eine komplexe Form gab. Er bat Sioux auch, sich für diese Aufnahme weiter nach vorne zu lehnen, damit ihre Augen größer wirkten. Dann belichtete er den Film aus Versehen noch einmal, wodurch das zweite Auge hinzukam, wieder in einer unnatürlichen Position. Er gibt zu, dass dieser scheinbare Fehlgriff das Bild erst perfekt gemacht hat. „Am Ende war es das beste Bild der Serie.“ Griffin hat nützliche Ratschläge parat, wie man das Beste aus einem Modell herausholen kann: „Wenn du kein guter Schauspieler bist, wirst du auch kein guter Porträtfotograf. Du musst eine Atmosphäre aufbauen, die zum Modell und zur Umgebung passt, das heißt, du musst ein bisschen wie ein Chamäleon sein und Menschen manipulieren können.“

„Am Punkt des absoluten Versagens kommt der Erfolg.“
Brian Griffin

Brian Griffin (GB, 1948–) ist einer der einflussreichsten britischen Porträtfotografen, der unter anderem Margaret Thatcher, Iggy Pop und Vivienne Westwood porträtiert hat. Mit seiner Arbeit für das Magazin *Management Today* in den 1980er Jahren definierte er das Genre des Industrie- und Geschäftsporträts neu. Er hat mehr als 200 Schallplattencover fotografiert, Dutzende von Musikvideos und Fernsehreklamespots produziert, außerdem 18 Bücher veröffentlicht, darunter das wegweisende *Power* (1981). Sein Bild *A Broken Frame* wurde von der Zeitschrift *Life* als Cover der Beilage „The Greatest Photographs of the 80s“ verwendet. Sein neuestes Werk heißt *Himmelstrasse* (2015) und dokumentiert die Reste des Eisenbahnnetzes, das während des Holocausts Juden in die Vernichtungslager brachte. Griffin setzt die Belichtung und den Bildausschnitt ein, um oft surreale und komplexe Bilder zu schaffen. Er nennt die Malerei und Musik als wichtige Einflüsse und erinnert sich: „In meinen Anfangszeiten war ich gezwungen, meine Aufnahmen aussagekräftig und fesselnd zu gestalten, also orientierte ich mich nicht an der Fotografie, sondern an der Kunst der Propaganda … Vielleicht nicht inhaltlich, aber in der Stärke des Bildaufbaus.“

Kreative Tipps und Techniken

Griffin arbeitet meist mit einer Hasselblad-Mittelformatkamera auf einem Stativ und mit Objektiven von 80mm bis 150mm. So ist er hinreichend weit vom Modell entfernt, um den Bildausschnitt zu füllen und kann die Aufnahme sorgfältig komponieren. Er tritt dafür nicht einfach zurück, sondern verwendet Teleobjektive, da sie die Perspektive verkürzen und verschiedene Teile des Bilds visuell zusammenziehen können. Unterschiedliche Brennweiten erlauben es nicht nur, aus größerer Entfernung zu fotografieren, sie können eine Fotografie sehr unterschiedlich wirken lassen. Griffin zieht zwar Festbrennweiten vor, arbeitet aber auch gerne mit Zoomobjektiven. Er ist sich der subtilen Unterschiede zwischen den Optiken verschiedener Kamerasysteme sehr bewusst und nutzt sie, um die Anmutung des Abzugs zu verändern: „Ein Mamiya-Objektiv ist eher wie eine Frau, ein Hasselblad-Objektiv eher wie ein Mann.“

Griffin zeigt einen sehr persönlichen Stil in der Ausleuchtung seiner Fotografien. Nach dem College richtete er in seinem Schlafzimmer ein Mini-Atelier ein, das von einem nach Norden gerichteten Dachfenster beleuchtet wurde – das Licht eines klassischen Malerateliers. Mit Freunden als Modellen experimentierte er endlos den Einsatz von Licht zur Gestaltung seiner Aufnahmen. Wenn man versteht, wie Licht in Innenräumen funktioniert, kann man das Gelernte auch für Außenaufnahmen umsetzen.

Obwohl Griffin Effekte mit der Kamera schaffen kann, ganz ohne Photoshop, arbeitet er auch digital. Er benutzt oft eine Digitalkamera, bis er mit den Einstellungen zufrieden ist, und wechselt dann für die Aufnahme selbst zu Film.

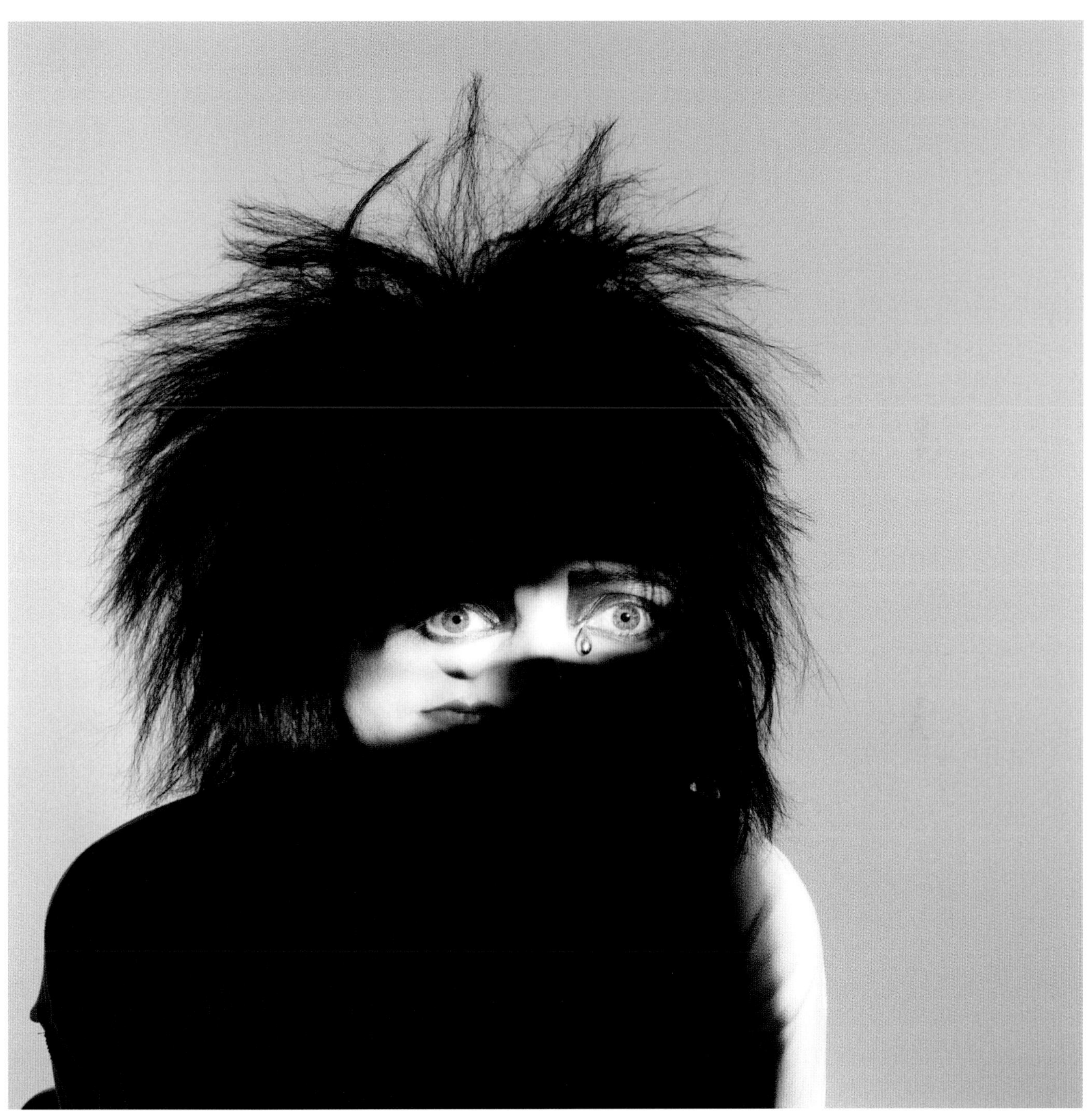

Mary Ellen Mark

Familie Damm, obdachlos, für *Life*, Los Angeles 1987

Dieses ergreifende Bild entstand im Rahmen einer Auftragsarbeit für das *Life Magazine*: eine Reportage über eine Woche im Leben einer obdachlosen Familie und deren täglichen Überlebenskampf. Marks Foto erinnert ein bisschen an Dorothea Langes berühmtes Bild „Migrant Mother" aus den 1930er Jahren. Das Paar hält sich liebevoll im Arm, die Kinder schauen bedrückt aus dem Auto, ihre Zukunft ist mehr als ungewiss. Der dazugehörige Artikel von Anne Fadiman begann mit einer Beschreibung des 1971er Buick Skylark, in dem die Familie wohnte. Das Auto hatte keine Motorhaube mehr und auf der Fahrerseite fehlten die Scheiben: „Die Polsterung der Autositze ist nur noch rudimentär vorhanden; wenn die Damms kurze Hosen tragen, hinterlassen die Sprungfedern der Sitze rote Abdrücke auf ihren Beinen. Das Auto stinkt. Der Innenraum wurde von einem Pitbullterrier namens Runtley zerfetzt, der die meiste Zeit an die Nackenstütze rechts vorne angekettet wird. Runtley ist Statussymbol, potenzielle Waffe, Liebesobjekt und eine Art Beweis, dass die Damms ‚noch etwas gelten, auch wenn alle denken, wir sind nichts', wie Dean es ausdrückte."

Als die Story veröffentlicht wurde, spendeten die Leser des *Life Magazine* viele tausend Dollar, Spielzeug, Essen und zwei Autos. Doch als Mark die Familie 1995 erneut aufsuchte, um sie zu fotografieren, waren sie in einer noch verzweifelteren Lage. Mark arbeitet in verschiedenen Formaten, auch in Farbe, entschied sich aber meist für Schwarz-Weiß. In den 80er Jahren experimentierte sie mit dem quadratischen Format und fotografierte eindrucksvolle Porträts, die durch die Quadratform ausgewogener, solider, monumentaler wirkten als das 35mm-Rechteckformat.

„Mal ist das, was im Bildausschnitt zu sehen ist, mal das, was nicht zu sehen ist der Grund, warum ein Foto funktioniert. Es gibt kein Rezept. Es ist ein geheimisvoller Prozess, eine fortwährende Herausforderung."

Mary Ellen Mark

Mary Ellen Mark (USA, 1940–2015) war eine engagierte Dokumentarfotografin, die in der Lage war, an den intimsten Augenblicken im Leben von Menschen teilzuhaben und die eine starke Beziehung zu jenen aufzubauen wusste, die oft aus benachteiligten Gesellschaftsschichten stammten Sie erklärte, sie sei an Menschen interessiert, „die am Rand stehen. Ich fühle mich mit Leuten verbunden, denen die Gesellschaft nicht immer eine Chance gegeben hat. Ich bin immer auf ihrer Seite. Vielleicht finde ich sie menschlicher. Was mir mehr am Herzen liegt als alles andere, ist, ihre Existenz anzuerkennen." Mark gab 18 Bücher heraus, unter anderem *Ward 81* (1979), ein Bericht über die frauenpsychiatrische Station des Oregon State Hospital, die sie kennenlernte, als sie für den Film *Einer flog über das Kuckucksnest* (1975) fotografierte; *Falkland Road* (1981) über Prostituierte in Mumbai; und *Streetwise* (1988) über junge Obdachlose in Seattle. Von 1977 bis 1981 war sie Mitglied von Magnum Photos. Ihr Werk wurde weltweit in Museen ausgestellt und vielfach in Zeitungen und Magazinen publiziert wie *Rolling Stone*, *The New Yorker*, *New York Times* und *Vanity Fair*.

Kreative Tipps und Techniken

Mark gelang es, das Vertrauen der Personen zu erlangen, die sie fotografieren wollte, und sie konnte dann längere Zeit mit ihnen arbeiten, um ihr Leben zu dokumentieren. Ihr Herangehen war direkt und ehrlich: „Man muss sofort anfangen zu arbeiten, damit sie wissen, dass man da ist, um zu fotografieren." Sie wies auch darauf hin, dass man sich darüber klar sein müsse, warum man fotografiere; Selbstzweifel seien unangebracht, denn Vertrauen entstünde nur dann, wenn man sich seiner selbst sicher sei.

Für Mark waren die formalen Qualitäten der Abbildung nur insofern wichtig, als sie zum emotionalen Gehalt beitragen. Sie fragte sich immer: „Was bedeutet dieses Bild? Wo tue ich am besten meine Kamera hin? Habe ich etwas Überflüssiges, Ablenkendes im Hintergrund? Nehme ich eine Haltung ein, die alles Wichtige ins Bild setzt, aber nicht zu viel?" Ihre Arbeiten sind unmittelbar und schlicht, aber kraftvoll komponiert, ohne irgendwelche offensichtliche Gekünsteltheit erkennen zu lassen. Man sollte versuchen, der eigenen Überzeugung Ausdruck zu verleihen, wobei die Ästhetik kein optisches Spielchen ist, sondern dazu dient, Bedeutung zu transportieren.

Mark erinnert sich, dass sie für eine Indienreise vier Nikon FM2 und sieben Objektive; vier Leicas und fünf Objektive; vier Hasselblads und sechs Objektive; eine Polaroid SX70; sechs Belichtungsmesser und verschiedene Blitzlichtgeräte sowie 1000 Rollen Schwarz-Weiß-Film mitnahm. Diesen scheinbaren Exzess erklärte sie damit, dass sie immer Ersatz bei sich hat. Sich auf nur eine Kamera und ein Objektiv zu verlassen kann zu einer Katastrophe führen, wenn man in weiter Ferne unterwegs ist. Ohne Ersatz sollte man nicht reisen.

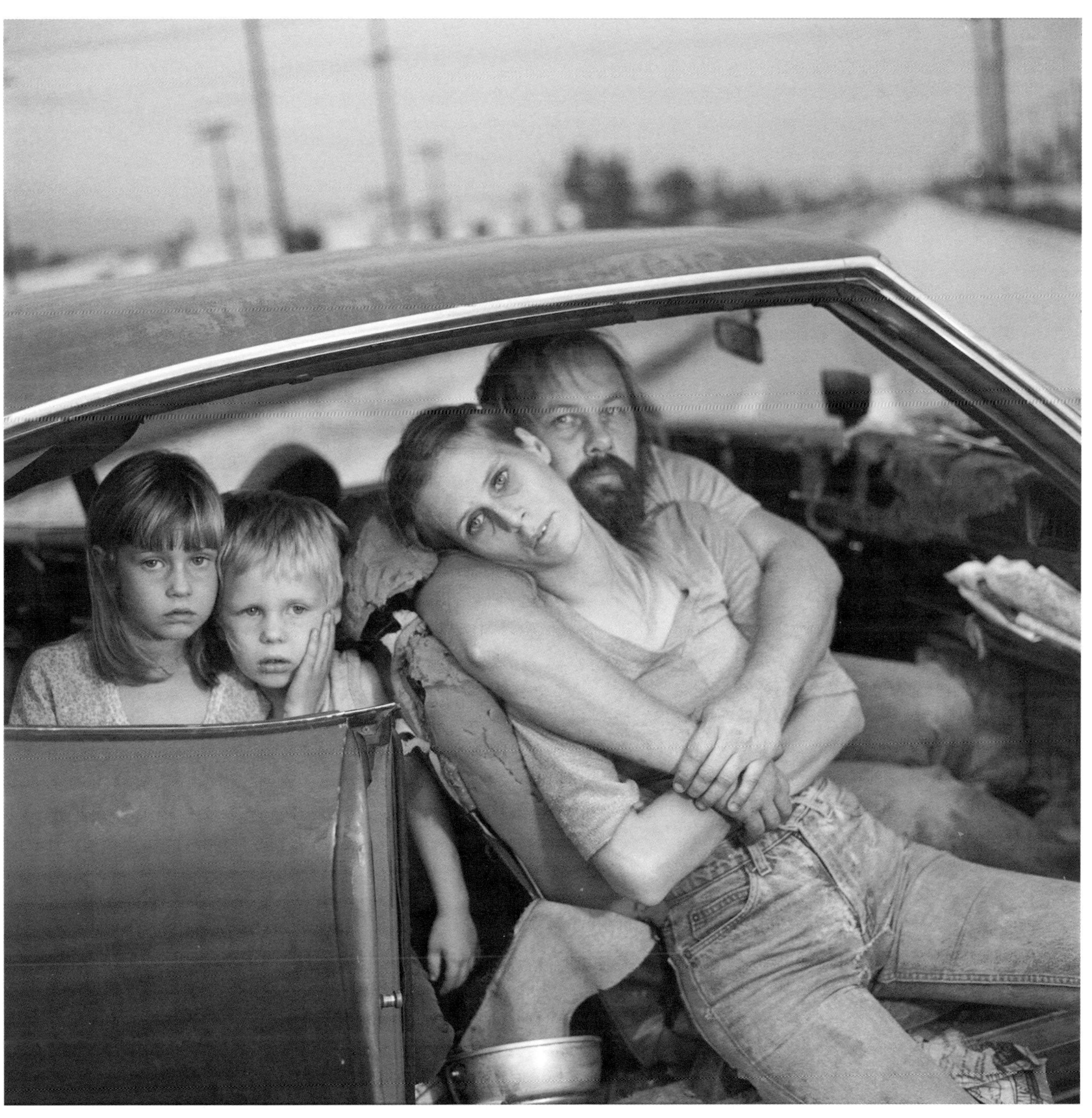

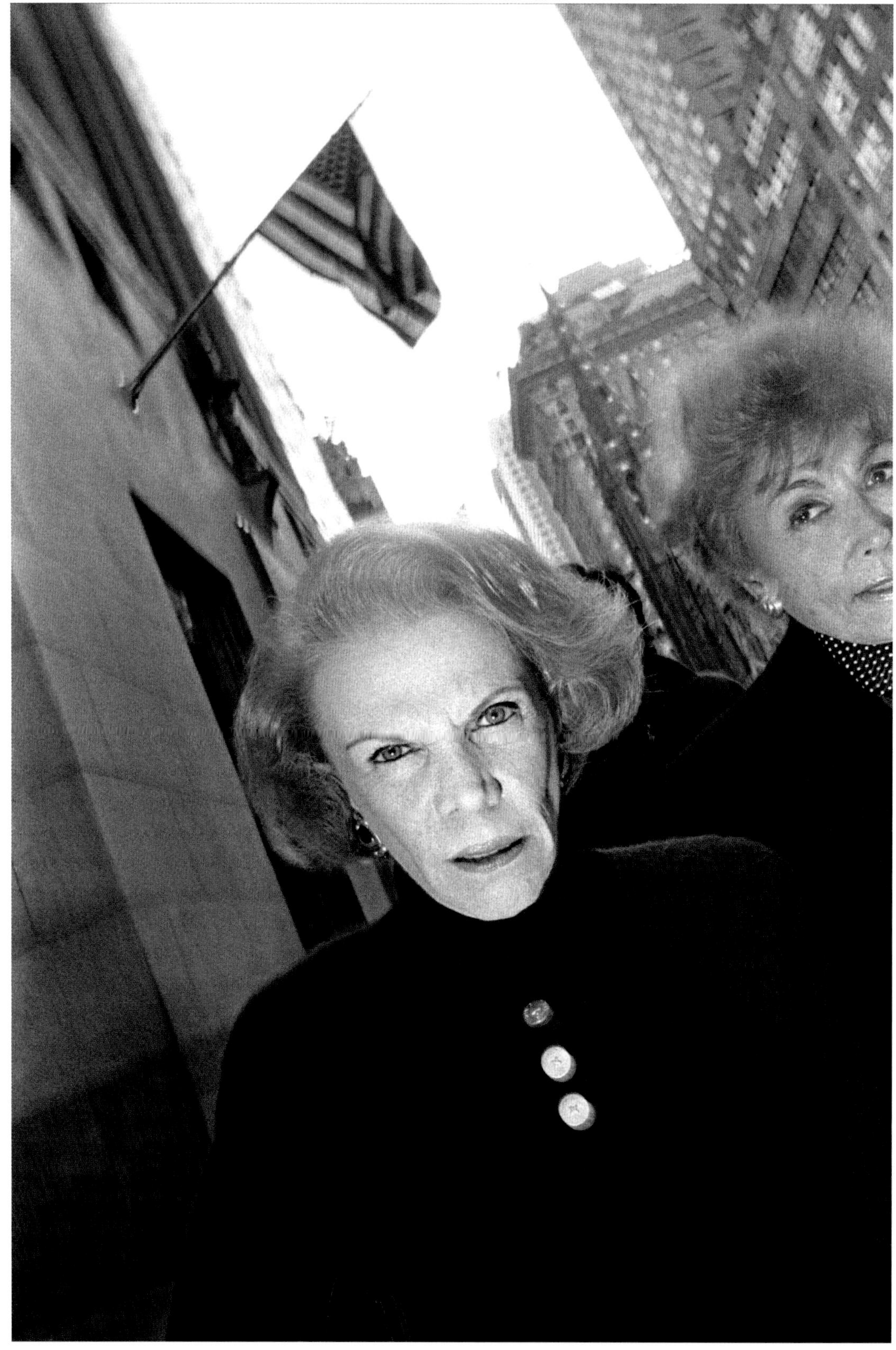

New York City. Passantin auf der Fifth Avenue

1992, aus „Facing New York“

Bruce Gildens „Facing New York“ war das Ergebnis endloser Streifzüge durch die Straßen Manhattans, immer auf der Suche nach herausstechenden Persönlichkeiten, die die Energie und das Leben der wimmelnden Metropole in sich vereinten. Er arbeitet instinktiv, ist ständig in Bewegung, umkreist die Menschenmassen, bis er ein Gesicht erblickt, das etwas in ihm auslöst: „Ich zeige ein Stück Leben in New York City, das es in ein paar Jahren so nicht mehr geben wird. Die Leute gleichen einander zunehmend, es wird schwieriger, Menschen zu finden, die ich fotografieren will.“

Im Laufe der Zeit ist in Gildens Arbeiten der physische Abstand zwischen ihm und seinem Motiv kleiner geworden: „Ich bin bekannt dafür, dass ich aus großer Nähe fotografiere, und je älter ich werde, desto näher gehe ich ran.“ Seine früheren Aufnahmen in Coney Island sind eher der konventionellen Straßenfotografie zuzuordnen, aus mittlerer Entfernung fotografiert und mit mehreren abgestimmten Elementen im Bildausschnitt. Neuere Arbeiten hingegen zeigen Porträts, in denen der Rahmen vollkommen mit Gesichtern ausgefüllt ist. Gildens erläutert: „Meine alten Fotos waren wie Theaterkulissen: Man schaut sie an und kommt sich vor, als würde man etwas auf einer Bühne ansehen, von außen. Aber jetzt stelle ich den Betrachter in den Mittelpunkt, er wird Teil des Bildes.“ Gilden weiß: Er mag sich noch so sehr im Einklang mit seiner Umgebung befinden – es gibt immer den Faktor Zufall, der in einem Bild Verborgenes freilegen und ein Foto adeln oder ruinieren kann. Er erklärt: „Wenn ich etwas Interessantes sehe, drücke ich auf den Auslöser. Fast immer fällt mir in meinen Bildern etwas auf, das ich beim Fotografieren nicht bemerkt hatte – glückliche Zufälle, die aus einem Bild ein gutes Foto machen.“

„Ich mag die Menschen, die ich fotografiere, sie sind meine Freunde. Die meisten habe ich nie kennengelernt, aber durch meine Bilder teile ich mein Leben mit ihnen.“ Bruce Gilden

Bruce Gilden (USA, 1946–) verbrachte seine Jugend in Brooklyn, New York, und entdeckte dort seine Liebe zu den Straßen, die er seine „zweite Heimat“ nennt. Er habe immer etwas für „die dunkle Seite des Lebens übrig gehabt“. Sein Werk dreht sich seitdem um die chaotische Energie der Straße, er sucht den magischen, vergänglichen Kontakt zu einem Passanten, zu einem Gesicht in der Menge, der zu einer Verbindung führt. Der Auslöser für diese Liebe habe in seiner Kindheit gelegen: „Als Kind blickte ich aus meinem Fenster im zweiten Stock auf das sehr geschäftige Treiben der Brooklyner Straßen. Ich fühle mich an Orten mit Menschenmengen wohler, an denen ich keine Genehmigungen brauche; mit anderen Worten, wo ich einfach fotografieren kann.“ Seine erste größere Arbeit drehte sich um Coney Island, seitdem hat er Bücher über Haiti, die *Yakuza* in Japan und Pferderennen in Irland fotografiert. Sein letztes Werk zeigt Porträts unterprivilegierter Menschen in Großaufnahmen.

Kreative Tipps und Techniken

Bei seiner Straßenfotografie arbeitet Gilden meist mit einem 28mm-Weitwinkelobjektiv an einer Leica. Dadurch muss er sehr nahe an seine Motive heran, oft fotografiert er aus weniger als einem Meter Entfernung. Diese Nähe kann beunruhigend wirken, aber das Weitwinkel kann den Eindruck erwecken, man fotografiere etwas weiter entfernt liegendes. Wenn Gilden auf der Straße fotografiert, geht er auf und ab und hält nach markanten Gesichtern Ausschau. Dabei bleibt er immer in Bewegung und hebt die Kamera erst im allerletzten Augenblick, um zu fotografieren (der Veröffentlichung solcher Fotos sind in Deutschland durch das Recht am eigenen Bild enge Grenzen gesetzt). Das ist neben den technischen Voraussetzungen beim Versuch zu beachten, die eigenen fotografischen Reflexe zu schärfen: Wenn man ein Weitwinkelobjektiv bei kleiner Blende verwendet, erreicht man große Schärfentiefe, sodass man die Kamera auf manuellen Fokus bei 1–2 Metern einstellen und dann fotografieren kann, ohne jedes Mal scharf stellen zu müssen. Bei vielen Digitalkameras gibt es eine Verzögerung zwischen dem Auslösen und der eigentlichen Aufnahme, die man beim Timing der Fotografie einplanen sollte.

Gilden arbeitet meist – auch bei Tageslicht – mit einem Blitzgerät. Er stellt den Blitz so ein, dass er dem vorhandenen Tageslicht und der erforderlichen Blende entspricht, oder der Blitz ist stärker, sodass der Hintergrund dunkler wird und das Motiv betont wird, da das Blitzlicht mit der Entfernung schnell abnimmt und den Hintergrund deswegen nicht so stark ausleuchtet. Das Blitzlicht friert alle Bewegungen ein und führt so zu dramatischen Effekten, bei denen die Gesichtszüge teilweise übertrieben wirken können.

Harry Borden

Richard E. Grant 1997

Dieses fesselnde Porträt entstand im Zusammenhang mit einem Artikel über den britischen Kultfilm *Withnail & I* (1987), in dem Grant die Hauptrolle spielte. Harry Borden errichtete ein temporäres Fotostudio im Haus des Schauspielers. An Teleskopstangen befestigte er einen schwarzen Hintergrund und machte die ersten Aufnahmen mit einem Ringblitz, der rund um das Objektiv befestigt wird. Dann platzierte er den Blitz hinter dem Objektiv, um das Gesicht zu beleuchten – eine Position, die normalerweise für das Motiv wenig schmeichelhafte Ergebnisse bringt, weil die unnatürliche Richtung, aus der das Licht dann kommt, einen gespenstischen Effekt à la Halloween bewirkt. Bei Grant jedoch erzeugte dies genau das richtige Licht, um seine Persönlichkeit offenzulegen. „Es war perfekt, weil er so ein elektrisierendes Lächeln und schöne Zähne hat. Der Schalk steht ihm hier ins Gesicht geschrieben, wie bei einem gotischen Wasserspeier", erinnerte er sich.

Borden hat einen eigenen visuellen Stil entwickelt und stellt sich ganz auf die Umgebung ein, in der er und sein Modell sich befinden. Er sucht stets nach Wegen, die physischen Gegebenheiten eines Ortes zu nutzen, um festzulegen, was für eine Art Bild es werden wird: „Jeder Raum hat eine visuelle Spannung, man muss sich diesem Phänomen nur öffnen." Aus Bordens Fähigkeit, seinen Modellen jegliche Befangenheit zu nehmen, sind zahlreiche bewegende Porträts entstanden. Mit wachsendem Erfolg und Selbstvertrauen ist er spontaner geworden und hat festgestellt: „Große Produktionen mit vielen Stylisten mache ich nicht gerne, ich fotografiere lieber im Privaten, bei Leuten zu Hause."

„Für Porträtfotos braucht es viele Qualitäten. Es hat viel mit Beobachtungsgabe zu tun, mit Bildkomposition und Licht, alles Sachen, die einen großen Fotografen ausmachen; und man muss eine enge Beziehung zu der Person aufbauen." Harry Borden

Harry Borden (USA, 1965–) hat sich als einer der gefragtesten Porträtfotografen in Großbritannien etabliert; er schießt in redaktionellem Auftrag bis zu 150 Arbeiten im Jahr. Borden verfügt über eine wunderbare Fähigkeit, bestimmte Persönlichkeitszüge seiner Modelle zu erspüren und diese mit der Umgebung in Verbindung zu setzen, in der sie fotografiert werden. Er erklärt das mit den Worten: „Ich fotografiere Räume, die ich interessant finde, und dann bringe ich Menschen in diese Räume. Die Räume verwandeln sich in kleine Bühnen für die Menschen, wo sie ganz sie selbst sein können. Und ich schaue zu, was passiert … Ich insistiere also nicht auf einer Idee, sondern ich probiere aus und versuche, alles locker anzugehen." Zu seinen längerfristigen persönlichen Arbeiten gehört ein Projekt über alleinerziehende Väter und Porträts von Holocaust-Überlebenden.

Kreative Tipps und Techniken

Borden betrachtet seine Arbeit als einen interaktiven Prozess, bei dem er und sein Modell zusammenarbeiten müssen, um die für beide bestmögliche Aufnahme zu schaffen. Dieses Verhältnis zum Modell ist seiner Meinung nach entscheidend für gute Porträts. Der Fotograf muss eine Atmosphäre schaffen, in der sich das Modell der Kamera öffnen kann. Eine interessante Technik, die er bei Prominenten einsetzt, besteht in der Bitte, an nichts zu denken. Borden meint, dass dieser Zustand der „Abwesenheit von Gedanken" für Promis interessant sei, da es für sie ungewöhnlich ist, nichts geben zu müssen, jedenfalls nicht im Konzept der auf Repräsentation bedachten Glamourwelt vorgesehen ist, in der sie eingeschlossen sind.

Borden nimmt zu Aufnahmen ein kleines Portfolio seiner Porträts mit, um am Anfang das Eis zu brechen und seine Arbeit vorzustellen. Dadurch kann er die Modelle meist überzeugen, an seinen Ideen mitzuarbeiten. Aber er betont, dass er ein Modell nie etwas tun lässt, was es nicht möchte. Das ist ein ausgezeichneter Rat. Eine Sammlung der eigenen Aufnahmen auf dem Handy oder Laptop parat zu haben, ist eine gute Möglichkeit, spontan das eigene Werk vorzustellen.

Borden arbeitet mit einfacher Ausrüstung. Er verwendet meist ein 50mm-Standardobjektiv, manchmal ein 35mm-Objektiv – seiner Meinung nach eine authentische Arbeitsweise, da Tele- und Weitwinkelobjektive die Szene überwältigen könnten.

Borden arbeitet inzwischen meist digital und nicht mehr mit den Mittelformatkameras, die er früher benutzt hat. Er schätzt die Flüssigkeit und Leichtigkeit der Bewegung, die ihm die 35mm-Digitalkamera gewährt.

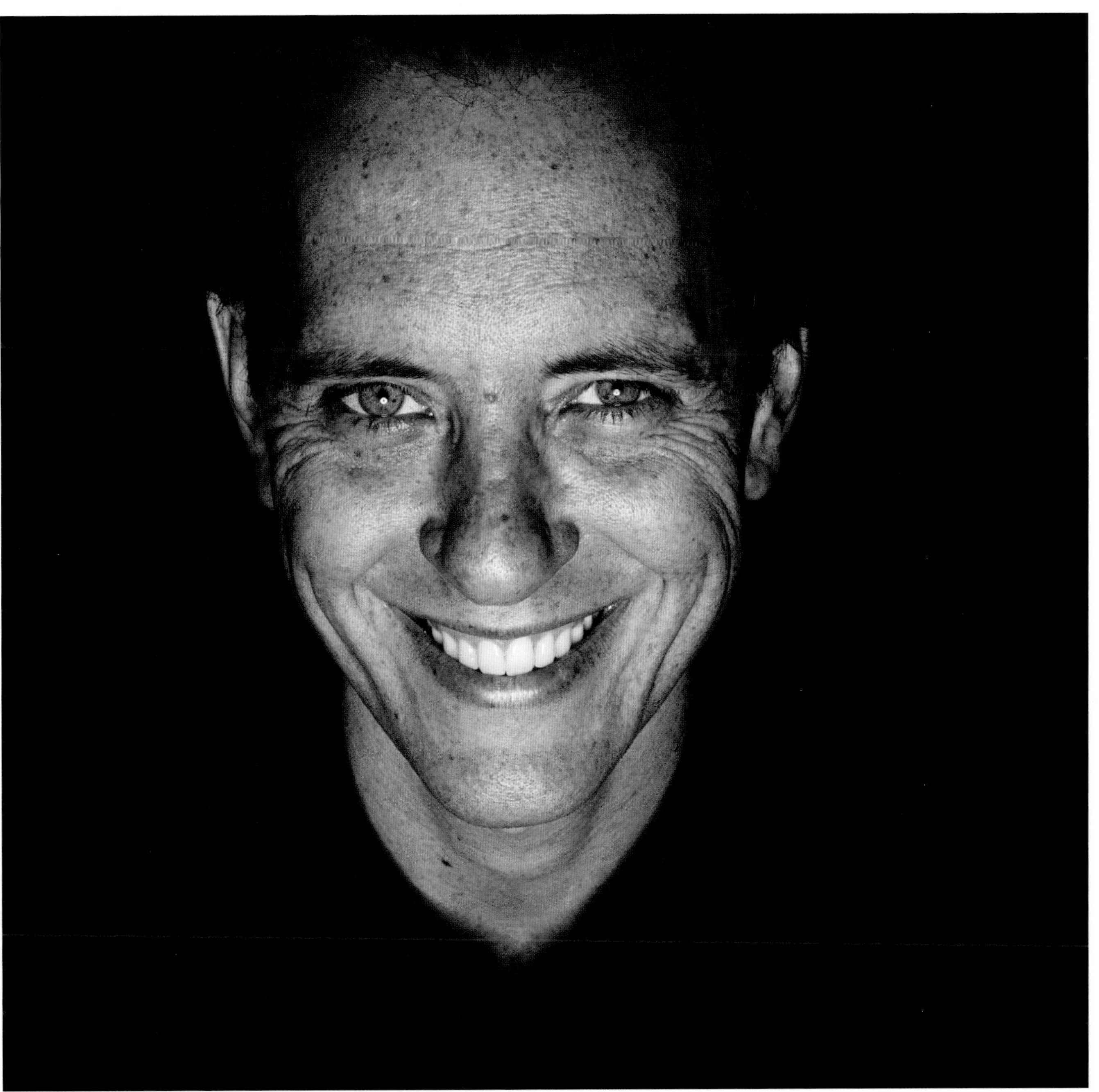

Körpe

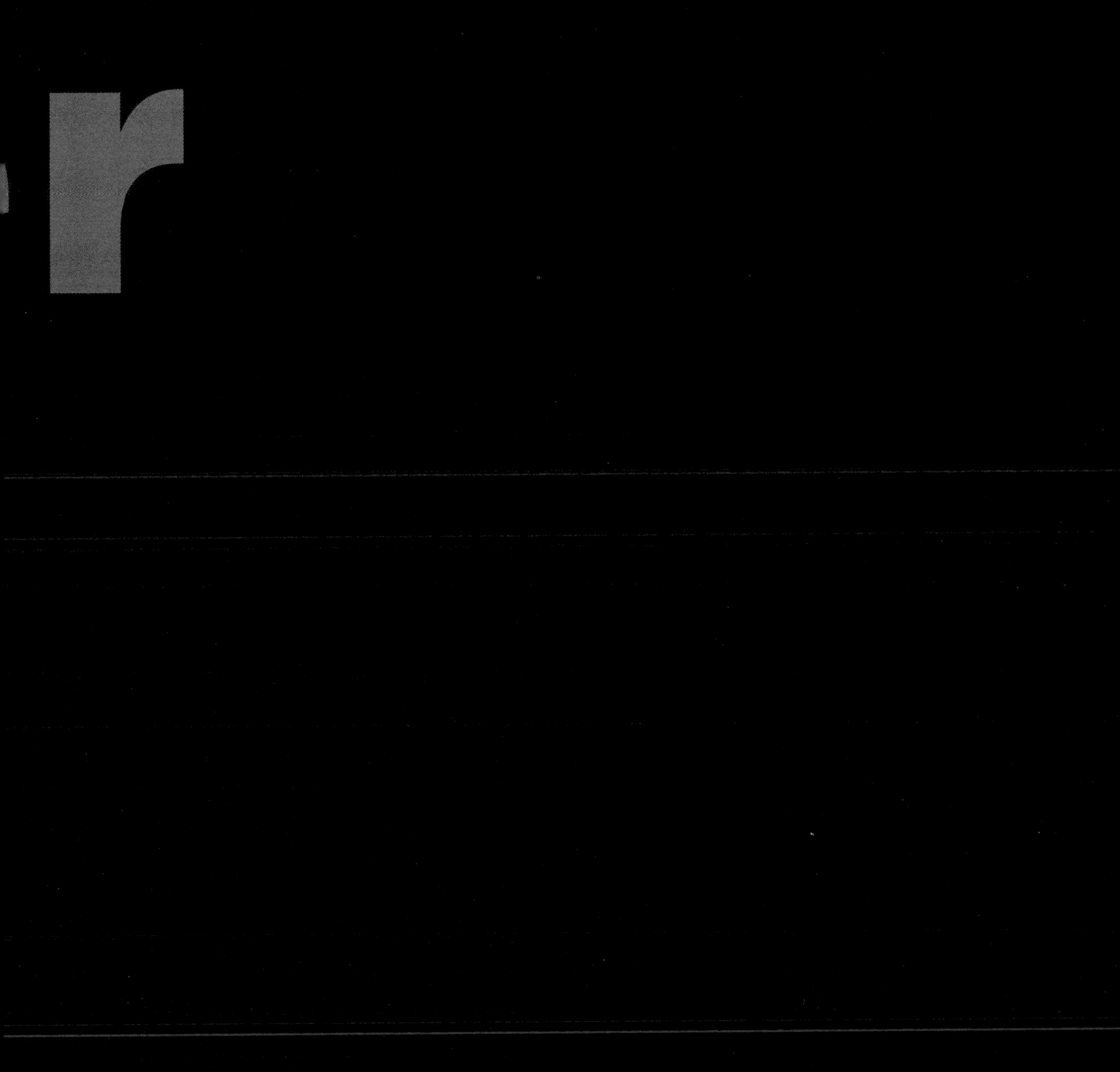

Die menschliche Gestalt zählt zu den wandelbarsten Terrains der Fotografie – sie kann Modepuppe, Etüde der ästhetischen Form, ethnografisches Dokument, schmeichelhaftes Porträt, Charakterstudie oder Verortung sozialer Belange sein. Aus dem Verhältnis zwischen dem Körper und seiner Umwelt ergibt sich eine grundlegende Fragestelltung der Fotografie: Wie können der physische Kontext und die Umgebung eines Bildes dem Betrachter helfen, das menschliche Subjekt zu verstehen? Zwar lädt schon allein das Gesicht zu psychologischen Studien ein, aber der Körper birgt noch einmal neue Assoziationsimpulse, die dem Betrachter Hilfestellung leisten bei dem Versuch zu erkennen, wer die Person ist und warum sie Aufmerksamkeit verdient. Die Plastizität des Körpers – seine Haltung, seine Stellung, sein Gebaren – bietet vielfältige visuelle Möglichkeiten. Er passt sich an den Ort an, und mal betont er die Unbeholfenheit der menschlichen Gestalt, mal ihre Schönheit und

Eleganz. Der menschliche Körper bietet sich zudem für vergleichende Studien an: Stellt man Personen mit einem ähnlichen ethnischen, sozialen oder beruflichen Hintergrund nebeneinander, werden Übereinstimmungen und Diskrepanzen zwischen ihnen deutlich. Eine Galerie von Archetypen wiederum kann Gemeinsamkeiten quer durch verschiedene Gesellschaftsschichten offenbaren. Die direkte Konfrontation zwischen dem Betrachter und der fotografierten Person – in voller Größe und in ihrem Umfeld – ist der vielleicht wirkungsvollste Weg für den Fotografen, die Kluft zwischen Publikum und fotografiertem Subjekt zu überbrücken. Der Akt des Fotografierens bewahrt das in der Vergangenheit liegende Abbild der dargestellten Person und projiziert ihre Präsenz in die Gegenwart und die Zukunft. Der Körper ist Speicherort von Erfahrungen; an der persönlichen Geschichte, die er enthält, lassen sich auch umfassendere gesellschaftliche Kräfte ablesen.

August Sander

Jungbauern 1914, aus *Antlitz der Zeit*

August Sanders berühmtestes Bild hat die Betrachter lange Zeit im Ungewissen gelassen, wer die jungen Männern waren, die er da porträtierte. Jüngste Forschungen ergaben, dass es sich bei ihnen mitnichten um Bauern, sondern um Grubenarbeiter handelte. Sie stammten, wie der Fotograf, aus dem Westerwald, und kannten Sander, der bereits bei früheren Gelegenheiten für ihre Eltern Familienporträts angefertigt hatte. Die drei waren gerade auf dem Weg zu einer Tanzveranstaltung, als sie ihn trafen und er bat, sie fotografieren zu dürfen. In ihren leidlich sitzenden Anzügen, mit Spazierstock und Hut, passen sie nicht so recht auf den schlammigen Feldweg und sind ein Zeichen dafür, dass die Urbanisierung auch diese ländliche Gegend erreicht hat – solche Kleidung wäre für die Generation ihrer Eltern nicht erschwinglich gewesen. Die Ähnlichkeit in Aufzug und Positur kennzeichnet sie als einheitliche Gruppe, dennoch heben sie sich voneinander ab: Der Hut sitzt mehr oder weniger keck, der Stock wird anders gehalten, und jeder hat einen ganz eigenen, individuellen Blick. Die beiden rechts sind die Brüder Ewald und August Klein, der junge Mann links mit der Zigarette ist Otto Krieger. Alle drei kämpften im Ersten Weltkrieg; August Klein fiel an der Westfront, Otto Krieger wurde zweimal verwundet.

Auf die Frage, wie aus dem Akt des Schauens ein Foto hervorgeht, erklärt Sander: „Sehen, Beobachten, Denken, und die Frage ist beantwortet. Ich glaube, dass die Fotografie es uns heute ermöglicht, die Menschen in ihrer ganzen Physiognomie (also in ihrem tatsächlichen Erscheinen) wiederzugeben. So können wir Zeitgeschichte bannen." „Jungbauern" war die sechste Abbildung in Sanders 1929 veröffentlichtem Buch *Antlitz der Zeit* und erschien erneut im ersten Band seiner epischen Fotoserie „Menschen des 20. Jahrhunderts".

„Mit Hilfe der reinen Fotografie ist es uns möglich, Bildnisse zu schaffen, die die Betreffenden unbedingt wahrheitsgetreu wiedergeben. Damit können wir einen Spiegel der Zeit schaffen." August Sander

August Sander (D, 1876–1964) ist einer der wichtigsten Porträtkünstler in der Geschichte der Fotografie. Er arbeitete anfänglich im Atelier und bot seine Dienste 1907 mit dem Versprechen an, er liefere „ähnliche, ausdrucksvolle und charakteristische Porträts, die dem Wesen des Fotografierten durchaus entsprechen". Sein monumentales Projekt „Menschen des 20. Jahrhunderts" hielt die Deutschen der Zwischenkriegszeit im Bild fest. Sanders Philosophie war: „Wir wissen, dass Menschen durch Licht und Luft geformt werden, durch ihr Erbteil und ihre Handlungen. Wir können aus dem Aussehen einer Person erschließen, welche Arbeit sie ausführt oder nicht; wir können an ihrem Gesicht ablesen, ob sie glücklich ist oder nicht." Er schuf eine Typologie seiner Zeitgenossen, die er in sieben Gruppen unterteilte: „Der Bauer", „Die Handwerker", „Die Frau", „Die Stände", „Die Künstler", „Die Großstadt" sowie „Alter, Krankheit und Tod". Die Nationalsozialisten vernichteten 1936 die Druckstöcke der 1929 in *Antlitz der Zeit* veröffentlichten Auswahl. Sander konnte zwar die Negative retten, aber sein Atelier fiel 1944 einem Bombenangriff zum Opfer.

Kreative Tipps und Techniken

Viele von Sanders Fotografien wirken wie Bilder von Zufallsbegegnungen auf der Straße. Straßenporträts können eine sehr gute Methode sein, ein Portfolio von Porträts aufzubauen, und sie helfen, einen Blick dafür zu entwickeln, was eine Person fotogen macht. Bei Porträts im Freien sollte das Modell nicht in die Sonne blicken, da es dann oft blinzelt oder die Augen schließt, was unvorteilhaft aussieht. Besser ist es, wenn die Sonne über die Schulter oder von der Seite kommt und man einen Blitz verwendet, um die Schatten aufzufüllen, oder wenn man einen Aufnahmeort sucht, an dem diffuseres Licht herrscht.

Mit einem Porträt, das die Person in ihrer Umgebung zeigt, kann man etwas über sie, ihr Leben oder ihre Arbeit aussagen. Meist verwendet man dafür Requisiten oder Gegenstände, die Auskunft über das Modell geben, oder man wählt einen Aufnahmeort, der erklärt, um wen es geht. Sanders Werk ist beispielhaft für dieses Genre: Er zeigt einen Konditor mit Rührschüssel in der Küche, einen Maurer mit Ziegeltrage und einen Wehrmachtsoldaten in Uniform. Schwieriger ist es, wenn das Modell im Büro arbeitet, aber auch dann kann man durch interessantes Licht, einen interessanten Blickwinkel oder den Bildausschnitt Aussagen treffen.

Ein übergreifendes Thema für eine Porträtserie erleichtert die Erstellung kohärenter und aussagekräftiger Arbeiten. Das Thema kann zum Beispiel Berufe, Hobbys oder physische Charakteristika sein. Stellt man dann eine Reihe von Porträts nebeneinander, kann der Betrachter Gemeinsamkeiten und Unterschiede der Abgebildeten erkennen. Auch ein konsistenter formaler Ansatz – etwa formatfüllende Gesichter – kann dem Werk eine einheitliche Anmutung verleihen.

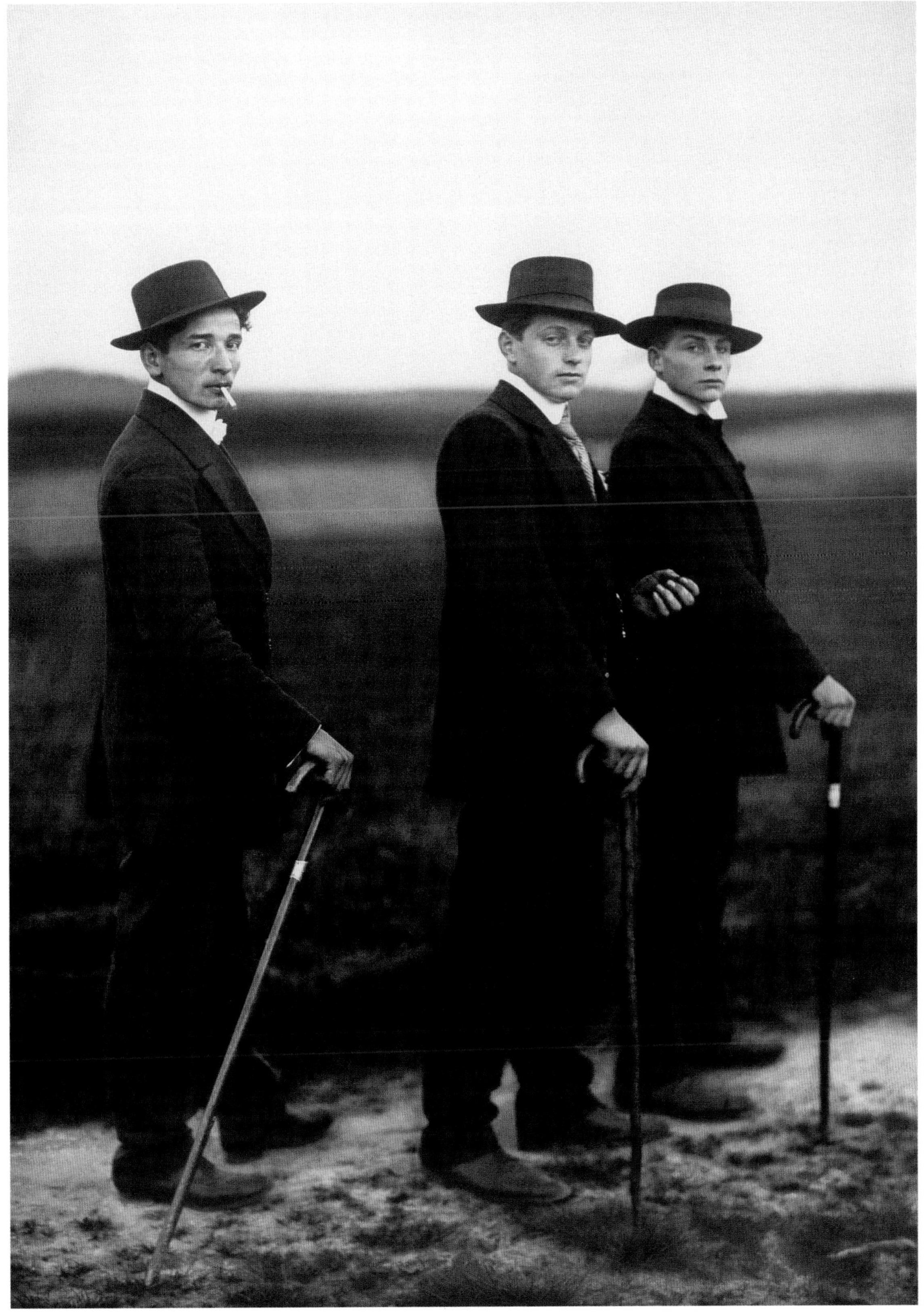

Dorothea Lange

Dorothea Lange (USA, 1895–1965) hatte eine schwierige Kindheit: Mit sieben Jahren erkrankte sie an Kinderlähmung und blieb ihr Leben lang gehbehindert; als sie zwölf war, ließ ihr Vater die Familie im Stich. Diese Erfahrungen stärkten jedoch ihren Charakter, sie sagte selbst, die Krankheit hätte sie „geformt, geführt, gelehrt, sie hat mir geholfen und mich bescheiden gemacht." Sie begann als Porträtfotografin in San Francisco, fotografierte mit Beginn der Weltwirtschaftskrise aber auch auf der Straße. 1933 entstand mit „White Angel Breadline" eine beeindruckende Studie der Armut: eine Menschenmenge wartend vor einer Suppenküche. Wenig später erhielt sie das Angebot, im Auftrag der Vorläuferorganisation der Farm Security Administration (FSA) die Armutserscheinungen in den USA zu dokumentierten. 1945 lud Ansel Adams (s. S. 50) sie ein, an der California School of Fine Arts die erste Fotoklasse zu übernehmen. 1952 war sie Mitgründerin des einflussreichen Fotomagazins *Aperture*.

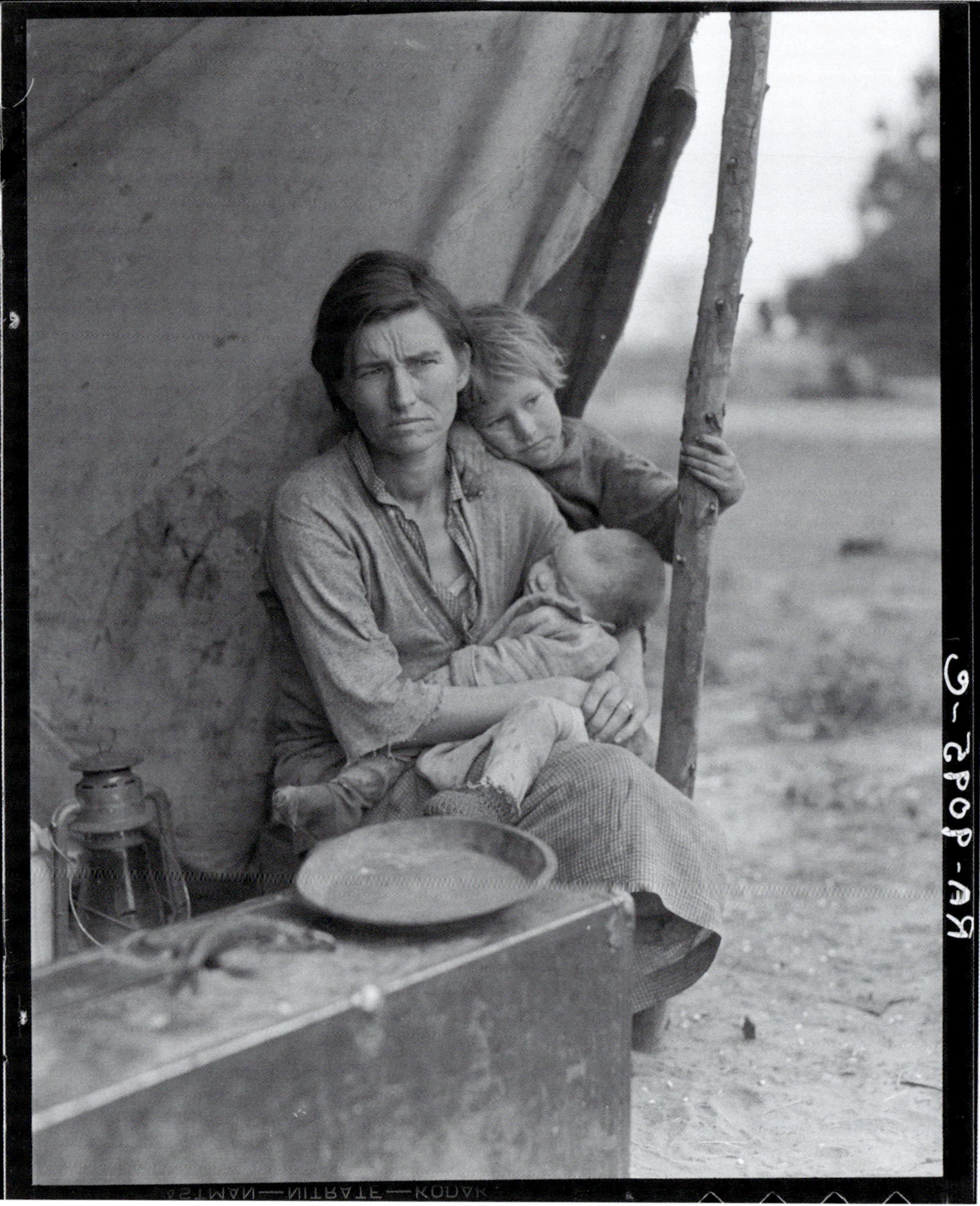

Kreative Tipps und Techniken

Langes Fotografien entstanden während der Weltwirtschaftskrise. Um derart intime Aufnahmen von Menschen in Not machen zu können, brauchte sie sehr viel Geduld: „Oft geht es nur darum, dort zu sein, dort zu bleiben, nicht in einer Staubwolke zu verschwinden: sich mit den Menschen auf den Boden zu setzen, den Kindern mit ihren schmutzigen Händchen zu erlauben, die Kamera anzusehen und mit den Fingern auf die Linse zu fassen, und man lässt sie, weil man weiß, dass man großzügig sein muss, weil man dann auch großzügig behandelt werden wird." Lange war der Meinung, dass manche Fotografen zu schnell aufgeben und forderte, dass man ein „Thema suchen und es bis zur Erschöpfung bearbeiten" solle: „Es muss um etwas gehen, das man wirklich hasst oder wirklich liebt."

Lange arbeitete in der Situation, in der die Fotos oben entstanden, mit ihrer 4 x 5-Zoll Großformatkamera. Sie fotografierte aus unterschiedlichen Entfernungen; zuerst machte sie eine Weitwinkelaufnahme der Familie mit dem ganzen Zelt und der Umgebung; dann ging sie näher und näher heran, wobei sich die Komposition immer mehr intensivierte, bis schließlich das rechts abgebildete, unter dem Titel *Migrant Mother* bekannte Foto entstand – heute eine Ikone

Migrant Mother (Wanderarbeiterin) 1936

Diese Bilder entstammen einer Serie, die Dorothea Lange von einer armen Familie machte, die in einem Erntehelferlager im kalifornischen Nipomo in einem behelfsmäßigen Zelt hauste. Lange arbeitete damals für die Farm Security Administration (FSA). Sie beschrieb, wie sie an die Frau, Florence Thompson, herantrat: „Diese hungrige, verzweifelte Mutter zog mich an wie ein Magnet. Ich erinnere mich nicht mehr, wie ich meine Gegenwart oder die Kamera erklärte, aber ich weiß, dass sie keine Fragen stellte. Ich machte fünf Belichtungen, während ich auf sie zuging. Ich fragte sie nicht nach ihrem Namen oder ihrer Geschichte. Sie verriet mir, dass sie 32 Jahr alt war, und sagte, sie lebten von gefrorenem Gemüse vom Feld und von Vögeln, die die Kinder erlegten. Gerade hatte sie die Reifen ihres Autos veräußert, um Essen zu kaufen. Da saß sie in ihrem Zeltunterstand, ihre Kinder schmiegten sich an sie, und sie schien zu wissen, dass meine Bilder ihr helfen könnten, also half sie mir. Damit fühlte es sich irgendwie ausgewogen an." Lange erkannte den Ernst der Lage und zeigte ihre Fotos einer Zeitung in San Francisco, die daraufhin einen Artikel über die Lebensbedingungen der Wanderarbeiter veröffentlichte. Dies veranlasste die Behörden, sofort Hilfsmaßnahmen in die Wege zu leiten. An diesen Fotografien lässt sich Langes Ansatz ablesen: Es ging ihr darum, Bilder zu machen, die tiefes Mitgefühl mit den dargestellten Personen auslösten. Sie erläuterte: „Diese Wohltat des Sehens kann kommen, wenn du eine Weile innehältst, dich den pausenlos auf dich einstürmenden Eindrücken entziehst und nachdenklich ein ruhiges Bild anschaust. Der Betrachter muss bereit sein innezuhalten, noch einmal hinzuschauen, nachzudenken."

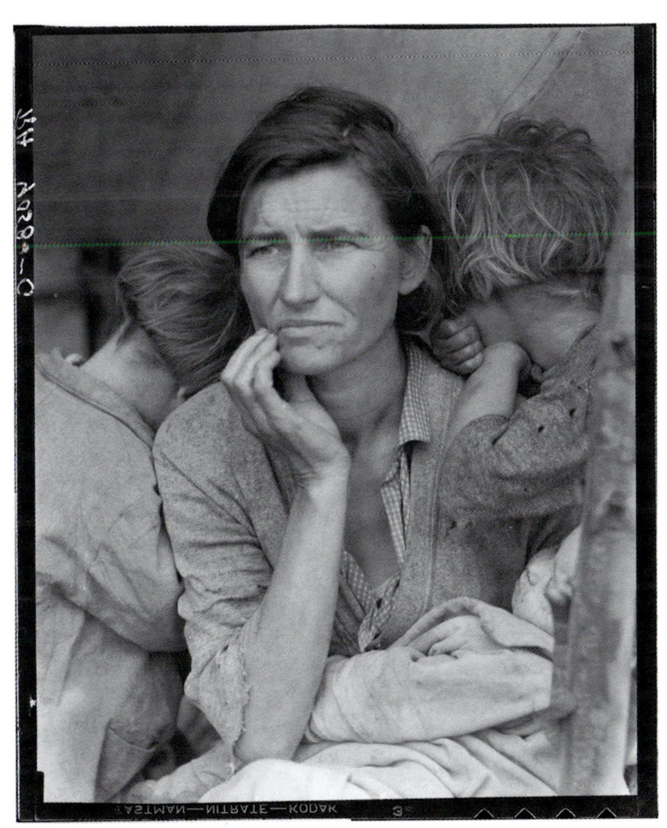

der Fotografiegeschichte. Der Bildausschnitt ist auf Florence Thompson und ihre beiden Kinder beschränkt. Die abgewandten Gesichter der Kinder und die Sorgen im Gesicht ihrer Mutter verleihen dem Bild seine emotionale Kraft. Das linke Bild ist jedoch ebenso geschickt komponiert, da es mehr Informationen über die missliche Lage der Familie enthält. Der Koffer im Vordergrund mit dem Teller darauf verweist auf das unstete Leben der Familie, seine Linien führen den Blick des Betrachters in das Bild. In diesem Fall weist der Blick des Kindes jedoch wieder aus dem Bild heraus und deutet die weite Welt an, die jenseits des Lagers liegt und kein Mitgefühl zeigt. Es hat immer wieder heftige Diskussionen darüber gegeben, warum eine bestimmte Fotografie wirkungsvoller ist als eine andere, aber Langes Serie zeigt, wie ein einzelnes Bild, das berühmt wurde, nur eines neben anderen ist, die alle der Aufmerksamkeit wert sind.

„Die Kamera ist ein Lehrinstrument für das Sehen ohne Kamera."

Dorothea Lange

Horst P. Horst

Irina Baronova, Ballerina in dem Film *Florian*, in einem gestreiften Badeanzug von Brigance mit passendem Rock 1940

Horst P. Horsts Gespür für die Architektur der Moderne ist in seinen Bildkompositionen klar ersichtlich, wo Licht und Schatten so kunstvoll eingesetzt werden, dass sie eine fast physische Wirkung entfalten. Auch auf diesem Foto wirken die tiefen schwarzen Schatten gewichtig und schwer und bilden einen starken Kontrast zu den hellen Bildteilen. Horsts Fotografien sind glanzvolle ästhetische Konstruktionen. Nach seiner Ansicht hat Fotografie nichts mit dem Verstand zu tun, sondern „mit Verlockungen für das Auge". Das Licht bestimmt den Aufbau dieses Bildes: Strahler erhellen selektiv bestimme Bereiche und verwandeln andere Bildelemente in Silhouetten. Um diese Wirkung zu erzielen, muss man exakt kontrollieren können, in welche Richtung das Licht mit welcher Intensität strahlt. Die sorgfältig konstruierte Kulisse – für viele Aufnahmen arbeitete Horst tagelang mit Bühnenbildnern und Technikern zusammen – setzt die richtigen Akzente. Horst benutzte, wie zahlreiche andere *Vogue*-Fotografen damals, eine großformatige Fachkamera, da der Inhaber der Modezeitschrift, Condé Montrose Nast, auf höchste Bildqualität bestand. Während sein Assistent die Planfilmblätter einlegte, stand Horst meist neben der Kamera und gab Anweisungen, statt selbst durch die Mattscheibe zu schauen. Sein dramatischer Stil rief allerdings auch Kritiker auf den Plan: Lagen Gesicht und Kleidung des Modells im Schatten, war auch die zu präsentierende Mode schlecht sichtbar.

Edna Chase, damals Chefredakteurin bei *Vogue*, konnte Horsts typischer *Chiaroscuro*-Beleuchtung nichts abgewinnen. In einer Notiz hielt sie 1937 fest: „Habe Horst einen Vortrag über die fehlende Helligkeit seiner Fotos gehalten. Wir dürfen diese Unsitte unserer Fotografen, am liebsten alles in tiefe, geheimnisvolle Schatten zu hüllen, einfach nicht mehr durchgehen lassen."

„Mode ist Ausdruck einer bestimmten Zeit. Eleganz ist etwas ganz anderes."

Horst P. Horst

Die außerordentliche Laufbahn von **Horst P. Horst** (D-USA, 1906–99) erstreckte sich über sechs Jahrzehnte, in denen er für die internationalen *Vogue*-Ausgaben arbeitete. Mit Richard Avedon und Irving Penn gehört er zu den größten Modefotografen des 20. Jahrhunderts. Horst Paul Albert Bohrmann, so sein Taufname, studierte Architektur in Hamburg und ging dann nach Paris in das Büro des Großmeisters der modernen Architektur, Le Corbusier. Nach einer Begegnung mit George Hoyningen-Huene, Cheffotograf der französischen *Vogue*, wandte er sich jedoch der Fotografie zu, lernte Cecil Beaton (s. S. 144) und Coco Chanel kennen, und schon bald erschienen seine Fotos in der *Vogue*. Vor seiner Abreise nach New York im Jahr 1939 nahm er eines seiner berühmtesten Bilder auf, das „Mainbocher-Korsett": „Es war die letzte Aufnahme, die ich in Paris vor dem Krieg machte. Dabei dachte ich an alles, was ich zurücklassen würde." Das Schwarz-Weiß-Foto wurde später zur Inspiration für das Madonna-Musikvideo zum Song „Vogue". Als er 1943 die amerikanische Staatsbürgerschaft annahm, änderte er seinen Nachnamen von Bohrmann in „Horst" – seine unverwechselbare Signatur.

Kreative Tipps und Techniken

Horst bereitete seine Aufnahmen sorgfältig vor. Er baute die Bilder aus einer Mischung struktureller Elemente und genau geplanter Beleuchtung auf, um eine räumliche Wirkung zu erzielen. Er arbeitete nicht mit Blitzlicht, sondern mit Scheinwerfern, die es ihm erlaubten, genau zu sehen, wohin das Licht fiel und kleinste Stellungsveränderungen der Modelle und Requisiten vorzunehmen. Nachteile der Scheinwerfer sind die notwendige lange Belichtungszeit und die Schwierigkeit, Bewegungen einzufangen. So posieren in den meisten von Horsts Arbeiten die Modelle auch wie Statuen. Er setzte eine Vielzahl von Scheinwerfern und Flutlichtern, lichtführenden Röhren und Vorhängen ein und montierte die Lichter oft an der Decke, um die Modelle von oben in Licht zu tauchen. Wenn man über ein Atelier verfügt oder einen Raum provisorisch dazu umrüsten kann, lohnt es sich, mit Scheinwerfern zu experimentieren, die man dazu verwendet, das Motiv räumlich zu modellieren und dramatische Kontraste zwischen Licht und Schatten zu schaffen. Das Licht eines Blitzes kann man gestalten, indem man den Zoom am Gerät auf Tele stellt, aber mit einem Weitwinkel fotografiert, oder indem man eine Röhre aus Karton oder Metallfolie über den Blitzkopf steckt.

Horst plante seine Aufnahmesitzungen im Voraus und fertigte zahlreiche Skizzen an. So konnte er seine Bühnenbildner und Assistenten das Atelier vorbereiten lassen, bevor das Modell ankam. Man kann dies Vorgehen nachahmen, da es eine gute Übung ist, um sich Aufnahmen im Vorhinein vorzustellen. Dazu die Komposition skizzieren und die Beleuchtung festlegen, wenn nötig dann das fertige Arrangement modifizieren. Das spart Zeit im Atelier und man kann in der Arbeit mit Modellen selbstsicherer agieren.

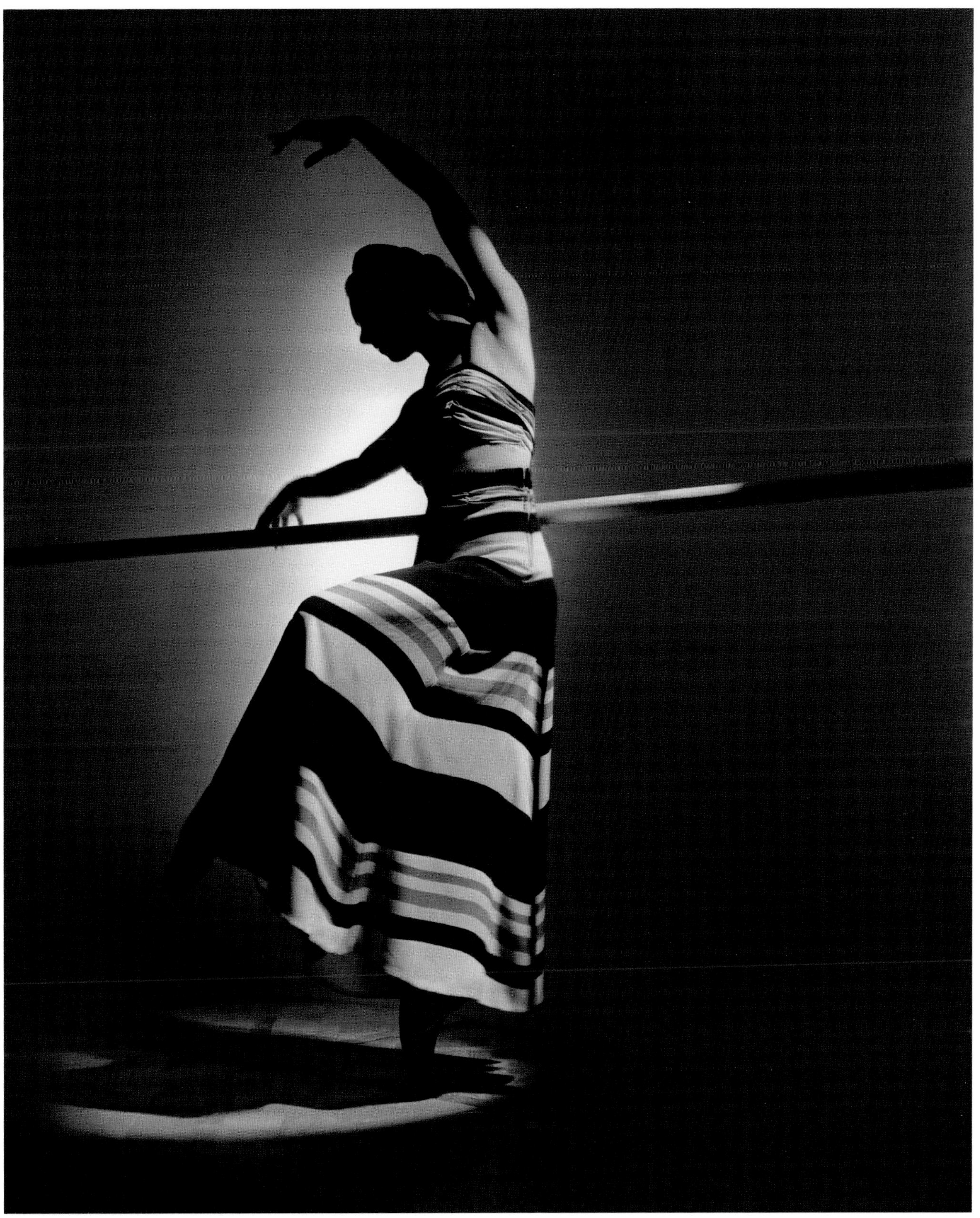

Cecil Beaton

Ein Matrose der Royal Navy an Bord der HMS *Alcantara* flickt auf der Überfahrt nach Sierra Leone mit Hilfe einer tragbaren Nähmaschine eine Signalflagge 1941

1940 erhielt Cecil Beaton vom britischen Informationsministerium den Auftrag, einen künstlerischen Propagandabeitrag zur Hebung der Kriegsmoral zu leisten. Dramatische Bilder waren gefragt, und Beaton galt als populäre öffentliche Figur, deren Fotografien das Gütesiegel seiner Kontakte zur feinen Gesellschaft und der Modemagazine trugen, für die er arbeitete. Enttäuscht, nicht direkter zum Kriegserfolg beitragen zu können, ergriff Beaton die Chance. Er fühlte sich den Soldaten, die er porträtieren sollte, verbunden und wollte sie so heroisch wie möglich in Szene setzen, jedoch stilvoll und mit visuellem Fingerspitzengefühl.

Beaton machte dieses auffallende Foto 1941 auf dem Weg nach Sierra Leone. Es passt zu dem bissigen Sinn für Humor, der ihm attestiert wurde. Dieser gutaussehende, muskulöse Matrose an einer Nähmaschine muss Beatons Stilgefühl enorm angesprochen haben ebenso wie seine Überzeugung von der Absurdität des Krieges. Allerdings nahm er seine Rolle als Propagandainstrument durchaus ernst: Auf seinen Fotos wurden im Krieg kämpfende Männer und Frauen heldenhaft inszeniert und die leidende Zivilbevölkerung in ergreifenden Bildern festgehalten. Eine seiner erfolgreichsten Aufnahmen als Kriegsfotograf zeigt das dreijährige Bombenopfer Eileen Dunne mit Kopfverband und Teddy. Das Bild schaffte es im September 1940 auf das Cover des *Life Magazine* und erhöhte die Hilfsbereitschaft der damals noch neutralen USA gegenüber den Briten erheblich.

„Sei mutig, sei anders, sei unbequem, sei alles, was deine Integrität und kreative Vision stark macht gegen die Auf-Nummer-sicher-Geher, die Gewohnheitstiere und Sklaven des Alltags.“ Cecil Beaton

Cecil Beaton (GB, 1904–80) wurde durch seine Modefotografien, Prominentenporträts und seine Arbeit als preisgekrönter Bühnen- und Kostümbildner für Film und Theater bekannt. Er fotografierte seit den 1930er Jahren für die Zeitschriften *Vanity Fair* und *Vogue*, oft waren die Modelle Hollywoodstars. Während des Zweiten Weltkriegs arbeitete er als Kriegsfotograf und dokumentierte u.a. das Leben im zerstörten London nach den deutschen Luftangriffen, genannt „The Blitz“. Er war inoffizieller Hoffotograf des britischen Königshauses, fotografierte 1937 die Hochzeit des Herzogs von Windsor, 1939 das Porträt der Queen Mother und 1953 das Krönungsporträt von Königin Elizabeth II. vor Westminster Abbey.

Kreative Tipps und Techniken

Beaton war bekannt wegen seiner scharfzüngigen Kommentare über die Personen, die er porträtierte, und hielt seine verletzenden Beobachtungen in sehr offenherzigen Tagebüchern fest. Allerdings ermöglichte dieses oft grausame Gespür für die Konturen des menschlichen Gesichts und Körpers es ihm auch, seine Modelle auf die fotogenste Weise abzubilden, sodass sie oft graziöser erschienen als in der Realität. Jeder Porträt- oder Modefotograf muss sich eingehend mit der menschlichen Gestalt auseinandersetzen, um Aussehen und Bewegung einer Person im Leben ebenso wie durch das Objektiv beurteilen zu können.

Beaton hatte einen ausgeprägten Sinn für die merkwürdige Ästhetik der Schäden, die moderne Waffen an Gebäuden anrichten. Er hielt sie mit seiner Rolleiflex im London des Bombenkriegs und auf den nordafrikanischen Schlachtfeldern des Zweiten Weltkriegs fest und wies darauf hin, dass die Surrealisten die Schlachtfelder des Kriegs in ihrem Werk vorweggenommen hatten. Während des Bombenkriegs fotografierte Beaton in London den abgetrennten Kopf einer Schaufensterpuppe auf einem Trümmerhaufen vor dem Geschäft, in dem sie gestanden hatte – ein bedrückender Kommentar zur Hinfälligkeit des Menschen.

Beatons Erfahrung als Modefotograf ist in diesem Bild zu erkennen, da er instinktiv den Humor und die Eleganz des Seemanns mit dem keck aufgesetzten Hütchen erkannt hat. Der Augenkontakt mit dem Modell ist hier entscheidend, er gibt der Fotografie die Verspieltheit und den Witz, die so typisch englisch sind. Man sollte auf Inkongruenzen in Motiven achten, die aus etwas Alltäglichem etwas Unterhaltsames machen.

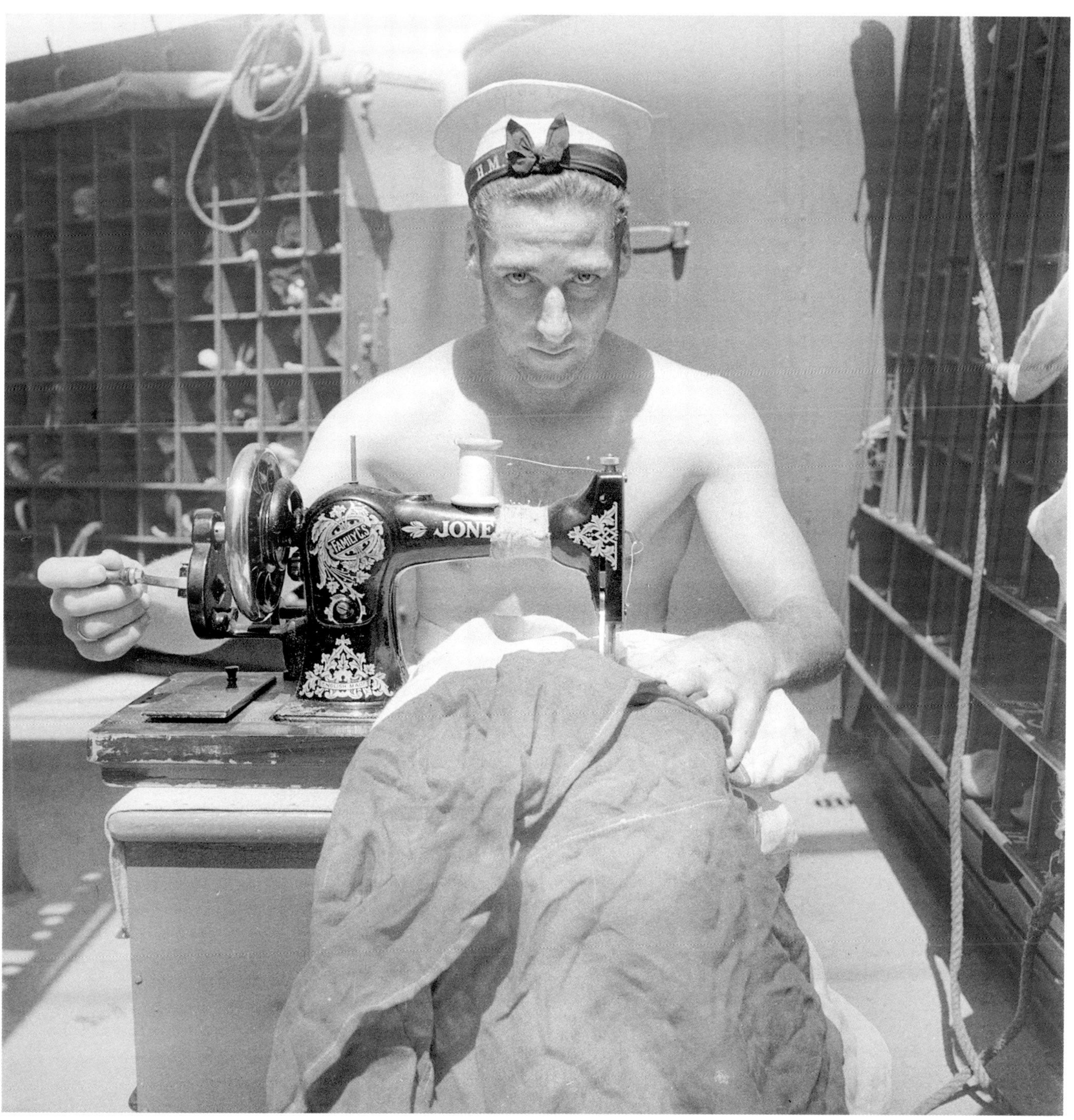
H.M.
JONE

Malick Sidibé

A moi seul 1978

Die Parade schick gekleideter Personen, die Malick Sidibés Fotostudio zur Schau stellt, ist ein faszinierender Kontrast zu dem Klischee eines von Hungersnöten gepeinigten, hoffnungslosen und bettelarmen Afrika. Stattdessen präsentieren sich auf den energiegeladenen, eindrucksvollen Bildern stolz die Bürger von Bamako (Mali) im schönsten Sonntagsstaat, mit den neuesten Trophäen der Konsumkultur, im Kreise von Familie und Freunden. In diesem fesselnden Porträt nutzte Sidibé die rhythmischen Muster des Hintergrunds, um einen verwirrenden Kontrast zum Anzug des Mannes herzustellen, und erschuf einen ungewöhnlichen performativen Raum. In sein Studio kamen Menschen aus allen Gesellschaftsschichten, vor allem aber die jungen Leute Bamakos, die sich mit ihren neuesten Klamotten oder angesagten Symbolen materiellen Wohlstands ablichten lassen wollten. Sidibé erklärte: „Für meine Landsleute ist es wichtig, Fotos von sich zu haben, um sie der Familie und Freunden zeigen zu können. Es ist eine Art soziale Geste.“ In Sidibés Studio fühlten sich die Leute wohl und freuten sich, ihre neuesten Errungenschaften zu präsentieren: „Gerade junge Leute liebten es, Fotos in ihrem besten Outfit machen zu lassen, mit den neuen Ohrringen, der neuen Frisur, der teuren Uhr ... Auf Fotos wollen alle gut aussehen.“ Die Atmosphäre im Fotostudio erinnerte eher an eine Disko; Sidibé berichtet: „Das Studio war ein unglaublich entspannter Ort. Ich machte auch ganz normale Familienfotos, aber oft fühlte man sich wie auf einer Party. Die Leute kamen vorbei, blieben, aßen eine Kleinigkeit. Ich schlief in der Dunkelkammer. Sie posierten auf ihren Vespas, zeigten ihre neuen Hüte und Hosen und Sonnenbrillen. Gut auszusehen war das Größte.“ Sidibé war eine Institution in Bamako und ist Teil des kulturellen Gedächtnisses seines Landes.

„Afrika wird allzu oft mit Schmerz, Armut und Elend in Verbindung gebracht. Diese Realität zu leugnen wäre dumm, aber Afrika ist mehr als das, und das wollte ich in meinen Bildern immer darstellen.“ Malick Sidibé

Malick Sidibé (ML, um 1935–2016) wuchs in einem Dorf auf, in dem seine Familie Ackerbau und Viehzucht betrieb. Das Leben dort war einfach und rückständig, er erinnerte sich, dass sein Vater das eigene Gesicht nie anders als in einer Wasseroberfläche gesehen hatte. Der junge Sidibé konnte jedoch die Schule besuchen, wo sein künstlerisches Talent dafür sorgte, dass er an die École des Artisans Soudanais in der Hauptstadt Bamako geschickt wurde. Er trat 1955 einem Fotografenatelier bei und kaufte ein Jahr später seine erste Kamera, eine Kodak Brownie Flash. 1957 wurde er Vollzeitfotograf. Sein eigenes Atelier, das Studio Malick, bezeichnete er als „Ort der Verstellungen“, es wurde 1958 eröffnet. Sidibé ist für seine Schwarz-Weiß-Studien der Populärkultur im Mali der 1960er Jahre und für seine Atelier-Porträts berühmt. Seine Arbeiten sind durchdrungen von der Energie und Lebendigkeit der malischen Kultur. Er sagte: „Das Land, in dem ich arbeite, zeichnet sich durch eine große, alles durchdringende Freude aus, die sogar zu Kolonialzeiten existierte. Das kommt auch in der Arbeit durch, da es eine sehr reiche Kultur ist.“

Kreative Tipps und Techniken

Sidibés Kompositionen waren stark durch seine frühere Skizzenarbeit beeinflusst, die ihm anfänglich sehr half, das Zusammenwirken von Licht und Schatten in einem Bild zu verstehen. Seine Verwendung von Kontrasten und Mustern schufen einen dynamischen Raum, in dem sich seine Modelle platzierten. Seine Aufnahmesitzungen waren entspannt, die Party- und Tanzstimmung trug seiner Meinung nach zu den guten Porträts bei. Die traditionellen förmlichen Porträtposen hielt er nicht für geeignet, die Energie der afrikanischen Stadt wiederzugeben. Seine Bilder erwecken den Eindruck angehaltener Bewegung, als ob man ein Foto ansähe, das sich vor einem zu bewegen scheint.

Sidibé arbeitete nur mit Film und widerstand den Versuchungen der Digitalfotografie. Er beschränkte sich auf Schwarz-Weiß-Aufnahmen, entwickelte die Negative selbst und stellte auch die Abzüge selbst her. Die Arbeit mit Film hielt er für wichtig in Bezug auf die Entwicklung eines Fotografen, da sie dazu zwinge, das Bild scharf zu stellen, es im Labor zu entwickeln und zu bearbeiten.

Sidibé vertrat die Ansicht, der Sinn für das Ästhetische solle bei einem guten Porträtfotografen mit einem Gefühl für die Emotionen der Menschen einhergehen. Man benötige ein Talent zur Beobachtung und müsse wissen, was man wolle. Er riet dazu, Formen und Bewegungen zu wählen, die einem selbst angenehm sind und schön wirken. Allerdings betonte er auch die Notwendigkeit, freundlich und mitfühlend mit den Modellen umzugehen. Er hielt es für außerordentlich wichtig, die Menschen dazu zu bringen, sich zu entspannen. Er selbst habe glücklicherweise diese Begabung.

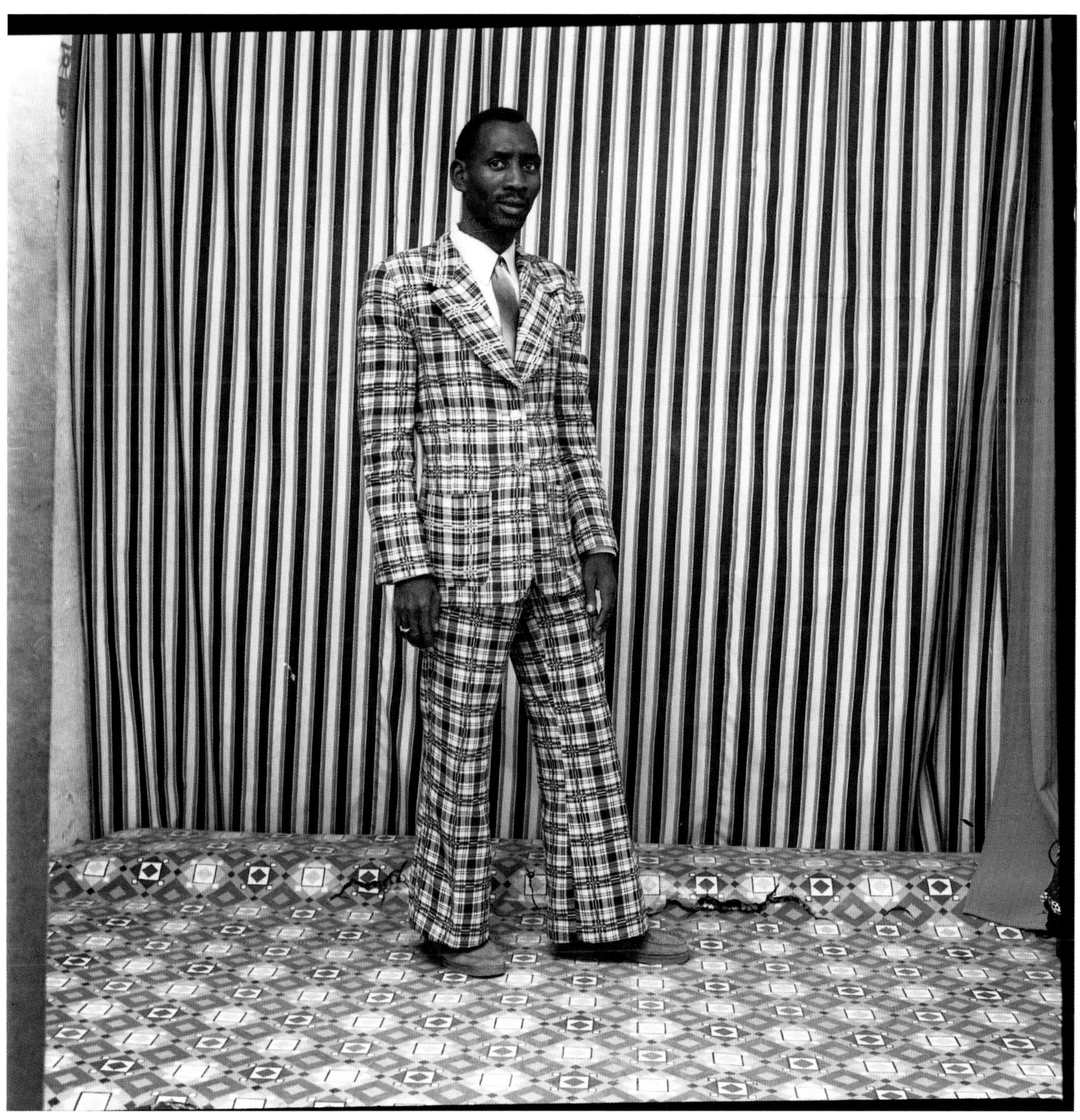

Nan Goldin

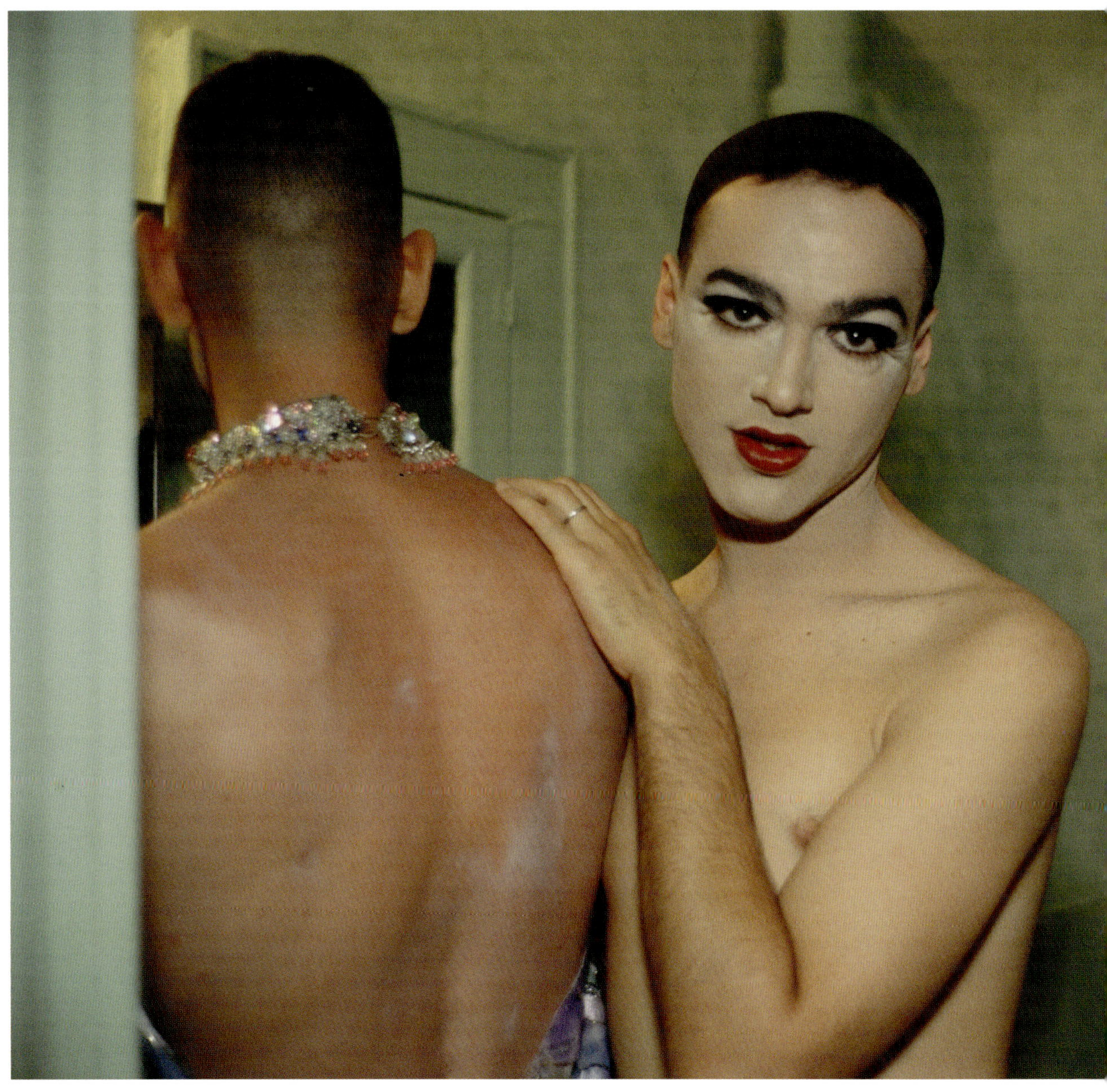

Nan Goldin (USA, 1953–) kam erstmals Ende der 1960er Jahre mit der Fotografie in Kontakt, als sie die Satya Community School in Lincoln, Massachusetts, besuchte, wo sie „keine geregelte Schulbildung erhielt, aber eine Stimme und die Fähigkeit, mich mit anderen Menschen auseinanderzusetzen". Sie lernte auch die Filme von Andy Warhol und Federico Fellini und die Modefotografie von Guy Bourdin und Helmut Newton kennen. In den frühen 1970er Jahren begann sie, die Dragqueens von Boston zu fotografieren. Sie erinnert sich: „Ich lebte mit ihnen; es war mein einziges Interesse, mein einziger Kontext." In New York hielt sie später mit der Kamera Freunde und Bekannte aus der oft alkohol- und drogensatten Post-Punk-Szene fest. Aus diesen Arbeiten entstand eine Dia-Performance, die 1986 auch als Buch erschien: *The Ballad of Sexual Dependency*. Goldin hat zahlreiche weitere Bücher veröffentlicht, darunter *Eden and After* (2014).

Kreative Tipps und Techniken

Goldin kombinierte Dias ihrer Fotografien mit Musik und präsentierte sie live als Performance, oft für die dargestellten Personen. Daraus entwickelte sich *The Ballad of Sexual Dependency* (dt.: Die Ballade von der sexuellen Abhängigkeit), eine organische, lebende Performance, die im Laufe vieler Jahre nach jeder Aufführung geschnitten und

Jimmy Paulette und Taboo! im Badezimmer, NYC 1991

Dieses Bild besetzt einen interessanten Raum: Es ist weder ein förmliches, gestelltes Porträt noch tut es so, als wäre es das objektiv-dokumentarische Werk eines unbeteiligten Beobachters, das auch dem Betrachter unbeteiligte Blicke erlaubt. Stattdessen erwidert einer der Porträtierten den Blick der Fotografin und schaut damit auch den Betrachter direkt an, fordert ihn auf, mit dem Paar in Beziehung zu treten. Die andere Person kehrt uns den Rücken zu, bleibt unerkannt, lässt aber einen komplexen Charakter erahnen. Nan Goldin gibt zu: „Die Wirklichkeit beinhaltet Chancen und Risiken, und nach manchen Perlen muss man tauchen." Die Mehrdeutigkeit des Fotos spiegelt Goldins Identifikation mit ihren Modellen und deren Weder-Noch-Identität wider. Sie begründete ihren Bezug zu Dragqueens mit dem tiefen Respekt, den sie für deren Infragestellen gängiger sexueller Normen empfinde: „Es sollte eine Hommage sein, ich wollte ihnen zeigen, wie schön sie sind. Ich habe sie nie als Männer in Frauenkleidern gesehen, sondern als eine Art drittes Geschlecht. Ich habe sie so akzeptiert, wie sie sich selbst sahen. Ich hatte kein Bedürfnis, sie mit meiner Kamera zu demaskieren." Goldin verteidigt ihre Arbeiten gegen den Vorwurf, sie würde ihre Motive ausbeuten; schließlich sei sie mit ihren Modellen befreundet und diese hätten nichts dagegen, von ihr fotografiert zu werden. „Ich bin keine Voyeurin, denn Voyeure knipsen heimlich, durchs geschlossene Fenster; bei mir steht das Fenster immer sperrangelweit offen."

„Die gängige Auffassung besagt, der Fotograf sei von Natur aus ein Voyeur, der letzte, der zu einer Party eingeladen wird. Aber ich bin eingeladen: Dies ist meine Party. Dies ist meine Familie, meine Geschichte.

Nan Goldin

wieder geschnitten wurde, neu angeordnet und wieder neu angeordnet. Goldin sieht die Diashow als eine Möglichkeit, über die Fotografie hinauszugehen und sich nicht auf ein einzelnes Bild beschränken zu müssen. Sie interessiert sich für das Aufeinanderfolgen der Bilder und wie sie sich gegenseitig beeinflussen. Die Kombination mit Tönen und Musik ist ebenfalls entscheidend, und sie verwendet Stücke aus verschiedenen Quellen, die die Musik ihres Lebens widerspiegeln, unter anderem von The Velvet Underground und Nina Simone. Die Erzählstimme im Soundtrack liefert einen weiteren Kontext für das Werk und erlaubt Goldin, Fragen zur Sexualpolitik, zu Gender und Beziehungen zu stellen. *The Ballad* ist ein episches Werk, aber die Kombination von Musik und Bildern zu einer nicht-linearen Erzählung lässt sich auch in anderen Zusammenhängen verwenden und lädt zum Experimentieren mit Publikumsreaktionen geradezu ein.

Goldin verwendet die Kamera als Erweiterung ihres Lebens. Anfänglich hoffte sie, die Menschen um sich herum durch ihre Aufnahmen ‚bewahren' zu können, gibt aber inzwischen zu, das sei wohl eine vergebliche Hoffnung gewesen. Trotzdem schafft diese vollkommene Integration des fotografischen Prozesses in das Leben eher Momente der Verbindung als der Abstraktion.

Rineke Dijkstra

Kolobrzeg, Polen, 26. Juli 1992 1992

Dieses Bild stammt aus einer Porträtserie von jungen Badenden in den USA, Großbritannien, Belgien, der Ukraine, Kroatien und Polen. Die Jugendlichen in Rineke Dijkstras *Beach Portraits* stehen alleine da, hinter ihnen das Meer. Diese jungen Menschen, die kaum mehr als Badekleidung tragen, sind faszinierend anzuschauen. Dijkstra nutzte den Strand als begrenzten Raum, als Übergang vom Meer zum Land und sinnbildlich von der Pubertät zum Erwachsensein. Die Porträtierten wirken, als stünden sie am Rande von etwas, kurz davor, von einer Zone in die nächste zu wechseln. Die Offenheit des Strandes und die spärliche Bekleidung der Badenden ermöglicht Dijkstra eine vergleichende Untersuchung dieses Schlüsselmoments: Sie fotografiert alle möglichen Kinder und Teenager und bittet die Betrachter, die Studien auf Hinweise auf den Gemütszustand der Jugendlichen zu durchsuchen.

Sie benutzt nur diese eine Pose, eine Person vor einem schlichten Hintergrund, um den Raum zwischen den Menschen zu betonen, die Kluft zwischen Betrachter und Objekt, die das Porträt traditionell überwinden will. Sie verlangt vom Publikum, sich bei der Interpretation des Bildes mehr anzustrengen, indem sie ihm nicht zu viele visuelle Hinweise gibt. Sie erlaubt ihren Modellen auch, ihren eigenen physischen Standpunkt zu finden, denn auch das verrät etwas über den Charakter. Dijkstra ist jedoch der Meinung, dass dies auf natürliche Weise vom Modell ausgehen muss, nicht von ihr. Sie versucht, Natürlichkeit einzufangen: „Ich warte auf den unbeschützten Moment, die Situation, in der jemand seine Pose vergisst ... Ich habe nie gezielt nach Verletzlichkeit gesucht, es ist mehr die Suche nach einer rauen Präsenz, die in ihrer Persönlichkeit noch kaum festgelegt ist."

> „Ein Foto funktioniert am besten, wenn formale Aspekte wie Licht, Farbe, Komposition und informelle Aspekte wie ein Gesichtsausdruck oder eine Geste zusammenstimmen. Ich suche in meinen Bildern nach einer gewissen Klarheit und Stille." Rineke Dijkstra

Rineke Dijkstra (NL, 1959–) hat verschiedene Porträtserien veröffentlicht, in denen jeweils Einzelpersonen gezeigt werden, die jedoch immer mit den anderen Dargestellten in Verbindung stehen. Themen waren unter anderem Badende am Strand, israelische Soldaten und Heranwachsende in Berlin Tiergarten. Dijkstra entdeckt tiefere Bedeutungen im Leben anderer Menschen und stellt fest, dass, „die Bedeutung der Fotografie darin liegt, dass man etwas zeigen kann, dass man andere Menschen Dinge sehen lassen kann. Letztendlich geht es um das Besondere des Alltäglichen." Zurzeit arbeitet sie an einer Serie über Almerisa, ein bosnisches Mädchen, das sie 1994 als sechsjähriges Flüchtlingskind in Amsterdam kennenlernte. Seitdem fotografiert sie Almerisa alle ein, zwei Jahre wieder und hält ihre Entwicklung vom Kind zur Frau und Mutter wie auch ihren Übergang von der Kultur Ost- zu der Westeuropas fest.

Kreative Tipps und Techniken

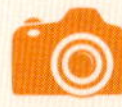

Dijkstra arbeitet mit einer 4 x 5-Zoll Fachkamera mit Standardobjektiv und Stativ, die postkartengroße Negative mit feinen Details und Kontrasten liefert. So kann sie große Abzüge herstellen, ideal für Museumsausstellungen. Sie sieht eine Verwandtschaft zwischen Fotografie und dreidimensionaler Kunst, Skulptur.

Das richtige Konzept und Thema, den passenden Aufnahmeort zu finden, gehört zu den wichtigsten Schritten in Dijkstras Arbeitsweise. Wenn sie dann auch noch die richtige Person entdeckt hat, wird die Beziehung zu ihr recht intensiv, während sie versucht, einen ungehemmten, nicht gestellt wirkenden Moment zu finden.

Dijkstra setzt bei Außenaufnahmen Blitzlicht ein, um den Körper zu betonen und ihn vom Hintergrund abzuheben. Meist geht es darum, die richtige Balance zwischen Tages- und Blitzlicht zu finden. Anfänglich experimentierte sie mit komplizierten Beleuchtungsanordnungen, zieht aber inzwischen einfache Konstellationen vor. Diese Technik ist gut geeignet, um das Hauptmotiv eines Porträts zu betonen. Man kann sie erlernen, indem man mit einem Modell eine Belichtungsserie fotografiert, bei der man die Belichtungswerte für das Tages- und das Blitzlicht variiert, bis man das Verhältnis gefunden hat, das einem am besten gefällt. Am dramatischsten sieht ein stark unterbelichteter Hintergrund mit einem starken Blitz auf das Hauptmotiv aus, während eine korrekte Belichtung für das Tageslicht und ein um ein oder zwei Blenden reduzierter Blitz etwas subtiler wirkt. Man muss mit dem Modell arbeiten, um eine Haltung zu finden, in der es entspannt und natürlich aussieht. Wenn man zu viele Anweisungen gibt, wirkt das Bild oft gestellt.

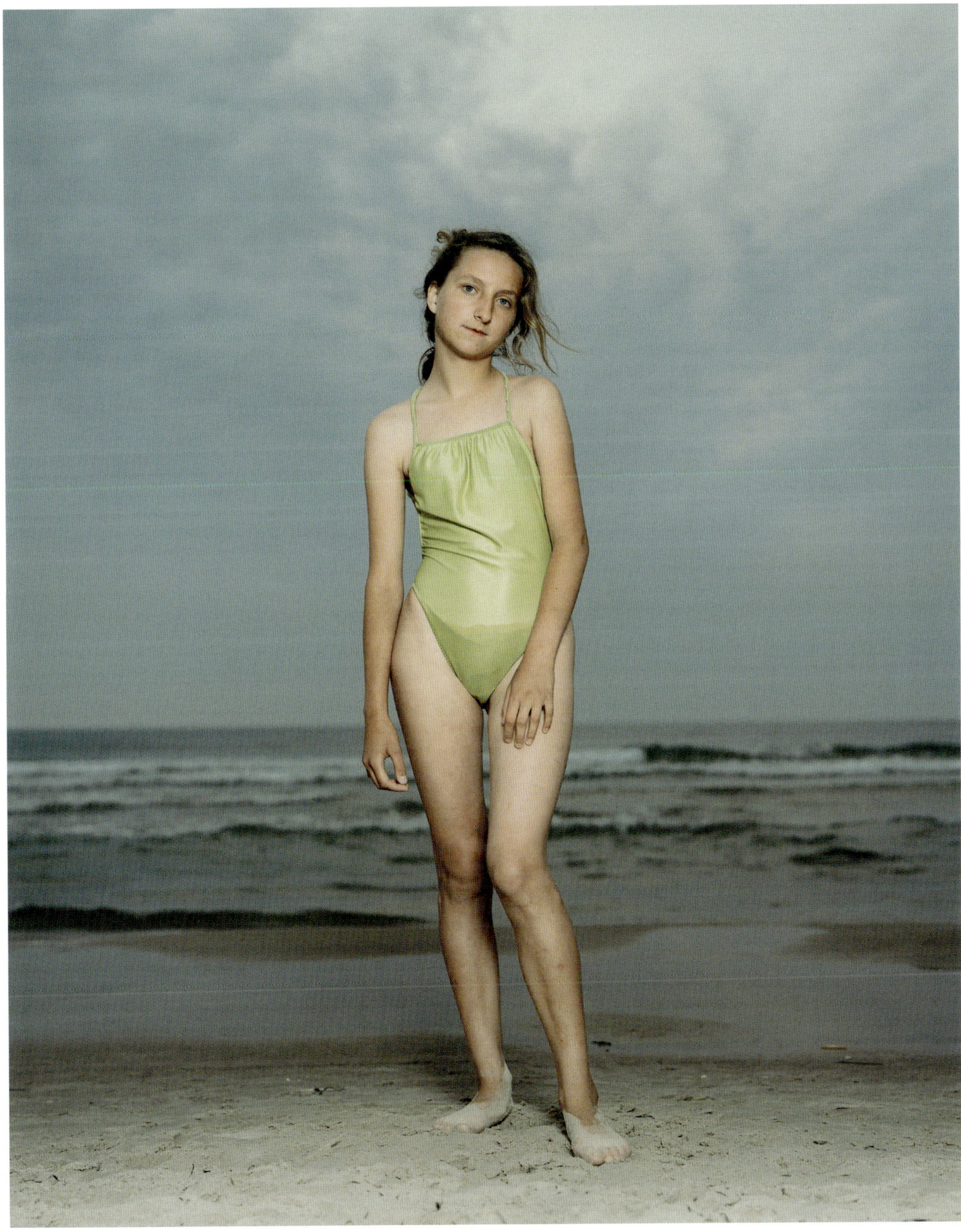

Wolfgang Tillmans

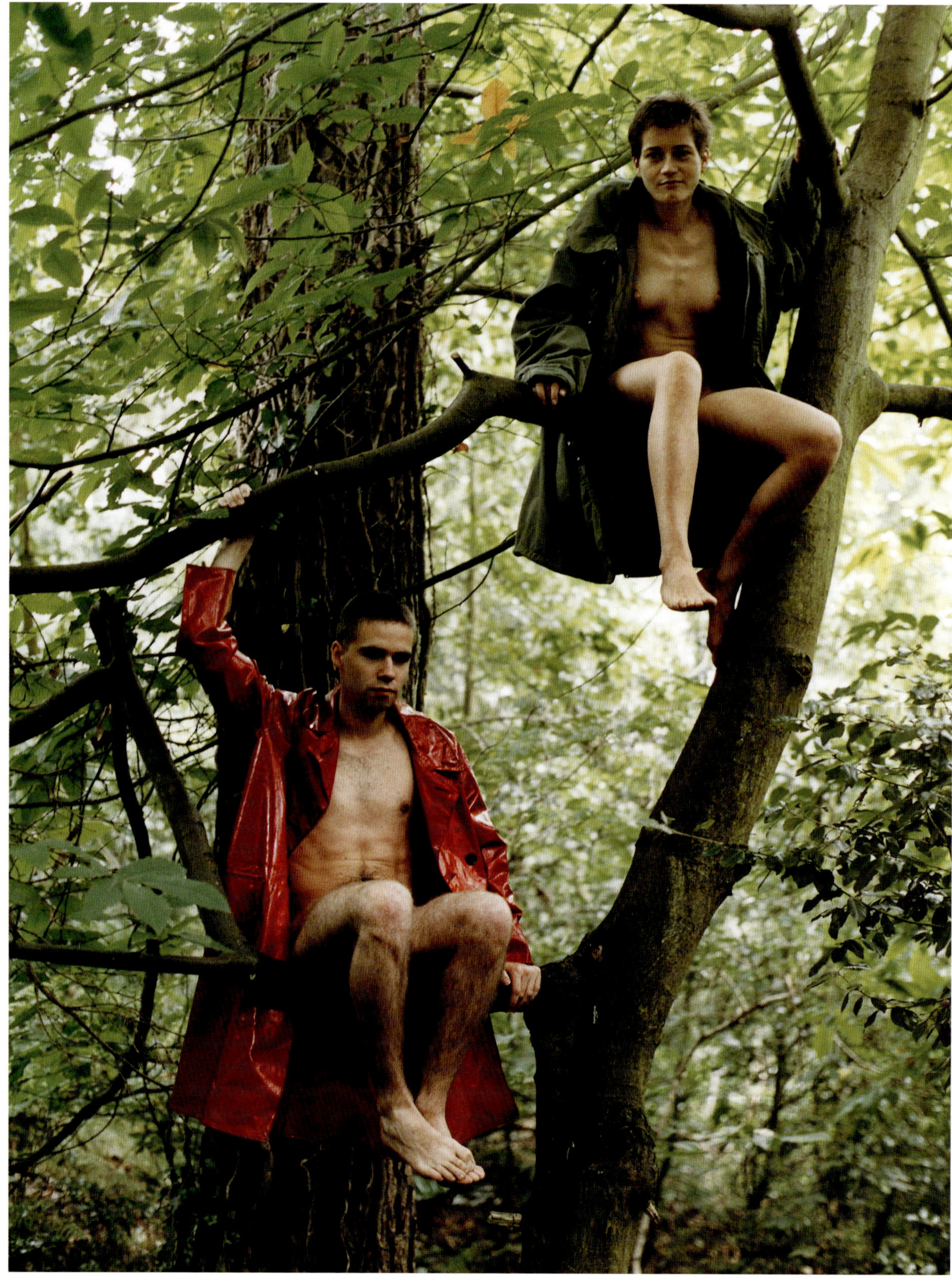

Lutz and Alex sitting in the trees 1992

Wie zwei Tiere in freier Wildbahn, Kinder des Waldes, hockt dieses Paar auf den Ästen eines Baumes, vom Grün der Blätter umgeben, das ihre Körper zu durchdringen scheint. Beinahe wie ein zeitgenössisches Pendant zu Adam und Eva: Bis auf die Mäntel sind sie nackt, Lutz trägt einen roten Regenmantel, Alex eine Art grünen Parka. Bei Wald denken wir an Wildnis und Freisein, aber auch an Ängste und Fantasien der Kindheit – der Wald hat in der deutschen Kunst eine lange Tradition. Lutz' Gesichtsausdruck ist härter als der von Alex, die zugänglicher, freundlicher wirkt.

Das Foto zeigt Wolfgang Tillmans' Fähigkeit, an den Rändern der Genres zu arbeiten: Es hat etwas von einer „echten" Dokumentation, wirkt aber zugleich unwirklich und performativ. Tillmans interessiert der Raum zwischen den Genres „Ich empfinde die Fotografie als sehr machtvolles Instrument, denn solange etwas real aussieht, wird es auch als real wahrgenommen. Auf dieser Grundlage habe ich meinen Stil entwickelt. Ich ließ außergewöhnliche Dinge nicht besonders außergewöhnlich aussehen. Zwei Leute, die nackt auf einem Baum sitzen, kann man nicht als dokumentarisches Bild bezeichnen, aber es wurde sogleich als Abbild des Zeitgeistes, der Realität, gesehen." Sein Vorgehen beschreibt er folgendermaßen: „Ich fing an, Leute als Schauspieler von Ideen, ihrer eigenen Ideen zu benutzen, wie bei einer Kollaboration; auf diese Weise sah ich, was ich sehen wollte." Da dieses Bild für eine Modezeitschrift entstanden war, konnte er mit den Erwartungen spielen, was ein Foto sein und in welchem Kontext es betrachtet werden soll. Es brachte Tillmans den Durchbruch: Nachdem Kuratorin Maureen Paley das Bild auf der alternativen Kölner Kunstmesse „Unfair '92" gezeigt hatte, kam ein Jahr später seine erste große Ausstellung.

„Mich fasziniert die Spannung zwischen den beiden Schlüsselqualitäten eines Fotos: dem Versprechen, ein perfektes, kontrolliertes Objekt zu sein, und der Realität eines in mechanischer Hinsicht recht primitiven fotografischen Abbildes."

Wolfgang Tillmans

Wolfgang Tillmans (D, 1968–), in Remscheid geboren, studierte am Bournemouth and Poole College of Art and Design in Südengland. In den 1990er Jahren erstellte er so etwas wie eine Chronik der Club-Kultur dieses Jahrzehnts und veröffentlichte seine Fotografien in den Zeitschriften *The Face* und *iD*. Er nutzte sie als Medium, um seine Arbeit in einem Zusammenhang zu zeigen, der nicht so stark von vorgegebenen Erwartungen geprägt ist wie der konventionelle Markt für dokumentarische oder ‚hohe' Kunst. Sein Werk erstreckt sich eklektizistisch über Genres und Stile, bewegt sich nahtlos von Luftaufnahmen bis Landschaften, Publikationen in Zeitschriften bis zu Galerien, wo die Wirkung seiner Installationen auf den Betrachter sich aus der Summe der Rhythmen und Verbindungen ergibt, die sein Gesamtwerk durchziehen. Tillmans verwendet ganz unterschiedliche Techniken, von fotokopierten Collagen bis hin zu abstrakten Werken aus der Dunkelkammer. Im Jahr 2000 gewann er als erster Fotograf – und auch als erster Nicht-Engländer – den Turner-Preis.

Kreative Tipps und Techniken

Tillmans betrachtet das Porträtieren als grundlegende menschliche, nicht nur künstlerische Handlung. Er glaubt, dass es eine sehr direkte Form des menschlichen Austauschs ist, die ihn interessiert. Vergängliche Ausdrücke sind wichtig für seine Arbeit mit Menschen. Er erklärt, dass in dem Augenblick, in dem er die Kamera ans Auge hält, sich im Gesicht des Modells etwas verändert, und dass er diese Veränderung festhält.

Tillmans arrangiert komplizierte Installationen für seine Fotografien, die mit der Stofflichkeit des Bildes spielen. Sie sorgen für Anklänge und Wechselwirkungen zwischen Gruppen und Serien von Bildern und laden den Betrachter ein, durch seine Reaktion zu einer eigenen Erzählung zu kommen. Er erklärt, dass er auf der elementarsten Ebene mit Papierstücken arbeitet, Farben und Tinten formt, und dass diese Objekte nicht die Realität sind, die sie darstellen. Er fragt: „Warum trägt dieses Papier eine Ladung? Es ist das Gehirn, es ist unser Menschsein, das es zum Leben erweckt." Er entdeckte diesen Ansatz schon früh, als er mit einem Fotokopierer Vergrößerungen von Zufallsfunden machte. Er erinnert sich, dass es zu dieser Zeit sehr radikal war, Zeitschriftenbilder neben Originalfotografien zu stellen und die Fotografien ungerahmt zu lassen. Seine Installationen entstehen in organischer Wechselwirkung mit dem Ausstellungsort und laden das Publikum ein, seine eigenen Interpretationen zu liefern.

Tillmans glaubt an die Risikobereitschaft des Künstlers und an die Reaktion auf den Augenblick, ohne vorgegebene Ideen. Ihm ist bewusst, dass dies unbequem sein kann, betont aber, dass diese Unvorhersehbarkeit wichtig für seine Welterfahrung ist.

Steve Pyke

Letzter Fuß auf dem Mond (Gene Cernan), Houston 1998

Steve Pyke konnte sich schon als kleiner Junge für Astronauten begeistern: „1968 war ich einfach ein Kind, dem die Vorstellung von Weltraumreisen gefiel." Ende der 90er Jahre machte er sich auf den Weg, die überlebenden Astronauten der Apollo-Missionen zu besuchen, 30 Jahre nach dem Flug der Apollo 8. Er war, wie er sagt, „einer ganz speziellen Erfahrung auf der Spur: Wie fühlt es sich an, auf dem Mond zu laufen?" Von Pykes Reise zu den Weltraumpionieren handelt der Dokumentarfilm *Moonbug* (2010).

Die meisten Bilder tragen Pykes stilistische Handschrift: das Gesicht des Porträtierten vor schwarzem Hintergrund, von Naturlicht erhellt. Für dieses Foto jedoch forderte das Motiv einen anderen Ansatz. Gene Cernan war der letzte Mann, der einen Fuß auf den Mond setzte, als letztes Crewmitglied der Mondfähre von Apollo 17 im Dezember 1972. Das Licht, das auf die Linien in Cernans linkem Fuß fällt, weckt die Erinnerung an die Oberfläche der Mondsichel, wie sie von einem Satelliten aus zu sehen ist, deren Krater und Riefen sich nun über die Fußsohle zu ziehen scheinen. Bekannt wurde Pyke mit Porträts, aber er fotografierte auch Stillleben; Cernans Fuß behandelt er wie ein skulpturales Objekt, fast als wäre er in Stein gemeißelt. Er glaubt, dieses Gefühl der Unbeweglichkeit komme in seinen Werken häufig vor, was ihn mit Fotopionieren wie Octavius Hill verbindet, der in den 1840er Jahren Porträts und Stillleben fotografierte. Auch in seinen Porträts ist „Stille": „Ich fotografiere Menschen gerne auf diese stille, ruhige Art, aber mein Ziel ist es, und das möchte ich wirklich erreichen, jene spontanen Achtelsekunden einzufangen, die ab und zu auftauchen."

„Manchmal möchte ich bei Portätfotos die Umgebung abschaffen. Sie ist oft völlig irrelevant; häufig gibt es keinen Bezug zwischen dem Modell und dem Raum, in dem ich fotografiere." Steve Pyke

Steve Pyke (GB, 1957–) ist während seiner gesamten Laufbahn einem sehr persönlichen Stil treu geblieben: Er fotografiert Porträts in Großaufnahmen, konzentriert sich auf die „Person, die ich fotografiere, auf die Physiognomie". Pyke hat unzählige Prominente, Musiker, Schauspieler und Filmregisseure porträtiert, er hat aber auch an eigenen, langfristigen Projekten gearbeitet und Porträtserien von Philosophen, Kindern in Uniform und Astronauten erstellt. Pyke war ursprünglich Musiker, fotografierte aber auf einer Motorradtour durch die USA mit einer Instamatic-Kamera, was ihn zum Kauf einer Rolleiflex und zur Fotografie als Beruf brachte. Von 1981 bis 1984 arbeitete er unter anderem für populäre Magazine wie *The Face* und *New Musical Express*. 1974 wurde er festangestelIter Fotograf und Mitarbeiter bei der Zeitschrift *The New Yorker*. Pyke sieht sich selbst als „Sammler" von Gesichtern und glaubt, Fotografen würden „im Wesentlichen zu Ontologen, sie werden zu diesen Menschen, die sammeln."

Kreative Tipps und Techniken

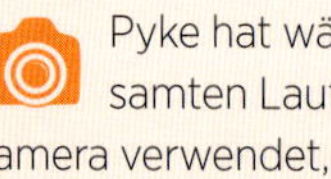

Pyke hat während seiner gesamten Laufbahn die gleiche Kamera verwendet, eine Rolleiflex Mittelformatkamera mit einem 80mm 2,8 Planar-Objektiv. Heute, im Digitalzeitalter, sei die zweiäugige Spiegelreflex etwas Besonderes, das zum Performance-Charakter der Interaktion mit seinen Modellen beitrage. Das 80mm-Objektiv entspricht einem 50mm-Standardobjektiv bei Kleinbildkameras, aber Pyke verwendet zusätzlich Rolleinar-Makroobjektive, die es ihm erlauben, unglaublich dicht an die Gesichter seiner Modelle heranzugehen, meist bis auf wenige Zentimeter Entfernung. Er entwickelte diese Technik, als er die Objektive zufällig in einem Fotogeschäft entdeckte. Meist fotografiert er vor einem Hintergrund aus schwarzem Samttuch, das er schnell mit Klebestreifen an einer Wand befestigen kann, er hat aber gelegentlich mit weißem Hintergrund gearbeitet. Er nutzt das vorhandene Tageslicht und fotografiert mit Stativ bei f/8 und 0,125s auf ISO 400 Kodak TriX Film. Aufgrund seiner stets gleich bleibenden Arbeitsweise sind die Arbeitsabläufe so automatisiert, dass Interaktion und Fotografieren nahtlos funktionieren: „Die meisten meiner Fotos entstehen im Gespräch mit meinen Modellen."

Pyke arbeitet langsam und baut vor den ersten Aufnahmen eine Beziehung zum Modell auf. Er sagt, eine typische Sitzung dauere eine Stunde, wovon 45 Minuten im Gespräch und Sich-Kennenlernen vergehen. Das eigentliche Fotografieren sei vielleicht schon nach zehn Minuten erledigt. Seine Arbeitsweise bleibt unabhängig von Modell und Auftraggeber immer gleich. Sein Ruf und seine Arbeitsweise führen dazu, dass viele Modelle jetzt schon vorbereitet zu der Sitzung kommen und bereit sind, ihn in seine private Welt zu begleiten.

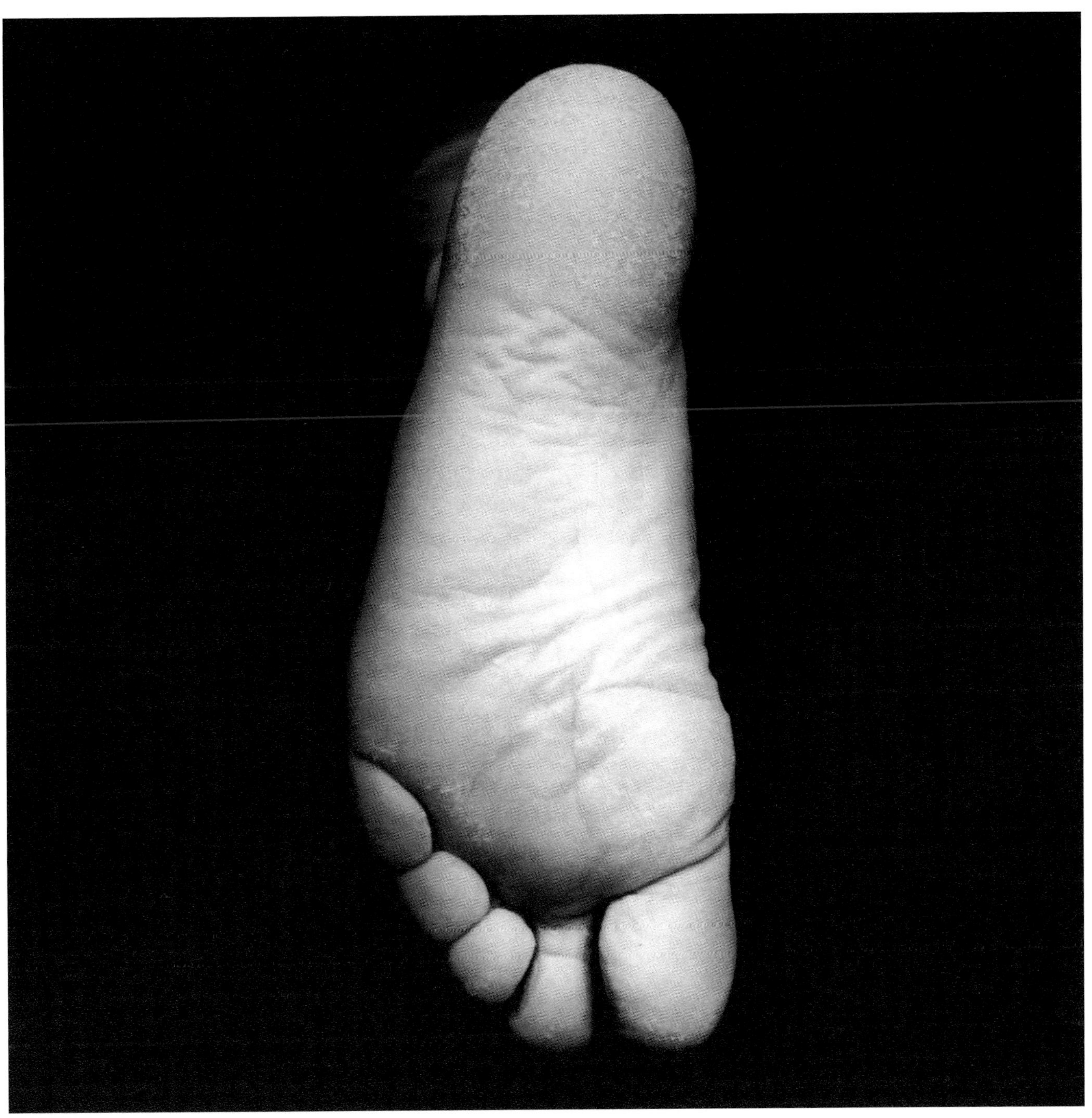

Laura Pannack

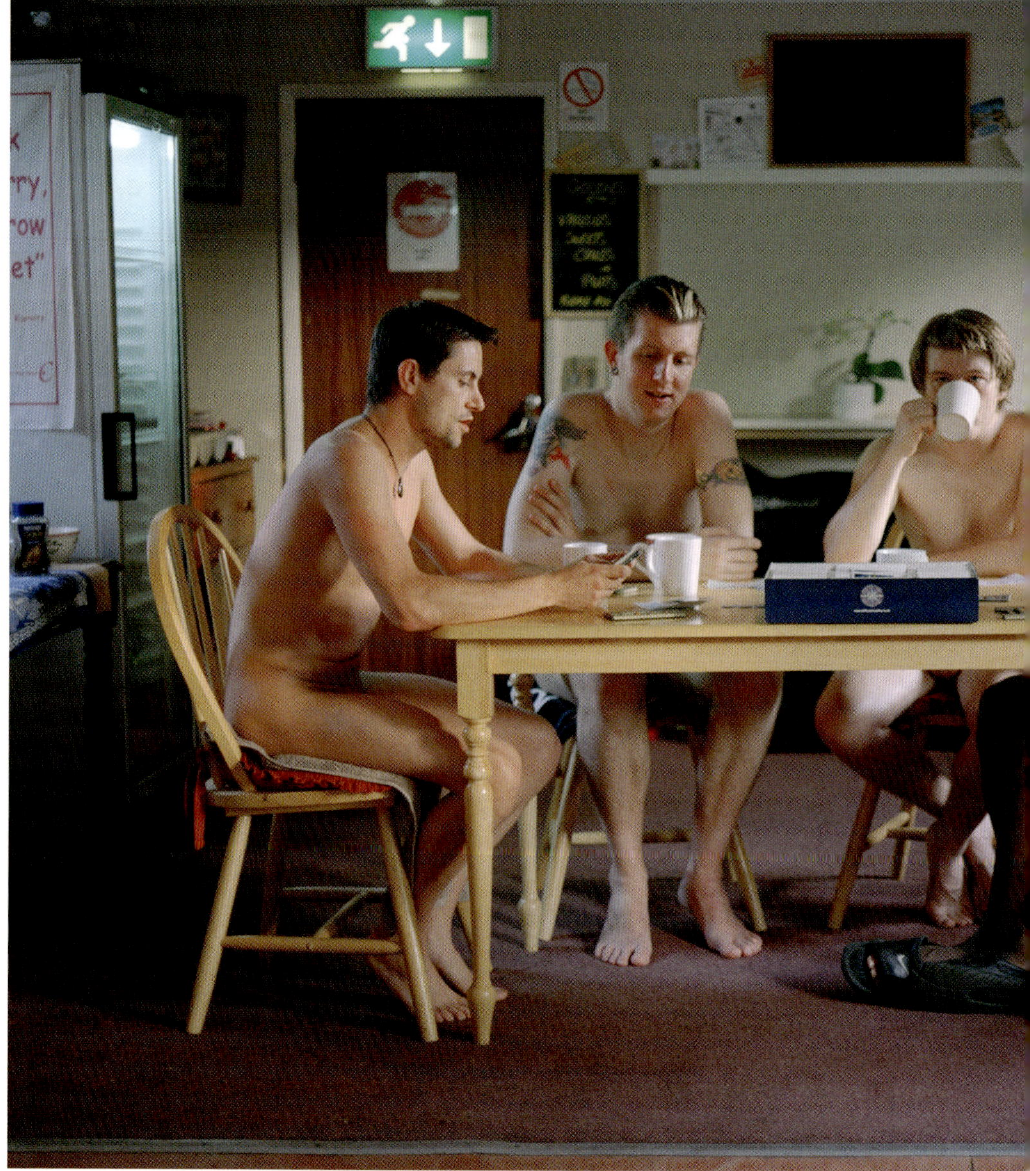

Laura Pannack (GB, 1985–) hat sich zu einer der interessantesten britischen dokumentarischen Porträtfotografinnen entwickelt. Sie arbeitet für Redaktionen und an ausgedehnten Projekten über Heranwachsende. Im Jahr 2010 gewann sie einen World Press Photo Award. Ihr Ziel ist es, „unsere Generation jetzt festzuhalten. Ich möchte, dass wir darüber nachdenken, wer diese Jugendlichen sein werden, wenn sie erwachsen sind. Meine Bilderwelt muss immer ein Element des Geheimnisvollen aufweisen. Wenn man einem Publikum zu viel Information liefert, schränkt man das Potenzial seiner Fantasie ein."

Kreative Tipps und Techniken

Pannack verwendet beträchtliche Zeit auf die Recherche für ihre Projekte und achtet auf die richtigen Menschen für die Zusammenarbeit. Sie verwendet zuerst soziale Medien und macht sich auf die Suche nach Empfehlungen und Zugangsgenehmigungen. Allerdings sei es oft am besten, einfach in die Welt hinauszugehen: „Oft gehe ich einfach los und finde Leute. Was ist das Schlimmste, was sie sagen können? Ich kann immer sagen, warum ich sie fotografieren möchte. Am wichtigsten ist die Empathie. Man muss verstehen, warum jemand vielleicht nicht fotografiert werden möchte."

Pannack hält es für wichtig, zuerst etwas Zeit mit den Menschen zu verbringen, die sie fotografieren wird: „Ich bin gerne einen Tag mit den Leuten unterwegs. Ich habe Ideen, wie die Aufnahmen aussehen könnten, aber ich plane nicht gerne. Die Spontaneität ist entscheidend. Darum geht es bei der Porträtfotografie." So kann sie eine Beziehung zu den zukünftigen Modellen aufbauen, die sich hoffentlich auch dem Betrachter der Fotografie mitteilen wird. Sie betont die Bedeutung eines empathischen, respektvollen Umgangs mit den Modellen, um sicherzustellen, dass sie während der Aufnahmen entspannt sind. Pannack ver-

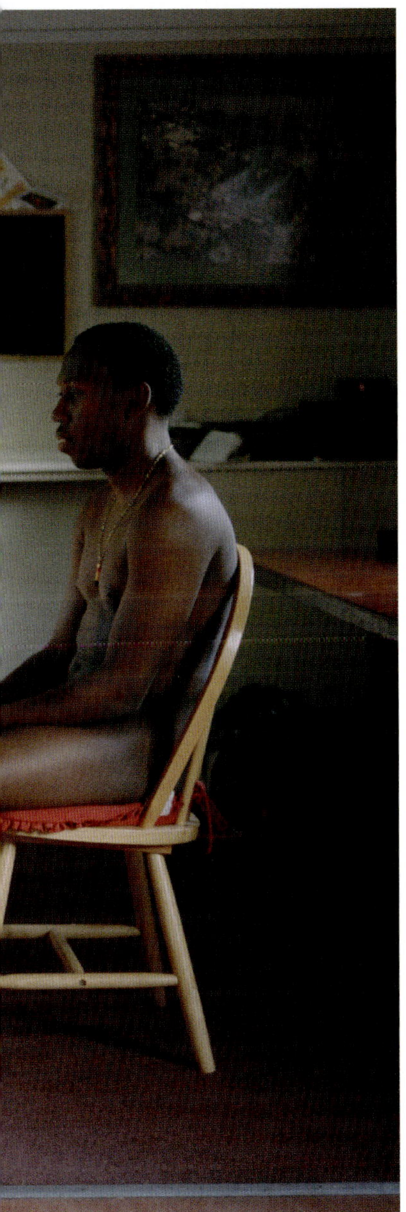

Junge britische FKK-Fans 2011

Für ihre Serie über junge britische Anhänger der Freikörperkultur hatte Laura Pannack das Gefühl, dass sie selbst ebenfalls nackt sein müsse, um sich mit den Porträtierten identifizieren zu können. Sie sollten sich ganz natürlich verhalten können, erklärt sie: „Ich wollte zeigen, dass diese Leute nicht einfach nur nackt waren. Es waren Menschen; ich wollte nicht ihre Nacktheit fotografieren, sondern ich wollte *sie* fotografieren." Dieses Bild nimmt die Nacktheit der Protagonisten ganz selbstverständlich hin. Sie wird zu einem untrennbar mit ihnen verbundenen Teil ihres Lebens, und auch alles andere innerhalb des Bildausschnitts erscheint ganz normal und alltäglich. Dennoch verraten die weichen Stuhlkissen und einige subtile Details in der Körpersprache etwas darüber, wie sich diese Situation für sie anfühlt.

Pannack möchte klischeebehafteten Ansichten über junge Leute entgegentreten. Sie erläutert: „Die Medien haben die Tendenz, junge Menschen nicht nur negativ zu beeinflussen, sondern sie auch pauschalisiert darzustellen. Ich wollte die Einstellung meiner Betrachter infrage stellen und sie bitten, darüber nachzudenken, wie sie junge Menschen sehen; sie sollen die Porträtierten als Individuen betrachten, eigenständige Menschen, unabhängig von ihrer Vorgeschichte." Pannack möchte mit ihren Modellen in Interaktion treten, sie spürt eine Verbundenheit zwischen ihnen, egal wie kurz oder lange der Kontakt schon besteht. Ihr ist deutlich bewusst, dass die denkwürdigsten Bilder manchmal nicht die sind, die auf Film gebannt wurden, sondern die, die nur das Auge gesehen hat. „Es klingt seltsam, aber ich glaube wirklich, dass die Fotos, die ich nicht mache, genauso wichtig sind wie die, die ich mache. Deswegen knipse ich nicht einfach herum, sondern entscheide mich für eine Aufnahme." Pannack trägt ihre Kamera nicht ständig mit sich herum: „Manchmal ist es wichtiger, das Leben zu atmen, zu fühlen und zu sehen, als es festhalten zu wollen."

sucht ihnen zu erklären, was sie vorhat, damit alle Beteiligten das Vorgehen verstehen: „Wenn ich eine bestimmte Vorstellung habe, führe ich sie vor, bevor ich mein Modell bitte, sie nachzustellen. Ich möchte sicherstellen, dass diejenigen, die ich fotografiere, sich sicher und stark fühlen." Sie glaubt ein angeborenes Gespür dafür zu haben, wer sich besonders für ein Porträt eigne: „Manche Menschen haben einen bestimmten Blick, ein bestimmtes Aussehen. Ich weiß nicht, warum ich bestimmte Menschen einfangen oder fotografieren möchte." Sie beschreibt, wie sie bei Aufnahmen oft auf bestimmte Individuen oder Charaktere anspringt, die eine gewisse Ausstrahlung haben: „Manchmal weiß ich sofort, was mich gefangen genommen hat: strahlend grüne Augen, unbeholfene Gliedmaßen oder gewisse Gefühle ... manchmal weiß ich es nicht, und es lässt mich auch nicht in Ruhe, wenn der Film schon entwickelt ist."

„Zwischen Jugendlichen und Fotograf gibt es eine besondere Beziehung. Meine Arbeit ist emotional, und Teenager werden oft von ihren Gefühlen überwältigt. Sie sind dabei, ihre Persönlichkeit auszubilden, das ist ein spannender Prozess." Laura Pannack

Konze

ept

Das Wesen des Mediums Fotografie an sich ist ein spannendes Thema für Fotografen. Die formal-ästhetischen Qualitäten der Kamera in Verbindung mit ihren technischen Möglichkeiten erschaffen einen weiten Raum voller Widersprüche und Fragestellungen, mit denen sich der Fotograf auseinandersetzt. Dabei spielt der Gegensatz zwischen der Subjektivität des Fotografen und der scheinbaren Objektivität der Kamera eine entscheidende Rolle. Die selektive Wahl von Bildausschnitt und -komposition kann Verbindendes oder Nebeneinanderstellungen schaffen, aus denen sich vielleicht eine tiefere Bedeutung ergibt. Das Phänomen, dass die Kamera dreidimensionalen Raum auf zwei Dimensionen reduziert und dann auf dem Foto die dreidimensionale Tiefe scheinbar wiederhergestellt wird, ist ebenfalls ein wiederkehrendes Thema in den Arbeiten derer, die die Grenzen der Fotografie erkunden. Die Frage, welches Objekt des Fotografierens würdig ist, ist komplex; die Kamera hat die Macht, vermöge des Künstlers, der sich dazu entschließt, das Gewöhnliche in etwas Außergewöhnliches zu verwandeln. Sogar die Rolle des Fotografen als Autor bzw. Urheber eines Fotos kann strittig sein: Manche Künstler verwenden Bilder, die sie gefunden haben oder die von der Satellitenüberwachung stammen, was die Frage aufwirft, ob ein Foto von vornherein vom Fotografen gemacht worden sein muss. Die Anwendung einer künstlerischen oder wissenschaftlichen Methodik auf die Welt, mit einer Reihe von festgelegten Parametern, kann ein Projekt formen, ihm Kohärenz und Weitblick verleihen. Die Anwendung eines Gedankenmodells auf der Basis einer künstlerischen Praxis oder einer philosophischen Position kann einem Projekt Tiefe und Resonanz verleihen. Das Medium Fotografie ist noch relativ jung; es schöpft nach wie vor aus etablierteren Kunstformen sowie aus seinem jüngeren medialen Bruder, dem Film. Doch bei der Entwicklung einer echten fotografischen Sprache gilt es noch viel zu erforschen und zu erkunden.

Eadweard Muybridge

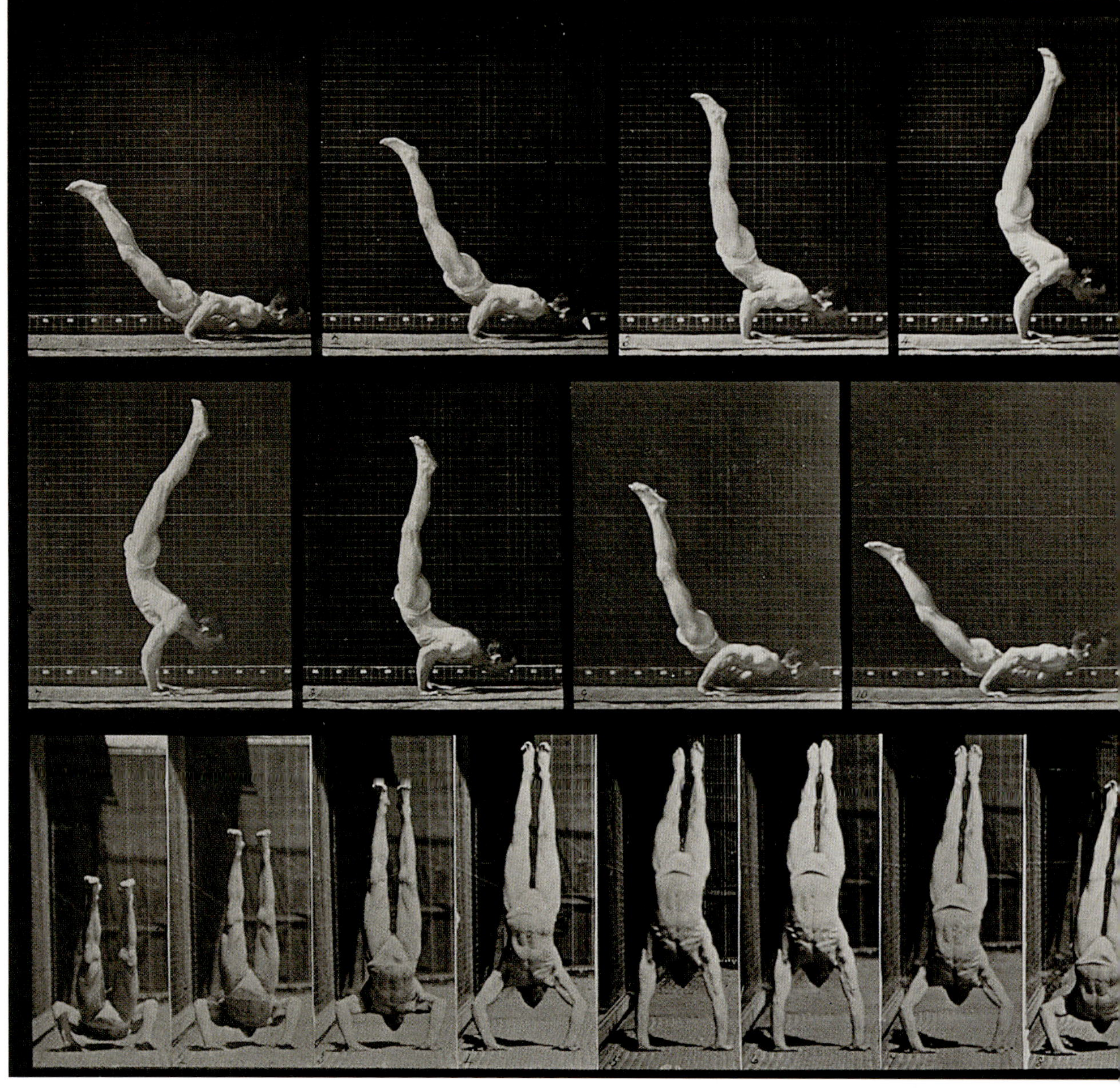

„Nur die Fotografie ist in der Lage, das Leben in eine Reihe von Momenten aufzuteilen, von denen jeder so wertvoll ist wie eine ganze Existenz.“ Eadweard Muybridge

Eadweard Muybridge (GB, 1830–1904) kam als Edward Muggeridge in Kingston in Surrey auf die Welt, wanderte aber 1850 in die USA aus. 1861 kehrte er nach England zurück und begann dort, mit der Fotografie zu experimentieren. 1867 ging er wieder nach Kalifornien, wo er mit seinen Landschaftsaufnahmen des Yosemite-Nationalparks berühmt wurde. 1874 ermordete er den Liebhaber seiner Frau, wurde aber wegen „entschuldbarer Tötung“ freigesprochen. In den 1880er Jahren arbeitete er mit der University of Pennsylvania zusammen und nahm Tausende von fotografischen Studien auf, die Bewegungen zeigten, die das Auge nicht einzeln unterscheiden konnte.

Kreative Tipps und Techniken

Muybridge beschäftigte sich mit dem Vergehen der Zeit, wie die Kamera es darstellt. Er war ein Experimentator und Wegbereiter, der zahlreiche Patente für Neuerungen anmeldete, die ihm halfen, die technischen Einschränkungen seiner Zeit zu überwinden. Er entwickelte einen Schirm für die Kamera, der ihm erlaubte, Himmel und Erde un-

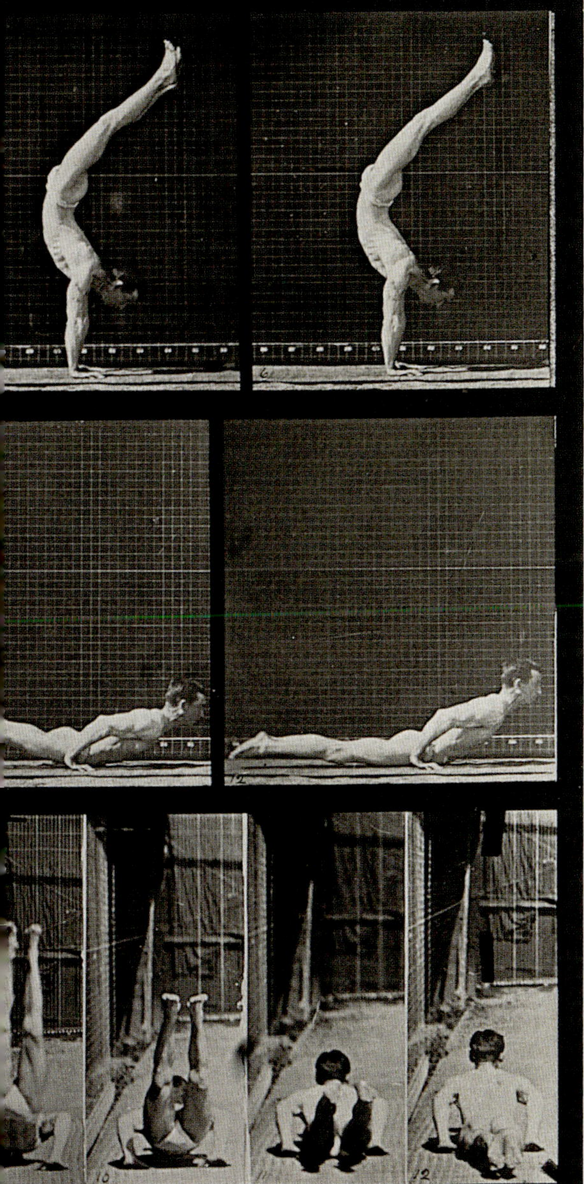

Mann im Handstand aus liegender Position heraus 1887

Eadweard Muybridges Errungenschaften in anderen Bereichen der Fotografie hätten ihn vielleicht auch berühmt gemacht, aber mit seinen Studien menschlicher und tierischer Bewegungsabläufe gelang ihm eine bahnbrechende Veränderung in der menschlichen Wahrnehmung. Wie in diesen faszinierenden Bildern eines Turners, verlangsamte er buchstäblich die Zeit, um Bewegung im Raum sichtbar zu machen, indem er sie in ihre einzelnen Komponenten zerlegte, um sie danach wieder zu flüssigen Bewegungsstudien zusammenzusetzen. Er verwendete mehrere Kameras, um das Objekt aus mehreren Winkeln abzulichten; so konnte er die Bewegung des Körpers durch Raum und Zeit in winzige Bruchstücke aufteilen und präzise dokumentieren. Den ersten Versuch einer Reihenfotografie unternahm er 1872, nachdem der Geschäftsmann und Rennpferdbesitzer Leland Stanford ihn angeheuert hatte: Stanford hatte gewettet, dass bei einem trabenden Pferd kurzzeitig alle vier Beine in der Luft seien. Bis dahin hatten die meisten Künstler trabende Pferde stets mit einem Huf auf der Erde gemalt; erst im vollen Galopp befanden sich alle vier in der Luft. Muybridge musste viel herumexperimentieren, bis er die Frage mit einem Bild beantworte konnte. Es zeigt Stanfords Pferd Occident im Trab, und kein Huf hat Bodenkontakt. Auf dieser Grundlage erweitere Muybridge seine Motivwahl auf viele andere Tiere und auf Menschen. In den 1880er Jahren arbeitete er an der Universität von Pennsylvania an einer noch ehrgeizigeren Dokumentation der Bewegung, die schließlich in dem monumentalen Werk *Animal Locomotion: an Electro-Photographic Investigation of Connective Phases of Animal Movements* veröffentlicht wurde. Es enthielt 781 Bildtafeln, die insgesamt 20 000 Fotos umfassten. Das Buch war enorm einflussreich und wurde zur Referenzquelle von Künstlern und Trickfilmzeichnern, bis hin zu Marcel Duchamp, der die Lektüre als prägend für sein Gemälde *Akt, eine Treppe herabsteigend Nr. 2* aus dem Jahr 1912 beschrieb.

terschiedlich zu belichten. Oft fügte er in die Abzüge seiner Fotografien Wolken oder sogar den Mond ein, da die Beschichtungen seiner Zeit es nicht erlaubten, alle Teile eines Motivs auf dem gleichen Negativ richtig zu belichten. Er arbeitete ausgiebig mit stereoskopischen Formaten. Für seine Bewegungsstudien schuf er eine Reihe von Zeitmessern, automatischen Blenden und Mehrfach-Objektiven. Seine endgültigen Aufnahmen entstanden mit bis zu 36 Objektiven und 12 bis 24 Kameras, die in Winkeln von 30, 60 und 90 Grad zum Motiv aufgestellt wurden, sodass pro Sitzung bis zu 36 Aufnahmen aus festgelegten Winkeln entstanden. Das von ihm entwickelte Zoopraxiskop projizierte die Bewegungsstudien in rascher Folge, um Bewegung zu simulieren, und war ein wichtiger Vorläufer des Kinos.

 Eine weitere fotografische Errungenschaft Muybridges war das 360-Grad-Panorama, das er 1878 von San Francisco aufnahm. Im Laufe von fünf Stunden belichtete er 13 einzelne riesige Glasscheiben, über die sich die Sonne wie bei einer Sonnenuhr bewegte. Die Abbildung wurde als fünf Meter langes Bild abgezogen, bei dem die Zeit und die Beschreibung des Raums zu einem Kunstwerk werden, das die Fähigkeit des Auges, alle Details aufzunehmen, bei Weitem überschreitet.

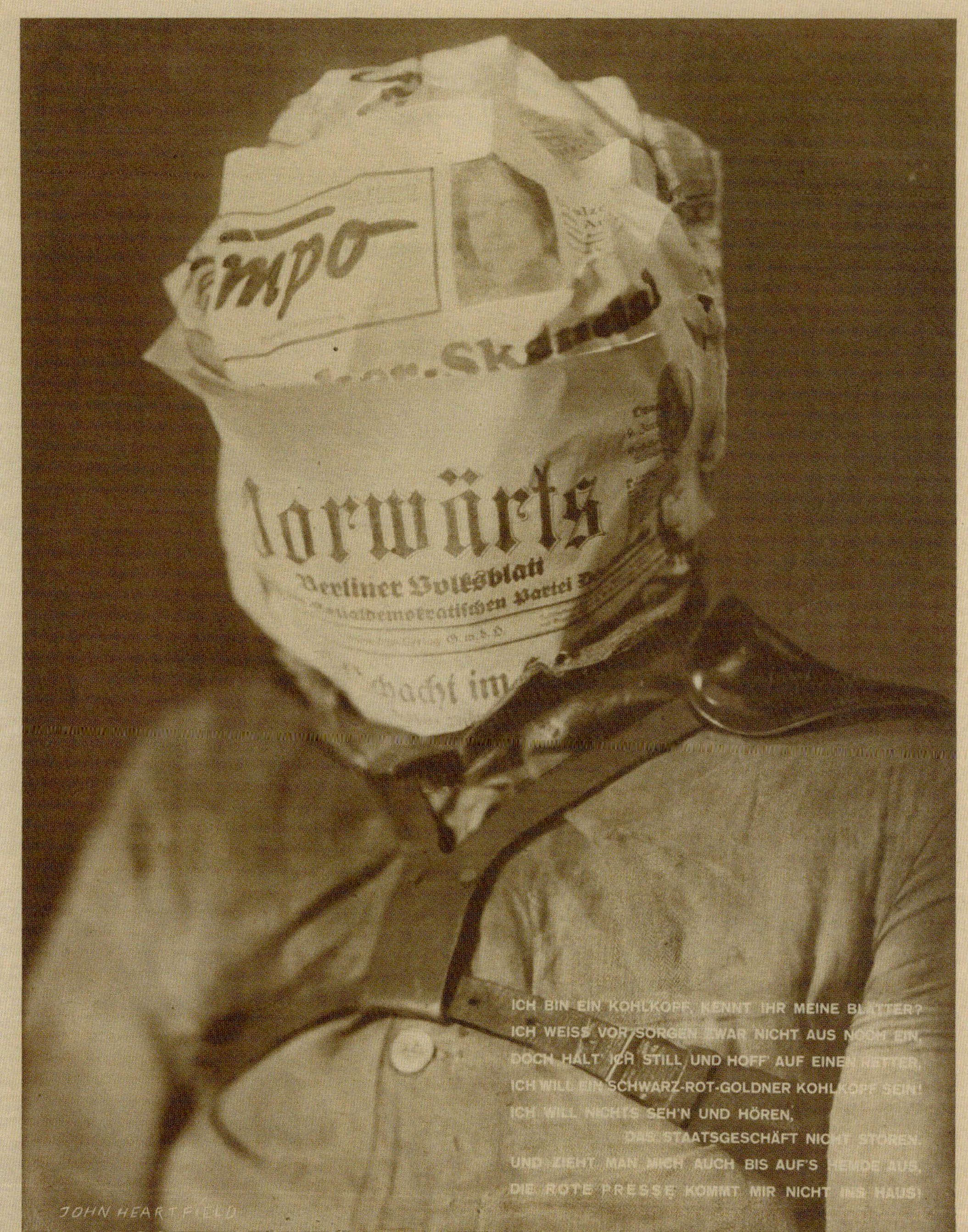

WER BÜRGERBLÄTTER LIEST WIRD BLIND UND TAUB.
WEG MIT DEN VERDUMMUNGSBANDAGEN!

103

Wer Bürgerblätter liest, wird blind und taub, weg mit den Verdummungsbandagen! Fotomontage 1930

Dieses fesselnde Bild markierte den Beginn von John Heartfields Zusammenarbeit mit der *Arbeiter Illustrierten Zeitung* (*AIZ*). Das 1924 gegründete antifaschistische Wochenblatt erreichte 1930 eine Auflage von mehr als 350 000 und bot Heartfield somit eine einflussreiche Plattform, um der allgegenwärtigen aggressiven Propaganda der Nationalsozialisten etwas entgegenzusetzen. Diese Fotomontage richtete sich gegen die Zeitungen *Vorwärts* (das Zentralorgan der Sozialdemokraten) und *Tempo* (liberal-demokratische Abendzeitung), denen vorgeworfen wird, die Leser falsch zu informieren und sie buchstäblich blind zu machen für die tatsächliche Situation. Geschickt verwendet Heartfield Sprache und Text nicht nur als optische Elemente im Bild, sondern schafft eine zusätzliche Bedeutungsebene, indem die Zeitungstitel Mund und Augen der dargestellten Person verdecken.

Das Bild verfehlt auch heute, über 85 Jahre später, seine Wirkung nicht, kann man es doch als allgemeine Kritik an der medialen Berichterstattung verstehen. Es ruft uns Heartfields Gründe in Erinnerung, warum er anfing, sich der Fotomontage zu bedienen: „Ich sah die Fotos in den Zeitungen, sah, was sie aussagten und was nicht. Ich fand heraus, wie man die Leute mit Fotos täuschen kann, einfach, indem man ein Foto nimmt und den falschen Titel bzw. Untertitel darüber- bzw. darunterschreibt. Genau das wird gemacht.“ Heartfields Bild passt aber auch in die deutsche Nachkriegszeit hinein, als das Land noch in Trümmern lag, den Kopf in einem Verband aus Zeitungsblättern, die an die erlittenen Verluste erinnerten.

> „Wenn ich Dokumente zusammenfüge und diese gekonnt und mit Köpfchen nebeneinanderstelle, wird von ihnen eine enorme Mobilisierung und Agitation der Massen ausgehen.“
>
> John Heartfield

John Heartfield (D, 1891–1968) war einer der intelligentesten und satirischsten Vertreter der Fotomontage. Er setzte sie als Waffe der Kritik gegen das Establishment und dann gegen den Aufstieg Hitlers und der Nationalsozialistischen Partei ein. Seinen Namen Helmut Herzfeld hatte er 1917 anglisiert, um gegen die anti-britische deutsche Propaganda während des Ersten Weltkriegs zu protestieren. 1918 wurde er Mitglied der KPD. Sein Bruder Wieland und er gehörten mit George Grosz zur Dada-Bewegung. 1933 floh er aus Berlin, nachdem die SA seine Wohnung gestürmt hatte und er nur entkommen konnte, indem er sich in der Mülltonne versteckte. Seine Flucht führte ihn zunächst nach Prag, später nach Großbritannien, wo er aber wegen seiner kommunistischen Beziehungen zum ‚feindlichen Ausländer‘ erklärt wurde. Nach dem Krieg kehrte er in die DDR zurück, dort wurde er wegen des Exils in Großbritannien von der Stasi als Sicherheitsrisiko betrachtet.

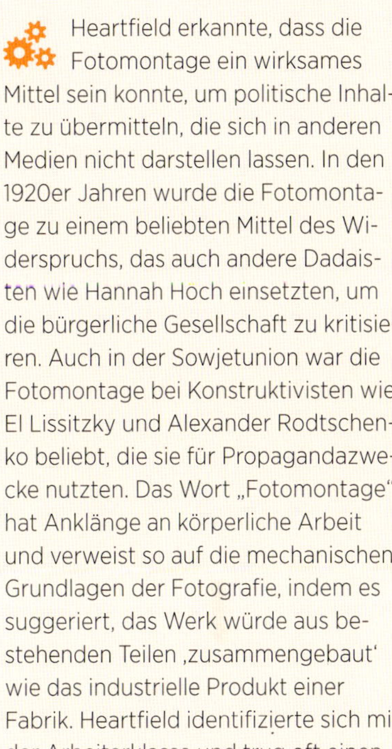

Kreative Tipps und Techniken

Heartfield erkannte, dass die Fotomontage ein wirksames Mittel sein konnte, um politische Inhalte zu übermitteln, die sich in anderen Medien nicht darstellen lassen. In den 1920er Jahren wurde die Fotomontage zu einem beliebten Mittel des Widerspruchs, das auch andere Dadaisten wie Hannah Hoch einsetzten, um die bürgerliche Gesellschaft zu kritisieren. Auch in der Sowjetunion war die Fotomontage bei Konstruktivisten wie El Lissitzky und Alexander Rodtschenko beliebt, die sie für Propagandazwecke nutzten. Das Wort „Fotomontage“ hat Anklänge an körperliche Arbeit und verweist so auf die mechanischen Grundlagen der Fotografie, indem es suggeriert, das Werk würde aus bestehenden Teilen ‚zusammengebaut‘ wie das industrielle Produkt einer Fabrik. Heartfield identifizierte sich mit der Arbeiterklasse und trug oft einen Blaumann anstatt des Anzugs.

Heartfield war ein Perfektionist, der mit engen Abgabeterminen arbeitete, meist verblieb nur eine Woche nach einem Ereignis, um die journalistische Antwort darauf in einer Zeitschrift zu veröffentlichen. Er skizzierte zuerst den Gesamtentwurf und suchte dann nach geeigneten Abbildungen für die Montage. Meist engagierte er einen Fotografen, um die Fundstücke zu kopieren, zu vergrößern oder zu verkleinern und gegebenenfalls zusätzliche Aufnahmen zu machen. Nachdem er die Bestandteile ausgeschnitten und angeordnet hatte, füllte ein Retuscheur Flächen aus und stellte fließende Übergänge her. Die fertige Fotomontage wurde abfotografiert und falls notwendig mit Schrift versehen. Dann wurde die Druckplatte erstellt; die *AIZ* wurde im Kupfertiefdruckverfahren gedruckt, das exzellente Druckqualität und einen großen Tonwertumfang gewährleistete.

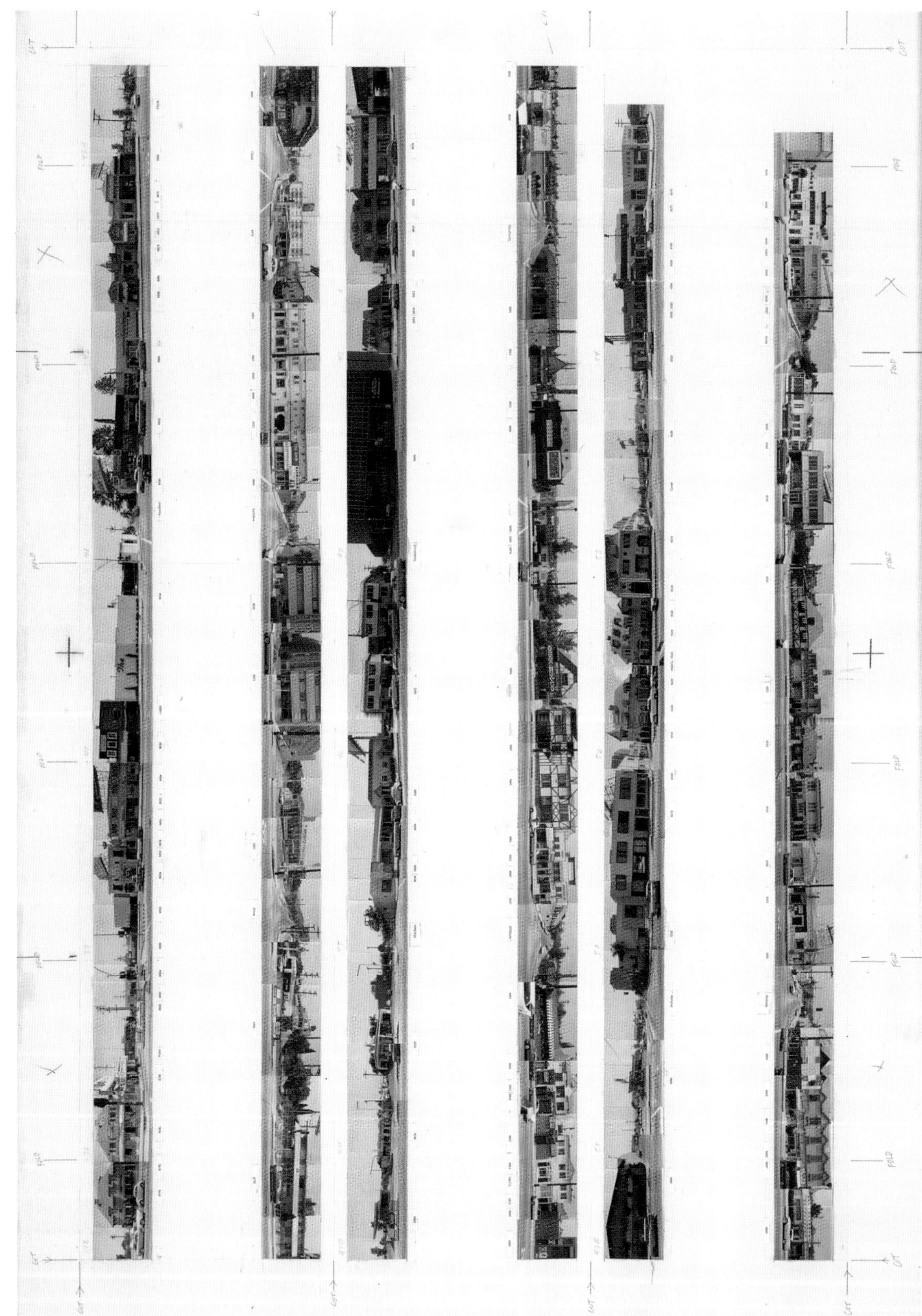

Modell für *Every Building on the Sunset Strip* 1966

Every Building on the Sunset Strip hieß eines der Bücher, die Ed Ruscha in den 1960er und 70er Jahren veröffentlichte und in denen er der Frage nachging, inwiefern mit einer Typologie von alltäglichen Objekten oder unscheinbaren Gebäuden eine Aussage über das traditionelle Amerika möglich war. Gleichzeitig ging es darum, was als Gegenstand von Kunst und Fotografie geeignet sei. Ruschas billig gedruckte Bücher entsprachen so gar nicht der Vorstellung von einem Kunstband. Walker Evans' *American Photographs* (1938) diente als Vorbild, aber Ruschas topografischer Ansatz verlieh seinen Arbeiten einen eher konzeptionellen als dokumentarischen Anstrich. Der Sunset Strip ist der Inbegriff von Los Angeles, aber Ruscha unterläuft den Kultstatus, indem er die Straße als eine zusammenhängende Fassade austauschbarer Gebäude darstellt. Das Format des Buchs ist innovativ: Aufgeschlagen präsentiert sich das Leporello als ein fast acht Meter langer Streifen, auf dem die Südseite der Straße oben, die Nordseite unten abgedruckt ist. Für diese Bilder befestigte Ruscha seine motorbetriebene 35mm-Kamera am Auto, fuhr den Sunset Strip in jede Richtung einmal entlang und erhielt eine fortlaufende Reihe von ca. 250 Schwarz-Weiß-Fotos. Das Werk entlarvt die dünne Fassade des Hollywood-Mythos: „Wie eine Westernkulisse: eine Ladenfront aus Papier mit nichts dahinter."

„Ich fotografiere nicht um des Fotografierens willen. Mich interessiert das Endprodukt; das benutze ich, um meine Arbeit zu tun, nämlich ein Buch zu veröffentlichen." Ed Ruscha

Ed Ruscha (USA, 1937–) arbeitet als Künstler in unterschiedlichen Medien. Er gehörte zur Pop-Art-Bewegung der 1960er Jahre, nahm aber auch Ideen aus dem Dadaismus, Surrealismus und dem Abstrakten Expressionismus auf. Worte und Satzbruchstücke spielen eine wichtige Rolle in seinem Werk, das durch einen zurückhaltenden, trockenen Humor gekennzeichnet ist. Zwischen 1963 und 1978 veröffentlichte Ruscha 16 Fotobücher, in denen er die Banalität und Alltäglichkeit des amerikanischen Lebens anhand serieller Darstellungen von Themen wie Werbung, Kommerzialisierung und Vorstadtleben untersuchte. Er lebt und arbeitet in Los Angeles. Sein Werk ist verspielt und setzt sich mit den konventionellen Vorstellungen dessen auseinander, was als geeignetes Thema für die Kunst gilt, indem er die Voraussetzung infrage stellt, dabei müsse es sich um etwas Erhabenes, Sublimes handeln. Seine Arbeiten beschäftigen sich oft mit der Alltags- oder kommerziellen Kultur. Er sagt, es ginge ihm nicht darum als Reaktion ein „Wow! Hä?" zu erhalten, sondern ein „Hä? Wow!".

Kreative Tipps und Techniken

Die Herstellung von Ruschas Buch war wegen des ungewöhnlichen Leporelloformats kompliziert. Um die Vorlage bzw. das Modell dafür anzufertigen, musste jede Fotografie in der Endgröße abgezogen und dann so beschnitten werden, dass man sie am folgenden Foto ausgerichtet von Hand auf Karton aufkleben konnte. Anschließend mussten die Hausnummern sorgfältig unter den richtigen Fassaden positioniert werden. Im Buch selbst betrug die Länge des durchgehenden Bildes dann neun Blatt mit jeweils ungefähr sechs gefalteten Seiten. Die Herstellung eines solchen Blindbands kann nützlich sein, da man einen konkreten Gegenstand erhält, der einen sehr viel besseren Eindruck vom fertigen Buch vermittelt als eine digitale Datei.

Am Anfang von Ruschas Projekten steht ein Konzept oder eine Idee, oft ausgelöst durch ein faszinierendes Wort oder ein Satzbruchstück. Bei seinem ersten Buch mit topografischem Ansatz war der Ausgangspunkt der Ausdruck „sechsundzwanzig Tankstellen". Dann kam die Idee, die Tankstellen zu fotografieren. Die Verwirrung, die das Buch bei den Betrachtern auslöste, war genau die von ihm erhoffte Wirkung: „Kopfschütteln wollte ich sehen."

Ruscha benutzt Fotografie; es geht ihm weniger um traditionelle Merkmale wie fotografische Qualität und Ästhetik, sondern um den einzigartigen Prozess, mit dem die Kamera die Welt beschreibt: „Andere Künstler übersetzen die Dreidimensionalität der realen Welt in ein zweidimensionale Bild. Für mich tut das die Fotografie." Daher ist für Ruscha die Kamera ein Werkzeug, um ein beabsichtigtes Konzept zu verwirklichen.

Gefallener Engel 1968

Duane Michals bezeichnet seine Fotosequenzen als „fictionettes". Wie Kurzgeschichten oder visuelle Haikus bringen sie in einem kinematografisch anmutenden Erzählstrom einen Gedanken oder ein Gefühl zum Ausdruck; viele wirken wie eine Fabel oder ein Aphorismus. In dieser Sequenz geht es um Versuchung: Ein Engel ergibt sich seiner Lust. Michals Werk haftet oft etwas Geheimnisvolles an. Er ist überzeugt, dass der Fantasie des Betrachters mehr Raum gegeben werden sollte: „Ich finde, Fotografen sollten nicht zu viel verraten." Seine Arbeiten sprechen gezielt die emotionale Ebene an: „Das Beste an uns ist nicht, was wir sehen, sondern was wir empfinden." Er begann, Text in seine Bilder einzubeziehen, weil ihn die „Stille des Standfotos" frustrierte. Er hat das Gefühl, die Kombination aus Worten und Bildern schaffe eine tiefere Bedeutung: „Ich schreibe etwas zu diesem Foto, um das Unsichtbare zu erfassen. Ich möchte diese Gefühle zum Ausdruck bringen. Wir sind unsere Gefühle."

„Ich sage immer, meine Fotos sollen flüstern. Viele Fotografien schreien, um auf sich aufmerksam zu machen."

Duane Michals

Duane Michals (USA, 1932–) fotografierte anfänglich Menschen in ihrer gewohnten Umgebung statt im Atelier. Darauf aufbauend entwickelte er Fotoserien, in denen kurze Geschichten erzählt wurden, oft mit ergänzenden handschriftlichen Texten. Er behauptet, alles sei „ein Thema für die Fotografie, vor allem die schwierigen Dinge des Lebens: Ängste, Kindheitsverletzungen, Begierde, Albträume. Was man nicht sehen kann, ist am bedeutendsten. Man kann es nicht fotografieren, nur andeuten."

THE FALLEN ANGEL

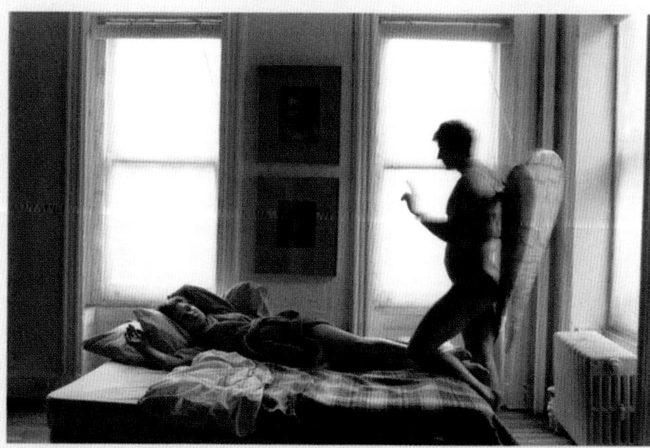

2

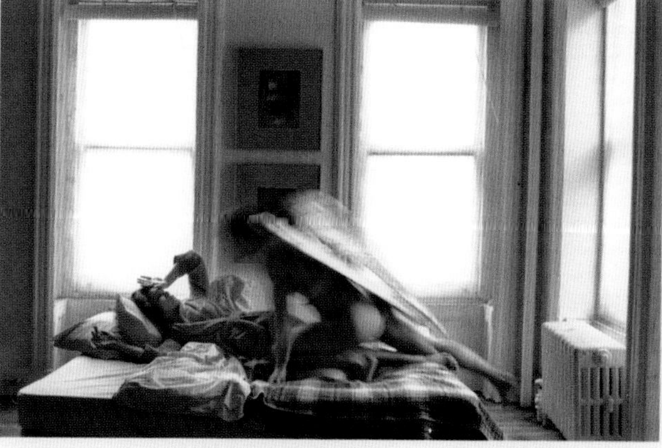

5

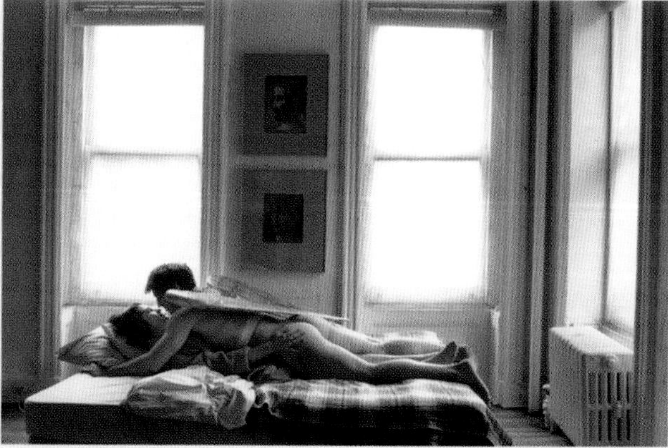

6

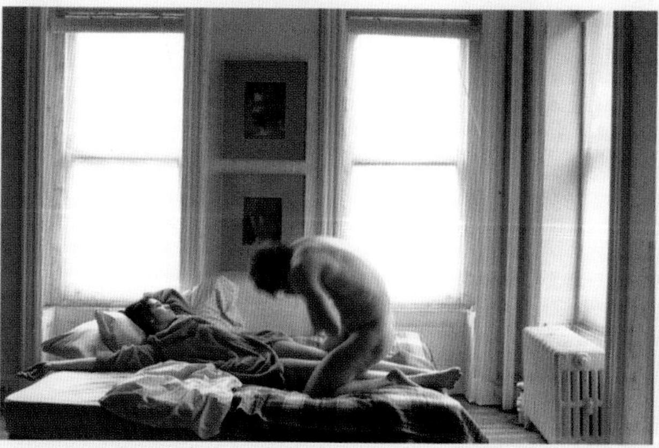

Kreative Tipps und Techniken

Michals ist seit vielen Jahren ein sehr produktiver Fotograf und kann aus den Erfahrungen einer langen Karriere berichten. Seine Lehre aus dem Älterwerden ist anrührend: Er sagt, er könne als 82-Jähriger Dinge machen, für die ihm mit 28 Jahren das Selbstvertrauen gefehlt hätte. Im Alter ist er zu größerer emotionaler und psychologischer Reife gelangt und hat eine bessere Perspektive auf die Nuancen des Lebens gewonnen, was sich in seiner Arbeit niederschlägt. Er führt dieses Thema weiter aus, indem er auf die Subtilität verweist, die mit der Perspektive einhergeht, und stellt fest: „Große Kunst besteht darin, die verloren gegangenen Dinge zu beachten. Wenn man jung ist, sind die Gefühle viel umfassender, man hat diese Mentalität des ‚wo immer du auch hingehst, ich gehe mit dir'. Im Alter sind die Gefühle tiefer, wie ein Tee, der lange gezogen hat und voller Geschmack ist. Das ist die sublime Qualität des Lebens."

Michals bezweifelt, dass sich mit einem einzigen Porträt wirklich eine Persönlichkeit einfangen lässt. Er glaubt, dass Menschen nur selten das sind, was sie zu sein vorgeben, vor allem angesichts einer Kamera. Seine Fotoserien weiten die Idee des fotografischen Augenblicks zu einem längeren zeitlichen Kontinuum aus, und er meint, dies ließe sich auch auf Porträtfotos anwenden. Er bezeichnet seine Arbeiten als „Prosaporträts", die nicht unbedingt zeigen, wie jemand aussieht, sondern etwas über seine wahre Natur aussagen. Als Variante dieses Verfahrens könnte man eine Reihe von unterschiedlichen Aufnahmen einer Person machen und zusammen präsentieren, um ihre Persönlichkeit besser zu beschreiben als in einem einzelnen Bild. Man könnte mit dem Modell zusammenarbeiten, um ein kurzes Drehbuch für eine Fotoserie zu schreiben, die einen Aspekt seines Lebens erforscht und in der das Modell eine Rolle spielt, die einen Aspekt der Persönlichkeit deutlich werden lässt.

3

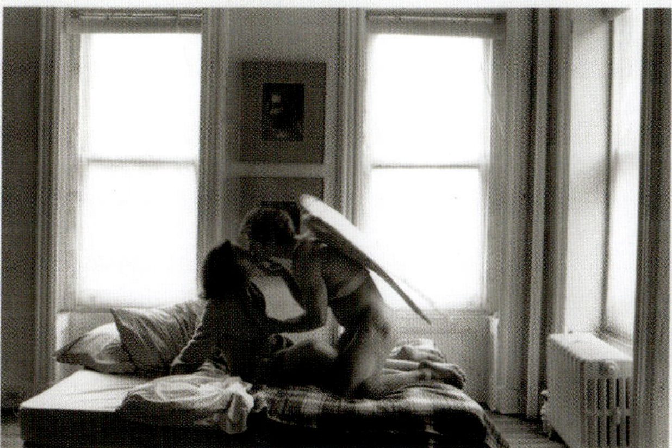

4

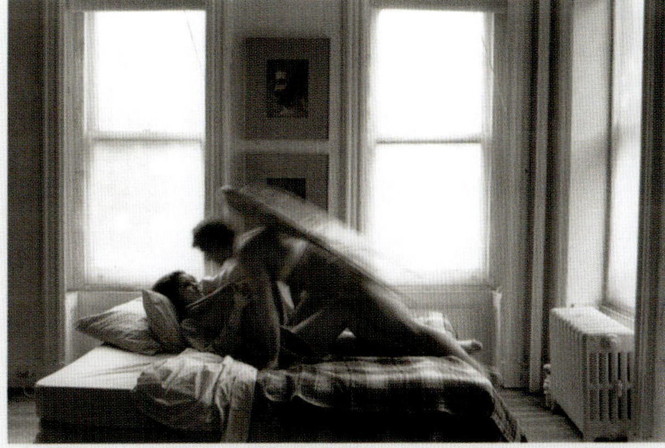

7

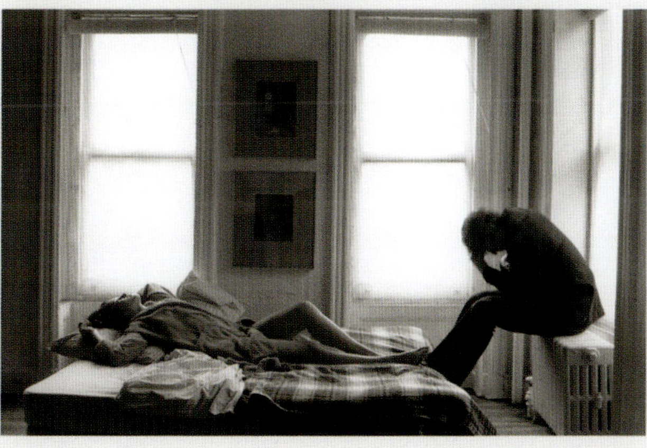

8

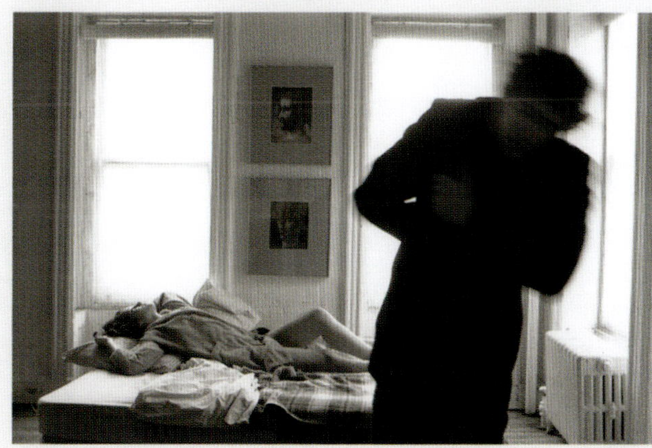

Nicholas Nixon

The Brown Sisters 1975/2015

Diese beiden Fotografien sind die erste und die jüngste einer fortlaufenden Serie, die von Jahr zu Jahr die allmählichen Veränderungen von vier Schwestern dokumentiert. Das außergewöhnliche Fotoprojekt, das Älterwerden und innerfamiliäre Beziehungen thematisiert, begann beinahe zufällig, wie der Fotograf Nicholas Nixon – Ehemann von Bebe, der ältesten der vier Schwestern – sich erinnert: „An den Wochenenden besuchten wir Bebes Eltern. Es war immer ein bisschen langweilig ... Aus einer Art belustigter Verzweiflung heraus schlug ich vor, ein Foto zu machen." Seitdem hat er die vier Schwestern jedes Jahr vor seiner Kamera versammelt, um ein neues Gruppenporträt zu machen, immer in derselben Aufstellung von links nach rechts. Beim ersten Foto 1975 war Heather 23, Mimi 15, Bebe 25 und Laurie 21. „Wir machen Witze darüber", verrät er, „aber alle wissen, dass ich weitermachen werde, was auch passiert. Bis nur noch drei, dann zwei und zuletzt eine vor der Kamera steht. Fragt sich nur: Was ist, wenn zwischendurch ich derjenige bin, den es trifft? Aber das überlegen wir, wenn es soweit ist." Die Bilder berühren. Die Zeit hat in jedes Gesicht neue Erfahrungen eingegraben, und feine Unterschiede in Haltung und Körpersprache lassen erahnen, wie jede Schwester sich verändert hat. Das Betrachten aller Fotos nacheinander ist ein hoch emotionales Erlebnis, und nicht wenige Ausstellungsbesucher konnten ihre Tränen nicht zurückhalten.

„Durch eine riesige Mattscheibe zu blicken und zu sehen, wie die Welt ausschaut, ist erstaunlich. Wenn ich mir einen Bildaufbau überlege, sehe ich die tatsächlichen Gegebenheiten des Motivs und zugleich ihre Verwandlung durch die Kamera."

Nicholas Nixon

Nicholas Nixon (USA, 1947–) erlangte erste Aufmerksamkeit mit seinen großformatigen Bildern von Boston und New York, die 1975 im Rahmen der einflussreichen, von John Szarkowski kuratierten, „New Topographics"-Ausstellung gezeigt wurden. Nixon hat auch später die Veränderungen der Stadtlandschaft seiner Heimatstadt Boston festgehalten, sein Repertoire aber auf das Porträt ausgeweitet. Er versteht es meisterhaft, Menschen fast choreografisch in fließenden Gruppen anzuordnen, auch wenn er mit einer langsamen und unhandlichen 8 x 10-Zoll Kamera auf einem Stativ arbeitet. Er sagt: „Ich werde es nie müde, Menschen zu fotografieren, weil sie alle so unterschiedlich sind. Sie riechen unterschiedlich, sie sehen unterschiedlich aus, ich setze mich direkt mit ihnen auseinander. Mein Interesse ist intensiv und veränderlich, es gilt immer einem Teil des Lebenszyklus zu einer Zeit." Er hat sich auch mit Fragen der Gesundheit und des Alterns beschäftigt, unter anderem mit Serien über seinen eigenen im Sterben liegenden Vater und einer über Menschen, die mit AIDS leben. Nixon studierte ursprünglich Literatur und nennt die Autoren William Faulkner, Henry Green, Marcel Proust, Charles Dickens und Ernest Hemingway als wichtige Einflüsse. Seit 1975 lehrt er als Professor am Massachusetts College of Art and Design.

Kreative Tipps und Techniken

Nixon beschreibt die Begegnung mit einem Modell als eine Zusammenarbeit, bei der das Modell, der Fotograf und die verwendete Fachkamera zusammenkommen, um das endgültige Bild zu schaffen. Er weist darauf hin, dass Menschen zuerst befangen sind, dass sich die Situation aber bessert, „wenn wir so etwas wie einen Tanz miteinander tanzen", und fügt hinzu, die besten Aufnahmen seien meist die letzten einer Sitzung.

Nixon kann auch mit der Großformatkamera komplexe Bilder komponieren, da er sie sehr schnell aufbauen und einstellen kann. Die seitenverkehrte Darstellung auf der Mattscheibe ist seiner Meinung nach sogar hilfreich bei der Komposition einer Aufnahme, da sie zeigt, „falls etwas Magisches stattfindet – der Augenblick wird intensiver dargestellt." Am wichtigsten ist Nixon die Qualität des endgültigen Bildes, und bei Kontaktabzügen direkt von den Negativen leidet sie nicht durch Vergrößerung, sondern gibt alle Details und Tonwerte verlustfrei wieder. Das größtmögliche Negativ hat seiner Meinung nach die höchste Klarheit und Wirkungsmacht.

Nixon gibt seinen Studenten interessante Arbeitsaufgaben. So schlägt er etwa vor, „fünf Männer zu fotografieren, mit denen Sie schlafen möchten, ohne sie zu kennen", oder gibt Themen wie „Fleisch", „Details" oder „Menschen mit Tieren" vor. Die Arbeit an einem Thema ist eine gute Methode, sich gründlicher mit den technischen wie auch den ästhetischen Aspekten der Fotografie auseinanderzusetzen. Auf diese Weise kann man Fähigkeiten auf Gebieten fördern, auf denen man sich nicht so sicher fühlt, was sinnvoller ist als zu versuchen, auf allen Gebieten gleichzeitig Fortschritte zu machen.

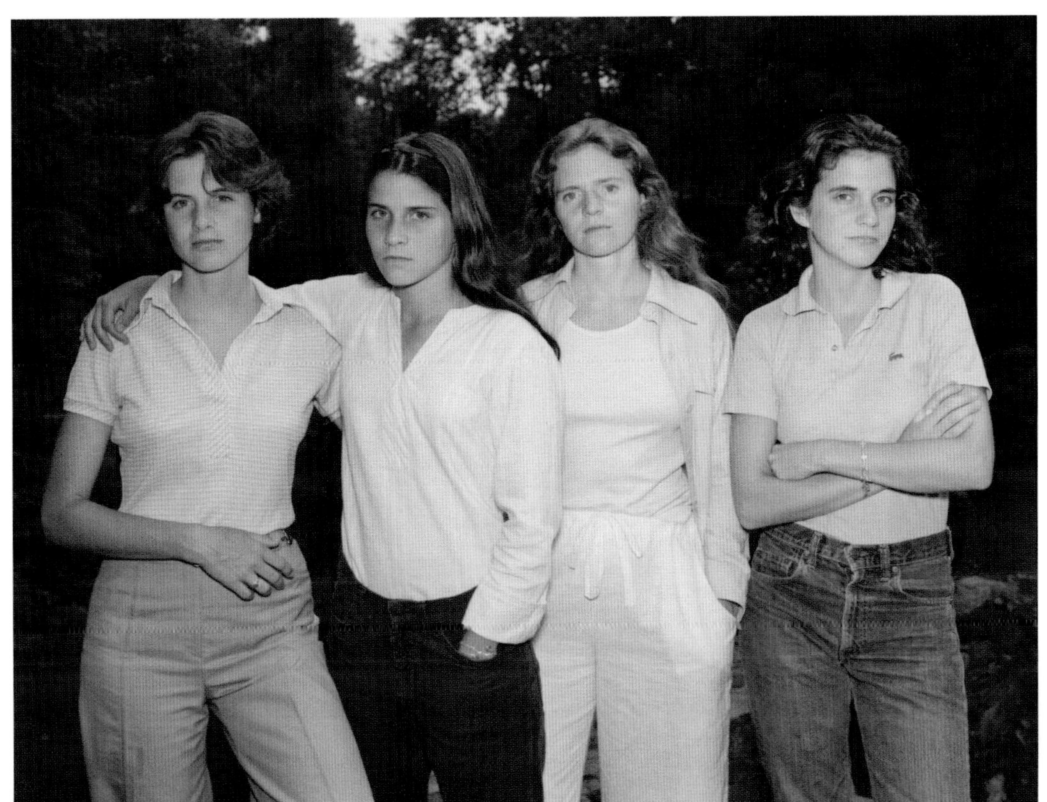

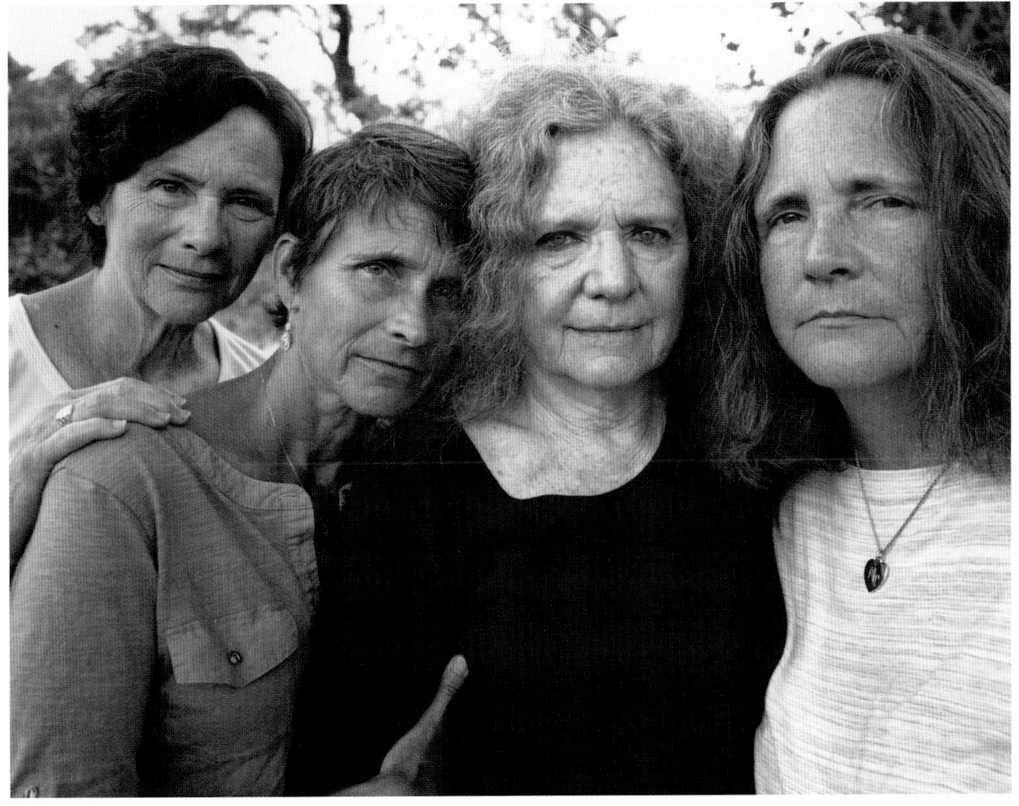

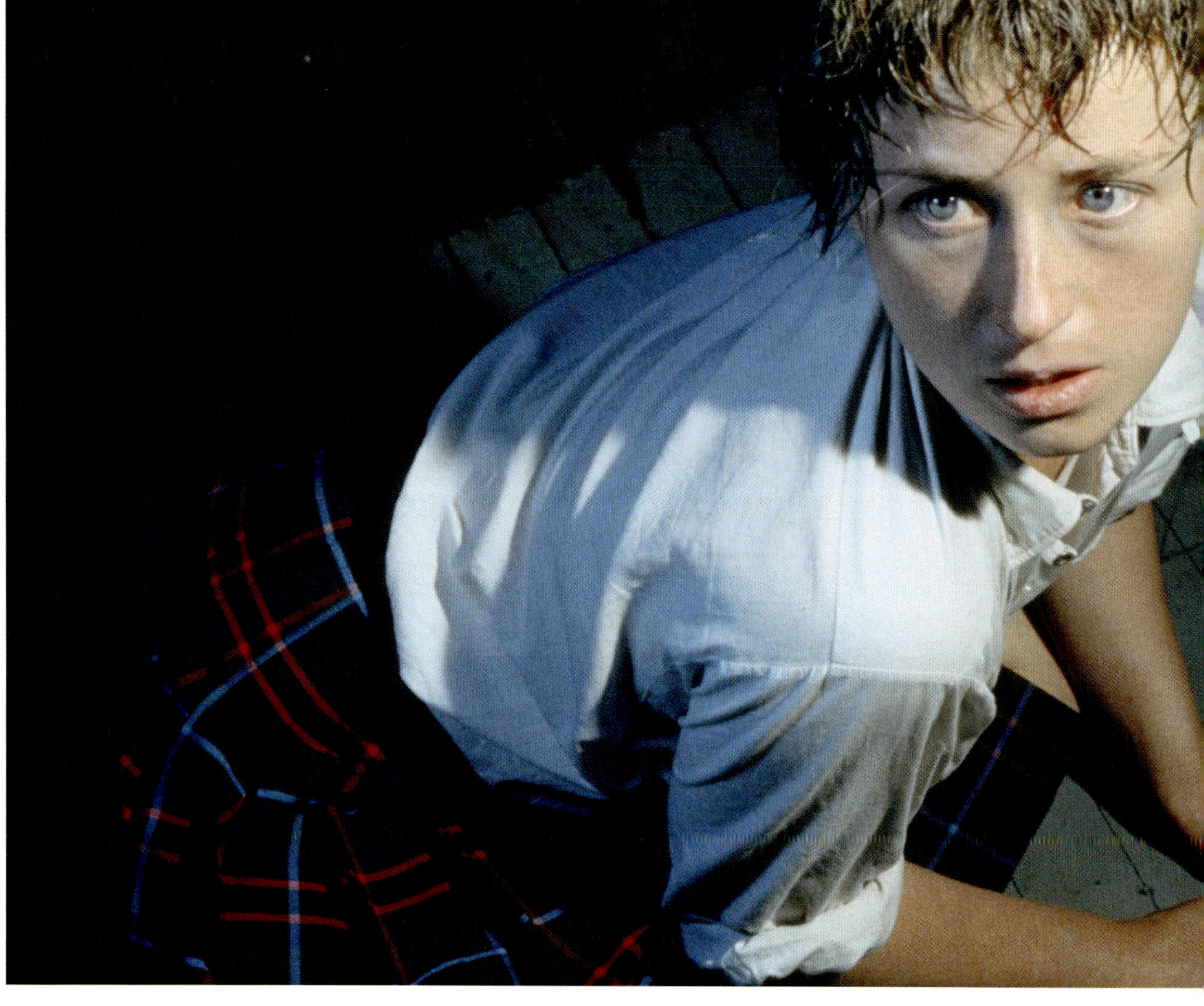

Ohne Titel Nr. 92 1981, aus der Serie „Centerfolds"

Dieses Foto war eine Weiterentwicklung von Cindy Shermans bekanntester Arbeit, den „Untitled Film Stills" (1977–1980), in denen sie sich als junge Schauspielerin inszenierte, die verschiedene Rollen in einer fiktiven Umgebung spielt. Die Schwarz-Weiß-Reihe war eine Auftragsarbeit des Kunstmagazins *Artforum*, und Sherman führte die Idee fort. Die Farbfotos, die dann entstanden, erinnern an die Ausfalter (engl. *centerfolds*) in der Mitte von Pornoheften, nehmen aber auch Bezug auf das Breitwandformat von Kinofilmen. Für den Kritiker Peter Schjeldahl ist diese Art der Fotografie „wie mit Einzelbildern einen Film drehen: die Breitwandproportion 0,5 x 1 m der Bilder, Halbnahe aus der Vogelperspektive, ‚klassische' Kinobeleuchtung, knallige Farben und Method-Acting-Pose." Das aus dem Kino bekannte Gefühl der Hyperrealität in Kombination mit einer fiktiven Fantasiedarstellung von etwas, das in der realen Welt existiert, sind der Kern von Shermans Arbeitsweise. Die Frau auf diesem Bild wirkt ängstlich, als würde sie angegriffen – für Sherman eine bewusste Anspielung auf die Gefahren im Zusammenhang mit der Ausbeutung von Frauen. Sie erklärt: „In Gruselgeschichten oder Märchen ist die Faszination des Morbiden, zumindest für mich, ein Weg, sich gegen das Undenkbare zu wappnen. Deswegen ist es mir sehr wichtig, die Künstlichkeit herauszukehren, denn die wahren Schrecken der Welt können wir nicht nachahmen, sie reichen zu tief." Auch wenn den Fotografien ein Kinogefühl innewohnt, hütet sich Sherman davor, ihre Inspirationsquellen genau zu nennen, denn: „Manche Leute sagen mir, sie wüssten, auf welchen Film sich ein bestimmtes Bild beziehe, dabei hatte ich gar keinen konkreten Film im Kopf." Es geht um das Selbstbild und wie wir ein Gesicht für die Welt erschaffen, das möglicherweise widerspiegelt, was wir fühlen – oder auch nicht.

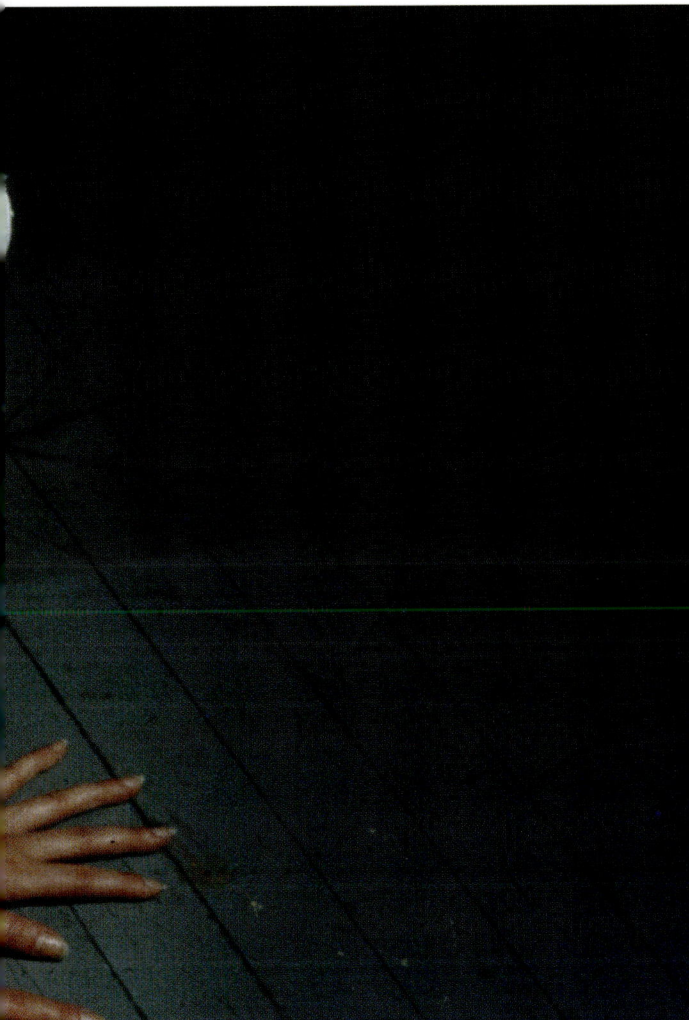

„Jeder hält meine Fotografien für Selbstporträts, aber so sind sie nicht gedacht. Ich fotografiere mich selbst, weil ich meine eigenen Grenzen am weitesten ausreizen kann.“ Cindy Sherman

Cindy Sherman (USA, 1954–) begann als Malerin, stellte jedoch fest, dass die Kamera ihr einen effektiveren Weg zur Erkundung der Themen Identität und Rollenverhalten bieten konnte, denen ihr Interesse galt. Sie erkannte ihr Talent, das eigene Gesicht „als Leinwand zu benutzen … Ich sehe die Fotografie eines Menschen und versuche, sie auf mein Gesicht zu übertragen. Ich glaube, ich bin wirklich aufmerksam, ich kann mir vorstellen, woraus Personen bestehen, ich sehe sie auf der Straße und mir fallen subtile Dinge auf, die sie zu dem machen, was sie sind.“ Sherman begann ihre Serie „Untitled Film Stills“ 1971 in New York City. „Centerfolds“ setzt sich mit den Themen Voyeurismus und Fantasie auseinander und wurde 1981 in der New Yorker Skarstedt Gallery gezeigt. „Fairy Tales and Disasters“ (1985–89) thematisiert das Groteske in Märchen. 1997 zeigte das Museum of Modern Art in New York den Zyklus „The Complete Untitled Film Stills“.

Kreative Tipps und Techniken

Sherman arbeitete bei dieser Serie intuitiv und erlaubte dem Bild während der Arbeit, seinen je unterschiedlichen Charakter zu entwickeln. Sie betont jedoch, dass sie keine Selbstporträts fotografiert oder die Rolle einer anderen Person annimmt, sondern eine Person nur für die Kamera schafft. Sie verwendet erkennbare Eigenschaften, damit der Betrachter einen Bezug zu den idealisierten Subjekten herstellen kann. Sie sieht sich nicht als Schauspielerin; das Übernehmen einer Rolle ist notwendig, um das Gefühl zu erzeugen, das sie mit der Fotografie erreichen will. Sich selbst als Modell zu verwenden hat den Vorteil, dass sie extremere Stellungen einnehmen kann

Shermans Werk beschäftigt sich mit der Möglichkeit, sich selbst als wandelbares Modell in unterschiedlichen Genres einzusetzen, darin liegen aber auch Gefahren, unter anderem die der Wiederholung. Da sie inzwischen als Künstlerin gereift ist, geht sie gelassener mit den wiederkehrenden Themen um, die ihr Werk durchziehen.

Das fotografische Selbstporträt hat eine lange Geschichte, viele Fotografen haben sich selbst als Modell inszeniert, um ihre eigene Psyche zu untersuchen. Wenn man sich selbst als Motiv wählt, kann man weitergehen als man das vielleicht bei einer anderen Person täte. Shermans Arbeiten zeigen, dass man mittels sorgfältig inszenierter und komponierter Fotografien wichtige Aussagen über soziale Aspekte der Gesellschaft treffen kann. Sherman verwendet oft einen Spiegel, um das Bild zu komponieren. Andere Fotografen wie Lee Friedlander (s. S. 194) nutzen spiegelnde Flächen – etwa eine Fensterscheibe im Bild –, um sich selbst in eine Szene einzufügen.

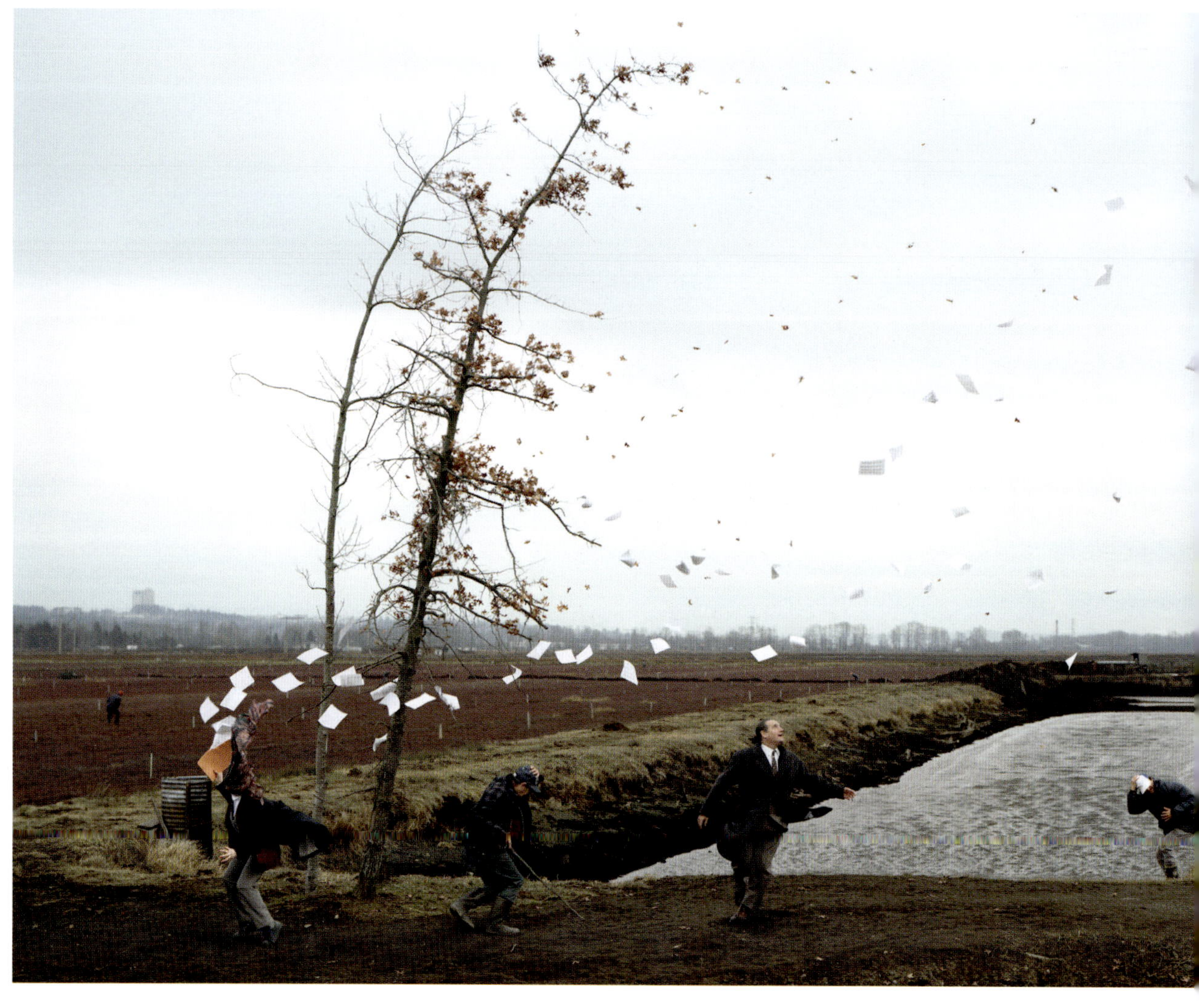

Ein plötzlicher Windstoß (nach Hokusai) 1993

Eine von Jeff Walls berühmtesten Arbeiten nimmt Bezug auf einen Holzschnitt des japanischen Künstlers Katsushika Hokusai aus dem 19. Jahrhundert (r.o.). Walls Foto ist voller Bewegung und Dramatik, Bäume biegen sich im Wind und die Protagonisten mühen sich ab, die weggewehten Blätter einzufangen. Das Bild erscheint wahrheitsgetreu, ist aber ein digitales Konstrukt aus über 100 Fotografien, die im Lauf von zwei Jahren entstanden sind und zu dieser riesigen Montage zusammengefügt wurden. Wall empfindet die Fähigkeit, seine Bilder langsam, Schritt für Schritt aufzubauen, als befreiend: „Als ich anfing, am Computer zu arbeiten, wurde mir klar, dass ich nicht alles auf einmal machen muss. Natürlich ist es spannend, alles mit einer Belichtung hinzubekommen, aber das digitale Arbeiten hat die Dinge entschleunigt. Der Prozess wurde komplizierter und, wie ich hoffe, tiefer." Von der Last befreit, alles im selben Moment erfassen zu müssen, konnte Wall seine Kreativität voll entfalten: „Das Nicht-Fotografieren verleiht mir die für das Kunstschaffen essenzielle Freiheit des Geistes." Walls Bilder zeigen meist einen unterbrochenen Moment: Es sieht aus, als wäre kurz zuvor etwas passiert und als würde gleich darauf noch etwas geschehen. Mit Fotografie verbindet man allgemein etwas Momenthaftes; Wall jedoch verbringt seine Zeit lieber mit der „Formbarkeit des Prozesses, wo Dinge sich in etwas anderes verwandeln". Er nennt die fertigen Bilder – frei nach Charles Baudelaire – „Prosagedichte", die einen Gedanken eher andeuten als ihn festzuschreiben. Wall betont, dass die formalen Eigenschaften des Werks der Schlüssel für das Seh-Erlebnis sind, denn ein Bild sei „auch das Farbensemble, die Textur von Dingen, die Patina oder deren Fehlen. All diese Dinge sind schön, jedes für sich, unabhängig davon, worum es geht."

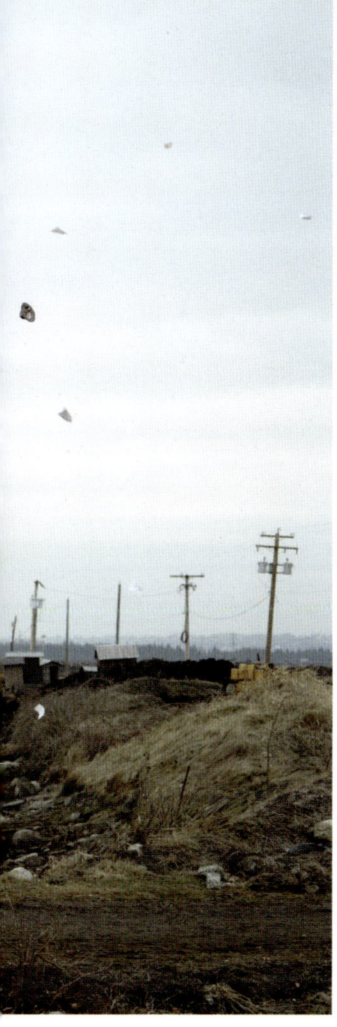

Katsushika Hokusai
Ejiri in der Provinz Suruga, ca. 1830–1832

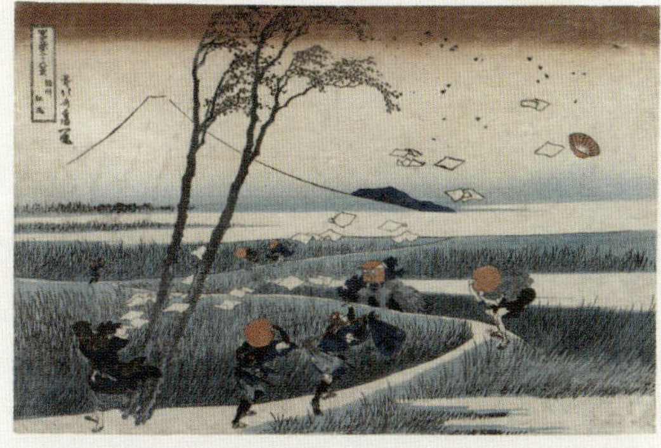

„Ich habe viel von der Malerei gelernt; meine Fotos sollen keine Gemälde sein, aber sie sollen die Leute, die sie betrachten, auf eine Weise zufriedenstellen, wie man das von Gemälden kennt und schätzt.“ Jeff Wall

Jeff Wall (CA, 1946–) studierte Kunst und Kunstgeschichte, und sein Verständnis des Erbes der Alten Meister wie auch der Herausforderungen der Konzeptkunst ist die Voraussetzung, auf der er seine großformatigen Fotografien konstruiert. Wall ließ sich durch die großartigen Gemälde von Goya und Velázquez inspirieren, die er 1977 bei einer Madridreise im Prado sah. Er verband dies mit der Erkenntnis, dass hinterleuchtete Plakatwände eine effektive Vorführungsform sein könnten. Seine Fotografien sind ungeheuer einflussreich und er hat zahlreiche Einzelausstellungen gehabt. 2002 gewann er den Hasselblad Award.

Kreative Tipps und Techniken

Walls Arbeit stellt eine der grundlegenden Annahmen über die Fotografie infrage – dass sie in gewisser Weise ein Fenster zur Realität öffnet. Er behauptet, dass dies oft lediglich eine Konvention sei und bevorzugt Fotografien, die nicht so aussehen, wie sie sollten. Wall erklärt: „Wir wissen nicht wirklich, wie ein Foto ‚aussehen sollte‘. Die gegebenen Konventionen lassen es so aussehen, als wüssten wir es, weil sie echt sind und für die Fotografie wichtig, aber sie können nicht vorhersagen, wie das nächste interessante Foto aussehen wird. Kein Mensch behauptet, er könne vorhersagen, wie das nächste gute Gemälde aussehen wird.“

Wall stellt große Leuchtkästen und Abzüge seiner komplizierten Montagen für Ausstellungen her. Dieses Beispiel misst 2,5 x 4 Meter. Die großen Formate und die Verwendung der malerischen Technik, der Komposition und der Motive der großen Historiengemälde des 19. Jahrhunderts geben seinen Bildern eine Großartigkeit und Präsenz, die es dem Betrachter erlauben, in die Welt einzutauchen, die er geschaffen hat. Er sagt, sein Studium der Kunstgeschichte habe ihm das Gefühl für Maßstäbe gegeben, das für seine Arbeit notwendig sei. Er empfindet diese Bildstruktur als reichhaltig und suggestiv, weil sie den Gegenstand, der abgebildet wird, während des Abbildens und Festhaltens transformiert. Er erklärt: „Das Motiv wird nicht lebendig, weil es selbst lebendig ist – obwohl es das auch ist –, sondern wegen der Weise, wie es fast im Tableau verschwindet. Das Tableau ist wie eine magische Substanz, die einerseits sehr wirklichkeitsgetreu abbildet und andererseits das Abgebildete in etwas anderes verwandelt: ein Bild.“

Adam Broomberg & Oliver Chanarin

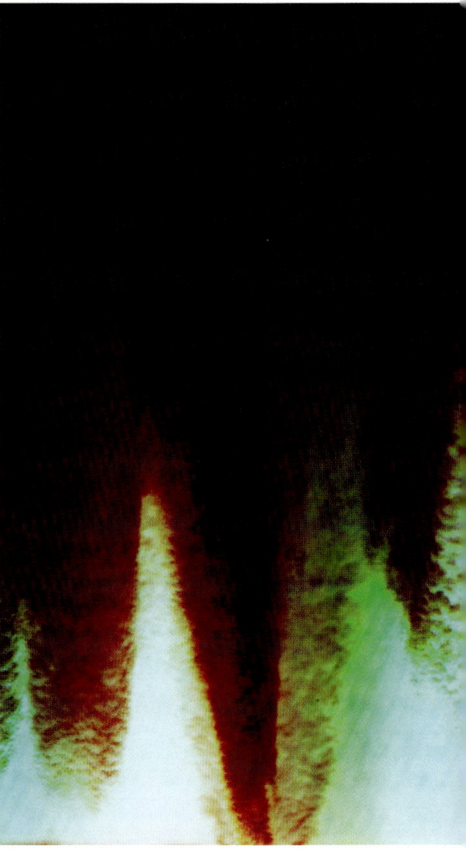

The Day Nobody Died 2008

Die Arbeiten von Adam Broomberg und Oliver Chanarin beschäftigen sich mit der ungleich verteilten Macht zwischen dem bzw. den Porträtierten und dem Fotografen. Es interessiert sie, inwiefern die Medien bei der Darstellung von Krieg klischeehaft auf Leiden und Tapferkeit zurückgreifen. Dieses Foto thematisiert, wie das britische Verteidigungsministerium den Zugang zu militärischen Operationen kontrolliert, aber auch die Restriktionen, die Journalisten und Fotografen im Irak und in Afghanistan auferlegt werden.

Die Arbeit ist die Weiterentwicklung eines früheren Projekts der beiden Fotokünstler: *Chicago*, eine nachgebaute arabische Stadt, die dem israelischen Militär als Trainingsbasis dient. Enge Beziehungen der Journalisten zu den Soldaten hatten eine „heldenhaftere" Darstellung ihrer Taten zur Folge. Zudem gab es eine Abmachung: Fotografen erhielten erstmals Zugang zur Frontlinie, doch im Gegenzug hatte das Verteidigungsministerium Zugriff auf ihr Bewegungsprofil und Material – „ein Pakt mit dem Teufel". Broomberg und Chanarin bewarben sich als vorgebliche Journalisten um eine Reiseerlaubnis nach Afghanistan. „Wir unterschrieben ein Formular, das uns verbot, Fotos zu machen, auf denen Anzeichen des Konflikts zu sehen waren (keine Leichen, keine Verwundeten, keine Spuren von feindlichem Beschuss usw.). Uns blieb nur, einen Akt des Widerstands zu inszenieren." Sie steckten eine Rolle Fotopapier in eine große Schachtel und reisten damit von ihrem Londoner Studio zur britischen Militärbasis in der Provinz Helmand, die sie in einem besonders blutigen Kriegsmonat erreichten. An ihrem ersten Tag wurde ein BBC-Mittelsmann aus seinem Auto gezerrt und hingerichtet, und neun afghanische Soldaten starben bei einem Selbstmordattentat. Tags drauf wurden drei britische Soldaten getötet. Die Kämpfe gingen weiter. Am fünften Tag starb niemand – *The Day Nobody Died*.

Als Reaktion auf diese Geschehnisse entrollten sie das Fotopapier und setzten einen sechs Meter langen Abschnitt 20 Sekunden lang dem Sonnenlicht aus. Der gesamte Prozess wurde gefilmt, auch der Weg der Papierschachtel von einer Militärbasis zur nächsten, mit Flugzeug, Panzer und Jeep. So entstand ein Stück Aktionskunst, die die „objektive Realiät" der konventionellen Berichterstattung infrage stellt. Diese abstrakten Bilder sind Kriegsäußerungen, obwohl sie ausschließlich durch Sonnenlicht zustandekamen, ohne menschliche Einwirkung. Für Broomberg und Chanarin sind es „in gewissem Sinne echte Zeugen".

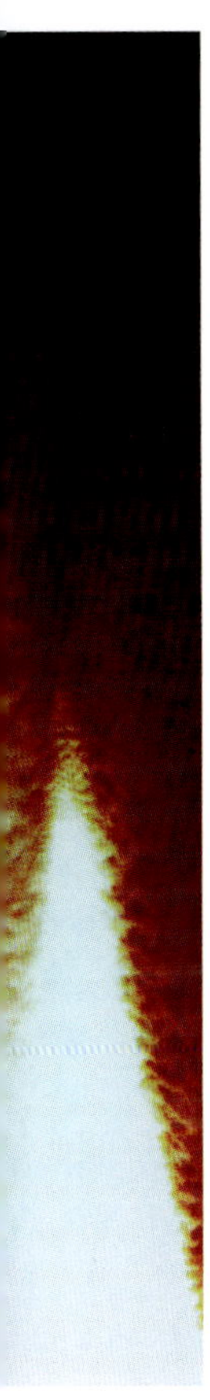

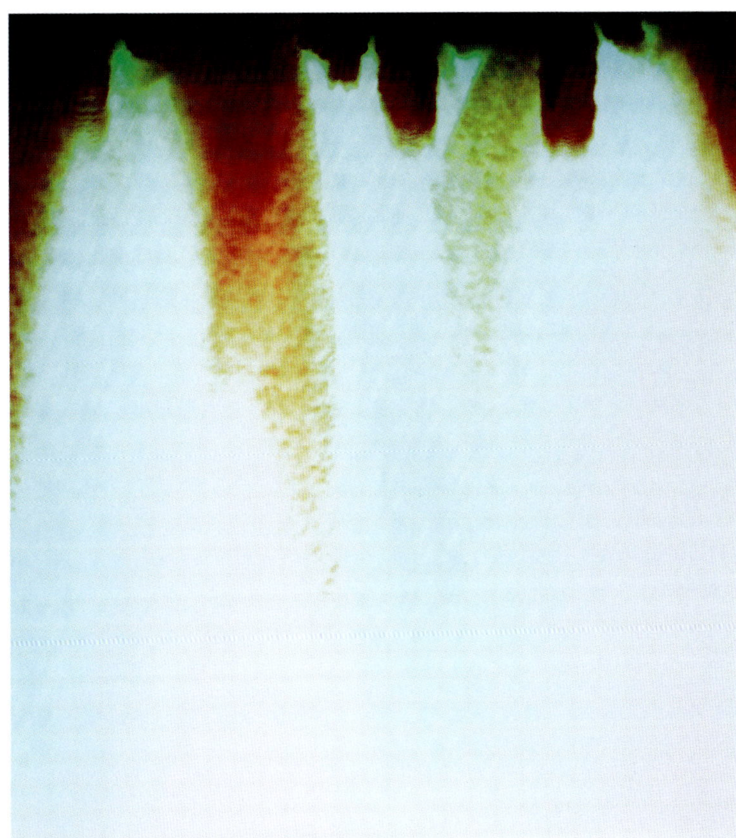

„Die moralische, politische und finanzielle Welt, in der Bilder funktionieren, interessierte uns schließlich mehr als die Bilder selbst. Also fingen wir an, die Mechanismen rund um Herstellung, Vertrieb und Konsum von Bildern offenzulegen."

Adam Broomberg & Oliver Chanarin

Adam Broomberg (ZA, 1970–) und **Oliver Chanarin** (GB, 1971–) arbeiten zusammen, seitdem sie sich bei der einflussreichen Zeitschrift *Colors* kennenlernten. Sie haben eine Reihe von Projekten veröffentlicht, die bis an die Grenzen der Dokumentarfotografie gehen und untersuchen, wie verschiedene Strategien, einschließlich der Porträt- und Landschaftsfotografie und der Archivarbeit, sich auf die Ethik der fotografischen Wiedergabe auswirken. Sie erklären dazu: „Wir fingen an, uns angesichts der Naivität unserer Modelle unwohl zu fühlen, denen nicht klar war, wie viel Macht in einem Bild steckt, dass eine Fotografie eine Münze ist, die ein Nachleben hat. Wir wollten Arbeiten bringen, die daran Kritik üben." Für ihr Buch *War Primer 2*, einer Neuinterpretation von Brechts *Kriegsfibel*, erhielten sie 2013 den Photography Prize der Deutschen Börse. In ihrem Verlag Chopped Liver Press veröffentlichen sie eigene und fremde Werke.

Kreative Tipps und Techniken

Broomberg und Chanarin sind insofern ungewöhnlich, als sie ihre Arbeiten immer gemeinsam unter ihrer beider Namen veröffentlichen. Das große Format, in dem sie arbeiten, erlaubt ihnen beiden, bei der Ausschnittswahl mitzuarbeiten. Sie arbeiten meist mit einer Plattenkamera, in deren Sucher sie beide blicken können, um den Ausschnitt zu bestimmten. Sie erklären, schon so lange zusammenzuarbeiten, dass sie als Künstler zusammengewachsen sind und ihr künstlerisches Denken organisch verschmolzen ist.

Das Paar arbeitet in unterschiedlichen Techniken, von formalen Porträts und Landschaften bis hin zu Stillleben und abstrakten Werken. Dabei passen sie ihr Herangehen an das jeweilige Projekt an und beharren nicht auf einem bestimmten Stil. Sie arbeiten viel in Archiven, die sie auf der Suche nach verborgenen Bedeutungen und Verbindungen zwischen Bildern durchstöbern, die zur Neubewertung vergangener Ereignisse führen. Die Arbeit mit Archivaufnahmen kann sehr lohnend sein. Schon das Vergnügen, Kartons mit alten Abzügen zu öffnen und ihnen neues Leben zu geben, ist ein lohnender Prozess.

Mishka Henner

Coronado Feeders, Dalhart, Texas 2013, aus „Feedlots"

Was aus der Luft betrachtet wie ein riesiger, hässlicher Fleck in der Landschaft aussieht, ist in Wirklichkeit eine Mastanlage in den USA, ein sogenannter Feedlot. So heißt auch Mishka Henners Serie, aus der dieses Bild stammt. Es zeigt Tausende von Tiere, die in winzigen Parzellen gehalten und dann geschlachtet werden. Der Zutritt zu den Anlagen ist streng verboten. Die in den USA weit verbreiteten „Ag-gag"-Gesetze stellen unautorisierte Bildaufnahmen in Tierfarmen beinahe auf eine Stufe mit Terrorismus. Dennoch gibt es Fotos der Anlagen, erläutert Henner: „Oft sind es Satellitenaufnahmen, die sogar aus dem Landwirtschaftsministerium selbst stammen." Er stieß auf die Feedlots, während er an einer Serie über Ölfelder arbeitete, und erinnert sich, dass er anfangs keine Ahnung hatte, was er vor sich hatte: „Die dichte Masse schwarz-weißer Punkte sah aus wie Mikroben. Um zu verstehen, was das war, musste ich eine Menge über die Fleischindustrie und ihre Profitmaximierungsmethoden lernen." Die gigantischen Ausmaße der Anlage und der giftig aussehende Gülleabfluss vermitteln dem Betrachter eine klare Botschaft über die Zustände in der Nahrungsmittelindustrie und das menschliche Leben im Allgemeinen. Henner warnt: „Diese Bilder spiegeln den systematischen Horror wider, auf dem unser Leben aufbaut."

Immer mehr Künstler greifen, wie Henner, in ihren Arbeiten auf Satellitenbilder und Google Street View zurück. Henner sieht die Glaubwürdigkeit des Künstlers in seiner Vision und der Kuration solcher Bilder, nicht in der Frage, wer die Aufnahmen gemacht hat. „Eine gesellschaftliche Realität wurde von einem weit entfernten Gerät festgehalten, das Milliarden von Bildern macht, die niemand zuvor so gesehen oder zusammengestellt hat."

„Ich will kein Mitleid erregen. Meine Motivation ist, Sie zum Nachdenken zu bringen." Mishka Henner

Mishka Henner (BE, 1976–) arbeitete ursprünglich als Fotojournalist, wandte sich aber enttäuscht von der konventionellen dokumentarischen Fotografie ab, weil „ich der Kamera in meinen Händen nicht mehr wirklich vertraute. Ich glaube nicht, dass die Modelle ihr vertrauten. Sie schien Interaktionen und Begegnungen zu behindern und drastisch zu verändern. Ich spielte eine Rolle, und die Person vor der Kamera spielte eine Rolle. Es war alles ein Schauspiel. Dadurch wurde das Konzept einer objektiven Wahrheit redundant, sodass kaum mehr blieb als eine Stilübung, die sich auf jedes Thema anwenden ließ: eine Fabrik für Abschleppstangen, einen Krieg in Syrien. Ich begann dem wirklich zu misstrauen. Die Welt ist so viel reichhaltiger als die stilistische Verhüllung, mit der ich sie umgebe." Er hat seitdem auf unterschiedliche Weisen die Welt um sich herum untersucht, meist unter Einsatz digitaler Techniken, um Material abzubilden, das sich der konventionellen Fotografie verschließt, darunter die Werke *Fifty-one US Military Outposts* (2010) und *Dutch Landscapes* (2011), die sich beide mit geheimen Militäranlagen beschäftigen. Er lebt und arbeitet in Manchester in England.

Kreative Tipps und Techniken

Henners Werk stellt interessante Fragen zur Rolle des Fotografen im digitalen Zeitalter. Er beschreibt sein Vorgehen als eine Kombination aus Informationsbeschaffung, Datenverarbeitung, Bilderstellung und Präsentation. Seine Projekte erfordern immens viel Recherche, Nachdenken und Planung sowie ein methodisches, systematisches Herangehen. Die Bilder zeichnen sich dann durch eine klare und ansprechende Ästhetik aus, bieten aber auch inhaltlich sehr viel. Es sind zwar digitale Montagen, aber die Bilder entstehen anfänglich mit der Kamera, auch wenn er nicht selbst fotografiert. Er ist nur für die Komposition, den Ausschnitt, die Farben und den Kontrast verantwortlich.

Henner verbringt Stunden damit, Satellitenaufnahmen nach Motiven zu durchsuchen. Meist sind sie auf Landkarten nicht gekennzeichnet, sodass er riesige Gebiete der USA auf Google Maps in der Satellitenansicht nach ihnen durchsehen muss. Wenn er eine Mastanlage oder ein Ölfeld gefunden hat, berechnet er die Abmessungen, vergrößert auf die höchstmögliche Auflösung und erstellt einen Screenshot jedes Teilgebiets. So entstehen Hunderte von Aufnahmen, die er manuell zusammenfügt, um einen fantastischen Detailreichtum zu erzielen. Aus eher langweiligen Bildern werden so Kunstwerke.

Henner erkannte, dass Verlage wie Blurb, die digitale ‚On Demand'-Veröffentlichungen ermöglichen, es erlauben, Bücher zu geringen Kosten auf den Markt zu bringen, die genauso wirksam sind wie jene traditioneller Verlage. So können Werke wie sein außerordentliches *Astronomical* (2011), die sonst aus Kostengründen nicht hergestellt würden, auf diesem Weg doch ihr Publikum erreichen.

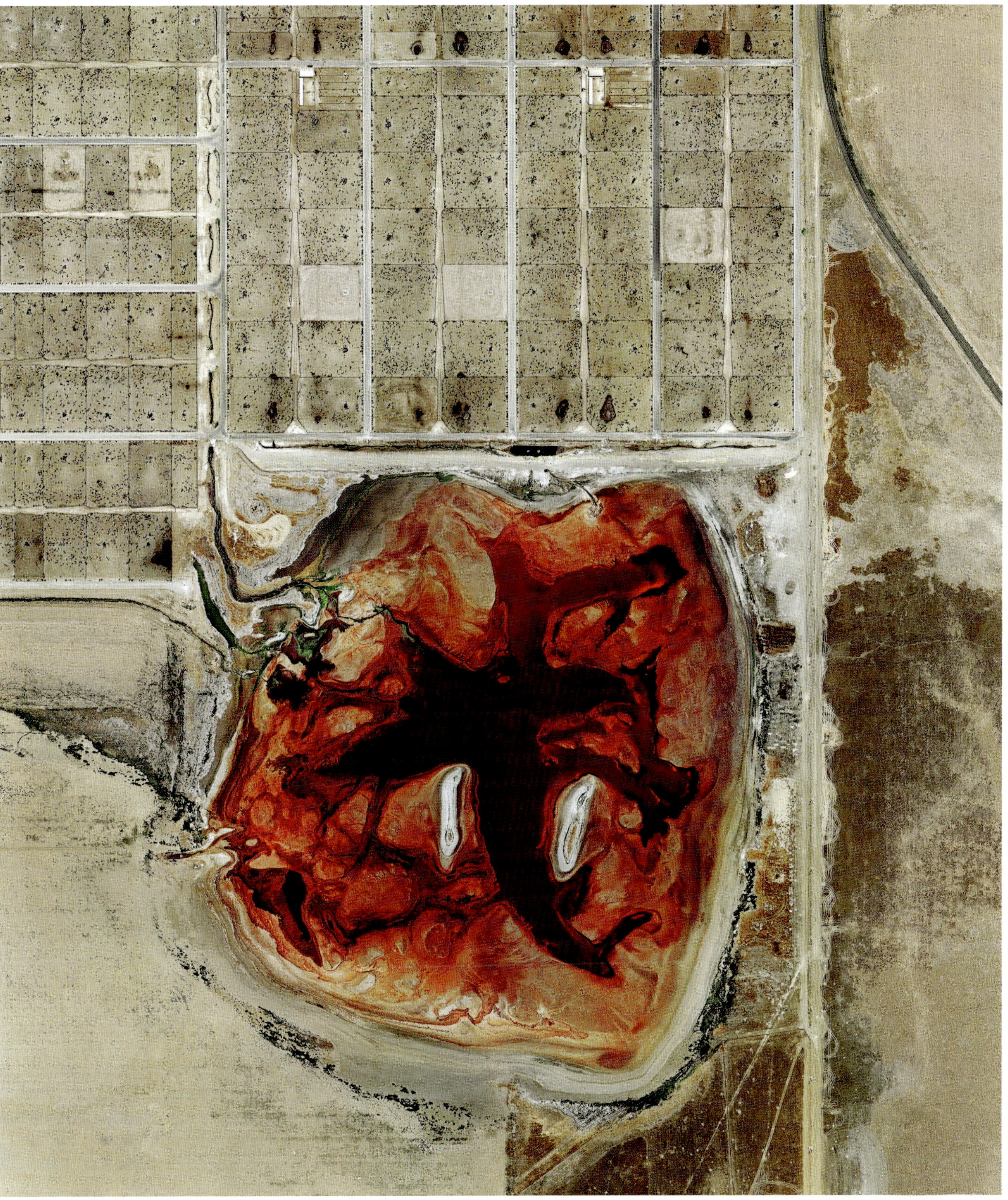

Mome

nte

Viele herausragende Fotografen halten diesen einen Bruchteil einer Sekunde fest, in dem sich alles zum perfekten Bild fügt. Solche Momente finden sich überall – auf der Straße, im Sport, bei Familienfeiern oder Ereignissen mit Nachrichtencharakter. Diese Momentaufnahmen erwecken eine Szene zum Leben, verleihen dem Profanen Tiefgang. Sie sehen so mühelos aus, erfordern aber unendlich viel Geduld und ein schnelles Reaktionsvermögen. In der Anfangsphase des Mediums im 19. Jahrhundert lag die Straße im Fokus der Fotografen. Dieser öffentliche Raum ist die Bühne für viele Dinge des täglichen Lebens – Geschäfte, Unterhaltung, der Weg von einem Ort zum anderen, Beziehungen und alle erdenklichen menschlichen Handlungen. Die Zeit, die man auf den Beinen ist, die weite Strecke, die man auf der Jagd nach der bildlichen Beute zurücklegt, ist ein entscheidender Aspekt der Straßenfotografie. Geduld zahlt sich immer aus, auf die eine oder andere Weise. Der glückliche Zufallstreffer ist selten, aber je mehr

Zeit man in die Suche investiert, desto höher die Wahrscheinlichkeit, dass man ihn findet. Fehler passieren und Augenblicke verflüchtigen sich, aber eine instinktive Beherrschung der Kamera ermöglicht es, das lebendige Treiben auf der Straße und die dort herrschende Ordnung visuell zu erkunden. Die Straße kann ein chaotischer, verrückter Ort sein, voller Leben, aber auch eine ruhige, friedliche Umgebung. Die Szenerie ist in ständigem Wandel, die Sonne verändert ihren Stand, Schatten und Reflexionen treten auf, die eine eigentlich öde Szene beleben, in Schwung bringen und mit Bedeutung aufladen können.
Die Straße ist ein Ort der Darstellung, sowohl der dort lebenden Menschen als auch des Fotografen, der sein Verhältnis zu diesem Ort offenbart. Sie ist in der Tat eine Theaterbühne, auf der der Fotograf-Choreograf das schwindelerregende Gewimmel der Welt um sich herum zum fesselnden Schaustück arrangiert.

Manuel Álvarez Bravo

Die Tochter der Tänzer 1933

Das Werk von Manuel Álvarez Bravo besetzt den Raum zwischen Traum und Wirklichkeit. Aus seinen Bildern vom alltäglichen Leben spricht ein gesteigerter Sinn für Magie und Fantasie, sie laden den Betrachter ein, sich mit ihrer Vorstellungskraft auf diesen Augenblick einzulassen. Das mexikanische „Theater des Lebens" durchdringt seine Aufnahmen. „Hier ist alles Symbol und Geheimnis", beschrieb er dieses Gefühl. Die Straße war Álvarez Bravos Bühne, auf der Schilder, Cafés, Schaufenster und Straßenverkäufer ästhetische und formale Möglichkeiten eröffneten. In diesem Foto blickt ein Mädchen durch ein Loch in der Wand, das wie eine tiefe Augenhöhle anmutet, ein Tor in eine andere Welt, in der vielleicht der Verlust der Unschuld droht. Ihr linker Fuß balanciert auf dem rechten, sie reckt sich in die Höhe, um mehr zu sehen. Während ihre Pose an klassische Statuen erinnert, verweisen Kleid und Hut auf ein bäuerliches, traditionelles Leben auf dem Land, das von den Möglichkeiten der Moderne herausgefordert wird, die am Ende des dunklen Loches locken. Diese Aufnahme versinnbildlicht Álvarez Bravos Fähigkeit, das Profane ins Magische zu erheben und erklärt, warum er sich vom europäischen Surrealismus so angezogen fühlte. Fotografen ermutigte er: „Fotografiere, was du siehst, nicht, was du denkst." Er erklärte, dass er beim Fotografieren keine bestimmte Idee verfolge, sondern zulasse, dass die Situation ihre tiefere Bedeutung offenbare: „Wenn man ein Foto macht, hat man keine fertige Aussage im Kopf, sondern will etwas Bildliches erschaffen, das später eine Bedeutung erlangen kann, die man nicht beabsichtigt hatte – abhängig von der Interpretation des Betrachters, aber nicht unbedingt von der des Fotografen."

„Das wichtigste Instrument des Fotografen sind seine Augen. Komischerweise benutzen viele Fotografen lieber die Augen eines anderen Fotografen statt ihrer eigenen. Wie blind sie sind!" Manuel Álvarez Bravo

Manuel Álvarez Bravo (MX, 1902–2002) gehört zu den aus Lateinamerika stammenden prägenden Gestalten der Fotografie. Sein Werk verkörpert den Surrealismus und magischen Realismus des Lebens in Mexiko. Sein Großvater und sein Vater waren Amateurfotografen, er selbst studierte an der Akademie von San Carlos Malerei, war als Fotograf jedoch Autodidakt. Am Anfang seiner Laufbahn lernte er Tina Modotti und Edward Weston (s. S. 98) kennen, die ihn sehr förderten. Seine Arbeiten entstanden in der sogenannten mexikanischen Renaissance nach der Mexikanischen Revolution, als sich die Kräfte der Modernisierung mit der Suche nach einer nationalen Identität verbanden. Surrealisten wie Henri Cartier-Bresson (s. S. 260) und André Breton zog es nach Mexiko, wo sie zu Freunden von Álvarez Bravo wurden. Er arbeitete auch als Fotograf für Filmaufnahmen und war Lehrer von Generationen mexikanischer Fotografen.

Kreative Tipps und Techniken

Diese Fotografie ist eine Studie über Muster und Formen, in der die wiederholten Kreise des Huts, des Fensterrahmens und der verschatteten Öffnung den Blick wie durch einen Tunnel in das Bild führen. Die rechteckigen Kacheln der Wand verleihen dem Bild große Energie, aber auch eine Ruhe in der Bildmitte, indem die optische Bewegung der verschiedenen Linien geschickt genutzt wird, um eine bezwingende Abfolge gegensätzlicher Kraftfelder zu schaffen. Man sollte in seiner Alltagsumgebung stets auf Muster achten; die Wiederholung ähnlicher Formen eignet sich hervorragend, um Fotografien Struktur und Gestalt zu geben.

Álvarez Bravo nutzte in seinen Kompositionen Licht und Schatten auf meisterhafte Weise. In diesem Beispiel steht die Dunkelheit der Öffnung dem Weiß des Mädchenkleids und -huts gegenüber. Auch die Schatten sind geschickt eingesetzt, um die Komposition zu strukturieren. Es ist wichtig, ein Verständnis für die Umsetzung der farbigen Welt in Tonwerte zu entwickeln. In Schwarz-Weiß zu sehen erfordert Übung und die Bereitschaft, aus Fehlern zu lernen.

Texturen sind in dieser Fotografie ebenso wichtig wie die Muster. Die Kratzer und abgestoßenen Stellen an der Wand geben dem Bild etwas Reales, da man sehen kann, wie die Farbe im Laufe der Zeit gelitten hat, vor allem an dem Ring um das Loch in der Wand, durch das Hunderte von Menschen über die Jahre hinweg hindurchgesehen haben. Der Faltenwurf des Kleids steht im Gegensatz zu der glatten Wand und der glatten Hutkrempe. All diese Elemente tragen zur räumlichen Wirkung des Bildes bei, ein Effekt, den man nachzuahmen versuchen sollte.

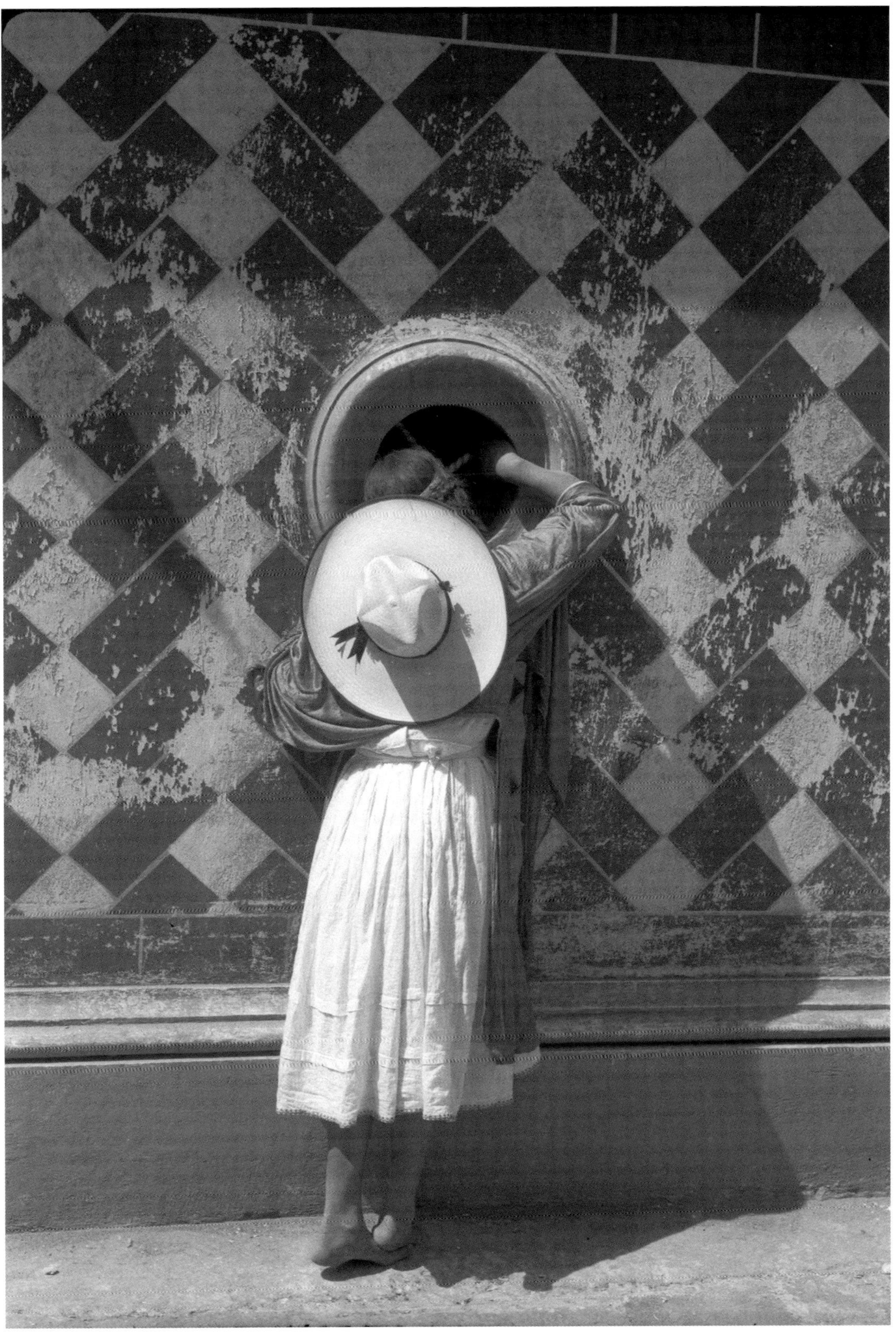

Robert Frank

Straßenbahn, New Orleans 1955

Dieses Bild von einer alltäglichen Szene in New Orleans thematisiert die Rassentrennung in den amerikanischen Südstaaten. Die Straßenbahnfenster trennen fein säuberlich zwischen den einzelnen Personen, von der Frau aus der Mittelschicht, die den Fotografen missbilligend ansieht, bis zu den beiden Afroamerikanern, die stereotyp für das schwarze Hausmädchen und den zuverlässigen „Uncle Tom"-Arbeiter stehen. Der kleine Junge in der Mitte, mit Anzug und Fliege, symbolisiert die Kluft zwischen Arm und Reich. Das bedeutungsschwangere Bild ist auch formal komplex und besticht durch verschiedene Texturen – Metall, Stoff, Haut und Glas. Der Wagen ist eine flache, zweidimensionale Bildfläche, aus der die Figuren herausragen. Die Spiegelungen in den Fenstern am oberen Rand sind wie ein eigenständiger Filmstreifen, verwaschene Standbilder, die eine eigene Geschichte erzählen.

Meisterlich verwandelt Robert Frank eine Alltagssituation in eine von Geheimnis, Dramatik und Unbehagen durchdrungene Szene. Dieses Bild illustriert seine Forderung, Fotos müssten „die Menschlichkeit des Augenblicks" beinhalten und erschien in seinem wegweisenden Fotoband *The Americans* (1958). Für dieses Buch bereiste er im Laufe von zwei Jahren 30 Länder, legte über 16 000 km zurück und verbrauchte 767 Filmrollen. Zurück in New York brachte er ein Jahr damit zu, Bilder auszuwählen und machte 1000 Abzüge, aus denen er die Sequenzen für das Buch herstellte. Frank weigerte sich, Kompromisse einzugehen, auch auf die Gefahr des kommerziellen Scheiterns hin. Er hielt persönliche Haltung für wichtiger als finanziellen Erfolg.

„Schwarz und Weiß sind die Farben der Fotografie. Sie sind mir Zeichen für die Alternative Hoffnung-Verzweiflung, der die Menschheit für immer ausgesetzt ist." Robert Frank

Robert Frank (USA, 1924–) veröffentlichte mit *The Americans* (1958) eines der bedeutendsten Bücher in der Geschichte der Fotografie. Mitte der 1950er Jahre reiste der gebürtige Schweizer zwei Jahre mit Unterstützung der Guggenheim Foundation durch die USA. Er widmete sich der Kehrseite des American Dream, den dunklen Ecken und versteckten Orten, dem Rassismus und der Rassentrennung, dem Reichtum und der Armut und der Angst vor dem Außenseiter, von der dieses Jahrzehnt im Schatten des Kalten Kriegs gekennzeichnet war. Er konzentrierte sich auf die Symbole des amerikanischen Lebens – Jukebox, Cowboy, Straßenkreuzer, Highway –, aber er feierte sie nicht, er verwendete sie als Metaphern für die Entfremdung des modernen Lebens. Frank arbeitete auch als Avantgarde-Filmemacher und war 1959 einer der Regisseure von *Pull My Daisy*. 1961 hatte er im Art Institute of Chicago seine erste große Einzelausstellung, und 1972 erschien seine Autobiografie *The Lines of My Hand*. 2009 fand anlässlich des fünfzigjährigen Erscheinens seines Buches die Ausstellung „Looking In: Robert Frank's ‚The Americans'" statt.

Kreative Tipps und Techniken

Franks Werk sollte man nicht für sich betrachten. Er wurde von seinem Lehrer Walker Evans (s. S. 78) beeinflusst, einem der Sponsoren für das Stipendium, mit dem sein Fotobuch finanziert wurde. Franks Stil ist wiederum oft kopiert worden und hat zu der ‚Schnappschuss-Ästhetik' etwa von Garry Winogrand (s. S. 192) und anderer Fotografen der 1960er Jahre geführt.

Frank arbeitete bei *The Americans* mit einer Leica Sucherkamera und einem Weitwinkelobjektiv. Die Bilder mögen wie zufällig wirken, aber er war sich der Ästhetik sehr bewusst, aus der heraus bezwingende Fotografien entstanden, die den damals vorherrschenden Stil formal perfekter, sauberer Aufnahmen infrage stellten. Er arbeitete schnell, und viele seiner Fotos sind nicht scharf, nicht auf das Motiv zentriert, unterbelichtet und verschwommen. Was sonst als Fehler zählen würde, diente in Franks Expertenhänden jedoch nur der Verstärkung des Bildinhalts, der Atmosphäre und der Dramatik. Er brach viele der damals geltenden Regeln der Dokumentar- und Reportagefotografie und wurde für diese scheinbaren technischen Fehler heftig kritisiert. Er war aber ein sehr erfahrener Handwerker, der absichtlich versuchte, seine Bilder mehrdeutiger, intensiver und metaphorischer zu gestalten.

The Americans hat keinen Erzählstrang wie ein Zeitschriftenbeitrag, aber das Buch weist doch eine komplexe, nuancierte Struktur auf, die den Betrachter auf eine Reise mitnimmt, deren Wegstücke sehr kontrolliert sind. Die Verbindung der Texte von Jack Kerouac und der Rhythmen des Buches, bei dem die einzelnen Bilder immer einem weißen Blatt gegenüberstehen, ergeben ein visuelles Gedicht, das auch heute noch aussagekräftig ist.

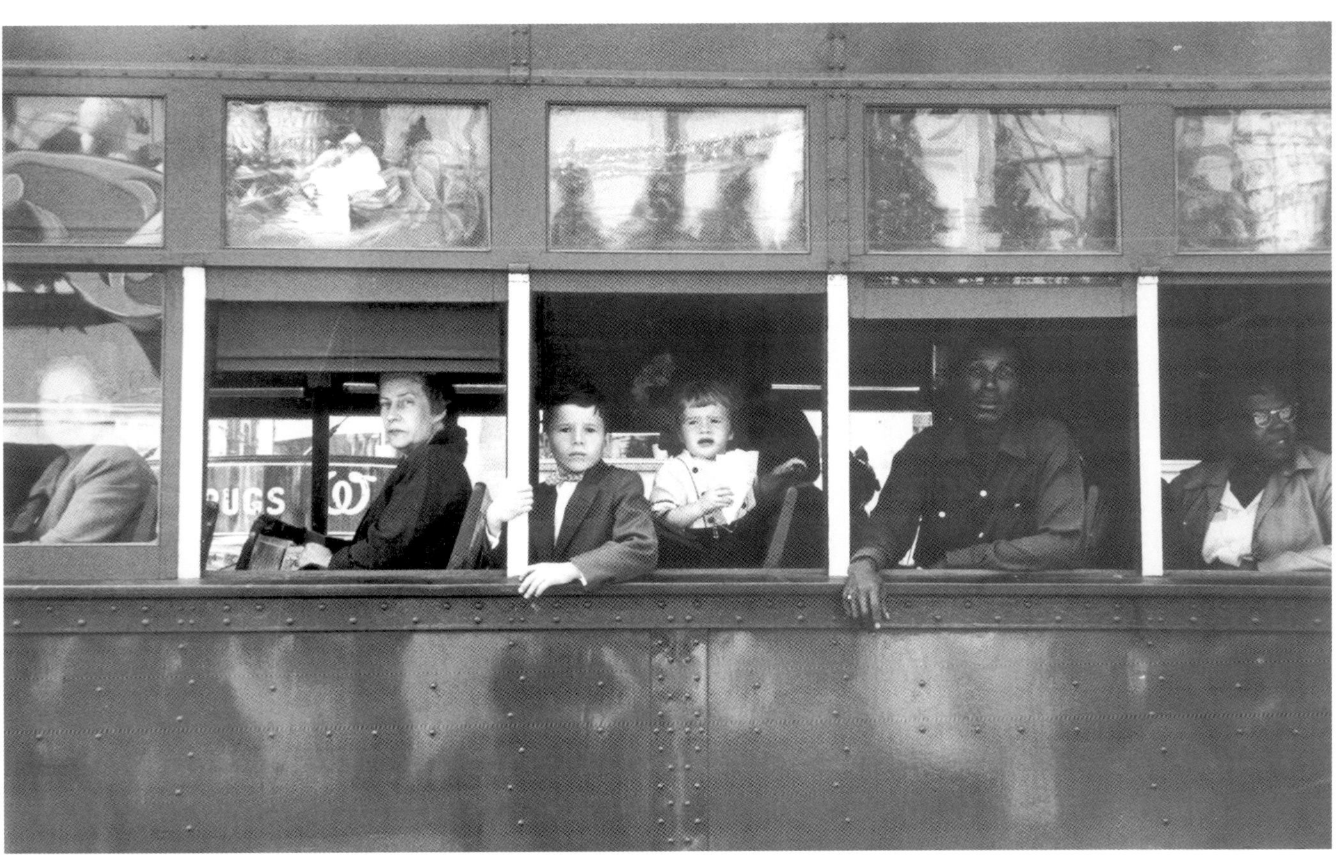

William Klein

Vier Köpfe, Thanksgiving, New York 1955

Mit diesem prall gefüllten Foto eröffnete William Kleins Fotobuch über New York City (1956). Es zeigt sein Markenzeichen, den Gebrauch von Weitwinkelobjektiven, mit denen er seinen Motiven extrem nahe kommen konnte; hier reichen die Gesichter der vier Personen bis an die Ränder. Das Bild spiegelt das multikulturelle Leben der Stadt wider, verschiedene Ethnien und Typen, denen man zufällig an einer beliebigen Straßenecke während des Thanksgiving-Umzugs begegnet. Nach dem Fotografieren widmete sich Klein mit großer Freude der Bearbeitung des Bildausschnitts. Er erinnert sich: „Mit klopfendem Herzen schaute ich meine Kontaktabzüge an. Mir gefiel der Gedanke, dass alles Glückssache ist und man seine Chance nutzen muss." Dass er beim Fotografieren immer sehr nah an die Leute heranging, schienen diese nicht als unangenehm zu empfinden: „Sie trugen manchmal einen uneindeutigen Gesichtsausdruck zur Schau, die Augenbrauen nachdenklich zusammengezogen, unergründlich, vielleicht bedeutungslos." Klein war überzeugt, dass die Menschen, die er auf diese Art fotografierte, etwas von sich preisgaben: „Vielleicht geben sich die Leute als gewalttätig oder sanftmütig zu erkennen, durchgeknallt oder schön. Irgendwie offenbaren sie, wer sie sind. Am Ende wird es eine Art Selbstporträt." Der Autodidakt lehnte die Konventionen der professionellen Fotografie ab. Sein Ansatz war lockerer, instinktiver. Er entwickelte einen Stil, der besser zu der verrückten Energie der Stadt passte.

„Ich spiele mit den Negativen, schneide sie, verändere sie. Saubere Techniken passen nicht zu New York. Ich kann mir vorstellen, wie meine Bilder neben der *New York Daily News* in der Gosse liegen." William Klein

William Klein (USA, 1928–) ist ein energiegeladener, unkonventioneller Fotograf, dessen dynamische Verwendung von Weitwinkelaufnahmen, Unschärfe und Körnigkeit der Fotografie in den 1950er Jahren neues Leben einhauchte. Er war an der Sorbonne in Paris eingeschrieben und studierte später bei dem Maler Fernand Léger Malerei. Bei der Eröffnung einer Ausstellung seiner kinetischen Skulpturen traf er allerdings Alexander Liberman, den Art Director der *Vogue*, der ihn einlud, für die Zeitschrift zu arbeiten. Er brach alle Regeln und Konventionen der Modefotografie, fotografierte auf der Straße und brachte Kamera wie Filmmaterial bis an die Grenzen. Daraus erwuchs eine Periode intensiven Fotografierens auf den Straßen New Yorks, die in *Life is Good and Good For You in New York: Trance Witness Revels* (1956) festgehalten wurde. Er nannte das Buch „Pseudo-Ethnografie, Parodie, Dada" und sagte, er habe „die stolzen New Yorker so dokumentiert, wie eine Museumsausstellung die Kikuyus dokumentiert hätte". Er verwirklichte in Paris, Rom und Tokio ähnliche Projekte und arbeitete dann als Filmemacher, bevor er im Alter wieder zur Fotografie zurückkehrte.

Kreative Tipps und Techniken

Klein verwendete für diese Fotografie ein 28mm-Weitwinkelobjektiv und wählte einen sehr nahe am Motiv liegenden Standpunkt, um ein großes Blickfeld und die Energie der Straße um sich herum einfangen zu können. Das von Henri Cartier-Bresson verwendete Standardobjektiv (50mm) war seiner Meinung nach für seinen Stil zu präzise, er suchte die Flüssigkeit und Weite der kurzen Brennweite. Er ist sich jedoch bewusst, dass keines der Objektive perfekt ist, dass wir die Realität durch zwei Augen wahrnehmen, nicht durch eines wie die Kamera. Extreme Weitwinkel wie das 28mm-Objektiv führen zu Verzerrungen, wenn man sie jedoch wie Klein einsetzt, um dem Motiv Dynamik zu verleihen, können sie sehr effektiv sein. Man sollte sich allerdings der Verzerrungen der Szene, die vor allem am Bildrand auftreten, immer bewusst sein.

Klein machte aus seinem Mangel an fotografischer Erfahrung einen Vorzug, da er nicht durch die Konventionen des technischen Verfahrens gebunden war. Seine fehlende Ausbildung eröffnete ihm „eine Technik ohne Tabus: Unschärfe, Korn, Kontrast, schiefe Bildwinkel, Zufälle, was immer". Er hält Unschärfe nicht für einen Trick der Kamera, sondern für eine Eigenschaft des Lebens selbst. Man kann mit hohen ISO-Werten experimentieren, um Bildrauschen und Körnigkeit zu erzielen, oder nur mit langen Belichtungszeiten fotografieren, um die Wirkung von Unschärfe zu studieren.

Klein empfand das Aufkommen der Digitalkameras und die Arbeit mit ihnen als befreiend. Wie viele Fotografen, die das Handwerk mit analogen Geräten erlernten, glaubt er jedoch, dass die Schnelligkeit digitaler Aufnahmen zu Bildern ohne Zufälle führe, was einen Nachteil darstelle.

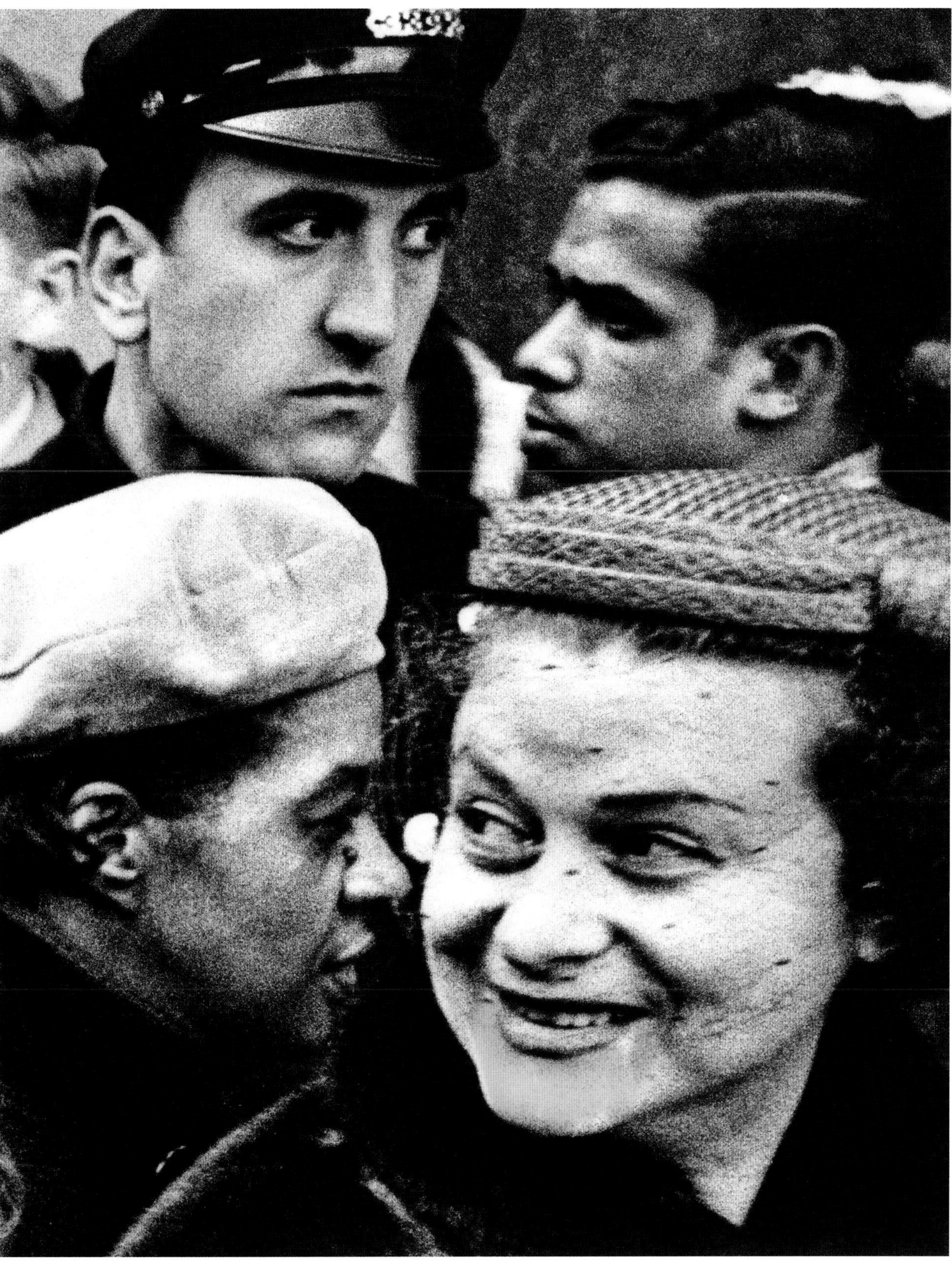

Tony Ray-Jones

Ramsgate 1967

Tony Ray-Jones hatte einen scharfen Blick für die surrealen Aspekte und die Komik des Lebens in Großbritannien. Seine Bilder vereinen die Energie amerikanischer Straßenfotografie mit der poetischen Empfindlichkeit, wie es sie nur bei den Briten gibt. Dieses Foto, aufgenommen am Strand einer Stadt in der Grafschaft Kent, demonstriert, wie perfekt er die Choreografie des Augenblicks beherrscht. Was Ray-Jones hier zu erschaffen versuchte, waren „Zeitlupenberichte einer kurzen Episode, die schneller vorüber war, als man über sie lesen kann".

Der Kontaktabzug zeigt, wie er es zuerst mit der Vertikalen, dann mit der Horizontalen versuchte, ausgerichtet an dem Mann im weißen Hemd mit Krawatte unten links im Bild. Dann verändert er leicht seine Positon und wartet ab, bis sich die Szene vor ihm entfaltet, bis das kleine Mädchen, scheinbar unbeachtet von den anderen Protagonisten um sie herum, die Rampe hinunterhüpft. Man könnte das Bild in eine ganze Reihe von Vignetten aufteilen, die allesamt als eigenständiges Bild ihre Wirkung entfalten würden – vom Kind, das in verdrehter Haltung auf dem Sims des Schaufensters rechts herumklettert, über das Paar mit dem Kinderwagen bis zu dem Mann, der am linken Bildrand die Bühne betritt. Deckt man Teile des Fotos ab, gibt der Rest dessen, was im Bildausschnitt zu sehen ist, immer noch ein interessantes Bild ab. Der Text und die Stadtmöbel kommen als bedeutungstragende Elemente hinzu. Ray-Jones bezog die in seinen Bildern enthaltene Sprache und deren mögliche Bedeutung mit ein. Kleine Details erzählen die Geschichte weiter: Die hingeworfenen Sandalen künden von der sandigen Befreiung, auf die das Mädchen freudig zuflitzt, und der Hund scheint dem undefinierbaren schwarzen Fleck entstiegen, der sich unter ihm auf der Rampe ausbreitet.

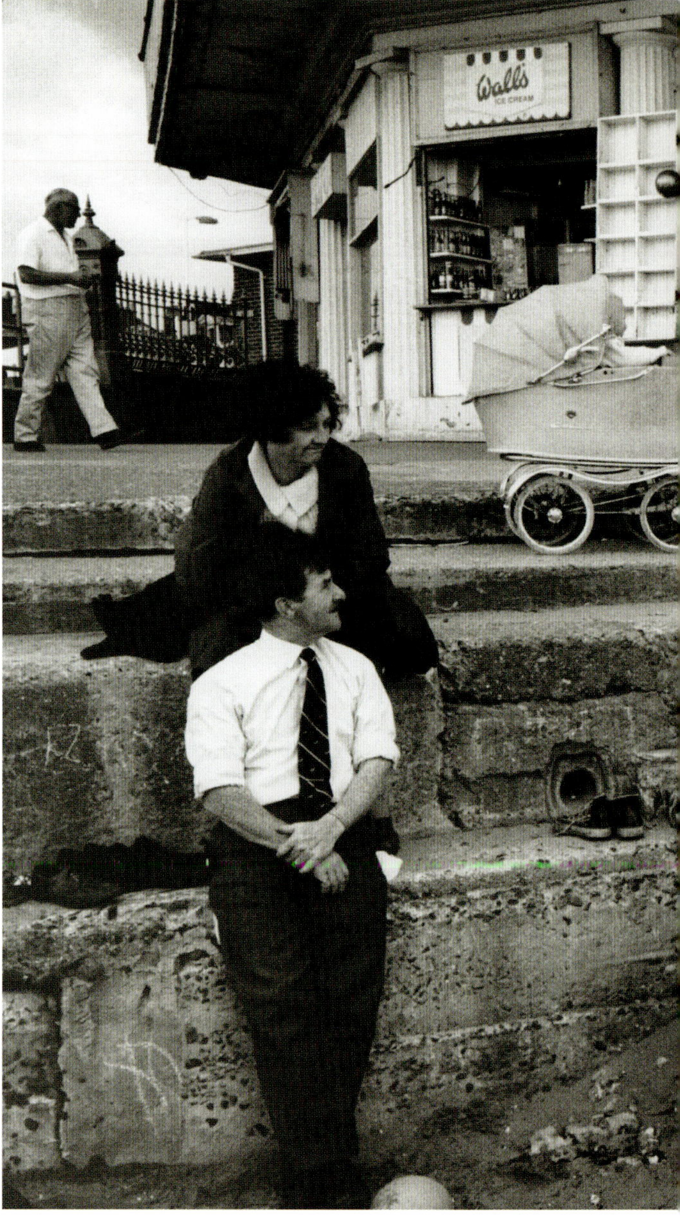

Kreative Tipps und Techniken

Tony Ray-Jones führte umfangreiche Notiz- und Tagebücher, oft stellte er Listen der Dinge auf, die im Mittelpunkt seiner Arbeit stehen sollten. Diese Liste ist eine hervorragende Gedächtnisstütze für jeden angehenden Straßenfotografen:

AGGRESSIVER SEIN
SICH MEHR BETEILIGEN (MIT LEUTEN REDEN)
AM THEMA BLEIBEN (GEDULDIG SEIN)
SCHLICHTERE FOTOS MACHEN
DARAUF ACHTEN, OB ALLES IM HINTERGRUND MIT DEM THEMA ZU TUN HAT
MEHR ABWECHSLUNG IN KOMPOSITIONEN UND BLICKWINKELN
MEHR AUF DIE KOMPOSITION ACHTEN
KEINE LANGWEILIGEN FOTOS MACHEN
NÄHER RANGEHEN (50MM-OBJEKTIV)
NICHT VERWACKELN (0,250S ODER SCHNELLER)

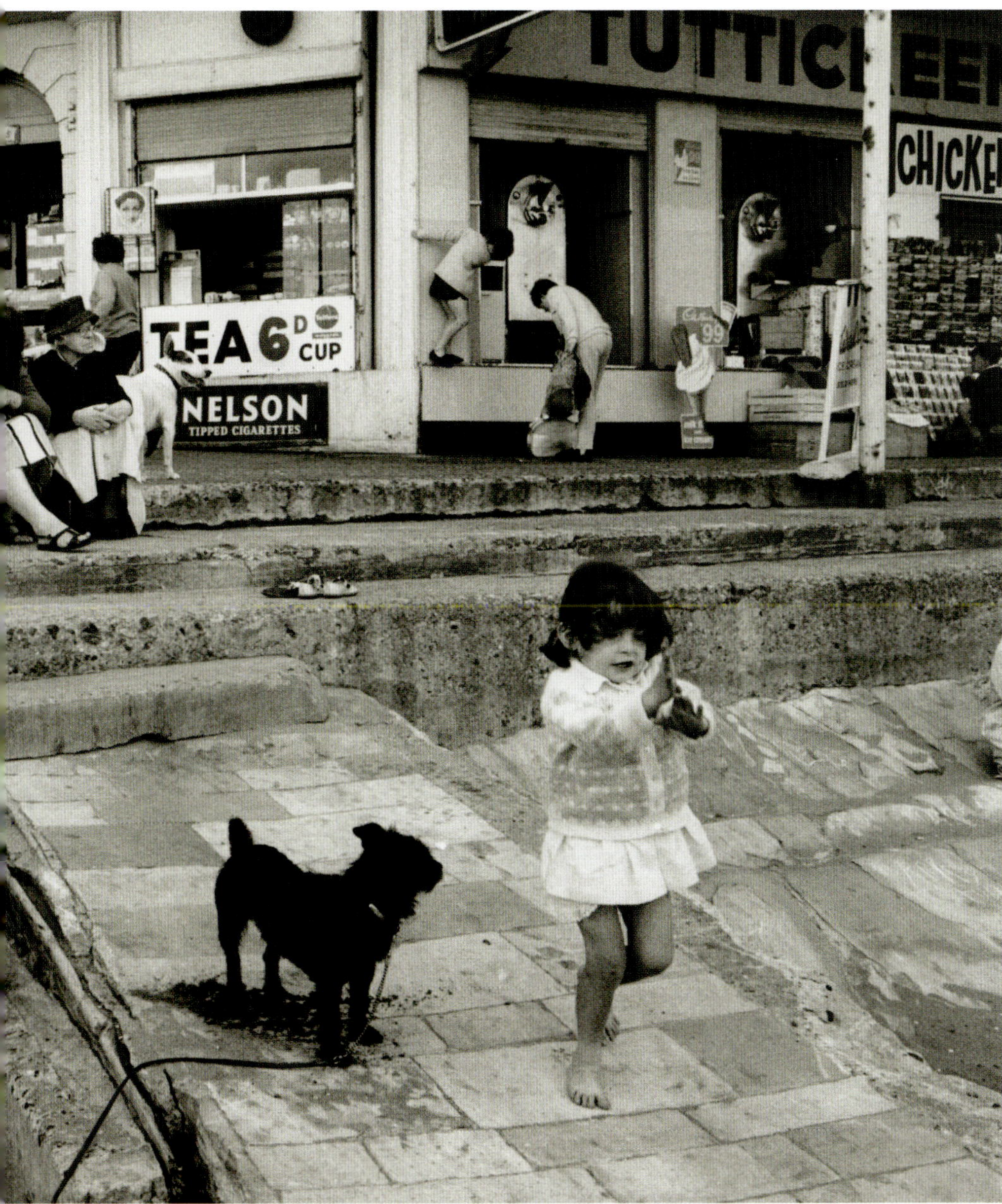

Tony Ray-Jones (GB, 1941–72) war einer der wichtigsten britischen Fotografen der Nachkriegszeit. Sein Einfluss auf spätere Fotokünstler, vor allem Martin Parr (s. S. 102), war bedeutend. Ray-Jones studierte an der London School of Printing (jetzt das London College of Communication) Grafik, ging aber mit 19 Jahren in die USA, um an der Yale University School of Art zu studieren. Dort zogen ihn die Lehren von Alexei Brodowitsch am Design Lab an, und er schloss Freundschaft mit Joel Meyerowitz (s. S. 60); gemeinsam fotografierten sie die Straßen New Yorks. 1965 kehrte Ray-Jones nach England zurück und begann, sich der Exzentrizität des britischen Lebens zu widmen. Trotz seines frühen Todes, er starb im Jahr 1972 an Leukämie, hat sein Nachlass ihm den Rang eines der größten Straßenfotografen gesichert. Sein unvollendetes Buch wurde 1974 posthum unter dem Titel *A Day Off: An English Journal* veröffentlicht.

„Fotografie kann spiegelgleich das Leben zeigen, wie es ist" Tony Ray-Jones

NICHT ZU VIEL FOTOGRAFIEREN
NICHT IMMER AUF AUGENHÖHE
KEINE MITTLEREN ENTFERNUNGEN
Ray-Jones notierte sich auch Folgendes für Aufnahmen eines Thanksgiving-Umzugs in New York: „Aufregung; Größe der Ballons; Kleinheit der Menschen, vereinfachen; Bestandteile herausarbeiten; Gesamtaufnahmen; Zuschauer; Spiegelungen suchen; soziale Kommentare; starke Kommentare."

Bei der Straßenfotografie geht es vornehmlich um die Orchestrierung des Bildes. Wie ein Dirigent bei einem Konzert das Musikstück interpretiert, versucht der Fotograf, einen Sinn in der ihn umgebenden Welt zu erkennen. Man sollte genau auf die Körpersprache der Menschen achten, darauf, wie sie auf ihre Mitmenschen und die Umgebung eingehen (oder auch nicht). Besonders wichtig sind dabei die Augen und die Hände, da sie viel über die Haltung zum anderen verraten. Auch das Neben- und Gegeneinander ist wichtig. Man muss ein Bewusstsein für die Bewegungen der Menschen entwickeln und vorhersagen können, in welche Richtung sich jemand bewegt, um die Aufnahme genau im richtigen Moment zu schießen. Oder man stellt sich selbst an einem anderen Standpunkt vor, und falls das von dort aufgenommene Bild besser sein würde, nimmt man diesen Standpunkt für die Aufnahme ein.

Garry Winogrand

Apollo 11 Moon Shot, Cape Kennedy, Florida 1969

Diese originelle Aufnahme zeigt Zuschauer, die beim Start des ersten bemannten Fluges zum Mond zugegen sind, und ist Garry Winogrands Fotoband *Public Relations* (1977) entnommen. Das Buch zeigt die Absurditäten und Widersprüche von öffentlich inszenierten Ereignissen und befasst sich mit politischen Demonstrationen, Kunst-Partys und Sportveranstaltungen. Solche Events versorgten Winogrand mit reichlich Material, und vor dem Hintergrund des gesellschaftlichen und politischen Lebens in den USA zu Zeiten des Vietnamkriegs gelangen ihm komplexe Aufnahmen. Er äußerte einmal: „Ein Foto ist die Illusion einer exakten Beschreibung, wie eine Kamera ein Stück Zeit und Raum gesehen hat. Daraus folgt das Theorem: Alles und jedes ist fotografierbar." Er erforschte die Konventionen des Einzelbildes, die Anforderungen an Bildausschnitt und Komposition, und lotete die Grenzen aus.

Wenn Winogrand fotografierte, war er ständig in Bewegung, um den Moment der Kollision mit der Welt um ihn herum zu erwischen, in dem die Elemente verschmelzen und durch das Medium in ein einzigartiges Objekt verwandelt werden. Fotografen, die seine Workshops besuchten, berichten von seinen Arbeitsmethoden. Mason Resnick erinnert sich: „Seine Augen waren immer auf der Suche nach dem nächsten Klick. Wie ein Raubtier, das auf seine nächste Mahlzeit lauert." Er beschrieb, wie Winogrand „direkt auf sein Motiv zuging, die Kamera ans Auge hielt und kurz regungslos verharrte, gerade lang genug, um auf den Auslöser zu drücken. Dann lief er weiter, drehte den Kopf nach allen Seiten, auf der Suche nach dem nächsten Motiv, während er die Kamera wieder senkte. Eine Tausendstelsekunde später war er weg."

„Die Fotografie fragt: Was kann im Bild geschehen? Manche Fakten verändern sich dadurch, dass man einen Rahmen um sie aufspannt." Garry Winogrand

Garry Winogrand (USA, 1928–84) war der Inbegriff des Straßenfotografen. In seinen Worten: „Ich fotografiere um zu sehen, wie Dinge in einem Foto aussehen." Er wuchs in der Bronx in New York auf und studierte anfänglich Malerei, belegte aber 1951 an der New School auch einen Kurs in Fotojournalismus bei Alexei Brodowitsch. In den 1950er Jahren arbeitete er kommerziell und für Redaktionen, begann aber in den 1960ern zusammen mit Lee Friedlander (s. S. 194), Tod Papageorge und Joel Sternfeld (s. S. 54) das lebendige Straßenleben New Yorks festzuhalten. 1967 wurden seine Arbeiten in der „New Documents"-Ausstellung gezeigt, und 1969 veröffentlichte er sein erstes Buch, *Animals*, über die merkwürdigen Beziehungen zwischen Besuchern und Tieren im Zoo. Ab den 1970er Jahren bestritt er seinen Unterhalt vor allem durch Unterricht, seit 1973 in Austin, Texas, dann ab 1978 in Los Angeles. Er war ein unermüdlicher Fotograf, der fast täglich Aufnahmen machte; nach seinem Tod 1984 fanden sich in seinem Nachlass 2500 unentwickelte Filmrollen, 6500 entwickelte Filme ohne Abzüge und etwa 3000 Filme mit lediglich Kontaktabzügen – insgesamt 300 000 unbearbeitete Bilder.

Kreative Tipps und Techniken

Winogrand stellte fest: „Die Welt ist nicht ordentlich; sie ist chaotisch. Ich versuche nicht, sie aufzuräumen." Er wählte den Bildausschnitt oft so, dass der Bildrand im Winkel zu den Horizontalen im Bild verlief. Das bezeichnete er als Widerstand gegen die „willkürliche Vorstellung, der horizontale Rand eines Bildes müsse der Bezugspunkt sein". Stattdessen nutzte er auch die Senkrechten als Bezug, je nachdem, womit er die Informationen in das Bild bekam, auf die es ihm ankam. Er erklärte es so: „Es ist nicht schief. Man benutzt den senkrechten Rand als Bezug, nicht den waagerechten." Nicht jede Komposition muss einer Formel folgen. Man sollte einmal einen ganzen Tag fotografieren und die Bilder mit Linien aufbauen, die nicht genau senkrecht oder waagerecht durch das Bild laufen, sondern sich auf Diagonalen konzentrieren.

Winogrand war bekannt dafür, dass er sich seine Fotografien nicht sofort nach der Aufnahme ansah. Oft ließ er sie Monate oder gar ein Jahr liegen, bevor er die Kontaktabzüge studierte. Er glaubte, dass der zeitliche Abstand ihm half, die Begleitumstände der Aufnahmen zu vergessen, was ihm eine objektivere Beurteilung des Bildes ermöglichte. Bei der Entwicklung änderte er die Zeiten, um zu starke oder geringe Kontraste in den Negativen auszugleichen.

Winogrand arbeitete meist mit einem 28mm-Objektiv, aber er experimentierte auch mit dem 35er und dem extremen 21mm-Weitwinkel, das ihm allerdings zu sehr verzerrte. Es ist wichtig, mit einem einzigen Objektiv zu fotografieren, bis man vollkommen damit vertraut ist, wie es die Welt abbildet, wie groß das Gesichtsfeld ist und ob (und wie stark) es verzerrt.

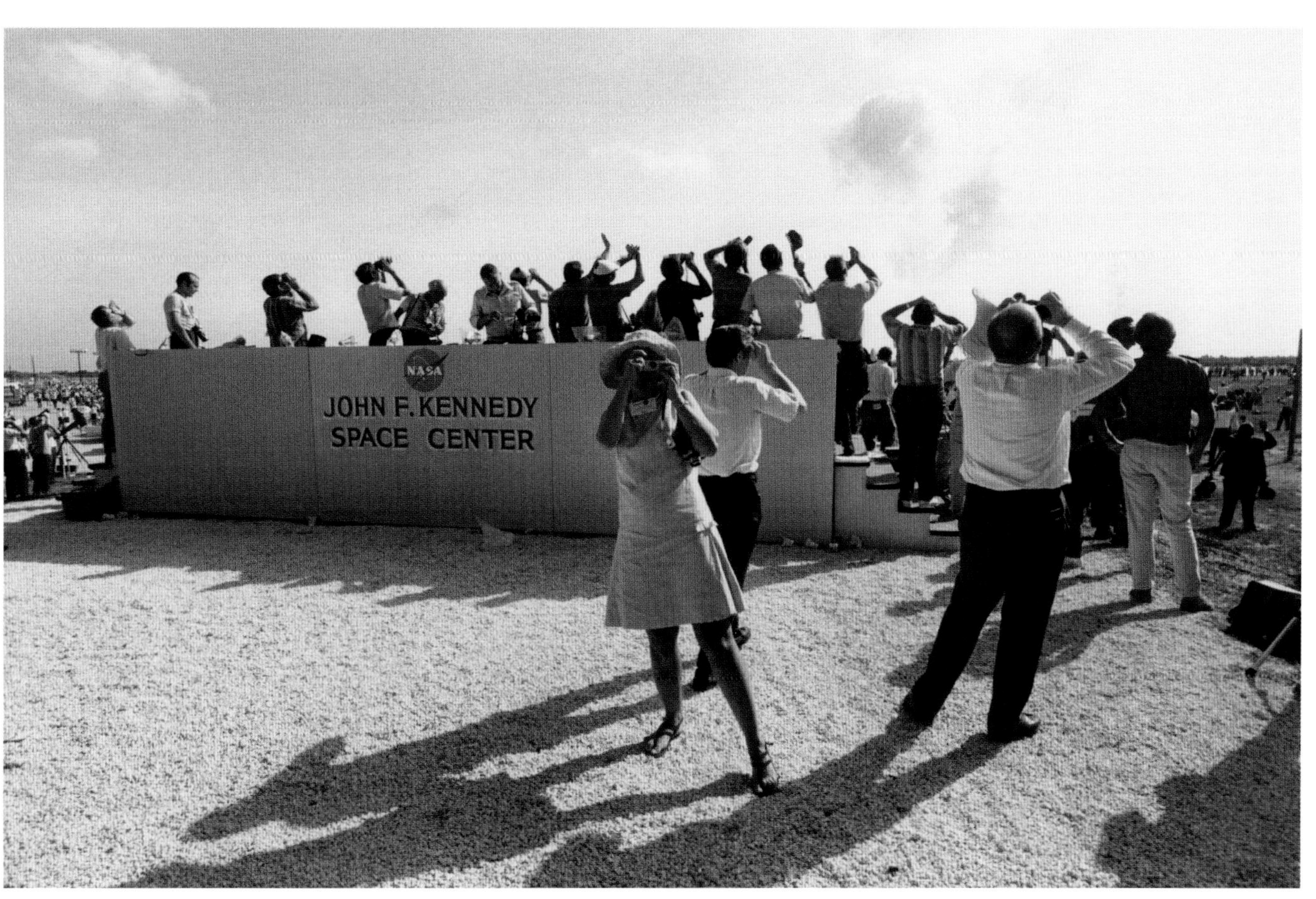
JOHN F. KENNEDY
SPACE CENTER

Lee Friedlander

Hillcrest, New York 1970

Lee Friedlander ist restlos begeistert, wie die Kamera alles einfängt, einfach jedes Alltagselement wiedergibt, das sich vor ihrem Objektiv befindet. Ein erstaunlicher Vorgang, bei dem „mit einem Klick, im Bruchteil einer Sekunde, alles, was die Kamera aufnehmen kann, verblüffend detailgenau wiedergegeben wird, alle Blätter eines Baums, der Baum selbst und seine gesamte Umgebung." Dieses Bild entstand zu einem Zeitpunkt, als Friedlander erkundete, wie er strahlende und reflektierende Flächen wie z.B. Fensterscheiben, Auto- und LKW-Spiegel nutzen könnte, um die glatte Oberfläche eines Bildes zu brechen, es mit vertikalen und horizontalen Elementen wie Telegrafenmasten und Laternenpfählen zu zerteilen. Das Bild wird zu einem Puzzle, in dem sich Himmel, Bäume, Stromleitungen und Straßenausstattung mehrfach wiederholen; manche befinden sich vor der Kamera, andere dahinter, und alle zusammen fügen sich zu einem nahtlosen Blick auf die Welt. Friedlander ist oft selbst im Bildausschnitt zu sehen, ein einzelnes Auge, das in die Welt zurückstarrt – der Vorteil der Leica Messsucherkamera: ein Auge schaut durch den Sucher, das andere Auge bleibt frei, um die Szene zu beobachten. Friedlander findet diese visuelle Komplexität spannend: „Ein interessantes Konzept: Wie viel kann ich reinpacken und es funktioniert trotzdem?" Häufig nimmt er Wort- und Buchstabenfragmente mit ins Bild. Achten Sie darauf, wie wichtig die kleine Figur des Mannes links für die gesamte Bildkomposition ist! Er ist eine Art visuelles Satzzeichen, um das sich das ganze Bild dreht. Verdecken Sie ihn mit Ihrem Sucher – was geschieht mit der Energie des Bildausschnitts?

„Zeugnis wird abgelegt und Rätsel versammeln sich im fotografischen Moment ..." Lee Friedlander

Lee Friedlander (USA, 1934–) arbeitete in den 1950er und 60er Jahren in New York als Redaktionsfotograf und hielt die Jazz-Szene in Bildern fest. Er war mit Garry Winogrand (s. S. 192) und Diane Arbus an der bahnbrechenden „New Documents"-Ausstellung des Jahres 1967 beteiligt; der Kurator John Szarkowski schrieb damals über die drei: „Ihre Arbeiten zeigen Sympathie – fast Zuneigung – für die Mängel und Schwächen der Gesellschaft." Friedlander hat, vielleicht besser als jeder andere Fotograf, den eigenartigen Vorgang gemeistert, durch den die Kamera eine komplexe dreidimensionale Welt in eine zweidimensionale flache Oberfläche umsetzt, die wiederum die Illusion räumlicher Tiefe erzeugt. Er hat die amerikanische Gesellschaft in zahlreichen Büchern im Bild festgehalten, insbesondere in *The American Monument* (1976), *Factory Valleys* (1982) und *America by Car* (2010). Oft schließt er Wortbruchstücke und einzelne Buchstaben in seinen Arbeiten ein; er hat sogar ein ganzes Buch mit Fotografien der Buchstaben des Alphabets veröffentlicht: *Letters from the People* (1993).

Kreative Tipps und Techniken

Friedlander erklärt, dass er oft den Standpunkt wechsele, um zu sehen, wie von anderen ignorierte oder gemiedene Elemente seinen Bildern größere räumliche Tiefe geben könnten. Er verwendet einen Begriff aus der Psychologie, „Flow", um zu beschreiben, wie Straßenfotografie funktioniert: Vollkommen auf den Augenblick fokussiert und gleichzeitig offen für die unendlichen Möglichkeiten des Zufalls. Es bedarf einiger Übung, um beim Fotografieren in diesen Flow-Zustand zu kommen, aber es kann sehr befreiend sein. Bei der Betrachtung der eigenen Umgebung sollte man auf Möglichkeiten achten, um den Bildausschnitt aufzulösen und den konventionellen Sichtweisen etwas Neues entgegenzusetzen. Die Betrachtung von Bildern der Kubisten und des Abstrakten Expressionismus kann dabei hilfreich sein.

Als kommerzieller Fotograf beherrschte Friedlander alle Kameraformate, aber in den 1960er und 70er Jahren arbeitete er meist mit einer Leica Messsucherkamera und einem 35mm- oder 28mm-Objektiv. Diese Weitwinkel erlaubten ihm, den gewünschten Bildausschnitt einzufangen und die größere Schärfentiefe zu nutzen, um alle Elemente in der Bildebene miteinander in Beziehung zu setzen. Später verwendete er eine Hasselblad mit einem extremen Weitwinkel.

Friedlander empfiehlt, sich erst mit allen Ausrüstungsteilen vollkommen vertraut zu machen, bevor man an Neuanschaffungen denkt. Man sollte eine Woche mit nur einer Kamera und einem Objektiv fotografieren und mit dem Auge und dem Intellekt die Bilder finden, anstatt sich von der Kamera Bildausschnitte vorschreiben zu lassen. Man kann die Komposition auch mit Bewegungen des Körpers verändern, anstatt ein Zoom zu verwenden.

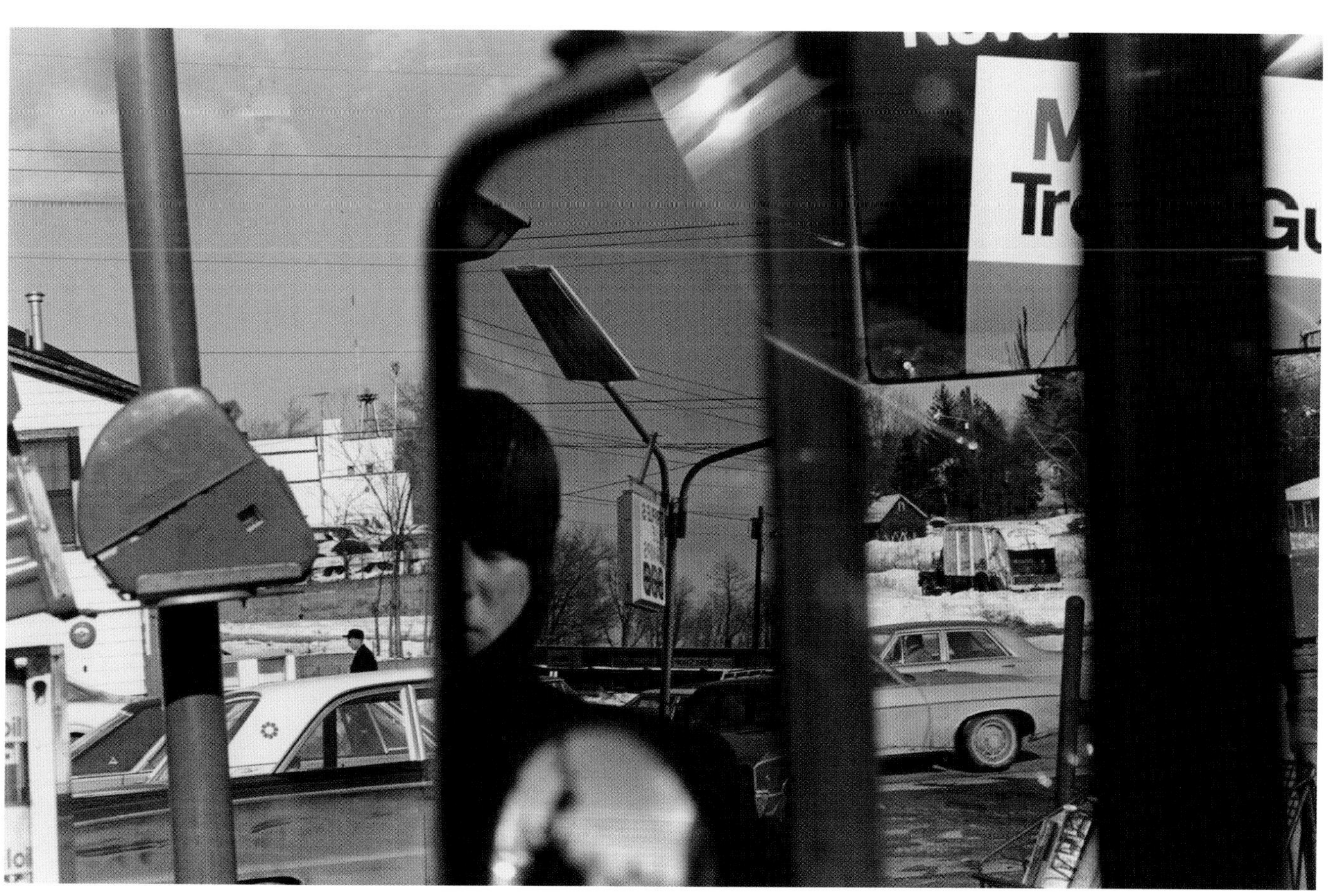

Elliott Erwitt

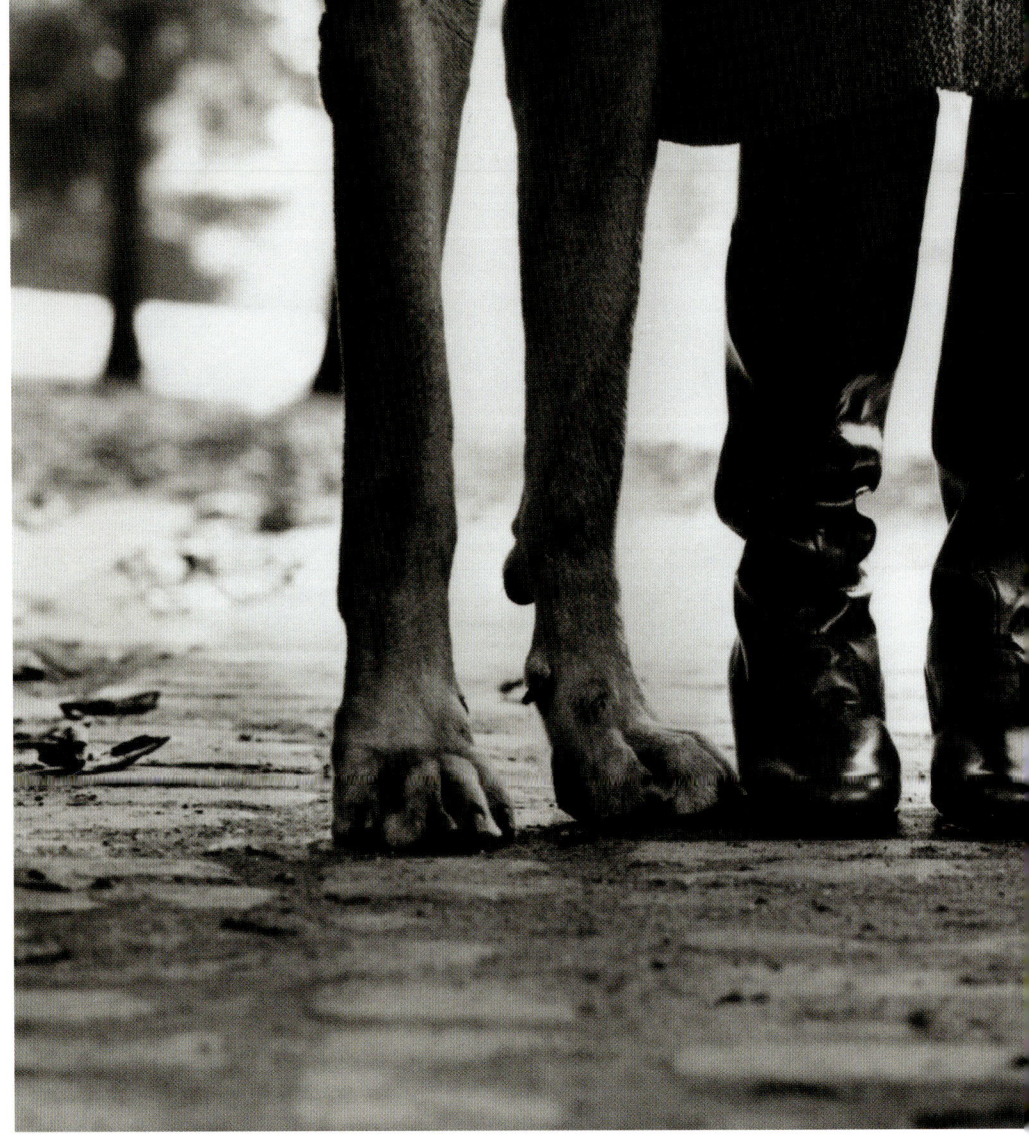

Elliott Erwitt (USA, 1928–) kam in Paris als Kind russischer Eltern auf die Welt, wuchs in Mailand auf und zog 1939 mit der Familie in die USA. 1951 musste er zum Wehrdienst und arbeitete in der US-Army als Fotograf. In New York traf er später auf Edward Steichen, Robert Capa (s. S. 262) und Roy Stryker, den früheren Leiter der Farm Security Administration (FSA), der ihn ermutigte, die Laufbahn des Fotografen zu ergreifen. 1953 wurde er Mitglied von Magnum Photos und war für drei Amtsperioden deren Präsident. Erwitt ist für seinen Witz und trockenen Humor bekannt und fasst seine Arbeitsweise so zusammen: „Nun, ich bin kein ernsthafter Fotograf wie die meisten meiner Kollegen. Das soll heißen, mir ist es sehr ernst damit, nicht ernst zu sein."

Kreative Tipps und Techniken

Erwitt erkennt an, dass die Digitalfotografie viele Vorteile bietet, vor allem, wenn man an einem Fremdauftrag arbeitet, er versucht jedoch, konsequent zu bleiben und nur wenige Aufnahmen zu machen. Bei seinen eigenen Arbeiten zieht er den Film vor, da er glaubt, die Verlangsamung der Arbeit sei ein Vorteil. Wie viele Fotografen warnt er davor, dass die Digitalfotografie Fehler zu schnell verzeiht und so zur Nachlässigkeit verleitet.

Erwitt ist ein Meister wohlkomponierter Aufnahmen, in denen Elemente nebeneinander stehen, die eine Aussage vermitteln oder einen Bildwitz erzeugen. Sie sind Resutat sorgfältiger Beobachtung, es sind keine gestellten Szenen. Er weist jedoch darauf hin, dass der Fotograf manchmal nicht schnell genug ist, um alles einzufangen und deshalb ein gewisses Maß an Nachbearbeitung annehmbar ist.

Erwitt beherrscht alle Kameraformate und Objektive, die für seine Auftragsarbeiten notwendig sind, aber für seine eigenen Arbeiten beschränkt er sich meist auf eine Kamera und ein Objektiv, oft eine Leica Sucherkamera und ein 50mm-Objektiv. Ausgefallenere Ausrüstungen könnten zwar helfen, eine eher uninteressante Situation zu

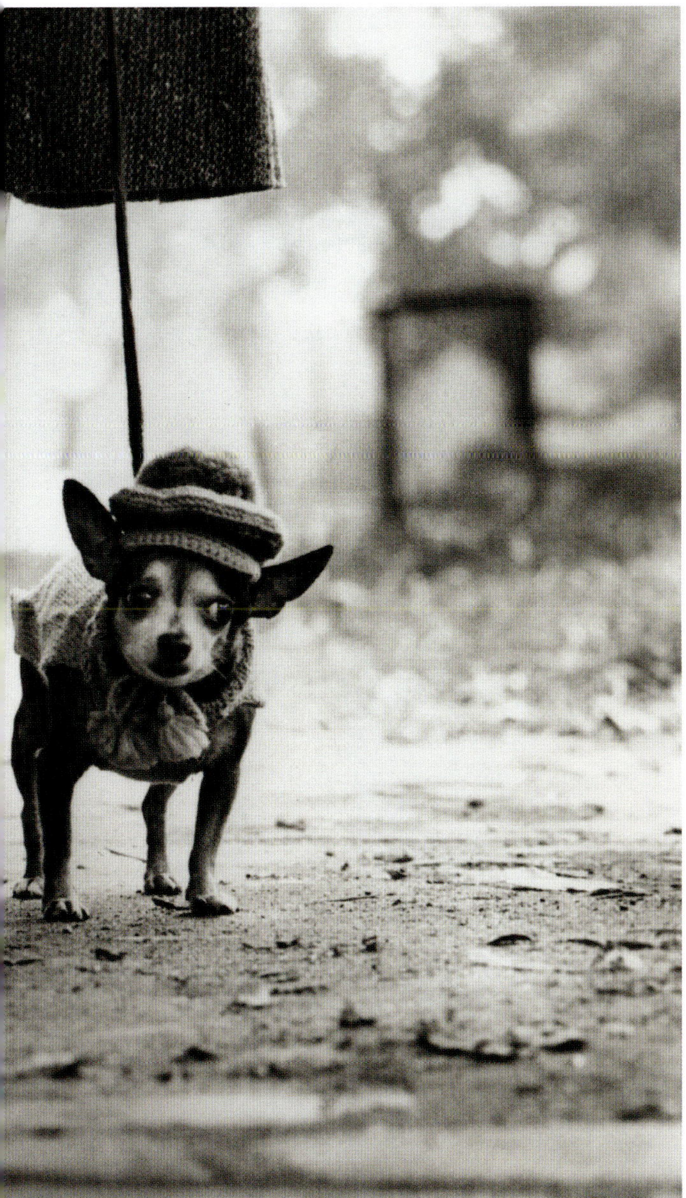

Felix, Gladys und Rover 1974

Elliott Erwitt ist bekannt für seine humorvollen, originellen Gegenüberstellungen und Beobachtungen, wie auf diesem Foto: die hohen Stiefel einer Dame zwischen den Beinen einer Deutschen Dogge und einem kleinen Chihuahua. Das Thema Hunde ist eine Konstante in Erwitts Schaffen – „Das sind Personen mit mehr Haaren. Sie haben menschliche Eigenschaften!" – und er hat bereits acht Bücher über seine Lieblingstiere verfasst. Für Gefühlsduselei hat er allerdings nichts übrig, und er besteht darauf, dass seine Hundebilder nicht kitschig sind. Er erklärt, warum diese Tiere für ihn ideale Fotomotive darstellen: „Hundebilder funktionieren auf zwei Ebenen: Hunde sind einfach witzig, wenn du sie in bestimmten Situationen erwischst, und manche Leute mögen meine Bilder, weil sie eben Hunde mögen. Aber Hunde haben auch menschliche Eigenschaften, und ich finde, meine Bilder haben etwas Anthropomorphes an sich. Im Grunde geht es da nicht um Hunde, sondern eigentlich, so hoffe ich, um das Menschsein."

Erwitt ist ein meisterlicher Beobachter des Alltags und findet immer einen Weg, diesen so einzufangen, dass die Essenz der menschlichen Natur zum Vorschein kommt. Seine Philosophie beschreibt er so: „Für mich ist die Fotografie die Kunst der Beobachtung. Es geht darum, an einem gewöhnlichen Ort etwas Interessantes zu entdecken. Meiner Erfahrung nach hat das wenig damit zu tun, *was* du siehst, sondern viel mehr, *wie* du die Dinge siehst." Dennoch ist er sich des Faktors Zufall vollkommen bewusst: Glückliche Zufälle muss der Fotograf beim Schopfe packen und das Beste daraus machen, er kann sie nicht kontrollieren. „Gute Fotografie ist etwas ziemlich Interessantes, und wenn es sehr gute Fotos sind, ist es mit dem Verstand kaum mehr zu fassen, quasi magisch. Das hat nichts mit dem bewussten Willen des Fotografen zu tun. Wenn ein Foto klappt, ist es wie ein Geschenk, das man nicht hinterfragen oder analysieren sollte."

übertreiben, aber er vermeide das meist bei seinen eigenen Aufnahmen und ziehe eine einfachere Form der direkten Beobachtung vor. Extreme Weitwinkel- und lange Teleobjektive sind nützlich, wenn man sehr weit weg ist oder sehr nah herangehen muss, aber sie überwältigen das fertige Bild oft vollkommen. Es wirkt dann weniger wie ein Ergebnis der Kreativiät des Fotografen, sondern gänzlich wie ein Produkt der Technik. Für die meisten fotografischen Begegnungen benötigt man nicht mehr als eine Kamera und ein Objektiv mit Festbrennweite.

Erwitt ist für seine humorvollen Bilder bekannt, aber sein Werk zeigt die ganze Bandbreite aller menschlichen Gefühle. Er sagt: „Manche Leute meinen, meine Fotos seien traurig, andere halten sie für witzig. Witzig und traurig – ist das nicht eigentlich das Gleiche? Zusammen ergeben sie die Normalität."

> „Bilder findet man überall; es gilt lediglich, Dinge zu bemerken und sie in eine Ordnung zu bringen. Man muss sich nur für das interessieren, was um einen herum ist, das Menschsein und die menschliche Komödie."
>
> Elliott Erwitt

Josef Koudelka

Portugal 1976

Dieses Foto aus Josef Koudelkas Buch *Exiles* (1988) thematisiert sein ständiges Unterwegssein und reiht sich in seine Dokumentation der Roma ein. Das Bild spielt mit Licht und Schatten und projiziert die Silhouette des Mannes wie eine Puppe an die Wand. Der dreieckige Bildaufbau bringt diagonal gerichtete Bewegung ins Bild und lenkt den Blick des Betrachters auf die Schlüsselfiguren; die geheimnisvoll verhüllte Frau, das engelsgleiche Kind und der krückenartige Stock verleihen dem Bild zusätzliche Komplexität und regen die Fantasie des Betrachters an.

Koudelka berichtet: „Ich habe immer Bilder ausgesucht, die eine Geschichte in sich tragen, und habe es dem Betrachter überlassen, die Geschichte zu sehen, die zu ihm passt. Ein gutes Foto erzählt jeder Person, die es betrachtet, eine andere Geschichte." Koudelka empfindet seinen nomadischen Lebensstil als seiner Arbeit als Fotograf sehr zuträglich. Seine Erfahrungen beim Fotografieren anderer Kulturen lehrte ihn die Bedeutungslosigkeit von materiellen Gütern: „Von meiner Arbeit mit den Roma habe ich gelernt, dass ich nicht viel zum Leben brauche." 16 Jahre lang hat er für niemanden gearbeitet: „Ich habe keine Aufträge angenommen, keine Fotos verkauft. Ich habe versucht, nichts zu besitzen. 16 Jahre habe ich keine Miete gezahlt, ich wollte kein festes Zuhause. Ich hatte nur einen Schlafsack, ein Paar Schuhe, zwei Paar Socken und eine Unterhose pro Jahr. Mit einer Jacke und zwei Hemden bin ich drei Jahre über die Runden gekommen."

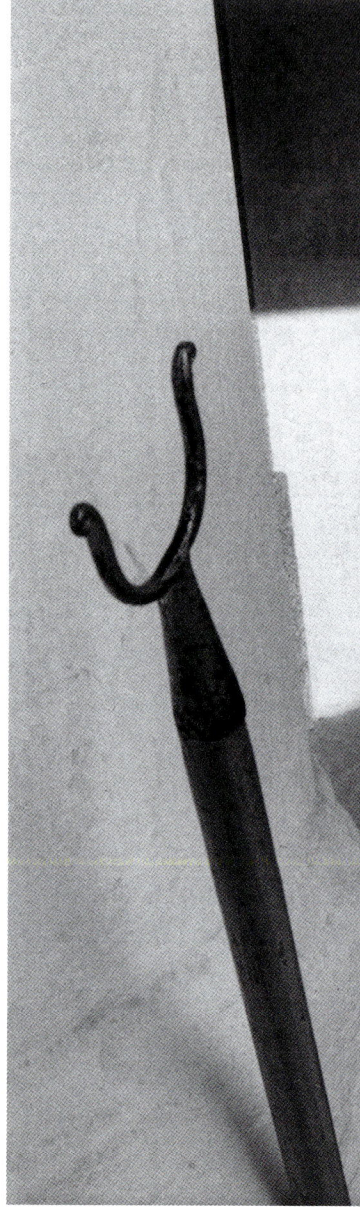

„Ich bin nirgendwo länger als drei Monate geblieben. Wenn es für mich nichts mehr zu fotografieren gab, musste ich weiterziehen." Josef Koudelka

Kreative Tipps und Techniken

Koudelka geht auf einzigartige Weise an die Auswahl der Bilder heran, die er veröffentlicht: Die Meinung anderer Menschen ist für ihn dabei ein entscheidendes Kriterium. Er sagt, dass er seine Bilder auf Reisen den Menschen zeigt, die er trifft, um zu sehen, welche ihnen gefallen und welche nicht: „Ein gutes Foto spricht unterschiedliche Menschen aus verschiedenen Gründen an. Es kommt darauf an, was für ein Leben diese Menschen führen, was sie erlebt haben. Man sieht nur selten etwas, das man nicht vergessen kann. Das ist dann ein gutes Bild." Anders als vielen anderen ist ihm bewusst, dass der Fotograf selbst oft nicht derjenige ist, der am besten geeignet ist, das eigene Werk zu beurteilen. Er sagt, er bäte drei Personen um eine Bewertung, ob eine Aufnahme gut sei oder nicht: jemanden, der etwas vom Leben, aber nicht viel vom Fotografieren oder der Komposition versteht; jemanden, der etwas über Komposition weiß; und jemanden, dem beides vertraut ist. Wenn eine Fotografie diesen drei Personen genauso gut gefiele wie ihm selbst, dann wachse in ihm der Glaube, dass sie vielleicht tatsächlich gut sein könnte.

Bücher sind für Koudelka ideal, um seine Gefühle über die Welt zum Ausdruck zu bringen. In einem Buch gibt es

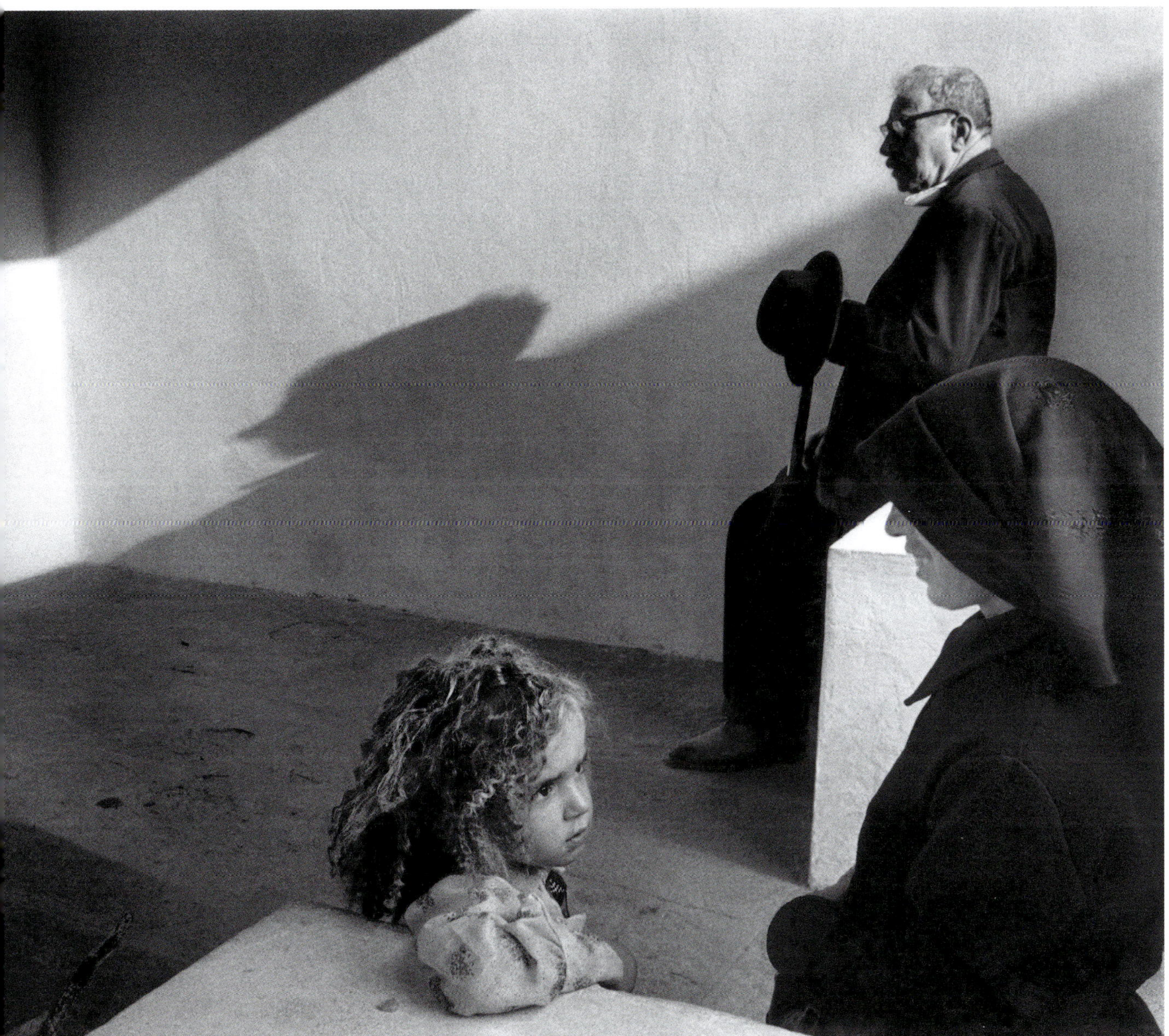

etwas zu sagen (Inhalt) und ein Verfahren, es zu sagen (eine visuelle Geschichte). Das Zusammenführen der beiden Dimensionen sei ein komplizierter, intuitiver Vorgang. Die lange Arbeit an einem Buch käme ihm entgegen, da die Fotografie ein langsamer Prozess ist: „Man macht nicht einfach Bilder. Man muss sie organisieren und über sie nachdenken. *Exiles* ist um Augenblicke herum aufgebaut – ein Bild führt intuitiv zum nächsten, es gibt keine ‚Geschichte'."

Josef Koudelka (CZ, 1938–) wurde in Mähren geboren und arbeitete als Flugzeugingenieur, bevor er 1967 hauptberuflicher Fotograf wurde. Sein erstes Projekt bestand aus Fotografien von Roma in der Slowakei und Rumänien. 1970 verließ er die Tschechoslowakei aus politischen Gründen, nachdem seine eindrucksvollen Fotos des sowjetischen Einmarschs in Prag anonym, aber mit großem Widerhall veröffentlicht worden waren. Kurz danach trat er Magnum Photos bei. Er lebt ein nomadisches Leben und sagt: „Heute fühle ich mich als Europäer und nicht als Angehöriger einer bestimmten Nation. Als die Engländer mir meine erste Aufenthaltserlaubnis gaben, ordneten sie mich der Kategorie ‚Nationalität zweifelhaft' zu, in der jene untergebracht werden, die keine Beweise für ihre britische Staatsangehörigkeit oder ihren Geburtsort beibringen können. Ich habe das nie als beleidigend empfunden – im Gegenteil, es gibt nur eine Erde, und wir sind alle ihre Bürger."

Alex Webb

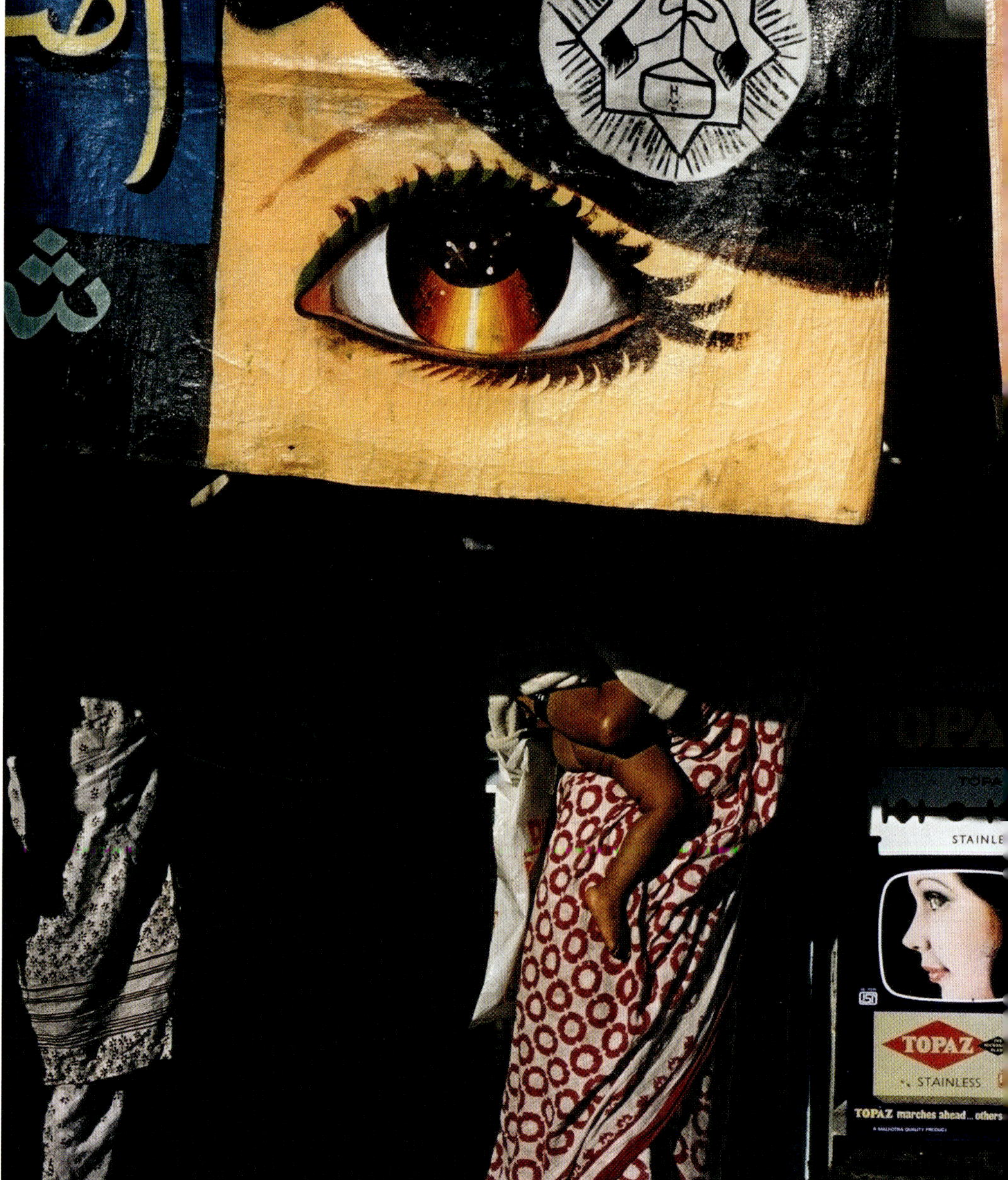

Alex Webb (USA, 1952–) studierte in Harvard Geschichte und Literatur und begann 1974 zu fotografieren. 1976 wurde er als einer der jüngsten Kandidaten für die Mitgliedschaft bei Magnum Photos angenommen. Er arbeitete anfänglich in Schwarz-Weiß, entdeckte aber 1978 die Reichhaltigkeit und Emotionalität der Farben für seine Werke. Er hat sieben Bücher veröffentlicht, darunter *Hot Light/Half Made Worlds* (1986) und *The Suffering of Light* (2011). Webb ist der Inbegriff des in Farbe arbeitenden Straßenfotografen; seine komplexen Bilder sind voller Informationen und psychologisch wie emotional aufgeladen. Nach eigener Aussage hat er sich entschieden, „die Straßen der Orte zu beschreiten, an denen politische und gesellschaftliche Spannungen näher an der Oberfläche liegen, Orte, an denen das Leben oft auf der Türschwelle oder auf der Straße stattzufinden scheint. Es ist ein anderes Theater der Straße, das ich aufgesucht habe, ein roheres, wilderes."

Kreative Tipps und Techniken

Webbs Arbeitsweise ist täuschend schlicht. Er folgt unterwegs stets einem ähnlichen Tagesrhythmus und ist auf die Eigenschaft des Lichts eingestimmt, die sich mit dem Lauf der Sonne verändert und die Stimmung eines Ortes vollkommen verändern kann. Er verweist zum Beispiel darauf, dass die Mittagssonne alles zu einem Weiß ausbleicht und dass Schatten über die Gesichter fallen, während spätnachmittags alles in Goldtönen erscheint. Man sollte einen Aufnahmetag vorausplanen und sicherstellen, dass man zur richtigen Zeit am richtigen Ort ist. Am Aufnahmeort sollte man über das Licht zu anderen Zeiten nachdenken und gegebenenfalls später wiederkommen.

Webb öffnet sich für Zufallsbegegnungen, erhöht aber die Wahrscheinlichkeit, einen magischen Augenblick einfangen zu können, indem er seine Umgebung aufmerksam wahrnimmt. Er vergleicht die Straßenfotografie mit dem Glücksspiel – man stolpert in potenziell interessante Situationen, arbeitet, wenn das Licht gut ist, bleibt aufmerksam, aber man weiß nie, was passieren wird. Am aufregendsten ist es, wenn das Unerwartete geschieht und es einem gelingt, zur richtigen Zeit am richtigen Ort zu sein und im richtigen Augenblick

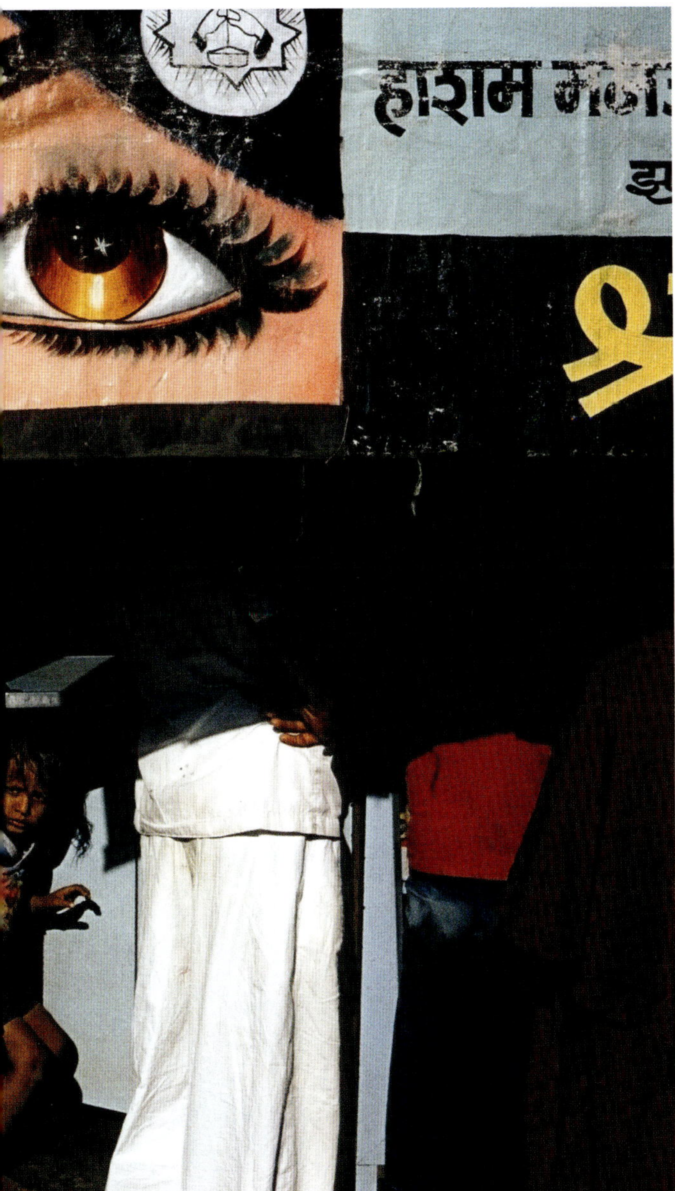

Indien, Bombay 1981

Alex Webbs Bilder verraten sein intuitives Gespür für das pulsierende Leben in den Tropen. Diese Aufnahme einer Straßenszene in Bombay (heute Mumbai) zeigt Webbs Vorliebe für kräftige, satte Farben. Er verknüpft sie zu faszinierenden Bildern, die die Atmosphäre des Ortes perfekt einfangen. Webb findet, seine Arbeit „strebt nach visueller Komplexität, ist vielschichtig, vereint Gegensätze und hat mehrere Ebenen". Er liebt das intensive, direkte Licht in den Tropen und hat ein Faible für tiefe Schatten, die von dem Kodakfilm, den er bis vor Kurzem für seine Fotos verwendete, noch verstärkt werden. „Die Art, wie ich in den Tropen gearbeitet habe, hing sicherlich auch mit meinen technischen Entscheidungen zusammen, die ich als Fotograf getroffen habe. Ich habe mit Kodachrome gearbeitet, einem Film mit einem sehr intensiven, tiefen Schwarz, das den Bildern noch mehr Emotionalität verpasst hat. Das Schwarz wirkt manchmal wie ausgehöhlt."

Er hat ein feines Gespür für das Zusammenspiel von Farbe und Licht und die Wirkung auf den Betrachter entwickelt: „Wenn ich eine Szene anschaue, erkenne ich nicht nur, was vor meinen Augen ‚passiert' und die verschiedenen Formen, die den Bildausschnitt füllen, sondern bin mir auch der Farben genau bewusst, sehe ihr Verhältnis und ihren emotionalen und sinnlichen Gehalt." Er weiß ganz genau, „welche Farbe das Licht hat, aus welcher Richtung es kommt und wie ein Lichtstrahl oder -akzent eine Situation vollkommen verwandeln kann". Das Ergebnis sind Kompositionen wie diese: Rätsel in Bilderform, bei denen es sich lohnt, mehrfach hinzusehen, um ihre komplexe Verwobenheit von Form und Inhalt zu durchschauen. Webb versucht, so viele Elemente wie möglich ins Bild zu nehmen: „Es geht nicht darum, dass dies und jenes existiert, sondern dass das und das und das und das im gleichen Bildausschnitt vorkommt. Ich spiele immer das Spiel: noch was dazupacken und immer schön chaotisch lassen."

auf den Auslöser zu drücken. „Meist funktioniert es nicht so. Diese Art von Fotografie besteht zu 99,9% aus Fehlschlägen."

Webb verbindet Recherche mit Feldarbeit, er lernt einen Ort kennen, indem er ihn studiert und zugleich erlebt. Er versucht, einen neuen Ort nicht mit zu vielen vorgefertigten Meinungen zu besuchen. Vor einer Reise liest er Romane, die an seinem neuen Ziel spielen, um zu spüren, was ein anderer Künstler als das Wesentliche an dem Ort empfindet. Meist spaziert er aber einfach durch die Gegend und wartet auf die Zufallsaugenblicke, in denen das Bild mit seinem Empfinden für den Ort verschmilzt. Wenn er eine Weile an einem Ort gearbeitet hat, widmet er sich wieder der Recherche, sodass sein Verständnis für einen Ort sich weiterentwickelt, während er ihn persönlich wie intellektuell erlebt.

> „Ich spüre gleichzeitig den Raum, das Licht, die Farbe, die Form und die Szenerie. Ich denke an nichts, ich fühle die Straße. Der emotionale und sinnliche Gehalt dieser Elemente fasziniert mich."
>
> Alex Webb

Dougie Wallace

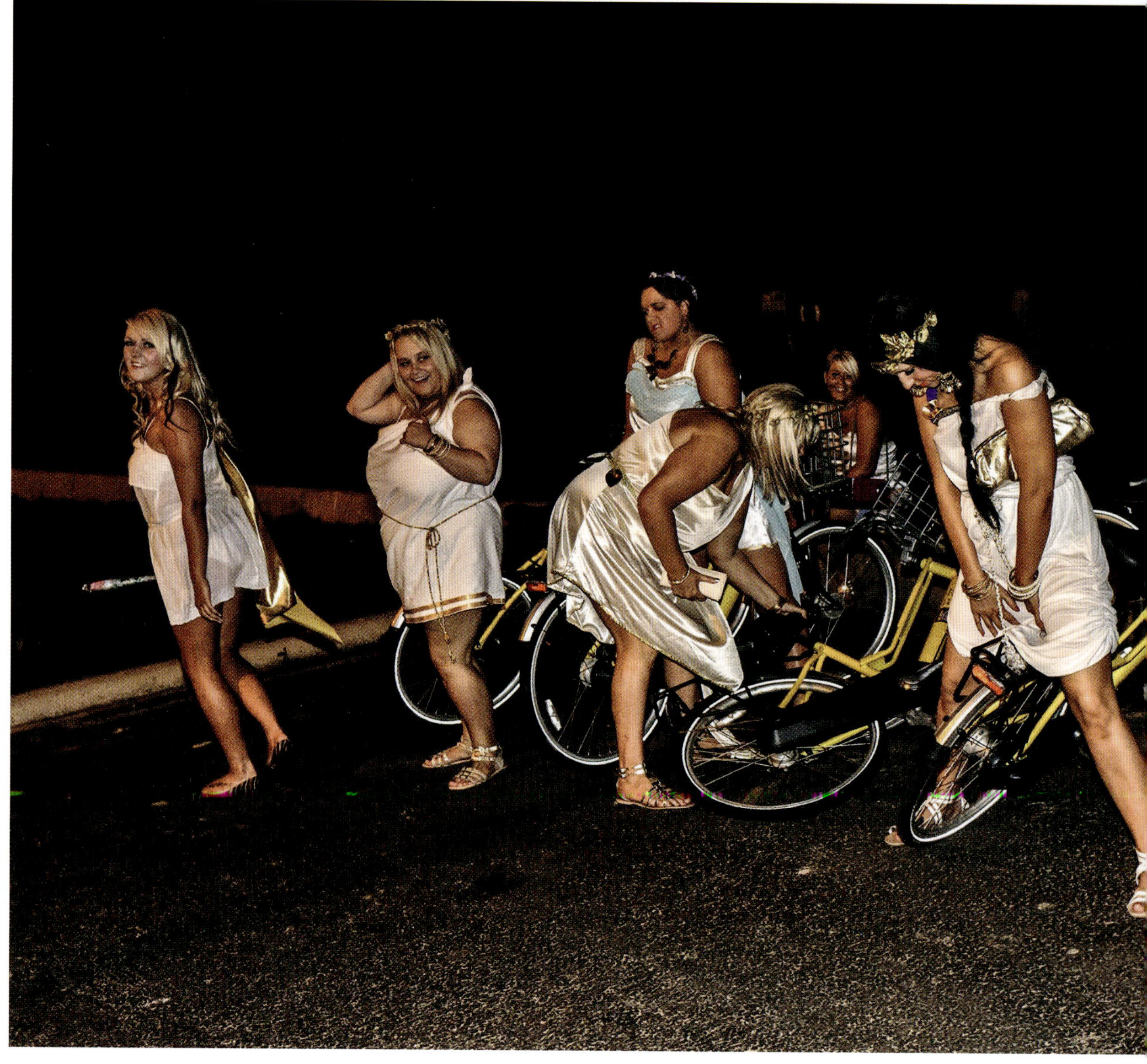

Junggesellinnenabschied, Blackpool 2011

Der Straßenfotograf Dougie Wallace beschreibt Blackpool als „schmutziges Durcheinander aus Ausschweifung, Zügellosigkeit, Gelächter, Erbrechen, Plüschhandschellen, Faschingskostüm und alkoholinduziertem Gedächtnisverlust". Im Laufe von drei Jahren unternahm er 30 Reisen in das nordenglische Seebad, das heute ein Mekka für Junggesellenabschiede ist. Seine Bilanz: „Ich hatte nicht vor, im Stile von Hogarth das moderne urbane Chaos abzubilden, aber in Blackpool torkelt die visuelle Satire direkt auf dich zu." Er wehrt sich gegen den Vorwurf, die von ihm Fotografierten auszunutzen: „In meiner Jugend habe ich auch in Blackpool gezecht, ich kenne mich aus – die Fotos sind nicht gefühllos." Dass er eine Zeit lang in der Stadt gewohnt hat, erwies sich als nützlich: „Dank meiner Ortskenntnis hatte ich einen sechsten Sinn. Irgendwie war ich zur rechten Zeit am rechten Ort." Er räumt ein, dass es in Zeiten von Selfies und Facebook schwieriger geworden ist, als Straßenfotograf anerkannt zu werden: „In unserem panischen Zeitalter sozialer Hysterie ist es kaum noch möglich zu fotografieren, ohne dass jemand Trara macht. Auch die Vorahnung, was optisch mitschwingt, kann frustrierend sein, wenn man versucht, in den privaten Bereich einer Gruppe vorzudringen. Eine gesellschaftliche Distanz hat in die Kultur Einzug gehalten, vielleicht eine Folge von dem ganzen Promi-Hype."

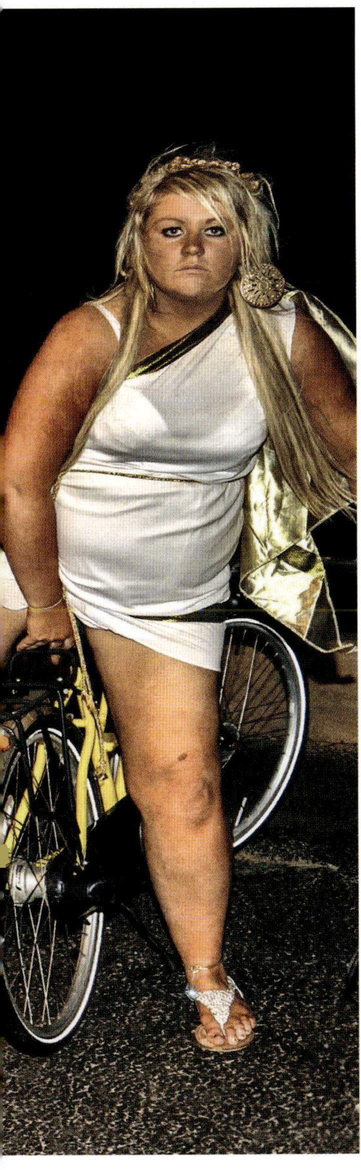

„Ich wurde Teil der Meute: der Glasgower, der mit seinem Blitz eine überhöhte Wirklichkeit beleuchtet.“ Dougie Wallace

Dougie Wallace (GB, 1974–) hält das aufregende, pulsierende Leben der Großstadt in hyperrealistischen Farbfotografien voller Humor und visueller Energie fest. Er sagt: „Meine Arbeit zeigt den Einfluss der wachsenden Kommerzialisierung des heutigen Lebens, die Wirkungen dieser Kommerzialisierung auf unsere Freizeit, den weltweiten Tourismus sowie die unausweichlichen Konsequenzen der Herrschaft von Großkonzernen und Marken, die in der Folge entstanden ist. Dies mit meinem Kameraobjektiv in geistreicher Weise in Gesellschaftskritik und in humorvolle Vignetten umzusetzen, ist die Triebfeder meines Werks.“ Wallace hat drei Bücher veröffentlicht: *Stags, Hens & Bunnies: a Blackpool Story* (2014), *Shoreditch Wild Life* (2014) mit Fotografien aus 15 Jahren im Londoner East End und *Road Wallah* (2016) über Taxifahrer in Indien.

Kreative Tipps und Techniken

Im Gegensatz zu vielen Straßenfotografen, die nur wenig echten Kontakt zu den von ihnen abgebildeten Personen haben und schnell von einer Situation zur nächsten eilen, neigt Wallace dazu, wenigstens zeitweilig mit den Menschen zu arbeiten, die er fotografiert. Er beschreibt die Zusammenarbeit so: „Mein Fotos entstehen, indem ich Teil der Szene werde. Ich schieße sie mit meinen Instinkten und meiner Intuition, mit ein wenig Psychologie und manchmal mit meiner Physiognomie und Körpersprache.“ Er scheut auch nicht vor Augenkontakt in seinen Bildern zurück. Zwar seien seine Aufnahmen nicht gestellt, aber er sei als Person doch entschieden Teil der Situation, er sei nicht unsichtbar. Er werde oft gefragt, ob seine Fotografien gestellt seien, und antworte dann: „Sie sind zwar nie gestellt, aber viele von ihnen sind Reaktionen auf meine Person. Ich setze mich nicht hin und warte, dass etwas passiert. Wenn ich etwas Interessantes sehe, renne ich hin und fotografiere es, und das ändert die Dynamik. Ich bin schon von Mädchengruppen quasi requiriert worden und musste die ganze Nacht als ‚Hoffotograf‘ arbeiten.“

Wallace arbeitet wie viele Straßenfotografen meist mit einem 35mm-Objektiv und setzt mehrere Blitzlichtgeräte ein, um ein Miniaturatelier zu schaffen. Eines wird an der Kamera befestigt, ein zweites entweder darunter oder an einem Kabel in der anderen Hand, um mit gerichtetem Licht die Farbsättigung und Unmittelbarkeit seiner Aufnahmen zu erreichen. Die Farben stammen vom Blitz, obwohl er die Sättigung in der Nachbearbeitung manchmal reduziert. „Ich schärfe nicht nach. Wenn die Farben stimmen, ‚knallt‘ das Bild von selbst.“

David Alan Harvey

Havanna. 1998. Kinder spielen auf einem Spielplatz 1998

David Alan Harvey arbeitet mit einfachen Mitteln, benutzt so wenig Ausrüstung wie möglich, damit so wenig wie möglich zwischen ihm und seinem Motiv steht. Dieses Bild spiegelt den für ihn charakteristischen Ansatz wider, sich auf die fotografierten Personen einzulassen: „Ich muss wirklich nah ran und den Bildausschnitt ausfüllen. Ich bin oft nur eine Armlänge von den Leuten entfernt! Das ist mein persönlicher Stil." Auch der Bildaufbau ist typisch Harvey: „Eine meiner Lieblingstechniken besteht darin, dass eine wichtige Figur im Vordergrund die halbe Bildfläche ausfüllt." Er findet, „ein Fotograf braucht eine gewisse Dramatik, aber die ist nicht von seiner Ausrüstung abhängig. Das Timing, die Platzierung verschiedener Elemente, der Ausdruck oder die Stimmung des Fotos sollten den Aha-Moment erzeugen – nicht irgendein tolles Objektiv." Harveys Projekte zielen nicht darauf ab, jedes Element einer Situation zu beschreiben: „Die hypothetische ‚ganze Geschichte' interessiert mich nicht. Literarische Autoren erzählen auch nie die ganze Geschichte, nur ihre eigene." Mittlerweile nutzt Harvey ausgiebig sein iPhone, um spontan das Leben um sich herum zu dokumentieren, und postet diese Bilder auf seinem Blog und bei Instagram, wo er fast 350 000 Follower hat.

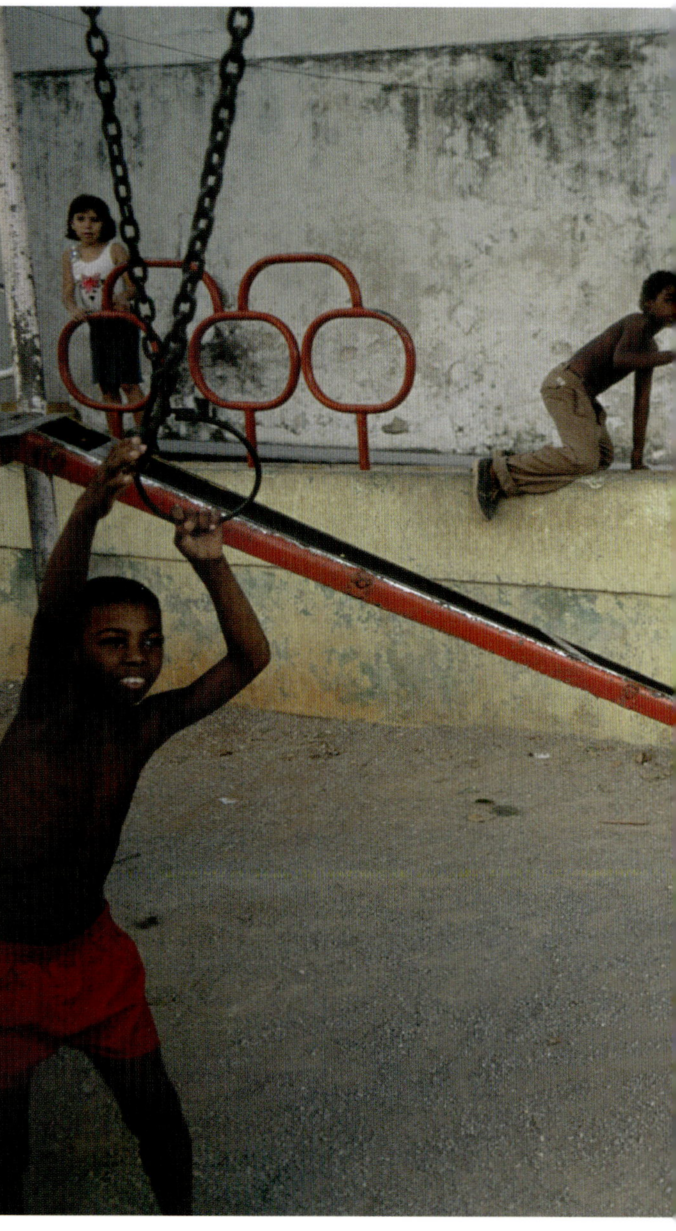

Kreative Tipps und Techniken

Harvey hat gute Ratschläge für die Arbeit auf der Straße in einem fremden Land: Man sollte selbstsicher, aber nicht arrogant auftreten; einfarbig weiß, schwarz oder beige gekleidet sein; keine Kamera mit Zoomobjektiv am Hals hängen haben; wissen, wohin man geht, bevor man hingeht; nicht an belebten Straßenecken mit dem Stadtplan hantieren.

Harvey fotografiert oft früh am Morgen oder spätabends, wenn das Tageslicht kaum ausreicht, und glaubt, ein kleines separates Blitzgerät sei nützlich, um auf subtile Weise die Beleuchtung zu verbessern und dem Motiv zusätzliche Energie zu verleihen. Oft setzt er einen Aufhellblitz ein. Er verwendet Langzeitsynchronisation, um Bewegung und Energie einzufangen, weist aber darauf hin, dass große Objektive beim Blitzen Schatten werfen können.

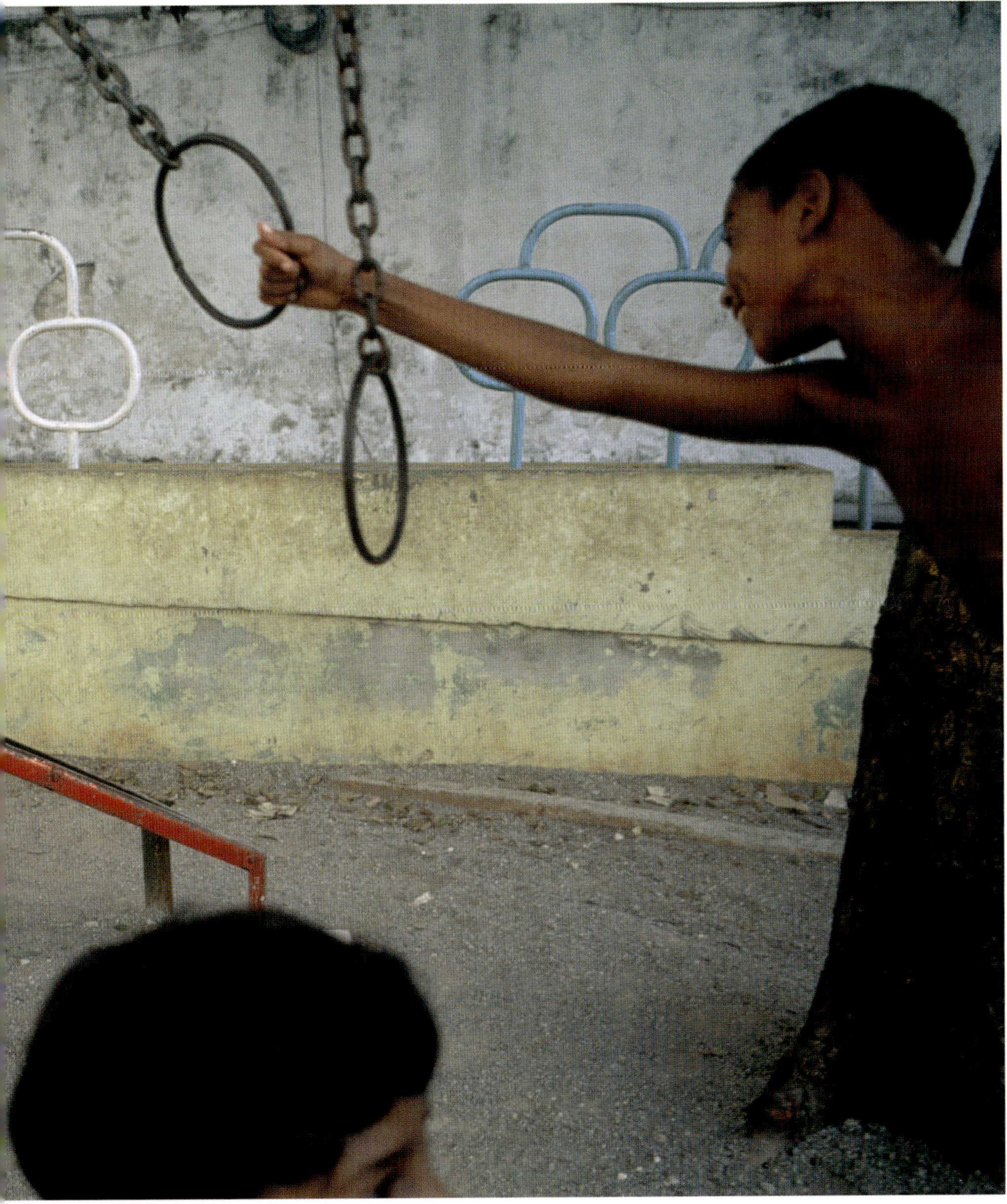

David Alan Harvey (USA, 1944–) taucht als Fotograf in die Situationen ein, die er dokumentiert, er steht inmitten der Menschen, die er fotografiert. Er hat viel für *National Geographic* gearbeitet und sich in zwei Büchern mit dem Erbe des Kolonialismus in der spanisch sprechenden Welt auseinandergesetzt: *Cuba* (2000) und *Divided Soul* (2003). 1993 trat er Magnum Photos bei. Harvey ist offen für technische Neuerungen: Er arbeitet mit Handykameras und postet in sozialen Medien, um nicht nur seine eigene Arbeit, sondern auch die von anderen bekannt zu machen, vor allem in der Online-Zeitschrift *Burn*. Harvey ist ein leidenschaftlicher Lehrer, der in seinen Workshops und seinem Online-Blog permanent Ratschläge und Ideen mit anderen teilt.

„Fotografiere nicht, wie es aussieht, fotografiere, wie es sich anfühlt!"

David Alan Harvey

Harvey arbeitet mit minimaler Ausrüstung, oft mit nur einer Kamera und einem Objektiv oder sogar nur mit seinem iPhone. Das 35mm-Objektiv verbindet seiner Meinung nach einen großen Blickwinkel mit geringer Schärfentiefe, die den Hintergrund unscharf, aber noch erkennbar abbildet. Die geringe Größe des Objektivs ist ihm auch wichtig, da sie das Modell nicht verunsichert. Er hält die Ausrüstung für weniger wichtig als andere Dinge, etwa die Fähigkeit, eine großartige Geschichte festzuhalten, und was dazu wichtig ist, beschreibt er folgendermaßen: „Man muss stunden-, tage-, ja sogar monatelang herumlaufen. Und – am wichtigsten – man muss offen sein und lächeln."

Harvey arbeitet mit moderner Technik und verwendet das iPhone als Erweiterung seiner normalen Arbeitsweise, da er dessen Unmittelbarkeit und Spontaneität als befreiend empfindet. Er nutzt das Handydisplay wie die Mattscheibe einer Großformatkamera, wobei er auch ansonsten beim Fotografieren nicht mit dem Sucher arbeitet, sondern das Live-Bild vorzieht. Außerdem rät er angesichts der grassierenden Bilderflut, einen ganz eigenen persönlichen Stil zu entwickeln: „Da heutzutage jeder in der Lage ist, mit einem Handy ein technisch perfektes Foto zu machen, ist es umso wichtiger, sich selbst als Autor zu verstehen, im Wortsinn als ‚Urheber'."

Story

Das narrative Potenzial der Fotografie ist ein entscheidender Aspekt für die Arbeit von Fotojournalisten und Dokumentarfotografen, ob beim Einzelbild oder im umfangreichen Fotoessay. Das Bild selbst erzählt etwas durch die Gruppierung der Elemente und deren Interaktion innerhalb des Rahmens, lädt aber gleichzeitig den Betrachter ein, sich seinerseits eine Geschichte auszumalen. So wird der Betrachter animiert, sich aktiv an der Konstruktion einer für ihn schlüssigen Bedeutung zu beteiligen, statt einfach die vom Künstler vorgegebene Deutung zu übernehmen. Paradoxerweise ist gerade das Einzelbild, dieses singuläre, temporäre Ereignis, in der Lage, die Zeit zu überwinden, sie zu transzendieren. Indem es die Fantasie des Betrachters anregt, kann das Bild in Vergangenheit und Zukunft reisen, kann andeuten, was sich zuvor ereignet hat und was möglicherweise nach dem Augenblick der Belichtung passieren wird. In einem Fotoessay besteht die Aufgabe darin, eine Reihe von

Einzelelementen in einen größeren, übergreifenden und zeitlich stimmigen Zusammenhang zu bringen. Die Fähigkeit, visuelle Momente zu finden, die eine Situation repräsentieren, und sie aus dem Kontinuum der Geschehnisse herauszulösen, ist eine unverzichtbare Kompetenz. Diese kann man entwickeln und trainieren, indem man die Geschichte in ihre Bestandteile zerlegt und dann das Bild heraussucht, das diese am besten illustriert bzw. erklärt. Ähnlich wie der Historiker nimmt der Fotograf diese Zeugnisfragmente und bringt sie in eine Reihenfolge, um einen Beweis zu führen oder ein Narrativ zu konstruieren. Jedes Bild baut auf dem anderen auf, ohne unnütze Wiederholung, bis die vollständige Bilderfolge uns die ganze Geschichte erzählt. Manche Bilder sind wichtiger, dramatischer oder einschneidender als andere, wieder andere sind informativer oder aussagekräftiger, aber alle sind nötig, um das Ganze zu erklären.

Weegee

Weegee (USA, 1899–1968) kam als Usher Fellig in Złoczów (heute Ukraine) in der Nähe des damals österreichischen Lemberg auf die Welt. Die Familie wanderte 1910 in die USA aus, dort wurde sein Name zu Arthur anglisiert. Den Spitznamen „Weegee" erhielt er später aufgrund seiner vermeintlich übersinnlichen Kräfte, die ihm dazu verhalfen, stets als Erster am Tatort eines Verbrechens oder Unfalls zu sein (in spiritistischen Kreisen kursierten damals sogenannte Ouija-Bretter, im Slang ausgesprochen „Weegee", mittels derer man angeblich in die Zukunft sehen konnte). Fakt ist, dass er einer der wenigen Fotografen war, dessen Auto ganz offiziell mit Polizeifunk ausgestattet war, und er verbrachte die Nächte auf den Straßen der Stadt, stets bereit, sofort zum Schauplatz des nächsten Verbrechens zu rasen. Als er 1935 Fotograf wurde, gab es in New York mindestens ein Dutzend Tageszeitungen, von denen mehrere mit einem Foto auf dem Titelblatt erschienen. Weegee verkaufte seine Aufnahmen an jeden zahlungswilligen Interessenten und wurde so zu einem Vorbild für die Freelancer im Fotojournalismus von heute. Sein direkter Stil hat Generationen von Fotografen beeinflusst, nicht zuletzt Diane Arbus.

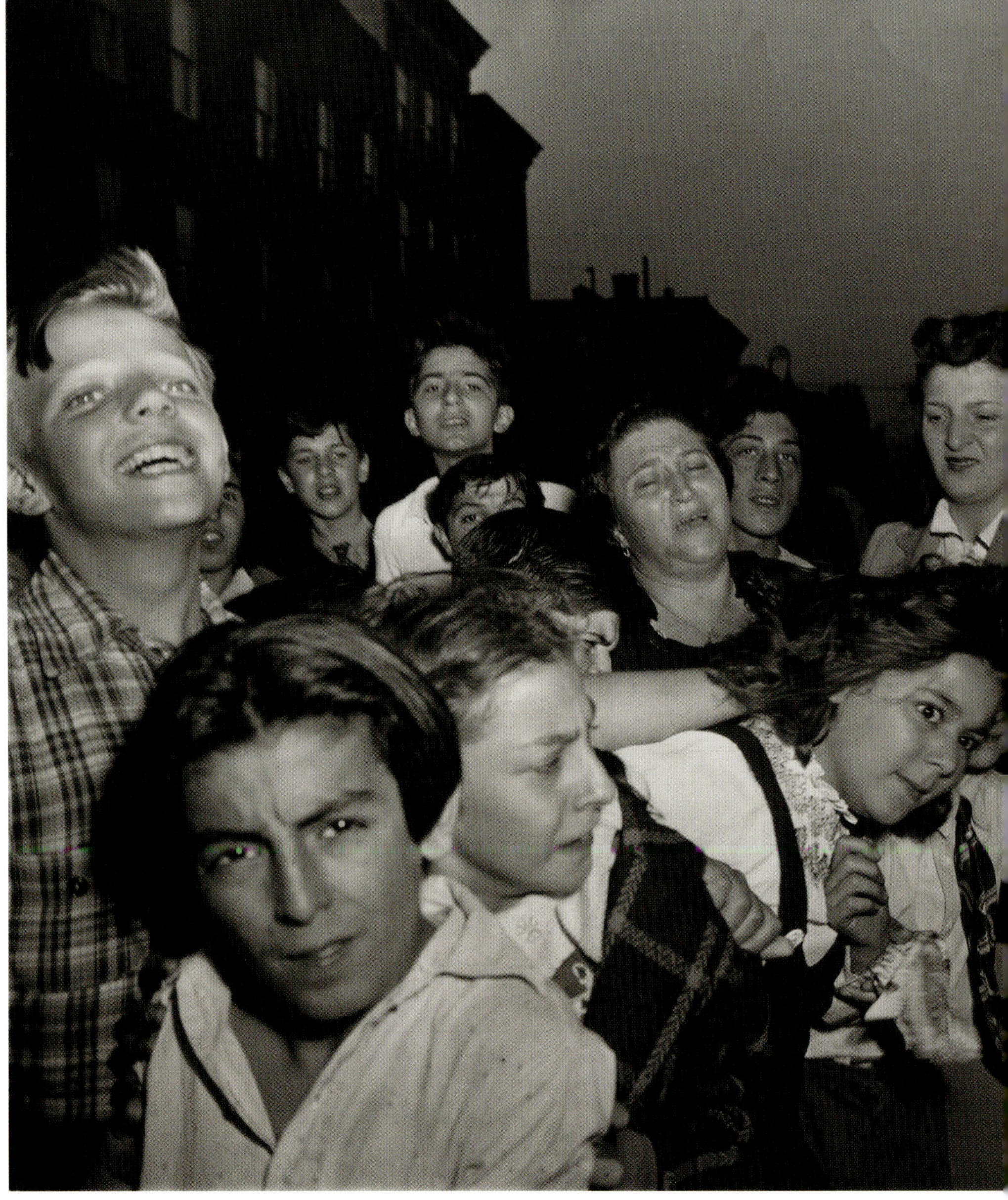

Kreative Tipps und Techniken

Weegee war sehr genau in der Beschreibung seines Handwerkszeugs und seiner Arbeitsweise. Er verwendete immer eine „5 x 4 Speed-Graphic-Kamera mit einem Kodak Ektar-Objektiv in einem Supermatic-Verschluss und ein synchronisiertes Graflex-Blitzgerät (Blitzbirnen). Film – Super Pancro Press Type B". Er setzte normalerweise bei allen Aufnahmen Blitzlicht ein und hielt fest: „Die Belichtung ist immer gleich, 1/200 Sekunde und f/16 bei einer Entfernung von drei Metern." Er berichtet, dass er beim Fotografieren oft im Drama des Augenblicks gefangen war und in eine Art Trance geriet. Erst beim Entwickeln sah er dann, was er fotografiert hatte. Wie der heutige digital arbeitende Pressefotograf stellte er sofort Abzüge her, um sie seinen Kunden anzubieten, allerdings in einer provisorischen Dunkelkammer im Kofferraum seines Autos. Weegee verwendete ein effektives Zonensystem für die Fokussierung, bei dem das Weitwinkel-Objektiv bei kleiner Blende auf eine feste Entfernung (meist zwischen 2 und 3 Meter) eingestellt wird. Die Schärfentiefe ist dann so hoch, dass alles von etwa 1 Meter bis Unendlich scharf ist und man keine Zeit mit dem Scharfstellen verliert. Da Weegee meist nachts arbeitete, sah er sowieso nichts,

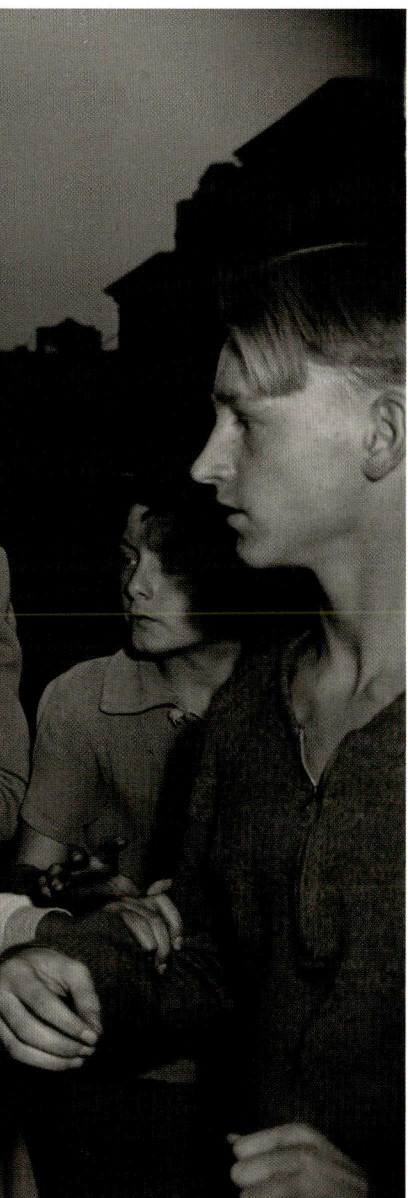

Der erste Mord 1941

Pressefotograf Weegee präsentierte dieses Bild in *Naked City*, seinem 1945 veröffentlichten Buch über das Leben der New Yorker nach Dienstschluss. Die Bildunterschrift lautete: „Eine Verwandte weinte ..., aber die verwahrlosten Kinder aus der Nachbarschaft genossen die Show, als ein kleiner Ganove erschossen wurde." Auf der gegenüberliegenden Seite war die Leiche in einer großen Blutlache zu sehen. Typisch Weegee: Er ging ganz nah an die Personen heran und erzeugte mit seinem direkten Blitz ein unbehagliches Licht, das eine beunruhigende Bandbreite an Gefühlen zum Vorschein brachte, von Entsetzen über Neugier und Misstrauen bis hin zu nervösem Lachen. Diese Charakterstudie der Gesichter erinnert an Gemälde niederländischer Meister wie Rembrandt.

Weegee durchstreifte pausenlos die Straßen auf der Suche nach aussagekräftigen Momenten, räumte aber ein, dass er mit seinen Objekten auch interagierte: „Ich war hautnah dabei. Die New Yorker hatten ihre Masken fallen lassen, schämten sich ihrer Tränen, Schreie oder Liebe nicht. Was ich fühlte, fotografierte ich, und ich lachte und weinte mit ihnen." *Naked City* ist voll ungewöhnlicher Ratschläge, oft praktisch und manchmal entsetzlich: „Der einfachste Job ist das Ablichten einer Leiche: Der Tote liegt brav auf der Erde, kann nicht wegrennen oder ausflippen, und man kann ihn mindestens noch zwei Stunden lang gut fotografieren – man hat also jede Menge Zeit", freute sich der Autor. Ein Brand war schwieriger, „da musste man schnell arbeiten". Es war eine einträgliche Branche, vor allem bei Weegees Talent zur Gewinnmaximierung: „Wenn ich ein Bild mit zwei Verbrechern in Handschellen hatte, schnitt ich es entzwei und bekam für jede Hälfte fünf Mäuse." Einmal meinte er, bei ihm lägen so viele unverkaufte Mordbilder herum, das er sich schon „wie in einem Seitenflügel der städtischen Leichenhalle" vorkäme.

um scharf zu stellen. Dies ist eine nützliche Technik, die man üben sollte. Sie eignet sich besonders für Sucherkameras mit ihren klaren, hellen Suchern. Man fotografiert eine Weile auf der Straße mit voreingestellter Entfernung – überraschenderweise sind die meisten Aufnahmen dennoch scharf.

Weegee erklärte, wie er sich Menschenmengen am Aufnahmeort näherte: „Man geht nicht einfach auf Fremde zu und sagt, ‚Sehen Sie bitte einmal hierher. Lachen Sie, weinen Sie, zeigen Sie Gefühle'." Seine Ratschläge für einen jungen Fotografen sind auch heute noch wertvoll: „Sei originell und entwickle deinen eigenen Stil, aber vor allem vergiss nicht, menschlich zu bleiben, arbeite mit deinen Gedanken und deinen Gefühlen ... Wenn du mit ihnen lachst und mit ihnen weinst, dann weißt du, dass du auf der richtigen Spur bist."

„Halte die Augen offen! Wenn du etwas siehst, greif zu! Vergiss nicht: Du bist immer so gut wie dein letztes Bild." Weegee

W. Eugene Smith

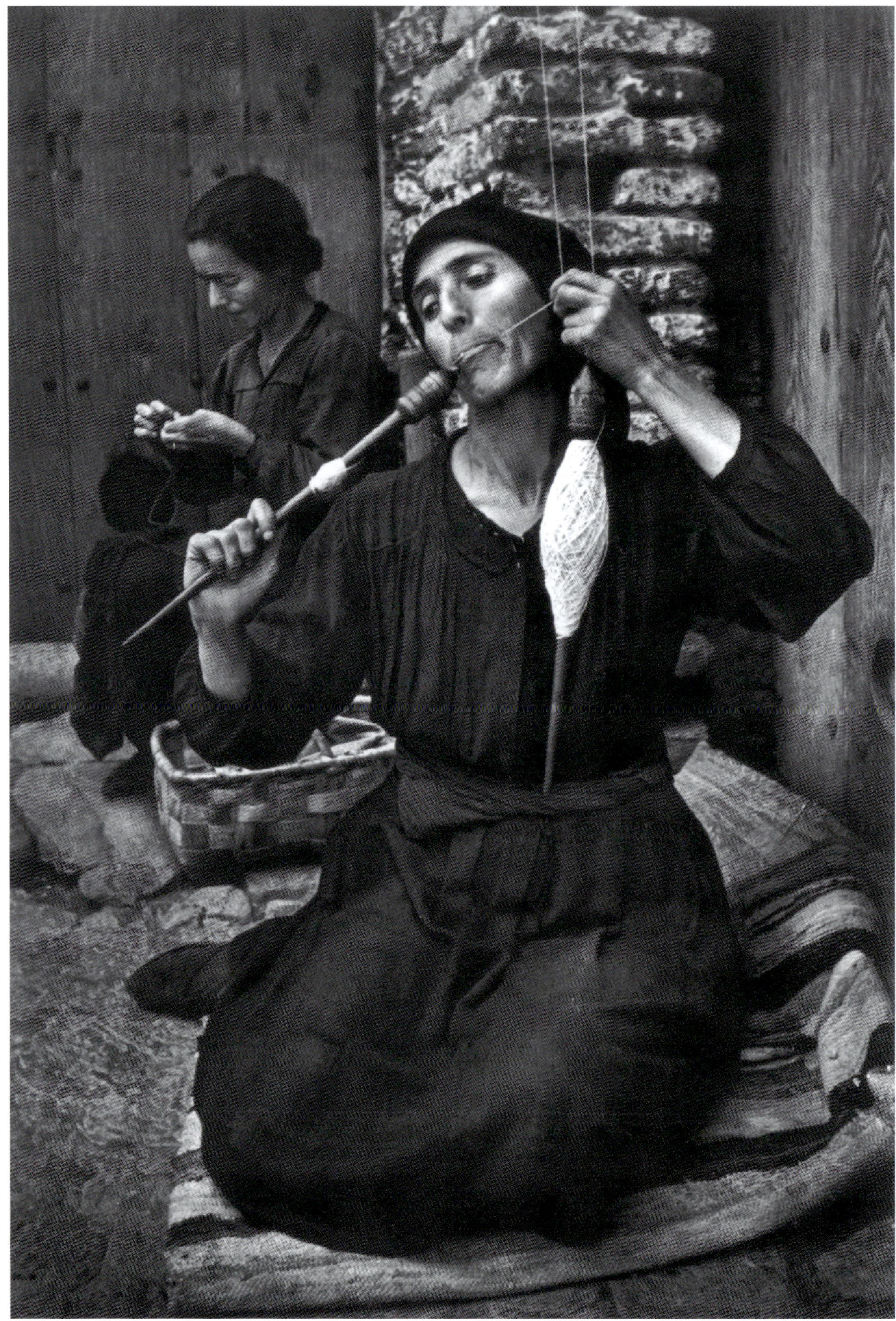

Frau beim Spinnen 1951, aus „Spanish Village", *Life Magazine*

W. Eugene Smith verwendete enorm viel Zeit auf die Recherche seiner Geschichten. Für „Spanish Village", den Fotoessay, der am am 9. April 1951 im *Life Magazine* erschien, bereiste er Dutzende von spanischen Dörfern, bevor er das richtige gefunden hatte. Dieser Fotoessay gilt vielen als der „perfekte" Vertreter dieser Gattung. Die bewegenden Bilder sind ein eindrucksvolles Porträt des Alltags im ländlichen Spanien zu Zeiten der Franco-Diktatur. Der Essay beginnt mit den Worten: „Das Dorf Deleitosa mit seinen etwa 2300 Einwohnern liegt im westlichen Spanien auf der trockenen Hochebene namens Extremadura, etwa auf halbem Wege zwischen Madrid und der portugiesischen Grenze. Der Name bedeutet ‚köstlich', und seine Ursprünge reichen möglicherweise über tausend Jahre zurück, in die Zeit des maurischen Spanien. Als *Life*-Fotograf Eugene Smith abseits der Hauptstraße herumspazierte, hatte er den Eindruck, das Dorf habe sich seit dem Mittelalter nur wenig verändert." Die Extremadura war damals eine der ärmsten Regionen Spaniens, ohne fließendes Wasser, ohne Kanalisation und mit sehr schlechter Stromversorgung.

Typisch für Smith sind seine Hochkontrast-Bilder, und er war ein Fan von *Chiaroscuro*-Beleuchtung: „In der Musik mag ich lieber Moll als Dur, und bei Fotoabzügen gefällt mir, wenn das Licht aus dem Dunkeln kommt. Ich mag Bilder, die die Dunkelheit überwinden, viele meiner Bilder sind so, das entspricht meinem fotografischen Sehen." Smith arbeitete wie besessen. Seine Notizbücher zeigen, wie er jeden Essay bis ins Detail plante und jede Situation so oft fotografierte, bis er das Bild hatte, das er wollte. Er war ein zerrissener Mann, dem der Spagat zwischen künstlerischem Anspruch und den Gesetzen des Marktes stark zusetzte.

„Was nutzt eine ausgeprägte Schärfentiefe, wenn die Gefühlstiefe nicht mithalten kann?" W. Eugene Smith

W. Eugene Smith (USA, 1918–78) begann als junger Mann in New York als Fotograf zu arbeiten. Er war im Zweiten Weltkrieg Berichterstatter für die Zeitschrift *Life* und wurde schwer verletzt: „Ich hab vergessen mich zu ducken, aber ich hab eine wunderbare Aufnahme von denen geschossen, die dran gedacht haben … Meine Maxime, stehen zu bleiben, wenn die anderen schon unten sind, hat mich schließlich mal erwischt." Nach seiner Genesung arbeitete er wieder für *Life* und produzierte in den 1940er und 50er Jahren eine Reihe von Fotoessays, die als Klassiker des Genres gelten. Smith weigerte sich, Kompromisse einzugehen und blieb seiner Idealvorstellung des Fotojournalismus treu. Es kam häufig zu Auseinandersetzungen mit Redakteuren und Auftraggebern über die Verwendungsweise seiner Bilder, und er kündigte mehrere Festanstellungen, unter anderem auch die bei *Life*. Danach produzierte er ein episches Buch über die Stadt Pittsburgh und einen monumentalen Essay über die grauenhaften Auswirkungen der Quecksilbervergiftungen in der japanischen Stadt Minamata.

Kreative Tipps und Techniken

Smith hielt die ursprüngliche Aufnahme nur für den Anfang des Vorgangs, der zum endgültigen Bild führt. Er war ohne weiteres bereit, seine Fotografien zu beschneiden, um die gewünschten Resultate zu erhalten, und sagte, die „Welt passt nun mal nicht genau in das Format einer 35mm-Kamera". Seine Negative waren für ihn nur Teil der Entwurfsarbeit, im Gegensatz zum Abzug: „Der Abzug – also ein guter – ist die einzige vollendete Fotografie, ob er nun für den Abdruck oder für eine Museumswand gestaltet wird." Smith arbeitete wie besessen an seinen Abzügen, betonte manche Details durch Nachbelichten und entfernte Überflüssiges. Er belichtete Bereiche bis zum vollkommenen Schwarz nach und verwendete Chemikalien, um Lichter in Augen und Haaren hervortreten zu lassen.

Smith bestritt, dass ein Fotojournalist vollkommen objektiv sein könne. Sein wichtigstes Ziel war eine authentische Interpretation des Themas, und er ging sogar so weit, Szenen zu stellen, um die größtmögliche Wirkung zu erzielen. Er fertigte auch Fotomontagen an, um die erwünschten Elemente in eine Aufnahme zu bekommen. Dazu sagte er: „Wenn man das macht, um den Geist des Geschehens besser umsetzen zu können, ist es vollkommen ethisch. Wenn die Änderungen eine Perversion des Geschehens sind und nur darauf zielen, ein ‚dramatischeres' oder ‚verkäuflicheres' Bild zu bekommen, hat sich der Fotograf eine ‚künstlerische Freiheit' herausgenommen, die nicht hinnehmbar ist." Dieses schwierige Thema wird bis heute diskutiert. Dokumentarfilmer stellen immer wieder für TV-Aufnahmen Szenen nach, um gute Bilder zu bekommen, aber das wird meist als ein Missbrauch des Begriffs „dokumentarisch" angesehen.

Anders Petersen

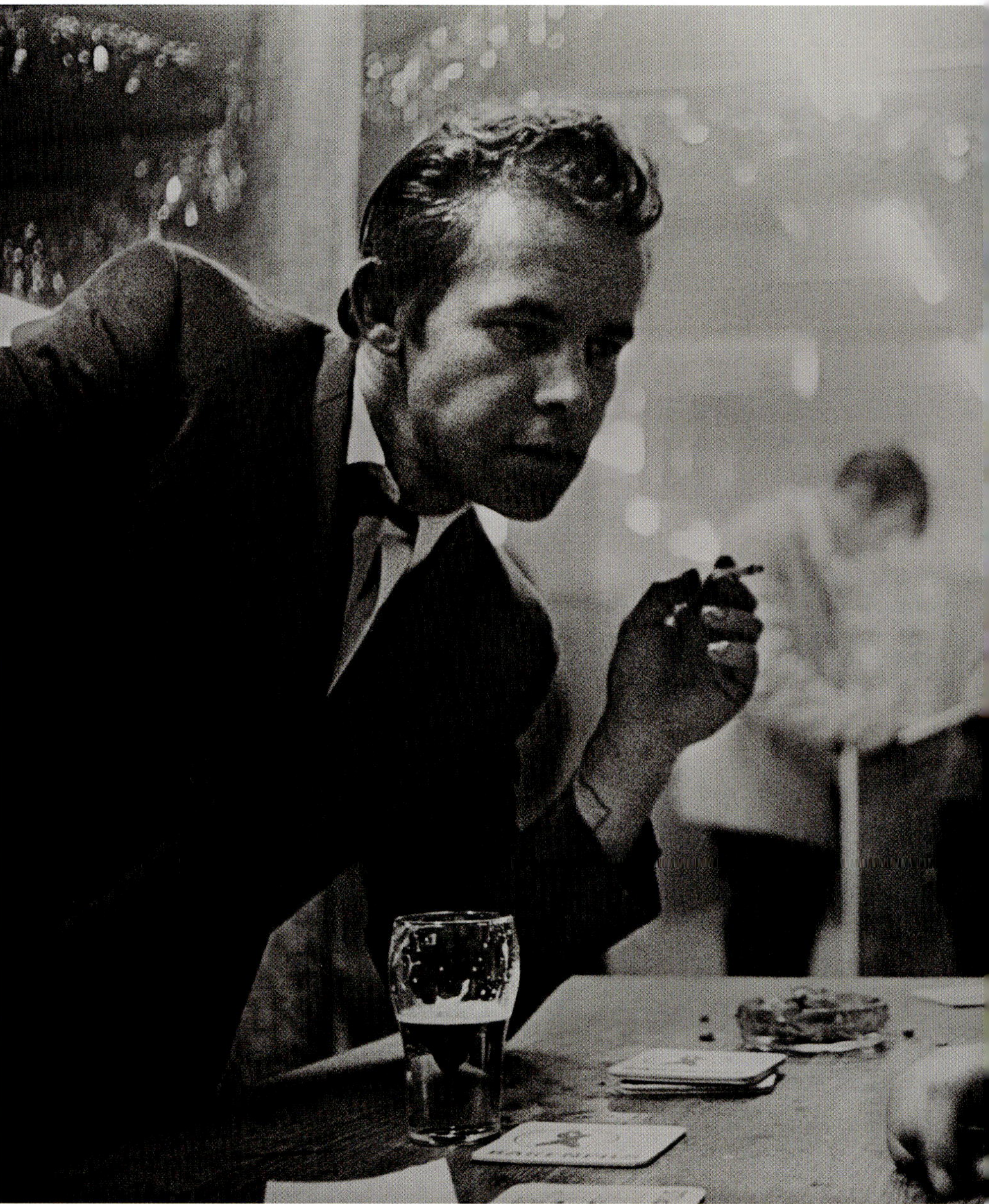

Anders Petersen (SE, 1944–) studierte 1966 Fotografie bei dem einflussreichen Fotografen Christer Strömholm an der Fotoskolan in Stockholm. Petersen zog nach Hamburg und besuchte häufig das Café Lehmitz auf der Reeperbahn. Er fotografierte die Stammgäste, die Huren und Transen, Säufer, Liebespaare und Junkies. Die Arbeiten erscheinen 1978 als Buch. In der Folge hat er das Leben der Insassen von Hochsicherheitsgefängnissen, psychiatrischen Kliniken und Altersheimen zum Thema gemacht und weitere zwanzig Bücher veröffentlicht. Er beschreibt, wie eng das Verhältnis zu den Fotografierten wurde: „Sie führten ein brutales und zärtliches Leben, das ich so nie erlebt hatte, das aber meine Sicht auf die Welt verändert hat. Es war eine richtige Lehre für mich, den bürgerlichen jungen Mann aus Schweden. Eine Lehre darüber, wie man leben soll."

Kreative Tipps und Techniken

Petersen erklärt, dass er seine Gefühle in seine Arbeit einfließen lässt. Man müsse bereit sein, die eigenen Schwächen, nicht nur die Stärken zu zeigen, wenn man Menschen nahe kommen wolle, auch wenn das zuerst nicht der Intuition entsprechen mag. Wenn man keine Risiken eingehe, könne man auch keine Durchbrüche erzielen. Indem man Sehnsüchte, Träume, Geheimnisse und Albträume einbringe, könne man die eigenen Gefühle kreativ nutzen. Seine Empfehlung: „Geh rein und öffne dich, wie ein scharfes Messer, wie ein Chirurg, der operiert." Das ist eine wirkmächtige Metapher: Man muss sich mit seinen Gefühlen in Verbindung setzen, um zu einem eigenen Stil zu kommen.

Er sagt auch, er versuche beim Fotografieren so instinktiv vorzugehen wie möglich. Er denke erst über die Aufnahme nach, wenn er sie gemacht habe, nicht vorher. Wenn er sich die Kontaktabzüge ansehe, auswähle und ablehne, dann setze „die Verantwortung" ein. Er sieht dies als einen überaus persönlichen Vorgang, der ebenso viel über ihn selbst verrate wie über sein Motiv. Er wolle mit jedem Bild eine Art Selbstporträt schaffen: „Wenn ich eine Fotografie von einem Apfel auf einem Tisch mache, kann das ein Selbstporträt sein."

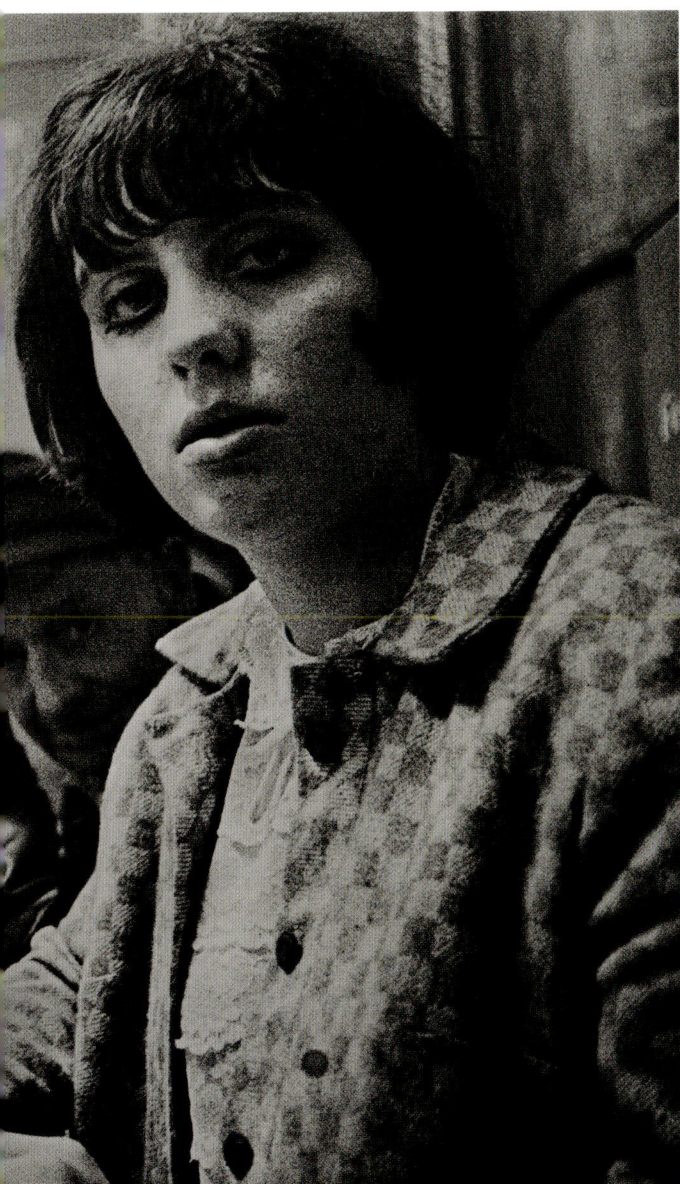

Lilly, Rose und Scar im Café Lehmitz, Hamburg 1970

Anders Petersen beschreibt, wie er anfing, im Hamburger Café Lehmitz zu arbeiten, nachdem er mit einem Gast über seine Kamera gesprochen hatte: „Plötzlich bemerkte ich auf der anderen Seite des Raumes ein paar Leute, die sich meine Kamera zuwarfen und einander fotografierten. Ich ging hin und bat: ‚Macht auch ein Bild von mir, ist schließlich meine Kamera.' Ok, sagten sie, und gaben sie mir danach zurück. So fotografierte ich mich selbst – und fing an, im Café Lehmitz Bilder zu machen." Während er dort arbeitete und trank, lernte er viele interessante Leute kennen.

Die Persönlichkeit der Porträtierten war für ihn ein elementarer Aspekt seiner Bilder: „Lilly war bei allen beliebt, eine charismatisch Frau – viele Männer verliebten sich in sie, und sie wusste das. Den Mann links nannten wir Rose, wegen seiner Tätowierung auf der Brust. Er ist ordentlich gekleidet, weil er direkt von der Arbeit kam, einem Restaurant, zehn Minuten entfernt. Er kam jeden Abend ins Café Lehmitz, vor allem, um Lilly zu sehen. Lilly war sauer auf mich, als ich dieses Foto machte, weil ich sie so oft fotografierte. Sehen Sie den kleinen Kerl hinter ihr? Das ist Scar, er war ein sehr berühmter Schwertschlucker."

Das Bild zieht den Betrachter in seinen Bann. Die Figuren bilden eine Zickzacklinie, die den Blick tiefer ins verrauchte Innere lenkt, während die dunkleren Formen des Vordergrunds dem Bild Tiefe verleihen. Die Blickachsen der Personen sind interessant: Scar und Lilly schauen den Betrachter an, während Rose nur Augen für Lilly. hat. Nachdem er drei Jahre lang in der Kneipe fotografiert hatte, stellte Petersen kurzentschlossen seine Bilder dort aus: „Ich hängte 350 Fotos über der Theke auf und sagte, dass jeder, der sich auf einem Bild erkennt, es mitnehmen darf. Nach vier oder fünf Tagen waren alle Bilder weg, bis auf ein kleines, auf dem ich zu sehen war. Das war zehn Jahre später immer noch da."

Er schlägt vor, nicht nachzudenken und so intuitiv wie möglich zu arbeiten, mit den Nerven, dem Herzen, den Eingeweiden. Dieses Vorgehen bezeichnet er als „private Dokumentarfotografie".

Petersen arbeitet jetzt meist mit einer kleinen Kompaktkamera für Film und meidet große Spiegelreflex- ebenso wie Digitalkameras. Die Kamera sei nur ein Werkzeug, und er wolle so wenig wie möglich zwischen sich und seinen Erlebnissen haben. Mit wenig Ausrüstung zu fotografieren, kann sehr befreiend sein; man denkt weniger über die Technik und mehr über den erlebten Augenblick nach. Man sollte einmal eine Woche lang jeden Tag mit nur einer Kamera und einem Objektiv in dasselbe Café, dieselbe Bar gehen und versuchen, die eigenen Gefühle über die Menschen festzuhalten, die man dort trifft.

> „Die Schwarz-Weiß-Fotografie hat mehr Farben als die Farbfotografie: Du kannst deine Erfahrung, dein Wissen und deine Fantasie benutzen und deine eigenen Farben einsetzen."
>
> Anders Petersen

William Albert Allard

„Wenn man sich um Einfachheit bemüht, ist die Wahrscheinlichkeit größer, dass man den Betrachter erreicht."

William Albert Allard

William Albert Allard (USA, 1937–) machte 1964 ein Praktikum bei *National Geographic,* seitdem ist er einer der wichtigsten Beiträger der Zeitschrift und hat über 40 Geschichten über so unterschiedliche Themen wie amerikanische Cowboys, die Gemeinschaft der Amish und das spanische Baskenland fotografiert. Seine Farbfotografien erinnern mit ihrer satten, dichten Palette, den komplexen Kompositionen und dem Gespür für Licht an Gemälde. Er nennt Maler wie Henri Matisse, Edward Hopper, die Impressionisten und die holländischen Alten Meister als Inspirationsquellen und sagt: „In meiner Fotografie sind Farbe und Komposition nicht zu trennen. Ich sehe in Farbe." Allard gehört zu den wenigen Fotografen, die wirklich über ihre Geschichten schreiben können. Er sieht „viele Parallelen zwischen guten Texten und guten Fotografien".

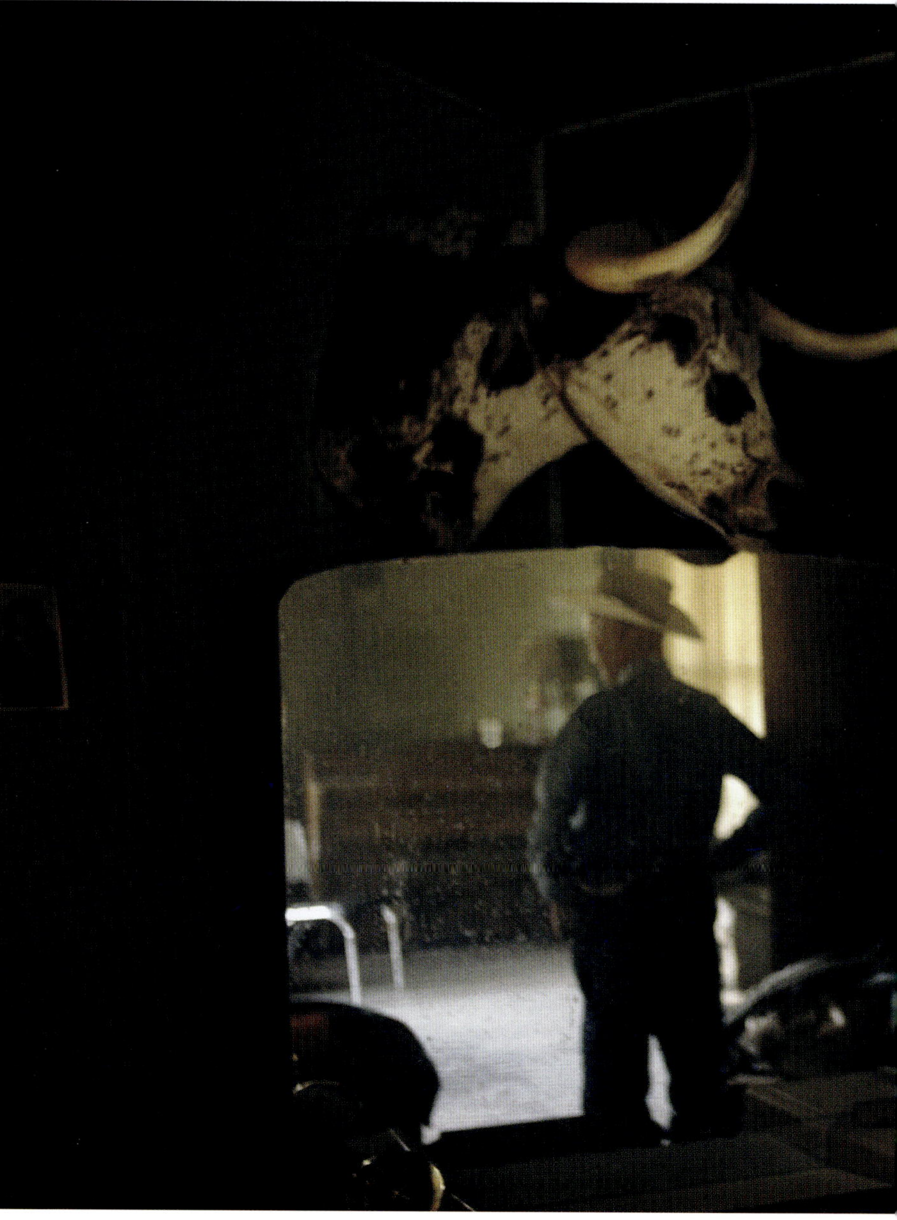

Kreative Tipps und Techniken

Allard arbeitet sowohl mit Spiegelreflex- als auch mit Sucherkameras, je nachdem, welche Eigenschaften für eine bestimmte Situation erforderlich sind. Bei einer Spiegelreflex ist er sich der Komposition und Struktur des Bildes bewusster, während er bei der Sucherkamera die räumlichen Beziehungen wahrnimmt. Er arbeitet oft bei geringem Licht, also mit weit offener Blende und langen Belichtungszeiten. Das freihändige Fotografieren ohne Verwackeln unter solchen Bedingungen sollte man üben: die Atmung kontrollieren und Tische oder Einbeinstative als Stütze nutzen.

Allard hat ein Gespür dafür, sich ruhig und unaufgeregt in eine Situation einzubringen, bis die Menschen, die er fotografiert, ihn akzeptieren. Es ist wichtig, sich Zeit

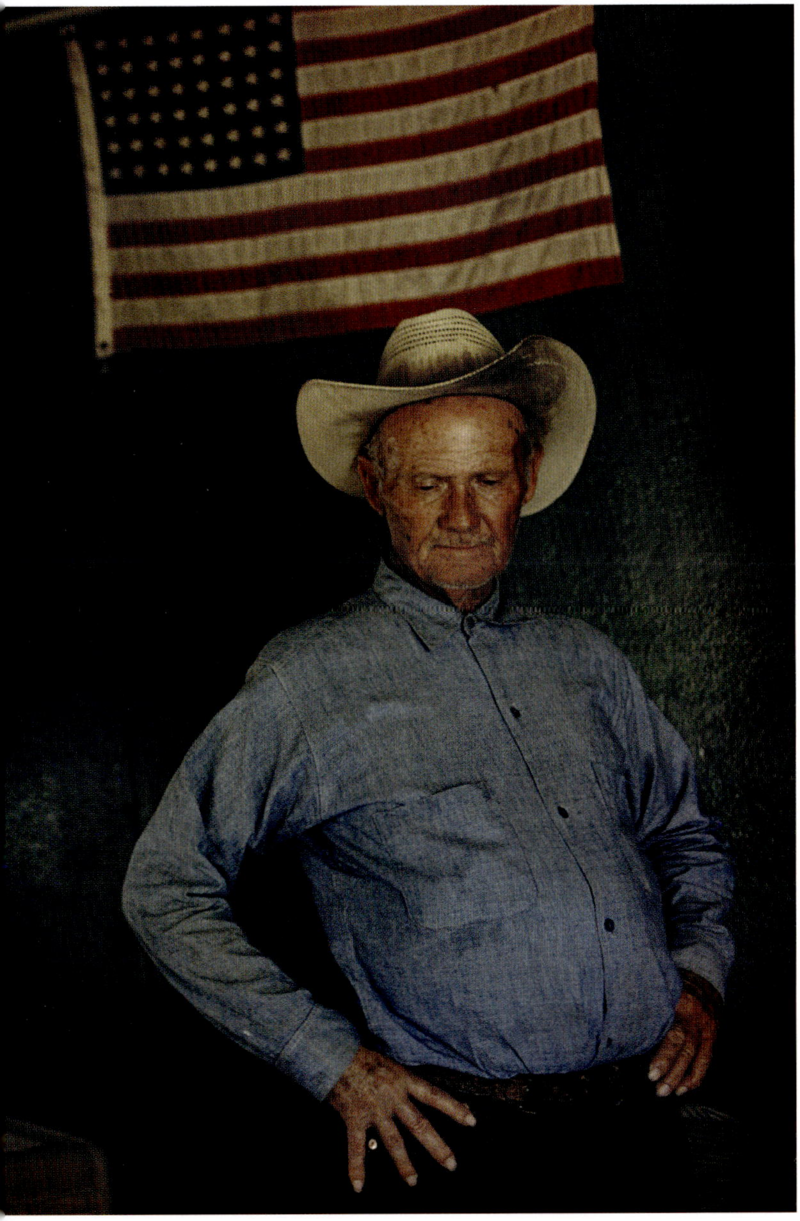

Henry Gray, Arizona 1970

Diese eindringliche Charakterstudie eines alternden Cowboys stammt aus William Albert Allards 1982 veröffentlichtem Buch *Vanishing Breed*, einer Liebeserklärung an die letzten amerikanischen Cowboys. Der Fotograf fühlte sich seinem Motiv stark verbunden: „Ich glaube, ich habe mich in die Weiträumigkeit des amerikanischen Westens verliebt. Ich bin im Süden von Minnesota aufgewachsen, dem Land der Prärien. Als ich in meiner Anfangszeit zum ersten Mal durch den Westen fuhr und mir von ferne die Rocky Mountains zuwinkten, fand ich das als Bildmotiv extrem inspirierend. Und auch die Arbeitsmoral und bestimmte kulturelle Eigenarten der Leute dort zogen mich an." Der Porträtierte, der 72-jährige Henry Gray, hatte 50 Jahre lang Viehzucht betrieben, bis die US-Regierung seine Rinder nicht mehr wollte. Allard beschreibt, wie er mit Henry durchs Haus ging und dieser gedankenverloren vor einer Amerika-Flagge mit 48 Sternen stehenblieb. Auf diesem Foto packt Allard das ganze Leben eines Mannes in ein Bild: Die Flagge, der Bullenkopf, Grays Hut und sein Spiegelbild verschmelzen zu einer kreisförmigen Komposition, die sowohl Grays Innenwelt als auch die äußeren Einflüsse zum Ausdruck bringt. Sein resignierter Gesichtsausdruck erzählt vom Ende einer Ära.

Allards Geschichten enthalten oft solche Porträts. Sie sind jedoch nicht gestellt, sondern entstehen spontan. Auf die Frage nach seiner Arbeitsmethode und seinem Umgang mit den Modellen erklärt Allard: „Ich sage ihnen immer: ‚Versuch zu vergessen, dass ich hier bin. Du brauchst nicht zu posieren, ich werde dich um nichts bitten.' Es ist wichtig, dass ich einfach in der Nähe, präsent sein darf." Viele seiner Bilder vermitteln das Gefühl des Innehaltens, wie dieses, denn er glaubt an die „Wirkung und Kraft ruhiger Fotos".

zu nehmen und sich allmählich in Situationen einzufügen, um die Beteiligten nicht zu verschrecken. Allard sagt: „Es kommt immer darauf an, akzeptiert zu werden. Wenn ich als Teil der Szene akzeptiert werde, was und wer immer sie nun sein mag, dann kommen die Bilder. Sie werden dann genauso sehr hergegeben wie aufgenommen."

Allard ist ein Meister darin, die richtigen Aufnahmeorte für seine Fotografien zu finden. Er schlägt vor, nach einem Ort zu suchen, wo etwas Besonderes mit dem Licht passiert: „Achte auf das Licht und wie es sich verändert. Wechsle das Objektiv. Mach das Gleiche nochmal. Wechsle das Objektiv wieder ... Es ist ganz wie das Redigieren eines Textes, bis er sitzt." Man kann diesen Vorgang nicht beschleunigen, und oft ist es nur Geduld, die zu jenem magischen Moment führt, in dem das Unerwartete passiert. Allard weist darauf hin, dass der glückliche Zufall ungeheuer wichtig für den Straßenfotografen ist: „Für mich ist er fast alles. Ich habe einige wunderbare Bilder gesehen, die ich nicht auf den Film oder in eine Datei bannen konnte. Aber sie zu sehen, war großartig." Er glaubt, dass „die besten Aufnahmen oft am Rand einer Situation zu finden sind. Ich finde es viel interessanter, die Ränder einer Situation als die Situation selbst zu fotografieren."

Sebastião Salgado

Guatemala 1978

Dieses Bild ist Sebastião Salgados erstem Fotoband, *Other Americas* (1986), entnommen. Zwischen 1977 und 1984 bereiste er Mittel- und Südamerika auf der Suche nach Themen, die die kulturellen und religiösen Traditionen der Region zum Ausdruck bringen. Er fotografierte das Alltagsleben armer ländlicher Gemeinden in einer Phase raschen industriellen Wachstums, politischer Konflikte und zunehmender Ungleichheit. Unter dem Einfluss der Literatur von Gabriel García Márquez und barocker Sakralkunst weist Salgados Buch Elemente des magischen Realismus auf. Das Werk ist auch Ausdruck seiner eigenen Geschichte: „Diese Geschichte, die ich fotografiere, ist auch meine eigene. Auch ich bin Migrant." Salgado, der auf einer Farm im brasilianischen Bundesstaat Minas Gerais zur Welt kam, zog als Kind zuerst in eine Kleinstadt, dann in eine größere Stadt und ließ sich schließlich in São Paulo nieder. Nach einem Wirtschaftsstudium emigrierte er nach Frankreich, wo er 1973 als Fotograf zu arbeiten begann.

Salgados Weltsicht als sozialdokumentarischer Fotograf wurde auch von seinen Erfahrungen in der Wirtschaftswelt beeinflusst: „Meine visuelle Heimat liegt in den Bergen, wo ich aufgewachsen bin, aber ein Großteil meiner intellektuellen Prägung stammt aus meiner Zeit als Wirtschaftswissenschaftler. Als ich Fotograf wurde, standen mir daher viele Analyse- und Synthese-Instrumente zur Verfügung." Für *Other Americas* kehrte Salgado zu seinen Wurzeln zurück, nach Lateinamerika, wo „Würde und Armut auf demselben Pferd reiten". Salgados Werk ist, wie in diesem Bild, von echtem Mitgefühl und Achtung gegenüber den von ihm fotografierten Menschen geprägt, unabhängig von deren gesellschaftlichem Status. „Die reichen Länder des Nordens haben die Menschenwürde nicht für sich gepachtet, sie gilt für alle auf der Welt. Fotografie ist meine Sprache, mein Leben und meine Art, Dinge anzupacken."

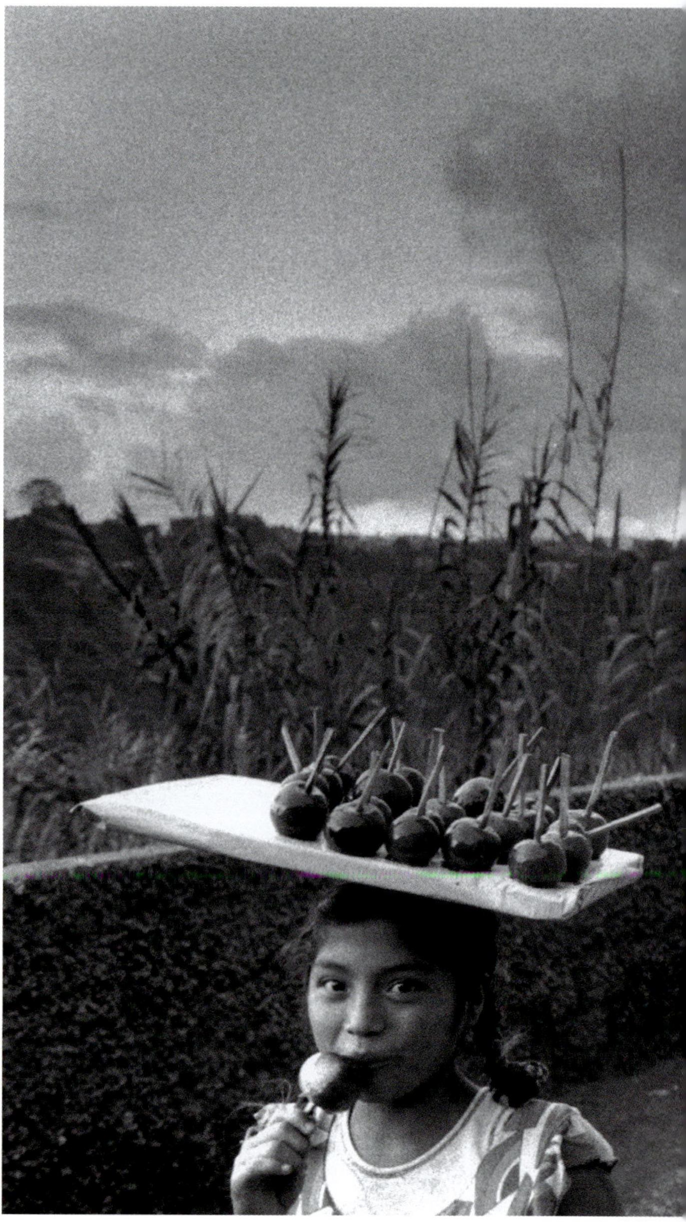

Kreative Tipps und Techniken

Salgado erkennt globale gesellschaftliche Problemthemen und unterteilt sie in einzelne Geschichten, die er eine nach der anderen über eine Reihe von Jahren ausarbeiten kann. Oft fotografiert er mehr als 40 einzelne Projekte, bevor er sie in einer abschließenden Veröffentlichung zusammenführt. So kann er jedes Projekt während der Arbeit finanzieren, indem er die Honorare für die Fotos aus einem Kapitel verwendet, um die Arbeit am nächsten zu bezahlen. Diese Strategie ist effektiv, da er oft an kostenträchtigen Orten arbeitet. In seinem Pariser Atelier widmen sich Assistenten unter der Leitung seiner Frau, die für das Design der meisten Bücher verantwortlich zeichnet, der Recherche und Nachbearbeitung. Im Feld arbeitet er jedoch alleine, um leichter akzeptiert zu werden.

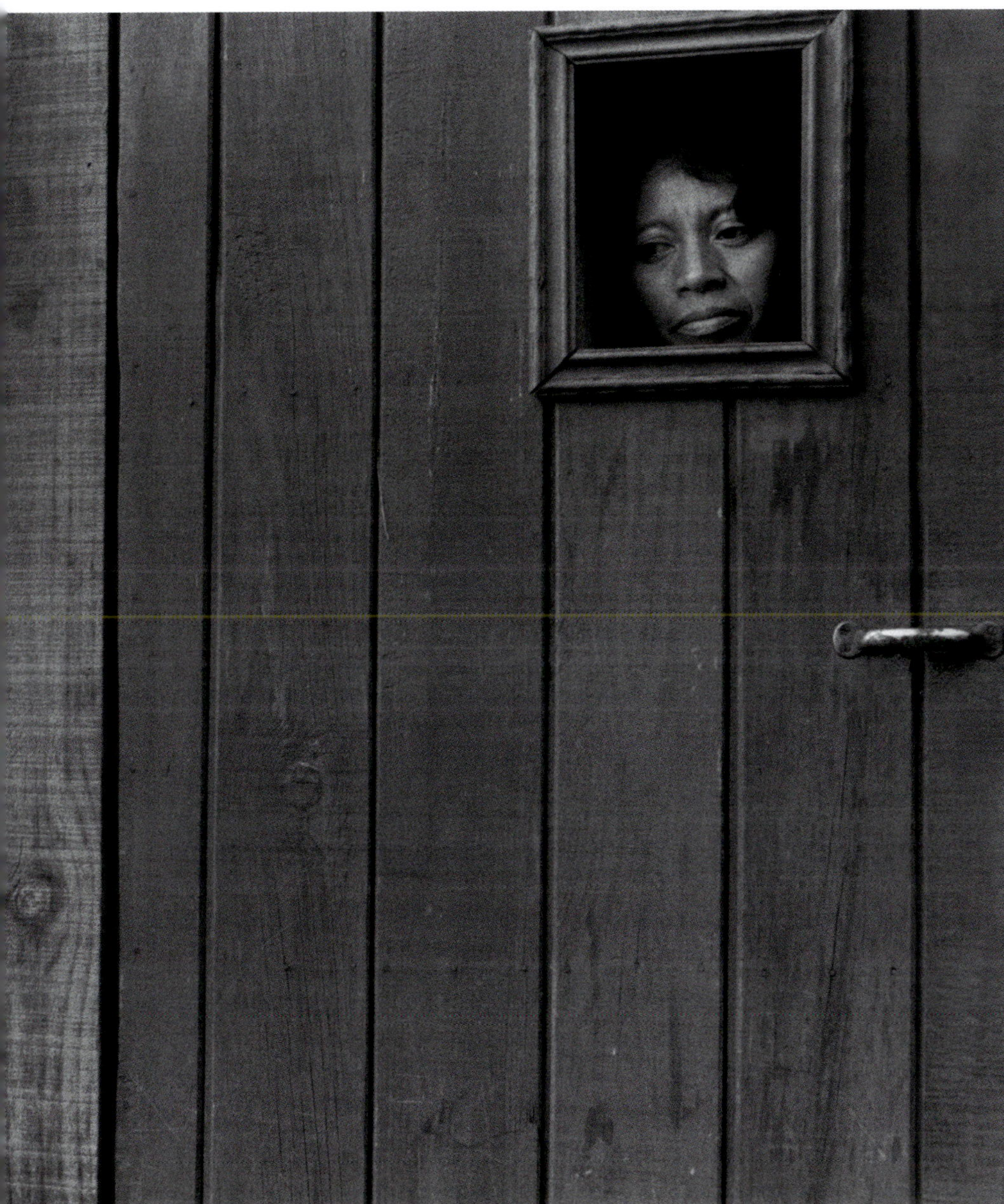

Sebastião Salgado (BR, 1944–) arbeitete ursprünglich als Wirtschaftswissenschaftler für die International Coffee Organization. Sein Ehefrau Lélia Wanick brachte ihm die Fotografie nahe, er wechselte das Fach und wurde einer der führenden Dokumentarfotografen der Welt, die sich mit gesellschaftlichem und ökonomischem Wandel beschäftigen. Er hat eine Reihe von Monumentalwerken veröffentlicht, die jeweils Jahre zur Fertigstellung benötigten, darunter *Workers* (1993), *Terra* (1997), *Migrations* (2000) und *Sahel* (2004). 1998 gründete er mit seiner Frau in seinem Heimatbundesstaat in Brasilien das Instituto Terra, das sich der Wiederaufforstung, dem Umweltschutz und der Umwelterziehung widmet. Es war auch die Inspiration für sein Buch *Genesis* (2013) über die letzten unberührten Wildnisse der Welt.

„Nicht nur die Bilder sind wichtig – wichtig ist, dass du Teil des gesellschaftlichen Augenblicks bist, den deine Bilder zeigen. Wenn du das verstanden hast, wirst du an keine Grenzen stoßen.“

Sebastião Salgado

Salgado arbeitet fast ausschließlich in Schwarz-Weiß, da er Farbe für eine potenzielle Ablenkung hält. Seine Fotos zeigen eine Sensibilität für die volle Dynamik der Tonwerte, vor allem der Grautöne. Man kann diese Sensibilität entwickeln, indem man die Augen halb schließt und sich eine Szene ansieht; die Farben werden dadurch abgeschwächt und die Tonwerte betont. Alternativ lässt sich die Farbwiedergabe auch durch einen kräftigen Farbfilter ausschalten.

Salgados Werk zeichnet sich durch seinen Umgang mit Licht aus. Er arbeitet mit Seiten- und Gegenlicht, um räumliche Effekte zu erreichen: Diese Technik sei eine Folge seiner Jugend in Brasilien, in der er einen Sonnenhut trug: „Ich bin in den Schatten aufgewachsen.“ Es ist wichtig, den Umgang mit schwierigen Lichtverhältnissen zu erlernen – etwa indem man absichtlich mit Gegenlicht fotografiert –, da sie oft zu außerordentlichen Bildern führen.

Salgado fotografierte *Genesis* digital, aber er verwendet immer noch Film. Nach jeder Reise kehrt er mit etwa 10 000 Fotografien nach Paris zurück. Er sieht sich die Bilder nicht am Bildschirm an, sondern lässt Kontaktabzüge herstellen, die er genauso mit der Lupe betrachtet wie bei Filmen. Etwa 100 der besten Aufnahmen jeder Reise werden zu Filmnegativen weiterverarbeitet, von denen dann die finalen Abzüge hergestellt werden.

Raghu Rai

Berufspendler am Bahnhof Church Gate, Mumbai 1995

In diesem Bild gelingt es Raghu Rai eindrucksvoll, die hektische Energie darzustellen, die den Alltag in Indien bestimmt. Er benutzt verschiedene Mittel, um das Ausmaß menschlicher Aktivität im überfüllten Bahnhof hervorzuheben. Der langsame Blendenverschluss verwischt die Mehrheit der Pendler, während sie an der Kamera vorübereilen. Ihr Strom wird geteilt durch die Männer in der Mitte, die sich um die Menschenmassen um sie herum nicht zu kümmern scheinen und in Ruhe Zeitung lesen. Mit ihren Brillen wirken sie sehr bürgerlich, erst recht der Herr mit dem Schnurrbart. Die Wahl des Bildausschnitts betont die Größe des stark frequentierten Bahnhofs, den Züge im Minutentakt erreichen, um täglich Millionen von Pendlern auszuspucken. Die konvergierenden Linien erwecken den Eindruck, als sei der Bahnsteig unendlich lang, er verliert sich im blendenden Licht der Außenwelt. Rai erlaubt sich auch einen lustigen Kommentar: Der Werbetext links lässt sich sowohl auf die Pünktlichkeit des Zugfahrplans als auch auf die Größenordnung des Landes beziehen.

Rai verwendet die technische Sprache der Fotografie, um etwas von den Gefühlen widerzuspiegeln, die er gegenüber seinem Geburtsland hegt: „Indien ist eine multireligiöse, multikulturelle Gesellschaft, in der mehrere Jahrhunderte gleichzeitig zusammenleben. Indien ist eine vielschichtige Erfahrung, daher ist ein einzelner Augenblick nicht genug. Die Vorstellung ist größer, und was erfasst wird, geht weit über das hinaus, was das Foto zeigt." Rai sucht nach Momenten von fast spiritueller Inspiration und vergleicht das mit dem Erblicken von „Darshan" – dem Moment göttlicher Offenbarung im Hinduismus: „In der Fotografie geht es um Verbundenheit und Präsenz. Darshan ist so viel mehr als sehen, betrachten oder beobachten. Es bringt alles zusammen: Energien, Schwingungen, Körperlickeit und das visuelle Erleben. Ist alles vereint, ergibt sich das Ganze." Er räumt allerdings ein, dass seine Rolle als Beobachter seiner eigenen Kultur eine Spannung erzeugt: „Ich bin der Außenseiter, aber auch der Insider. Ich bin ein Fremder und ebenso ein Teil von ihnen. Es ist ein Paradoxon, zugleich schwer zu verstehen und doch leicht zu verinnerlichen."

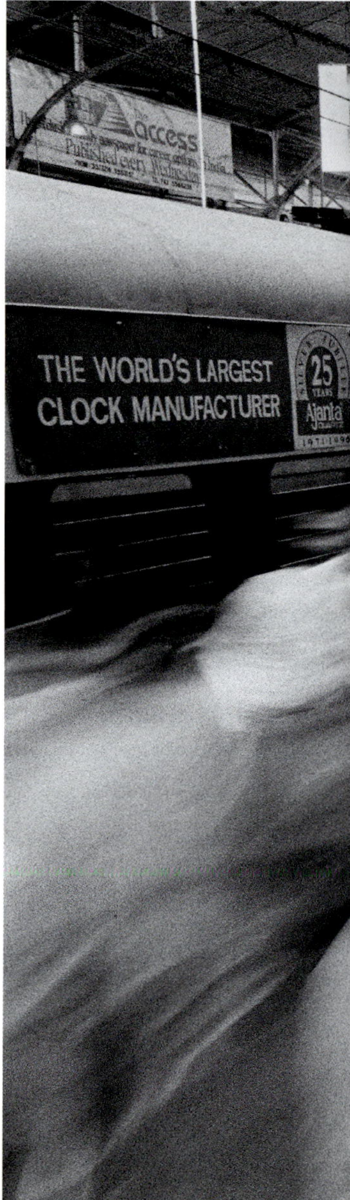

Kreative Tipps und Techniken

Rai weitet seine Philosophie der spirituellen Anteilnahme an der ihn umgebenden Welt auf die Methode aus, mit der er seine Aufnahmen aufbaut. Er sagt, er komponiere seine Fotografien niemals: „Manchmal beginne ich mit der Vorstellung eines Bildausschnitts, hebe die Kamera, und plötzlich setzt die Magie ein ... eine Wolke zieht weiter, ein Gesicht taucht aus dem Nichts auf, ein Hund rast vorbei, eine Krähe landet zwischen Tauben, ein Gesichtsausdruck ändert sich und das Tuch fliegt in einem Windstoß. Es ist eigentlich immer Gott, in jedem dieser Augenblicke." Er weist jedoch darauf hin, dass eine solche Verbindung mit der Umgebung nur durch totale Konzentration und nicht durch einen glücklichen Zufall zustande komme, man müsse hart daran arbeiten, damit es zu diesem Zusammentreffen komme.

Rai findet die Farbfotografie schwieriger als das Arbeiten in Schwarz-Weiß, weil „jede Farbe ihre eigene physische, ihre eigene psychische Reaktion aufweist ... Wir sehen alles in Farbe; wenn man das Leben also durch einen Schwarz-Weiß-Filter sieht, wird der Lärm der Farbe zum Verstummen gebracht. Es ist viel leichter, eine gute Schwarz-Weiß-Aufnahme zu machen, und es ist viel leichter, eine Schwarz-Weiß-Aufnahme richtig zu würdigen." Es ist wichtig,

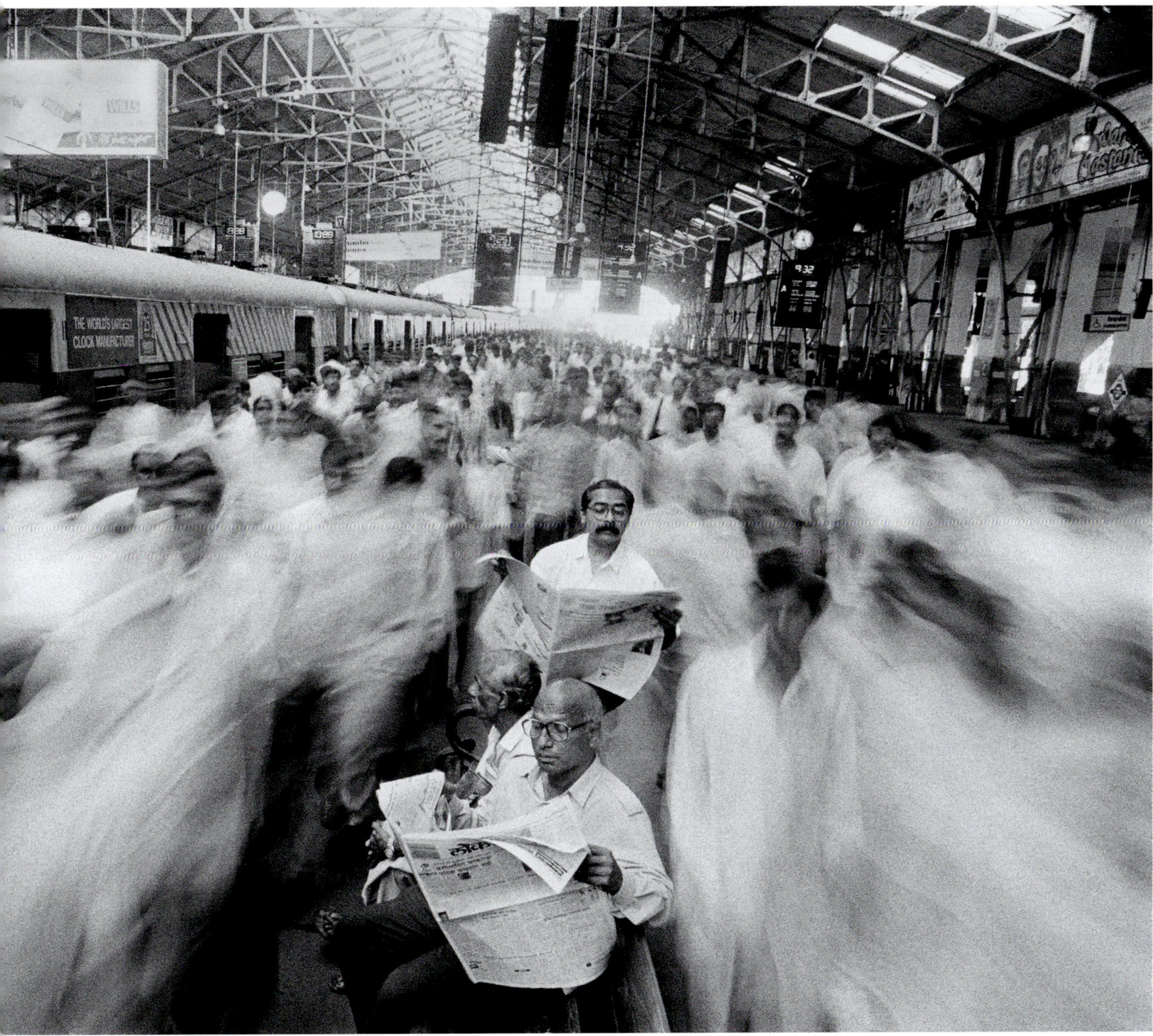

so über Farbe zu denken; wenn man den Einsatz von Farbe sorgfältig kontrolliert, um seine Absichten auszudrücken, kommt das der Wirkung der Bilder sehr entgegen.

Rai gesteht, dass er es kaum bereut, zum Fotografieren auf eine Digitalkamera umgestiegen zu sein. Er sagt: „Die Technik ist ein Werkzeug, und neue Technik gibt einem größere Freiheiten und mehr Kontrolle über die eigene Arbeit."

„Für mich ist die Kamera ein Lehrinstrument – man lernt sich selbst und die Welt kennen." Raghu Rai

Raghu Rai (IN, 1942–) arbeitet seit 1965 als Fotograf, 1966 wurde er Redaktionsmitglied der Zeitung *The Statesman* in Neu-Delhi. 1976 machte er sich als freiberuflicher Fotograf selbstständig, 1982 wurde er Leiter der Fotoredaktion der Zeitschrift *India Today*. Rai trat 1977 Magnum Photos bei. Er hat mehr als 18 Bücher veröffentlicht, darunter in Zusammenarbeit mit Greenpeace eine gründliche Untersuchung der Nachwirkungen des Bhopal-Unglücks: *Exposure: Portrait of a Corporate Crime*. Bei seiner Darstellung des Lebens in Indien ist ein starkes Bewusstsein für die spirituelle Grundstimmung des Landes spürbar. Seine Philosophie fasst er mit den Worten zusammen: „Entweder man stellt das Geheimnis der Dinge dar oder man lüftet das Geheimnis. Alles andere ist nichts weiter als Information."

Larry Towell

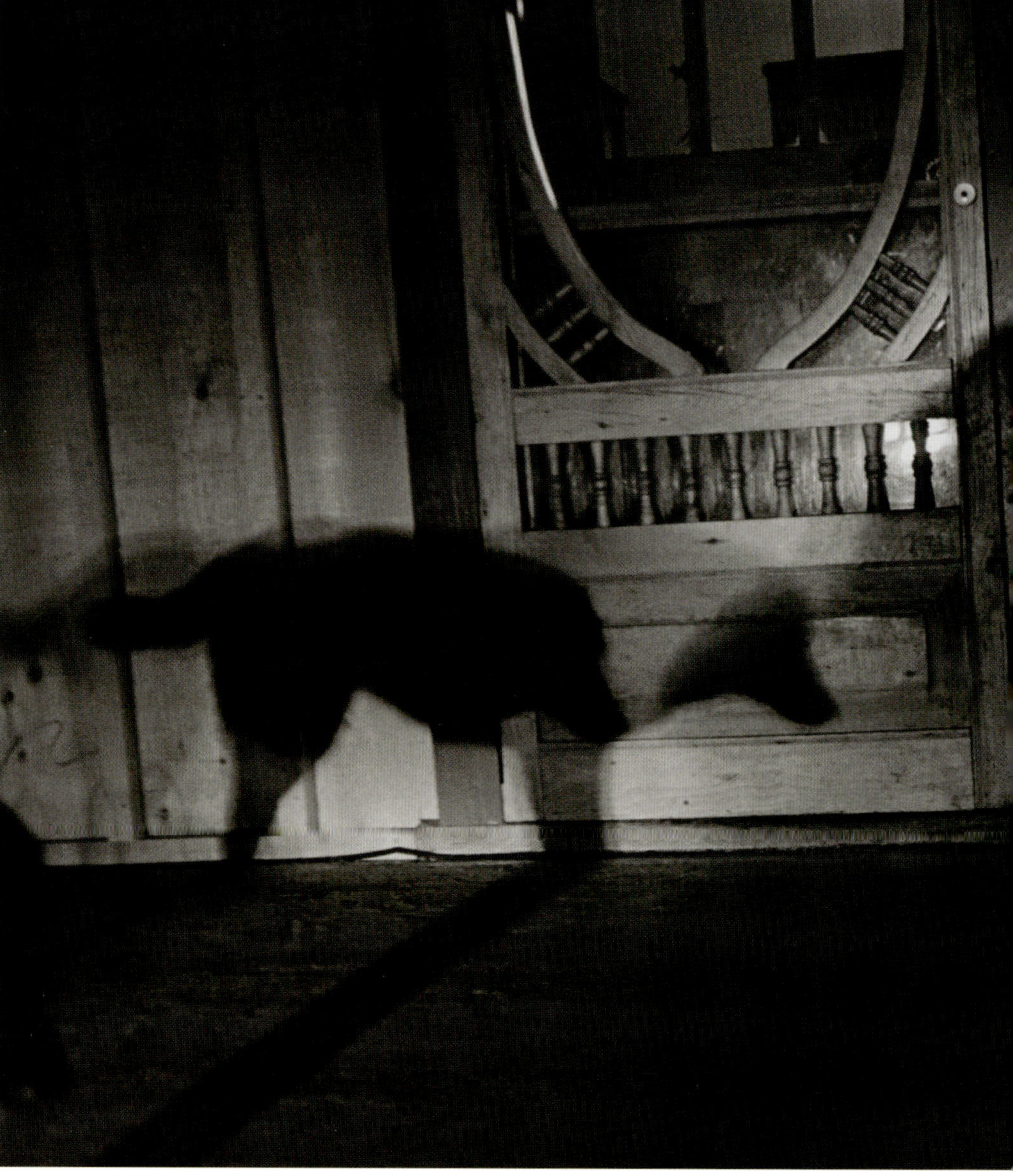

Larry Towell (CA, 1953–) kombiniert in seiner Arbeit Fotografie, Musik, Prosa und Lyrik. Sein Werk besteht aus langfristigen Projekten, die sich mit dem Leben der Enteigneten, der Exilierten und der rebellierenden Landarbeiter beschäftigt. Er erklärt: „Wenn es ein Thema gibt, das meine Arbeiten miteinander verbindet, dann ist es vermutlich das der Landlosigkeit: Wie der Besitz von Land Menschen zu dem macht, was sie sind, und was mit ihnen geschieht, wenn sie es verlieren und so ihre Identität verlieren.“ Towell ist seit 1984 freier Fotograf und arbeitete in Mittel- und Südamerika, um die Bürgerkriege in Nicaragua und El Salvador festzuhalten. 1988 trat er Magnum Photos bei. Seine Publikationsliste schließt Fotobücher, Lyrik, Oral History und CDs mit eigenen Gedichten und Lyrik ein. Towell lebt in einem ländlichen Gebiet von Ontario, wo er eine Farm gepachtet hat. Seine Visitenkarte hat nur zwei Angaben: „Larry Towell. Mensch“

Kreative Tipps und Techniken

Towell hat beim Fotografieren eine sehr einfache Arbeitsweise beibehalten. Er fotografiert schwarz-weiß, hat aber auch eine Digitalkamera dabei. Allerdings setzt er sie sehr unterschiedlich ein. Er meint, die Geschwindigkeit der Digitalkamera nicht zu brauchen, da er sich nicht „so unter Termindruck setzen lässt wie die Fotografen, die digital arbeiten“. Schwarz-Weiß sei immer noch die poetische Variante des Fotografierens, während digital für den Moment sei.

Towell hat schon immer Lyrik und Prosa geschrieben, außerdem ist er Musiker und Songwriter. Er gibt nützliche Ratschläge für die Kombination unterschiedlicher Kunstformen, um jede von ihnen ihre eigene Rolle im Korpus eines Werks spielen zu lassen: „Fotografie kann didaktisch oder eher poetisch sein, wie Musik. Man muss die richtige Methode finden, um sie zusammenzuführen, sonst machen sie sich nur gegenseitig komplizierter oder erklären sich gegenseitig, und das sollten sie nicht. Beide sollten auf ihrer eigenen Reise unterwegs sein.“

Towell arbeitet meist an mehreren Projekten gleichzeitig, von denen sich manche in je unterschiedlichen Vorbe-

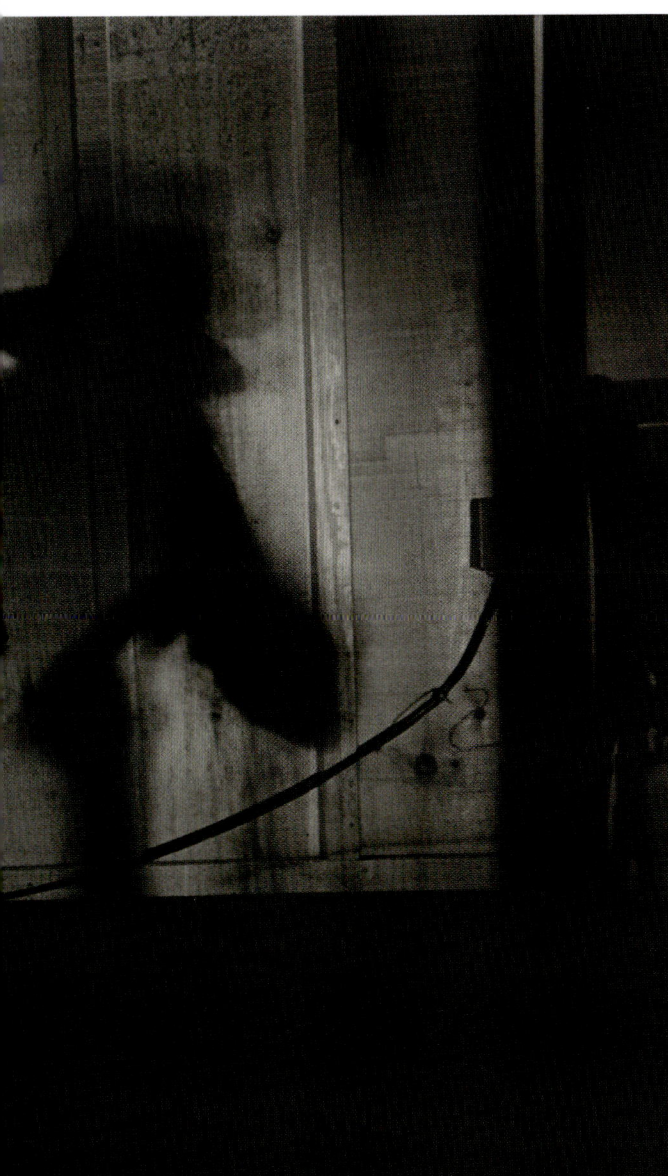

Schatten des Fotografen, Lambton County, Ontario 1996

Der Begriff „Heimat" ist ein zentraler Aspekt in Larry Towells Arbeiten. Er hat den Kampf für die Landrechte in Lateinamerika, im Nahen Osten und bei den Mennoniten-Gemeinden Kanadas und Mexikos dokumentiert. Die Beschäftigung mit seinem eigenen Zuhause war für ihn die natürliche Erweiterung dieses Themas: „Unterwegs fühle ich mich meist wie im Exil. Von Hanoi nach Managua, von San Salvador nach Ost-Jerusalem – das Heimweh ist mein ständiger Begleiter. Natürlich muss ein Journalist auf internationalen Schauplätzen zugegen sein, aber wenn ich nicht reise, kehre ich die Kamera nach innen." Auf diesem Bild ist Towell, mit Strohhut und in Fotografen-Pose, nur als geisterhafter Schatten zu erkennen. Die atmosphärische Momentaufnahme thematisiert sein Verhältnis zu Reise und Heimkehr. Der doppelte Schatten des Hundes vor der heimeligen Tür deutet auf künftige Reisen.

2009 veröffentlichte Towell *The World from My Front Porch*: Fotografien, die er im Laufe von 20 Jahren von seiner Familie und seiner Farm im ländlichen Lambton County machte, vermischt mit Reportagen, Gedichten und Bildern von Gegenständen, die er von unterwegs mitgebracht hatte, einschließlich Gewehrkugeln und Granaten. Dieses „Familienbuch", wie er es nennt, beschreibt „die Geschichte des Landes, der Landlosen, meine Familie, Aufstände, die ich fotografiert habe, und was Fotografie in diesem Kontext für mich bedeutete." Towell sieht in diesem Bezug zum eigenen Zuhause den Schlüssel für seine Fähigkeit, sich mit dem Leben von anderen zu beschäftigen: „Sobald ich meine Veranda hatte, fühlte ich mich in der Welt verortet." Towell will Geschichten erzählen, die sonst vielleicht verloren gingen, und hält es für wichtig, sie zu dokumentieren: „Man weiß nie, was daraus entsteht. Du kannst die Welt nicht verändern, aber du kannst Teil des Wandels werden, manchmal auch ohne es zu merken."

reitungsstadien befinden, während andere ausgeführt oder schon nachbereitet oder veröffentlicht werden. Das sei eine effektive Strategie, um frisch zu bleiben und seine Energie vernünftig einzusetzen. In diesem Rahmen empfiehlt er kurze, intensive Arbeitsphasen, die sich mit eher reflektierenden Zeiten des Nachdenkens und Redigierens abwechseln. Er arbeitet oft in Drei-Wochen-Zyklen, in denen er an kaum etwas anderes als an das Fotografieren denkt. Die restliche Zeit verbringt er mit sorgfältiger Fotoauswahl und -zusammenstellung: „Man verbringt mehr Zeit mit der Auswahl und dem Betrachten als mit dem Fotografieren." Er glaubt, dass es „für jede Tätigkeit die richtige Zeit gibt, die man ihr widmen muss. So reist man vielleicht einen Monat oder zwei und fotografiert, aber im Sommer schreibt man dann oder komponiert Musik – so mache ich es jedenfalls."

„Die Aufgabe eines Fotojournalisten ist die Kontrolle der Macht. Man muss das nicht machen, aber tut man es nicht, erfüllt man seine Aufgabe nicht." Larry Towell

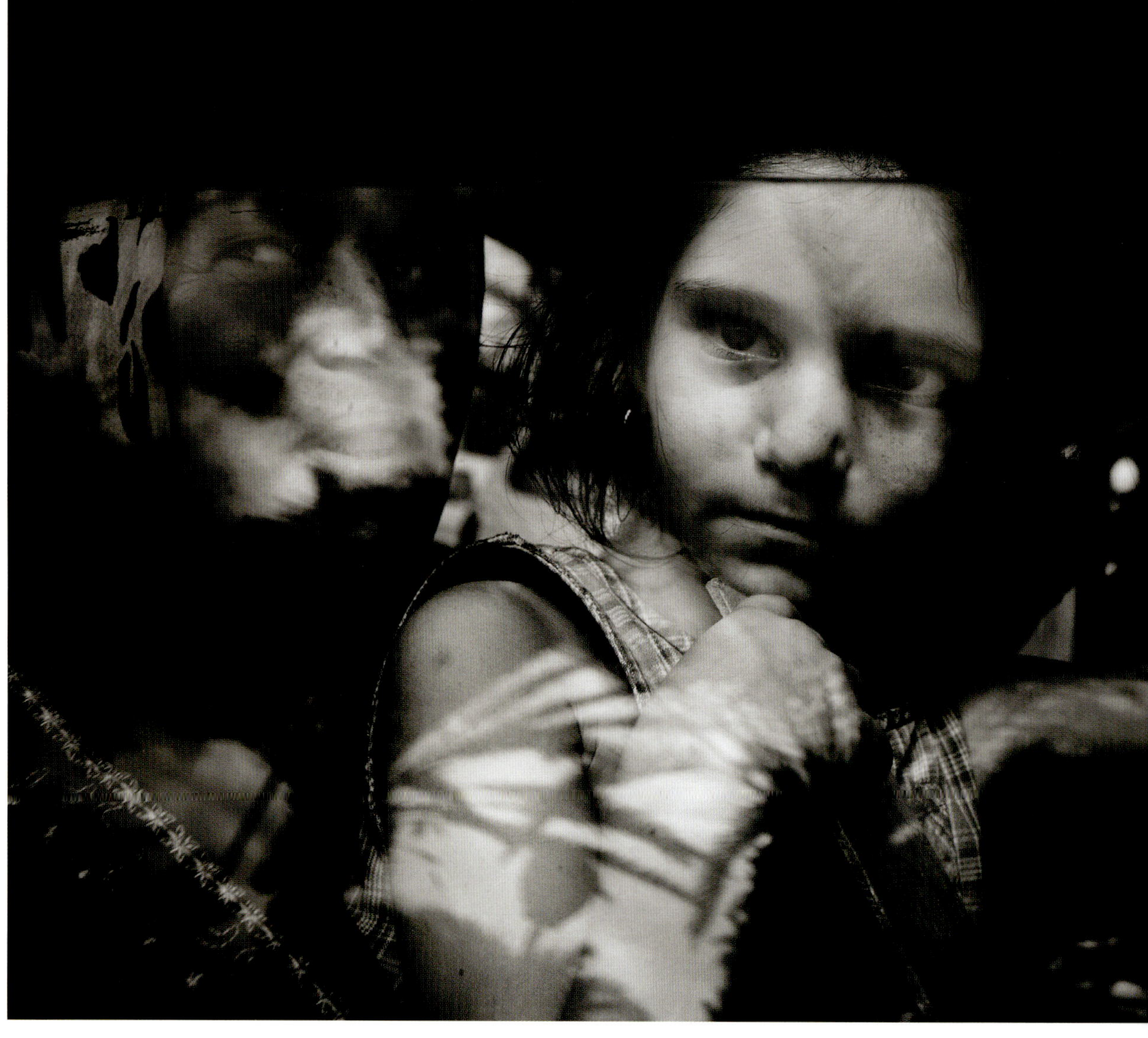

Zivilisten, die aus ihren Dörfern im Südlibanon geflüchtet sind, kommen in Tyros an 2006

Wie in Bernstein gegossene Fossilien scheinen die Figuren auf diesem Foto von den Autofenstern um sie herum eingeschlossen. Das Bild lässt den Verlust der Heimat erahnen und eine Reise, die noch nicht zu Ende ist. Die Spiegelung der Palmen in der Fensterscheibe deutet auf einen tropischen Ort hin, aber diese Andeutung von Paradies steht in scharfem Kontrast zu den sorgenvollen Augen des Mädchens, die uns verraten, dass dies keine fröhliche Reise ist. Der Betrachter kommt nicht umhin sich auszumalen, welches Unglück ihr widerfahren ist. Das Bild ist charakteristisch für Paolo Pellegrins journalistische Strategie: Er lenkt die Aufmerksamkeit des Betrachters auf ein Individuum, das Teil eines größeren Zusammenhangs ist. Die unheilvoll wirkende *Chiaroscuro*-Beleuchtung, die in den Spiegelungen präsente Welt außerhalb des Fotos, der verschobene Bildausschnitt, das Gefühl von optischer Tiefe und, vor allem, die Isolation der Hauptfigur sind typisch für seinen fotografische Ansatz. Pellegrin verwendet Spiegel und Fenster, um seinen Bildern Tiefe zu verleihen; oft fotografiert er durch spiegelnde Oberflächen hindurch. Sein Ziel ist stets, die Kluft zwischen Betrachter und Objekt zu überwinden, einen Raum der Interaktion zu öffnen, ein „Loch in der Wirklichkeit", wie er sagt, durch das die Betrachter Zugang zur Welt der Protagonisten seiner Fotos erlangen. Pellegrin will keine Antworten geben; er will eine Bühne bieten, auf der das Publikum anfangen kann, sich in das Leben anderer hineinzuversetzen.

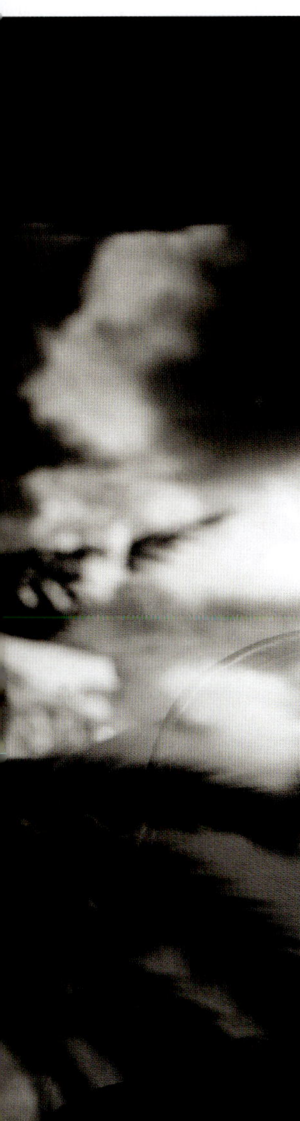

„Ich schaue mit den Augen eines Fremden, suche nach Verbindungen, will verstehen, ins Gespräch kommen."

Paolo Pellegrin

Paolo Pellegrin (I, 1964–) hat Architektur studiert und nutzt diese Erfahrung für seine Fotografie: „Dieses räumliche Denken, das Anordnen von Elementen in einem vorgegebenen Raum, ähnelt der Fotografie sehr. Wir haben ein Rechteck, durch das wir die Welt sehen. Wir stellen Dinge so zusammen und ordnen sie so an, dass wir und der Betrachter sie verstehen können." Er arbeitet vorwiegend in Schwarz-Weiß und bezeichnet dies als „ein abstraktes Element, das hilft, Bedeutung und Symbole zu übermitteln". Er hat sich als einer der führenden Fotojournalisten seiner Generation etabliert und bereits fast jeden wichtigen Preis gewonnen. Pellegrin hat für *Newsweek* Auftragsarbeiten fotografiert und ist regelmäßiger Beiträger des Magazins der *New York Times,* was ihm ermöglicht hat, regelmäßig auf seine einzigartige Weise über wichtige Ereignisse in der ganzen Welt zu berichten. Er gehört seit 2001 zu Magnum Photos.

Kreative Tipps und Techniken

„Ich habe 20 Jahre darüber nachgedacht, wie man einer Fotografie die Dimension geben kann, die sie nicht hat – Tiefe, Schichten", sagt Pellegrin, „es wurde immer komplizierter. Irgendwann setzt die Umkehrung ein – Dekonstruktion, Subtraktion, Fortnehmen." Pellegrin behauptet, dieses „Fortnehmen" sei „die Suche nach dem Wesentlichen in einer Geschichte". Er versucht, eine Verbindung zwischen sich, dem Motiv und dem Betrachter herzustellen und beschreibt das als „einen alchemistischen Prozess", durch den „man selbst mit seinen Erfahrungen zu dem Bild wird".

Pellegrin ist vor allem ein Kommunikator, dessen Werk in großen Nachrichtenmagazinen abgedruckt wird. Er versucht, dieses Medium zu verwenden, um Verbindungen zwischen Geschichte und Betrachter herzustellen, um Dialoge zu ermöglichen. Seine Ästhetik zielt darauf ab, dieses Fragen zu unterstützen. Er sei daran interessiert, „die Fotografie zu benutzen, um Dinge zu untersuchen".

Pellegrin bringt sich oft in Situationen, die andere Fotografen als zu schwierig zum Arbeiten betrachten würden: Er fotografiert in der Dämmerung, bei schlechtem Wetter, im Dunkeln. Eine wichtige Auswirkung dieser Neigung besteht darin, dass viele seine Aufnahmen aufgrund der langen Belichtungszeiten verschwommen und unscharf sind. Solche Aufnahmen würden normalerweise als technisch fehlerhaft zurückgewiesen. Wenn die Effekte jedoch absichtlich eingesetzt werden und nicht auf Zufall beruhen, können sie das Dramatische und Ausdrucksvolle der Szene noch betonen. Fotografiert man bei schlechtem Wetter oder bei wenig Licht, kann man so bis an die Grenzen des Mediums gehen.

John Stanmeyer

Signal: afrikanische Migranten am nächtlichen Strand von Dschibuti-Stadt 2013

Der Mondschein taucht dieses Bild in ein ganz besonderes Licht. Migranten stehen am Strand und halten ihre Handys in die Luft, als wollten sie dem Gott der Technik huldigen. Dieses fesselnde Foto ist ein vielsagendes Sinnbild für die komplexen Zusammenhänge der weltweiten Migrationsbewegungen. Fotograf John Stanmeyer erzählt, wie es zu diesem Bild kam: „Ich lief nachts am Strand von Dschibuti-Stadt entlang und fragte meinen Dolmetscher, warum diese Leute dort ihre Handys in den Nachthimmel reckten. Er erzählte mir, dass die Leute, größtenteils Somalier, hierher kämen, um mit ihren somalischen SIM-Karten ein Signal vom nächstgelegenen Funkmast zu erhaschen." Das Foto erzählt von moderner Migration und illustriert, was sich heute hinter der Sehnsucht nach einem Zuhause verbirgt. Diese Vignette war auch für Stanmeyer selbst von Bedeutung. Als Fotograf, der oft lange Zeit fern seiner Familie ist, erinnert er sich: „Da war ich dieser Mann oder diese Frau im Bild und versuchte verzweifelt, meine Familie zu Hause zu erreichen. Ich bin dankbar, dass etwas Poetisches, das sich hoffentlich laut schreiend Gehör verschaffen wird, jetzt auf diesem Wege Verbreitung findet."

Das Bild, das im Auftrag für *National Geographic* entstand, erschien in der Reihe „Out of Eden" auf der ersten Doppelseite der Ausgabe vom Dezember 2013. Stanmeyer erzählt, wie es dazu kam, dass er nach Afrika reiste, eine Region, die gern als die Wiege der Menschheit bezeichnet wird: „Ich bin einen Monat lang durch Äthiopien gefahren und gewandert und landete schließlich in Dschibuti. Ich erinnere mich an eine Unterhaltung mit meinem Autor, Paul Salopek, am Ufer des Roten Meeres, wo vor 60 000 Jahren noch eine Landbrücke war, die den Menschen das Weiterkommen ermöglichte – um neue Kontakte zu knüpften." Stanmeyer glaubt, dass *Signal* ein Bild ist, „das uns alle zeigt, die wir am Scheideweg der Menschheit stehen, wo wir uns fragen müssen, was wirklich wichtig ist. Kollektive Aufmerksamkeit ist gefragt in dieser globalen Gesellschaft, in der die Themen Migration, Grenzen, Krieg, Armut, Technik und Kommunikation nicht mehr isoliert betrachtet werden können."

Kreative Tipps und Techniken

Stanmeyer arbeitet oft bei sehr schlechten Lichtverhältnissen, an der Grenze des technisch Möglichen. Er verwendet dafür ein lichtempfindliches Weitwinkelobjektiv (Canon 35mm f/1,4), das er als sein „Auge auf die dunkle Seite" bezeichnet, „die dunkle Seite, aus der die anderen zwölf Stunden unserer menschlichen Existenz bestehen, nachdem die Sonne untergegangen ist." Diese Zeit ist ihm besonders wichtig, weil „die Menschen sich dann auf eine vollkommen andere und erleuchtete Weise auf den Weg machen". Die große Blendenöffnung des Objektivs ermöglicht ihm dann das Fotografieren bei Restlicht. Dieses Bild wurde mit dem 35mm bei weit offener Blende (f/1,4) und 1/40s (ASA 10 000) aufgenommen. Es gilt die Faustregel, dass die Belichtungszeit kürzer als die Brennweite sein sollte, um Verwackeln zu vermeiden. Man kann aber auch (vor allem mit Sucherkameras und Weitwinkelobjektiven) länger belichten. Durch Übung lernt man, bis zu welcher Zeit man noch scharfe Bilder erhält.

Stanmeyer postet seine Fotos oft in sozialen Medien und erreicht so Tausende, ohne auf eine traditionelle Veröffentlichung warten zu müssen. Er arbeitet gern mit der Handykamera, wobei er häufig seine

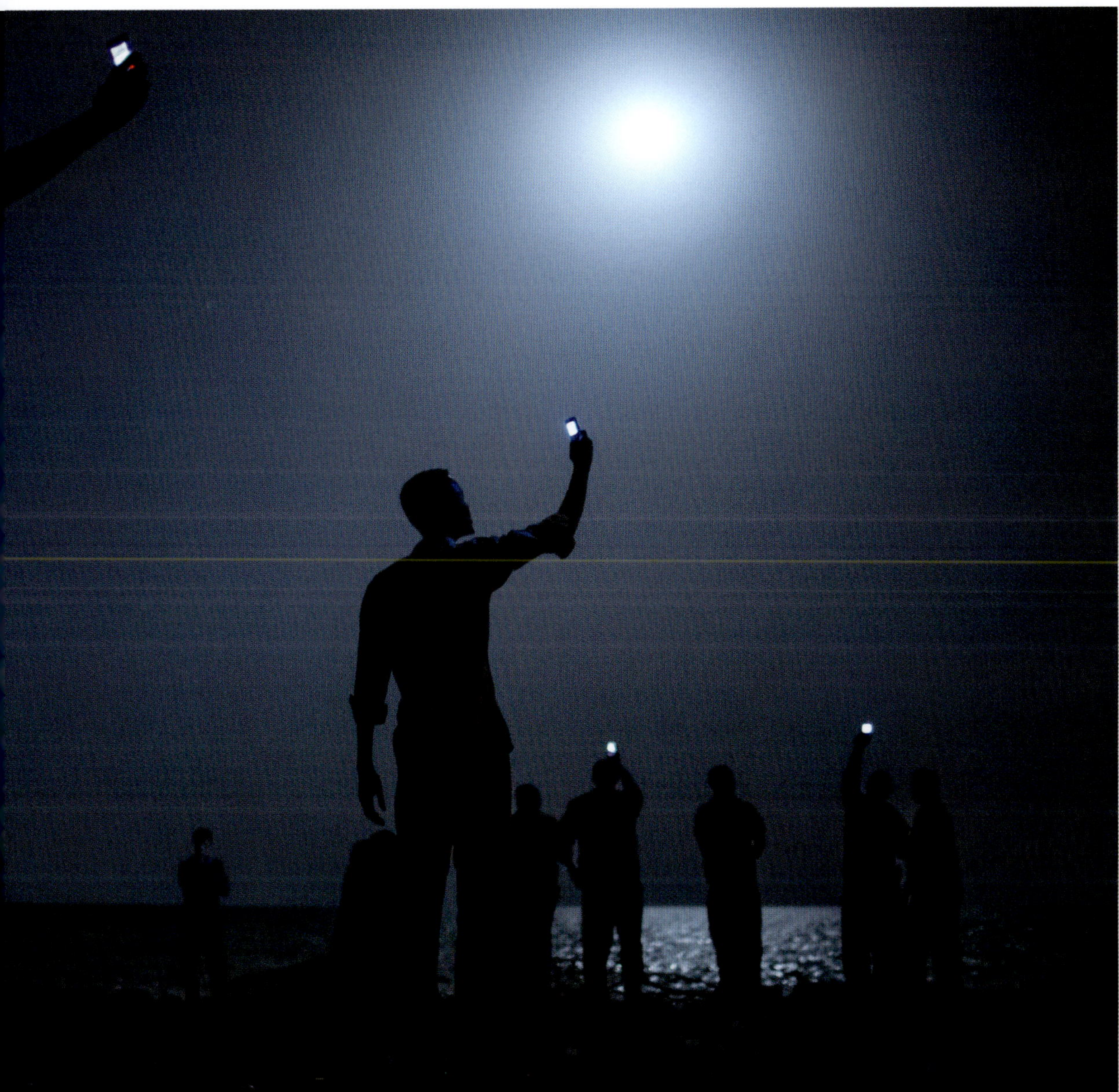

Lieblings-App Hipstamatic verwendet. Solange eine echte Beziehung zum Motiv bestehen bleibt, befürwortet er Technik, die seine Möglichkeiten erweitert.

Stanmeyer stellt fest, dass „wir jetzt viele Geräte rumschleppen, die alle ein eigenes Kabel brauchen". Er arbeitet mit zwei Canon 5D Mark III und folgenden Objektiven: 16–35mm; 24–70mm; 24mm 1,4; 35mm 1,4 und 50mm 1,2.

„Mach das nicht für dich. Tu es für den höheren Sinn, zum Wohle der anderen, im Namen der Menschlichkeit." John Stanmeyer

Der Fotojournalist **John Stanmeyer** (USA, 1964–) hat für das *Time magazine* über den Afghanistankrieg, den Unabhängigkeitskampf in Osttimor, den Sturz Suhartos in Indonesien und andere weltpolitische Ereignisse berichtet. Achtzehn seiner Fotos wurden von *Time* als Titelbilder verwendet. 2001 war er einer der Gründer der VII Photo Agency. Seit 2004 hat er mehr als vierzehn Beiträge für *National Geographic* fotografiert. Zu den vielen Preisen, die er gewonnen hat, gehören die Robert Capa Gold Medal, Magazine Photographer of the Year, World Press Photo of the Year – für *Signal* – und eine Emmy-Nominierung für die Dokumentarfilmserie *Starved for Attention*. Er lebt in Massachusetts, wo er eine Galerie mit Café betreibt, in der fair gehandelter Kaffee eine Verbindung mit seinen sozialkritischen Fotografien eingeht.

Doku

mente

Fotografie hat Beweiskraft. Die scheinbare Wirklichkeitsnähe bzw. Wahrhaftigkeit der Kamera in Kombination mit ihrer Fähigkeit, soziale, politische oder wirtschaftliche Entwicklungen zu erkennen, stellt ein machtvolles Instrument dar, um Sachverhalte zu dokumentieren. Der Dokumentarfotograf strebt in erster Linie eine langfristige Interaktion mit dem Thema an. Dies beinhaltet meist wiederholte Besuche über längere Zeiträume hinweg, aus denen sich langsam und schrittweise eine Darstellung des Themas entwickelt. Ein ganz wichtiger Bestandteil des Prozesses sind Recherchen: Ausführliche Beschreibungen der Hintergründe einer Entwicklung werden häufig mit Erzählungen aus der Ich-Perspektive der Betroffenen ergänzt. Indem sie gesellschaftliche Schlüsselthemen ausfindig machen und sie durch das Auge der Kamera tiefgehend erforschen, bieten uns Dokumentarfotografen eine reichhaltige Quelle des Wissens über alles Menschliche. Der Fotograf erfüllt eine unverzichtbare Aufgabe: Er beschreibt wesentliche gesellschaftliche Veränderungen und deckt die Kräfte auf, die dahinterstecken und die das soziale Gefüge der Welt bestimmen, in der wir leben. Ob große historische Ereignisse oder kurzlebige Nachrichtenmeldungen – der Dokumentarfotograf interessiert sich für deren Hintergründe, gräbt nach strukturierenden Elementen, die diese bedeutsamen Ereignisse reflektieren, er blickt hinter Fassaden und begleitet parallel die aktuellen Entwicklungen. Ein vertrauensvoller, zugewandter Umgang mit den Menschen ist entscheidend für diese dokumentarischen Werke; die intensive Beschäftigung mit einem Thema, das ansonsten unbemerkt und undokumentiert bliebe, kann manchmal zur Besessenheit werden. Der einzigartige Blick des Fotografen und das unablässige aktive und präzise Beobachten der Welt um ihn herum hat zur Folge, dass Bilder entstehen, die sonst nie den Weg in die Öffentlichkeit finden würden. Dieser fotografischen Kategorie kommt die elementar wichtige soziale Aufgabe zu, uns dabei zu helfen, die komplexe Welt um uns herum zu verstehen.

Jacob Riis

Schlafgänger in einem Mietshaus in der Bayard Street, fünf Cent pro Schlafstatt 1889

Jacob Riis nutzte seine Fotos, um die schrecklichen Bedingungen in den Slums von New York City ins öffentliche Bewusstsein zu rücken. Er ergänzte sie mit lebensnahen Berichten vom Leben der Slumbewohner in *How the Other Half Lives: Studies Among the Tenements of New York* (1890). Riis erhob nicht den Anspruch, ein Fotograf zu sein; er verspürte nicht den Drang, ästhetische Objekte zu erschaffen, sondern benutzte die Kamera als Aufnahmeinstrument, um Belege für die haarsträubenden Verhältnisse zu sammeln. Zu diesem Bild verfasste er eine Beschreibung der ernüchternden Szene in einem besonders schlimmen Slum in der Mulberry Street (Lower East Side, Manhattan): „In einem weniger als vier mal vier Meter großen Raum schliefen zwölf Männer und Frauen, zwei oder drei in Kojen in einer Art Alkoven, der Rest auf dem Boden. Eine Kerosinlampe gab trübes Licht, wahrscheinlich, damit die später Eintreffenden den Weg zur ihrem ‚Bett' fanden. (...) Einen Korridor weiter wimmerte ein Baby im Halbdunkel, ich konnte drei liegende Personen ausmachen. Das ‚Apartment' war eines von drei, die wir in den Nachbargebäuden fanden, alle ähnlich überfüllt. Die meisten Männer waren Schlafgänger, die fünf Cent für ihr Lager zahlten." Riis' Arbeit tat Wirkung. Seine eindringliche Dokumentation einer entscheidenden Periode in der US-Geschichte führte immerhin zu einigen sozialen Reformen.

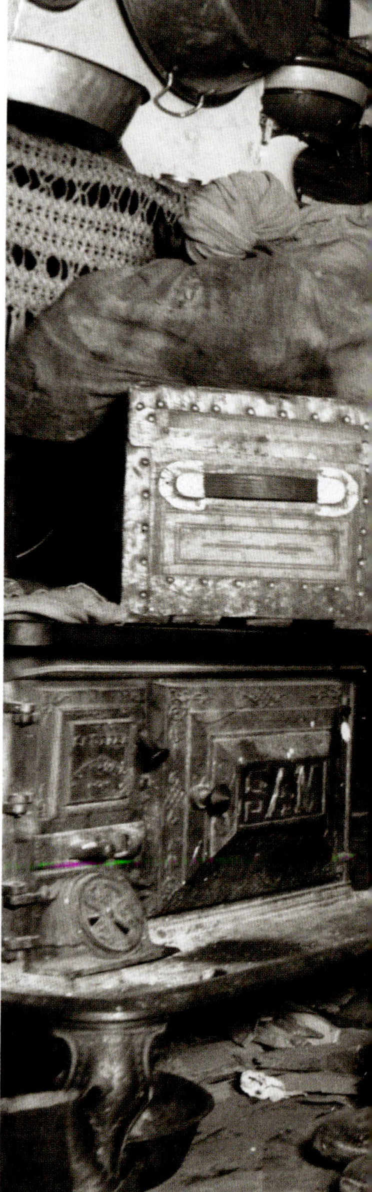

Kreative Tipps und Techniken

Die wichtigste Errungenschaft für die Arbeit von Riis war der Einsatz des damals neu erfundenen Blitzlichtes. Viele seiner Reportagen wurden nachts aufgenommen, wenn es zu wenig Licht gab, um effektiv zu fotografieren. Als er jedoch entdeckte, dass er mit einem Blitzlicht die Düsternis erhellen konnte, richtete er buchstäblich einen Scheinwerfer ins Dunkel und konnte so das ganze Elend der Lebensumstände enthüllen. Er verwendete eine Mischung aus Magnesiumpulver und Kaliumchlorat, um schlecht beleuchtete Innenräume zu erhellen, was beim Abbrennen ein helles Licht, aber auch Wolken beißenden Rauchs ergab. Riis beschreibt die Wirkung auf die Slum-Bewohner: „Es ist nicht übertrieben zu sagen, dass wir Schrecken verbreiteten, wo immer wir hinkamen. Das Blitzlicht wurde damals

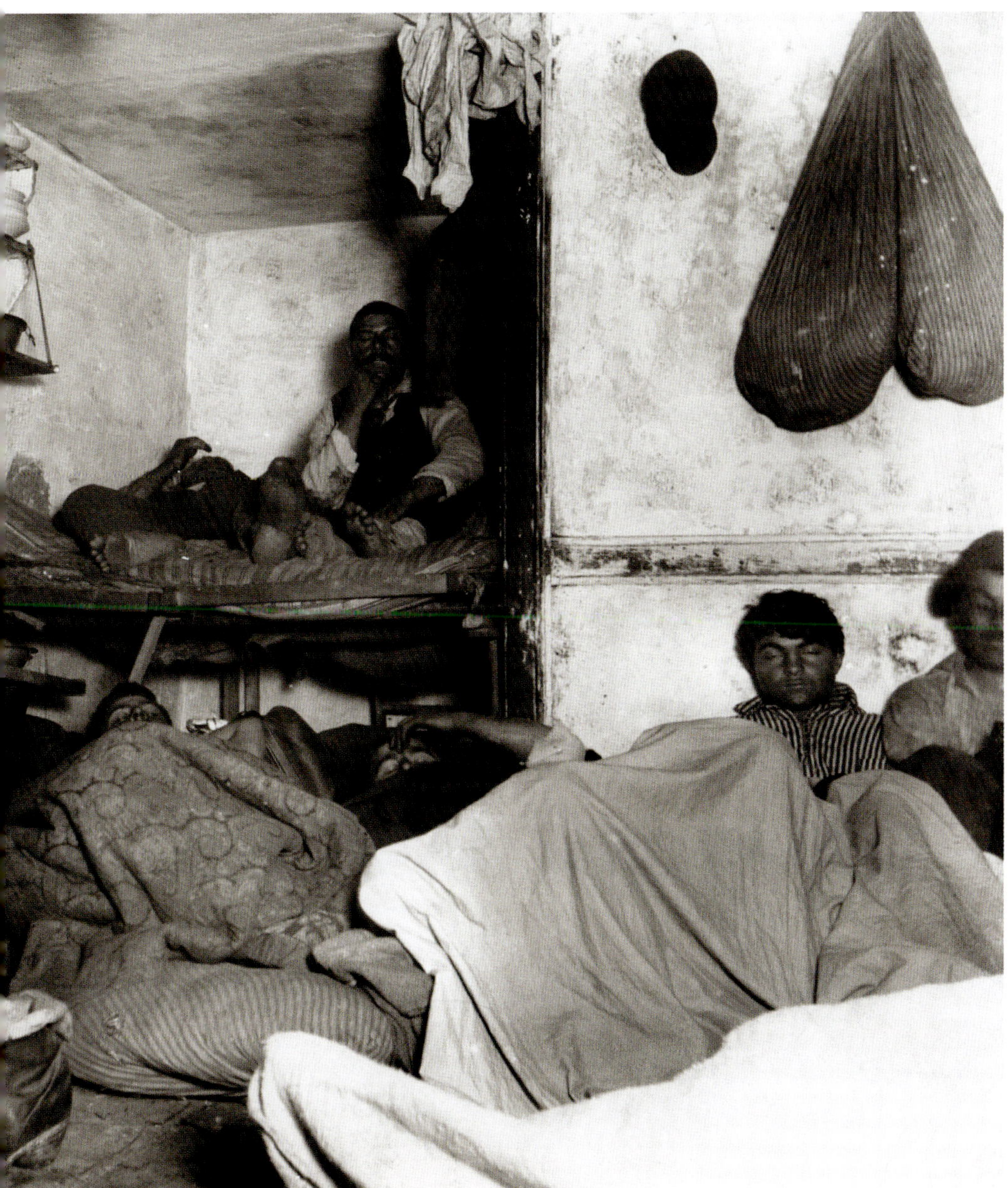

Der in Dänemark geborene **Jacob Riis** (USA, 1849–1914) kam selbst als Einwanderer in die USA und arbeitete als Zimmermann und Hilfsarbeiter, bevor er Journalist wurde. Er begann als Polizeireporter der *New York Tribune* auf der berüchtigten Mulberry Street im Herzen der Großstadtslums, die den Spitznamen ‚Hauptstraße des Todes' trug. Durch den geringen Widerhall seiner Artikel frustriert und entschlossen, sich für soziale Reformen einzusetzen, wandte sich Riis der Kamera zu, um die Lage verarmter Bewohner der Stadt im Bild festzuhalten.

„Als der Bericht tags drauf der Gesundheitsbehörde vorgelegt wurde, rief er keine großen Reaktionen hervor – bis meine noch tropfnassen Negative die Botschaft verstärkten. Nun war die Sache unanfechtbar." Jacob Riis

in Patronen aus Revolvern abgeschossen. Der Anblick von einem halben Dutzend Fremden, die um Mitternacht ins Haus eindrangen und aus großen Pistolen wahllos um sich schossen, war kaum vertrauenerweckend. Kein Wunder, dass die Bewohner durch Fenster und über Feuerleitern flüchteten, wenn wir auftauchten."

Bevor er seine Bücher veröffentlichte, hielt Riis Vorträge, bei denen er mit einer Laterna Magica Glasdias seiner Fotografien zeigte. Die überlebensgroßen Bilder waren in Verbindung mit seinen Worten eine außerordentlich lebendige und dramatische Führung durch die Straßen und Keller der dunkelsten Ecken in New York. Riis' Vorträge wirkten so beeindruckend auf das Publikum, dass einige, wie berichtet wurde, stöhnten, zitterten, gar in Ohnmacht fielen. Damit waren seine Vorträge im Grunde ein Vorläufer des Dokumentarfilms und der heutigen Multimedia-Produktionen. Man kann selbst mit der Herstellung von multimedialen Diashows experimentieren, indem man eigene Bilder mit einem erzählenden oder berichtenden Text hinterlegt. Denkbar ist ein Interview mit einem der Abgebildeten oder ein Text, der die Betrachter auf der Reise durch die Bilderwelt begleitet. Die Kombination von gesprochenem Wort und Fotografie kann den emotionalen Gehalt eines Werkes erhöhen.

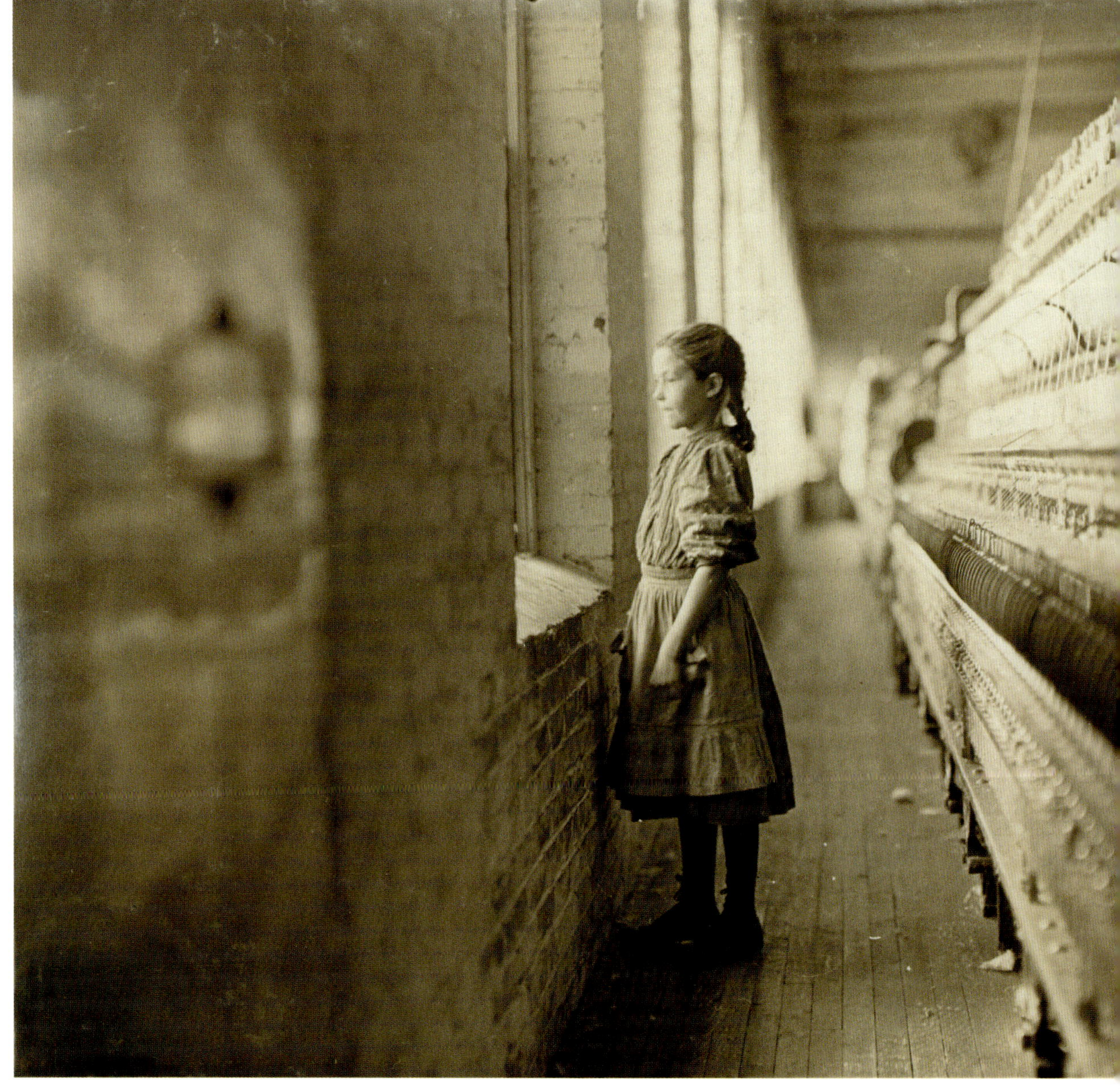

„Fotografie bringt Licht ins Dunkel und deckt Ignoranz auf.“ Lewis Hine

Lewis Hine (USA, 1874–1940) war einer der führenden Befürworter des Einsatzes der Kamera als Werkzeug zur Durchsetzung gesellschaftlicher Reformen, wobei er sich insbesondere im Kampf gegen die Kinderarbeit engagierte. Seine ersten Fotografien entstanden für die Ethical Culture School in New York, an der er als Lehrer arbeitete. 1907 wurde er angestellter Fotograf für die Russell Sage Foundation, für die er eine Studie zur Stahlherstellung in Pittsburgh erstellte. 1908 wurde er Reporter und Fotograf für das NCLC (National Child Labor Committee). Er sagte: „Das Motto des Sozialreformers ist also ‚Es werde Licht‘, und wir haben bei diesem Kampf um Licht eine Vorhut, die mit Licht schreibt – die Fotografie.“

Kreative Tipps und Techniken

Hine schuf oft Porträts von einzelnen Personen in ihrer normalen Umgebung. Dies betonte ihre Isolation und zeigte sie als Individuen, mit denen sich der Betrachter identifizieren kann. Er nannte oft ihre Namen und gab Details wie Größe, Gewicht und Alter an, um die emotionale Wirkung seiner Aufnahmen zu erhöhen. In dieser Fotografie rahmt er

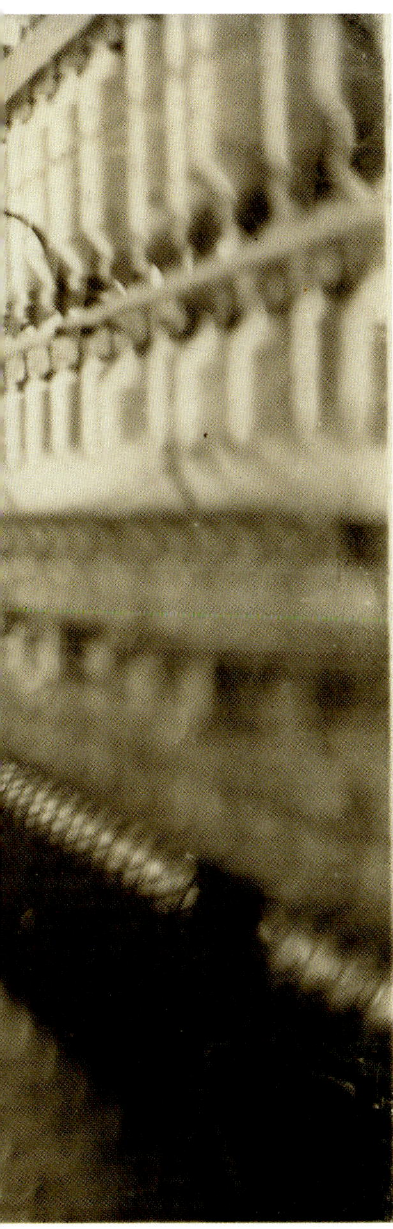

Ein kurzer Blick in die Welt da draußen. Sie sagte, sie sei 11 Jahre alt und arbeite seit über einem Jahr. Rhodes Mfg. Co. Lincolnton, North Carolina 1908

Lewis Hines Tätigkeit für das National Child Labor Committee (NCLC) war nicht ungefährlich, da die Fabrikbesitzer kein Interesse daran hatten, die Arbeitsbedingungen in ihren Produktionsstätten offenzulegen, erst recht nicht, wenn sie illegal Kinder beschäftigten. Diese eindrucksvolle Studie eines Kindes, das in einer Baumwollspinnerei arbeitete, entstand in North Carolina, dem US-Bundesstaat, dem der schlimmste Ruf in Sachen Kinderarbeit vorauseilte. Hine musste regelrecht Detektivarbeit leisten. Er wurde von Wachschutz und Vorarbeitern bedroht und konnte sich oft nur mit einer List Zutritt zum Firmengelände verschaffen, etwa indem er sich als Prüfer der Brandschutzbehörde, Bibelverkäufer oder Industriefotograf ausgab. Er reiste viel, oft bis zu 50 000 km im Jahr, und fotografierte Fabriken, Erdbeerfelder, Tabakplantagen und verwahrloste Mietskasernen. Anfangs dachte er, Worte seien der wichtigste Teil seiner Arbeit, aber er erkannte bald, dass es die Bilder waren, die am meisten bewirkten: „In der ersten Zeit meiner Tätigkeit für das NCLC war ich vor allem Inspektor und die Kamera nur ein Anhängsel. Doch der Schwerpunkt verschob sich, bis die Kamera die Hauptrolle spielte."

Hine appellierte an sein Publikum: „Vielleicht sind Sie der Bilder von Kinderarbeit überdrüssig. Wissen Sie, das sind wir alle, aber wir werden Ihnen und dem ganzen Land diese Bilder bis zum Erbrechen vorführen, damit irgendwann, wenn die Zeit zu handeln gekommen ist, die Kinderarbeit-Bilder der Vergangenheit angehören." Darüber hinaus veranstaltete Hine Ausstellungen, ließ Plakate drucken und betreute während seiner zehnjährigen Tätigkeit für das NCLC einige Veröffentlichungen. Die Arbeitsbedingungen verbesserten sich zwar etwas, aber arbeitende Kinder hatten es in dieser Zeit weiterhin schwer.

mit den Linien der Maschine und der Ziegelwand das Kind ein, dessen sehnsüchtiger Blick andeutet, dass es von einem besseren Leben außerhalb der Fabrik träumt.

Hine arbeitete mit weit geöffneter Blende, um durch die geringe Schärfentiefe die Aufmerksamkeit auf das Kind zu lenken. Die Wirkung des Bildes wäre eine andere, wenn es mit kleiner Blendenöffnung aufgenommen und alles scharf abgebildet worden wäre. Man sollte stets die richtige Kombination aus Belichtungszeit und Blende für die gewünschte Wirkung wählen.

Später in seine Laufbahn fotografierte Hine vor allem Fabrikarbeiter, die er oft als heroische Gestalten porträtierte, deren Muskeln sich gegen die Maschinen spannten, die sie bedienten. Oft setzte er die Gestalt und Form der Maschinen auch in einen Gegensatz zu Haut und Kleidung der Arbeiter. 1930 begann Hine, den Bau des Empire State Building im Bild festzuhalten und ließ sich dazu von einem Kran 30 Meter über die Fifth Avenue heben. Seine Bilder zeigen die Bauarbeiter als über der Stadt schwebende Tänzer oder Zirkusartisten. Eine Gruppe scheint sogar hoch oben auf einem Stahlträger zu schlafen, eine andere nimmt in schwindelerregender Höhe das Pausenbrot ein – sicher eine der bekanntesten Fotografien von Hine.

David Goldblatt

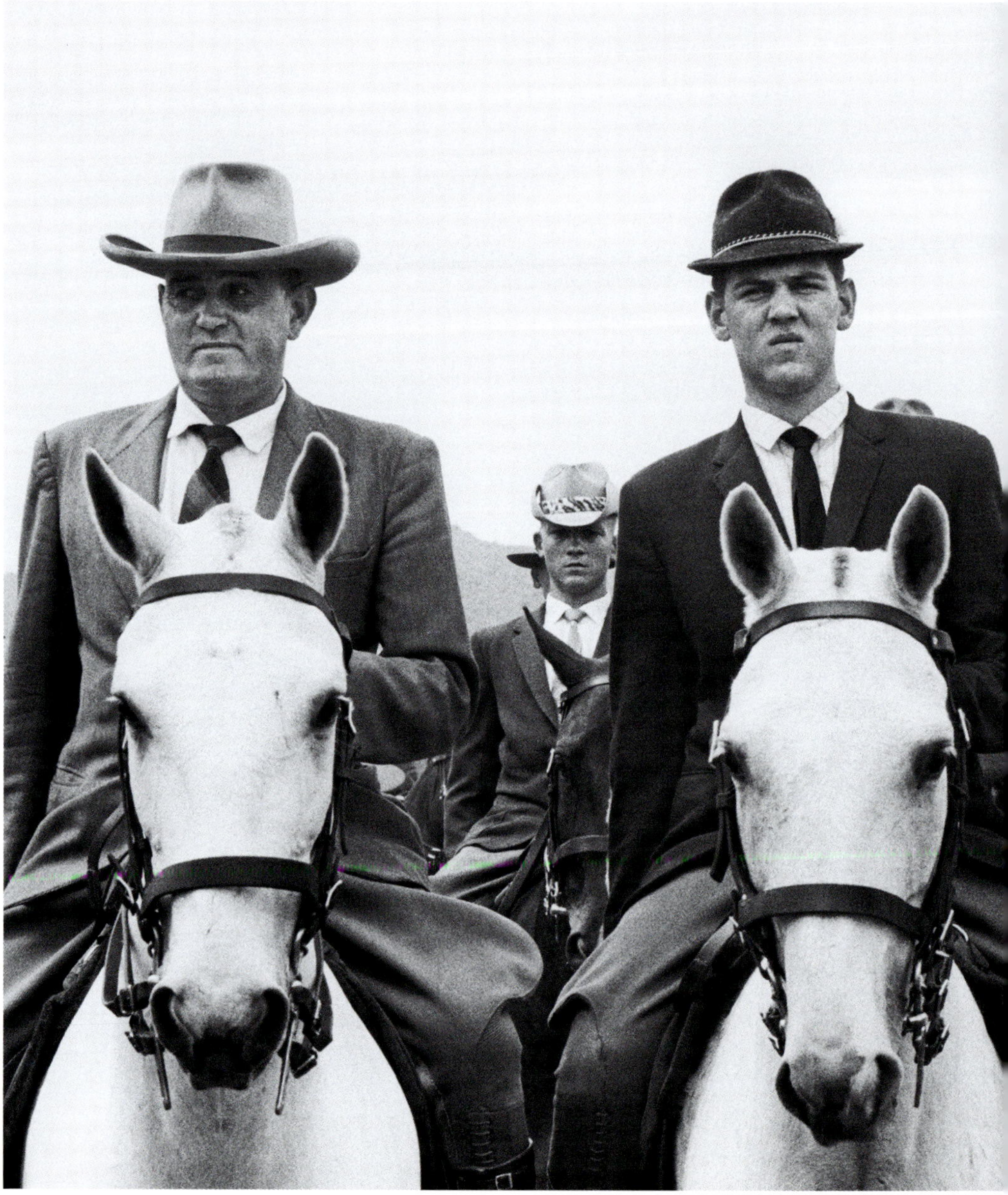

David Goldblatt (ZA, 1930–) hat sein Leben als Fotograf damit verbracht, die gesellschaftlichen Spannungen in Südafrika festzuhalten, sowohl während als auch nach der Apartheid. Er entschloss sich, in seiner Heimat zu bleiben, anstatt im Ausland zu arbeiten, weil „ich mich zugehörig fühle und mit diesem Land auf eine Weise vertraut bin, wie ich es andernorts vermutlich nicht sein könnte. Es war oft unbequem, aber es war nicht zu verleugnen. Mein Bauchgefühl und meine Teilnahme liegen hier." Goldblatt gründete 1989 in Johannesburg den Market Photography Workshop. 1998 war er der erste Südafrikaner, dem eine Einzelausstellung im New Yorker Museum of Modern Art gewidmet wurde. 2006 erhielt er den Hasselblad Award, 2009 den Henri Cartier-Bresson Award und 2013 den ICP Infinity Award.

Kreative Tipps und Techniken

Goldblatt verweist auf die Notwendigkeit, eine fotografische Sensibilität zu entwickeln, aber auch auf die damit verbundenen Schwierigkeiten: „Wenn man mit der Fotografie beginnt, ist das, was man in den eigenen Abzügen oder Dias sieht, oft unerwartet und merkwürdig anders als das, was man beim Auslösen sah. Manche Dinge im Foto sind unheimlich real – sie sehen genau wie damals aus, nur noch deutlicher. Andere sind unnachvollziehbar anders. Großes sieht lächerlich klein aus, das Unbedeutende wird überwältigend. Emotionen, die man im Original nicht sah, zeigen sich in der Fotografie, und was man für schön hielt, erweckt jetzt kein Interesse. Mit wachsender Erfahrung lernt man, einige dieser Veränderungen vorherzusehen, sodass es nicht mehr so häufig zu Überraschungen kommt."

Er gibt auch gute Ratschläge für die Komposition: „Man kneift einfach die Augen zusammen und formt mit den Fingern einen Rahmen, um die Welt als ordentliches zweidimensionales Bild sehen zu können ... Man lernt, Farbe, Licht und Schatten als Grau, Schwarz und Weiß zu sehen."

Das harte Licht Afrikas war anfangs ein Problem für Goldblatt. Allerdings

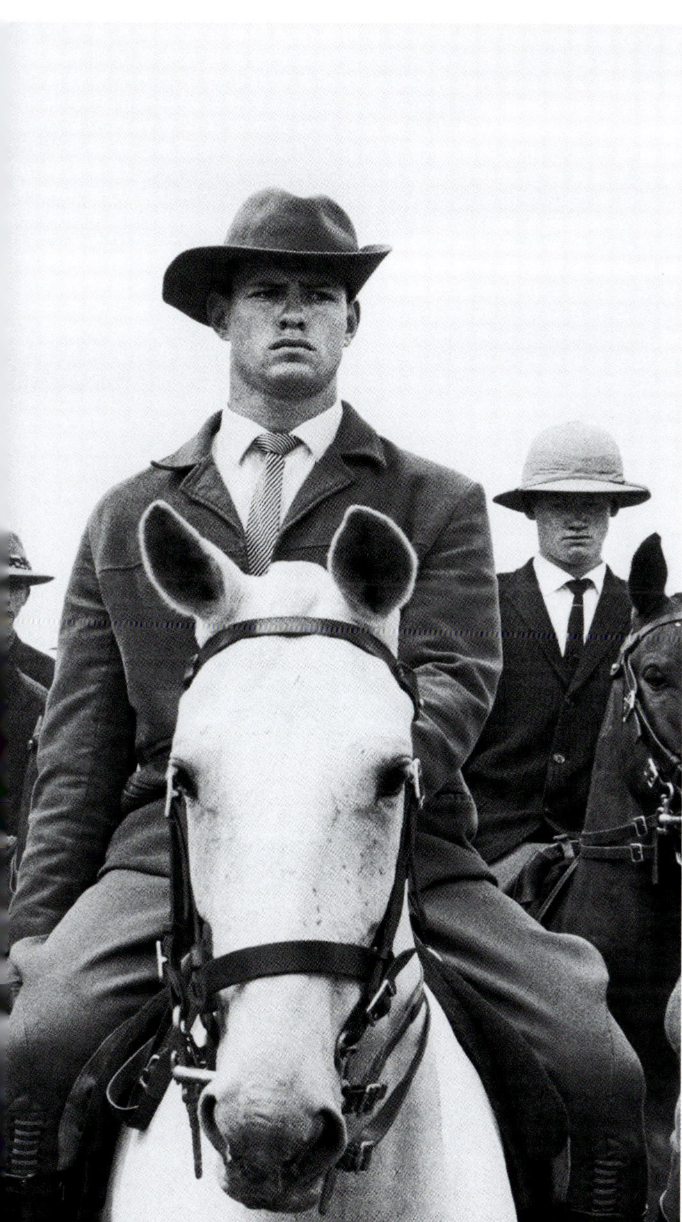

Eine Abordnung der Nationalen Partei eskortiert Premierminister Hendrik Verwoerd und dessen Frau Betsie zur Feier des 50-jährigen Bestehens der Nationalen Partei in De Wild (Südafrika) 1964

Dieses Foto, das aus einer Serie stammt, die David Goldblatt in den 1960er Jahren über die damals in Südafrika regierenden „Afrikaners" (Buren) machte, zeigt, wie sich die Werte einer Gruppe an ihren Gesichtern, ihrer Kleidung und ihrem Verhalten ablesen lassen. Die einheitlichen Anzüge, mit kolonial angehauchter Kopfbedeckung, vermitteln den Eindruck einer paramilitärischen Einheit, während die Gesichter der weißen Pferde den Glauben der Buren an ihr Recht auf Macht und Vorherrschaft widerspiegeln. In der Einleitung des dazugehörigen Buches *Some Afrikaners Photographed* (1975) stellt Goldblatt fest, dass er keinen erschöpfenden Überblick über ihr Leben, sondern nur einen parteiischen und sehr persönlichen Blickwinkel anbieten kann.

Goldblatt wusste, dass er nicht von den aktuellen Entwicklungen berichten wollte, die sein Geburtsland Südafrika ruinierten; er fühlte, dass ihn die „Zustände, die zu diesen Entwicklungen führen, und die gesellschaftlichen Bedingungen viel mehr interessierten als die sich zuspitzenden Folgen". Er untersuchte lieber die unterschwelligen Strömungen innerhalb der sozialen Strukturen des umkämpften Landes. Er erläuterte: „Ich versuchte, mit Hilfe von Ironie etwas von den Nuancen und Komplexitäten unseres Lebens in Südafrika zu vermitteln." Er beschreibt sich selbst als „selbsternannten Beobachter und Kritiker der Gesellschaft, in die ich hineingeboren wurde, mit einem Hang, das anzuerkennen oder zu würdigen, das oft übersehen wird." Goldblatt achtete stets darauf, sich von jeglicher Politisierung seines Werks zu distanzieren, denn „eine Kamera ist kein Maschinengewehr; ein Fotograf sollte seine Reaktion auf die Politik eines Landes nicht mit seiner Rolle als Fotograf verwechseln." Seine Bilder sind voll subtiler Details, gemäß seiner Vorliebe für „die stillen Momente, die alles Spätere in sich tragen".

lernte er im Laufe der Zeit, mit diesem wesentlichen Element des Kontinents zu arbeiten, anstatt dagegen. „Vor langer Zeit versuchte ich Bilder zu machen wie die, die aus Europa kamen – sanft und schön moduliert. Es brach mir das Herz, meine Bilder sahen nie so aus. 1961 wurde mir dann klar, dass es am Licht lag. Wir haben in Südafrika viel Licht, und oft ist es scharf und hart. Ich begann also, unser Licht zu genießen und mit ihm zu arbeiten, anstatt dagegen anzukämpfen. Ich fotografierte aus dem Inneren heraus und nicht mehr, als ob ich ein Außenstehender wäre." Dies ist ein sehr guter Ratschlag. Licht ist der wichtigste Faktor in der Fotografie. Man muss lernen, jede Lichtsituation zum Vorteil zu nutzen. Diese Fertigkeit kann man üben, indem man sich der Herausforderung stellt, auch unter ungünstigen Umständen zu fotografieren – etwa mittags, wenn die Schatten gnadenlos hart sind.

„Ich möchte diesem blassen, zweidimensionalen Abklatsch der Realität etwas von der Feinsinnigkeit und Vieldeutigkeit unserer wechselhaften und oft widersprüchlichen Wahrnehmung der Wirklichkeit angedeihen lassen."

David Goldblatt

Danny Lyon

Elkhorn, Wisconsin 1966, aus *The Bikeriders* (1968)

Danny Lyon tauchte tief in das Leben und die Kultur des Chicago Outlaw Motorcycle Club ein, einer illegalen Biker-Gang. Auf seinem eigenen Motorrad, einer Triumph TR6, begleitete er die Biker auf ihren Touren, Treffen und Rennen. Er erzählt: „Ich wollte Abenteuer und ich wollte Dreck – all das, was meine Eltern ablehnten. Ich wollte frei sein. Ich war extrem abenteuerlustig und wollte das ausleben." Lyon, der sich als „Motorradfahrer, Fotograf und Geschichtsstudent, in dieser Reihenfolge" fühlte, war auf der Suche nach einem ganz bestimmten Lebensgefühl: „die Hand, die das Gas aufdreht, das satte Knattern der großen Maschine, die man über die Rennstrecke oder durch den Verkehr lenkt und die einen die Welt um sich herum vergessen lässt."

In den Chicago Outlaws fand Lyon ein starkes Motiv, in dem der Americana-Mythos und das Erbe des amerikanischen Westens mitschwangen. Er erläutert: „Fotografen machen den Charakter von Menschen sichtbar, indem sie ihr Äußeres zeigen, und Biker waren ein perfektes Motiv: Sie sind so, wie sie aussehen. Sie hatten Lederjacken, waren dreckig, hatten Waffen und Stiefel." Dieses komplexe Bild, aufgenommen mit einer Nikon F, zieht den Blick des Betrachters ins Innere der Szenerie. Der Bildausschnitt ist in verschiedene Bereiche unterteilt, im Vordergrund grenzt der Windschild den Chopper ab, während Elkhorns Spiegelbild den Betrachter auf den Motorradsattel verfrachtet, bereit, mit der Gang loszubrausen. Lyons nächstes Buch zu dem Projekt, *The Bikeriders*, fängt die Stimmung der Straße ein, wenngleich einige seiner Protagonisten merkwürdige Typen sind. Lyon fühlt sich von diesem Thema unwiderstehlich angezogen. „Keiner meiner Filme handelt von Chicanos, Armut, Gefängnis oder der Grenze, obwohl das alles vorkommt, sondern es geht um den existenziellen Kampf, frei zu sein. Das ist allen Projekten gemeinsam, die ich gemacht habe. Und die erste Person, die frei sein muss, bin ich selbst." Lyon baut eine tiefgehende Beziehung zu seinen Motiven auf, denn: „Wir als Menschen haben so viele starke Gefühle. Wenn ich etwas davon in meine Arbeit einfließen lassen, mit Papier und Tinte sichtbar machen und an andere weitergeben kann, sodass deren eigene verborgene Gefühle angesprochen werden, ist das großartig. Wir alle haben solche stürmischen Gefühle."

Kreative Tipps und Techniken

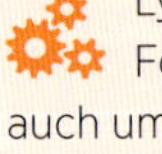

Lyon ist sich der Flüchtigkeit der Fotografie bewusst, weiß aber auch um ihre Fähigkeit, eine Verbindung zum Betrachter herzustellen: „Bildern wohnt keine Sterblichkeit inne. In dem Augenblick, in dem sie aufgenommen werden, gehen sie in die Zukunft. Damit arbeite ich, und ich liebe es." Das Fotografieren von Menschen an den Rändern der Gesellschaft ist ihm ein persönliches Anliegen, und er behauptet: „Die Fotografie ist eine einsame Reise ... man muss wirklich allein sein, weil man versucht, mit der Realität in Kontakt zu kommen. Ich setze mich Strapazen aus, um etwas entstehen zu lassen." Er lässt seine Gefühle in seine Arbeit einfließen und erinnert sich daran, als Kind vor vielen Dingen Angst gehabt zu haben, aber „sobald ich eine Kamera in der Hand hatte, setzte ich mich genau den Dingen aus, die mir fremd waren und die ich immer gefürchtet hatte." Diese Verbindung zwischen ihm und seinem Motiv ist für seine Arbeit wichtig: Mit der Kamera, sagte er, wolle er den Menschen emotional und nicht körperlich nahe kommen. „Die Bilder fordern nicht zur ‚Hilfe' für diese Menschen auf, sondern zu etwas Schwierigerem: sich kurz, intensiv ihrer Existenz als etwas Realem bewusst zu sein, einer Existenz, die ebenso real und bedeutsam ist wie die eigene."

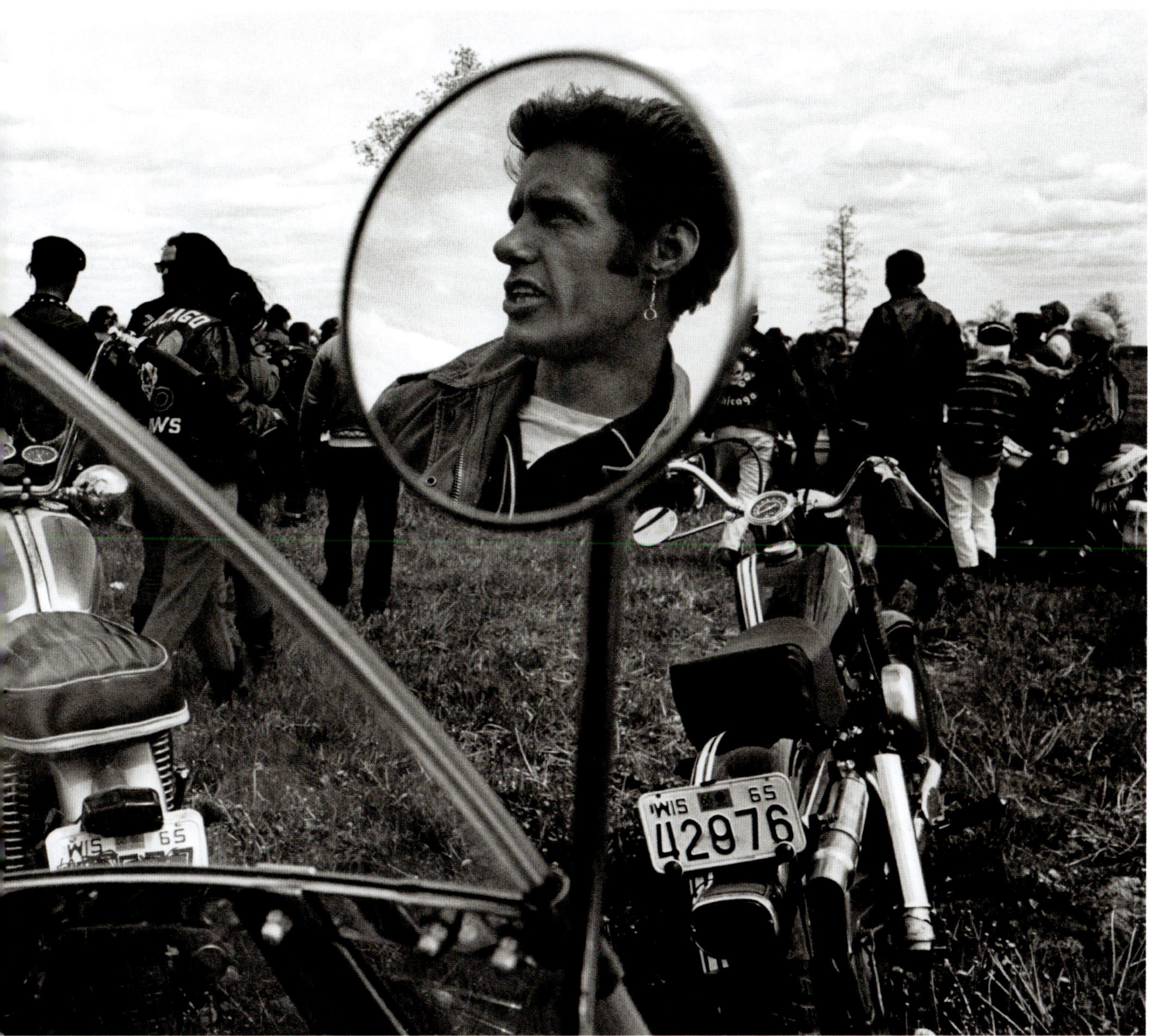

Lyon setzt in seinem Werk ausgiebig Texte ein. In *The Bikeriders* gibt es lange Monologe und Unterhaltungen der Hauptpersonen, in denen sie über ihr Leben berichten. Lyon betrachtet dies als einen wesentlichen Bestandteil seiner Projekte: „Meine Arbeiten sind träumerische und visionäre Arbeiten, insofern die einzige Realität, auf die ich höre, die Realität in meinem Kopf ist. Realität ist eine Fiktion. Eine Fiktion, die ich erschaffe."

„Die Kamera war für mich immer ein Recherche-Instrument."

Danny Lyon

Das erste größere Werk von **Danny Lyon** (USA, 1942–) war eine Dokumentation über die Bürgerrechtsbewegung in den Südstaaten der USA (1963). In der Folge erschien *The Bikeriders* (1968), und in der beeindruckenden Serie „Conversations with the Dead" (1971) fotografierte er das Gefängnissystem in Texas und behauptete: „Ich bin in die Gefängnisse von Texas gegangen, um sie zu zerstören." Er sagte auch: „Meine größte Stärke war meine Empathie mit Menschen, die anders sind als ich." Über die Fotografie: „Erstens: Um die Gesellschaft zu verändern, muss man die Medien ändern. Zweitens: Um die Medien zu ändern, muss man sich selbst ändern. Drittens: Man muss die Medien persönlicher gestalten, man muss sich selbst persönlicher gestalten." Lyon hat auch Dokumentarfilme produziert und ein Sachbuch geschrieben.

Bernd & Hilla Becher

Gasbehälter 1973–2009

Der Ansatz der Bechers, eine visuelle Typologie von Industriearchitektur zu erstellen, entsprang ihrem Wunsch, Bauten zu katalogisieren, die aus der westlichen Industrielandschaft zu verschwinden drohten. Trotz ihrer scheinbar klinisch-distanzierten Strategie war es ein ziemlich romantisches Unterfangen. Bernd erklärte das so: „Ich habe immer gesagt, dass wir die Sakralbauten des Calvinismus dokumentieren. Der Calvinismus lehnt jede Form der Kunst ab und hat daher nie eine eigene Architektur entwickelt. Die Gebäude, die wir fotografieren, entstammen direkt dieser rein ökonomischen Denkweise." Anfangs gingen sie eher ethnografisch-naturhistorisch als künstlerisch an die Sache heran. Sie ersannen für alle Aufnahmen eine gemeinsame Methodik, benutzten eine Großformatkamera mit Schwarz-Weiß-Film und fotografierten systematisch von dem gleichen leicht erhöhten Standpunkt aus, der einen Vergleich erst ermöglichte.

Ihre Vergleichsstudien, wie die hier abgebildete über Gasbehälter, gewährte hoch interessante Einblicke in die nationalen Charakteristiken der Gebäudeformen jedes Landes. Hilla stellte fest: „Die Engländer sind pragmatisch. Die stört es nicht, wenn ein Rad in der Landschaft herumsteht." Die Deutschen hingegen ähnelten den Franzosen: „Die setzen oft ein paar Zinnen drauf, wie bei einem Burgturm." Letztlich vermitteln diese Bilder die Schönheit und Würde von Gebäuden, die die westliche Industriekultur prägten. Hilla resümierte: „Das Faszinierende ist, dass diese Objekte nicht gemacht sind, um schön zu sein, aber trotzdem Schönheit in sich tragen. Wie ein Hammer oder eine Zange, Gegenstände, die ehrlich und perfekt sind, die man nicht mehr verbessern kann."

„Wir möchten den Betrachtern eine Grammatik an die Hand geben, damit sie die verschiedenen Strukturen vergleichen können. Dafür müssen die Objekte isoliert werden, um sie von Assoziationen zu befreien." Bernd und Hilla Becher

Bernd (D, 1931–2007) und **Hilla Becher** (D, 1934–2015) lernten sich 1957 an der Kunstakademie Düsseldorf kennen und begannen, gemeinsam die deutsche Industriearchitektur zu dokumentieren. Die systematische Bestandsaufnahme unterschiedlicher Gebäude, von denen im Rahmen des industriellen Strukturwandels viele vor dem Abriss standen, setzten sie auch nach ihrer Heirat 1961 fort. Bernd sagte dazu: „Mir wurde klar, dass diese Gebäude [Hochöfen] eine Art nomadische Architektur mit einer relativ kurzen Lebensspanne waren – vielleicht 100 Jahre, oft weniger, dann verschwinden sie. Es schien wichtig, sie irgendwie zu erhalten, und die Fotografie schien die angemessenste Form dafür zu sein." 1966 bereisten die Bechers Deutschland, Frankreich, Italien, England und Wales. Im Kohlerevier um Liverpool, Manchester, Sheffield, Nottingham und das Rhondda-Tal nahmen sie Hunderte von Fotografien auf. Bernd übernahm 1976 eine Professur an der Kunstakademie Düsseldorf, wo er eine Generation von Fotografen ausbildete, die als Düsseldorfer Photoschule bekannt wurde.

Kreative Tipps und Techniken

Die Bechers arbeiteten im Laufe ihrer Karrieren stets zusammen. Hilla erinnert sich, dass es eine effektive Arbeitsteilung war: „Wir haben immer im Team gearbeitet. Der eine hat die Leute unterhalten oder Wache gestanden, der andere hat das Stativ am Geländer befestigt oder mit der Schere das Unkraut weggeschnitten. Wir mussten uns gegenseitig helfen. Über Leitern und Steigleitern auf einen Hochofen zu klettern ist ungeheuer anstrengend, wenn man schweres Gepäck auf den Schultern hat. Wenn es möglich war, haben wir auch mit zwei Kameras gearbeitet. Wir standen oft unter Druck, weil wir uns nur begrenzte Zeit in diesen Anlagen aufhalten durften und das Wetter ja auch noch passen musste." Hilla war das Gegenstück zu Bernds Genauigkeit, sie erklärt, er sei detailversessen gewesen und habe oft alles bis zur Perfektion wiederholt.

Die Bechers arbeiteten vorzugsweise an bedeckten Tagen mit diffusem Licht. Meist fotografierten sie morgens im Frühjahr oder Herbst, da sie so ein gleichmäßigeres Resultat erwarteten als im direkten Sonnenlicht. Hilla erklärte: „Man sieht die Details einfach besser, wenn der Himmel bedeckt ist. Die Konturen sind nicht durch Schatten verdoppelt. Wir wollten keine Stimmung in den Bildern, sondern Allgemeingültigkeit." Diese Beleuchtung machte es ihnen einfacher, Objekte zu vergleichen. Indem sie auf die Emotionen verzichteten, die eine dramatischere Beleuchtung mit sich gebracht hätte, erhielten sie ein effektiveres Ergebnis. Wie Hilla sagte: „Wenn man einen See fotografiert, hinter dem die Sonne untergeht, dann ist der Sonnenuntergang auf einmal das wichtigste Element auf dem Foto. Uns hat aber nur der See interessiert. Nur dass der See bei uns ein Kohlebunker oder ein Hochofen war."

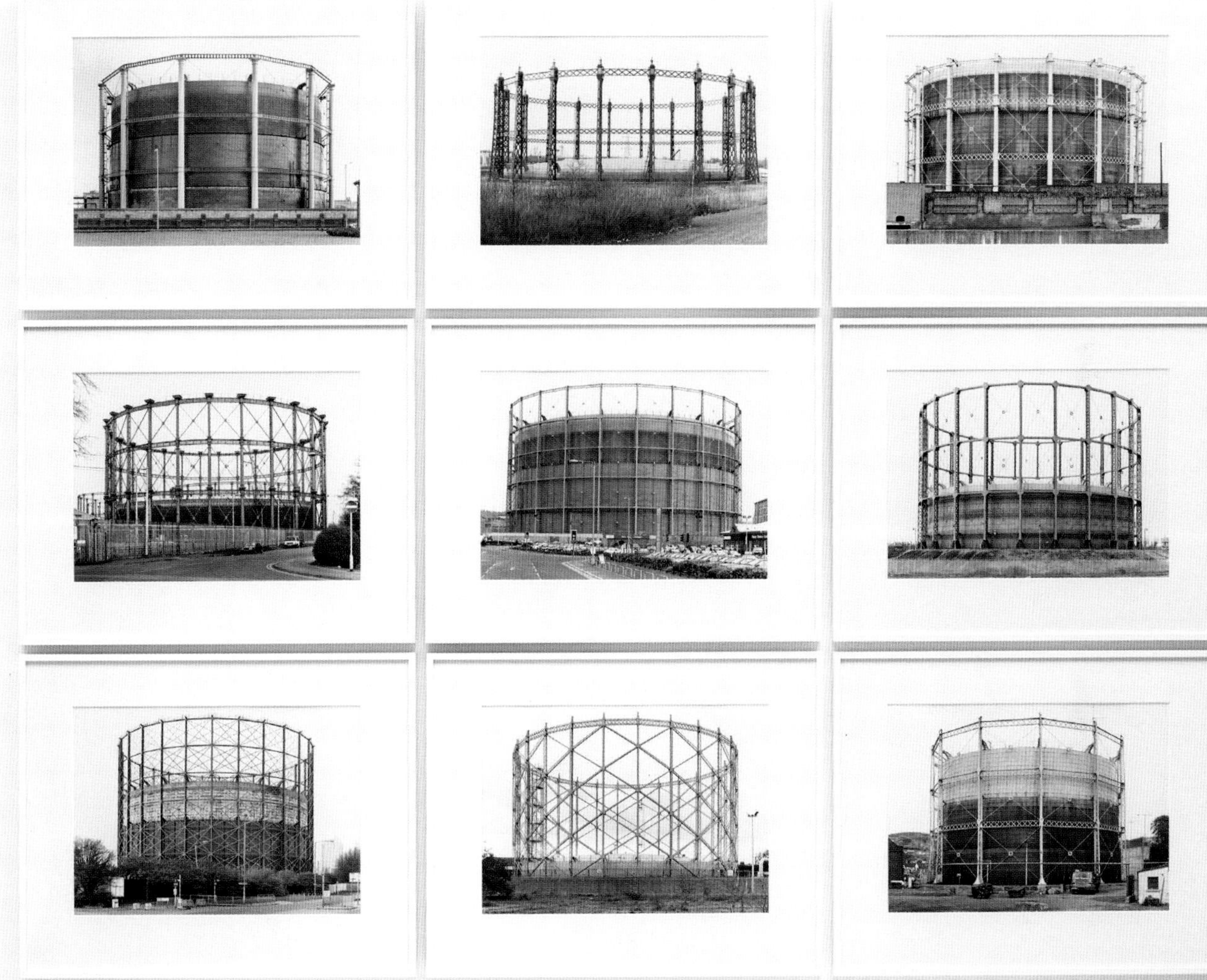

Chris Killip

Jugendlicher an einer Mauer, Jarrow, Tyneside 1976

Diese eindrucksvolle Studie eines eingesperrten Gefühls war eines der prägnantesten Bilder in Chris Killips 1988 erschienenem Fotobuch *In Flagrante*. Der Junge in den übergroßen Doc-Martens-Stiefeln wirkt wie die Verkörperung der Frustration und Wut einer verlorenen Generation der nordenglischen Arbeiterschicht, deren wirtschaftliche Aussichten vom Kollaps des Industriestandorts Großbritannien zerstört wurden. Das Buch führte den Ansatz von *Isle of Man* (1980) fort, wo Killip mit Hilfe von Porträts, Landschaften und flüchtigeren Momenten die Irrungen und Wirrungen des Lebens beschreibt. Killip benutzte für beide Bücher eine 4 x 5-Zoll Fachkamera. Sein Talent für komplex choreografierte Portäts wird angesichts der Schwerfälligkeit dieser Kamera nur umso deutlicher.

Ein Kapitel von *In Flagrante* befasste sich mit den sogenannten *sea-coalers*, ehemaligen Bergleuten, die am Strand lebten und die dort angeschwemmten Kohlestücke aufsammelten. Es dauerte fast acht Jahre, bis Killip den Widerstand der Gruppe gegen seine Anwesenheit überwinden konnte, doch dann lebte er über ein Jahr mit ihnen zusammen. „Hier kommen Mittelalter und 20. Jahrhundert zusammen", beschrieb er den Ort. Was seine Bilder zeigen, wirkt wie eine post-apokalyptische Vision harter Arbeit und passt nicht zu einem der reichsten Länder der Welt. Killip hielt sein Buch bewusst schlicht, denn: „Es war mir sehr wichtig, die Bilder sprechen zu lassen, ohne Einmischung von außen, denn ich glaube, dass sie sehr beredt sind, manchmal sogar eine gewisse Vieldeutigkeit aufweisen. Diese Mischung hält das Werk offen für die Interpretation durch den Betracher."

„Dies ist ein subjektives Buch über meine Zeit in England. Ich nehme, was mir nicht gehört, und begehre anderer Leute Leben. Die Fotos erzählen mehr über mich als über das, was sie darstellen." Chris Killip

Chris Killip (GB, 1946–) kam in Douglas auf der Isle of Man auf die Welt. Nach einer Ausbildung als Hotelmanager entschloss er sich 1964, Fotograf zu werden. Das Geld, das er benötigte, um seine Heimatinsel zu verlassen, verdiente er sich als Strandfotograf. 1975 erhielt er ein Stipendium als Northern Arts Photography Fellow. Er siedelte nach Newcastle-upon-Tyne um, wo er zu den Gründungsmitgliedern der Side Gallery gehörte, die sich der Dokumentarfotografie verschrieb. Von 1977 bis 1979 war er auch deren Geschäftsführer. 1994 erhielt er eine unbefristete Professur für Visual and Environmental Studies an der Harvard University in den USA.

Kreative Tipps und Techniken

Killips Werk ist eng mit seinem Gefühl für Orte verbunden, das eigentliche Thema ist jedoch die Zeit. Er bezeichnet die Fotografie als eine „mechanische Beschreibung der Zeit, verwirklicht durch die Wirkung von Licht auf einer lichtempfindlich gemachten Fläche". Er ist sich bewusst, dass das fotografische Bild Teil des kollektiven Gedächtnisses ist und behauptet, dass man „in dem Augenblick, in dem man ein Foto aufnimmt, das Aufgenommene der Vergangenheit überantwortet, da dieser Moment nicht mehr existiert, er ist Geschichte. Meine Fotos beschreiben reale Momente im Leben von Menschen. Manchmal komme ich mir wie ein Historiker vor, einer, der nicht mit Worten arbeitet. Geschichte wird meist aus der Distanz geschrieben und selten aus der Perspektive derjenigen, die sie erlitten haben."

Killip hat sich langfristigen Projekten verschrieben, in deren Verlauf er viel Zeit mit den Menschen verbringt, die er fotografieren will, da seine Arbeiten „mehr als ein Dokument sein, sondern so nahe wie möglich an das Modell herangehen sollen". Er erinnert sich an einen Ratschlag des Fotografen Josef Koudelka, der ihm sagte, dass die Bilder von sechs Fotografen, die sechs Wochen am selben Ort arbeiten, „unweigerlich eine gewisse Ähnlichkeit zeigen würden". Aber „wenn man zwei Jahre dort bleibt, dann unterscheiden sich die Aufnahmen, und wenn man drei Jahre dort bleibt, sind sie wieder anders. Man kann unter die Oberfläche eines Ortes gelangen und etwas anderes machen, weil man von innen heraus arbeitet. Ich verstand, was er meinte. Ich habe fünfzehn Jahre in Newcastle gelebt. Es dauerte acht Jahre, bis ich Zugang zu den *sea-coalers* bekam und sie fotografieren konnte. Man wird schon von den Orten vereinnahmt."

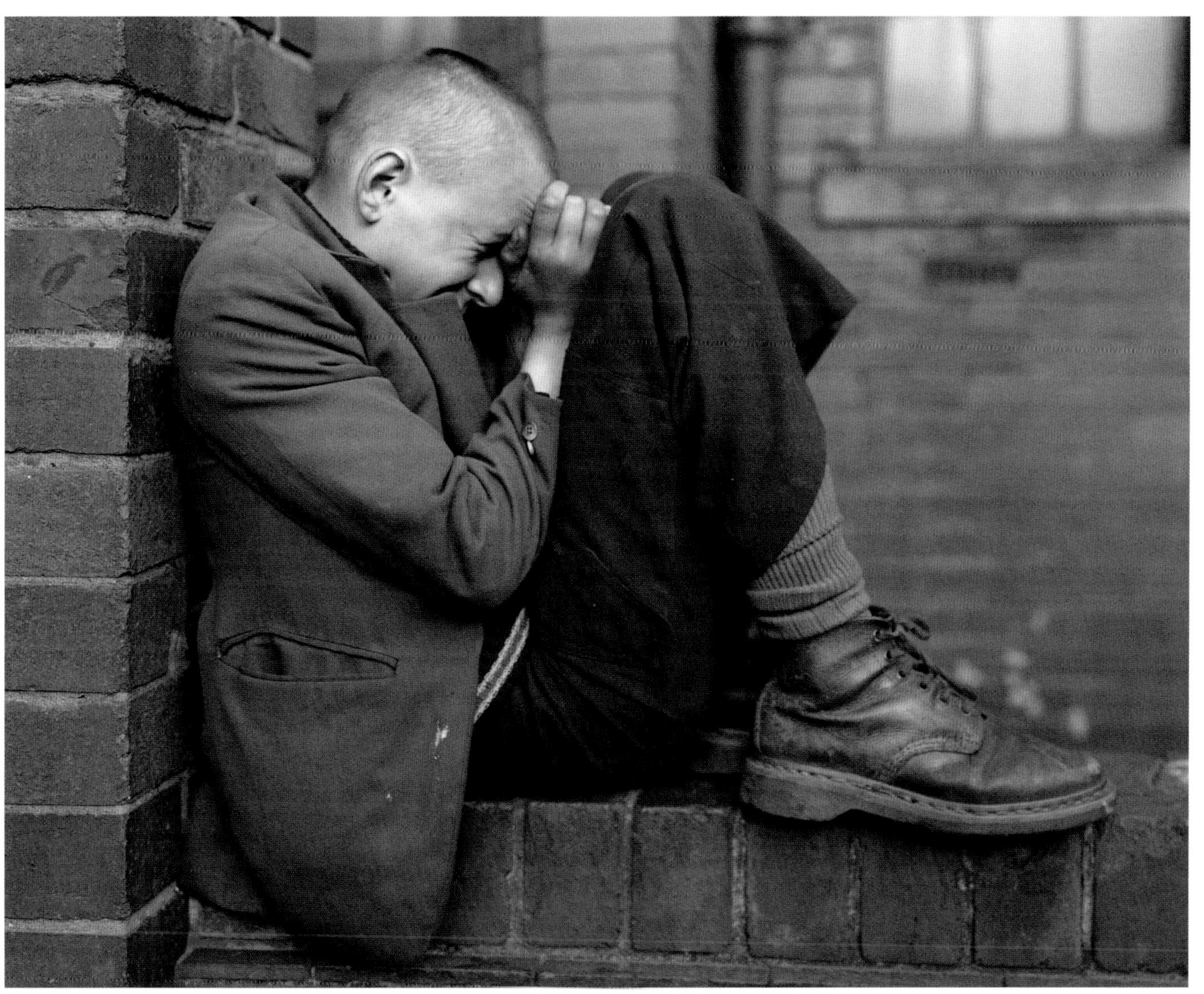

Larry Sultan

„Mir wird klar, dass hinter den vielen Filmrollen, den wenigen guten Fotos, all den Fragen zu meinem Projekt der Wunsch steht, Fotografie wörtlich zu nehmen. Die Zeit anhalten. Ich will, dass meine Eltern ewig leben."

Larry Sultan

Larry Sultan (USA, 1946–2009) beschäftigte sich in den 1970er Jahren zunächst mit der konzeptionellen Fotografie. In Zusammenarbeit mit dem Fotografen Mike Mandel entstand das bahnbrechende Buch *Evidence* (1977), das Bilder aus Unternehmens- und Regierungsarchiven vorstellte. Die beiden entdeckten in diesen obskuren Archiven außerordentliche Bilder, die an neueste Entwicklungen in der künstlerischen Fotografie erinnerten. Ab 1982 beschäftigte Sultan sich mit den komplexen Verhältnissen in seiner eigenen Familie und seiner Beziehung zu seinen Eltern, das Ergebnis erschien als *Pictures from Home* (1992). *The Valley* (2004) zeigte die Villen, in denen die kalifornische Pornoindustrie filmte. Sultan war ein hervorragender Ausbilder und als Professor am California College of the Arts in San Francisco tätig.

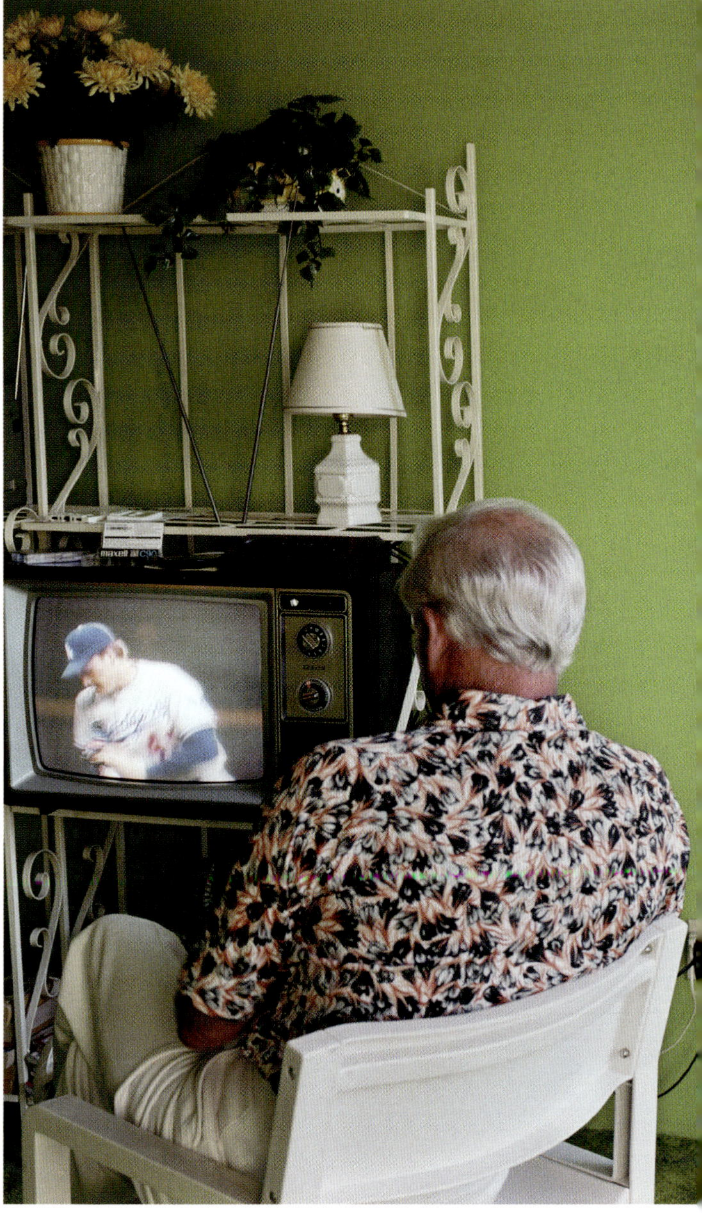

Kreative Tipps und Techniken

Sultan arbeitete oft in Alltagssituationen, war aber in der Lage, daraus hochemotionale und psychologisch aufgeladene Fotografien zu gewinnen, wobei der Blick auf Details der Körpersprache, auf Haltung und Ausdruck überaus wichtig ist. Man sollte selbst einmal versuchen, auch die kleinsten Details einer Szene wahrzunehmen und Sultans Rat folgen, sich den Raum zu nehmen und Bilder zu machen, die nicht formal, in der Belichtung, dem Thema oder der Komposition, laut um Aufmerksamkeit schreien.

Sultan war ein methodischer Arbeiter, der Listen der Dinge führte, die er einfangen wollte, anstatt einfach zu hoffen, dass spontan ein gutes Bild entstehen könnte. Man kann eine solche Liste als eine Art Drehbuch betrachten, etwa wie in diesem

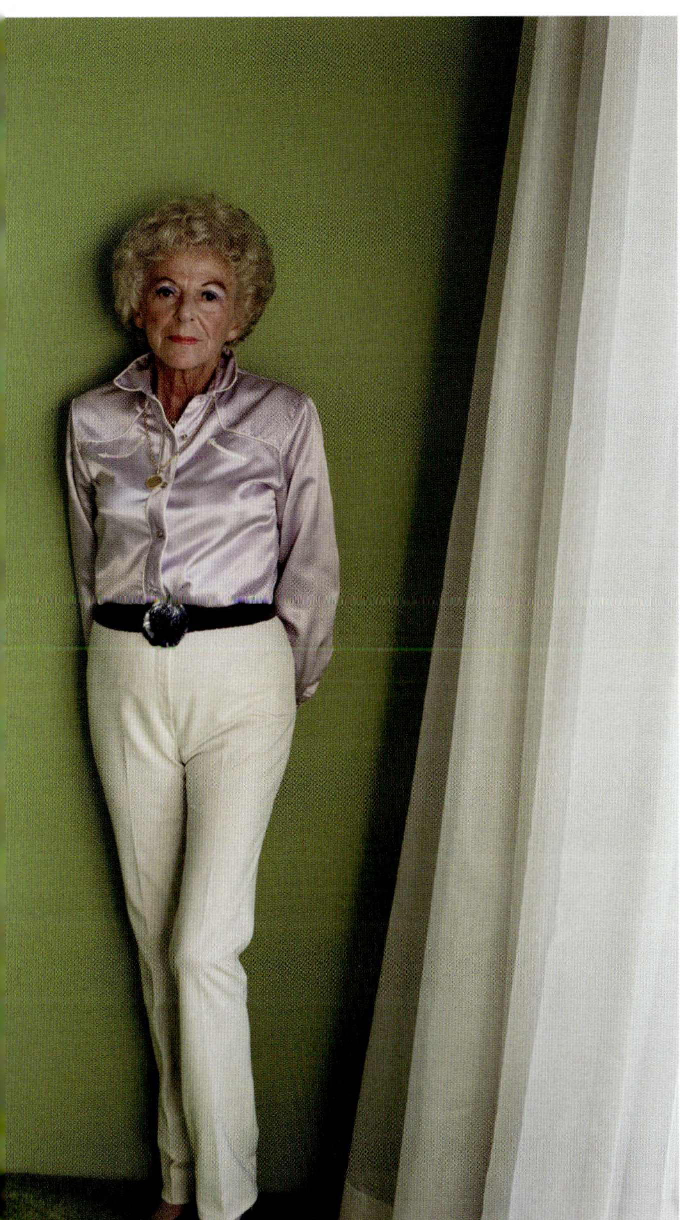

Meine Mutter posiert für mich 1984, aus *Pictures from Home* (1992)

In Zusammenarbeit mit seinen Eltern schuf Larry Sultan ein komplexes Werk, das auf eindringliche und sehr bewegende Weise das Verhältnis eines Künstlers zu seiner Familie beschreibt. Über einen Zeitraum von mehr als zehn Jahren dokumentieren die Fotografien die subtilen Beziehungen innerhalb der Familie und die Sitten und Gebräuche der US-amerikanischen Gesellschaft. Obwohl das Werk extrem persönlich und privat ist, kann sich ein breites Publikum mit den allgemeingültigen Themen – Elternschaft, Altern, Geschlechterrollen – identifizieren, die hier anklingen.

Dieses auf den ersten Blick schlicht wirkende Foto ist hochkomplex und entfaltet seine Wirkung auf mehreren Ebenen, inhaltlich wie formal. Sultan war es wichtig, dass die Fotos echt aussehen, „aber viele wirken sehr künstlich. Es sind Mischwesen, irgendwo zwischen Zufallsfund und Konstrukt." Das Dreieck, das der Kopf des Baseballspielers im Fernsehen und die aufrechte Statur der Mutter bilden, verleiht dem Bild eine starke innere Struktur, die den Blick zu den Schlüsselelementen führt und unsentimental die kahle Stelle am Kopf des Vaters passiert. Die harmonische Farbpalette und die Beschaffenheit der Kleidung sind charakteristisch für eine bestimmte soziale Schicht in den USA. Über die Erfahrung, das Leben seiner Eltern zu dokumentieren, schrieb Sultan: „Was mich antreibt, diese Arbeit fortzusetzen, ist schwer zu benennen. Es hat mehr mit Liebe als mit Soziologie zu tun, damit, der Protagonist eines Schauspiels zu sein und nicht nur Zuschauer. Und im Laufe des merkwürdigen und ungeordneten Arbeitsprozesses verändert sich alles, die Grenzen verschwimmen, meine Distanz verrutscht, Arroganz und die Illusion der Immunität wanken. Ich wache mitten in der Nacht auf, überwältigt und beklommen. Das sind meine Eltern. Aus dieser Tatsache leitet sich alles andere ab."

Beispiel aus *Pictures from Home*: „Dad wie Johnny Carson; Mom nach oben blickend – von hohem Standpunkt fotografiert (wie in einem Film-Still); Nächtlicher Spaziergang mit dem Hund; Mom bei der Arbeit, im Büro oder in einem offenen Haus; Wo sind die Fotos von ihnen mit ihren Kindern?; Stillleben einer Kommode oder eines Schreibtisches; Dad im Profil mit einem unordentlichen Hintergrund, vielleicht dem Auto; Händeschütteln; das Dale-Carnegie-Foto an die Wand projizieren und Dad davor aufnehmen; Nahaufnahme im Profil; Mom öffnet die Gardinen; Am Wasser, angelnd; Bilder von mir?"

Sultan stellte seinen Studenten schriftliche Fragen, die eine gute Anweisung für die Entwicklung kreativen Arbeitens darstellen: „Was brauche ich, um meine Arbeit auszuführen? Wirtschaftlich, psychologisch, philosophisch? Was bedeutet das für meine Beziehung zur Kunstwelt und zum Kunstmarkt? Muss Kunst eine soziale/politische Bedeutung haben? Wie leiste ich meinen Beitrag? Wie erkenne ich, ob er irgendjemandem außer mir etwas bedeutet? Wie wichtig ist es, innovativ zu sein? Sind Neuerungen primär formaler Natur? Was heißt es, meine Arbeit kritisch zu verteidigen? Wie viel muss ich sagen? Schreiben? Erklären? Muss ich einen ausgefeilten theoretischen Hintergrund für meine Arbeit haben? Wenn ja – wo bekomme ich ihn her???"

Jim Goldberg

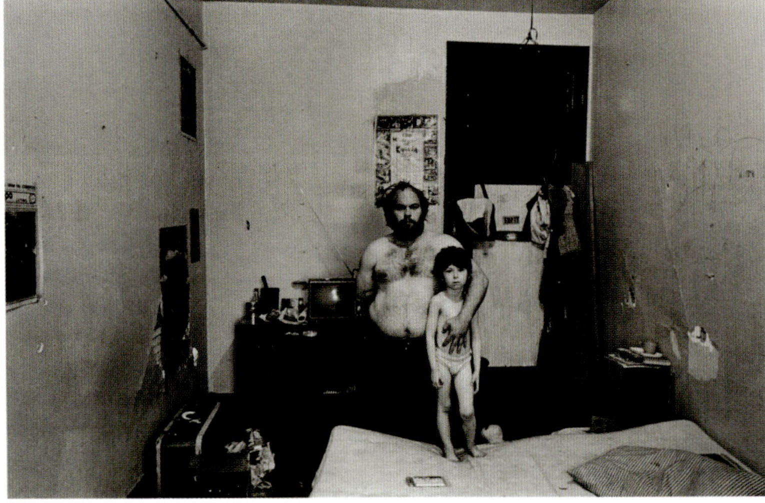

I LOVE DAVID. BUT HE is TO fragile for A Rough father Like ME

Jim Goldberg (USA, 1953–) hat eine dokumentarische Methode entwickelt, das Leben derjenigen festzuhalten, die von sozialen und wirtschaftlichen Krisen betroffen sind, indem er über die Fotografie hinausgeht und Text, Handschriftliches, Videos, Tonaufnahmen, Zeichnungen, Tagebücher und Fundstücke einschließt. Er sagt, er sei „von dieser Idee der totalen Dokumentation besessen". Für *Raised by Wolves* (1995) begleitete er ausgerissene Teenager in San Francisco und Los Angeles und nahm an ihrem Leben teil. In der jüngeren Vergangenheit hat er in Europa über das Thema Migration gearbeitet. Goldberg ist seit 2006 Vollzeitmitglied von Magnum Photos und war Professor für Kunst am California College of Arts and Crafts.

Kreative Tipps und Techniken

Goldberg ist der Meinung, dass seine Methode eine umfassendere Sicht auf die Komplexität erlaubt, die sich im Leben der von ihm fotografierten Menschen zeigt. Er glaubt, jeder habe „mehr als eine Lebensgeschichte, je nachdem, wer sie erzählt und wo der Erzählende steht. Es geht also nicht nur darum, was er denkt, sondern auch um das Publikum und wie es das Gesagte aufnimmt. Die Interaktion zwischen Subjekt und Betrachter ist also wirklich persönlich." Er glaubt auch, der Betrachter solle einen Teil der Interpretation selbst liefern: „Manchmal halte ich es für richtig, nicht alles erzählt zu bekommen, nicht alle Antworten zu haben. Manchmal gibt es Gründe, nicht alle Antworten zu geben. Ich weiß also nicht, ob ich Geschichten erzähle oder Zeuge von persönlichen Geschichten bin, die sich entfalteten ... Mehr als Antworten interessiert mich die Vielschichtigkeit des Lebens – die Motive und Handlungen von Menschen." Für ihn ist Fotografie eine Art Beweis – „ein Beweis dafür, dass ich diese Leute wirklich getroffen habe, dass sie wirklich ein Leben haben, dass sie es wert sind, berücksichtigt zu werden". Er ist sich jedoch der ethischen Fragen bewusst, die bei der Arbeit mit Menschen am Rand der Gesellschaft auftauchen, und er verzichtet daher auch absichtlich auf manche Bilder.

Reich und arm 1985

Von 1977 bis 1985 arbeitete Jim Goldberg an seinem Buch *Rich and Poor* (1985) über die Extreme der US-amerikanischen Gesellschaft. Er fotografierte in einem Durchgangshotel, wo ganze Familien in ärmlichen Verhältnissen hausten, und in den Häusern der wohlhabenden Kuratoren seiner eigenen Kunstakademie. Er sprach mit ihnen über ihr Leben, ihre Hoffnungen und Ängste. Anfangs fragte er: „Wenn Sie morgen sterben würden und man würde dieses Foto zur Erinnerung an Sie aufhängen, was würden Sie sagen?“ Mit Fortschreiten des Projekts wurden Goldbergs Fragen tiefgehender. Das Buch stellte die Sprache und Emotionen der verschiedenen sozialen Schichten einander gegenüber. Die Reichen erschienen häufig ichbezogen und unbeteiligt, während die Armen grundlegendere menschliche Gefühle zum Ausdruck brachten. Das schmerzlich ehrliche Zitat eines Vaters über seinen Sohn steht im Kontrast zum selbstbezogenen Kommentar der eleganten Dame rechts. Das Nebeneinander von Bild und handgeschriebenem Text macht die Porträtierten greifbarer und erkundet den Raum zwischen dem Gesagten und dem, was zu sehen ist.

Goldberg versuchte, die Geschichten dieser Menschen nicht als Beobachter, sondern aus deren Leben heraus zu erzählen: „Ich wollte das Gespräch öffnen, die komplexe Lage jeder Person beleuchten und die (teils widersprüchlichen) Debatten führen, die Journalismus, Ökonomie und Soziologie manchmal nicht zulassen.“ Es ging ihm darum, die Erzählmuster anzuzweifeln, die aus Diskussionen über Armut und Reichtum normalerweise hervorgehen, und er warf die Frage auf, wer den Diskurs dominiert. 2014 präsentierte er eine Neuauflage seines Buches und musste traurig anerkennen, dass die „Bedingungen für die ‚Armen‘ und die ‚Reichen‘ sich seither nicht sehr verändert haben. Aber ich will nicht aufhören, daran zu glauben, dass eine Gesellschaft möglich ist, in der die Dinge wirklich besser werden.“

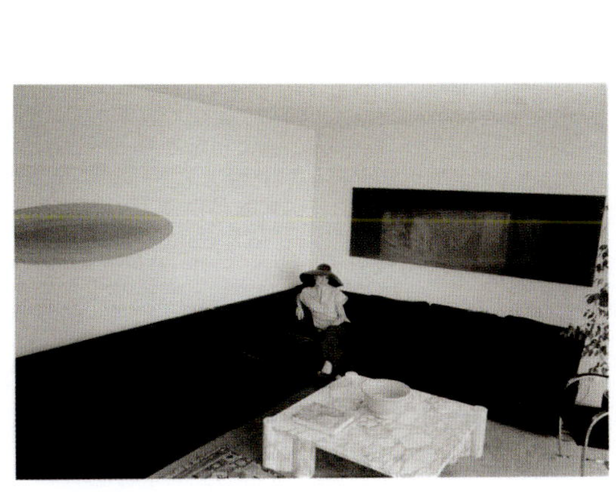

Die Neuauflage von *Rich and Poor* war eine einzigartige Gelegenheit, das Werk neu zu überdenken. Er sah in seinem Archiv nach, um zu sehen, was er „neu erfinden“ könnte. Er sagt, dass er so seine alten Arbeiten mit einem frischen Blick betrachten konnte und es aufregend fand, Dinge zu entdecken, die er Jahre zuvor bei der ursprünglichen Bildauswahl übersehen hatte. Er veränderte die Form des Buches, um die Vergangenheit mit der Gegenwart in Beziehung setzen zu können. Die Leporello-Form „soll einen Dialog zwischen dem Heute und der Vergangenheit auslösen“. Der Umschlag der Einlage sollte zwei Porträts zeigen, eines einer reichen Person und eines von einem Armen aus der ersten Auflage. „Zwischen ihren beiden Gesichtern sieht man beim Öffnen des Buches die heutigen Straßen von San Francisco, wo die Armen und Reichen wohnen.“

„Ein Thema zieht sich durch alle Arbeiten; es hat etwas mit Zeugnis ablegen zu tun. Auf den Fotos geht es darum, Fragen zu stellen, nicht, sie zu beantworten.“ Jim Goldberg

Anna Fox

> „Die interessantesten Fotos halten fest, was die Mehrheit ignoriert und als öde oder ‚zu gewöhnlich' ausblendet."
>
> Anna Fox

Anna Fox (GB, 1961–) gehört zur zweiten Generation in Farbe arbeitender britischer Dokumentarfotografen, die nach Martin Parr (s. S. 102) und Paul Graham (s. S. 58) die Bühne betraten. Sie studierte Anfang der 1980er Jahre bei beiden und bei Karen Knorr am West Surrey College of Art and Design. Fox erinnert sich, dass Graham „eher an den weniger vorhersehbaren Bildern interessiert war; seine Bildauswahl war (wenn er sich unsere Bilder ansah), immer sehr differenziert, intelligent und durch sein Interesse an Politik und gesellschaftlichen Verhältnisse beeinflusst. Seine Vorstellung von dem, was interessant ist, brachte mich wirklich immer wieder dazu, meine eigenen Überzeugungen infrage zu stellen." Nach Projekten wie *Work Stations* (1988), *Friendly Fire* (1995), das sich mit dem Paintball-Spiel beschäftigt, und *The Village* (1993), in dem es um die Fantasie des ländlichen Lebens geht, ist ihr Werk autobiografischer geworden, wirft aber immer noch einen kritischen Blick auf die Sitten der englischen Gesellschaft. Anna Fox ist Professorin für Fotografie an der University of the Creative Arts in Farnham, Surrey.

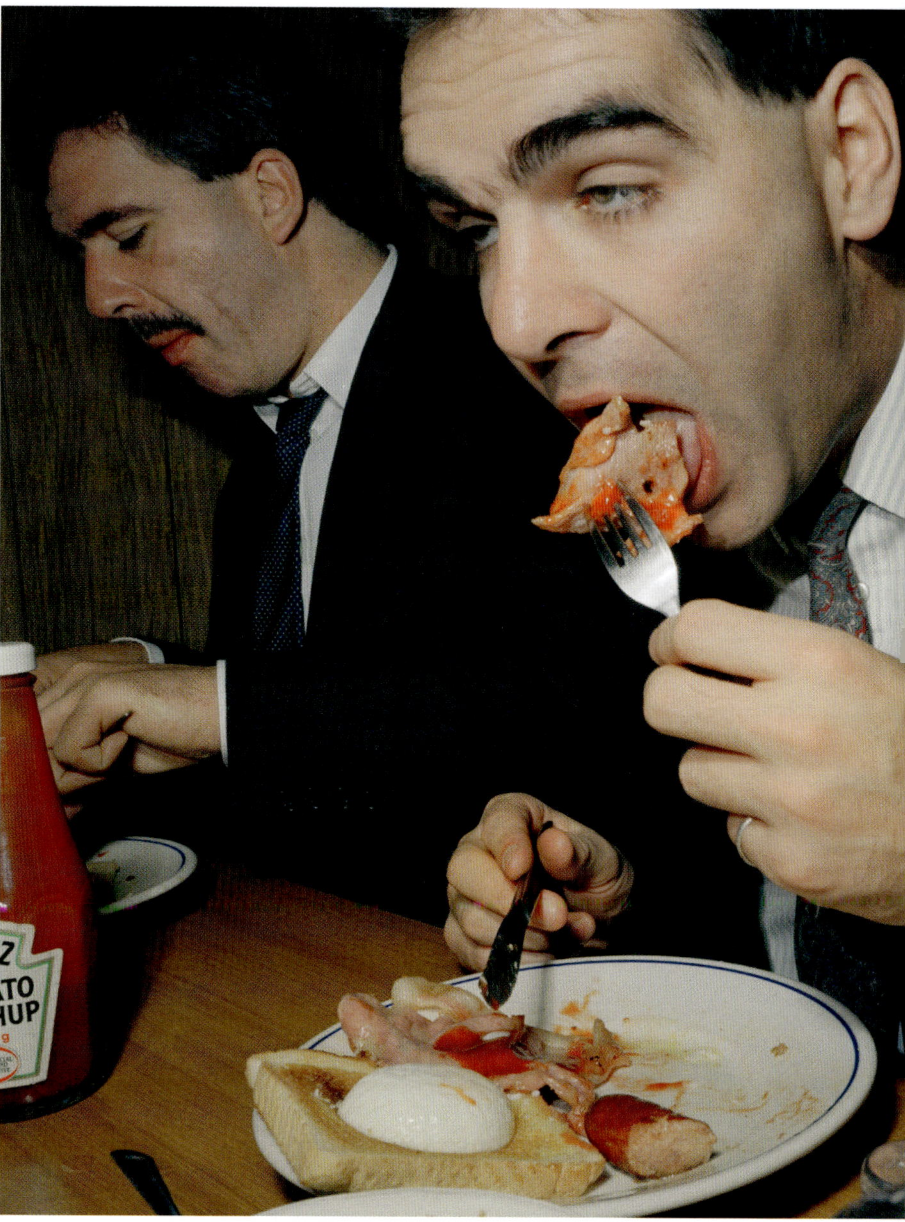

Kreative Tipps und Techniken

Fox' Kombination von Texten und Fotografien stellt einen Kommentar zu den Bildern her, es sind also mehr als einfach Bildunterschriften. In *Work Stations* wollte sie eine Geschichte erzählen, in der die gesellschaftlichen Bedingungen in Großbritannien unter Margaret Thatcher (O-Ton: „So etwas wie Gesellschaft gibt es überhaupt nicht; es gibt nur Individuen.") zum Ausdruck kamen. Fox recherchiert die Texte in Essays, Zeitschriften und durch Interviews. Sie sammelte eine ungeheure Menge an Material und redigierte es sorgfältig, bevor sie begann, es den Aufnahmen zuzuordnen, die sie genauso aufmerksam ausgewählt hatte. „Am Schluss war meist offensichtlich, was zusammengehörte – mir gefiel die Vorstellung, eine filmische Erzählung oder eine Kurzgeschichte über das Büroleben zu schaffen."

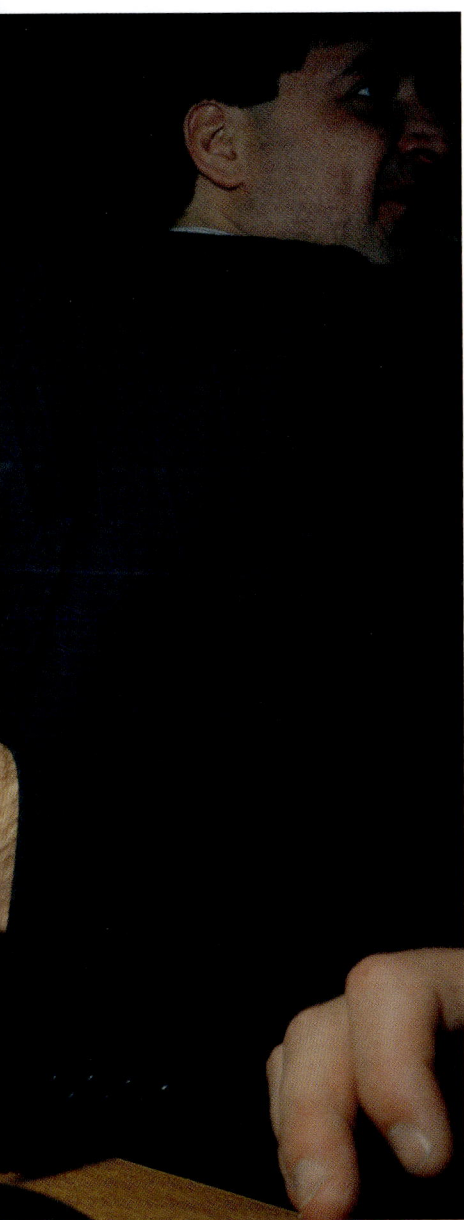

Workstations, Café, the City. Verkäufer (9) „Die angehäuften Reichtümer entsprechen den habgierigen Träumen", Business 1987 aus *Work Stations*

Anna Fox' bissige Kritik am britischen Büroalltag in der Ära Margaret Thatcher nutzt mehrere visuelle Strategien, um die Gefühle der Entfremdung und Gier zu verdeutlichen, die in der von Konkurrenzdruck geprägten Businesskultur der 1980er Jahre vorherrschten. Mit ihrer Mittelformatkamera, einer Plaubel Makina mit Metz-Blitz und Bouncer, isoliert Fox Personen häufig durch die Wahl des Bildausschnitts und das Beschneiden der Bildränder. Die Leute hinter ihren Schreibtischen und Büromöbeln erscheinen wie von ihrer Umgebung verschlungen. Mit ihrem schrägen Sinn für die Absurditäten des Bürolebens nimmt Fox ironisch-surreal Stellung zu den Gepflogenheiten innerhalb des damals bestimmenden Wertesystems. Dieses Bild erzählt vom maßlosen Konsum jener Zeit. Der Blitz erwischt den Angestellten, als er Essen in seinen Mund schaufelt, die Augen wirken wie betrunken, von der Hektik der Geschäftswelt berauscht.

Fox interessierte sich für die Machtstrukturen innerhalb der Büroarbeitswelt in Thatchers Großbritannien, die sie selbst erlebt hatte: „Meine ganze Familie arbeitete im Büro, im Papierhandel, bei der Bank, beim Designer. Vor meinem Fotografiestudium habe ich bei einer Versicherung gearbeitet. *Work Stations* war ein bisschen wie *The Office* (diese geniale TV-Serie), aber weniger witzig."

Work Stations war eine Auftragsarbeit der Camerawork Gallery und des Museum of London. Fox brachte anderthalb Jahre damit zu, sich Zugang zu etwa 60 Londoner Büros zu verschaffen. Sie gehörte zur neuen Strömung der Farbfotografen und nutzte wie sie die deskriptive Macht des Mediums, um die Welt, die sie sah, übertrieben darzustellen – und hinterfragte damit auch die traditionelle Schwarz-Weiß-Fotografie im dokumentarischen Bereich. Fox erläutert: „Ich wollte Farbe und Blitz benutzen, weil das dem Foto so eine Unmittelbarkeit verleiht; man hat wirklich das Gefühl, es passiert hier und jetzt!"

In ihrem späteren Werk beschäftigte sich Fox mit ihrem eigenen Leben, setzt ihre autobiografischen Projekte jedoch mit größeren gesellschaftlichen Themen in Beziehung – die Familie, der Mythos des Landlebens, Elternschaft, die Mühsale des Zusammenlebens mit Freunden in einem Haus werden Thema. Sie hat ihre Arbeiten und die Kamera immer verwendet, um „schwierige Themen zu exorzieren", unter anderem auch die Spannungen in ihrer eigenen Familie zwischen ihrem Vater und ihrer Mutter. Große Teile dieser Projekte erarbeitet sie nur für sich selbst, für ihre Augen, sie sind nicht zur Veröffentlichung bestimmt, manchmal vernichtet sie sie sogar. Sie gesteht: „Ich halte Autobiografien für irrsinnig schwierig, und man muss sich absolut sicher sein, dass eine Veröffentlichung notwendig ist, bevor man den Schritt wagt." Auch manche ihrer frühen Arbeiten haben diesen Bezug zu ihrem eigenen Leben, etwa das Projekt *The Village*, das von dem Dorf in West Sussex handelt, in dem ihre Großmutter lebte und in dem ihre Mutter aufwuchs. Sie war vor allem am Leben von Frauen in einer patriarchalischen Gesellschaft interessiert und sagt: „Das Fotografieren half mir, Dinge zu artikulieren, die ich fühlte, aber nicht aussprechen konnte – das war war ungemein befreiend. Ich wusste nicht, was für eine unheimliche Szenerie mich in diesem so kleinen englischen Dorf erwarten würde."

Richard Billingham

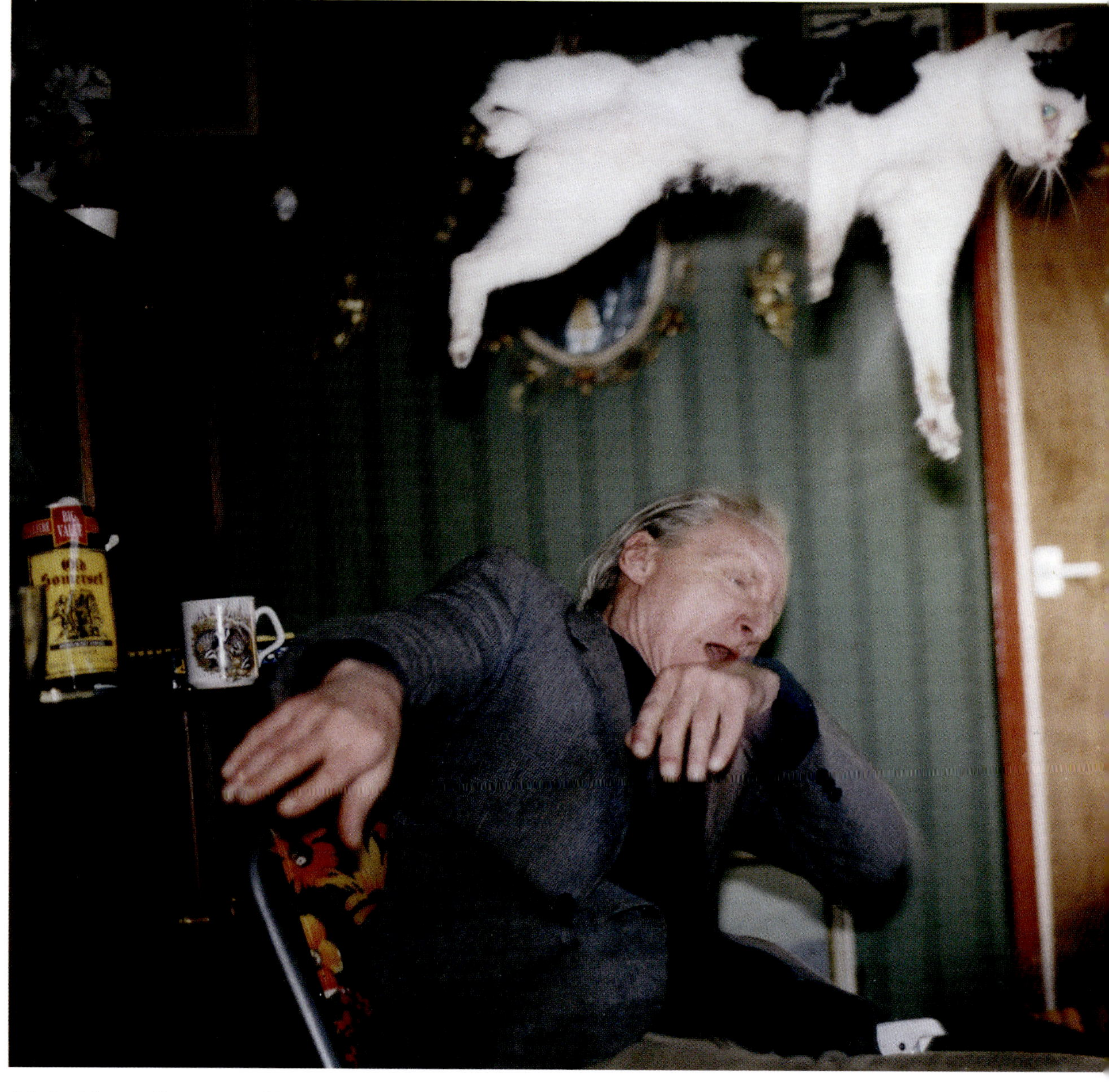

„Mein Vater Raymond ist Alkoholiker. Er geht nicht gerne vor die Tür. Meine Mutter Elizabeth trinkt kaum, aber sie raucht wie ein Schlot." Richard Billingham

Richard Billingham (GB, 1970–) studierte Kunst und wollte ursprünglich Maler werden. Nach dem außerordentlichen Eindruck, den seine Familienfotos auf die Fotografie-Szene machten, als er sie in dem Buch *Ray's a Laugh* (1996) veröffentlichte, konzentrierte er sich stattdessen auf das Fotografieren. Er arbeitete an einer Serie großformatiger Landschaften aus seiner Heimat, den West Midlands, die als *Black Country* (2003), und *Landscapes, 2001–2003* (2008) veröffentlicht wurden. 1997 gehörte Billingham zur „Sensation"-Ausstellung in der Royal Academy of Arts und gewann den Citigroup Photography Prize.

Kreative Tipps und Techniken

Billingham wollte kein negatives Bild seiner Familie zeichnen: „Es ist nicht meine Absicht zu schockieren, zu verletzen, sensationsgierig, politisch oder irgendetwas anderes zu sein, sondern ich wollte ein Werk erstellen, das spirituell so bedeutungsvoll ist, wie es mir möglich ist." Er gibt jedoch zu, dass die Rezeption des Buches nicht seinen Absichten entsprach.

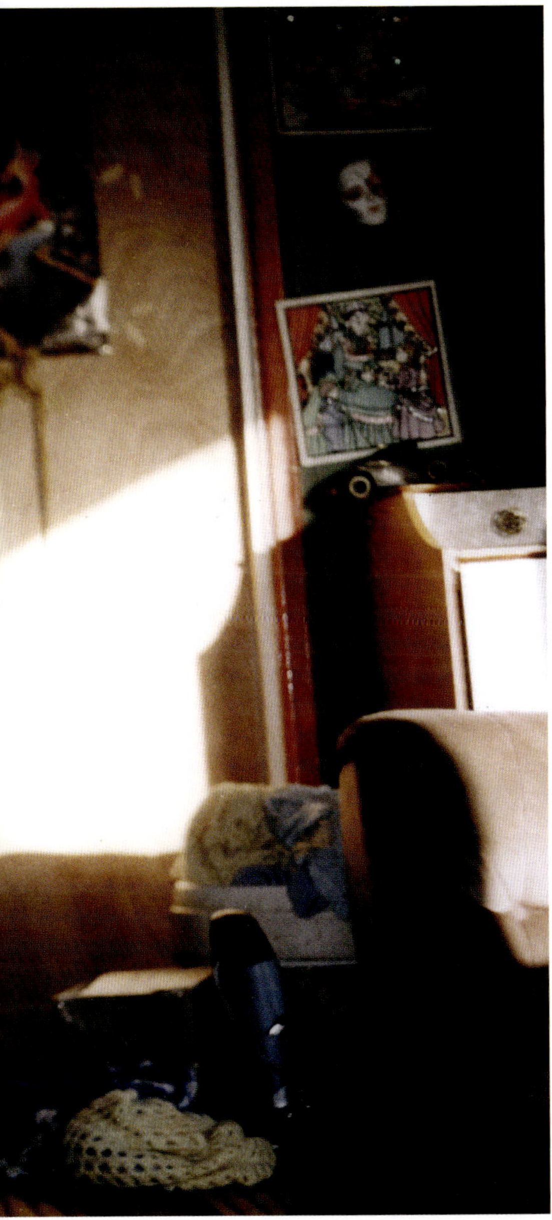

Ray's a Laugh 1996

Eine Katze fliegt durch die Luft, mitten im Sprung von blendend hellem Blitzlicht eingefangen, das auch den Mann in einer theatralischen Pose erwischt, in einem unaufgeräumten, unharmonischen Raum. Das Bild ist witzig und verstörend zugleich, die Hintergrundgeschichte erschließt sich nicht. Das Besondere an diesem Foto ist, dass es der Sohn des Mannes gemacht hat, der hier zu sehen ist; eine schmerzlich private Erkundung der Beziehungen innerhalb der Familie des Fotografen, bei der Billingham als teilnehmender Beobachter agiert. *Ray's a Laugh* (1996) ist ein schwieriges Buch. Die Fotografien tragen keine Bildunterschriften, füllen die ganze Seite aus und sind beunruhigende Porträts einer, wie es scheint, dysfunktionalen Familie. Die Familienmitglieder wirken oft betrunken und scheinen sich der Gegenwart der Kamera nicht bewusst. Damit bewegen sich die Bilder an der Grenze zur Ausbeuterei, aber das Wissen, dass es sich um Billinghams eigene Verwandten handelt, führt zu Spannungen in der Ethik der Darstellung.

Anfangs fotografierte Billingham seinen Vater als Anhaltspunkt für seine Gemälde. Er erklärt: „Ich wohnte in einem Hochhaus; es gab nur ihn und mich. Er war Alkoholiker; er lag im Bett, trank, schlief, wachte auf, schlief weiter, wusste nicht, ob es Tag oder Nacht war. Aber es war schwierig, ihn für mehr als, sagen wir, 20 Minuten zum Stillsitzen zu überreden. Da kam mir der Gedanke, ihn zu fotografieren und diese Fotos als Vorlage für die Gemälde zu verwenden; um die Feinheiten würde ich mich später kümmern." Das Leben seiner Familie ist chaotisch, aber auch voller Farben und Emotionen. Billingham ließ sich darauf ein. Er erinnert sich, dass sein Vater damals „in die Wohnung meiner Mutter gezogen war, und ich fand es unfassbar, wie es dort aussah! Sie war seit zwei Jahren von meinem Vater getrennt und hatte um sich herum ein eigenes psychologisches Reich aufgebaut, das sehr ‚karnevalesk' und ‚dekorativ' war. Überall waren Puppen und Puzzles. Sie hatte damals eine Menge Haustiere, etwa zehn Katzen, zwei oder drei Hunde …"

Das Augenmerk lag auf den Lebensumständen seiner Familie, nicht auf der zugrundeliegenden Ästhetik: „Die Fotos fielen dem Publikum auf, weil es sich auf das Dargestellte konzentrierte … Ich war schockiert, als mir klar wurde, dass die Leute Fotografien nicht lesen können. Es kam nur ‚Oh, sieh dir die Flecken an der Wand an, sieh mal, seine Mutter ist tätowiert …' und ich hatte das alles ehrlich nicht gesehen. Niemand sah die Schönheit, die Komposition, die Muster."

Oberflächlich betrachtet wirken Billinghams Fotografien amateurhaft; mit direktem Blitz aufgenommen, unter- oder überbelichtet, mit gesättigten Farben und grobem Korn. Er gibt zu, dass es ihm wenig auf die technische Qualität ankam: „Ich habe einfach den billigsten Film gekauft und ihn im billigsten Labor entwickeln lassen. Ich versuchte einfach nur, aus Chaos Ordnung zu schaffen." Darunter liegt jedoch ein starkes formales Element in dem Werk, dessen spontane Kompositionen und eingefangene Bewegungen weit über die üblichen Fotoalben hinausgehen. Der Mangel an Raffinesse betont noch die Ehrlichkeit des Werkes. Es ist durch den Verzicht auf konventionelle Qualitätsstandards unmittelbarer und vielleicht auch überzeugender. Dieses Herangehen ist im digitalen Zeitalter noch relevanter geworden, in dem der Schnappschuss verwendet wird, um Aufnahmen Authentizität zu verleihen.

Histor

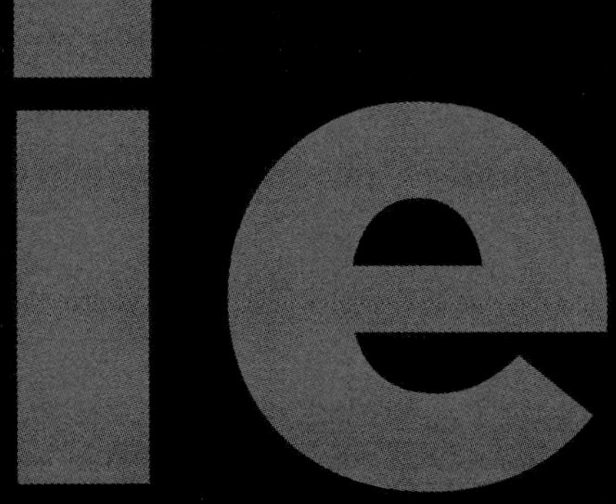

Die Vorstellung, dass Fotografen als Zeitzeugen fungieren, ist untrennbar mit dem Medium Fotografie verbunden. Die vorgebliche Wahrhaftigkeit des Kameraobjektivs vermittelt dem Betrachter den Eindruck, bedeutende Momente menschlichen Handelns aus nächster Nähe mitverfolgen zu können. Die Kamera ist so etwas wie eine visuelle Prothese: Sie verlängert unser räumliches und zeitliches Sehvermögen, macht uns ferne Ereignisse bewusst und ermöglicht die Aufzeichnung, Speicherung, Übermittlung, Verbreitung, Archivierung und Interpretation des aufgenommenen Bildes. Das Verdichten wichtiger historischer Momente zu ikonischen Fotografien spielt eine entscheidende Rolle bei der „Vermenschlichung" komplexer Themen – es wird ein Raum geschaffen, in dem sich das Publikum mit den dargestellten Ereignissen identifizieren kann. Fotografien personifizieren historische Ereignisse und helfen Betrachtern, einen Bezug zu Motiv und Situation herzustellen. Das Foto als eigenständiges Objekt wird häufig im privaten

Kontext angeschaut. Es kann die Distanz zwischen Betrachter und Ereignis verkürzen und die weite Welt nach Hause bringen. Es fällt leichter, komplexe Ereignisse zu verarbeiten, wenn das Bild davon und die Geschichte dahinter auf die Größe eines Fotos reduziert werden, das man in Ruhe aus der Nähe anschauen kann. Daraus erwachsen Verbindungen zwischen aufgezeichnetem Objekt, Medium und Betrachter, und aus dieser Verkettung entwickelt sich eine interaktive Beziehung zwischen den Parteien. Nachdem sie auf den ersten Blick wie Sammelpunkte des öffentlichen Bewusstseins für ein Thema oder Ereignis erscheinen mögen, tragen ikonische Bilder dazu bei, diesen Augenblick in einen historischen Moment zu verwandeln. Nach sorgfältiger Bearbeitung und Sichtung werden die besten bzw. treffendsten Bilder ausgewählt, die dann im Laufe der Zeit zu Stützen unseres kollektiven Gedächtnisses werden.

Roger Fenton

Valley of the Shadow of Death 1855

Als Roger Fenton auf der Krim ankam, hatte er erst drei Jahre Fotografier-Erfahrung. Die Kosten für die Reise trugen der Verleger Thomas Agnew und der britische Kriegsminister Henry Pelham-Clinton; Fenton sollte Fotos mitbringen, mit denen für eine Unterstützung des Feldzugs gegen Russland geworben werden konnte. Am 8. März 1855 kam er in Begleitung von zwei Assistenten in Balaklava an, mit fünf Kameras, 700 Fotoplatten und einer zur Dunkelkammer umgebauten Pferdekutsche. Er arbeitete mit Großformatkameras, deren Glasplatten er im nassen Kollodiumverfahren entwickelte. Dadurch war er auf statische Motive beschränkt. Die meisten seiner 360 Aufnahmen zeigen Angehörige der Armee oder die Umgebung der Camps. Tote zu fotografieren vermied er. Dieses Bild zeigt einen Hohlweg, der nicht weit von dem Tal entfernt lag, das in dem Gedicht „The Charge of the Light Brigade" von Alfred Lord Tennyson vorkommt, daher der Beiname „Valley of Death" bzw. „Tal des Todes". Fenton vermerkte in seinem Tagebuch, er habe den Ort zuvor ohne Kamera aufgesucht. Das Bild ist umstritten, weil ein anderes Negativ existiert, auf dem keine Kanonenkugeln auf der Straße liegen. Neueste Forschungen gehen davon aus, dass die Kugeln nach der ersten Aufnahme auf der Straße platziert wurden, vielleicht, um den Zustand wiederherzustellen, den Fenton bei seinem ersten Besuch wenige Tage zuvor vorgefunden hatte.

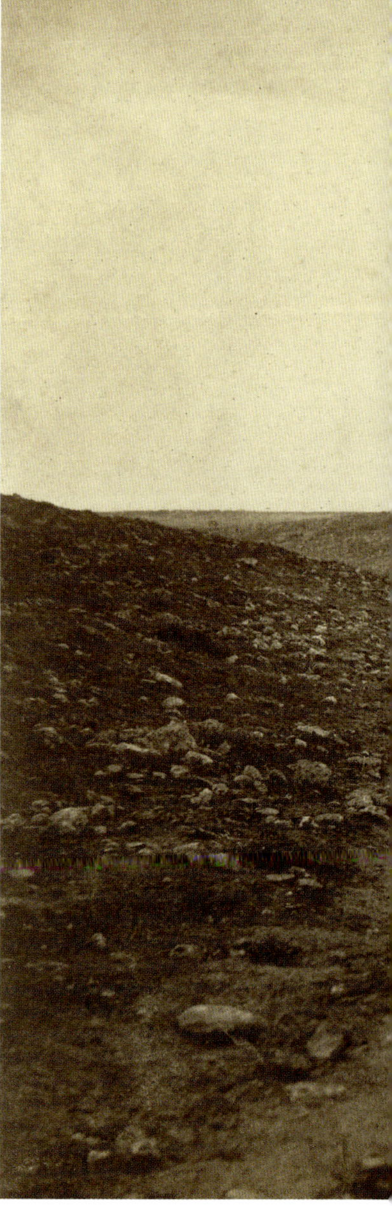

Kreative Tipps und Techniken

Fentons Fotografie ist nach der Drittelregel aufgebaut, die weithin als effektive Methode betrachtet wird, um eine ausgewogene Komposition zu erreichen und die ein guter Ausgangspunkt für einen harmonischen Bildausschnitt ist. Das Motiv wird dazu waagerecht und senkrecht jeweils in Drittel unterteilt und die wichtigsten Elemente werden an den Teilungslinien und ihren Schnittpunkten angeordnet. In dieser Fotografie liegt der Horizont ungefähr auf zwei Dritteln der Bildhöhe, und die Linien des Weges und des Bachbettes verschwinden alle an einem Schnittpunkt am Horizont, der wiederum auf einem Drittel der Breite liegt. Diese Aufteilung verleiht dem Bild eine starkes Moment der Bewegung und führt den Blick des Betrachter durch die Landschaft.

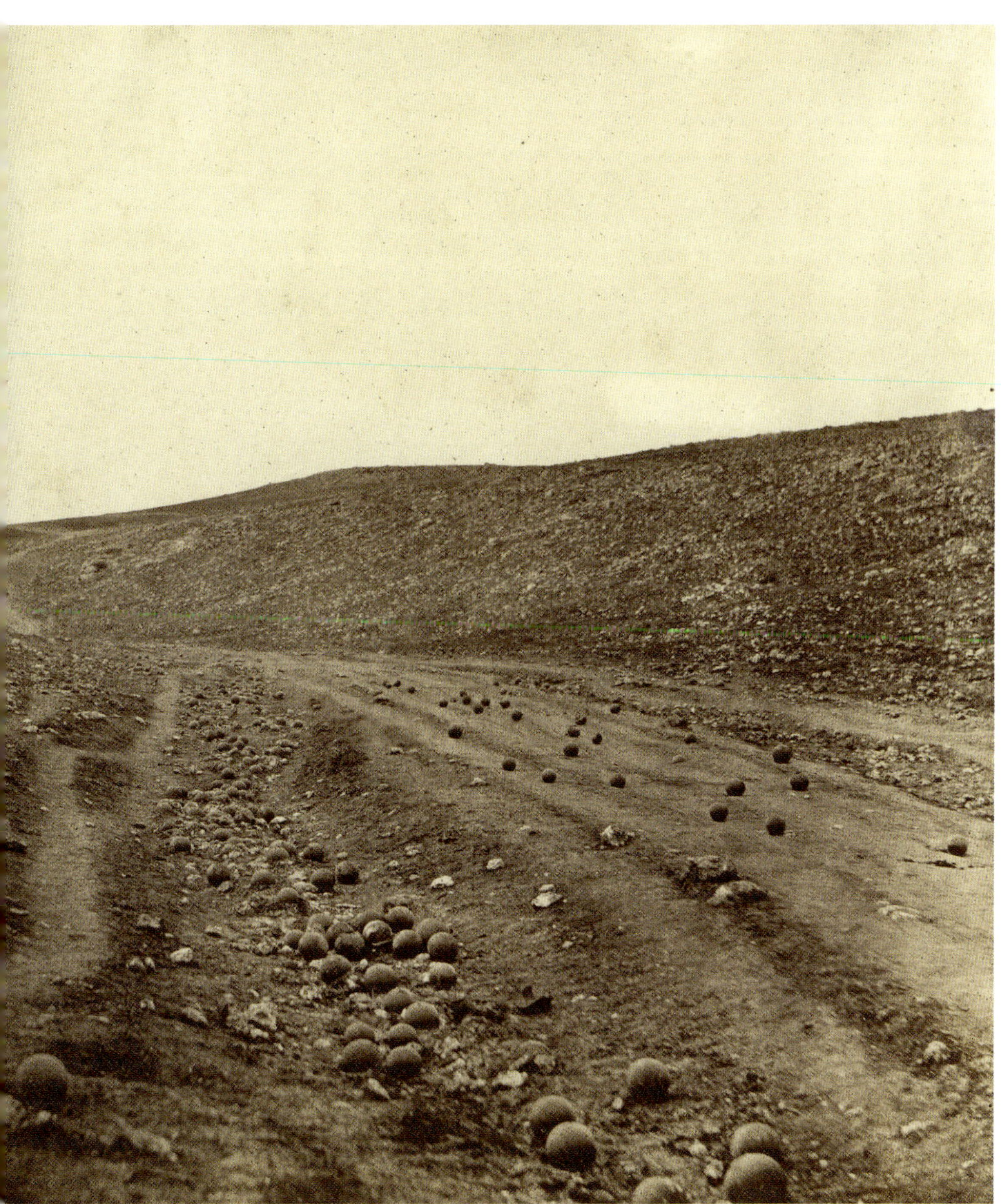

Die Laufbahn von **Roger Fenton** (GB, 1819–69) war relativ kurz: Er fotografierte nur elf Jahre, etablierte sich aber in dieser Zeit als einer der wichtigsten Vertreter seines Metiers. Ursprünglich war er Rechtsanwalt, studierte in Paris aber auch Malerei. Er war ein Meister verschiedener Genres, von der Landschafts- und Porträtfotografie bis hin zu Architekturaufnahmen und Stillleben. 1854 bat Queen Victoria ihn, das Privatleben ihrer Familie zu fotografieren, im selben Jahr wurde er der erste offizielle Fotograf des British Museum in London.

„Ich kam durch einen Hohlweg, den sie ‚Tal des Todes' nennen; der Anblick überstieg alle Vorstellungskraft. Überall auf dem Weg lagen Kanonenkugeln und Granaten herum, man konnte kaum hindurchlaufen, ohne auf sie zu treten."

Roger Fenton

Obwohl Fentons Bild nicht die unmittelbare Auswirkung des Krieges auf die Soldaten oder die Hitze des Gefechts zeigt, präsentiert es doch eine eindeutige Aussage über die Wirkungen moderner Kriegstechnik auf die zerbrechlichen Körper der Soldaten; es erlaubt dem Betrachter sich vorzustellen, wie es ist, in einem Schauer von Kanonenkugeln einen Hügel hinaufmarschieren zu müssen. Der Bildausschnitt engt den Blick ein, sodass der im Vordergrund liegende Weg den Hügel hinauf in den Mittelpunkt rückt und das klaustrophobische Gefühl des Marsches unter Feuer verstärkt wird. Fentons Bild ist eines der ersten Beispiele der ‚Aftermath'-Fotografie, bei der der Fotograf den Ort eines traumatischen Ereignisses besucht, um festzuhalten, inwiefern die Spuren der Vergangenheit noch in der Landschaft zu erkennen sind. Der Betrachter wird so zum Nachdenken über die Bedeutung einer Topografie und zum Nachdenken darüber angeregt, wie das Geschehen ausgesehen haben mag. Oft sieht der Ort nichtssagend und banal aus, aber die Bildunterschrift liefert dann Informationen, durch die sich die Wahrnehmung des Bildes vollkommen verändert. Die Vorstellung, dass vergangene Ereignisse noch in einer Landschaft präsent sein können, sodass man diese als Karte der Vergangenheit lesen kann, ist ein gutes konzeptionelles Werkzeug.

Erich Salomon

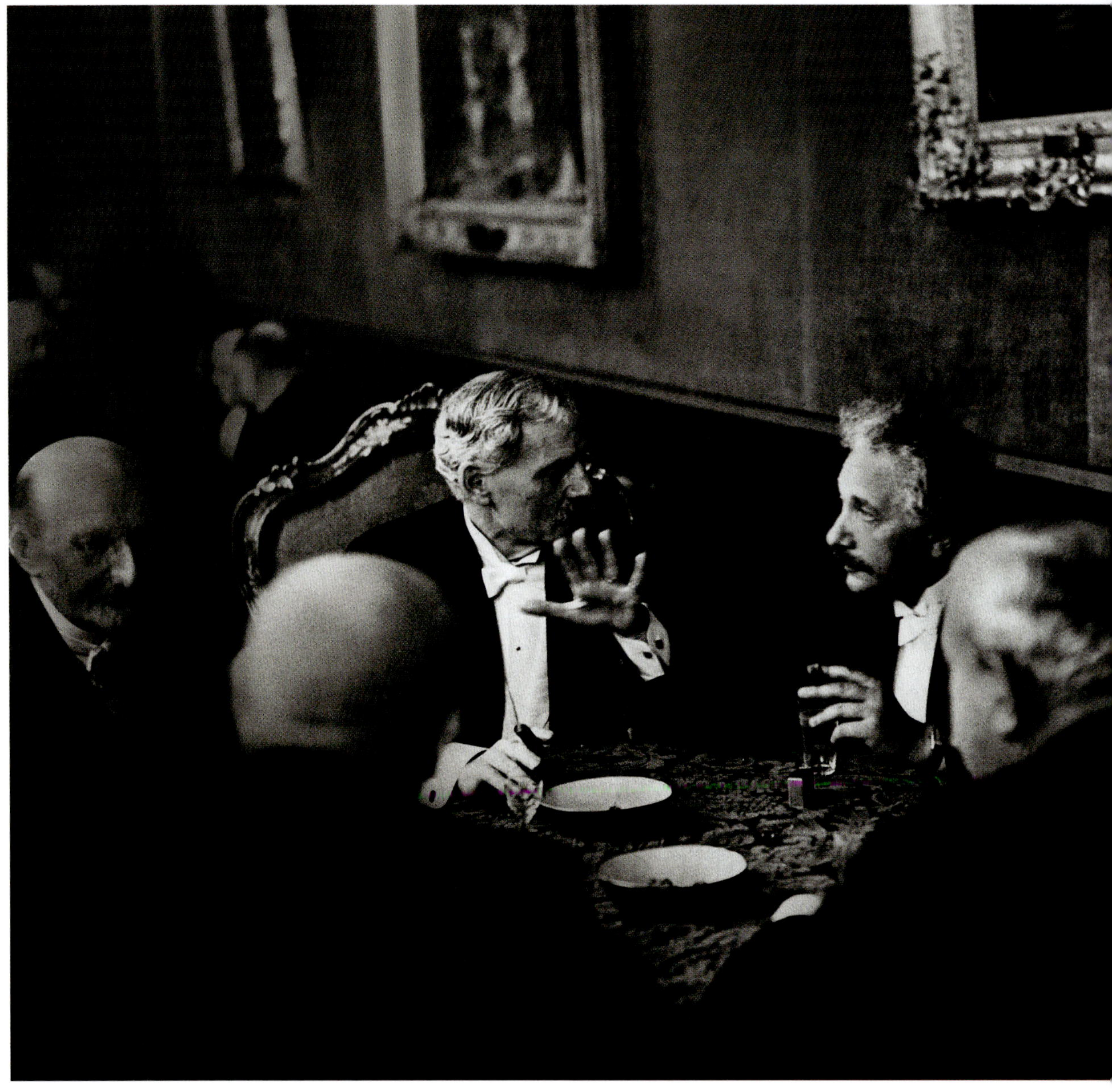

Erich Salomon (D, 1886–1944) war gebürtiger Berliner. Er studierte Maschinenbau und Jura und begann erst im Alter von 39 Jahren zu fotografieren. Er stieg schnell zum Meister der unauffälligen Pressefotografie auf und wurde als „Houdini der Fotografie" bezeichnet, da er sehr geschickt darin war, seine Kamera zu verbergen. Seit 1928 arbeitete er für die *Berliner Illustrirte Zeitung* und erwarb schnell den Ruf, auch zu den höchsten Ebenen des gesellschaftlichen, politischen und diplomatischen Lebens Zugang zu erlangen, um die Verhandlungen über Europas Zukunft zu dokumentieren. 1929 prägte die *London Graphic* mit Bezug auf seine Arbeit den Begriff „versteckte Kamera", er selbst bezeichnete sich als „Bildberichterstatter" – ein damals neuer, aber bis heute geläufiger Terminus. Nach der Machtergreifung der Nationalsozialisten floh Salomon in die Niederlande, wurde dort aber 1943 verhaftet und am 7. Juli 1944 in Auschwitz ermordet.

Kreative Tipps und Techniken

Salomon verwendete anfänglich die kompakte Ermanox Plattenkamera, die mit ihrem lichtstarken f/2-Objektiv Aufnahmen bei geringem Licht erlaubte. 1932 wechselte er dann zur 35mm-Leica. Er war einer der ersten Fotografen, der die Vorteile kleinerer Kameras ausnützte, da sie ihm erlaubten, diskret und ohne Blitzlicht zu fotografie-

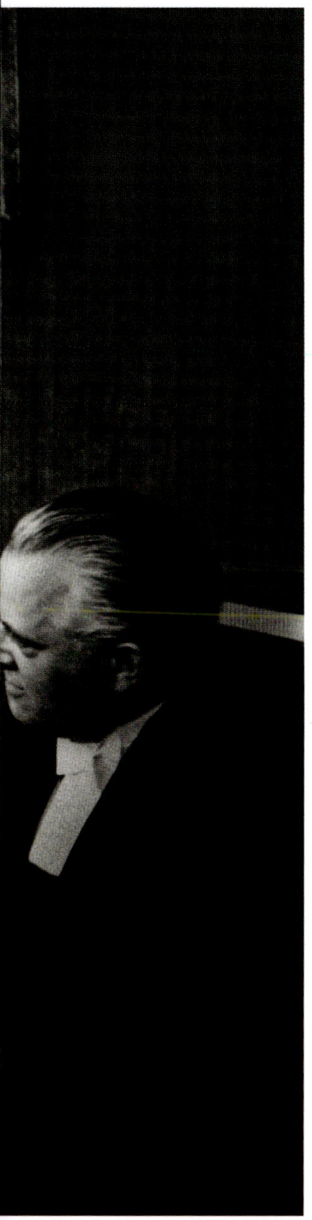

Der britische Premierminister Ramsay MacDonald im Gespräch mit Albert Einstein 1931

Erich Salomons Fotografien aus den Schaltzentren der Macht waren eine Offenbarung im Vergleich zu den steifen, gestellten Politikerbildern, die man von den Medien gewöhnt war. Mit kleinen, unauffälligen Kameras ohne Blitz fing er direkt vor Ort die Machenschaften der Weltpolitik ein. Das unauffällige Erscheinungsbild des Mannes mit Brille und Tendenz zur Glatze war sein Trumpf. Im Frack und mit schwarzer Krawatte verschmolz er mit der Kulisse des diplomatischen Parketts und fiel den Beteiligten gar nicht mehr auf. Bei der Unterzeichnung des Briand-Kellogg-Paktes 1928 betrat Salomon selbstbewusst den Raum, setzte sich auf den noch leeren Stuhl des polnischen Delegierten und fotografierte. Sein Tipp: „Wenn man vor der Tür eines Verhandlungszimmers steht und die dafür zuständige Persönlichkeit darum bittet, hineingelassen zu werden, so fällt es dieser nicht schwer, die Bitte mit der erforderlichen Begründung abzulehnen. Ist man aber schon vor Beginn der Verhandlung in dem betreffenden Raum, so bedeutet die Aufforderung, den Raum wieder zu verlassen, für die dafür zuständige Person einen viel größeren psychologischen Kraftaufwand.“ Salomon verstand es perfekt, sich unter die Politiker zu mischen, und fuhr manchmal, genau wie die Delegierten, in einer Limousine vor. Seine Anwesenheit wurde wie selbstverständlich hingenommen. Auf die Frage, ob Salomon Zutritt zu einem Geheimtreffen mit der britischen Labour-Regierung haben solle, antwortete der preußische Ministerpräsident: „Das ist sicher unvermeidlich. Man kann heutzutage Konferenzen ohne Minister, aber nicht ohne Dr. Salomon abhalten.“ Das hier abgebildete Foto zeigt den britischen Premierminister und Albert Einstein bei einem Empfang im Jahre 1931.

> **„So ist die Tätigkeit des Bildberichterstatters, der mehr sein will als ein bloßer Handwerker, ein steter Kampf, ein Kampf ums Bild.“**
>
> Erich Salomon

ren. Er war aber immer noch auf ein Stativ angewiesen, da die damaligen Filme nicht sehr lichtempfindlich waren. Sein Talent, mit der Umgebung zu verschmelzen, und die Verwendung eines langen Auslösekabels ließen die Politiker oft im Unklaren über seine Anwesenheit, auch wenn er für jede Aufnahme die Platte wechseln musste. Dank seines perfekten Zeitgefühls konnte er trotz der langen Belichtungszeiten die Gesten des Polittheaters sehr scharf festhalten.

Salomon war gerissen und verwendete verschiedene Tricks, um zu seinen Aufnahmen zu gelangen. Bei einem Mordprozess versteckte er die Kamera in seinem Hut, in den er ein Loch für das Objektiv geschnitten hatte. Als er entdeckt wurde, händigte er dem Gerichtsdiener unbelichtete Platten aus und behielt die eigentlichen Aufnahmen in seiner Tasche. Bei einer anderen Gelegenheit brachte er die Kamera in einer Aktentasche unter und löste mit einem komplizierten Hebelmechanismus aus. Präsident Hoover fotografierte er aus einer Blumendekoration heraus, in das Oberste Gericht der USA gelangte er mit einer Kamera, die in einer Armschlinge verborgen war, und im Casino von Monte Carlo platzierte er sie in einem Mathematikbuch. Aber nicht alles gelang ihm wie geplant: Bei einer Versammlung schottischer Adliger fiel er auf, weil er das falsche Tartanmuster trug.

Henri Cartier-Bresson

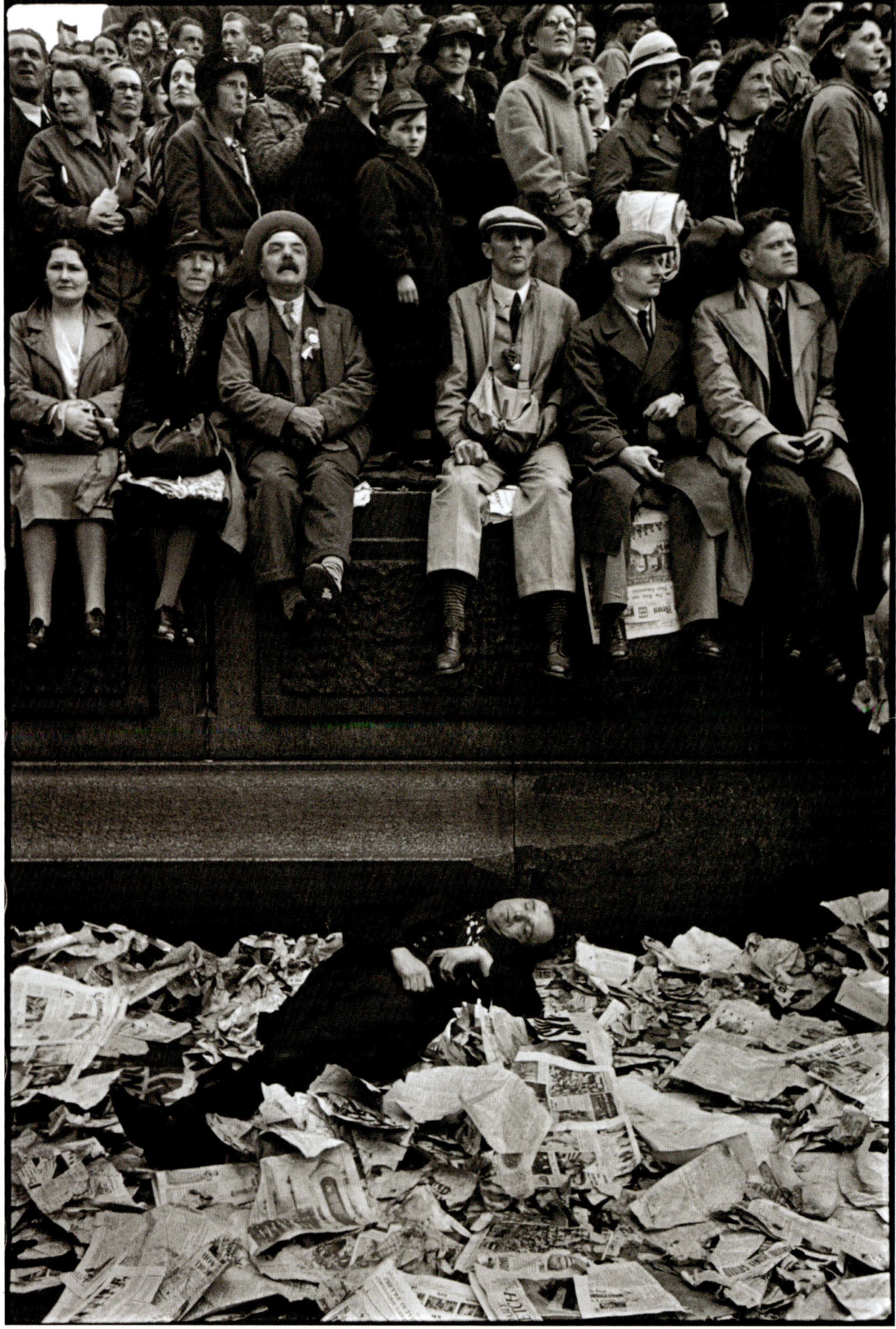

Krönung von König Georg VI., London, 12. Mai 1937

Diese Aufnahme entstand während Henri Cartier-Bressons erstem echten Engagement als Fotojournalist anlässlich der Krönung von König George VI. für das französische Magazin *Regards*. Im Gegensatz zu den anderen Fotografen nahm er jedoch nicht Glanz und Gloria ins Visier, sondern richtete die Kamera auf die Zuschauer am Straßenrand – und machte kein einziges Bild vom neuen König. Er fotografierte instinktiv, war sich aber stets bewusst, dass die Ästhetik des Bildes untrennbar mit seiner Bedeutung verbunden war. Das Foto betont den Gegensatz zwischen den aufgeregten Schaulustigen und dem auf dem Boden liegenden Mann, auf Bergen von Zeitungspapier gebettet – ein ironischer Kommentar zum Wert der allzu rasch vergänglichen Nachrichten. Dieser Ansatz war typisch für Cartier-Bresson: Er wollte das Wesentliche einer Situation darstellen, indem er Alltagselemente herausgriff, denn: „Die kleinste Kleinigkeit kann ein großes Thema werden, ein unbedeutendes Detail ein Leitmotiv. Durch das Sehen und Sichtbarmachen legen wir Zeugnis über die Welt um uns herum ab, und das Ereignis bringt ganz natürlich einen organischen Formenrhythmus hervor." Cartier-Bresson war ein Meister der Zurückhaltung: Hellwach, aber unaufdringlich suchte und fand er im Alltäglichen außerordentliche Schönheit und Wahrheit, die seinen Bildern einen absolut zeitlosen Zauber verleihen.

„Die Realität bietet uns eine derartige Fülle, dass wir sie permanent beschneiden, vereinfachen müssen. Die Frage ist nur: Picken wir uns das Richtige heraus?" Henri Cartier-Bresson

Henri Cartier-Bresson (F, 1908–2004) gilt als Vater des Fotojournalismus. Er war einer der ersten Fotografen, der in den 1930er Jahren die neue Leica Sucherkamera mit 35mm-Film verwendete und so auf die unhandlichen, schweren Plattenkameras verzichten konnte. Cartier-Bresson wollte eigentlich Künstler werden, und er verbrachte die 1920er Jahre in Paris, wo der den Surrealismus kennenlernte. Der Anfang der 1930er war eine überaus kreative Phase, in der er viele Meisterwerke der Straßenfotografie produzierte, die auch heute noch poetische Verklärungen des Alltagslebens darstellen. 1947 war er einer der Mitbegründer von Magnum Photos – das Vorbild aller kreativen Foto-Agenturen. In seinem Buch *Images à la Sauvette* (1952) verkündet er seine optische Philosophie: „Das Auge sucht ein bestimmtes Motiv in der Unmenge an Realität und rückt es in den Mittelpunkt; die Kamera hält lediglich diese Entscheidung auf dem Film fest."

Kreative Tipps und Techniken

Cartier-Bressons Ausrüstung war klein, er fotografierte fast alles mit einem 50mm-Standardobjektiv. Es ist sehr wichtig, die eigene Ausrüstung wirklich gut zu kennen und instinktiv das Gesichtsfeld aller verwendeten Brennweiten zu verstehen, sodass man den Bildausschnitt fast ohne Nachdenken bestimmen kann. Als Übung kann man einen ganzen Tag nur mit einer Brennweite fotografieren. Man wird feststellen, dass diese scheinbare Einschränkung eigentlich eine Befreiung ist.

Cartier-Bresson betonte, wie wichtig es sei, die richtige Belichtung einer Situation abschätzen zu können. Am Tag benötigte er keinen Belichtungsmesser, sondern schätzte erst und maß dann nach. Man sollte seinem Ratschlag folgen, die Kamera auf manuelle Belichtung einstellen, die richtige Belichtung abzuschätzen versuchen und dann in der Kamera sowie am Bildschirm kontrollieren. Als Richtlinie an einem sonnigen Tag kann gelten: 1/250s bei f/16 und ISO 400. Bei bedecktem Himmel: 1/250s und f/8.

Das Hochformat wird oft nur für Porträts verwendet. Es kann aber auch in anderen Situationen eine gute Kompositionswahl sein. Das 50mm-Objektiv ist für solche Aufnahmen perfekt, da es einen präzisen Bildaufbau ermöglicht, ohne dass man die Gefahr von Verzerrungen wie beim Weitwinkel- oder Verkürzungen wie beim Teleobjektiv eingehen muss. Cartier-Bresson hat dieses Bild in fünf Ebenen aufgebaut: die beiden Menschenreihen, die Mauer, der schlafende Mann und die Zeitungen. Der Blick strebt zu dem Jungen in der Bildmitte, der die beiden Menschenreihen unterbricht. Der Schlafende liegt in einem Winkel zur restlichen Aufnahme und leitet so das Auge wieder in das Bild.

Robert Capa

Menschen bringen sich nach Ertönen des Fliegeralarms in Sicherheit, Bilbao 1937

Robert Capa berichtete von 1936 bis 1939 ausführlich vom Spanischen Bürgerkieg und reiste während des Konflikts mehrere Male dorthin. Die Dringlichkeit und Dramatik seiner Darstellung der Kampfhandlungen war in der damaligen Nachrichtenberichterstattung eine Seltenheit. Dabei vergaß der Korrespondent auch die Leiden der Zivilbevölkerung nicht, wie dieses bewegende Bild einer Straßenszene in der baskischen Stadt Bilbao belegt. Er beschrieb die Szene wie folgt: „Niemand ist nirgendwo sicher in diesem Krieg. Die Frauen bleiben zurück, doch der Tod, der erfindungsreiche Tod aus der Luft, spürt sie auf. Die Städte bieten wenig Schutz. Die Bomben durchbrechen die Schutzräume. In Valencia, in Madrid gibt es jeden Tag Tote. Immer der gleiche Ablauf: Sirenen, Panik, Bombeneinschläge und dann, wenn sich der Staub gelegt hat, gehen die Menschen zur Leichenhalle, denn vielleicht entdecken sie ja zufällig den Sohn, den Vater, die Mutter, die nicht nach Hause kam, auf der Liste." Während des Spanischen Bürgerkriegs flogen die Nationalisten unter Francisco Franco extrem viele Luftangriffe auf zivile Ziele. Capa stand an einer Straßenecke und machte eine Reihe von Fotos, während die Menschen an ihm vorbeihasteten, um den Luftschutzbunker zu erreichen. Seinem scharfen Blick für Details war nicht entgangen, dass das kleine Mädchen sich den Mantel in der Hektik falsch zugeknöpft hatte.

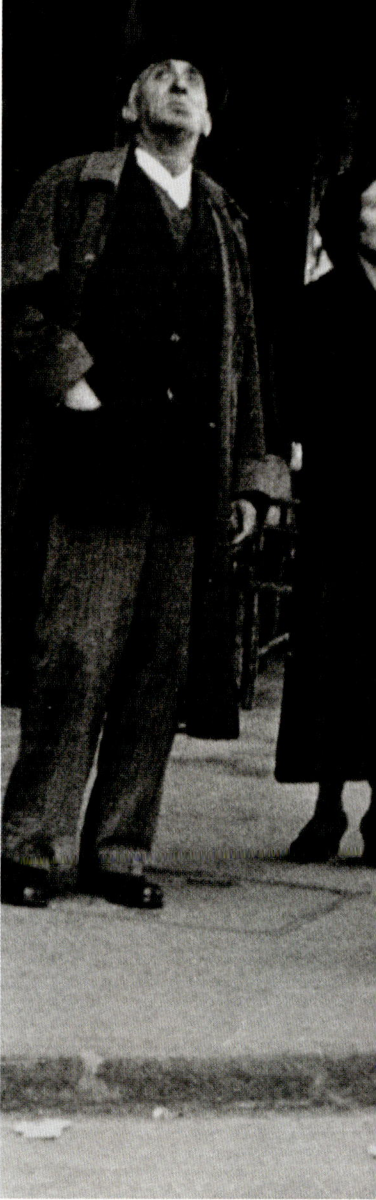

Kreative Tipps und Techniken

Capas berühmtes Bonmot „Wenn die Bilder nicht gut genug sind, ist man nicht dicht genug dran" wird meist als Aufforderung aufgefasst, der Fotograf solle sich körperlich dem Motiv nähern. Das gilt so zwar für Capas Arbeitsweise, aber er wird es vermutlich auch auf die emotionale, psychologische und vielleicht sogar politische Nähe bezogen haben. Er empfahl auch, man solle „die Menschen mögen, die man fotografiert, und sie das auch merken lassen". Er war parteiisch und engagiert und identifizierte sich im Spanischen Bürgerkrieg eindeutig mit den Wertvorstellungen der Republikaner im Kampf gegen das faschistische Franco-Regime. Er erklärte: „Im Krieg muss man jemanden hassen oder jemanden lieben; man muss Position beziehen, sonst kann man das, was passiert, nicht ertragen."

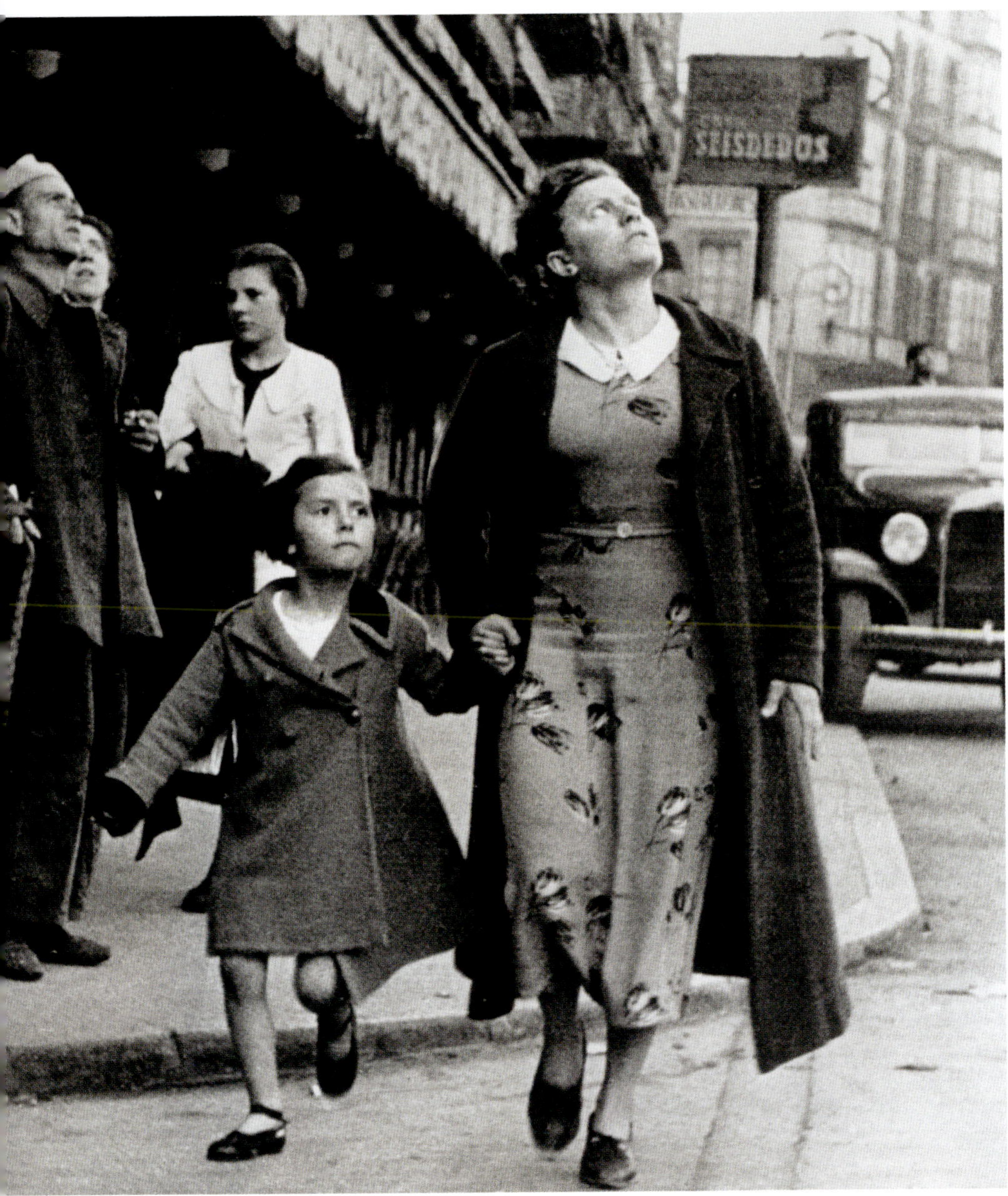

Robert Capa (HU, 1913–54) kam als Endre Friedmann in Budapest auf die Welt. Er wollte Schriftsteller werden, wandte sich aber 1931 nach seiner Umsiedlung nach Berlin der Fotografie zu. Seine Freundin Gerda Taró und er erfanden den „großen amerikanischen Fotografen Robert Capa", um seine Veröffentlichungschancen zu erhöhen, als sie in den 1930er Jahren nach Paris zogen. Später übernahm er den Namen ganz. Capa wurde von der *Picture Post* für seine Berichte aus dem Spanischen Bürgerkrieg als der „größte Kriegsberichterstatter der Welt" bezeichnet. 1944 machte er Aufnahmen der alliierten D-Day-Landung in der Normandie, die zu Ikonen wurden. Nach dem Krieg gehörte er zu den Gründern von Magnum Photos und sagte: „Ich hoffe, dass ich bis an mein Lebensende als Kriegsberichterstatter arbeitslos bleibe." Es zog ihn jedoch zurück auf das Schlachtfeld, und 1954 riss ihn eine Landmine in Indochina in den Tod.

„Die Wahrheit ist das beste Bild, die beste Propaganda."

Robert Capa

Capa beherrschte sein Geschäft als Kriegsberichterstatter. Er hatte Erfahrung in der logistischen Organisation und darin, die notwendigen Genehmigungen zu erlangen, um im entscheidenden Augenblick auf dem Schlachtfeld zu sein. Im Zweiten Weltkrieg bekam er trotz seines Status als ‚feindlicher Ausländer' die Erlaubnis, Truppen bis an die Front zu begleiten, ja sogar mit dem Fallschirm über Deutschland abzuspringen. Sein Humor zeigte sich in Aussagen wie der, für einen „Kriegskorrespondenten ist es genauso schlimm, eine Invasion zu verpassen, wie ein Date mit Lana Turner abzulehnen." Genauso berühmt wurde die Warnung, die er seinem Freund Henri Cartier-Bresson in Bezug auf Etiketten gab: „Jemand wird dir eines verpassen, das du nie wieder los wirst – ‚der kleine surrealistische Fotograf'. Dann bist du verloren – du wirst ganz kostbar und manieriert. Nimm lieber das Etikett Fotojournalist und behalte das andere in der Tiefe deines Herzens verborgen." Er sagte Cartier-Bresson auch: „Wenn du dich Künstler nennst, verkaufst du keine Fotografien. Nenn dich Fotojournalist, und du kannst machen, was du willst." Man muss hartnäckig und geduldig sein, um an Aufnahmegelegenheiten zu kommen, und darf keine Angst davor haben, bis an die Grenze der Aufdringlichkeit zu gehen. Dann gelingen oft die besten Aufnahmen.

Larry Burrows

„Ich werde tun, was nötig ist, um zu zeigen, was geschieht. Ich spüre es, wenn der Tod kommt. Und manchmal muss ich sagen: Zur Hölle damit!“ Larry Burrows

Larry Burrows (GB, 1926–71) war einer der größten Chronisten des Vietnamkriegs. Er hielt den Konflikt im Bild fest, von der Zeit vor der amerikanischen Intervention bis zu seinem Tod im Februar 1971, als der Hubschrauber mit ihm und seinen Kollegen Henri Huet, Kent Potter und Keisaburo Shimamoto über Laos abgeschossen wurde. Burrows lernte den Beruf des Fotografen während des Zweiten Weltkriegs bei der Zeitschrift *Life,* nach dem Krieg gab er seinen technischen Fähigkeiten den letzten Schliff, indem er Reproduktionen großer europäischer Kunstwerke fotografierte, und erweiterte sein journalistisches Repertoire durch Berichte über Konflikte im Kongo und dem Nahen Osten. Ihm war klar, dass der Vietnamkrieg die maßgebende Geschichte seiner Generation sein würde, und er fotografierte eine Reihe von klassischen Berichten, darunter auch über den Kampf der US-Marines um den Hill 484, bei dem auch das berühmte Bild *Reaching Out* entstand.

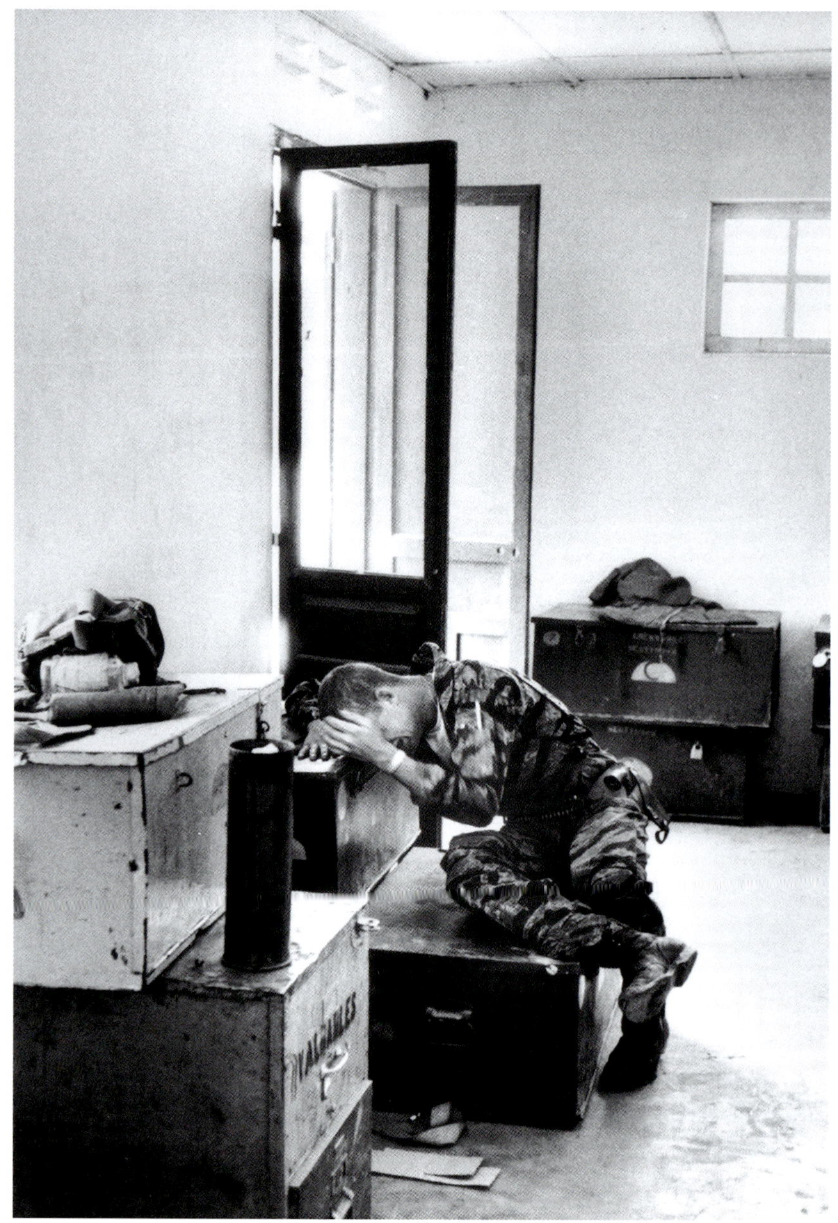

Kreative Tipps und Techniken

Burrows sah sich selbst als Geschichtenerzähler. Sein Kollege Milton Orshefsky erinnert sich, dass Larry „nicht nur in einzelnen Bildern sah, sondern auch, wie ein Satz von Bildern logisch zu einer Geschichte angeordnet werden könnte“. „Yankee Papa 13“ ist ein klassisches Feature im Genre ‚Ein Tag im Leben von…‘ Seine Struktur und der narrative Impuls sind aber auch eine Fallstudie für die Verwendung von Hoch- und Querformaten und die Mischung von Nahaufnahmen und Totalen, um optisch für Tempo und Energie zu sorgen. Falls man eine ähnliche Geschichte fotografiert, sollte man versuchen, nicht jede Aufnahme aus derselben Position und demselben Blickwinkel zu schießen. Mindestens 10–20 Prozent der Bilder sollten Hochformate sein, um als Zeitschriftentitelbild geeignet zu sein.

James Farley, die Hände vorm Gesicht, erschöpft und verzweifelt, in einer Versorgungsbaracke 1965

Im Frühjahr 1965, kurz nach dem Eintreffen von 3500 US-Marines in Vietnam – mit der Beteiligung von amerikanischen Bodentruppen war eine weitere Eskalationsstufe des Krieges erreicht –, schloss sich Larry Burrows dem Hubschraubergeschwader 163 an. Er hatte vor, ein Crewmitglied auf seiner Mission zu begleiten. Seine Wahl fiel auf Lance Corporal James Farley, den Doorgunner eines UH-34D Transporthubschraubers mit Codenamen YP13, Rufzeichen Yankee Papa 13. Keiner von beiden ahnte, wie dramatisch sich die folgenden Stunden entwickeln oder welche Wirkung Burrows' Fotos haben würden. Zwei Wochen später war dies die 14-seitige Titelstory des *Life Magazine*, die mit folgendem Satz begann: „An diesem Tag flog Burrows in Farleys Hubschrauber mit. Beide fragten sich, ob es bei einem Routineflug ohne Feindkontakt bleiben oder der Vietcong sie mit Maschinengewehren Kaliber .30 empfangen würde." Die Einheit wurde vom Boden her beschossen; Burrows schrieb in seinem Text: „Wir waren leichte Beute, ihr unerbittliches Kreuzfeuer war mörderisch." Ein anderer Helikopter der Einheit stürzte ab und ging in Flammen auf; die Crew des YP13 landete in der Nähe und versuchte, Verwundete zu bergen. Einschüsse hatten die rechte und linke Seite von Burrows' Sitz zerfetzt.

Mit zwei Schwerverletzten an Bord versuchten sie, den Hubschrauber wieder zu starten: „Das Plexiglas des Cockpits war zerschossen und eine Kugel hatte unseren Piloten am Hals gestreift. Der Funk und die Instrumente funktionierten nicht mehr richtig; wir stiegen und stiegen, nichts wie raus aus dieser Hölle!" Burrows fotografierte die ganze Zeit, während die Soldaten verzweifelt versuchten, das Leben des Co-Piloten der anderen Maschine zu retten: „Farley verband Magels Wunde. (...) Plötzlich blutete er aus Mund und Nase und bekam einen glasigen Blick. Farley versuchte es mit Mund-zu-Mund-Beatmung, aber es war zu spät, Magel war tot. Keiner sagte ein Wort." In der Militärbasis angekommen, fotografierte Burrows Farley, wie er schließlich zusammenbrach, überwältigt vom emotionalen Stress; er hatte seinen Kameraden nicht retten können.

LIFE
By LARRY BURROWS in VIETNAM
WITH A BRAVE CREW IN A DEADLY FIGHT
Vietcong zero in on vulnerable U.S. copters
In a U.S. copter in thick of fight— a shouting crew chief, a dying pilot
APRIL 16 · 1965 · 35¢

Burrows war ein Meister seines Handwerks, der dafür sorgte, immer genau die richtige Ausrüstung für die Arbeit parat zu haben. Er arbeitete meist mit vier Kameras – zwei Leica Sucherkameras mit Weitwinkel- und zwei Nikons mit Teleobjektiven. Für die Geschichte über YP13 brachte er das 21mm-Objektiv einer Nikon außen am Hubschrauber an, um Farley hinter seinem Maschinengewehr und gleichzeitig das darunter liegende Gelände zeigen zu können. Burrows ließ sich sogar eine eigene Kampfjacke mit vielen Taschen für seine Ausrüstung anfertigen. Er entwickelte ein Gurtsystem, um bei Flussüberquerungen seine Kameras mit einer Hand hochhalten zu können.

Für Reportagen sind aussagekräftige Hochformate wichtig. Oft wird eine Figur oder ein Gesicht in der Szene mit dem Teleobjektiv isoliert. Man kann aber auch wie in diesen Bildern von Burrows den Vorder- und Hintergrund mit dem Weitwinkelobjektiv zueinander in Beziehung setzen: Die offene Tür im großen Bild links verweist auf die Außenwelt, in die Farley zurückkehren muss; im Titelbild rechts fühlt sich der Betrachter, als sei er im Hubschrauber – der Körper des verletzten Soldaten leitet das Auge zu Farleys Gesicht; das Maschinengewehr führt den Blick dann aus der Luke hinaus.

Philip Jones Griffiths

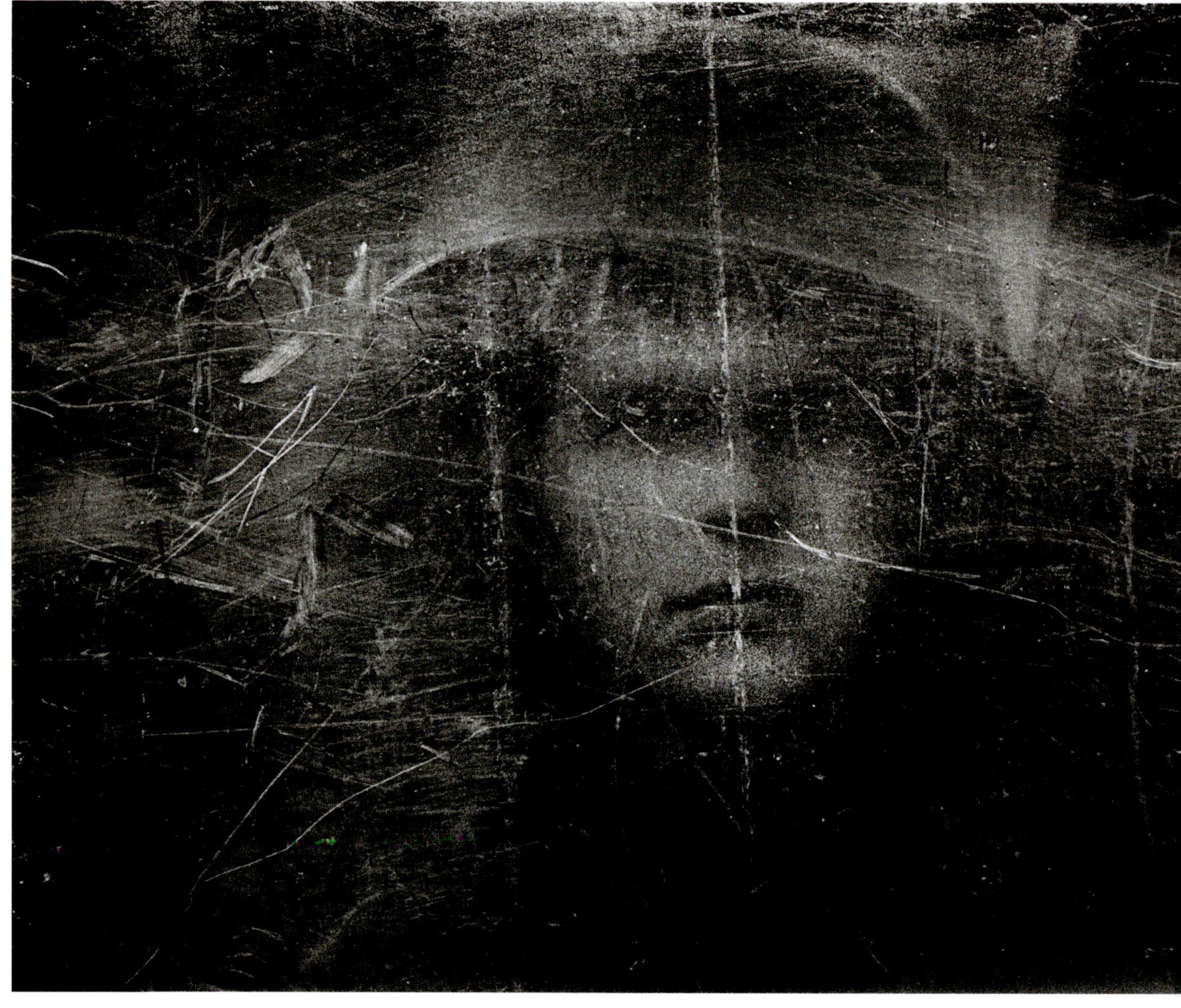

Soldat mit kugelsicherem Schutzschild, Nordirland 1973

Dieses eindrucksvolle Bild wählte Philip Jones Griffiths als Cover für seine Monographie über den Krieg, *Dark Odyssey* (1996). Die ursprüngliche Bildunterschrift zeugt von seiner Intelligenz und seinem trockenen Humor: „Von alters her hat der Schild das Militär vor Herausforderungen gestellt – den Feind im Blick behalten, ohne auf Schutz zu verzichten. Der letzte Schrei sind Schutzschilde aus Plexiglas. Leider ist der Durchblick nach mehrfachen Hieben auf den Schild beeinträchtigt." Griffiths wollte zeigen, wie sich bewaffnete Konflikte auf alle Beteiligten auswirken, Zivilisten wie Soldaten: „Alle Kriege sind darauf aus, den ‚Feind', den fremden ‚Anderen' zu entmenschlichen. Ich habe mich bemüht, das menschliche Antlitz des Konflikts zu zeigen."

Griffiths verbrachte viel Zeit mit Soldaten. Obwohl er sich normalerweise vehement gegen ihre Anwesenheit in den von ihm bereisten Ländern aussprach, war er sich der schwierigen Lage der jungen Soldaten bewusst: „Mein Motto lautete immer: ‚Liebe den Sünder, hasse die Sünde.' Ich habe ihre Fähigkeit zur Gewalt nie unterschätzt, aber ehrlich gesagt haben sie mich immer korrekt behandelt. Manchmal war es schwierig, sie auf meine Seite zu bringen, manche wurden zu Freunden. Mir war wichtig, dass meine positiven Gefühle ihnen gegenüber als Einzelpersonen nicht die Tatsache verdecken, dass sie gerade Völkermord begehen." Griffiths war fest überzeugt, dass die Rolle des Fotojournalisten darin bestand, etwas zu verändern und auf Verbrechen von Regierungen aufmerksam zu machen. „Für mich lohnt es sich nur dann, auf den Auslöser zu drücken, wenn ein bissiger Kommentar zu den Unstimmigkeiten des Lebens dabei herauskommt. Darum geht es in der Fotografie."

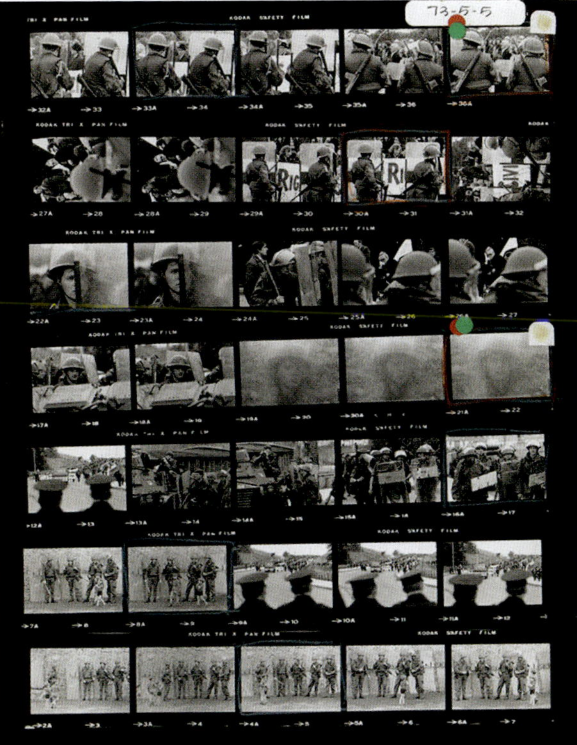

„Ich versuche, meine Wut in den Finger zu lenken, mit dem ich auf den Auslöser drücke." P. J. Griffiths

Philip Jones Griffiths (GB, 1936–2008) war ein großartiger Kriegsberichterstatter. Er setzte bei seiner Arbeit einen scharfen politischen Verstand und eine durchdringende, oft humorvolle Situationsanalyse ein und unterstützte seine Bilder mit knappen Unterschriften, in denen er die Situation erläuterte. Er hatte Pharmazie studiert, und die Genauigkeit dieses Berufs blieb ihm erhalten: „Die Pharmazie lehrt einen viel über Rationalität, Logik und Ursachen und Wirkungen. Natürlich reagiert man emotional – alle Waliser reagieren emotional –, aber gleichzeitig gibt es eine Überlagerung, eine Art Erklärung, warum man sich so fühlt, wie man sich fühlt." Seine Waliser Abstammung war der Schlüssel zu seinem Charakter und gab ihm eine Affinität zu anderen kleinen Nationen. Er hatte eine langanhaltende Beziehung zu den Völkern Südostasiens und veröffentlichte mehrere Bücher über den dortigen Konflikt, darunter auch *Vietnam Inc.* (1971).

Kreative Tipps und Techniken

Griffiths war aus Leidenschaft Journalist, glaubte aber auch, dass er als Zeitzeuge eine wichtige Funktion erfüllte: „Auch wenn kein einziges Foto je veröffentlicht wird, so existieren sie doch. Und das heißt, dass wir die Geschichte der Menschheit festhalten." Er erkannte an, dass man seine Gefühle bändigen muss, um unter schwierigen Umständen als Journalist zu arbeiten, und betonte, dass es sehr wichtig ist, einen Sinn für die wahren Proportionen der Dinge zu behalten.

Der Kontaktabzug (l.) für diese Fotografie zeigt, wie Griffiths sein Motiv erkundete, die Soldaten mit ihren Schilden als Thema erkannte und versuchte, zur aussagekräftigsten Aufnahme zu kommen. Er behauptete, dass er nie länger als drei Sekunden durch den Sucher sah, um ein Bild aufzunehmen, und dass er den Moment suchte, in dem Geschichte und Ästhetik zueinanderfinden. Man sieht, wie er an der Aufnahme arbeitet, zuerst von hinten, dann aber von vorne fotografiert.

Griffiths fotografierte durch das Plexiglas, und als der junge Mann ihn ansah, schoss er eine kurze Fotoserie, deren letzte Aufnahme dieses Bild ergab. Dann spielte er mit einer Gegenüberstellung der nordirischen Polizisten vor der entfernten Menschenmenge, wobei er ihre Uniformmützen als Rahmen verwendete. Er wechselte zwischen dieser Ansicht und einer der Soldaten vor einer Wand mit davor stehenden Kindern. Vermutlich stand er an einer Stelle und drehte sich, um jede der Szenen aufnehmen zu können, während er die jeweils andere im Auge behielt. Man sieht, wie vollkommen verschiedene Bilder an ein und demselben Standpunkt entstehen können.

Gilles Peress

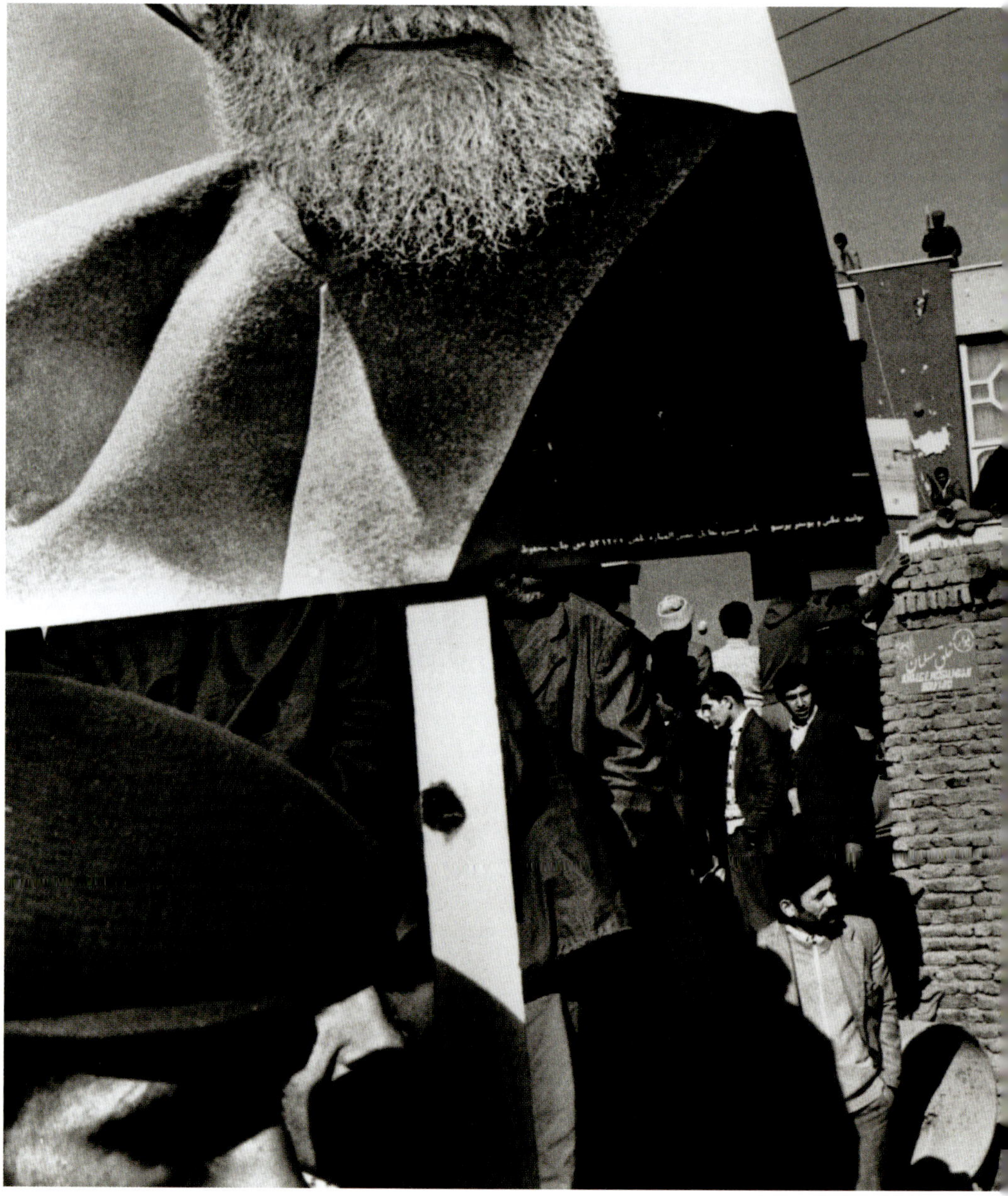

Gilles Peress (F, 1946–) studierte Politikwissenschaft und Philosophie in Paris und begann 1970 zu fotografieren. 1971 trat er Magnum Photos bei und gehörte mit Susan Meiselas (s. S. 272) zu den ‚neuen Fotojournalisten', die in den 1970er Jahren mit einem persönlicheren, subjektiveren Standpunkt auffielen. Er sagt, sein Thema habe „immer etwas mit einem Kampf von Individuen in einem historischen Kontext zu tun. Und wie individuelle Erinnerungen mit der Geschichte in Wechselwirkung treten, wie individuelle Wahrnehmungen mit der größeren Landschaft interagieren. Und, wenn ich ehrlich mit mir selbst bin, bringe ich auch noch mein eigenes historisches Päckchen in das Ganze ein." Sein Großprojekt „Hate Thy Brother" erforscht die Erfahrungen von Gesellschaften, die durch interne Konflikte und Gewalt zerrissen sind. Er behauptet: „Im Krieg geht es um Vertreibung, Fragmentierung – Vertreibung von Gemeinschaften, von Familien – Fragmentierung von Körpern, was bedeutet, dass jemand, der in einem Augenblick neben einem ist, im nächsten weg ist."

Kreative Tipps und Techniken

Peress erklärt, dass er sich einem neuen Thema durch Sinneswahrnehmungen annähert. Er versucht, vorgefasste Vorstellungen des Endergebnisses zu vermeiden. Der gesamte Vorgang bestehe für ihn daraus, für einen Auftrag loszugehen, eine Zeit lang zu versuchen, das Thema zu verstehen, und dann sein eigenes Verständnis infrage zu stellen, aber durch diese Selbstzweifel zu einer Art Objektivität zu gelangen. Dann kehre er zurück, wähle seine Bilder aus, lebe mit ihnen und stelle seine Bücher her. Erst am Ende, wenn das Buch fertig ist, werde ihm klar, was er äußerlich und innerlich durchgemacht habe. Er beschreibt es als einen „schmerzhaften" Prozess.

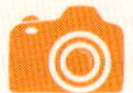

Peress beschreibt das Verhältnis zwischen Fotograf und Motiv und dessen Vermittlung durch die Kamera sehr eloquent: „Eine Fotografie hat eine Vielzahl von Urhebern, den Fotograf, die Kamera, jeder mit seiner eigenen Stimme, eine Leica mit einem 28mm, eine Nikon mit einem 24mm, alles spricht, Kameras sprechen. Dann gibt es die Realität, und die Realität spricht immer mit lauter Stimme, einer sehr kräftigen Stimme." Er ist sich auch vollkommen im Klaren darüber, dass die Fotografie in Verbindung mit anderen Ausdrucksfor-

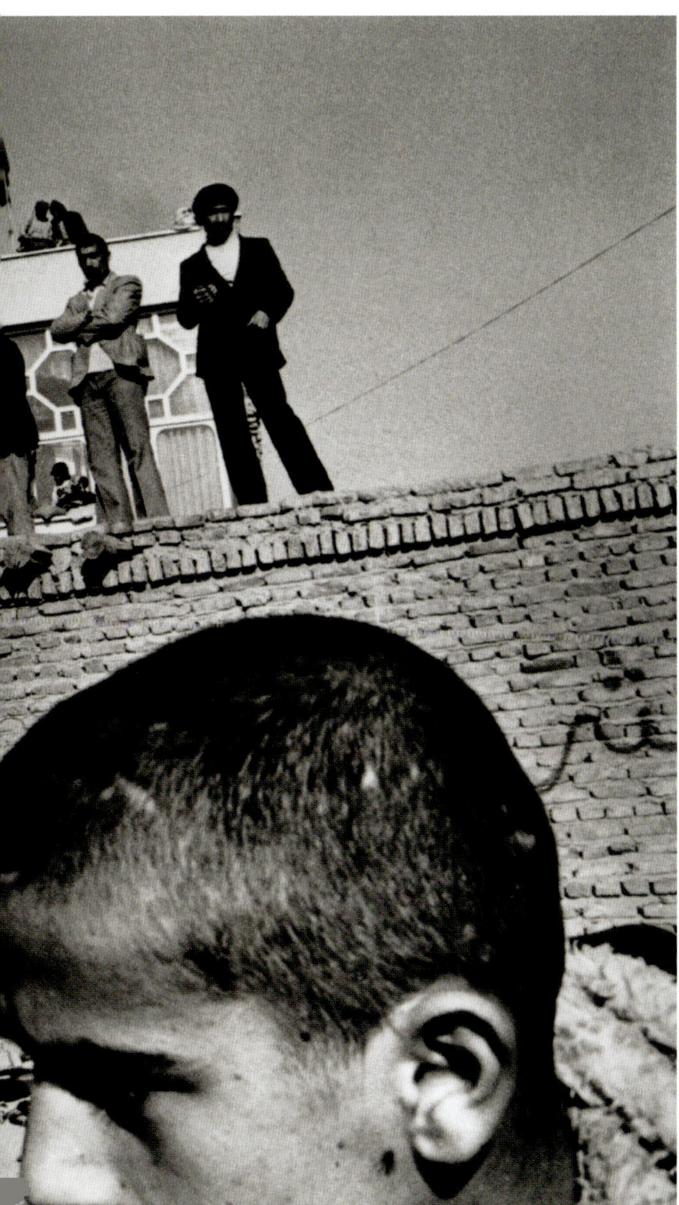

Täbris, Iran – Eine Demonstration für den führenden Oppositionellen Ajatollah Kasem Schariatmadari 1980

Gilles Peress' bahnbrechendes Werk *Telex Iran* (1978), dessen Cover das hier abgebildete Foto schmückte, verdeutlichte mit extremen Bildausschnitten sein Gefühl der Unsicherheit angesichts der Entwicklungen während der Iranischen Revolution. Das Bild ist viergeteilt, und jedes Viertel beinhaltet eine eigene visuelle Erzählung; die fehlende untere Gesichtshälfte des Jungen auf der rechten Seite und der Bart des Geistlichen links geben dem Betrachter zusätzlich Rätsel auf. Diese Komplexität ist beabsichtigt und sie hat eine Bedeutung, ist also nicht nur eine formale Übung in visueller Gymnastik. Peress hat erkannt, dass große politische und gesellschaftliche Ereignisse nicht auf die vereinfachten Darstellungen der Mainstream-Nachrichten reduziert werden können. Er versucht stattdessen, die teils verwirrende Vielschichtigkeit solcher Ereignisse zu visualisieren. „Ich schaute mir die Realität an und sah lauter Gegensätze, einander widersprechende Bedeutungen, verschiedene Prozesse, abweichende Geschichtsschreibungen, alles zur gleichen Zeit. Um das praktisch umzusetzen, habe ich versucht, das Bild physisch aufzuspalten."

Peress betrachtet das fotografische Bild als einzigartige Kommunikationsform. Er ist überzeugt, dass ein komplexes Bild das Publikum motivieren kann, die Bedeutung herauszufinden: „Dadurch, dass die Fotografie sich nicht bewegt, gewährt sie einen intimen Augenblick, in dem die Leute ihre eigenen Gefühle erforschen können, ohne Schlagzeilen, ohne Bildunterschriften, ohne den Einheitsbrei der Nachrichtensendungen." Peress' Methode besteht darin, die Geschichte aus erster Hand zu erleben, jedes Element davon zu betrachten und zu versuchen, das Gesehene und Gefühlte in einen Sinnzusammenhang zu bringen, unabhängig von der Dimension des Erzählten.

men gesehen werden muss und dass die aufregendsten Dinge genau in den Grenzbereichen zwischen den Genres und Kunstformen geschehen. Er behauptet: „Das Interessante an der Fotografie ist, wenn sie sich am Zusammentreffen unterschiedlicher Ausdrucksformen und der Realität positioniert. Mich hat nie interessiert, was innerhalb der festen Grenzen des Mediums geschieht, sondern im Niemandsland zwischen der Fotografie und anderen Genres."

Peress sieht jede Objektivitätsbehauptung als in sich falsch an, meint aber, dass durch kontinuierliche Selbstbefragung eine Form der Authentizität erreichbar sei. Im Wesentlichen bedeutet dies, dass man seinen eigenen Blick auf das Geschehen entwickeln und immer wieder die Welt um sich herum, einschließlich der Informationsquellen, infrage stellen muss und Dinge nicht zum Nennwert akzeptieren sollte.

„Die sogenannte ‚gute Fotografie' ist mir nicht mehr so wichtig. Ich sammele Beweise für die Geschichtsschreibung."

Gilles Peress

Anthony Suau

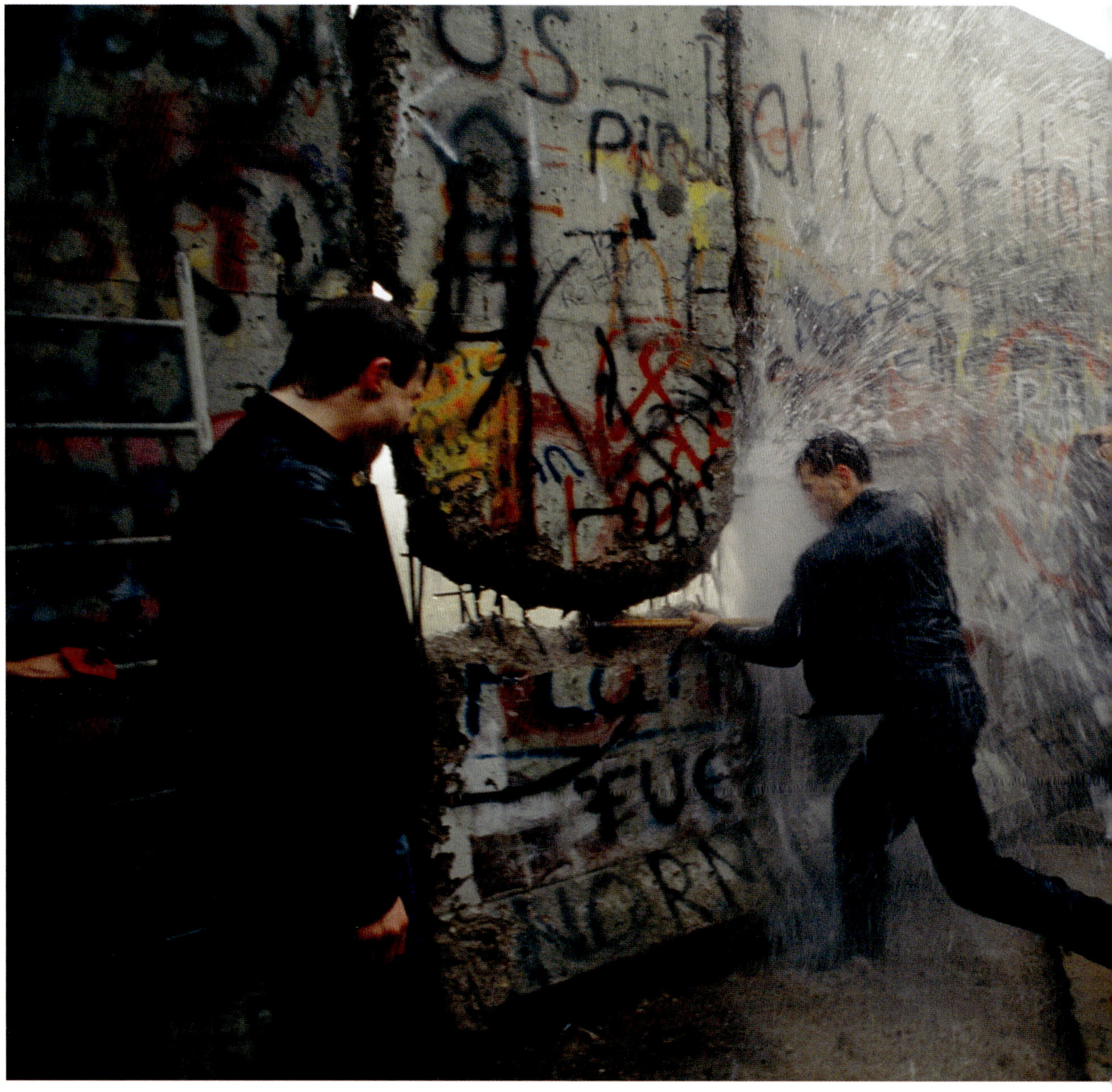

„Ich glaube, ein Foto zeigt, was Worte nicht beschreiben können. Die Fotografie ist tendenziell ehrlicher, vor allem beim Abbilden von Geschichte.“ Anthony Suau

Antony Suau (USA, 1956–) hat viele Preise gewonnen, darunter zweimal die Auszeichnung World Press Photo of the Year, einen Pulitzer-Preis für seine Bilder der Hungersnot in Äthiopien, und die Robert Capa Gold Medal für seine Berichte über den Krieg in Tschetschenien. Suau war einer der Mitbegründer des Kollektivprojekts „Facing Change: Documenting America“, das 2009 entstand, um die Auswirkungen der Wirtschaftskrise auf das Leben der Amerikaner festzuhalten. 2013 drehte er einen Dokumentarfilm über die Krise in der amerikanischen Lebensmittelproduktion mit dem Titel *Organic Rising* (2013).

Kreative Tipps und Techniken

Suau hat über Jahre hinweg an einer Reihe von Großprojekten gearbeitet, die sich mit wichtigen gesellschaftlichen, wirtschaftlichen und politischen Fragen beschäftigten. Dabei war ungemein viel Arbeit hinter den Kulissen zu leisten, die aber auch beträchtlichen Nutzen für den Fotografen brachte. Suau sagt, dass es bei Großprojekten vor allem

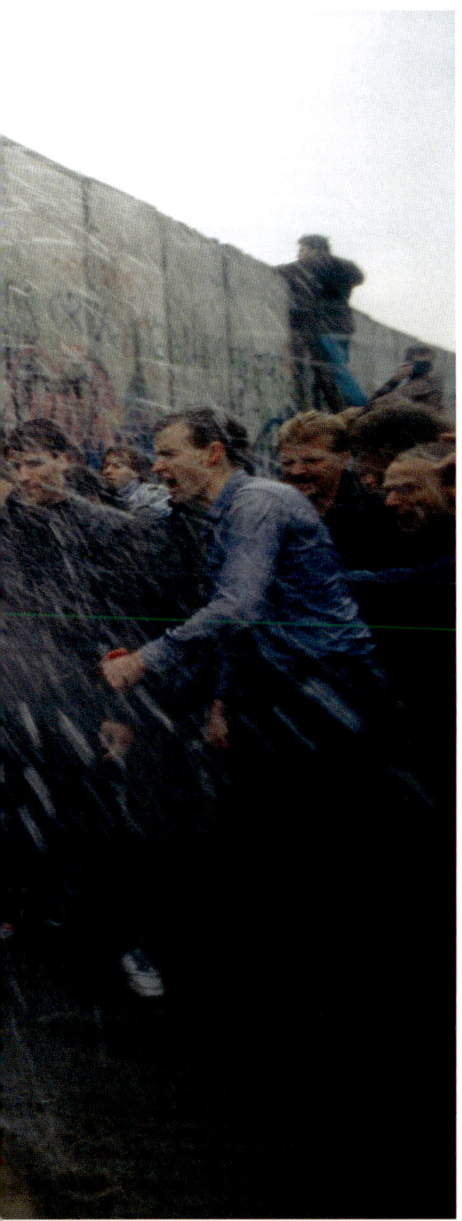

Fall der Berliner Mauer 1989

Dieses Foto von Anthony Suau bringt einen historischen Moment mit all seiner Dramatik und Energie auf den Punkt. Das Weitwinkelobjektiv zieht den Betrachter mitten hinein ins Geschehen, man meint beinahe das Wasser zu spüren, das auf die Linse tropft, während Berliner Bürger das verhasste Symbol der Teilung einreißen. Suau war bewusst, dass er einem monumentalen Ereignis beiwohnte, damals im November 1989: „Alle spürten, dass der Fall der Berliner Mauer ein folgenreiches historisches Ereignis war, das die Welt verändern würde." Ihm war aber auch klar, welch enorme Auswirkungen dies auf das Leben der normalen Leute haben würde, auch auf ihn selbst. Er erinnert sich, wie stark ihn die Geschehnisse emotional berührten: „Davon kann man sich auf menschlicher Ebene nicht abgrenzen, man durchlebt diese Momente genauso; man schaut zwar durch eine Kamera, aber man ist auch Mensch, man ist berührt. Solche Ereignisse haben tiefgreifende Auswirkungen. Ich war am ersten Tag emotional regelrecht ausgelaugt, weil ich so viel geweint hatte."

Nach den Bildern vom Fall der Mauer stürzte sich Suau in das Zehnjahresprojekt „Beyond the Fall", wo er die Transformationsprozesse der ehemaligen Ostblockstaaten in Osteuropa untersuchte. Rückblickend erkennt er, wie wertvoll diese Dokumentation eines historischen Wandels für nachfolgende Generationen sein kann. Als er sein Werk in Moskau ausstellte, war er, wie er erzählt, „von der Resonanz vollkommen überrascht. Ich hätte nicht gedacht, dass meine zehn oder fünfzehn Jahre alten Arbeiten so eine starke Wirkung auf das junge Publikum haben würden. Das Russland, das ich fotografiert habe, ist für diese jungen Leute buchstäblich verschwunden, sie haben das alte Russland nie gesehen. In dem Moment, wenn man auf den Auslöser drückt, denkt man nicht darüber nach, was zehn oder zwanzig Jahre später mit diesem Bild passieren wird."

darum geht, Sponsoren und andere Unterstützer zu finden. Er schätze allerdings den künstlerischen Freiraum, den er dann im Gegensatz zu Auftragsarbeiten habe.

Suau hat sich auch dem Dokumentarfilm zugewandt und hält dieses Medium für eine große Erweiterung der Möglichkeiten, sich mit den Themen auseinanderzusetzen, die ihn beschäftigen. Er beschreibt, dass er „Ton und Bewegung nutzen kann, um all diese Elemente zusammenzubringen. Ich fotografiere auf die gleiche Weise, aber ich kann Ton, Musik, Bewegung hinzufügen, eine Drohne steuern, mit der Helmkamera filmen." Er findet die Möglichkeiten des Films sehr aufregend, die „riesige weiße Leinwand, auf der man eine Geschichte wachsen und wachsen und wachsen lassen kann, um mit den Zeitstrahlen das wichtigste Kommunikationsmittel unserer Kultur entstehen zu lassen."

Mit dem Weitwinkelobjektiv kann man nahe am Motiv arbeiten und ein Ereignis formatfüllend fotografieren, damit der Betrachter sich als Teil des Geschehens fühlt. Ideal sind 28mm- oder 24mm-Objektive, kürzere Brennweiten führen oft zu Verzerrungen. In aufregenden Situationen muss man an die eigene Sicherheit denken, da man sich vom Geschehen vor der Kamera leicht so fesseln lässt, dass man alles andere vergisst.

Susan Meiselas

„Für mich hat Dokumentarfotografie im Kern immer auch mit Beweiskraft zu tun.“

Susan Meiselas

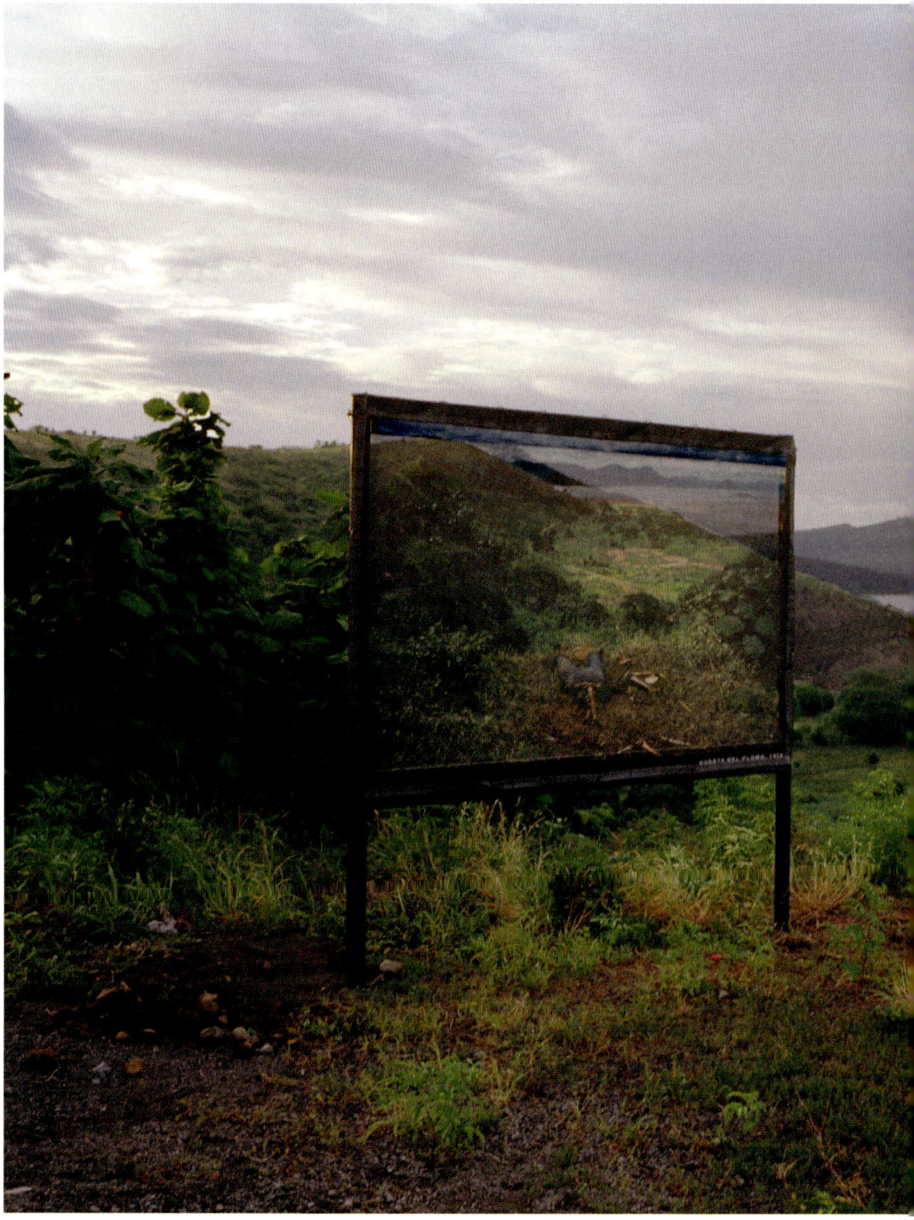

Carnival Strippers (1976) war das erste größere Projekt von **Susan Meiselas** (USA, 1948–) und zeigte das Leben von Frauen, die auf Landwirtschaftsmessen in New England als Striptease-Tänzerinnen arbeiten. 1976 wurde sie Mitglied von Magnum Photos und zählte in den späten 1970er und frühen 1980er Jahren mit Gilles Peress (s. S. 268) zu einer neuen Generationen ‚engagierter‘ Fotojournalisten. Der Kritiker Andy Grundberg schrieb, sie seien „eher an der Komplexität der Fragestellungen und Ereignisse interessiert, und daran, das Gefühl ihrer eigenen Erlebnisse mitzuteilen, als daran, einfach zu verdauende und leicht zu verstehende Bilder zu produzieren.“ Meiselas Arbeiten beschäftigen sich oft mit Menschenrechtsfragen, vor allem in Lateinamerika, und mit dem Verhältnis zwischen der Fotografie und der Geschichte von Gemeinschaften, das sie in *Kurdistan: In the Shadow of History* (1997) untersuchte. 1992 erhielt sie das MacArthur-Fellowship-Stipendium.

Kreative Tipps und Techniken

Meiselas versteht sich als eine Stimme unter vielen, hält diese Perspektive aber für erforderlich und sagt, es bereite ihr Freude, sich einzureihen zwischen „Bildermachern, neben anderen Reisenden wie Anthropologen, Kolonisatoren, Missionaren, sogar Touristen … Ich sehe mich als nur eine von vielen, die Geschichten erzählen.“ Sie weiß, dass ein einzelnes Bild nicht die ganze Geschichte erzählen kann, dass es aber mit einer Reihe anderer verbunden werden kann, um zu tieferem Verständnis zu führen. Sie beginnt ihre Arbeit nicht mit einer vorgefertigten Vorstellung der fertigen Geschichte. Vielmehr erlaubt sie ihrer persönlichen Reaktion, die wesentlichen Merkmale zu bestimmen. Manchmal zieht sie es vor, ohne einen festen Auftrag an einen Ort zu gehen, weil sie glaubt, dort geschehe etwas Wichtiges.

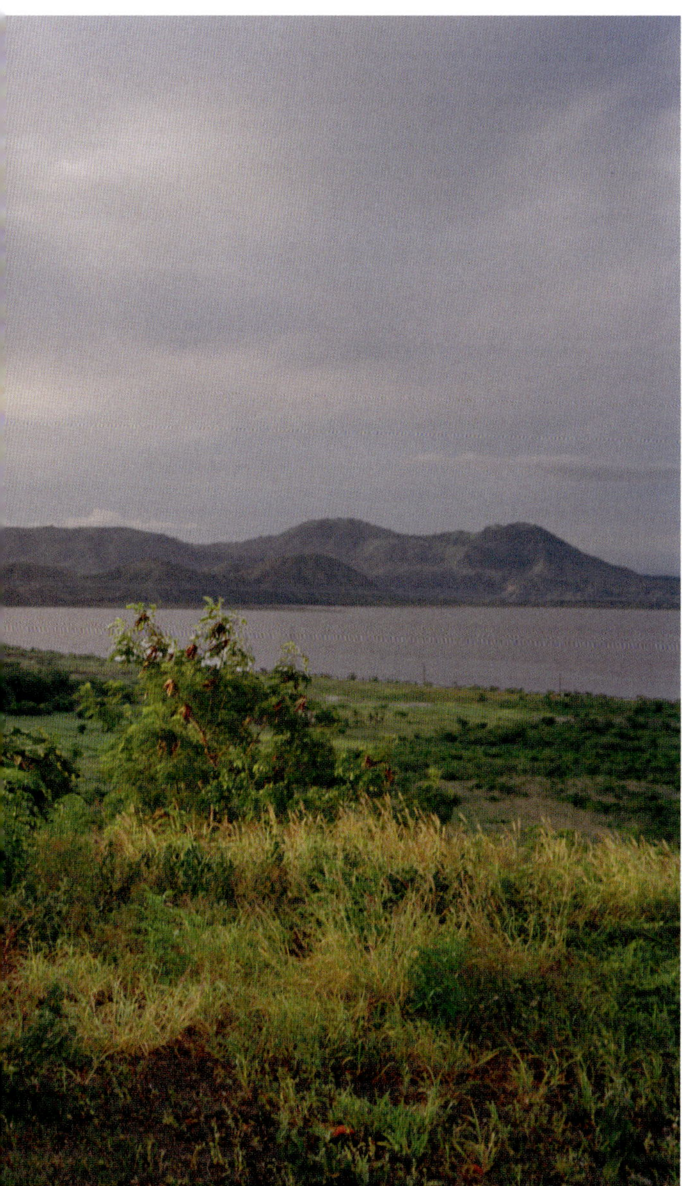

Managua, Nicaragua 2004, aus „Re-framing History"

Susan Meiselas ist fasziniert vom Fortschreiten der Geschichte und wie stark Bilder in der Gegenwart unsere Vorstellungen von der Vergangenheit beeinflussen und formen können. Die gerahmte Fotografie, die in dem nebenstehenden Bild zu sehen ist, entstammt dem bahnbrechenden Buch *Nicaragua* (1981), eine Dokumentation der Revolution der Sandinisten. Meiselas bezeichnet den Zeitpunkt im Jahre 1978, in dem sie das ursprüngliche Foto machte, als Schlüsselmoment für ihr Verständnis der Ereignisse. Sie war damals mit dem Auto in der Gegend der Cuesta del Plomo unterwegs, einem Berghang außerhalb von Managua, als sie eine von Geiern zerfressene Leiche entdeckte. „Den Bildern, die ich von der Leiche machte, wohnte eine große Kraft inne, auch durch den Kontrast zur Schönheit der Landschaft. Durch das Foto begann ich langsam zu verstehen, warum die Menschen in Nicaragua so außer sich waren. Der amerikanischen Öffentlichkeit fehlte der Bezug zur Realität dieses Bildes. Sie konnten sich schlicht nicht erklären, was sie sahen." Ihre Farben und ihr subjektiver Ansatz belebten den Fotojournalismus, schenkten ihm neue Energie.

Meiselas kehrte 2004, zum 25-jährigen Jubiläum der Revolution, für eine Installation nach Nicaragua zurück. Bilder in Postergröße aus ihrem Buch wurden an genau den Orten aufgestellt, wo sie einst gemacht worden waren, eingebettet in die Landschaft. Eines davon sehen wir hier. Das Projekt „Reframing History" beinhaltete auch eine Zusammenarbeit mit den örtlichen Gemeinden, um kollektive Erinnerungsorte zu erschaffen. Meiselas weiß, dass ihre Gründe, warum sie fotografiert, sich im Lauf der Zeit verändern, so wie auch die Funktion der Fotografie sich vom nachrichtenrelevanten Produkt zu einem Bestandteil von historischen Prozessen entwickelt hat. Sie glaubt, dass es wichtig war, die 25 Jahre alten Fotos nach Nicaragua zurückzubringen, fügt aber hinzu: „Damals, als ich die Fotos gemacht habe, hatte ich nicht die leiseste Ahnung. Ich musste diese Geschichte gewissermaßen erst erleben, aber dann ergab alles einen Sinn."

Meiselas erklärt, dass die Bildauswahl das Wesentliche einer Situation enthüllen kann. Sie betrachtet Kontaktabzüge wie „eine riesige Menge von Fußspuren", anhand derer man feststellen kann, ob man das richtige Bild gefunden hat: „Plötzlich findet man ein Bild, und es scheint einfach da zu sein und sich zu zeigen."

Meiselas fühlt sich mit ihrer Dokumentarfotografie, die sich oft mit Menschenrechtsverletzungen beschäftigt, einer Tradition der Begegnung und des Bezeugens verpflichtet. Sie bringt die für diese Rolle notwendige Selbstreflexion zum Ausdruck, wenn sie ihr Verständnis der Grenzen des Bezeugens beschreibt: „Die andere Seite von ‚Bezeugen' ist, dass wir doch intervenieren, dass wir durch unsere Anwesenheit an einem bestimmten Ort intervenieren. Wir verändern, wie Menschen sich selbst sehen und wie andere sie sehen könnten. Ich beschäftige mich auch damit, wie wir uns selbst in der Rolle des Zeugen sehen." Sie glaubt an die Kamera als Mittel, sich mit der Welt auseinanderzusetzen und konstatiert: „Die Kamera stellt einen Verbindungspunkt dar, aber auch eine Trennstelle." Meiselas weiß aber auch, dass ein fertiges Foto nur Teil der Gleichung ist, und dass es mit größeren sozialen und politischen Fragen verbunden werden muss, um einen Sinn zu haben.

David Burnett

Alistair Brownlee gewinnt den Triathlon bei den Olympischen Spielen in London 2012

In diesem Sinnbild sportlicher Leistungsfähigkeit betont David Burnett das Theaterhafte der Sportarena, indem er die ganze Szene wie ein Modell aussehen lässt. Der gezielte Einsatz der Schärfentiefe verwandelt die Szene in einen spektakulären Jubelmoment und lenkt alle Aufmerksamkeit auf den siegreichen Athleten, der das Zielband durchbricht und sich die Goldmedaille sichert. Burnett ist zwar nicht auf Sportfotografie spezialisiert, hat aber seit 1984 von acht olympischen Sommerspielen berichtet. In Anbetracht der Dramatik, der schillernden Persönlichkeiten und der visuellen Wirkung sind beim Sport auch gerade die Aufnahmen hinter den Kulissen reizvoll. Dazu Burnett: „Sportfotografie kann eine große Herausforderung sein. Interessante Actionfotos sind kein Problem, aber das Foto auf die nächste Ebene zu heben, kann kompliziert werden. Dazu muss man gut antizipieren können." Er erklärt, dass Olympia nicht nur für Athleten der Höhepunkt ist, sondern auch für Fotografen: „Olympia hat etwas Suchterzeugendes, für uns Fotografen und für die ganze Welt. Die besten Athleten der Welt an einem Ort! Das ist unsere Chance, unser Bestes zu geben – fast als wäre Fotografieren auch eine olympische Disziplin."

Burnett versucht, einen Standpunkt zu finden, von dem aus er die Ereignisse auf seine ganz spezielle Weise deuten kann. Statt sich mitten ins Getümmel zu stürzen, sucht er nach einem Blickwinkel, der mehr Interpretationsspielraum lässt und das Bild vom Rest abhebt. Er berichtet: „Das Schwierigste ist, unabhängig von der technischen Ausrüstung, sich selbst zu zwingen, die Dinge ein bisschen anders zu sehen. Also nicht an der Ziellinie lauern, sondern zur dritten Runde gehen, wo nie was passiert, und dort ein Bild machen." Dabei hilft ihm seine Graflex Speed Graphic, eine Kamera, die ihn zwingt, „die Dinge anders zu sehen", wie er sagt. „In Anbetracht der Schwierigkeiten, die eine große Kamera mit sich bringt (auffällig, langsam, viele Handgriffe, die in der richtigen Reihenfolge gemacht werden müssen), kann es durchaus von Vorteil sein, sich selbst gewisse Einschränkungen aufzuerlegen. Man sieht dann Dinge, die man sonst verpasst hätte."

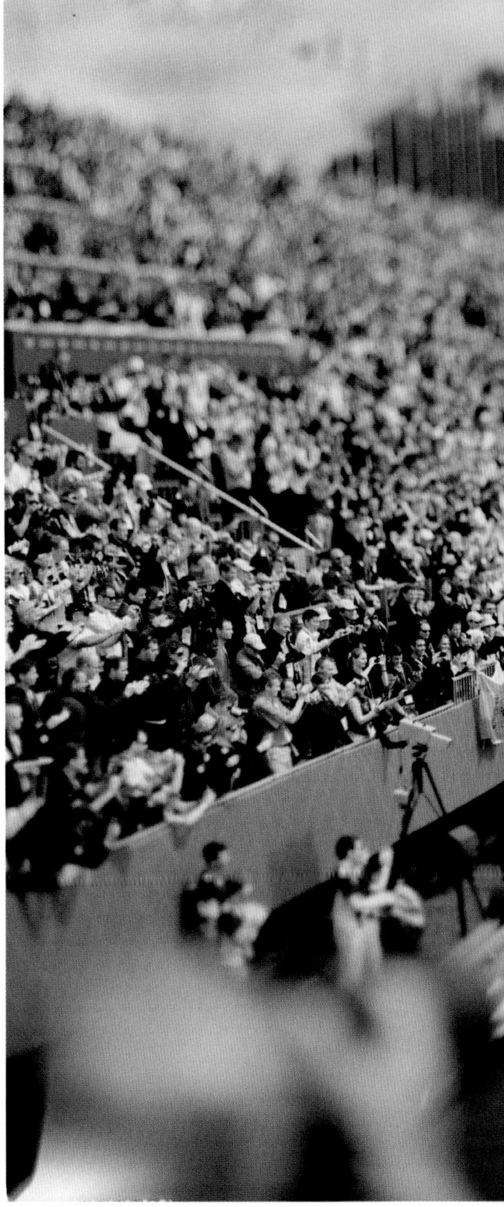

„Ich mache außerhalb von Olympia nicht viel Sportberichterstattung. Für mich ist das mehr als ein Sportereignis. Ich versuche stets, es in einem größeren Kontext zu sehen." David Burnett

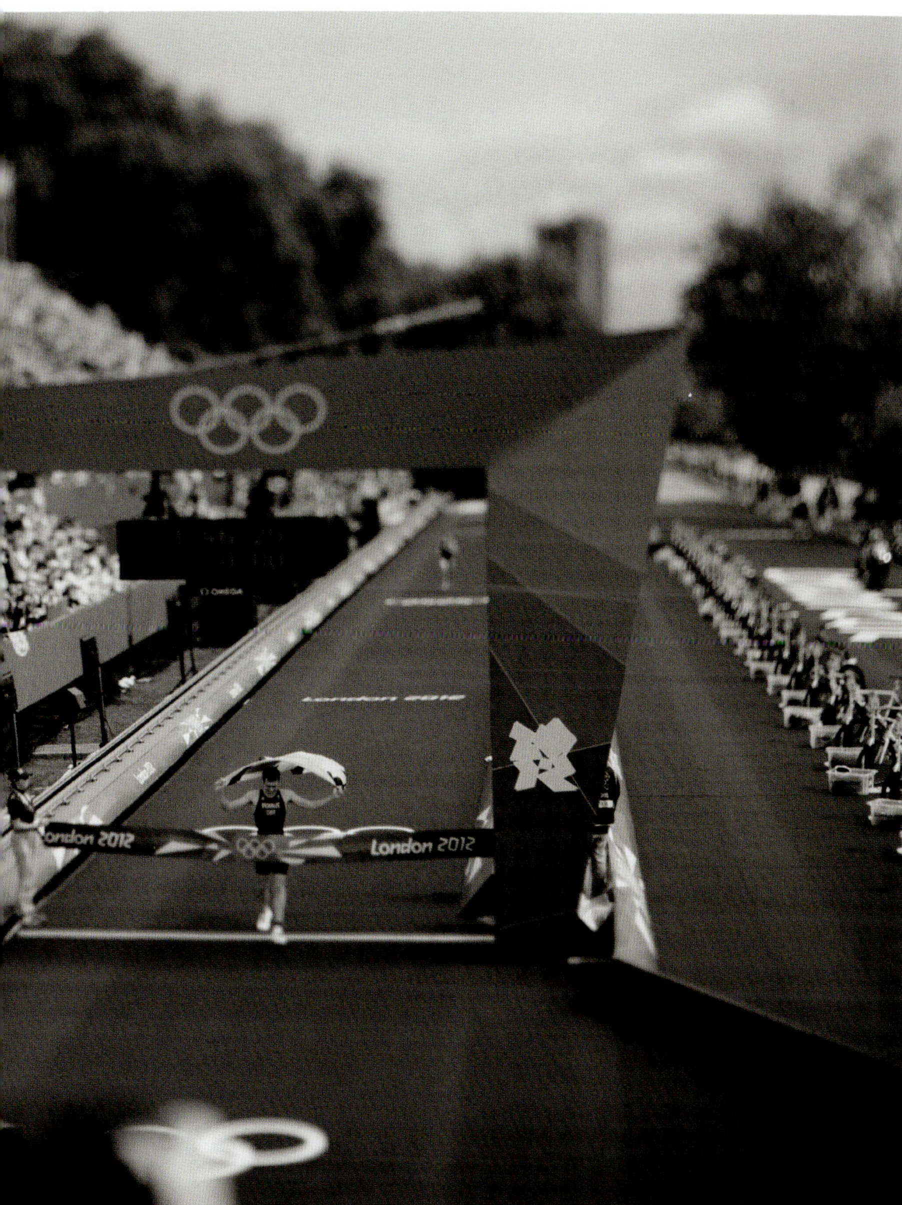

David Burnett (USA, 1946–) ist heute einer der erfahrensten Fotojournalisten. Er hat seit dem Vietnamkrieg eine Vielzahl von Nachrichtengeschichten und Features fotografiert und zahlreiche Preise gewonnen, darunter die Robert Capa Gold Medal; eines seiner Fotos wurde als World Press Photo of the Year ausgezeichnet. 1975 gründete er in New York mit Robert Pledget Contact Press Images. In den vergangenen drei Jahrzehnten hat er im Auftrag der wichtigsten europäischen und amerikanischen Zeitschriften weite Reisen unternommen. Er reagiert immer wieder auf die technischen Änderungen in seinem Metier und sieht stets nach vorne, nie zurück; wie er es humorvoll formuliert: „Wenn man das Goldene Zeitalter des Fotojournalismus miterlebt hat, ist es zwecklos, nostalgisch zu sein." Er hat seit 1984, als er das legendäre Bild der stürzenden amerikanischen Läuferin Mary Decker schoss, acht olympische Sommer- und Winterspiele fotografiert. Seit neuestem arbeitet Burnett mit Großformatkameras, um zu anderen Perspektiven zu kommen, und sucht „die Befriedigung, neben 500 Fotografen zu arbeiten und doch etwas anderes abzuliefern."

Kreative Tipps und Techniken

Burnett schätzt zwar die Geschwindigkeit und leichte Bedienung der Digitalkamera, meint aber auch, dass etwas vom Handwerklichen des Fotografierens verloren gegangen sei, vor allem, weil es ein Nachteil sei, das Bild sofort auf dem Display der Kamera betrachten zu können. Er empfiehlt die Erfahrung, mit Film zu fotografieren, „weil man von der fehlenden Gewissheit profitiert und den Mangel an Sicherheit schätzen wird, der notwendigerweise mit dem Film einhergeht". Er hat einen hervorragenden Rat, um den eigenen Stil weiterzuentwickeln: „Decken sie das Display der Kamera mit Klebeband ab und fotografieren sie einen Tag oder ein Woche wie mit Film. Es macht wütend, es frustriert, aber wenn man eine Woche übersteht, sieht man, wie die Bilder besser werden. Und darum geht es doch."

Burnett verwendet die Verstellmöglichkeiten seiner Fachkamera, um den hier gezeigten Effekt zu erreichen, bei dem nur eine flache Ebene des Bildes scharf ist und das Hauptmotiv so isoliert wird. Die Aufnahme sieht fast wie ein Miniaturmodell aus. Die Blende seiner Speed Graphic ist dabei weit offen: „Meist verwende ich f/2,8 oder f/4. Ich mag die Weise, in der große Blenden das Motiv isolieren; es ist ein kleiner technischer Vorteil beim Versuch, das Motiv von der Umgebung abzuheben." Man kann den gleichen Effekt mit einer Spiegelreflexkamera erreichen, wenn man ein Tilt-und-Shift-Objektiv verwendet oder den entsprechenden Filter in Photoshop einsetzt. Es gibt auch Apps für Smartphones, die recht interessante Ergebnisse liefern. Die Methode funktioniert gut, wenn man von einem erhöhten Standpunkt über dem Motiv fotografiert, wie es hier geschah.

Bibliographie

Adams, Ansel, *Examples: The Making of 40 Photographs*, Little, Brown, 1989

Adams, Ansel, *Ansel Adams: 400 Photographs*, Little, Brown, 2013

Adams, Robert, *Why People Photograph: Selected Essays and Reviews*, Aperture, 2005

Adams, Robert, *The New West*, Joshua Chang (Hg.), Steidl Verlag, 2016

Allard, William Albert, *William Albert Allard: Five Decades*, National Geographic Society, 2010

Arbaïzar, Philippe, *Henri Cartier-Bresson: The Man, the Image and the World: A Retrospective*, Thames & Hudson, 2003

Arnold, Eve, *All About Eve*, teNeues Verlag GmbH + Co KG, 2012

Barnard, Lisa, *Hyenas of the Battlefield, Machines In the Garden*, GOST Books, 2015

Beaton, Cecil, *Beaton: Photographs*, Jonathan Cape, 2015

Becher, Bernd und Hilla, *Typologies of Industrial Buildings*, MIT Press, 2004

Benedict-Jones, Linda, *Storyteller: The Photographs of Duane Michals*, Prestel, 2014

Billingham, Richard, *Ray's a Laugh*, Errata Editions, 2014

Brothers, Caroline, *War and Photography: A Cultural History*, Routledge, 1997

Brookman, Philip, *Helios: Eadweard Muybridge in a Time of Change*, Steidl Verlag, 2010

Burrows, Larry, *Vietnam*, Knopf, 2002

Callahan, Harry, *Harry Callahan*, Kehrer Verlag, 2013

Campany, David (Hg.), *Art and Photography*, Phaidon, 2012

Capa, Cornell (Hg.), *The Concerned Photographer 1 and 2*, International Center of Photography, 1968 and 1972

Capa, Robert, *Slightly Out of Focus*, Modern Library, 1999

Crewdson, Gregory und Lethem, Jonathan, *Gregory Crewdson*, Rizzoli, 2013

Davies, John, *The British Landscape*, Chris Boot, 2006

Dijkstra, Rineke, *Portraits*, Schirmer/Mosel, 2005

Eggleston, William, *William Eggleston's Guide*, The Museum of Modern Art, New York, 2002

Erwitt, Elliott, *Elliott Erwitt's Dogs*, teNeues Media GmbH + Co., 2008

Erwitt, Elliott, *Personal Best*, teNeues Media GmbH + Co., 2014 (Mul edition)

Evans, Walker, *American Photographs*, Museum of Modern Art, New York, 1989

Frank, Robert, *The Americans*, Secker & Warburg, 1989

Fraser, Peter, *Peter Fraser*, Tate Publishing, 2013

Fulton, Marianne, *Eyes of Time: Photojournalism in America*, Little, Brown, 1988

Gernsheim, Helmut und Alison, *Roger Fenton: Photographer of the Crimean War*, Secker & Warburg, 1954

Gilden, Bruce, *Facing New York*, Dewi Lewis Publishing, 2002

Goldberg, Vicki, *The Power of Photography: How Photographs Changed Our Lives*, Abbeville Press, 1991

Goldin, Nan, *The Ballad of Sexual Dependency*, Aperture, 2014

Graham, Paul, *Troubled Land*, Cornerhouse Publications, 1990

Griffin, Brian, *Work*, Central Books Ltd, 1989

Gursky Andreas, *Andreas Gursky*, The Museum of Modern Art, New York, 2002

Harvey, David Alan, *Divided Soul: A Journey Through the Hispanic Diaspora*, Phaidon, 2003

Heron, Liz und Williams, Val (eds), *Illuminations: Women Writing on Photography from the 1850s to the Present*, Tauris, 1996

Hurn, David und Jay, Bill, *On Being a Photographer*, LensWork Publishing, 2001

Jeffrey, Ian, *Photography: A Concise History*, Thames & Hudson, 1981

Jones Griffiths, Philip, *Vietnam Inc.*, Macmillan, 1971

Jones Griffiths, Philip, *Dark Odyssey*, Aperture, 1996

Jurovics, Toby, *Framing the West: The Survey Photographs of Timothy H. O'Sullivan*, Yale University Press, 2010

Kander, Nadav, *Bodies 6 Women 1 Man: Inner Condition*, Hatje Cantz, 2012

Killip, Chris, *In Flagrante Two*, Steidl Verlag, 2016

Klein, William, *William Klein, ABC*, Tate Publishing, 2012

Klett, Mark, *Third Views, Second Sights: A Rephotographic Survey of the American West*, Museum of New Mexico Press, 2004

Koetzle, Hans-Michael, *Augen Auf! 100 Jahre Leica*, Kehrer Verlag, 2015

Koudelka, Josef, *Gypsies*, Thames & Hudson, 2011

Koudelka, Josef, *Exiles*, Thames & Hudson, 2014

Leo, Patric und Stahel, Urs, *Anders Petersen*, Max Strom, 2013

Light, Ken (Hg.), *Witness in Our Time, Working Lives of Documentary Photographers*, Smithsonian Institution Press, 2000

Linfield, Susan, *The Cruel Radiance: Photography and Political Violence*, University of Chicago Press, 2010

Lyon, Danny, *The Bikeriders*, Aperture, 2014

Mark, Mary Ellen, *25 Years*, Bulfinch Press, 1991

Mark, Mary Ellen, *Mary Ellen Mark: On the Portrait and the Moment* (The Photography Workshop Series), Aperture, 2015

Meiselas, Susan, *Nicaragua*, Random House Inc., 1981

Meiselas, Susan, *In History: Susan Meiselas and Documentary Photography*, Steidl Verlag, 2008

Meyerowitz, Joel, *Joel Meyerowitz: Retrospective*, D.A.P./Verlag Der Buchhandlung Walther König, 2014

Meyerowitz, Joel, *Cape Light*, Aperture, 2015
Meyerowitz, Joel und Westerbeck, Colin, *Bystander: A History of Street Photography*, Bulfinch Press, 1994
Miller, Russell, *Magnum: Fifty Years at the Front Line of History*, Pimlico, 1999
Misrach, Richard, *Violent Legacies*, Cornerhouse Publications, 1992
Model, Lisette, *Lisette Model*, Aperture, 2007
Morse, Rebecca, *Larry Sultan: Here and Home*, Prestel, 2014
Muir, Robin, *Norman Parkinson: Portraits in Fashion*, Palazzo Editions Ltd, 2015
Nachtwey, James, *Deeds of War*, Thames & Hudson, 1989
Nachtwey, James, *Inferno*, Phaidon, 2000
Nixon, Nicholas, *Nicholas Nixon: The Brown Sisters: Forty Years*, The Museum of Modern Art, New York, 2014
Nixon, Nicholas, *Nicholas Nixon: About Forty Years*, Fraenkel Gallery, 2015
Nordstrom, Alison, *Lewis Hine*, Distributed Art Publishers, 2012
Norfolk, Simon, *For Most of it I Have No Words*, Dewi Lewis, 1996
Norfolk, Simon, *Afghanistan: Chronotopia*, Dewi Lewis Publishing, 2002
Norfolk, Simon, *Bleed*, Dewi Lewis Publishing, 2005
Parr, Martin, *The Photobook: A History Volumes I, II, III*, Phaidon, 2004, 2009, 2014
Pellegrin, Paolo, *Kosovo: The Flight of Reason*, Trolley Books, 2002
Pellegrin, Paolo, *As I Was Dying*, Dewi Lewis Publishing, 2008
Peress, Gilles, *Farewell to Bosnia*, Scalo, 1994
Peress, Gilles, *The Silence – Rwanda*, Scalo, 1996
Peress, Gilles, *Telex Iran: In the Name of Revolution*, Scalo, 1998
Peress, Gilles, *The Graves: Srebrenica and Vukovar*, Scalo, 1998
Polidori, Robert, *Havana*, Steidl Verlag, 2001
Pyke, Steve, *Philosophers*, Oxford University Press, 2011
Rai, Raghu, *Raghu Rai's India: Reflections in Colour*, Haus Publishing, 2008
Ristelhueber, Sophie, *Operations*, Thames & Hudson, 2009
Rowell, Margit und Weinberg, Adam, *Ed Ruscha, Photographer*, Steidl Verlag, 2006
Rubinfien, Leo, *Garry Winogrand*, San Francisco Museum of Modern Art, 2013
Salgado, Sebastião, *Other Americas*, Pantheon, 1986
Salgado, Sebastião, *An Uncertain Grace*, Aperture, 1990
Sander, Gerd, *August Sander: Menschen des 20. Jahrhunderts*, Schirmer/Mosel Verlag GmbH, 2013
Sherman, Cindy, *The Complete Untitled Film Stills*, The Museum of Modern Art, New York, 2003
Sidibè, Malick, *The Portrait of Mali*, Skira Editore, 2012
Smith, W. Eugene, *Let Truth Be the Predujice*, Aperture, 1985
Soth, Alec, *Sleeping by the Mississippi*, Steidl Verlag, 2004
Soth, Alec, *Niagara*, Steidl Verlag, 2006
Southam, Jem, *Shape of Time: Rockfalls, Rivermouths, Ponds*, Photoworks, 1999
Sternfeld, Joel, *On This Site: Landscape in Memoriam*, Chronicle Books, 1996
Sternfeld, Joel, *American Prospects*, Distributed Art Publishers, 2004
Strand, Paul, *Paul Strand: Aperture Masters of Photography*, Aperture, 2014
Suau, Anthony, *Beyond the Fall: The Former Soviet Bloc in Transition, 1989–99*, Network Photographers, 2000
Sugimoto, Hiroshi, *Hiroshi Sugimoto*, Hatje Cantz, 2010
Sussman, Elisabeth, Doon Arbus et al, *Diane Arbus: Revelations*, Jonathan Cape, 2003
Szarkowski, John, *Atget*, The Museum of Modern Art, New York, 2004
Tillmans, Wolfgang, *Wolfgang Tillmans*, Taschen, 2011
Towell, Larry, *The World from My Front Porch*, Chris Boot, 2008
Wagstaff, Sheena, *Jeff Wall: Photographs 1978–2004*, Tate Publishing, 2005
Wallis, Brian, *Weegee: Murder is My Business*, Prestel, 2013
Wallace, Dougie, *Shoreditch Wild Life*, Hoxton Mini Press, 2014
Wallace, Dougie, *Stags Hens and Bunnies*, Dewi Lewis Publishing, 2014
Webb, Alex, *Hot Light/Half-made Worlds: Photographs from the Tropics*, Thames & Hudson, 1986
Webb, Alex, *Under a Grudging Sun: Photographs from Haiti Libere 1986–1988*, Thames & Hudson, 1989
Webb, Alex und Norris Webb, Rebecca, *On Street Photography and the Poetic Image* (The Photography Workshop Series), Aperture, 2014
Weiss, Marta (Hg.), *Julia Margaret Cameron*, Mack, 2015
Wells, Liz (Hg.), *The Photography Reader*, Routledge, 2003
Weston, Edward, *The Flame of Recognition*, Aperture, 2015
Weston, Edward, *The Daybooks of Edward Weston: Two Volumes in One I. Mexico II. California*, Aperture, 1990 (2nd edition)
Whelan, Richard und Capa, Cornell, *Robert Capa: The Definitive Collection*, Phaidon, 2001
Williams, Val, *Anna Fox: Photographs 1983–2007*, Photoworks, 2007
Williams, Val, *Martin Parr*, Phaidon, 2014
Wintour, Anna und Brown, Susanna, *Horst: Photographer of Style*, V & A Publishing, 2014

Albumindruck
Ein Verfahren, bei dem fotografische Abzüge auf Papier hergestellt werden, das mit Albumin aus Eiklar beschichtet ist. Es wurde zuerst 1848 für die Beschichtung von Glasplatten verwendet.

Aufhellblitz
Eine Technik, um den Kontrast in einem Motiv bei hartem Licht oder Gegenlicht zu reduzieren. Das Blitzlicht wird mit dem Hauptlicht zusammen eingesetzt, meist bei ein oder zwei Blendenwerten unterhalb der Allgemeinbelichtung, um die Schatten aufzuhellen.

Belichtung
Der Vorgang, bei dem Licht auf ein lichtempfindliches Material trifft. In der Kamera wird der Vorgang durch die Blende und den Verschluss gesteuert.

Beschneiden
Die Ränder einer Fotografie, einer digitalen Aufnahme oder eines Negativs verändern, um die Komposition zu verbessern, unerwünschte Motivelemente zu entfernen oder das Bild an ein Darstellungsformat anzupassen.

Bildausschnitt
Der Teil eines Motivs in der Realität, der in der fotografischen Aufnahme wiedergegeben wird.

Blende
Die Öffnung, durch die Licht tritt, um lichtempfindliches Material oder einen Sensor zu belichten. Meist hinter oder in einem Objektiv angebracht. Ursprünglich bestand die Blende aus herausnehmbaren Verschlüssen, später wurden Irisblenden gebräuchlich. Die Größe der Blende wird in Blendenzahlen angegeben.

Blendenzahl
Die Blendenzahl gibt das Verhältnis von Brennweite eines Objektivs zum Durchmesser der Blende an. Sie ist das quantitative Maß der Lichtstärke eines Objektivs und ein wichtiges Konzept in der Fotografie. So hat zum Beispiel ein lichtstarkes Objektiv, mit dem auch bei geringem Restlicht fotografiert werden kann, eine maximale Blendenzahl von f/1,4.

Blitzlicht
Eine elektronische Lichtquelle, die zusätzliches Licht sehr kurzer Dauer, meist 1/1000s bis 1/200s, liefert, um eine Szene besser auszuleuchten. Viele Kameras verfügen über ein eingebautes Blitzlicht, Zusatzgeräte können jedoch im Atelier oder am Aufnahmeort an der Kamera oder im Blitzschuh angebracht oder unabhängig von der Kamera eingesetzt werden.

Brennweite
Die Brennweite eines Objektivs ist die Entfernung zwischen seiner Hauptebene und der Bildebene, wenn das Motiv scharf gestellt ist. Meist wird sie in Millimeter angegeben, zum Beispiel 20mm, 50mm, 135mm. Bei Zoomobjektiven wird die kleinste und die größte Brennweite angegeben, zum Beispiel 24–70mm.

Chronofotografie
Eine Methode zur Analyse von Bewegungen mittels in regelmäßigen zeitlichen Abständen angefertigten Fotografien. Sie wurde seit den frühen 1870er Jahren unabhängig voneinander unter anderem von Étienne-Jules Marey und Eadweard Muybridge entwickelt. 1877 gelang es Muybridge, durch Chronofotografie nachzuweisen, dass Mareys Behauptung zutraf, ein Pferd hebe beim Traben kurzzeitig alle vier Hufe gleichzeitig vom Boden.

Digitaldruck
Ein fotografischer Abzug, der von einem konventionellen Negativ oder einer digitalen Datei mit einem Digitaldrucker hergestellt wird. Dazu gehören unterschiedliche digitale Fine-Art-Druckverfahren, der Tintenstrahl- und der Laserdruck.

Dokumentarfotografie
Eine fotografische Darstellung der realen Welt, die das Abgebildete getreu und objektiv zeigen möchte. Frühe Beispiele sind die Arbeiten von Maxime Du Camp (Mittlerer Osten), Roger Fenton (Krim) und Mathew Brady (Amerikanischer Bürgerkrieg). Ein wichtiges Teilgebiet ist die sozialdokumentarische Fotografie, die versucht, die *conditio humana* in einem weiteren Kontext festzuhalten. Frühe Beispiele gehen zurück auf Thomas Annan (Glasgow, 1860er Jahre), Jacob Riis (New York, 1890er Jahre) bis hin zu den Fotografen der Farm Security Administration in den USA der 1930er Jahre.

Doppelbelichtung
Das Festhalten zweier übereinanderliegender Abbildungen auf demselben Stück lichtempfindlichen Materials. Kann ein technischer Fehler oder Teil des kreativen Prozesses sein.

Dunkelkammer
Ein Raum, in dem vollkommene Dunkelheit herrscht oder der nur durch Rot- oder Orangelicht beleuchtet wird, sodass lichtempfindliches Material wie Filme oder Fotopapier gehandhabt, bearbeitet oder entwickelt werden kann, ohne durch unerwünschten Lichteinfluss beeinträchtigt zu werden.

Düsseldorfer Photoschule
Eine Gruppe von Studenten, die Mitte der 1970er Jahre an der Kunstakademie Düsseldorf bei dem einflussreichen Fotografen-Paar Bernd und Hilla Becher studierte. Die Bechers sind bekannt für ihre klaren, objektiven Schwarz-Weiß-Aufnahmen von Industriegebäuden. Zu den bekanntesten Vertretern der Schule gehören Thomas Struth und Andreas Gursky.

Dye-Transfer-Verfahren
Ein subtraktives Verfahren, um Farbabzüge von farbigen Positiven oder Negativen herzustellen. Es gab solche Verfahren seit 1875, am erfolgreichsten war aber das Auswasch-Relief-Verfahren, das Eastman Kodak 1935 entwickelte und das 1946 als Dye-Transfer-Verfahren verfeinert und wiedereingeführt wurde. Das Verfahren ist kompliziert, liefert jedoch ansprechende, sehr dauerhafte Abzüge mit außerordentlich kräftigen Farben.

Fachkamera
Eine Großformatkamera, die die Möglichkeit bietet, die – durch einen Balgen miteinander verbundenen – Objektiv- und Filmstandarte gegeneinander zu verschieben. Traditionell wurde das Bild auf einer Mattscheibe im Kamerarücken betrachtet, heute vermehrt durch eine digitale Kamerarückwand ersetzt, mit Sensoren zur Bildaufzeichnung und einem Display zur Bildbetrachtung.

Filter
Eine farbige oder neutral-graue optische Glas- oder Kunststoffscheibe, die meist vor dem Objektiv der Kamera angebracht wird. Die meisten Filter entfernen oder reduzieren Teile des Lichtspektrums; andere, wie der Neutraldichtefilter oder Polfilter, verändern die Lichtabsorbtion auf andere Weisen.

Fine-Art-Fotografie
Fotografien, die von einem Fotografen als Kunstwerke beabsichtigt und meist zum Kauf angeboten werden.

Fotobücher
Ursprünglich wurden mit Fotografien illustrierte Bücher mit diesem Begriff bezeichnet. Seit den 1980er Jahren wird er vor allem für Bücher verwendet, bei denen die Fotografien einen wesentlichen Teil des Inhalts darstellen. Bedeutende Beispiele sind Henri Cartier-Bressons *Images à la sauvette* (1952; s. S. 260) und Martin Parrs *The Last Resort* (1986; s. S. 102). Die Bezeichnung ‚Fotobuch' wird auch für digital gedruckte Bücher mit sehr kleinen (bis hin zu Einzel-) Auflagen benutzt.

Fotoemulsion
Eine lichtempfindliche Suspension von Silberhalogenid in einer dünnen Gelatineschicht, die auf Glas, Film oder Papier aufgebracht wird.

Fotogravüre
Ein fotomechanisches Tiefdruckverfahren, mit dem schnelle und hochwertige Reproduktionen von Fotografien auf Papier möglich sind, die sich durch gute Wiedergabe der Details und Tonwerte auszeichnen.

Fotojournalismus
Der englische Begriff ‚Photojournalism' wurde 1924 geprägt (vielleicht durch Frank Luther Mott) und bezeichnet eine Serie von Fotografien, die im Dienste einer fotografischen Reportage stehen und deshalb zur Herstellung Fähigkeiten sowohl als Fotograf wie auch als Journalist erfordern. Dadurch unterscheidet sich der Fotojournalismus von der Presse- oder Nachrichtenfotografie.

Fotomontage
Eine Bild, das aus mehreren unterschiedlichen Bildern – manchmal auch anderen Medien – durch Ausschneiden und Aufkleben (oder durch Projizieren oder mittels digitaler Techniken) zusammengefügt wird.

Gegenlicht
Beleuchtung eines Motivs durch eine dahinterliegende Lichtquelle. Wird meist mit anderen Lichtquellen verbunden, kann aber auch alleine eingesetzt werden, um das Motiv von einem dunklen Hintergrund abzuheben oder einen Strahlenkranz darum zu legen.

HDR
High-Dynamic-Range-Imaging (HDR oder HDRI) ist ein Verfahren, mit dem ein größerer Dynamikumfang wiedergegeben werden kann, als es mit normalen digitalen oder fotografischen Verfahren möglich wäre. Es ist vor allem bei schwierigen Lichtverhältnissen mit starken Kontrasten nützlich.

High-Key-Bild
Bei heller Ausleuchtung des Motivs und leichter Überbelichtung werden die meisten oder alle harten Schatten nivelliert, damit das fertige Bild leichter wirkt.

Inszenierte Fotografie
Eine gestellte Szene oder Vorführung vor der Kamera, die an *tableaux vivants* (lebende Bilder) erinnert. Kann im Atelier vorgenommen werden oder Szenarien mit Menschen zeigen, die vom Fotografen dirigiert oder arrangiert wurden.

JPG-Datei
Ein Dateiformat für digitale Bilder, bei dem der Kompressionsgrad eingestellt werden kann, sodass man zwischen Dateigröße und Bildqualität abwägen kann. JPG (oder JPEG) erlaubt meist eine Kompression von 10:1 bei kaum wahrnehmbaren Verlusten an Abbildungsqualität.

Kleinbildformat (35mm-Film)
Der 35mm-Film wurde ursprünglich 1909 für Kinofilme eingeführt, bald aber auch für Fotokameras übernommen und entwickelte sich zum verbreitesten Format. Das Negativ oder Diapositiv misst 24 x 35 mm. Das Format liegt auch dem ‚Vollformat' digitaler Kameras zugrunde.

Kodachrome
Ein Farbdiafilm, der 1935 von Eastman Kodak für 35mm-Film, Planfilm und Kinofilm entwickelt wurde. Vielen Fotografen galt er als der Maßstab, an dem alle anderen Filme gemessen wurden. Die Herstellung wurde 2009 eingestellt.

Kollodium-Verfahren
Ein trockenes oder (häufiger) nasses Verfahren, bei dem Kollodium als Träger für eine lichtempfindliche Emulsion dient. Das nasse Kollodium-Verfahren wurde 1851 von Frederick Scott Archer beschrieben und nach Verfeinerungen ab etwa 1854 häufig eingesetzt. Es blieb bis Mitte der 1870er Jahre vorherrschend. Kollodium wurde auch verwendet, um direkt Positivabbildungen auf Glas (Ambrotypien) und Blech (Ferrotypie) zu erzeugen.

Kombinationsfotografie
Eine Technik, bei der zwei oder mehr fotografische Negative oder Abzüge verwendet werden, um ein einziges Bild anzufertigen. Sie wurde zuerst 1852 von Hippolyte Bayard vorgeschlagen, um die Darstellung des Himmels zu verbessern. Erstmals umgesetzt wurde sie 1855 von William Lake Price. O. G. Rejlanders *Two Ways of Life* (1857) und Henry Peach Robinsons *Fading Away* (1858) sind die bekanntesten Beispiele. Das Verfahren wurde in den 1920er und 1930er Jahren wiederbelebt und oft für surrealistische Werke eingesetzt. Durch das Aufkommen digitaler Techniken ist es überholt.

Laufbodenkamera
Bezeichnet meist eine Großformatkamera, die sich zusammenklappen lässt, um die Größe zu verringern und so den Transport zu erleichtern.

Lichtdruck
Ein siebloses Druckverfahren, das 1856 von Alphonse Poitevin erfunden wurde und von den 1870er bis 1920er Jahren kommerziell erfolgreich war.

Low-Key-Bild
Ein Low-Key-Bild besteht vor allem aus dunklen Tonwerten und Farben bei reduziertem Licht und Unterbelichtung. Die Schatten und dunklen Motivteile werden zum wichtigsten Element der Komposition. Wie High-Key-Bilder vermitteln auch Low-Key-Bilder Stimmungen und Atmosphäre.

Makroobjektiv
Ein Makrobjektiv erlaubt einen sehr geringen Aufnahmeabstand, sodass man große Vergrößerungen herstellen kann, oft überlebensgroß.

Mammut-Platte
Ein übergroßes Filmplattenformat von etwa 18 x 21 Zoll, das von manchen Landschaftsfotografen des 19. Jahrhunderts, vor allem Carleton E. Watkins und William Henry Jackson, verwendet wurde, um Aufnahmen des amerikanischen Westens zu machen. Manche Fotografen nutzen auch heute noch sehr große Formate.

Mittelformatkamera
In der Mittelformatkamera wird 6cm-Rollfilm verwendet, aus dem Negative im Format 4,5 x 6 cm, 6 x 6 cm oder 6 x 7 cm entstehen. Eine der bekanntesten Kameras im Format 6 x 6 ist die Hasselblad.

Nachbearbeitung
Traditionell wurde mit dem Begriff die Arbeit bezeichnet, die an einem Negativ oder Abzug nach der Entwicklung vorge-

nommen wurde. Im digitalen Zeitalter wird er meist für Veränderungen verwendet, die mit einer Software wie Photoshop an einer Bilddatei im RAW-Format ausgeführt werden.

Nahlinse
Eine Linse, die am Objektiv angebracht wird, um die Brennweite zu verändern. Für Nahaufnahmen verkürzt eine Linse mit positivem Dioptrienwert die Brennweite, sodass bei vorgegebener Entfernung von der Linse zum Objekt der geringstmögliche Arbeitsabstand reduziert wird.

New Topographics
Die bahnbrechende Ausstellung „New Topographics: Photographs of a Man-Altered Landscape" war ein bedeutender Moment in der Entwicklung der amerikanischen Landschaftsfotografie. Die Ausstellung wurde 1975 von William Jenkins für das International Museum of Photography (George Eastman House, Rochester, New York) kuratiert. Die Bezeichnung wurde für eine Gruppe von Fotografen verwendet, zu der unter anderem Robert Adams, Nicholas Nixon, Lewis Baltz und Stephen Shore gehörten, die sich durch einen sachlichen Stil auszeichneten, der an jenen von Landschaftsfotografen des 19. Jahrhunderts wie Timothy H. O'Sullivan erinnerte.

PE-Papier
Ein Papier, das beidseitig mit pigmentiertem Polyethylen beschichtet und auf einer Seite mit lichtempfindlicher Fotoemulsion versehen ist. PE-Papier absorbiert Wasser und Chemikalien nicht und ist deswegen schnell zu entwickeln und zu trocknen. Es fand seit etwa 1968 starke Verbreitung. Bei traditionellen faserhaltigen Papieren dringt die Fotoemulsion in das Papier ein, die Abbildungen wirken deshalb tiefer. Faserhaltige Papiere gelten als länger archivierbar als PE-Papiere und werden von Fotokünstlern allgemein vorgezogen.

Photogramm
Ein Bild, das ohne Kamera hergestellt wird, indem man einen lichtundurchlässigen, halb oder vollständig lichtdurchlässigen Gegenstand zwischen – oft auch direkt auf – ein Stück fotografisches Papier oder einen Film und eine Lichtquelle legt. Solche Bilder waren unter den frühesten Fotografien von Thomas Wedgwood, Humphrey Davy und William Henry Fox Talbot, der sie ‚photogenische Zeichnungen' (Photogenic drawings) nannte. Popularität erlangte die Technik erneut in den 1920er Jahren, als Man Ray sie als kreative Ausdrucksform erprobte und das Ergebnis als ‚Rayograph' bezeichnete.

Pictorialismus
Ein Begriff, der von Fotografen seit dem späten 19. Jahrhundert allgemein verwendet wurde und bis zum Ersten Weltkrieg beliebt war, um Fotografie mit einem künstlerischen Anspruch zu bezeichnen. Der Pictorialismus gehört in den Zusammenhang einer weiteren Debatte um Kunst und Fotografie, die seit den 1850er Jahren von Fotografen geführt wurde, und war zum Teil eine Reaktion auf die Einfachheit, mit der sich seit Mitte der 1880er Jahre Fotografien herstellen ließen. In den 1920er Jahren verdrängten realistische und objektive Fotografie den Pictorialismus, der aber nie vollkommen verschwand und auch heute noch Interesse findet.

Polaroid
Die Polaroid Corporation wurde 1937 in den USA von dem Physiker Edwin Land gegründet, um polarisierende Gläser für Anwendungen mit dreidimensionalen Abbildungen herzustellen. 1948 brachte Land die Polaroid Model 95 auf den Markt, eine Kamera, der man fast sofort nach der Aufnahme ein fertiges Positivbild entnehmen konnte. 1963 kam der Farb-Sofortbildfilm, und 1972 war die bahnbrechende Polaroid SX70 die erste Kamera, mit der echte Sofortbilder möglich wurden, die nicht abgezogen oder nachträglich beschichtet wurden mussten. Die Einführung des Polavision-Sofortbild-Filmsystems 1978 war ein Fehlschlag, da Video-Aufnahmen bei den Konsumenten beliebter waren. Im Jahr 2001 beantragte die Polaroid Corporation in den USA Gläubigerschutz, da die Digitalfotografie Einbrüche in ihren traditionellen Märkten verursacht hatte.

RAW-Format
Kamera-Bilddateien im Rohdatenformat (Raw-Format) enthalten weitgehend unbearbeitete Daten vom Sensor einer Digitalkamera. Die Daten bleiben „roh", das heißt sie werden beim Speichern nicht komprimiert. Sie enthalten die höchstmögliche Menge an Informationen und können deshalb als eine Art digitales Negativ betrachtet werden. Der Fotograf hat die Wahl, wie die Datei weiterverarbeitet werden soll, um die besten Ergebnisse zu erzielen.

Reine Fotografie
Eine Fotografie, bei der eine Szene oder ein Gegenstand so realistisch und objektiv wie möglich dargestellt werden soll. Der Begriff wurde zuerst in den 1880er Jahren als Reaktion auf manipulierte Fotografien verwendet. 1932 definierte die Gruppe f/64 die Eigenschaften der reinen Fotografie: Sie sollte „weder in Technik, Komposition noch Idee einer anderen Kunstform enstammen".

Retusche
Beim Fotografieren mit Negativen und Papierabzügen bezeichnet dies die Bearbeitung der Fotoemulsion mit einem Pinsel oder Messer, um Bildelemente entweder hinzuzufügen oder zu entfernen. Mit dem Aufkommen der digitalen Bildbearbeitung werden diese Werkzeuge durch Software bereitgestellt, von denen Photoshop die bekannteste ist. „Photoshoppen" ist – auch im deutschen Sprachgebrauch – zur eigenständigen Bezeichnung für digitales Retuschieren geworden.

Rollfilm
Ein Streifen lichtempfindlicher Film, der – meist mit einem Papierträger – auf eine Spule aufgerollt wird und bei Tageslicht in die Kamera geladen werden kann. 1889 wurde der Nitrozellulose-Film kommerziell eingeführt, 1891 folgten Spulen, die sich bei Tageslicht laden ließen, und 1892 dann Filme mit Papierträger, wie sie heute noch verwendet werden. Seit 1889 haben sich eine Vielzahl von Rollfilm-Formaten und -längen etabliert, zu den häufigsten gehören die Typen 120, 620 und 127. Seit 1934 kam aus Sicherheitsgründen vermehrt Acetatcellulose zum Einsatz; in den späten 1940er Jahren wurde Triacetatcellulose eingeführt, und seit den 1980er Jahren wird vor allem Polyester verwendet.

Salzdruck
Die früheste Form des Umkehrpapiers (Direkt-Positiv-Fotopapier) wurde 1834 von William Henry Fox Talbot entwickelt. Er verwendete in Salz getränktes Papier, das getrocknet und mit Silbernitrat bepinselt wurde, bevor man es dem Licht aussetzte. Danach wurde es mit konzentrierter Salzlösung oder Natriumthiosulfat fixiert.

Sättigung
Eine Einstellmöglichkeit bei Digitalkameras oder Bildbearbeitungssoftware, mit der man die Intensität einer Farbe im Vergleich zu ihrer eigenen Helligkeit verändern kann. Eine entsättigte Abbildung erscheint in Grautönen.

Schärfentiefe
Der Bereich, in dem bei einer Kamera Gegenstände scharf abgebildet werden. Die Veränderung dieses Bereichs, seine Erweiterung oder Verringerung, ist ein wichtiger Aspekt der kreativen Arbeit. Fachkameras wurden entwickelt, um solche Veränderungen zu ermöglichen.

Silbergelatineabzug
Bezieht sich ursprünglich auf nach 1870 mit dem sogenannten Trockenplatten-Verfahren hergestellte Fotos, bei denen die lichtempfindliche Schicht aus Silberbromid und Gelatine bestand. Heute werden mit diesem Verfahren vor allem im Bereich der künstlerischen Fotografie aufwändige Abzüge analog erstellt, nicht als Digitaldruck.

Solarisation
Ein fotografischer Effekt, der digital oder in der Dunkelkammer erzeugt werden kann und zur teilweisen oder vollkommenen Umkehr der Tonwerte führt. Dunkle Gebiete erscheinen hell oder helle Gebiete erscheinen dunkel. Der Effekt kann versehentlich entstehen, aber auch zu kreativen Zwecken eingesetzt werden.

Spiegelreflexkamera
Einäugige Spiegelreflexkameras verwenden ein Prisma und einen Spiegel, damit der Fotograf durch das Objektiv sehen kann, um bei jeder Brennweite genau erkennen zu können, was im Bild festgehalten werden wird.

Stereografie
Ein Paar Fotografien, die nebeneinander montiert werden, um sie mit einem Stereoskop zu betrachten. Der Begriff bezeichnet Bildpaare in jedem beliebigen Medium, kann aber auf bestimmte Verfahren eingeengt werden, etwa die ‚Stereodaguerreotypie'.

Stereoskop
Ein optisches Gerät mit zwei Okularen, das zwei Abbildungen so verschmilzt, dass der Eindruck eines einzigen dreidimensional wirkenden Bildes entsteht. Die drei grundlegenden Konstruktionen waren die von Wheatstone (1838), Brewster (1838, jedoch ab etwa 1849 populär) und Holmes (ca. 1895).

Straßenfotografie
Eine Stilrichtung der Dokumentarfotografie, bei der vornehmlich Motive aus dem öffentlichen Raum aufgenommen werden. Wurde seit den 1890er Jahren mit dem Aufkommen in der Hand tragbarer Kleinbildkameras populär. Das Genre hat seit den frühen 2000er Jahren wieder verstärkt Zuspruch gefunden.

Sucherkamera
Eine Kamera, bei der man als Fotograf das Motiv nicht durch das Objektiv, sondern seitlich oder oberhalb des Objektivs durch ein separates Fenster (den Sucher) betrachtet. Sucherkameras sind meist kleiner und leiser als Spiegelreflexkameras und liefern scharfe Fotografien.

Talbotypie
Ein von William Henry Fox Talbot am 8. Februar 1841 für England und Wales patentiertes fotografisches Verfahren; wird auch als Kalotypie bezeichnet. Das Verfahren verwendete Silberiodid und Gerbsäure, um die Empfindlichkeit zu erhöhen, und stellte dadurch eine deutliche Verbesserung von Talbots Verfahren der ‚photogenischen Zeichnung' dar. Nach der Belichtung wurde das Papier entwickelt, um ein Negativ zu erhalten, und dann chemisch fixiert, um es dauerhaft zu machen. Die Talbotypie war das erste fotografische Verfahren mit Negativ und Positiv und stellt insofern die Grundlage der modernen Fotografie dar.

Teleobjektiv
Ein Objektiv mit langer Brennweite, bei dem die physikalische Länge des Objektivs geringer ist als die Brennweite. Es vergrößert das Motiv, sodass dieses näher erscheint, als es ist. Teleobjektive haben auch eine perspektivsch verkürzende Wirkung, sodass die Abbildung gestaucht wird. Typische Brennweiten liegen zwischen 85mm (für Porträts geeignet) und 600mm (für Sportfotografie und Tieraufnahmen geeignet).

Tintenstrahldruck
Ein Druck, der aus winzigen Tintentröpfchen besteht, die auf Papier geschossen werden, wobei der elektrisch aufgeladene Tintenstrahl durch elektromagnetische Felder gesteuert wird. Die Technologie wurde in den 1950er Jahren entwickelt und seit den 1970er Jahren für den Druck von Fotografien verwendet.

TTL-Blitzlicht
Through-the-lens- oder TTL-Blitzlichtgeräte messen das von einem Gegenstand zurückgeworfene Licht durch das Objektiv der Kamera und sind deshalb in der Lage, die Belichtung der Abbildung sehr genau zu steuern, wodurch eine kreative Feineinstellung des Blitzlichtes ermöglicht wird, etwa bei dem Aufhellblitz.

Überbelichtung
Die Belichtung von lichtempfindlichem Material mit zu viel Licht. Bei Negativfilm vergrößert die Überbelichtung den Schattenkontrast und die Gesamtdynamik. .

Unterbelichtung
Die Belichtung von lichtempfindlichem Material mit zu wenig Licht oder Licht, das nicht ausreichend ist, um normale Kontraste in der Abbildung zu erzeugen. Bei Negativfilmen wird die Dichte reduziert, was zu Kontrast- und Detailverlusten in dunklen Bereichen des Motivs führt.

Verschluss
Eine Vorrichtung, durch die für einen bestimmbaren Zeitraum Licht passieren kann, um den Film oder Sensor in einer Kamera zu belichten und ein Motiv dauerhaft festzuhalten. Die Verschlusszeit wird meist als Bruchteil einer Sekunde angegeben, zum Beispiel 1/250s.

Vernacular photography
Im Deutschen etwa: ‚Alltagsfotografie'. Bezieht sich auf Bilder, die meist von Amateuren oder ‚unbekannten' Fotografen geschaffen wurden und die oft Menschen in Alltagssituationen oder häuslicher Umgebung zeigen. Häufig banal, manchmal witzig, teils mit technischen Fehlern behaftet, gelegentlich auch von künstlerischem Rang, rücken sie zunehmend in das Interesse von Galerien und Sammlern. Vor allem Walker Evans war durch die ‚vernacular photography' beeinflusst.

Weitwinkelobjektiv
Ein Objektiv mit kürzerer Brennweite als beim Standardobjektiv, das einen größeren Blickwinkel bietet.

Zonensystem
Eine Technik, mit der die Lücke zwischen der wissenschaftlichen Untersuchung lichtempfindlicher Materialien (Sensometrie) und der kreativen Fotografie geschlossen werden soll. Das Zonensystem wurde um 1939–40 von Ansel Adams und Fred Archer entwickelt. Das System baut auf empirischen Versuchen mit Film und Negativ auf, um Informationen über die Eigenschaften des Materials zu erhalten, die es dem Fotografen erlauben, das Verhältnis zwischen der Wahrnehmung eines Motivs und seiner fotografischen Abbildung zu definieren.

Register

A

B

C

L

M

N

O

T

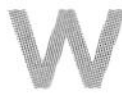

Z

Bildnachweise

8–41 Paul Lowe **46–47** © The Francis Frith Collection **49 oben** Timothy O'Sullivan (U.S. Geological Survey), courtesy Rephotographic Survey Project **49 unten** Mark Klett and Gordon Bushaw for the Rephotographic Survey Project, courtesy Rephotographic Survey Project **51** © Ansel Adams Publishing Rights Trust / Corbis **53** © Robert Adams, courtesy Fraenkel Gallery, San Francisco **54–55** © Joel Sternfeld, courtesy of the artist and Luhring Augustine, New York **56–57** © John Davies **60–61** © Joel Meyerowitz, courtesy Howard Greenberg Gallery **63** © Richard Misrach, courtesy Fraenkel Gallery, San Francisco **64–65** Courtesy Jem Southam **66–67** Simon Norfolk / INSTITUTE **73** Photo by National Media Museum / Royal Photographic Society / SSPL / Getty Images **75** The Metropolitan Museum of Art / Art Resource / Scala, Florence **77** Berenice Abbott / Getty Images **79** Gilman Collection, Purchase, Alfred Stieglitz Society Gifts, 2005 (2005.100.593) © Walker Evans Archive, The Metropolitan Museum of Art, The Metropolitan Museum of Art / Art Resource / Scala, Florence **80–81**© Hiroshi Sugimoto, courtesy Fraenkel Gallery, San Francisco **82–83** © Andreas Gursky, courtesy Sprüth Magers Berlin London / DACS 2016 **84–85** courtesy of the artist and Paul Kasmin Gallery **86–87** © Gregory Crewdson, courtesy of the artist Gagosian Gallery **89** Courtesy Lisa Barnard **94–95** The Metropolitan Museum of Art / Art Resource / Scala, Florence © Man Ray Trust / ADAGP, Paris and DACS, London 2016 **97** The Metropolitan Museum of Art / Art Resource / Scala, Florence © Hattula Moholy-Nagy / DACS 2016 **99** The Museum of Modern Art, New York / Scala, Florence © Center for Creative Photography, The University of Arizona Foundation / DACS, 2016 **100–101** © Eggleston Artistic Trust, courtesy Cheim & Read, New York **102–103** © Martin Parr / Magnum Photos **104–105** © Alec Soth / Magnum Photos **106–107** Courtesy Peter Fraser **112** Photo by SSPL / Getty Images **114** The J. Paul Getty Museum, Los Angeles, digital image courtesy of the Getty's Open Content Program **115** Charenton-le-Pont, Médiathèque de l'Architecture et du Patrimoine, photo © Ministère de la Culture – Médiathèque du Patrimoine, Dist. RMN-Grand Palais / Atelier de Nadar **116** © The Lisette Model Foundation, Inc. (1983) Used by permission, courtesy of Bruce Silverstein Gallery **119** © The Estate of Harry Callahan; courtesy Pace / MacGill Gallery, New York **121** © Aperture Foundation Inc., Paul Strand Archive **123** © Norman Parkinson Ltd. / Courtesy Norman Parkinson Archive **124** © Eve Arnold / Magnum Photos **127** Courtesy Brian Griffin **129** Courtesy Mary Ellen Mark **130** © Bruce Gilden / Magnum Photos **133** Courtesy Harry Borden **139** © Photograph Samml. / SK Stiftung Kultur – A. Sander Archiv, Köln / VG Bild-Kunst, Bonn and DACS, London 2016 **140** Library of Congress, LC-USF34- 009058-C 141 Library of Congress, LC-USF34- 009095-C 143 Photo by Horst P. Horst / Condé Nast via Getty Images **145** © Imperial War Museums (CBM 1049) **147** © Malick Sidibé, courtesy Galerie MAGNIN-A, Paris. INV Nbr. MS.8088 **148–149** Courtesy Nan Goldin and Matthew Marks Gallery **151** Courtesy of the artist and Marian Goodman Gallery **152** © Wolfgang Tillmans, courtesy Maureen Paley, London **155** Courtesy Steve Pyke **156–157** Courtesy Laura Pannack **162–163** Wellcome Library, London, Wellcome Images, copyrighted work available under Creative Commons Attribution only licence CC BY 4.0 creativecommons.org/licenses/by/4.0/ **164** The Metropolitan Museum of Art / Art Resource / Scala, Florence © The Heartfield Community of Heirs / VG Bild-Kunst, Bonn and DACS, London 2016 **166** Getty Research Institute, Los Angeles (2012.M.1) © Ed Ruscha **168–169** © Duane Michals, courtesy of DC Moore Gallery, New York **171** © Nicholas Nixon, courtesy Fraenkel Gallery, San Francisco **172–173** Courtesy Cindy Sherman and Metro Pictures, New York **174–175** Courtesy Jeff Wall **175 rechts** Brooklyn Museum, Gift of Frederic B. Pratt, 42.74 **176–177** Courtesy Adam Broomberg & Oliver Chanarin and Lisson Gallery, London **179** Courtesy Mishka Henner **185** © Colette Urbajtel / Archivo Manuel Álvarez Bravo SC **187** © Robert Frank from The Americans **189** Courtesy William Klein **190–191** SSPL / Getty Images **193** © The Estate of Garry Winogrand, courtesy Fraenkel Gallery, San Francisco **195** © Lee Friedlander, courtesy Fraenkel Gallery, San Francisco **196–197** © Elliott Erwitt / Magnum Photos **198–199** © Josef Koudelka / Magnum Photos **200–201** © Alex Webb / Magnum Photos **202–203** Dougie Wallace / INSTITUTE **204–205** © David Alan Harvey / Magnum Photos **210–211** Photo by Weegee (Arthur Fellig) / International Center of Photography / Getty Images **212** © W. Eugene Smith / Magnum Photos **214–215** Courtesy Anders Petersen **216–217** William Albert Allard / National Geographic Creative **218–219** Sebastião Salgado / Amazonas / nbpictures **220–221** © Raghu Rai / Magnum Photos **222–223** © Larry Towell / Magnum Photos **224–225** © Paolo Pellegrin / Magnum Photos **226–227** John Stanmeyer / National Geographic Creative **232–234** Bettmann / Getty Images **234–235** Library of Congress, LC-USZ62-38459 **236–237** Courtesy David Goldblatt and Goodman Gallery **241** © Bernd and Hilla Becher **243** Courtesy Chris Killip **244–245** The Estate of Larry Sultan **246–247** © Jim Goldberg / Magnum Photos **248–249** © Anna Fox, courtesy James Hyman Photography, London **250–251** © Richard Billingham, courtesy Anthony Reynolds Gallery, London **256–257** Digital image courtesy of the Getty's Open Content Program **258–259** Photo by bpk / Salomon / ullstein bild via Getty Images **260** © Henri Cartier-Bresson / Magnum Photos **262–263** © Robert Capa © International Center of Photography / Magnum Photos **264** Photo by Larry Burrows / The LIFE Premium Collection / Getty Images **265** Photo by Larry Burrows / The LIFE Picture Collection / Getty Images **266–267** © Philip Jones Griffiths / Magnum Photos **268–269** © Gilles Peress / Magnum Photos **270–271** Courtesy Anthony Suau **272–273** © Susan Meiselas / Magnum Photos **274–275** © David Burnett / Contact – IOC